“十三五”国家重点出版规划项目
广西精品出版扶持项目资助

海上丝绸之路
·研究译丛·

Singapore and the Silk Road of the Sea 1300—1800

新加坡与海上丝绸之路 1300—1800

John N. Miksic

[新加坡] 约翰·N. 密西——著

潘一宁 戴宁——译

GUANGXI NORMAL UNIVERSITY PRESS
广西师范大学出版社
·桂林·

XINJIAPO YU HAISHANG SICHOU ZHI LU: 1300–1800
新加坡与海上丝绸之路：1300—1800

著作权合同登记号桂图登字：20-2017-250 号

图书在版编目（CIP）数据

新加坡与海上丝绸之路：1300—1800 /（新加坡）约翰 • N. 密西著；潘一宁，戴宁译. --桂林：广西师范大学出版社，2023.1
（海上丝绸之路研究译丛）
ISBN 978-7-5598-5382-0

Ⅰ. ①新… Ⅱ. ①约… ②潘… ③戴… Ⅲ. ①海上运输－丝绸之路－历史－研究－新加坡－1300-1800 Ⅳ. ①K339.3

中国版本图书馆 CIP 数据核字（2022）第 168061 号

广西师范大学出版社出版发行
（广西桂林市五里店路 9 号　邮政编码：541004
网址：http://www.bbtpress.com）
出版人：黄轩庄
全国新华书店经销
珠海市豪迈实业有限公司印刷
（珠海市香洲区洲山路 63 号豪迈大厦　邮政编码：519000）
开本：880 mm × 1 240 mm　1/32
印张：21.25　　字数：503 千字
2023 年 1 月第 1 版　　2023 年 1 月第 1 次印刷
定价：128.00 元

前言

这本书由约翰·N. 密西博士撰写。此书得以出版实为新加坡国家博物馆与新加坡国立大学出版社合作的结晶。近几十年来，新加坡国家博物馆一直致力于资助新加坡考古发掘工作，一些由它资助发掘的手工艺品已经成为其下属的新加坡历史展馆的永久展品。

回顾以往，新加坡考古发掘作出了突出的贡献，它确立了这样一个论断：新加坡历史并非始于1819年英国人到来之时；早在殖民者来到之前，这里已经有了自己的历史。密西博士对这一历史时期做了言之有据的诠释，将这段历史展现在世人面前。为此，密西博士进行了广泛深入的研究，给出了严谨细致的史实证据。也正因如此，我们才得以更加深入地了解新加坡前殖民地时期，尤其是1300—1800年的历史。这部著作展示了新的历史视角，其中最重要的就是理解新加坡在名副其实的"海上丝绸之路"中的历史地位和作用。这种视角具有一种长时段的历史叙事方式，能够将前殖民地时期的历史有机地纳入新加坡完整的历史范畴。

本书也向人们讲述了新加坡前殖民地时期历史的考古发掘经历，

内容引人入胜，发人深省，如同带领人们穿越时光，去领略这个岛上的历史古卷。“海上丝绸之路”作为一个世界范畴内的名词，或许提示我们应该重温费尔南·布罗代尔的理论精髓，即不应将历史视为某一个域外国家的过往经历，而应视为一个动态的、互联互通的世界的过去，来自那个世界的声音能够在我们今天的世界里发出清晰的回响。

伊斯坎德尔·迈丁（Iskander Mydin）
新加坡国家博物馆副馆长（策展与收藏）
2013年8月

鸣谢

我要感谢许多人，他们自1984年以来为新加坡的考古研究作出了诸多贡献，但我无法在此一一道出他们的名字，为此深感抱歉。本书所采撷的大量数据来自上千名志愿者付出的心血，在此我只选取为数不多的名字致以谢意，但他们代表了新加坡全体考古工作者。

我尤其要感谢丽丝·扬·赖（Lise Young Lai）女士，多年来，她一直是我田野工作的中坚力量。如果没有她自始至终的支持、鼓励和忠告，我根本无法安排和完成早期的考古发掘工作。新加坡考古学年鉴上理应留下她的名字。

新加坡公园及康乐局，以及后来取代这个机构的新加坡国家公园局，都曾不遗余力地支持我进行考古研究，我特别要感谢他们为我提供了实验设施。李盛光（Lee Sing Kong）先生、陈伟杰（Tan Wee Kiat）博士、邱保强（Koh Poo Kiong）先生、阿卜杜勒·拉蒂夫（Kalthom Abdul Latiff）女士、拉赫马特（Rahmat）先生以及其他工作人员也在一直支持我的研究工作。新加坡公园及康乐局和新加坡国家公园局连续数年提供资金，聘请一个历史研究团队，团队成员包括若汪·考尔（Rajwant Kaur）女士、乌玛·戴维（Uma Devi）女士、阿奇亚尼（Aziani）女士、萨罗亚·戴维（Saroja Devi）博士、露西尔·叶（Ms. Lucille Yap）女士、沙阿兰（Shah Alam）先生以及陈婷婷（Tan Teng Teng）女士。亚洲研究院和美国运通公司也提供了部分资金，使我能够聊表心意，补偿罗伊兰德·司徒勒梅耶（Roeland Stulemeijer）先生、林陈仙（Lim Chen Sian）先生、安德鲁·科文（Andrew Cowan）先生和理查德·吉布森（Richard Gibson）先生所付出的辛劳。来自新加坡国立大学以及其他从小学到大专的各级各类新加坡教育机构的学生和老师也各尽所能，为新加坡考古事业作出了巨大贡献，但愿他们也从中有所收获。2011年，新加坡东南亚研究院下属的那烂陀–室利佛逝研究中心考古室挂牌成立。这一研究机构将成为未来撰写新加坡和东南亚考古篇章的主力军。我要感谢新加坡东南亚研究院院长克萨瓦巴尼大使（Ambassador K. Kesavapany）、那烂陀–室利佛逝研究中心主任沈丹森教授（Prof. Tansen Sen），以及我在考古室的同事林陈仙先生和傅舒田（Foo Shu Tieng）女士，感谢他们在新加坡考古领域付出的不懈努力。

东南亚陶瓷协会也是一贯支持新加坡考古研究的主要机构。在所有伸出过援手的协会成员中，我特别要感谢协会前主席马乔里·朱（Marjorie Chu）女士和埃尔文·谢（Alvin Chia）先生，以及已故的厄尔·卢博士（Dr. Earl Lu）——在他们的鼎力相助下，我从李氏基金会获得了几笔资助，对此我深表感谢。新加坡国家文物局同样对考古研究提供了重要资助。新加坡国家博物馆的吴庆辉（Ng Ching Huei）先生在新加坡华语社区中召集了大量志愿者前来帮忙。谢丽尔–安·刘美玉（Cheryl-Ann Low Mei Gek）女士则年复一年，不断敦促，才使本书初具规模，本书每一页上都留有她的印记。我还要感谢新加坡国家博物馆前馆长李楚琳（Lee Chor Lin）女士、资深馆员伊斯坎德尔·迈丁先生，以及亚洲文明博物馆前馆长郭勒逊博士（Dr. Kenson Kwok）。

新加坡国家博物馆前馆长康思坦丝·薛尔思（Constance Sheares）女士和柯宗源（Kwa Chong Guan）先生于1984年邀请我赴新加坡，进行第一次福康宁遗址考古挖掘工作，出资方为荷兰皇家壳牌公司。蓝秉湖（Lam Pin Foo）先生设法说服该公司资助首次挖掘工作。从1984年开始，柯先生和蓝先生一直大力支持新加坡的考古工作，新加坡人应该庆幸有这样具有远见卓识、倾情奉献的人物。

新加坡国家博物馆之友多年来同样提供了不可或缺的支持。这一组织的成员付出了数千小时的劳动，相比之下，我为他们作的演讲根本无足挂齿。本书得以面世，其他人的服务同样应该被人们铭记。这些人包括领导了几次早期挖掘工作的茱莉亚·胡（Julia Oh）女士和已故的苏·希克森（Sue Hixson）女士。马文·希克森（Marvin Hixson）先生和他的AMKCO加工设备公司新加坡分公司于2000年借给我一台粒子分离器，使我最终筛分了约30吨渣土，并从中找到几千粒珠子和其他微小手工艺品，其作用不言而喻。

多年来，市区重建局的官员也积极提供帮助。我想感谢这些帮助过我的人：尼尔森·谢（Nelson Chia）先生、麦克·李（Michael Lee）先生和凯文·洪（Kelvin Ang）先生。其他机构在专门项目上也伸出过援手，令我感激不尽。这些机构包括圣安德烈座堂、议会秘书处、新加坡管理大学和丹戎巴葛民众俱乐部。

其他与我分享过专业知识的学者包括伊斯兰陶瓷研究领域的约兰达·克罗博士（Dr. Yolanda Crowe）以及伊沃·瓦西列夫博士（Dr. Ivo Vasiljev），后者与我探讨过14世纪越南与淡马锡的关系。最后，我要提一下韦杰夫博士（Dr. Geoff Wade），他与我详细讨论过《岛夷志略》。还有伊雷卡·兰姆斯多夫（Erika Lambsdorff）女士，她提供了文物画像。自1991年以来，南洋理工大学助理教授吴玉颖博士（Dr. Goh Geok Yian）多次参加了新加坡考古挖掘工作，包括指导其中数次活动，翻译中文资料若干，为本书绘制多幅文物示意图、地图及图表，并指导了国家博物馆之友的众多成员和大批学生。她对新加坡考古事业的发展同样功不可没。

目录

导论

新加坡考古：寻找被遗忘的线索 003 /

历史背景

第一章　南洋三海 035 /

第二章　海岛帝国的崛起 080 /

第三章　从室利佛逝衰亡到新加坡兴起 131 /

第四章　新加坡古代史（1299—1604年） 202 /

考古证据

第五章　新加坡考古发现：历史与诠释 291 /

第六章　古代新加坡物产 365 /

第七章　14—16世纪新加坡的舶来品 397 /

第八章　陶瓷之外：金属、钱币和玻璃器皿 441 /

地区场境中的新加坡

第九章　淡马锡的商贸伙伴：遍及爪哇、泰国、越南、斯里兰卡和印度　483 /

第十章　新加坡与廖内的关系　504 /

第十一章　淡马锡的邻居：14—15世纪的东南亚聚落　533 /

第十二章　新加坡与欧洲人　555 /

结　语

古代新加坡、城市生活与商业活动　591 /

参考文献　605 /

主要译名对照表（按拼音顺序排列）　657 /

译后记　666 /

导论

新加坡考古：寻找被遗忘的线索

如果说印度洋、南海和爪哇海是亚洲海上贸易的动脉，那么马六甲海峡就是心脏。两千多年来，商贸活动在这些动脉中源源不断地进行。导论部分将展示古代东南亚海上贸易网络是如何逐渐形成，又如何逐渐向西延伸至印度，向东延伸至中国，最终形成一张巨大的网络，将生活在绵延上万公里海岸线上的数百万人口联系起来。而这条海上通道已经存在两千年之久。

这个海上网络有几个不同的名称，本书使用的是“海上丝绸之路”。长久以来，人们一直使用“丝绸之路”指代始于地中海，跨越中亚，最终到达中国的陆上贸易之路。听到这个名字，人们脑海里便会显现这样一幅画面：满载货物的长长驼队、荒无人烟的沙漠、孤零零的客栈旅舍、神出鬼没的劫匪，还有勇敢执着的商人。这些商人即便历尽千辛万苦，也要到达拥有灿烂文明的中国，然后满载珍宝踏上归途，从此过上荣华富贵的生活。这种贸易的标志性商品就是丝绸：轻薄、柔软、耐用。在西方世界，丝绸与同等重量的黄金等值（Warmington, 1928: 175）。

历史资料告诉我们，公元1世纪，丝绸也曾经由海路运往西方（Warmington, 1928）。古代丝绸在陆地上的运输痕迹很少能保留下来，在海上的甚至根本找不到。在亚洲南部沿海地区，丝绸并不是最早被贩运的商品之一。然而，人们对丝绸的渴望却是推动7世纪贸易网络大规模发展的主要动力之一。将人们熟知的“丝绸之路”一词与“海上”连用，说明尽管陆上丝绸之路声名远播，古代东西方之间的交通和贸易很多还是通过海路进行的。

本书将带读者领略另一条路的重要意义。这条路虽然是传说中的路线，但从贸易和文化角度来讲，它比陆路更重要。在这条路上，骆驼被船只取代，黄沙漫漫的荒漠变成了浩瀚无际的大海。在这条路上，不再有荒郊野岭里的商旅客栈，有的是一串点缀在巨大亚洲大陆边缘的港口城市。不再有四处流浪的劫匪，取而代之的是出没风浪的海盗。最重要的是，贩运的货物不再是布匹这种轻量物品，而是一条船就可以运载的五万件瓷碗、玻璃香水瓶以及数百名乘客。如此想象一番，你就会开始明白，为什么人们更应该关注海上丝绸之路。

穿越中亚的著名丝绸之路尽人皆知。相比之下，海上丝绸之路却少有人问津。这也说明，直到最近一段时期，人们对早期亚洲海上贸易还是几近一无所知。作为漫长演化过程的一部分，古代新加坡在整个亚洲海上贸易发展中扮演了重要角色。读者只有在了解早期东南亚地区海运及港口的发展历史之后，才能明白这个贸易网是多么复杂。而正是这个网络，在1300年前后，促成了新加坡兴起。

新加坡考古：寻找被遗忘的线索

很多人相信，新加坡的历史始于1819年托马斯·史丹福·莱佛士（Thomas Stamford Raffles）爵士到达之时。但莱佛士本人对此不以为然，他的目标是要让一个曾经具有辉煌历史的古老港口城市重现于世。

一登上这个岛屿，他就立刻发现了一些古老遗迹，这让他确信新加坡早期历史的意义。甚至在到达这个岛之前，他就已经向朋友们详细讲述新加坡古代的辉煌。也许，这个话题是莱佛士搭乘印第安纳号（插图0.01）时从餐桌上听来的。这艘船第一次将他带到这个岛上。

插图0.01　印第安纳号。船长为詹姆斯·珀尔（James Pearl）。1818年，莱佛士让这艘船从加尔各答驶往槟城，在那里以政府名义租赁了这艘船；珀尔船长用砖石作为压舱物，并进行贸易。这实际上是一个障眼法，使莱佛士借机溜进新加坡，而未引起荷兰人的察觉。1819年，莱佛士进入新加坡后，继续使用此船一段时间。新加坡国家博物馆、新加坡国家文物局藏品

莱佛士的同船水手对新加坡曾是个古城的说法将信将疑。约翰·克劳福德（John Crawford）是1819年1月莱佛士随行船队的一位船长，他环视如今叫作大草场（Padang）的地方，写道：

> 我们搭建帐篷的地方是一块一英里（1.6公里）见方的平地，其中一部分从丛林中平整出来。清澈透明的淡水小溪（或者说小河）穿过这里。……这块地是新加坡一个非常古老的城区和要塞的所在地。……这里看不到一丝昔日辉煌的痕迹，也没有被人发掘过的蛛丝马迹。至于说这里曾经有过坚固的防御工事，更是见不到一点儿踪影，只有那些想象力丰富的人才能看出土坡上残存的部分土堡或土堡地基。土堡沿小溪蜿蜒而建，顺着海滩延伸……。关于土城墙的记录是史丹福爵士从一本古老的马来书中看到的（Moore, 1969: 20）。

据莱佛士第二任妻子索菲亚说，他在1817年离开英国之前就认定新加坡可以成为英国船只航行于印度和中国之间最有利的的据点。为什么选择新加坡？在这一地区积累了丰富经验的威廉·法夸尔（William Farquhar）上校更青睐吉里汶岛（Karimun Island）。该岛位于马六甲海峡南端入口的中央。不过，据一位莱佛士传记作者所写，“莱佛士的特点就是，在制定政治规划时，总要为自己的行动找到历史依据”（Wurtzburg, 1984: 454）。当时，马六甲掌握在荷兰人手中，这段历史可以追溯到15世纪，在东南亚尽人皆知，对此深信不疑。莱佛士很可能想压过荷兰人，将马来人的贸易吸引到马六甲前身——新加坡。1818年12月12

日，莱佛士给他的老朋友，在苏门答腊岛明古连（Bencoolen）[1]生活多年的威廉·马斯登（William Marsden）写信："如果我给你的下一封信是发自新加普拉[2]古城遗址，请你一定不要感到吃惊。"

莱佛士不断学习东南亚历史和文化。在这一过程中，他收集了各种手稿，其中最著名的是《莱佛士第18号手稿》（*Raffles Manuscript 18*），这就是已知的《马来纪年》（*Sejarah Melayu*或*Malay Annals*）的最早版本（插图0.03）。《莱佛士第18号手稿》讲述了起源于巴邻旁（Palembang）[3]的马来王室家族，以及他们移居新加坡、马六甲、柔佛和廖内的经过。在《马来纪年》的叙述中，新加坡扮演了重要的角色：它被描述为马来人的第一贸易大港。在最早的五位马来国王统治期间，影响马来文化形成的多个重大历史发展事件都围绕这个城市发生。据《马来纪年》记载，后来爪哇人进攻新加普拉，马来人才不得不将都城迁移到马六甲。

莱佛士为找到关于新加坡古迹的证据感到非常满意。他写信给自己的赞助人萨默塞特公爵夫人夏洛特公主：

> 您可以从马斯登绘制的苏门答腊岛地图上看到，海峡北边有一个叫作新加普拉的岛，这里就是古代马来人的港口都城。在六个多世纪前修建的要塞城墙内，我竖起了英国国旗（Moore, 1969: 31）。

---

1 现称明古鲁（Bengkulu）。——译注（除特殊说明外，本书脚注皆为译注）

2 也译信诃补罗。

3 又译巨港。

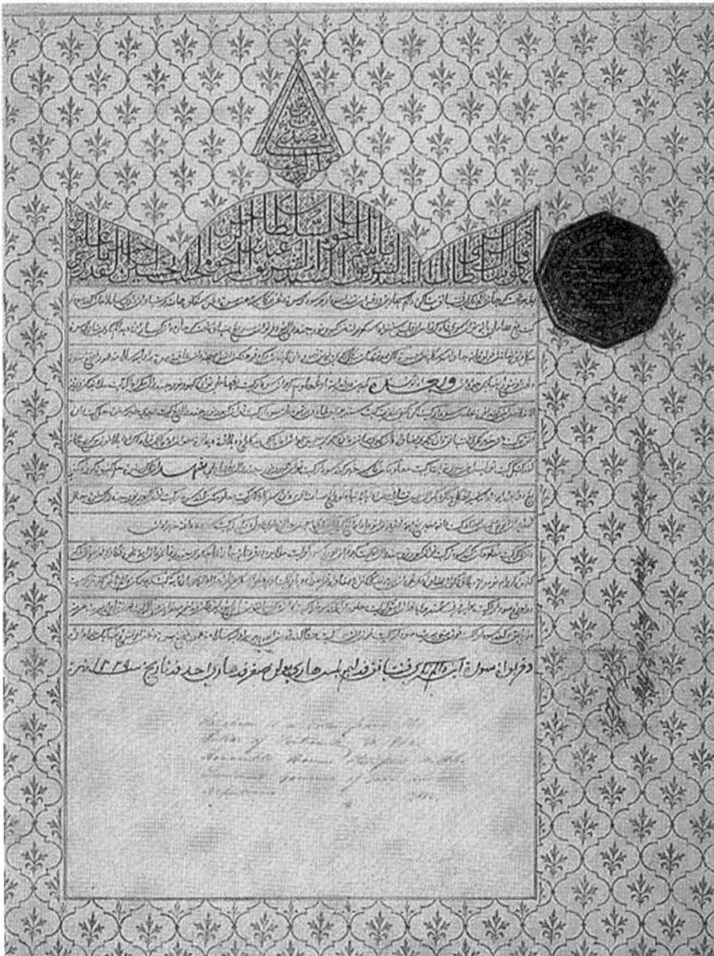

插图0.02　1811年苏丹谢里夫·卡西姆（Sharif Kasim）写给莱佛士的信。西加里曼丹岛坤甸的苏丹谢里夫·卡西姆请求莱佛士，帮忙抵抗来自另一个西加里曼丹岛王国——三发王国（Sambas）的海盗。三发王国联手伊拉农海盗（Ilanun pirates）袭击商人，也威胁到了英国的利益。在这封信中，苏丹谢里夫感谢莱佛士送给他的礼物：布匹和一双金鞋。作为回赠，他送给莱佛士两本马来文手稿：一本是律法，一本是历史传奇小说《伊斯干达苏丹传》（*Hikayat Sultan Iskandar*）（Gallop and Arps, 1991: 43）。经大英图书馆允许复制。

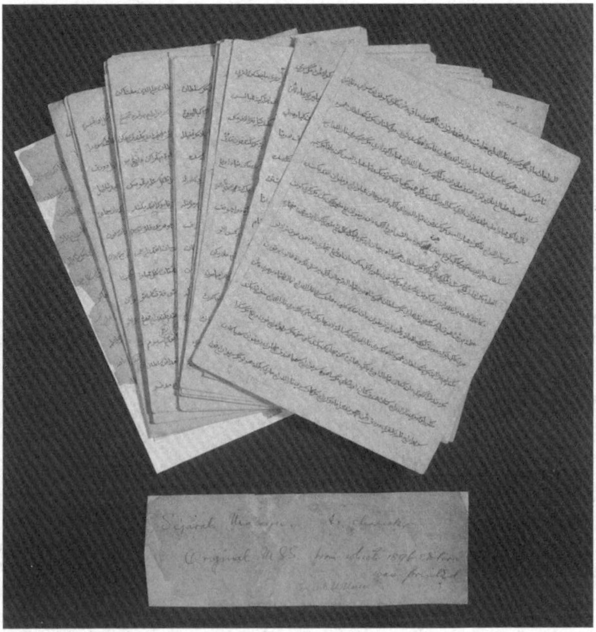

插图0.03 《莱佛士第18号手稿》，最早的《马来纪年》版本，该版本可追溯到1612年。考古研究发现其与《马来纪年》中叙述的新加坡部分有众多相似之处。新加坡国家博物馆藏品

莱佛士与考古

莱佛士兴趣广泛，爱好文物古迹便是其中之一。虽然当时还没有考古学这门学科，但莱佛士比他同时代的人更独具慧眼——那些人有时会收集一些古物，但也只是出于好奇而已，而莱佛士却具有真正的人类学头脑。他将东南亚古代各民族的艺术与文化遗存视为了解其后代的一种手段。

1811—1816年，莱佛士在出任爪哇总督期间，鼓励人们到丛林中搜罗自然样品，并把古代遗物交给他。他组织绘图小组，画出古迹草

插图0.04　婆罗浮屠（Borobudur）。经佩里普拉斯出版社（香港）允许复制。

图。他还努力破译碑文和手稿。这些研究工作的成果成为1817年《爪哇史》中的大部分内容。由此看来，他选择新加坡作为新港口也就很好理解了。

19世纪和20世纪初的发现

约翰·克劳福[1]在新加坡进行了有史以来最接近现代考古发掘的活动。此约翰·克劳福与之前提到的、对莱佛士的观点将信将疑的约翰·克劳福德（John Crawford）船长名字相似，容易混淆。1821年2月3日，克劳福在出使暹罗和交趾支那（越南南部）的途中到访新加坡，并来了一次清晨闲游。1828年，他对此次闲游的描述在伦敦发表。[2]

克劳福误以为福康宁山（Fort Canning Hill）是东西走向，但事实上是西北偏北到东南偏南走向。克劳福描述山坡的北面和西面大部分被砖瓦遗址覆盖。他的描述中唯一能确定位置的遗址是伊斯干达王（Iskandar Shah）圣墓，位于山坡东面。所以，更合理的做法是将方向"西"换成方向"北"，以此类推。对克劳福的闲游，我将进行如下概述：

克劳福闲游的起点是这个早期英国飞地的中心，位于新加坡河北面（如今叫作大草场）的一块平地上。在大草场的东北边缘（如今的史丹福路）有一面坚固的土墙，墙基处16英尺（5米）宽，8—9英尺（约2.5米）高，一条小溪从旁边流过。这种特征被莱佛士和克劳福德船长称为"要塞"或"堡垒"，在一幅1822年绘制的地图中，此处被清晰地标示出来，名为"新加坡古防线"（Old Lines of Singapore），而那条小溪被称为淡水溪（Freshwater Stream，插图0.05）。

位于新加坡体育俱乐部对面的史丹福路以北，有一块黑漆小铁牌，是为了纪念这里曾经横跨淡水溪的一座桥。看到这块牌子的行人

---

1 约翰·克劳福（John Crawfurd），在新加坡也有人称其为"克罗福"。

2 收录于保罗·惠特利（Paul Wheatley）著《黄金半岛》（*The Golden Khersonese*, 1960: 120–122），克劳福的《印度群岛释义词典》（*Descriptive Dictionary of the Indian Archipelago*, 1856: 402）包含了很多相同的信息。另参见布拉德尔的书（R. Braddell, 1969: app., 22–23）。——原注

插图0.05　淡水溪，如今是史丹福槽河的一部分。摄于20世纪90年代末

一定会纳闷，因为这里既没有桥，也不见小溪。淡水溪其实还在，只是如今它的下游沿着一条名为梧槽运河的人工地下水道流走了，其上游仍可以在史丹福路和勿拉士峇沙路（Bras Basah Road）交汇处的索菲娅山（Mount Sophia）附近看到，距以前的国泰大厦（Cathay Building）不远。

1918年，荷兰学者洛菲尔（G. P. Rouffaer）对新加坡古代史进行过推测。他显然知道有这么一幅1822年的地图。地理学家保罗·惠特利虽然没有提及，但他很可能也知道这幅地图，因为他在《黄金半岛》一书中，展示了与1822年地图中相同地点的那段城墙（Wheatley, 1961: Fig.15）。1985年，我在撰写第一部新加坡古代史时还没见过这幅地图，并且推测城墙是与福康宁山东南山脚相连，而不是东北山脚。现在我知道我这个推测是错误的。不过，我依然相信，“王宫和庙宇区”并不像惠特利的地图所显示，或克劳福所描述的，位于西面山坡上，而是在北面和东面的山坡上，靠近今天的圣墓位置。朝向里峇峇利路（River Valley Road）的西南坡相当陡峭，与东北坡相比，在那里进行的考察和勘探发掘几乎没什么收获，而东北坡考古堆积非常密集，包括古代砖头建筑遗迹。

中国旅行者汪大渊提到1330年暹罗人进攻时，淡马锡人“关上大门”。《马来纪年》也提到古代新加坡一堵城墙上会开一扇门。而克劳福的报告则称，土城墙是一个连续不断的堤坝，上面没有任何缺口。确实可能没有必要修建城门，因为这面城墙只围绕城市的一面而不是四面，而其他三面都拥有天然屏障——要么是水，要么是山坡。在勿拉士峇沙公园（现新加坡管理大学所在地）的发掘工作并没有找到证据证明古时城墙北面有人居住，所以说没有修建城门的必要。也许，福康宁山上的王宫居所由栅栏围护，围栏上开了一扇门。

克劳福在平原地带没有看到什么遗迹。除了新加坡古防线，新加坡的其他古迹主要在山上和新加坡河口处：在山上，有一块“墓地”和一处应该是庙宇的地方；在河口处，有一块人工劈开、刻有铭文的大圆石。

1819年，新加坡居民称这座山为“禁山”（Bukit Larangan）。莱佛士的马来老师在自己撰写的《阿都拉传》（*Hikayat Abdullah*）中记载了法夸尔上校与东姑·阿卜杜勒·拉赫曼（Tengku Abdul Rachman）的对话。阿卜杜勒是代表廖内苏丹国管理新加坡的地方官，又称天猛公。阿都拉记录的这次对话也印证了《马来纪年》中记录的另一次对话。那次对话的一方是代表岛上原有居民的因陀罗·博帕尔（Indra Bopal），另一方是代表新来居民的首领室利帝利般那（Sri Tri Buana）[1]。东姑说，普通百姓是不能上那座古代王宫山坡的。“禁山”之所以令人敬畏，还因为那里会发出奇怪的声响。即使到了20世纪20年代，当地人仍相信山上有鬼魂出没。

克劳福发现山坡两侧的“绝大部分地方”被砖头地基覆盖。他在地基周围发现了“大量”中国陶器和当地陶器的碎片，还有中国钱币，其年代可追溯到967年。但这些物品并不能证明早在那个年代新加坡就已经存在一个聚落了，因为这样的钱币在东南亚已经流通长达几个世纪。在苏门答腊岛东北海岸，就有宋元时期的贸易港口“中国城”，12世纪和13世纪都在使用隋、唐、五代和宋时期的钱币（Edwards McKinnon, 1977）。元朝时很少铸造铜币，因为在中国已经开始大量使用纸币（Kuwabara, 1928）。

最大的遗迹是一处方形结构，每边长12米，位于靠近山坡顶端的一块阶地上。在新加坡电信大厦附近，也就是今天的福康宁山东南端，克劳福看到一些方形砂岩石块，酷似在印度尼西亚和马来西亚遗

1 意为“三界之王”或“三地大王”，1269—1317年在位。

址中发现的柱础。这些石块很可能是用木柱支撑屋顶的凉亭遗迹。他还发现了一个圆形石堆，石堆外有一圈低矮的方形围墙。

14世纪的汪大渊，以及1515年驻马六甲的葡萄牙官员多默·皮列士（Tomé Pires）都曾写道，马来人的王宫一般都坐落在阶地丘陵上。因此，福康宁公园的遗迹很可能是一个古代宫殿的所在地。马来人的宫殿中常常会有一个面向百姓居住区的听众凉亭，在印尼语中叫"pendopo"，这个有柱子的建筑也许就是这种凉亭。

克劳福得知还有另外一处阶地，与这处大小相似，是一个"君王"的陵墓。他未对这一地点做进一步的详细记录。那里有一处匆忙建造的"简陋建筑"，今天我们得知那是伊斯干达王圣墓（插图0.06—0.10）。1909年，洛菲尔到访此地时，发现这是一处穹顶墓地，与南苏拉威西岛上的墓地相似，而且修建时间不会早于17世纪。墓地没有发现可以确认墓主身份的碑文（Rouffaer, 1921: 64, 380）。20世纪初，罗兰·布拉德尔爵士发表了一张图片，其文字说明是"新加坡伊斯干达王墓地"（Braddell, 1982: opposite p. 57）。图片上一座木桥跨过一条壕沟，壕沟对面的一排柱子形成了院子的入口，院子里有一个方形屋顶的低矮建筑。一本1892年的旅游指南称，"经木桥跨过新加普拉老城壕沟，游客即可进入该景点（圣墓）"（Reith, 1892: 60）。

据《阿都拉传》记载，1819年，有泉水从山坡西侧流出（Hill, 1962: 42）。这泉水被称为"禁泉"（Pancur Larangan）。传说古时王室女眷都在这里洗浴。根据印尼考古发现，古代浴场非常流行。有些浴场砌砖墙或石墙，还装饰了雕像、雕刻的出水口和浮雕等艺术作品。没有人记载过"禁泉"遗址的情况。但英国人发现泉水后，他们修建了一条水渠，将泉水引到河边的一个贮水池里，就位于今天里峇峇利路与禧街（Hill Street）路口附近。19世纪20年代，这泓泉水为过往船只提供了全

伊斯干达王圣墓

插图0.06　摄于20世纪50年代

插图0.07　摄于20世纪60年代

插图0.08　摄于20世纪80年代

插图0.09　摄于20世纪90年代

插图0.10　摄于2010年

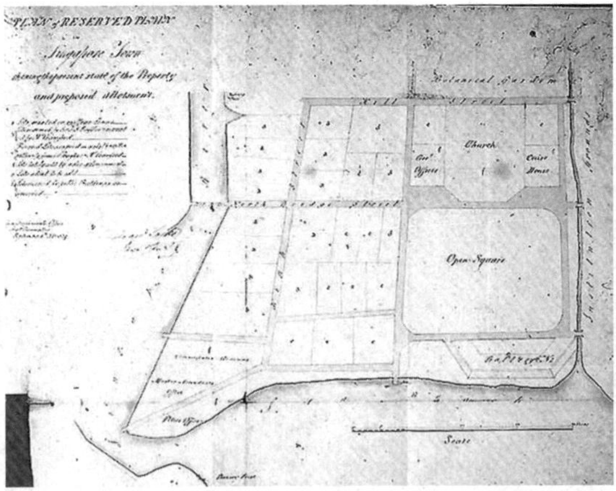

插图0.11　新加坡“保留地”（Reserved Plain）地图，1827年由爱德华·雷克（Edward Lake）绘制。地图显示此地左上角为船只取水处。这一地点位于今天禧街和里峇峇利路路口。经新加坡国家档案馆允许而复制。

部所需淡水。这些船不必上岸，只需派小船载着木桶，逆新加坡河而上，在贮水池装满淡水即可。

19世纪30年代，淡水需求量超过了泉水的供应能力，于是人们到山脚下打井。打井的做法显然切断了泉水的水脉。1857年，政府已经在山坡的西面建起两处贮水池，用来供应淡水。正因如此，北面山脚下的一条街被称为“登路”（Tank Road，贮水池路），即今天的克列孟梭大道（Clemenceau Avenue）。新加坡独立后，这里成为一个大型市政游泳池，也因此使这个有着七百年历史的遗迹保持了生机。后来，游泳池由新加坡国家公园局的福康宁办事处接手，今天叫山麓（The Foothills）。

克劳福在山坡南面发现了一片生长着古老果树的小树林。这是东南亚王宫的一大特点——王宫都建有种植了果树和花木的王家花园。这样的园子有很多，比如在井里汶、日惹、梭罗、巴厘岛和龙目岛

插图0.12　西爪哇岛井里汶的桑尼亚拉奇公园（Sunyaragi Garden），建于17世纪，是保存最好的古代东南亚王家花园，它让我们领略到印尼园林设计师是如何将水运用到园林规划中的。

（插图0.12、0.13）。据《马来纪年》记载，新加坡的统治者家族来自巴邻旁，而在巴邻旁附近发现的7世纪碑铭显示，这个统治者修建了一处人间天堂似的花园。

《阿都拉传》也提到在福康宁山（禁山）的山腰下有一处古老的果园，里面有形形色色的古老树木，包括杜古、酸橙、柚子、兰撒、臭豆和耶林[1]（Hill, 1960: 168）。在19世纪初的新加坡，这些树木一定非常

1　一种可食用的臭豆树。

插图0.13 龙目岛上的马悠拉花园（Mayura Garden）建于19世纪。位于印尼东部的王家花园精美绝伦，令19世纪90年代最早发现这里的欧洲人叹为观止。

抢眼，因为根据现代资料所述，那时山坡上很少有高大树木。新加坡河河口堤岸上的桃金娘属树木和野牡丹都是低矮灌木，大量生长在被废弃的空地上。因此，这处古代遗址上生长的不是原生丛林，而是二次生长的植物。

《马来纪年》里讲述了一个名叫巴当（Badang）的大力士将一块巨石抛出王宫（很可能从福康宁山抛出），扔到新加坡河口的故事。正是在河口这里，克劳福看到一块砂岩巨石。孟加拉亚洲学会副秘书莱德雷（J. W. Laidlay）描述过1819年6月发现这块巨石的经过："1819年，新加坡河入海口南面的岩石地带还覆盖着茂密的丛林和灌木，英国海军雇佣的一些孟加拉水手发现了这块石头。”（Laidlay, 1848: 70）根据阿都拉·文西（Abdullah Munshi）所述，那块巨石是在取石填沼泽时被发现的。那片沼泽就是今天的莱佛士坊（Raffles Place）所在地。不远处的另一块石头被“海人”（orang laut）——生活在船上的移动部落，第一章将介绍更多关于他们的信息——称为“剑鱼头”（Batu Kepala Todak）。他们将此石视为宗教神物。阿都拉说：“他们的习俗是，重大协议都要在此地（石头处）达成，因为他们认为此石具有神力。他们还会祭拜这块石头，用长幡加以装饰。”（Hill, 1960: 145, 165–166）。洛菲尔则误将新加坡古石碑（Singapore Stone）与“剑鱼头”混为一谈，认为两块石头是同一块（Rouffaer, 1921: 33）。

这块巨石被一分为二。开成两块的完整巨石一般会顺着直线裂开，这样就能得到两块对称的、表面相对平滑的石块。人们开石很可能是需要平滑的表面来刻字。这块石头高3米，宽3米，一面已经凿刻，留下一圈凸起的边缘。石头内侧宽2.1米、高1.5米的面积上刻有50—52行不明文字。住在加尔各答的东方学学者普林西普（J. Prinsep）研究了这块石头的拓印图，发现其中40行文字可以辨认，但开头的12行文字被抹掉了。他没有解释为什么会这样，或者怎么变成这样的。[1]

1843年，这块巨石被炸毁，因为军方征用此处来修建浮尔顿堡垒（Fort Fullerton）司令部。后来这里陆续使用过不同名称：炮兵连、浮尔顿堡垒，以及船务总管办公室。[2]新加坡独立后，又在原址上竖立新的鱼

1 见《亚洲学会孟加拉分会学刊》第6卷（*Journal of the Asiatic Society of Bengal* 6, 1837: 681），引自洛菲尔的书（Rouffaer, 1918: 36）。——原注

2 引自吉布森–希尔（Gibson-Hill, 1956: 24）。洛菲尔（Rouffaer, 1921: 35）的叙述略有差别。——原注

尾狮纪念碑。不过，21世纪初，这个碑被向南挪动了100米。

英国军官詹姆斯·洛（James Low）上校对古迹情有独钟。他在古石被炸毁后不久才来到这里，设法抢救出几块残片。他聘请了一位华人工匠，将这些残片修成小块的石板。洛写道："不过，这些小块石头上的铭文恰好是整个铭文中最清晰的（如果'清晰'一词在这里真的适用的话）。"他将三块石板寄往加尔各答。石板于1848年6月到达目的地（Low, 1848: 65–66）。

另一位官员巴特沃斯上校（W. J. Butterworth，1843—1855年任新加坡海峡殖民地总督）在河对岸找到巨石的另一块残片，地点是新加坡财政部（也就是今天的皇后坊［Empress Place］）的游廊上。卫兵将这块残片当作凳子使用。巴特沃斯命人将残片送到他位于政府山（后来的福康宁山）的办公室，后来又送到加尔各答。似乎还有人找到一些残片，但随后又下落不明。举例来说，里德（W. H. Read）曾"在政府官邸（今天的福康宁）的角落里见到一大块碑铭残片。但是，有一次总督去槟城出差，在他离开新加坡期间，一些犯人因为需要石料翻修公路，擅自撬走了这件珍贵的文物"（Rouffaer, 1921: 54）。就这样，这块古石的残片如今散落在从新加坡河到福康宁山的大范围地区内。

1918年，莱佛士博物馆及图书馆管理委员会要求将古石残片归还新加坡。加尔各答博物馆同意将它们作为长期租借文物送回新加坡。[1]《1919年莱佛士博物馆及图书馆年度报告》称，新加坡古石碑的一块残片已经以无限期租借的方式由印度博物馆受托人送回。2013年，在我撰写本书期间，这块古石残片正在新加坡国家博物馆展出（插图

---

1 见洛菲尔的书（Rouffaer, 1921: 59），转引自《百年新加坡》（*One Hundred Years of Singapore*, 1921, vol. 1: 57）。——原注

0.14），其他残片很可能仍留在加尔各答。

1989年，时任新加坡国家博物馆馆长的柯宗源先生和我一起，访问了加尔各答博物馆的接替机构印度博物馆，并向馆长询问另外两块残片现存何处。他们告知，那些残片很可能在博物馆储藏区的某个地方。至于残片的具体下落，他们也说不清楚。大家不妨回想一下电影《夺宝奇兵》中的最后场景，再联想一下藏在印度博物馆储藏区的古石残片。那可是一座巨大的仓库。但愿这些残片有朝一日能够重见天日。

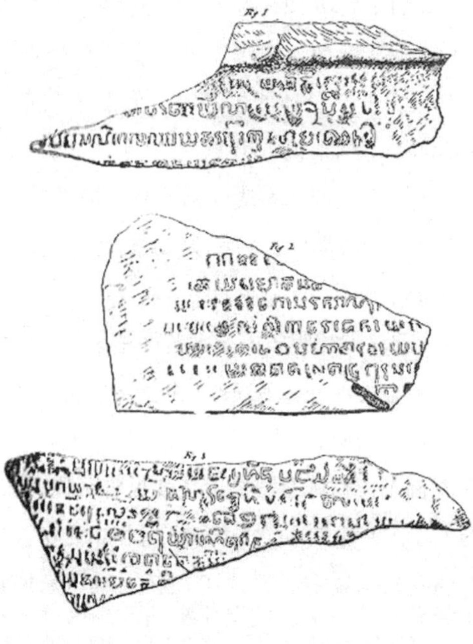

插图0.14　新加坡古石碑上刻有很长的文字，但被军事工程师爆破炸碎，只能估算其年代有700—1000年之久。石头上的文字与那个时期苏门答腊岛上使用的文字相近，里面至少有一部分梵文。新加坡国家文物局属下国家博物馆提供

在之后的85年里，新加坡考古并未增添新的重要发现。山坡的顶部原本呈锥形，19世纪50年代后期修建福康宁要塞时被推平。虽然山顶地带可能藏有大量遗物，但一直没有发现文物的报告。1928年，要塞被拆除，人们修建了一个占地7英亩（3公顷）的水库。在施工过程中，发现了一批金首饰，其中包括一个臂环、一批耳饰，以及一枚设计独特的指环。这批遗物被发现的深度为10英尺（3米），在原有的地表下（即山顶被推平之前的深度，见第五章）。

指环上剔刻了一只鹅、一个梭罗（位于中爪哇）王室标志，以及印度教三大主神之一梵天的坐骑标志。发现的臂环有两只，但保存下来的只有一只，另一只在20世纪40年代与指环一同丢失。臂环上刻着伽罗的面孔。在印度神话中，伽罗偷了长生不老药，想自己喝下去。毗湿奴用剑割下他的头颅。但伽罗头颅的上半部已经触到长生不老药，所以不会死去。正因如此，伽罗的头像象征着永生不灭。伽罗头像是8—15世纪爪哇庙宇中普遍的浮雕主题，也常被用作雕像的装饰。在西苏门答腊岛发现的一幅14世纪大型浮雕就有非常相似的装饰（插图0.15）。荷兰考古学家卡伦菲尔（P. V. van Stein Callenfels）具有丰富的爪哇生活经历。他指出，在福康宁发现的金首饰让他想起14世纪那些工艺精湛的爪哇岛文物（Winstedt, 1969）。

宝琳·舒雷尔（Pauline Scheurleer）是一位专门研究古代爪哇金属工艺的当代学者。她在2001年8月22日的一封信中告诉我，她不太相信对伽罗头像（插图0.16）的考证。至于那批文物，她写道：

> 那些饰品属于我非常熟悉的爪哇类型，但有一件例外：那对有克提穆卡（kirttimukha，伽罗装饰品的别名）形状扣环的臂镯。我很肯定，这对臂镯来自南印度，而且我认为其年代也比

插图0.15　在西苏门答腊岛巴当洛克（Padang Roco）发现的14世纪派勒瓦（Bhairawa）雕像上的伽罗头饰

插图0.16　1926年在福康宁发现的金伽罗头饰。新加坡国家博物馆藏品

较“晚”。我不知道具体有多晚，大概18世纪吧。不过，也许是我搞错了。可以将克提穆卡比对克丽媞娜和库玛（Usha R. Bala Krishnan and Meera Sushil Kumar）所著《孔雀之舞》（*Dance of the Peacock*，1999年出版于德里）第152号插图，以及尼甘姆（M. L. Nigam）所著《印度首饰》（*Indian Jewellery*，1999年出版于新德里）第36页。手镯类型可以比对尼甘姆著《印度首饰》第85页提到的18世纪拉贾斯坦邦（Rajasthan）莫卧儿王朝风格。

的确，伽罗头像臂环看起来非常具有印度风格——繁复的图案设计、脸部周围凸起的瘤状、面孔形状等，都并非爪哇风格。臂环还有精巧的环扣装置，可以打开和关闭，便于戴上和取下。另一方面，报告称这些文物都在同一地点被发现，所以它们的年代应该非常接近。到目前为止，尚未有人指出指环和耳饰是较晚时期的文物。

文物的风格差异也许说明，这件伽罗头饰与“爪哇风格”金首饰是在不同地方打造的。人们对苏门答腊岛14世纪金器制造技艺一无所知。在西苏门答腊岛曾发现一个印度语（泰米尔语）碑文。那里距14世纪的阿迭多跋摩（Adityawarman）宫殿不远，而阿迭多跋摩自称“金岛之王”（Kanakamedinindra）。印度首饰也许在14世纪已经传入新加坡，或者说，苏门答腊–新加坡地区的金器与印度金器具有相同的风格特征。不过，还有另外一种可能，那就是苏门答腊–马来金器制作技艺影响了印度工艺。印度民间流传，至少有一位苏门答腊金匠去过印度。

发现这些遗物的地点距圣墓只有几米之遥。1928年，在福康宁山顶发现遗物的地点如今被围在山顶蓄水池的栅栏里，用一个小型混凝土建筑标记出确切地点（插图0.17），并禁止考古研究工作。

1928年这批金器被发现后，再没有新的发现引起公众的关注。在

插图0.17　伽罗头像就是在图中人物身后的小型建筑中被发现的

接下来几十年里，新加坡古防线、新加坡古石碑，甚至是这批金首饰都被人们遗忘了。新加坡公众已经习惯性地认为，新加坡是由史丹福·莱佛士爵士于1819年1月“建立”的。讽刺的是，莱佛士本人并未如此自诩。他一直把自己在新加坡建立英国定居点的工作描述成振兴一座古代贸易港口。

1984—2012年，这28年是一段特别有意思的时期，新加坡考古工作对14—16世纪该岛中南部居民的生活状况有了新的发现。这些考古遗址让我们确认了古代文献的内容，即新加坡在1300年后不久，已经成为一个重要港口。这项研究证实，沿新加坡河可以很快发展起一个城镇，并达到相当高的繁荣程度。这种繁荣状况在14世纪的大部分时间里一直持续。沿着河岸曾出现过几种制造业活动。当时的新加坡居民从中国和印度进口种类繁多的物品，有些舶来品质地精良。这个聚居地在15世纪马六甲苏丹国统治时期逐渐萎缩，但直到17世纪初，这里一直是马六甲及其后继者柔佛–廖内国的重要贸易基地。

长达四分之一世纪的考古工作和历史研究已经改变了我们对古代新加坡的认识。如今，我们已经知道，新加坡是14世纪东南亚最著名的城市，这里也是被确认的最古老的华人社区所在地。今后，人们可以在新加坡这些研究成果的基础上继续研究早期华人移民对整个东南亚社会的影响。考古数据显示，华人移民、当地官员以及来自东南亚各地的商人相互合作，最终使这个位于亚洲海上贸易交汇处、地理位置具有战略意义的港口迅速发展。

古代新加坡与马六甲海峡的其他早期港口城市具有一些大致相同的特点，但是，它也有独特之处。这些独特之处也许就在于与中国的密切关系，以及华人社区的发展壮大。这些华人处于我们今天所称的马来人[1]统治之下。当时居住在新加坡的很可能还有来自亚洲其他地区的商人，包括印尼人、印度人和斯里兰卡人。他们组成的多族群社会，与莱佛士振兴这个古代港口后的情形非常相似。没有证据显示这里曾经发生过文化冲突。古代新加坡的各族群似乎建立起一种相互依赖的共生关系，他们都明白，携手合作能够带来利益。

新加坡的黄金时代在1400年前戛然而止。不过，考古遗迹证明，该岛并未被人遗弃。它沿着新加坡河建起的居民区继续与外部世界保持贸易联系，直到1600年前后。随之而来的是历史学和考古学的真空期，一直延续到1800年左右。1811年前后，又有居民生活在新加坡河沿岸，他们是一小群附属于民丹岛（Bintan Island）廖内苏丹国的居民。

莱佛士到达新加坡时的情况就是这样。他的目的并不是建立一个

1 “马来人”一词的含义在几个世纪里经历了多次变化，见《东南亚研究学刊》（*Journal of Southeast Asian Studies*: 32, 1, 2001）。——原注

新港口，而是恢复新加坡昔日的辉煌，因为他相信新加坡曾经是盛极一时的马来贸易中心。他的观点虽然有一部分是错误的（南苏门答腊的进出口贸易城市比新加坡早几个世纪），但也并非完全错误。只是人们又花了近两个世纪才证明他的观点基本上是正确的。

本书第一章将描述东南亚最早的主要港口。介绍这个背景非常有必要，这为解读古代新加坡提供了历史视角。古代新加坡从未成为一个主要的政治中心，但东南亚各大帝国为了控制新加坡却不断斗争。也许正是因为新加坡在地理、政治上的边缘地位，它吸引了早期华人来此定居。苏门答腊岛和爪哇岛各大港口对外国人都实施各种限制措施，相比之下，在小一些的港口，商人会有更多的自由和更大的活动空间。

南海作为一个文化摇篮，一直与地中海相提并论。这种对比也许有些道理，却没能体现出东南亚特有的复杂性。新加坡周边的城市化发展与欧洲或者亚洲其他主要地区的情况有所不同。东南亚人口稀少，具有高度的生态多样性，有利于形成不同的发展轨迹。

学者们如今仍在努力解决如何有创意地思考东南亚聚落问题，也就是人们现在所说的城市的形成和演化过程问题。新加坡就是东南亚最早的城市遗址之一。关于这一大片地区的人口分布、文物和人们从事的活动，我们已经找到详细信息。通过讲述封存在这些文物中的故事，我们可以描绘出古代新加坡的生活场景。读者可以自行判断这里的生活环境和生活习俗是否与现在截然不同，或者似曾相识。古代新加坡在亚洲海上贸易发展中扮演了一个重要角色，它在14世纪的兴起是一个长期发展的结果。本书第一章到第三章概述了一些涉及海上丝绸之路的最新重要发现，而这条海上丝绸之路为新加坡出现在历史舞台上奠定了基础。

第四章概述了有关古代新加坡的历史资料。如今，考古发现让人们对14世纪的新加坡有了新的认识。第五章到第十一章提供了新加坡第一个25年的考古研究历程，并对主要考古发现进行了描述。研究工作还在进行中，未来的发现将揭示这一古老城市更多的生活侧面。目前我们已经拥有50万件古代新加坡文物，足够让我们对这个城市作出详细的总结。

为了便于专业人士阅读，本书对考古研究的方式、信息采集的方法，以及由一个证据引发的多种推论进行了大量技术性描述。有些读者可能会觉得这种描述枯燥无味，但这个过程将阐明为什么关于新加坡历史的诸多论断在今天都被认为是谬误。我也在努力使这种讨论能够被更多的大众读者所接受，同时涵盖充足的科学的资料，以便考古学家能够判断此书的结论是否站得住脚。毫无疑问，未来的研究将会纠正其中一些结论。

28年间逐渐积累起来的数万件小残件使古代新加坡复杂的社会经济状况慢慢露出真容。发现的文物很少有完好无损的，而且至今尚未发现墓葬。所有这些文物都曾被视为无用之物而丢弃。如果不具备专业眼光，是很难辨认出这些文物的。也正因如此，古代新加坡在这么漫长的时间里躲过了人们的搜寻。

比起14世纪的新加坡，15世纪以后的古代新加坡信息反而不那么全面、详细，但我们仍可以利用这些少量的数据描绘出15世纪以后新加坡的大致生活场景。这一时期是马六甲苏丹国及其后继者柔佛–廖内王国统治的时期，一直持续到1600年前后。在沉寂了近两百年之后，新加坡又恢复了生机。1811年，新加坡河口一带又开始有人居住，随后在1819年开始了殖民地时期。虽然19世纪和20世纪初的新加坡考古是另一个话题，但将殖民地前的新加坡与殖民地时期的新加坡进行对比，我们可以发现，在这个有着大量华人居住的港口，500年前后两个时期里的生活是多么不同。殖民地时期的考古是本书第十二章的主题。

新加坡考古有三个重要启示。第一，新加坡拥有重要的考古资料供人们探索。这一点在1984年之前很少有人想到。即便是今天，也很少有新加坡人认为这个国家有潜力，可以为广泛研究人类历史提供重要数据。第二，古代新加坡在当时处于领先地位：这里建有防御工事。这在当时的东南亚地区实属罕见。而且这里的居民拥有不同种类的手工制品，这些手工制品在别的地方尚未被发现。第三，新加坡是一个人口密集的小城市，不同种族汇聚于此，各行各业兴旺发达，进口商品琳琅满目。从这个意义上讲，这里确实可以与地中海沿岸同时代的贸易港口相媲美。

也许在新加坡开埠之前，华人“移民群体”早已开始形成。但是，我们对其历史和稳定性，甚至早期定居点几乎一无所知。新加坡的考古数据让我们第一次可靠地了解到最早的华人移民定居东南亚的大致情况。新加坡还让我们清晰地了解到，欧洲人到来之前的东南亚贸易制度是如何运作的。虽然这方面的文章已有不少，但史料相当缺乏。28年的新加坡考古发掘积累了大量数据，可以让学者探讨各种问题，如贸易货物的类别，远程贸易与当地贸易制度间的相互作用，等等。

新加坡是被彻底发掘过的东南亚最古老的城市之一，所收集的数据可以用来研究前殖民地时期的东南亚城市化问题，以及更广泛的热带地区城市化问题。这些问题的研究目前仍处于起步阶段。

我希望本书的出版可以提升新加坡人的意识，让他们认识到这个小岛国的兴起并非现代历史上的偶然现象，它拥有悠久的历史，值得更广泛的重视。新加坡是东南亚最古老的都城之一：比雅加达古老，比阿瑜陀耶[1]（Ayutthaya）古老，也比马尼拉或仰光古老。尽管在1600年到1800年这里一度无人居住，出现了200年的历史空白，多数社会还是会因为了解到自己曾经拥有一段厚重的历史而感到欣慰。新加坡的古代历史可以成为奇迹和灵感的源泉，理解这一点会让很多人受到启迪。希望对新加坡考古的描述能使更多人放飞想象，获得乐趣。他们可以想象，在不同的时代生活在同一个地方，将会是怎样一幅景象。

1 华侨惯称其为“大城”，故阿瑜陀耶王朝又称大城王朝。

历史 × 背景

第一章 南洋三海

大约4000年前，许多东南亚人生活的村落由贸易网连接，通过这个网络，货物可送至远达几百公里外的地方（Higham, 1989: 307）。考古学家已经找到证据，证明史前时期生活在缅甸、泰国、柬埔寨和越南的族群已经与印度和中国建立了贸易往来。虽然没有文字史料描述史前东南亚的情况，但考古研究显示，早在2500年前，当地水手就已经掌握了高超的航海技术，纵横于南海和附近地区，这使他们完全有能力在浩瀚的太平洋中建立拓殖地，抵达未知的岛屿。当中国的中原政权从黄河流域向南扩展时，马来–波利尼西亚人正在太平洋大力开拓殖民地，并于7世纪初（也就是中国的唐朝时期）发现了夏威夷。

东南亚人探索的脚步并没有局限于太平洋，他们也向西航行。公元前300年，东南亚水手已经穿过孟加拉湾，到达南亚。在此后的几个世纪里，东南亚水手还发现非洲东海岸的马达加斯加，并在那个岛

插图1.00　在爪哇岛婆罗浮屠神庙中发现的约公元800年的印度尼西亚船只壁雕

上建立起最早的人类聚落。早在1400年前，马来–波利尼西亚的语言和文化就已经跨越了大半个地球。在英国人于18世纪建立大英帝国之前，还没有其他语系的族群能够完成如此壮举。不管是印度语言还是中国语言，都不曾传播到如此广阔的地域范围。

东南亚史前贸易

公元前4世纪或公元前3世纪，东南亚人已经建立起巨大的贸易网。这个网络跨越广阔海洋，从南海到爪哇海，走向更遥远的香料群岛（也称马鲁古群岛）。人们最早发现这条通道是因为发掘了分布广泛的东山风格青铜遗物。这些遗物来自越南北方，以装饰精美、体型庞大著称。考古学家发现铜鼓（插图1.01）踪迹一直延伸到巴布亚新几内亚。公元前1世纪，马鲁古香料已经被运到位于中国汉朝都城西安

插图1.01　在泰国南部猜也（Chaiya）发现的东山风格铜鼓。在暹罗–马来半岛上也发现过几只这种风格的鼓，说明该地区在2000多年前已融入同一个贸易和交通网络。

（长安）。在越南南部发现的史前后期的沙萤（Sahuynh）风格遗物，也许代表了那个后来被称为占族人的南岛语族群的先祖文化。在杭共（Hang Gon）的沙萤遗址，考古学家发现了用玻璃、红玉髓、玛瑙、橄榄石和锆石制作的珠子，证明公元前400—公元前100年间，这里与南亚已有贸易往来（Higham, 1989: 228–229）。

是什么人运送了这些铜鼓和香料？居住在东南亚沿海绝大部分地区的占族人、马来人和爪哇人是主力军。这些马来–波利尼西亚语系成员从马鲁古群岛取得香料，然后向北航行至越南北部的红河流域，再在那里装上青铜器返回东部列岛。当外部世界开始对马鲁古香料（丁香、肉豆蔻和肉豆蔻干皮）产生兴趣之后，关于这些香料的贸易活动便开始活跃起来。人们穿过爪哇海后，向西驶往印度，向东驶往中国。公元4世纪，在罗马人占领的埃及，已经有人用马鲁古丁香支付租金（Warmington, 1928: 200）。香料之路发展了一千多年后，引发了哥伦布的兴趣，而他正是在寻找马鲁古的航行中，偶然发现了美洲。

考古学家已经在东南亚发现了最古老的遗址，可以证明该地区与中国、印度有来往。这些遗址位于现在的泰国境内，其中最古老的一处是位于泰国中西部的班东塔碧（Ban Don Ta Phet）遗址。放射性碳元素断代法确定其年代为公元前390—公元前360年。三乔山（Khao Sam Kaeo）遗址位于泰国半岛东海岸春蓬府，距离海岸线5公里，在公元前4世纪初到公元前2世纪已经有人居住（Glover and Bellina, 2011: 24）。

证明南亚与东南亚交往的最常见证据包括用宝石和玻璃制作的珠子。遗憾的是，现代人对这些古老的珠子同样情有独钟，所以古代遗址里一旦发现有珠子，便会马上被洗劫一空。在漫长的一段历史时期里，珠子一直在人们手中流转，正因如此，即便有人报告在某遗址里发现了某个时代制作的珠子，我们也只能通过系统性考古发掘后再下定论。因为只有这样，我们才能判定这些珠子是制作后不久被带到那里的，还是很久以后才流传到那里的。举例来说，在班东塔碧，人们在同一土层里发现了3000多颗玛瑙珠子、红玉髓石珠和玻璃珠，其年代可经碳测法确定（Higham, 1989: 207; Glover, 1989: 25）。而在这里发现的半透明浅绿色的六角珠已经知道来自越南南部俄亥（Oc-èo）[1]废墟，以及苏门答腊岛南部的巴塞玛（Pasemah）（Glover, 1996: 71）。这些遗物大约是在公元前400—公元前350年入葬的墓穴中被发现的（Glover, 1996: 69）。

直到不久以前，人们还认为，2000年前的玻璃和宝石遗物专门在印度制作。然而，对在泰国、柬埔寨和越南出土的珠子的最新研究使这一论断不再那么确凿无疑。比如，虽然在班东塔碧发现的大部分珠子所使用的玻璃与在印度南部使用的很像，但有些珠子样本的成分与

1　也译作俄厄、沃澳。

同时期印度玻璃的不同。这使得人们猜测，早期东南亚人也会制造玻璃，产地可能是泰国，也可能是缅甸（Glover and Bellina, 2011: 34–35）。

与此相似的是，关于玛瑙珠子和红玉髓石珠的最早出处也受到了质疑。有人对在泰国发现的宝石遗物进行了地球化学研究鉴定之后得出结论：制作珠子所使用的原料在当地就能找到，不一定来自印度（Theunissen, Grave and Bailey, 2000）。一些用软玉制作的物件可能来自中国台湾，运来的时候也许是成品，也许是原材料（Hung et al., 2007）。这些物件有些设计精美，如被称为“菱角–菱角–O型”（lingling-o）的椭圆形耳饰，以及一件带钩的双头兽吊坠。这些物件在南海周边地区流传，曾在泰国、越南的中部和南部，以及菲律宾南部被发现。虽然缅甸从未有过正规的考古活动，但农民发现的遗物也提供了重要证据，证明从曼德勒附近的瑟蒙河河谷（Samon Valley）到缅甸东南部毛淡棉（Moulamein）的走廊地带，发现了很多未完工的珠子（很可能是加工作坊的边角料）（Hudson, 2004: 195, 2005: 3）。从瑟蒙河河谷到班东塔碧和珠子山（Khuan Luk Pad），人们发现了公元前2世纪到公元前1世纪制造的小型红玉髓伏虎形珠子，形状模仿中国秦始皇时代（公元前3世纪后期）的兵符。这些珠子也许是在东南亚制造的，也许是在瑟蒙河河谷制造的。

这些发现显示，早在印度或中国形成政治实体或文化实体之前，从缅甸中北部到越南东部沿海的狭长陆地已经成为南亚和东亚之间贸易交流的十字路口。也许这些玻璃制品和宝石制品的原型是从外面输入的，但一些加工地点可能很快就转移到东南亚。至于是移民工匠还是当地工匠制作了这些珠子，我们无从知晓。贝琳娜（Bellina, 2003）、贝琳娜–普雷斯和西拉潘（Bellina-Pryce and Silapanth, 2006）提出的论点更倾向认为这些珠子是由来自印度的移民工匠制作的，至少在珠子制作的最初阶段是这样。

其他遗物也清楚地说明这里与印度有过往来。其中一种遗物是圆头底座的铜钵，上面刻画的纹饰为混合了印度风格与当地风格的图案（Glover, 1989: 40, Fig. 28）。班东塔碧出土了20—30件或完整或残破的圆头底座钵器。另外，在三乔山（Pryce, Bellina-Pryce and Bennett, 2006: 302–303）和越南的清化也发现了其他一些遗物，说明这里与印度有来往的推论是基于在南亚一些遗址中发现了类似钵器的遗物而做出的，这些遗址位于塔克西拉、奥里萨、孟加拉，以及恒河流域（Glover, 1996: 78）。不清楚这一类型的钵器最初是在泰国还是在印度制造的；钵器成分中含有大量的锡，而锡是在泰国发现的，不是在印度。这种合金硬而脆，不易制作，需要掌握特殊的制作技能。在泰国发现的遗物要比印度的多（Glover and Bellina, 2011: 36）。

三乔山遗址所代表的年代略晚于班东塔碧。这里的遗存显示，东南亚与印度、中国之间的贸易交往逐渐加强。这处遗址包括周边几座丘陵的四片建筑群，占地面积54公顷。放射性碳元素断代显示，在公元前4世纪至公元前2世纪期间，这一遗址是一处繁忙兴旺的玻璃、宝石和铁制品制作中心。这一时期，人们修建土城墙，也许是出于防御目的（Bellina-Pryce and Silapanth, 2006b: 272–273）。与这些土城墙相关的发掘成果包括来自越南北部东山的三只铜鼓。

在三乔山遗址还发现了金器，主要都是农民偶然发现，而不是在有计划的考古活动中发现的。人们并不清楚这些金器背后的文化关联。这些史前后期风格的金器（包括中间凸起的金珠），与在越南南部（湄公河三角洲一带）发现的遗物相似；一枚玫瑰花形吊坠，与在巴拉望岛塔博洞穴（Tabon Caves）发现的遗物相似，可追溯到公元前500年到公元300年之间（Pryce, Bellina-Pryce and Bennett, 2006: 309）。其他金器根据风格判断，可以追溯到较晚时期。三乔山似乎在扶南时期和史前后期被开发过。

三乔山出土了东南亚最古老的舶来陶器（Bellina-Pryce and Silapanth, 2006b: 278）。这些陶器里有西汉时期的中国土陶器，以及其他一些可能来自中国的器物，包括可能是铜镜边框的铜碎片，以及一个矛尖（Pryce, Bellina-Pryce and Bennett, 2006: 304–305）。这些土陶器碎片为什么会来到暹罗–马来半岛？是怎么来的？均不得而知。据称，在苏门答腊岛和加里曼丹岛出土过中国汉朝的陶器，但目前尚未掌握考古证据，证明汉朝时三乔山与中国进行过陶瓷贸易（Guy, 1990: 2）。也许是古董商人将这些陶器带来这里，目的是引起雅加达博物馆（当时由荷兰殖民地政府控制）的兴趣并掏钱购买。公元前1世纪制作的其他中国铜镜和矛尖也在越南中部和南部被发现（Guy, 1990: 304–305）。

陶瓷也为东南亚与印度之间的贸易发展提供了证据。公元前2世纪到公元3世纪是史前时期向东南亚历史初期的过渡阶段，在三乔山发现了这一时期制作的几种不同类型的陶器，其中包括北方磨光黑陶器以及（可能制作于南印度的）印度轮制陶器（Bouvet, 2006）。

另一类遗物是玻璃制品。在三乔山遗址发现的玻璃制品包括大块的玻璃原料，以及玻璃珠子和手镯成品。可以说，玻璃原料在三乔山变成了玻璃制品。但玻璃原料又是来自何方？

玻璃制作需要高超的高温火控技术和合适的沙子。有些学者（Lankton, Dussubiux and Gratuze, 2006, 2008; Bellina and Glover, 2004: 74, 84, fn. 19）根据这些玻璃制品的化学成分，及其特殊的制作方法推测，生产玻璃的地方就是东南亚早期遗址，如三乔山。因为在缅甸瑟蒙河河谷、柬埔寨东部的波耶局（Krek），以及越南南部的贡卡伐（Giong Ca Vo）也发现了一些成分相似的玻璃制品，而这几个地方被认为是可能的玻璃制造地（Bellina and Glover, 2004: 331–332）。

也许在公元前最后几个世纪中，一些玻璃工匠从印度来到三乔山，或许还去了东南亚其他遗址。不过，到目前为止，关于这些工匠最初来自哪里的问题尚未有最终定论。显然，玻璃制作在南印度开始的时间大约与三乔山的兴起同时发生，但有关印度北方早期玻璃制作的资料却少之又少（Bellina and Glover, 2004: 333）。最早的东南亚玻璃制品与已知的印度玻璃制品并不十分相像。这种情况表明，那些玻璃工匠有可能从印度进入东南亚，但到东南亚之后，他们便按照东南亚人的喜好制作玻璃制品（Bellina and Glover, 2004: 336）。

中国与东南亚交往的开端（公元前3至公元前1世纪）

中国古代文明深受农耕民族与游牧民族相互争斗的影响。3000年前，中国的农耕王国与善战的中亚游牧民族在黄河沿岸不断交手。这种整体交往呈现的特点是：中国接受臣服的游牧民族的朝贡；作为回报，怀柔的中国统治者会回赐对方礼物。这样，游牧民族就得到丝绸、茶叶、瓷器，还有自治权，并被允许与中国百姓进行贸易。与此同时，中国统治者可以获得威望，以及玉石、宝马和一笔巨大的军事财富。

到公元前5世纪，中原人已经开始与长江以南的族群进行贸易。如今的中国南方在当时被一些非华夏民族掌控，这些族群统称越族。中原地区的人民从他们那里获得象牙、珍珠、玳瑁、翠鸟羽毛、犀牛角、芳香木料、水果和香料。越人航海技术高超，经常与东南亚人进行贸易。位于今天广州的南越国当时是南方的奢侈品集散地。

中国的第一个皇帝秦始皇建立了秦朝，并派遣50万大军攻打越族（Wang, 1958: 7）。位于今天河内附近的骆越国苦战8年后被征服。闽粤之越人则顽强抵抗，最后才被征服。他们的抵抗迫使中国派军队增援，其中包括“罪犯、土匪、无业游民和商人”（Wang, 1958: 10）。

将商人与无业游民、罪犯等被放逐的人相提并论，体现了儒家思想的内涵，以及商人在人们眼中的卑微地位。中国古代文明始于北方内陆地区，那里的社会关系特征是定居的农耕民族与游牧民族不断冲突。因此，这个农耕文化强调武力，奉行节俭，闭关锁国，恪守社会等级观念，并且实行中央集权统治。朝廷大臣拥戴“视金玉如粪土”的君王，劝谏皇帝下诏，令平民百姓守土耕田。而南方文化强调的特性则大不相同：自由经商，社会流动，对外国人保持开放态度。在中国历史的进程中，这两种文化模式不断发生冲突。

关于中国经济史的记载很少。那些被流放到南方的早期商人都是什么人？我们只能通过人们对他们的指责而了解到他们的存在。公元前178年，一些中原侯王因官商勾结，如投资盐业、金属和奢侈品而遭非难。

虽然越地可以提供一些奢侈品，但最值钱的货物来自更南边的南海（南洋）。中国征服越南北部的部分动因就是期望占据一个供南海商人经常来往贸易的战略港口。中原皇帝在这里册封了四个郡尉，管辖征服的越国领土。但南越“小王国”拥兵篡权，控制并统治了从福建到越南的南海沿岸，直到公元前111年。公元前96年，南海的越国首领才再次向中原皇帝入贡称臣。

南越与汉朝保持着稳定的关系，使得海上贸易蓬勃兴旺。南方居民尤其渴望得到北方的铁器，而北方希望交换来自南方丛林的香木和象牙。汉朝内部在商业道德观上产生了分歧。这方面的争论被收入文论集《盐铁论》。汉武帝具有雄才大略，允许人们经商，但他于公元前87年驾崩，于是儒学家又占了上风，再次开始限制贸易。推崇儒家思想的官吏有时对违令者实施严苛的惩罚。事实上，汉朝时期关于贸易活动的记载都是与抑商措施相关的。公元前77年，一个南越都尉因为与外国人通商致富而被处以死刑。无怪其他商人避之若浼，以至于这种私商经济没有留下任何记载。

贸易禁令让中国的统治阶层陷入两难，一方面，他们无法合法地购买南方的“奇珍异宝”，另一方面，南方珍宝在使他们的统治地位合法化方面发挥重要作用。作为权宜之计，朝廷开始派遣宦官出使国外，主要任务就是通过对外交流获得南方珍稀物品，同时又避免经商之嫌。

出于宗教和政治原因，中国渴望进入兴旺发达的南海交通网络。佛教开始在中国兴盛，信徒越来越多，于是朝廷派僧人出国求取佛经及其他法物。公元2—5年，一个中国使团航行到今天的泰国半岛，接着穿越半岛去到西海岸，再继续航行到今天的印度。返回时，他们穿越了马六甲海峡（Wang, 1958: 20）。一份中国文献描述道：

> 有译长，属黄门（指宫廷太监），与应募者俱入海市明珠、璧流离（半透明玻璃）、奇石异物，赍黄金杂缯而往……蛮夷贾船，转送（这些中国人）致之（Wang 1958: 19–20）。[1]

这一时期，很少有中原汉人迁徙到南越国地界，因此那些宦官可能是被汉化了的南越人。根据上述描述可知，当时尚未有中国船舶航行于南海。

1　见〔汉〕班固撰《汉书·地理志》卷二十八下。

东南亚历史初期的海上丝绸之路（公元1至3世纪）

公元1世纪初，中国（汉朝）、印度（孔雀王朝）、地中海（罗马帝国）三大帝国并存，这种局面为东南亚人提供了发挥自身地理优势的理想条件。

连接这些帝国的陆上丝绸之路可以从令人叹为观止的考古遗迹中觅得踪迹，包括砖砌城堡、宫殿、彩绘洞窟以及庙宇。大陆帝国建立的宏伟建筑可以屹立千年不倒，而在港口城市可以看到的仅是木船残骸和探出泥土的码头。南海各国的国王搭起木质宫殿。他们眼中的财富不是土地，而是容易消失的东西：纺织品、香料，以及人民。船行大海，一切踪迹都淹没于海水中。

关于陆上丝绸之路，人们可以找到完整的历史记录，而海上商路的真实面目至今仍模糊不清。海上丝绸之路最新的考古研究显示，亚洲舟船完全可以与“沙漠之舟”骆驼相媲美，堪称早期历史的主力军。它们将商业和文化推向一个个新高度。古代亚洲舟船能比牲畜运载更多的人和货物，也更快捷、更安全。

到公元1世纪，海上丝绸之路已经拓展到最大限度，将波斯湾和红海与中国连接起来。这一时期欧亚大陆大部分地区经历了前所未有的繁荣，文化疆界也相应拓展。地中海商人航行到印度。被印度人称为雅瓦纳（Yawana，源于希腊的爱奥尼亚地区）的欧洲人在南亚建立了贸易据点。印度统治者也雇佣其中一些人充当王宫卫兵。在罗马庙宇里，祭司也会使用来自亚洲的燃香。

在公元79年被维苏威火山摧毁的庞贝古城里，就有一家人用印度象牙做装饰。考古学家在印度古代港口发现了散落各处的罗马钱币和陶器。在亚洲与西方的贸易中，亚洲享有巨大的贸易顺差。大量金属被运往东方，以致罗马的经济受损。罗马人用玻璃、葡萄酒和埃及出产的粮食支付一些亚洲舶来品，但这还不够，还得另外支付黄金白银。在印度中部常常会见到地中海的铅，被用于制造钱币（Wheeler, 1954）。航行至印度的东南亚人则会购买罗马铜灯和雕塑，以及仿照罗马风格制作的印度陶器。他们把这些物品运回泰国、越南和印尼。公元166年，一个自称来自罗马的使团到达中国。但中国人怀疑这些使者是冒牌货，部分因为他们带来的物品不是罗马货，而是东南亚的贡品，如象牙、犀牛角和玳瑁。这一记载证明，商人远涉重洋，建立起贸易关系。

历史学家费尔南·布罗代尔精辟地指出，亚洲对欧洲黄金白银的需求多多益善，永无止境。在沉寂了一千多年之后，16世纪，欧洲与印度之间的直接贸易得以恢复，而古代贸易的不平衡状况再次出现。19世纪，英国人为了遏制因购买茶叶和瓷器导致黄金白银外流的严重现象，不择手段，孤注一掷，例如，他们强迫中国允许进口鸦片。与此相反，东南亚在与中国的贸易中倒是享有巨大的顺差，以至于几个世纪以来，中国都不得不向东南亚出口稀贵金属，以填补贸易逆差。

公元1—2世纪，汉朝后期，中国人对臣服的东京（Tonkin，越南北部）放松了控制，也不再向南海派遣使团。不过，外交活动并未减少。这回轮到东南亚各王国派遣使团前往中国了，他们几乎都是走海路。甚至一个远在内陆，叫作掸（Shan）的王国（很可能位于中国云南西南部的掸邦高原）也于公元132年派遣外交使团经海路前往汉帝国（Wang, 1958: 24）。

印度洋上的希腊-罗马商人

两部希腊语古文献能够使我们重构罗马帝国早期的亚洲海上贸易情景，而这一时期恰好是中国的东汉时期。

这方面保存下来的最古老文献为《印度洋水手指南》（*Periplus Marae Erythraensis*，以下简称《水手指南》）。《水手指南》列出了海上商路的各个地点，以及各地点之间的距离（关于陆路旅行的其他文本都称为《行程指南》[*itinerario*]）。《水手指南》作者不详，但很可能生活在公元1世纪中期，也就是臭名昭著的罗马皇帝尼禄统治的时期。作者也许是一名商人，写这本书的目的是为其他商人提供所需的实用信息，如季风规律、地理位置、各地民俗，以及印度洋特有物产。他的大本营也许位于埃及红海沿岸的贝雷尼斯（Berenice）港口。他试图让商人同行熟悉整个印度洋的海上贸易管理体制。这个体制建立在"指定贸易港口"（emporia nomima）理念上。这些指定贸易港口是"允许从事对外贸易，并征收税费的合法市场"（Warmington, 1928: 53）。

凯撒·奥古斯都执政期间，南印度潘迪亚（Pandya）王国的一位统治者派遣了一个使团前往罗马，鼓动罗马商人前往印度访问经商。《水手指南》的作者似乎去过潘迪亚地区。其他希腊商人也曾在注辇（Chola）王国的重要港口城市特兰奎巴（Tranquebar）驻留。据说希腊木匠还帮助注辇国王修建宫殿。《水手指南》的作者听说过黄金半岛，也就是国际市场上紧俏的玳瑁来源地，但他误认为那是一个岛（Warmington, 1928: 60–61, 71）。到韦帕芗（Vespasian）皇帝统治罗马时期，埃及的亚历山大城已经有了印度商人的身影。在亚历山大城称帝的韦帕芗皇帝扭转了尼禄统治时的社会混乱局面，恢复罗马帝国的秩序（Warmington, 1928: 76）。他身穿丝绸衣裳，庆祝军队凯旋。公元92年，图密善（Domitian）皇帝修建了胡椒仓库（horrea piperateria），储存胡椒和从印度进口的其他香料（Warmington, 1928: 89）。

第二部关于印度洋贸易的古文献是《地理志》（*Hyphegesis Geographike*，亦称《地理学指南》），写于公元150年前后，也就是在《水手指南》问世一百年之后。此书的作者克劳迪乌斯·托勒密（Claudius Ptolemaeus）是一位天文学家，居住在希腊化的埃及亚历山大城。与出于实用目的写出《水手指南》的商人不同，托勒密感兴趣的是绘制地图所依据的理论观点。现在留存下来的《地理志》各种版本是托勒密去世后人们复制的。在克里斯托弗·哥伦布航行前的一千多年里，托勒密的著作一直是最详尽的世界地理学书籍。阿拔斯王朝的阿拉伯人知道并使用这本《地理志》。1400年前后，此书的希腊版本从君士坦丁堡传入佛罗伦萨，欧洲人才再次发现这部书稿，并很快将其译成拉丁语，取名为《寰宇图志》（*Cosmographia*）（Pagani, 1990: vii）。

一些学者不辞劳苦，从后人添加或修改的书稿里甄别出托勒密本人撰写的原稿。另外一项有争议的难题是，如果《地理志》中有托勒密亲自绘制的地图（在某些版本中地图多达64幅），那么要确定哪些是原图。人们普遍认为托勒密编制了一套翔实的坐标，准备用于绘制地图。之前的地中海学者也进行过类似的研究，认为托勒密就是引用了天文学家马里努斯（Marinus）的成果，并试图进一步完善。马里努斯来自泰尔（Tyre，古代腓尼基港口）。马里努斯和托勒密都不曾离开过地中海，他们通过采访外交官、商人和士兵收集信息。为托勒密提供信息的可能就有一些到访亚历山大城的印度人（Warmington, 1928: 109）。

托勒密对东南亚贸易尤其感兴趣。他给出的陆上丝绸之路和海上丝绸之路的数据远比他对北欧的描述精确得多（Pagani, 1990: v）。从亚历山大城向东的陆路和海路交通异常繁忙，由此带来大量信息供他比较和汇总。托勒密尤其关注这条海路上通往卡蒂加拉港（Kattigara，很可能位于越南最南端，重要的扶南王国就在此地）和中国的各处地点。在进入中国边界之前，他的信息还是相当准确的，但是进入中国边界之后，他的信息便频频出错，这说明中国南方当时尚未与印度进行定期交往，不过他的一位信息提供者称自己是从海路到达中国的（Warmington, 1928: 108）。

托勒密对暹罗–马来半岛的形状和地理位置有较为准确的认识。他称这里为"黄金半岛"（拉丁语为"Aurea Chersonnesus"，希腊语为"Khrys Khersonesos"）。他还给出了一个印度贸易中心阿洛西尼（Alosygni）的坐标，距那里不远有另一处港口，人们由此出发驶往黄金半岛。这些地点也许位于戈达瓦里河（Godavari River）的三角洲地带（Wheatley, 1961: 139）。托勒密推测出印度一个叫锡米拉（Simylla）的贸易据点位置，当地人称之为泰莫拉（Timoula）（让人不禁联想起"泰米尔"［Tamil］）。他做出这种推测的依据是，"长期以来，远航且访问过那些地方的人都这么认为，而且从那边来的人也这样告诉我们"。这说明托勒密是直接与航行至印度的人接触并获得信息的。

托勒密给出黄金半岛十六处地点的坐标，其中两处被归类为贸易港口：西北沿岸地区的塔克拉（Takola），以及南端的萨巴拉（Sabara，或称极地，也叫"Sabana"）。此外，一处叫拘利（Kole）的地方位于今马来西亚吉兰丹州（Kelantan）附近，被归类为城市或聚居地。其他四个城镇处于半岛内陆。他使用了"通道"（diaperama）这个特殊的词，表示穿过黄金半岛地峡的一条通道。他提到舟船从黄金半岛驶往卡蒂加拉——一个重要的东南亚港口，位于通往中国的交通线上。托勒密引用了马里努斯提到过的另一个城市名字扎拜（Zabai）。扎拜位于黄金半岛南端，二十日可到达。扎拜人也航行至卡蒂加拉（Berggren and Jones, 2000: 75–76, fn.

51）。扎拜的发音与后来阿拉伯人史料中的“扎比吉（Zabaj）”[1]相似，很可能指的是南苏门答腊和爪哇岛。

托勒密与《水手指南》的作者一样，花费大量精力研究印度洋贸易中心复杂的贸易管理制度（Warmington, 1928: 107）。两部古文献都显示，到罗马帝国时期，海上丝绸之路的贸易活动已经规范化。人们不知道这种规范行为是如何形成的、何时形成的，我们只有考古证据，没有历史文献作为依据。

我们掌握了关于海上货物运输的一些信息。这些货物包括犀牛角和翠鸟羽毛，都是上流社会趋之若骛的宝贝。在当时，上等考究的中式文房里，文具应该用象牙、犀角、玳瑁、檀香制成，要有竹笔，要用苏木和藤黄做颜料，还要有漆器（Chang, 1989: 10）。儒家文人雅士讲究“囊香佩玉”，“焚香开卷”，“燃松香以开窍醒脑”。这些活动所使用的贵重物品都需要从南海舶来。

我们不知道运输船是否只运送这些轻巧昂贵的货物，还是让这些货物与其他便宜的大路货一同漂洋过海，除非我们能找到这些船只的残骸。那些比较便宜的、中国文人看不上眼的货物很有可能也是货物贸易的重要组成部分。

托勒密和《水手指南》的那位无名作者认识一些马来–波利尼西亚人——他们驾驶巨大商船昆仑舶（Kolandiaphonta），从更远的东方国度来到印度。而希腊–罗马人的船很少穿越孟加拉湾，因此，他们只能凭借在印度和斯里兰卡港口听到的故事去了解东边海岸。

1　即后来所称的“阇婆”。

季风、航线和行期安排

海上丝绸之路可分为两个主要部分：上风地（指印度洋各港口）和下风地（阿拉伯语为“Zirbâdât”，含马六甲海峡、南海、爪哇海和更东边的海域）。这些词指的是船舶的航行季节。只有当航海者发现季风规律，沿海上航道的远程航行才成为可能，因为季风为行船提供了可靠动力。

不可能借一次季风就完成从上风地（如印度）到下风地（如中国）的航行。从西边驶来的船舶到达马六甲海峡时，西风已成强弩之末。航行者要么在海峡逗留6个月，等待西来季风再次吹起，然后继续向东行驶，要么匆忙装上来自中国或东南亚的货物，然后返航。从印度到中国往返一趟需要三年时间。如果能在一年里返回家园，还会有哪个商人愿意在外面漂泊三年。

为了赶上季风的节奏，多数船舶会在12月或次年1月离开马六甲海峡，驶往印度。从中国到马六甲海峡的船舶则在1月和2月航行。6月到8月间，从东南亚驶往中国的船舶借着西南季风从海峡出发。而从印度驶往东南亚的水手要在4月到8月向马六甲海峡进发。

于是，从中国起航的船舶载着丝绸和金属向西航行，而另一些船舶离开马六甲海峡向西边的印度前进。在西印度洋上航行的水手却没有太多的选择，他们必须在3月，或8—9月开始向东航行，才能完成这段较长距离的行程。载着昂贵豆蔻和丁香的船舶通常在5、6月到10月之间离开马鲁古群岛，穿过班达海和爪哇海，约两个月后到达北爪哇。凭借这种气候规律和季风节奏，苏门答腊岛和暹罗-马来半岛上的古代王国源源不断地积累起大量财富。

来自这三段贸易网络的水手和商人一般见不到彼此，除非他们在马六甲海峡住上将近一年时间。船主通常不愿意让自己的船在港口里空留半年，白白耗费钱财。但商人们有时却愿意住下来。来自西印度洋的人如果在海峡住上一年，他们会在1月和2月见到来自中国的船舶。这些人长时间在海峡逗留，加上这里中国商人稀少，于是成为东南亚与印度之间更重要的文化和传承纽带。这种情况持续到一千年后，也就是在公元1000年才发生改变，其原因将在后面阐述。

贸易中心制度

托勒密将印度洋上的国际贸易港口称为贸易中心（emporion）。《水手指南》提到过27个贸易中心，它们分为三个级别："指定的""法定的""授权的"（Miller, 1969; Schoff, 1912; Warmington, 1928）。我们不知道这三个级别的区别，但大致意思如下：

> 一个合法市场就是允许进行对外贸易并缴纳税费的地方。……在地理学家描述印度洋时（也就是说当他描述一个非罗马的，但却广为人知的地域时），贸易中心指的是一个经过授权的亚洲沿海（非内陆的）市场，那里要由非罗马当局征收非罗马帝国规定的税费（Warmington, 1928: 107）。

如果舟船未经允许到达其他港口，经常会被强行驱离。

有两个贸易中心位于今天的缅甸，还有一个未被认定为贸易中心的"城市"。位于暹罗–马来半岛北部，或今天曼谷附近的湄南河口的"强盗国"有一个贸易中心和一个城市。赫里色岛（Chryse，可能指马来半岛）有两个贸易中心，其中之一是位于马来半岛末端的萨巴拉，靠近现在的新加坡（Warmington, 1928: 127）。这处古代贸易港口的地点一直未被发现。

莫蒂默·惠勒（Mortimer Wheeler）爵士是一位英国考古学家，发表过在印度发现的罗马遗物的研究成果。他认为，“不妨想象一下，公元1世纪的印欧贸易其实与17世纪的情况相差无几”（Wheeler, 1954: 125）。罗马人拥有现代体制，如官方特许的贸易公司运营模式。而亚洲贸易公司及商人行会同样有官方授权从事外事活动，既可以进行大宗货物的批发业务，也可以进行小批量奢侈品买卖，与欧洲人的东印度公司相似。

随着罗马帝国进入漫长而缓慢的衰落过程，罗马人在印度的贸易据点也渐渐消失。在斯里兰卡常常发现5世纪拜占庭钱币（Wolters, 1967: 80），但在其后的岁月里，地中海与海上丝绸之路的联系便被切断。亚洲考古遗址中再也找不到地中海地区制造的物品了。从7世纪到14世纪，欧洲与亚洲天各一方，当年探索印度洋时慢慢积累起来的知识被逐渐忘却。欧洲人甚至认为，遥远东方的那些财富传奇不过是天方夜谭而已。

与本书相关的时代是从西罗马帝国灭亡到罗马人的远亲葡萄牙人后裔抵达马六甲的一千年时间。在约公元500年到1500年，亚洲海上贸易在没有欧洲人参与的情况下蓬勃发展。马可·波罗于1292—1293年从意大利到中国游历，因此也成为第一位见到亚洲海上贸易世界的欧洲人。马可·波罗对亚洲海上丝绸之路的描述让他同时代的欧洲人感到不可思议。《马可·波罗游记》是由马可·波罗的狱友所写，这是因为马可·波罗回到意大利后当了兵，后被俘入狱。为了打发狱中时间，他向狱友讲述了自己的亲身经历。20世纪初的考古发现证实了他的记载，于是历史学家开始认真对待他讲述的故事。

关于早期交往的文字记载很少被保存下来。现存的记载都是用古代语言或已经消亡的语言所书写，而且主要与宗教和地方政治有关。考古研究将为我们提供唯一的希望，让我们能够重构那个为无数人带来巨大财富的早期贸易体系。这个研究尚处于初期阶段，更多的遗存等待着重见天日（关于这一时期更多的考古信息，可参见格洛弗的书［Glover, 1989］）。

贸易港

经济史学家卡尔·波兰尼（Karl Polanyi）指出，古代的远程贸易、发展，与近代早期逐渐形成的贸易制度差别很大。直到进入17世纪，国际贸易才与市场定价机制融合。波兰尼自创了“贸易港口”一词，指代建立在不同原则基础上的前现代贸易制度。

波兰尼使用了“官督贸易”术语来描述地位象征与礼仪物品的交换模式。当时人们的交换行为并不是讨价还价，或以实际货币单位为物品估价，而是将其视为一种礼仪。对统治者来说，这种交换活动的目的不是谋取利润，而是为巩固其地位进行的政治活动的一部分。19世纪之前，中国与外国使节之间的朝贡贸易制度就属于这一类。朝贡贸易不在市场里进行，而是在一种外交场合中，由一方献上贡物，另一方给予丰厚回赐，于是，朝贡国在百姓眼中便获得了合法地位。

经济人类学家安东尼·利兹（Anthony Leeds）采用波兰尼的理论概念来分析16世纪葡萄牙人在印度见到的经济制度。在印度实行的制度并不是一套古老陈旧的体制——当时整个海上丝绸之路的运作方式与一千年前古希腊文献中所描述的如出一辙，令人惊叹。根据利兹的论述（Leeds, 1961: 27），贸易港口应该具备四个主要特点：首先是一个因专门从事贸易而形成的自治乡镇、城市或小国；其次是一个位于不同生态地区之间的转运据点；再次往往是一个奉行中立的缓冲区；最后，除了港口官员，很少有当地人参与贸易活动，商人们不得在城里随意走动，而且被限定在外国人居住区内。

具备这些特质的港口有16世纪的马六甲和17世纪的日本长崎。14世纪的新加坡也具有大部分这些特质，但在一个方面与众不同：专门辟出飞地让外国人，如中国人居住。为什么新加坡会出现这种例外情况？这个谜团让人们对贸易港口及其所展示出的巨大差异产生了有趣的猜测（Miksic, 2004）。

港口是否对外国商人开放是港口贸易制度的基本特点之一，这是为了确保某些人（统治者）能够得到贸易活动带来的益处。在传统王国里，统治者不相信王国边陲的官员会将关税上交国库。而且，贸易活动带来的财富可能会对已确立统治地位的阶层带来挑战。因此，身居内地农耕地区的统治者会对外贸港口严加监管。

在19世纪的中国，那些所谓“通商口岸”里有一些外国人居住区。在这些居住区里，只要外国人不干涉中国内政，他们就可以享有相当大的自治权。这种制度对双方都有利：外国人被允许保留自己的生活习俗和宗教，而地方当局也不必操心那些语言不通、思想各异的形形色色的外国人。

这种制度形成多久了？世界上最古老的商业文献刻在有着五千年历史的美索不达米亚泥板上。这些泥板显示苏美尔官员被派遣到安纳托利亚（小亚细亚）监管远程贸易。那里的港口是官方指定港口，通过朝贡形式交易奢侈品。而且，那里的商人也会按照各自的国籍住在不同的居住区里。鉴于前现代社会的生活状况，这样的安排似乎也是解决文化接触中出现的问题的合理方案。世界其他地方，包括非洲，也逐渐建立起类似的制度。在西班牙人来到中美洲时，被称为“波其德卡”（pochteca）的阿兹特克官员负责为生活在尤卡坦半岛丛林里的贵族寻找奢侈品。他们的职责与印度洋港口的沙班达尔（shahbandar，港务长）类似。19世纪，“治外法权”一词的含义与这种情况有所不同，但波兰尼和利兹已经证明，其根源可以追溯至完全不同的社会文化语境中。

官督贸易：港主制度

海上丝绸之路上有一个关键人物，这就是港务长沙班达尔（波斯语）——港主。不过，这个词并不能完全准确地说明他们的身份地位。沙班达尔通常是被当地统治者认为忠实可靠的外国人，负责征收关税，储存舶来货物，管理统治者的投资。印尼统治者就经常将钱投在船舶和货物上，同时又想方设法避开与商业相关的核准。沙班达尔的职责还包括解决外国人与当地居民之间的纠纷。他们也有权签订条约。这种集多重角色于一身的做法正好符合一种理论：远程贸易最早是获得地位象征的手段，后来才演化成牟取私利的来源。

葡萄牙人多默·皮列士对海上丝绸之路了如指掌。1512年到1515年，他一直住在马六甲。他描述了那里的四位沙班达尔，每位都代表来自不同地区的商人：

> 他们负责接待帆船船长。……他们带船长去见皇家财政官，为船长分配仓库，派送货物。如果这些船长有证件，还会为他们提供住处，安排运货的大象……（Cortesao, 1944: II , 265）

两种贸易形式

海上丝绸之路的贸易制度涵盖两个不同领域的交易：一个是奢侈品，另一个是日常用品。由于珍稀物品具有政治上的象征意义，因此统治者会强行实施禁奢法，阻止人们拥有这些奢侈品。有些统治者会宣布对某些物品实行垄断，对其他一些物品则征收高达30%的关税，或者规定这些物品只能卖给特定的买家，而这些特定的买家一般都是统治者的亲信。在许多地方的古代社会，贸易（在市场上讨价还价、买卖物品）往往被上流社会视为不光彩的行业。这种偏见根深蒂固，在欧洲和中国的贵族社会中一直延续到19世纪。在这些社会里，舶来品被伪装成贡品或礼品进献给统治者，统治者也会回赐一些礼品。渐渐地，回赐礼品的数量会根据惯例或条约固定下来，一定数量的外国贡品会通过固定数量的回赐抵消。用人类学术语来说，这种交易的理念并不是特定互惠，而是泛化互惠。

第二个贸易领域与日常实用物品有关。这些物品并不像奢侈品那样被详细记载，但一些古老的文字史料提到过运输大米和食盐这样的生活必需品。这些日常必需的货物进入市场都会使用货币。在公元后第一个千年的初期，货币化市场在亚洲相当普遍。有时，硬币会被当作一种金属原料来买卖，它们熔融后可以铸造成其他物件，如首饰，但这并不意味着人们不懂标准兑换单位的原则。

到9世纪，印尼已经出现标准度量衡。这些度量单位与印度使用的单位和术语相似，但除了外来术语和数量词，也使用印尼本地词汇。早期印度尼西亚货币的样式与印度货币相去甚远，爪哇语“pirak”（银币）与现代马来语“perak”十分相像，是钱的同义词。这个词也被其他东南亚民族，如柬埔寨人使用。这说明印尼的金融活动对东南亚其他地方影响很大。印尼钱币有金币和银币，面值不等。这一点有力地证明，经济概念，如政府监管下的市场定价是在没有外来影响的情况下，逐渐在马六甲海峡形成的。

最早的东南亚王国与中国政治及贸易（公元220—581年）

公元220年东汉灭亡，中国进入三国时期。直到今天，中国文化中仍然对那个群雄争霸、英雄辈出的时代津津乐道。三国中的东吴控制着中国南部沿海地区，而魏国和蜀国分别占据着北部和西部地区。虽然它们相互对峙，但魏国为了得到南方的奢侈品，仍与东吴保持交往。而东吴在陆路贸易线路被切断之后，将注意力转向南海。公元236年，魏国派特使带着宝马前往东吴，换取珍珠、翠鸟羽毛和玳瑁。而东吴经常派遣使团前往南海，寻找这些物品。公元245—250年，两名东吴使节——康泰和朱应出访南海诸国。他们此行乘坐的是外国舟船。这说明，当时中国舟船还没有能力在公海进行远距离航行。虽然他们的见闻录早已佚失，但别人引用康泰原作的文本却被保留下来。他提到一个到访过的岛屿，可能是爪哇岛或苏门答腊岛，还提到邦加岛（Bangka）、勿里洞岛（Belitung）和婆罗洲。他总共提到马来半岛和东南亚群岛中的十个地方。

这两名使节出访的主要目的地是一个叫作扶南的王国，位于越南南端，康泰在那里见到来自印度穆伦达（Murunda）王朝的使节。这一信息，加上在越南南部发现的印度和罗马遗物，说明扶南国与南亚之间经常来往。康泰对扶南国的文化有如下描述：

有城邑宫室……又好雕文刻镂，食器多以银为之。……贡赋以金、银、珠、香。亦有书记府库……[1]（Çœdès, 1968: 42）

西晋于公元280年打败东吴。随后，中国派遣更多人前去寻找南海奢侈品，而更多外交使团也前来中国朝贡。在284—287年的短短三年内，就有22个国家前来中国朝贡。

这一时期的中国文学也反映了这种商业活动所带来的富庶生活。荆州位于中国南方沿海地区通往首都洛阳的交通要道上，地理位置具有战略意义。荆州刺史以大肆炫耀财富而著称。他的财富包括来自东南亚的物品：珊瑚树、象牙、珍珠和香木。他“洒沉香屑于象牙床，让所宠爱的姬妾踏在上面，没有留下脚印者赐真珠”[2]（Wang, 1958: 35）。

公元226—405年，东吴和晋朝统治时期，中国接待了许多来自扶南、占婆（Champa）、东罗马帝国和斯里兰卡的外交使团（Wang, 1958: 120）。公元414年，中国著名佛教僧人法显经海路从印度回国，途中经过一个叫耶婆提（Yeh-po-ti）的大型贸易港口。这个港口很可能位于爪哇岛西北部。从那里，他搭乘一艘载有两百多人的船直抵广州。法显在印度的几年里，以及在乘船上看到的商人中，都没遇到中国人。他是第一位亲身体验印度与中国之间航海交往的人，也证实中国商人尚未参与这种贸易活动。

---

1 见〔宋〕乐史撰、王文楚等点校《太平寰宇记》卷一百七十六《扶南国》。

2 指西晋巨富石崇。石崇为青州人，曾任荆州刺史、徐州刺史等。此人以生活奢靡著称。据《太平广记》卷二百七十二《妇人三·石崇婢翾风》载，石崇“使数十人各含异香，使行而笑语，则口气从风而扬。又筛沈水之香如尘末，布致象床上，使所爱践之无迹，即赐珍珠百粒；若有迹者，则节其饮食，令体轻弱。乃闺中相戏曰：尔非细骨轻躯，那得百粒真珠”。

接下来为南朝（公元420—589年）。在此期间，99个外国朝贡使团拜访了魏、蜀、吴三国之后统治中国的各个朝代（Wang, 1958: 51）。与之前一个时期相比，朝贡使团的数量大幅增长。中外往来并不是一直处于持续平稳的状态，而是呈爆发性的起伏态势，两次高潮分别出现在420—460年和502—540年。在上述所有外国使团中，78个使团（绝大多数使团）来自东南亚。

朝贡贸易中比较活跃的东南亚王国包括：

表1.1　早期到访中国的外交使团

东南亚王国	地理位置	使团数（个）	访问时间（公元）
诃罗单	爪哇岛	6	430—440
婆皇	苏门答腊东南	7	445—464
干陀利	南苏门答腊	5	455—564
婆利	巴厘岛	3	470—524
盘盘国	马来半岛	12	455—589
狼牙修	马来半岛	3	515—556
占婆	越南南部	25	420—589
扶南	南湄公河谷	17	430—589
使团总数（个）		78	

这一时期的东南亚港口已经形成专门从事某种货物贸易的格局。扶南国专门出口宗教礼器，如沉香木（一种熏香用木）、象牙、檀木佛塔和檀木雕像，以及寺庙法事所用的玻璃器皿。贵族使用的物品包括金银器、贝壳饰品、香木、象牙、孔雀羽毛、玳瑁，以及再出口物品如宝石、珊瑚、琉璃、棉花和安息香。婆利（巴厘岛）出产的物品主要来自海上：玳瑁、海贝、紫螺和珊瑚。占婆提供种类多样的物品：

多种金、银、铜器具，玳瑁、宝螺、沉香木、草垫、棉布、犀牛角和象牙。这一系列物品反映的是当时的中国贵族们渴望得到的东西。而中国回赐给这些地方的礼品只提到绫罗锦缎。

大约在479—502年，一个叫张景真的人“又度丝锦与昆仑舶营货”[1]（Wang, 1958: 60）。昆仑舶是南洋民族使用的船。从这一记载可以看出，中国南方商人阶层曾经与东南亚舶商直接交易，但除了知道有这样一批人存在，关于他们的其他信息一概没有留存下来。虽然中国与南海紧密相连，但没有听说这一时期有中国船舶航行至南海。

另有两条记载甚至更加语焉不详，但多少也显露出这种贸易活动的性质，以及对中国社会某些方面的重要影响。其中一条记载是关于南朝宋时期的，内容如下：

> 二汉衔役，特艰斯路，而商货所资，或出交部，泛海凌波，因风远至……山琛水宝，由兹自出，通犀翠羽之珍，蛇珠火布之异，千名万品，并世主之所虚心，故舟舶继路，商使交属。[2]（Wolters, 1967: 77）

南齐史料（公元479—502年）也反映出海上贸易的兴旺景象：

> 四方珍怪，莫此为先，藏山隐海，环宝溢目。商船远届，委输南州，故交、广富实，牣积王府。[3]（Wolters, 1967: 77）

1　见〔梁〕萧子显撰《南齐书》卷三十一列传第十二《荀伯玉》。

2　见〔梁〕沈约撰《宋书》卷九十七列传第五十七《夷蛮》。

3　见〔梁〕萧子显撰《南齐书》卷五十八列传第三十九《蛮、东南夷》。

关于这一时期中国对贸易活动的管理，很少有资料保留下来。公元430年，爪哇岛诃罗单王国遣使朝贡，目的之一就是让中国皇帝了解中国港口腐败官员对爪哇商人欺凌盘剥的情况时有发生（Wolters, 1967: 165）。除此以外，我们没有关于南朝时期政府与私商关系的明确信息。

东南亚第一个贸易大国：扶南王国

中国古籍中称为扶南的东南亚王国，于公元226—231年间向中国的东吴派遣了第一个使团。关于这个王国由什么人构成，他们怎样称呼自己，甚至使用什么语言，我们都了解甚少。他们的文化很可能与后来建立吴哥王朝的孟–高棉语族文化有关联，但目前无法给出确凿的证据。马来–波利尼西亚人在越南南部建立起占婆王国，他们也许与扶南文化有关联。

为了回应两国间的第一次接触，东吴派出外交使团前往扶南。第一个使团于公元231年之前出发，但却没有留下他们的所见所闻。245—250年间，如前所述，康泰和朱应出使扶南。在接下来的四个世纪里，中国一直视扶南为东南亚的一个主要王国。

中国古籍将扶南描述为一个领土扩张性帝国，王位世袭。与中国一样，扶南也是通过征战获得领土。这种说法也许并不准确，因为中国人在记录域外王国时，常常使用中国惯用表达法，不太注意这些词汇在非中国文化背景下所具有的不同含义。康泰和朱应使团的见闻录是中国所藏年代最为久远的记载，而且这时期中国观察者们在记录历史时，尚未意识到存在着非中国性质的社会政治结构。后来的文献才对中国文化与非中国文化之间的差异有了较为准确的认识。

扶南国不太可能是一个集权官僚体制国家，也不可能有着固定的权力继承方式。这种政体后来才出现在东南亚。因此，当时的扶南国不可能这么先进（Vickery, 1998; Jacques, 1979），维克瑞（Michael Vickery）等学者已经详细讨论过这个话题。不过，中国人对扶南国这个海上贸易中心的描述倒是得到了考古数据的证实。

公元252年，建立东吴的强悍统治者病逝，随后东吴陷入战争和暴乱。280年，东吴被西晋打败。公元280—300年相对太平繁荣，在此期间，扶南国派遣过三次使团前来西晋。此后，中国南方经历了一个世纪的战乱。这期间有记载的外国使团只有三个，均来自林邑（Linyi）。维克瑞称林邑很可能是一个孟-高棉王国，位于今天越南的东部沿海地区。在战乱连绵的4世纪，中原王国很少关心海上贸易。

中国虽然战乱不断，但在5世纪出现了短暂的太平时期，此时可以进行一些贸易活动。佛教的影响在东南亚和中国都得到增强。扶南僧侣到访中国。484年，扶南高僧向笃信佛教的齐国朝廷进献了一批“法物”，如熏香、金佛像、檀木佛像、象牙塔，以及玻璃器皿（Wang, 1958: 48, 56 n. 32）。到了梁朝（502—557年），终于又迎来了一段太平时期，而扶南国在502—539年共派遣了13个使团。梁朝通过扶南得到许多东南亚物产，以及扶南从印度洋进口再向中国出口的物品，其中包括佛教用品。546年，应梁朝朝廷要求，扶南国派来一位佛教高僧，并带来240卷佛经，他的名字叫真谛（Paramartha）或拘那罗陀（Gunaratna）（Vo Si Khai, 1997: 213）。

扶南国考古发掘：俄亥遗迹

俄亥位于湄公河三角洲西南部，是一处独特的考古遗址。俄亥建于东南亚历史初期，面积广阔（占地450公顷）。出土的大量考古证据显示，这里的人具有复杂的生活方式，包括各种各样的商业活动、宗教活动和艺术活动。有些学者认为俄亥就是克劳迪乌斯·托勒密在《寰宇图志》中特意罗列的一个贸易港口——卡蒂加拉港（Çœdès, 1968: 277 n. 20; Malleret, 1962, III: 421–454）。

这是东南亚尚未出现过的最大的贸易城市。令人惊讶的是，这个城市是在一个沼泽遍地、易受洪涝灾害，且没有什么商业资源的低地上兴盛起来的。如此说来，这里的地理位置正好符合人们理解的一种港口贸易模式特点：边缘环境。

史料证据显示，俄亥并不是一个与扶南王国相称的王国中心，而是一个城镇，从属于湄公河上游的王国都城。俄亥不靠海，因此可能并不是船舶要停靠的一个直接目的地。在西海岸有一处尚未被确认的遗址，它也许才是船舶想要到达的地方。然而，俄亥确实是一个人口稠密的商业型聚居地，这里的居民拥有中亚、南亚和地中海地区的舶来品。这里发现的砖结构地基可能曾经是宫殿或庙宇，但这似乎并不是该地生活活动的重心，商业活动才是。

中国古籍称，600—650年前后扶南国衰败，此时这个曾经财源茂盛、热闹繁忙的商业中心被废弃。在东南亚陆地，再也没有一个地方可以继承它的地位，相反，在马六甲海峡和爪哇岛蓬勃兴起了新的东南亚海上贸易中心。

扶南与东南亚的关系

中国古籍确认扶南是整个南海运输网中的一个主要环节。印尼东部的丁香很可能是经扶南传入中国的（Wolters, 1967: 39）。菲律宾的耽兰（Dan-lan）岛民则将铁器运往扶南。在扶南王国鼎盛时期，南海周边的金属制品和矿石贸易也非常活跃（Wolters, 1967: 61）。

考古结果显示，俄亥居民使用进口原材料从事各种专门行业。他们制作玻璃珠、陶器，铸造锡制吊坠，雕刻首饰，打造黄金装饰物，雕刻至少23种贵重宝石和半宝石（Higham, 1989: 252）。这里没有发掘出专业手工作坊，也许是这里经历过数次动乱的结果，也许是缺乏考古研究的结果。

在马来半岛发现了两处扶南陶器遗址。在霹雳州西海岸瓜拉塞林新（Kuala Selinsing）发现的陶器中，有些残片与俄亥某种陶器类型非常相似（Evans, 1932: pl. 28; Tan, 2003: pl. IV-11, IV-14, IV-15）。瓜拉塞林新还出土了几件来自印度的舶来品，例如一件刻有梵文的红玉髓印章，从古文字来看，印章可追溯到4—5世纪（Evans, 1927, 1928a, 1928b, 1932）。

马来半岛上出土扶南陶器的另一处遗址是彭亨州的笨珍（Pontian）。在伸入内陆1英里（1.6公里）的地方，人们偶然发现了一具古船残骸（Evans, 1927），船体上"覆盖着成堆的陶器残片"（Evans, 1927: 94）。残片来自圆底陶罐，上面刻画波浪形图案。图案是用类似梳子的篦状工具，趁陶泥未干时刻画出来的篦划纹（Miksic, 2009: 71; Malleret, 1960: pl. LXXIII）。有些陶罐高达一米，可能用于盛放稻米；船上还发现了一些稻米做的食物。所有权威人士都认为，这些陶器肯定来自俄亥或附近地区。

俄亥遗址还出土了数量最多的玻璃珠，这些珠子在东南亚任何考古遗址都有发现（Bellina, 2003）。据推测，其中一些珠子就是在俄亥制作的（Francis, 2002: 43–44），但绝大多数珠子是印度舶来品。最大的珠子里，有一种被称为"印度–太平洋珠"。这些珠子最常见的颜色为半透明棕红色和橙红色，常被叫作假珍珠（mutisalah）。这种珠子在泰国、马来西亚和印尼的很多遗址中都有发现。同样，其中一些很可能是在俄亥制造的（Francis, 2002: 215）。

只有一条中国史料记载了扶南曾经从菲律宾进口铁器，除此以外，我们没有关于扶南与东南亚其他地区进行贸易活动的历史信息。

不过，我们可以确切地说，这种贸易活动的确发生过，因为康泰说过当地各种各样金属制品就是由扶南制造的，而且大量考古数据也证实了他的叙述。扶南国必须进口金属原料，以供给其金属作坊使用。“在湄公河三角洲这样的地带，炼铜匠、炼锡匠或炼铅匠要走上好几周，才能找到合适的矿石开采地。”（Bronson, 1992: 67）铜矿石有可能来自越南中北部或吕宋岛北部。锡矿可以在越南中部和马来半岛找到。而缅甸、吕宋岛、苏门答腊岛、马来半岛和越南都出产可用于制作硬币和首饰的金银矿石。在湄公河冲积河谷地带，规模庞大的金属制造业得以发展，欣欣向荣，这显示在东南亚历史初期，该地区航运的效率非常高。

扶南时期的舟船

在笨珍发现的古船是扶南国的商船吗？埃文斯（I. H. N. Evans）指出，这条船用一种叫作轻坡垒木的材料制成，包括坡垒属和婆罗双属树木。这些树木分布广泛，因此，可以说，这条船“有可能是在马来半岛或群岛某一个地方建造的”。不过，至少有一种树木是在柬埔寨发现的。还有另一个树种龙脑香科木“是暹罗造船的重要材料”（Gibson-Hill, 1952）。经过与传统舟船类型进行比较，吉布森-希尔（C. A. Gibson-Hill）据此指出，在笨珍发现的舟船很可能是在湄公河三角洲一带或暹罗湾沿岸建造的。他推算造船年代大约是公元500年。后来的放射性碳元素鉴年法分析显示，他估算的时间还不够久远，那条船所使用的材料是在260—430年（1657 ± 60）间砍伐的（Manguin, 1993: 256），这样，笨珍船就成为迄今发现的东南亚最古老的船。

梁朝史书《梁书》称，扶南船可载多达100人，这些人是雇来划船的桨手（Wang, 1958: 33）。《南州异物志》记载了3世纪末的情况，对其他舟船有如下描述：

> 外域人名舡曰舡，大者长二十余丈，高去水三二丈，……载六七百人，物出万斛（中国粮食量器，1斛为10配克，相当于600吨）。[1]域外者舶用四面帆……（Wang, 1958: 38）

中国古籍描述了两种不同的舟船。扶南船由人力划桨，与后来的高棉船相同，而“舶”是指航海大帆船。一些权威人士推测，“舶”一词来自马来语“叭喇唬船”（perahu）。如果的确如此，那么“舶”就是指马来船，因此扶南人当时还不是南海贸易的主要角色。不过芒甘认为，扶南人与马来人、爪哇人同等重要（Manguin, 1985）。马来–波利尼西亚人也许是穿针引线的主要航海者，将扶南与南海、印度洋沿岸的其他聚落联结起来。这与他们在美拉尼西亚各港口之间所做的事情一样，使海岛居民与陆地居民建立起一种共生关系，到20世纪前，他们一直在发挥这种作用。

在笨珍发现的船长12米，比李昉所描述的船小很多，因此不属于“舶”一类，也许只用于在东南亚地区航行，而不是远航至中国。

考古学家很少有机会研究东南亚早期的舟船。当时造船没有使用铁质材料，如钉子；船板都是用植物纤维绑在一起的。泰国南部甲米府空统寺博物馆里陈列着几块舟船残件，其建造方式与笨珍船相同。显然，笨珍船与公元后第一个千年前半叶的珠子山遗址有关联，那里是专门制造珠子的地方。在苏门答腊南部的巴邻旁附近还发现了其他舟船，制造年代大致相同：一艘是在古拉姆皮尼希（Kolam Pinisi）发现的，

1　见〔宋〕李昉等撰《太平御览》卷七百六十九《舟部二·叙舟中》。

可追溯到434—631年；另一艘在杉庇勒佐（Sambirejo）发现的，可追溯到610—775年，估计长26米。

其他重要的东南亚船舶可追溯到13世纪。在菲律宾南部棉兰老岛的武端（Butuan）地区发现了一艘属于公元1270—1410年间的船舶，据估计有20米长。另一艘船在苏门答腊东北部，靠近中国城的巴亚巴希尔（Paya Pasir）被发现，船体较大，类似杉庇勒佐的船（Manguin, 1993b: 256–258）。

我们可以在爪哇的一些婆罗浮屠浮雕上看到带有舷外支架和侧舵的大型海船造型（插图1.00）。浮雕制作时间为公元800年左右。不过，芒甘博士不认为最大的船舶会使用舷外支架（Manguin, 1993: 264）。早期的中国船可能也使用侧舵，所以，有侧舵并不能说明这艘船是东南亚船。

从14世纪到16世纪，中国的造船技术开始影响东南亚。在这一时期，铁钉取代了东南亚船上使用的捆绑纤维。在印尼廖内民丹岛的武吉雅加斯（Bukit Jakas）发现的沉船是混合使用中国造船技术和东南亚造船技术的早期实例（Manguin, 1983a, 1983b）。这条沉船可以追溯到1400—1460年。中国商人开始在东南亚经商之后，这种混合工艺技术的船舶变得越来越普遍。中国造船术的影响直到明朝后才出现，这进一步证明中国船只到了较后的年代才来到东南亚。

俄亥碑铭

东南亚最古老的文字是在泰国南部、越南南部及中部发现的。最早的文字（印度文和中文）几乎都是外来的。在越南中部靠近查乔（Tra Kieu）的鹅禁（Go Cam）遗址的一个文化层里，出土了一块刻有中文的泥印章（封泥）。这一文化层可以追溯到公元100年（Yamagata and Dung,

2010: 199）。在同一土层中还发现了其他中国遗物，很可能代表与中国贸易交往的早期阶段。几个世纪之后东南亚人才开始使用中文，而且除了华人社区，这一地区从不使用中文作为主要交流方式。

在东南亚发现的最早的印度文字被称为婆罗米文（Brahmi）。泰国南部甲米府空统河畔的珠子山就发现过这样的例子。这一遗址遭到盗珠者的严重破坏（该遗址因发现珠子而得名“珠子山”）。事实上，据雅克–厄古阿克（M. Jacq-Hergoualc'h）估计，80%的遗址已经遭到毁坏（2002: 84）。曾经发现过一块用于在文件上盖章的刻印石块（无考古出处），上面有婆罗米文字——这种文字最早出现于北印度，公元前100年到公元100年间使用。该石块的碑铭上只有一个古印度土语单词“rujjo”，大概是“毁灭”之意（Weeraprajak, 1985: 131–133）。在三乔山也发现了三块刻有古印度土语的婆罗米碑铭（Bellina-Pryce and Silapanth, 2006b: 281）。

在俄亥，法国考古学家路易·马勒雷（Louis Malleret）发掘并记录了36件小型遗物，有长方形雕刻金属块、凹雕玉石、指环，以及铜印章1件，锡印章12件，金印章7件，红玉髓印章15件（1962: 308–314）。遗物上面的文字是婆罗米文和梵文，一般只有一个词，或一个极简的短语。令让·菲约扎（Jean Filliozat）大为惊叹的是，俄亥婆罗米文与公元500年之前的中亚文字极为相似（Çœdès, 1947: 196; Malleret, 1962: 312）。菲约扎认为，俄亥文字更像北印度而不是南印度的文字。铭文研究专家卡斯帕里斯（J. G. de Casparis）却认为，俄亥文字更像印度中部的文字（1975: 12）。

对比不同遗物上的字母风格可以发现，它们并非制作于同一时期，而是在从1世纪或2世纪初到5世纪的几百年间制作的（de Casparis, 1979: 381–382）。不过，数量最多的铭文来自公元300年前后（Malleret, 1962: 312）。人们不知道这些铭文是否全部为舶来品，还是说有一部分在俄亥当地雕刻而成。

俄亥文化与在东南亚发现的地中海风格遗物

在东南亚遗址发现了来自罗马帝国的遗物。在越南发现的遗物如下：一个3世纪的哥特罗马人马克西姆铜像、一尊海神波塞冬雕像、东南亚风格的狄奥尼索斯和潘神雕像，以及五枚钱币。这些钱币包括一枚公元138年的安东尼·庇护钱币、一枚君士坦丁一世或狄奥多西二世钱币，以及一枚5世纪拜占庭钱币等。

罗马风格遗物的遗址呈带状分布在泰国中部和东部。这一地区曾经是孟–高棉人居住的地方。乌通（U-thong）是其中最重要的遗址之一。波义塞利尔（Boisselier, 1968）甚至推测，乌通可能是扶南王国的都城，但布朗森（Bronson, 1979）对此提出异议，依据是乌通比俄亥小。不过人们逐渐达成一致，认为吴哥博瑞（Angkor Borei）也许一度是都城，但至少迁移过一次。海厄姆（C. Higham, 1989: 275）也认为两处遗址（乌通与俄亥）有许多相同特点。在乌通也出土了一些重要遗物，包括一枚罗马皇帝维克托利努斯铜币（Glover, 1996: 64），以及双头兽吊坠，它们从泰国西部流传到越南南部沿海地区，又在那里与沙萤遗物产生关联。这种流传路径与“菱形–菱形–O型”耳饰的流传路径重叠，而这种耳饰一直传到越南南部，以及南海另一边的菲律宾的一些地方（Chutiwongs, 1996: 39; Bacus, 2004: 263, Fig. 11.4）。[1]

在其他泰国遗址中，班他科（Ban Tha Kae）出土了印章和一枚金珠，

1　关于沙萤遗址出土的越南遗物，见索尔海姆的书（Solheim, 1984: 144 Fig. 3i）；关于在菲律宾一处不知名遗址出土的遗物，同见索尔海姆的书（Solheim, 1984: 149 Fig. 8e）。——原注

这些物件与俄亥遗物类似（Higham, 1989: 272）。泰国东北部邦巴功（Bang Pakong）河谷的萌袙荣寺（Muang Phra Rot）遗址通常被认为是较后期的遗址，出土的遗物是仿造陶器风格制作的锡制护身符，与俄亥出土的护身符相似，说明这处遗址很可能早期也有人居住（Higham, 1989: 278）。

据称，在蓬杜克（P'ong Tuk）遗址，发现了一盏"希腊–罗马"灯和一尊早期南印度阿摩罗婆提（Amaravati，亦作阿玛拉瓦蒂）风格佛像（Çœdès, 1928: 16–20）。发现灯的地方是一个用方形砖砌成的小型建筑。戈岱斯（G. Çœdès）认为，佛像由印度传入。灯则具有埃及亚历山大城的特点，上面有个圆形头像，是酒神狄俄尼索斯的导师西勒诺斯的头像；在托勒密生活的年代，酒神崇拜在亚历山大城盛行一时（Picard, 1955: 137–149）。这盏灯也可能于6世纪或7世纪这一较晚时期传入遗址所在地。2013年，韦斯利·克拉克（Wesley Clark）开始对这个遗址进行研究，这肯定能让人们更多地了解这里的情况。

昌盛（Chansen）位于泰国中部，在传说中的扶南国疆界之外，但是，在这里发现的物质文化却显示其与俄亥、泰国境内相关遗址存在诸多相似之处：锡金首饰以及制作这些首饰的石模，也许是用于印制纺织品的土陶印章，金银细丝螺线装饰的小铜铃，有类似三叉戟图案的钱币。所有这些遗物类型在乌通也都有发现，而且，除了钱币，所有遗物在昌盛遗址第三至第四期都有发现（Bronson, 1979: 323）。第三期从公元200/250年到450/500年，第四期从450/500年到600/650年。这些信息让布朗森相信，在昌盛存在过一个"地位意识强，且在某种程度上崇洋媚外的精英阶层"（Bronson, 1979: 323）。

证明昌盛在第三和第四期进行过海外贸易的遗物还包括两件来自中国的遗物、一件可能来自缅甸的遗物、几件俄亥制作的物品，以及八只斯里兰卡风格的碗器（Bronson, 1979: 325; Higham, 1989: 272）。在第二期遗址中，发现了一把印度风格的象牙梳子，显示昌盛在那时已经与南亚有所交往。

在泰国半岛发现了几处古代港口，在中国有关扶南国的古籍中确认了它们的存在。这些遗址很少进行深度发掘，因为几十年来，这些地方几经政治动荡，遗址都遭受了大规模劫掠。

据中国古籍记载，扶南国通过征服其他贸易港口而强盛起来，最著名的港口之一是位于暹罗–马来半岛上端的顿逊国。据《梁书》记载，顿逊国羁属扶南（不过我们并不知道这一点是否属实），并与越南和印度有来往（Higham, 1989: 267）。根据中国史书记载，顿逊之外“诸国，往还交易。其市东西交会……珍物宝货无所不有”[1]（Wheatley, 1961: 16）。这些遗址已遭严重盗掠，因此均未进行过系统的挖掘工作。尚未有任何遗址被确认为顿逊国。不过，与俄亥同时存在的其他贸易中心遗址已经被发现。

在也兰村（Yarang）也发现了罗马风格的遗物，如两枚5世纪萨珊王朝时期的波斯钱币（Srisuchat, 1996: 230; Jacq-Hergoualc'h, 2002: 191）。中国关于扶南国的史书中被称为狼牙修的王国，在6世纪几次向中国派遣朝贡使团。印度和中国僧人偶尔也到访此地。这个名字在中国古籍中一直沿用到16世纪。在也兰村周围共发现了33处遗址，所以说此处也许就是狼牙修王国的中心（Jacq-Hergoualc'h, 2002: 167）。遗址有部分地方由土城墙防护，也许这一特点意义重大，因为它在14世纪的新加坡反复出现。因此有理由相信，那时狼牙修与新加坡交往密切。

也兰堡垒距海边15公里，这一点令人费解，因为那里没有发现相应的港口（Jacq-Hergoualc'h, 2002: 168–169）。关于也兰村佛教遗存，如佛塔

1　见〔唐〕李延寿撰《南史》卷七十八列传第六十八《夷貊上·海南诸国》。

残片、佛像和还愿匾，都有文字记载，但没有找到分布集中的陶瓷遗物（不管是当地的，还是外来的），也没有发现珠子（Jacq-Hergoualc'h, 2002: 191）。这说明，这些遗物与贸易王国的关系还只是一种假设。

泰国南部3世纪至6世纪的遗址中，最著名的是空统区遗址，也称为甲米府珠子山遗址，距泰国南部西海岸15公里（Veeraprasert, 1992: 150）。虽然遭到几次盗掠，这个遗址还是出土了玻璃、半宝石珠、金印、铭文石碑，以及铸造首饰的石模（Higham, 1989: 267）。

当地寺庙保存的文物有公元1世纪末到2世纪初的罗马红玉髓凹雕宝石，罗马和印度的钱币，以及玛瑙蚀珠和红玉髓石珠，其中包括一个与班东塔碧遗物相同的兽型石珠，与在南印度的罗马–印度港口阿里卡梅杜（Arikamedu）发现的玻璃项圈珠子相似。此外，还有一件可能是印度制作的玻璃容器（Glover, 1996: 65）。一枚印章上刻有梵文铭文“data vayam”（“此物为贡品”）。另一枚印章上刻了一只举着聚宝盆的神祇，与罗马钱币上的图案相似。其实，这里也出土过一枚罗马钱币。在附近的考卡纳布南（Khao Kanab Nam）遗址，发现了一块还愿匾，与在印度北部野鹿苑（Sarnath）出土的5世纪末期遗物类型相似（Veeraprasert, 1992: 156, 159）。

珠子山遗物证明了工匠们在这里制作锡制品、半宝石制品和玻璃制品：“这一地区再也没有其他早期遗址能够提供如此丰富多样，制作技术如此先进的遗物证据了。”（Bronson, 1990: 213）布朗森得出结论，珠子山其实是一个生产中心，而不是一个贸易中心，并将其存在时期推后到相对较晚的公元5世纪，甚至更晚。他显然是依据两块刻有跋罗婆字母（Pallava）[1]的石碑。他将这种南印度字母归类为6世纪到9世纪的文

1 亦作帕拉瓦字母。

字（Bronson, 1990: 217）。而一块试金石上的泰米尔铭文则被追溯到3世纪（Srisuchat, 1996: 250），显示这一遗址更早有人居住。这块石头目前保存在甲米府空统区的帕·酷·阿彤桑·沃拉吉博物馆，上面的铭文为3世纪的婆罗米文，写着"perum-patan kal"（"伟大金匠之石"）。

在空统附近还发现了几百枚可能是在当地制造的金币，是按照在缅甸中南部勃固（Bago/Pegu）发现的海螺纹/万字吉祥图案制造的。这些金币用金箔制成，重量仅半克。威克斯（R. Wicks）推测这些金币用于交换，但考虑到其易碎性，这种可能性并不大，因为它们经不起反复触碰（1992: 221）。

珠子山遗址引发了诸多疑问。这个遗址的一个反常之处是没有找到建筑古迹（Glover, 1996: 65）。三乔山最活跃时期似乎是公元前的最后几个世纪，但考古研究也揭示出这个遗址在后来晚些时期仍与远程贸易有关联。在两三块大约公元前100年到公元100年的石碑上刻有婆罗米文字，似乎记录了主人的名字。一枚金印上刻有梵文，从古文字学上看，时间可以追溯到5世纪或6世纪（Bellina-Pryce and Silapanth, 2006a: 384–385, 2006b: 281）。

俄亥时期的商业文化对东南亚海岛产生怎样的影响，我们不得而知。很少有学者接受室利佛逝是由一位被废黜的扶南王所建立的推论。随着扶南国的衰落，苏门答腊岛上逐渐兴起新的文明，并最终带来14世纪淡马锡的建立。这个文明的兴起也许是受到马来人的刺激。他们作为运输中介者，往来于俄亥和其他孟–高棉人之间，这些人包括生活在暹罗–马来半岛上的族群。这些孟–高棉人生活的地方属于原始工业化城镇。陆地上的制造者、加工者以及消费者之间的交往推动了经济进程，也影响了马来人的经济和社会结构。

格洛弗（Glover, 1996: 64）相信，在分布广泛的东南亚人群中，原材料

（铜和锡）交换，以及诸如宝石等稀有产品的交换，最初发生在公元前第二个千年期间，这种社会背景符合伦弗鲁（C. Renfrew）提出的边界互惠理论，或者叫边缘关系理论（1975: 41–42）。这种边界交换是在两个相邻的社会边缘地带进行的，一般不会在各自社会内部引发巨大结构变化或任何一方的权力关系变化。而希腊–罗马与印度之间的贸易则符合伦弗鲁的中间商及贸易港模式（Glover, 1998: 26）。

印度与东南亚关系的性质，是否和印度与地中海地区关系的性质相同？还是以一种更随意、更传统的交往方式运作？英国考古学家莫蒂默·惠勒认为，东南亚人的社会尚不属于由贸易社会构成的"世界体系"，而地中海与印度正是由这贸易体系连接起来的（Wheeler, 1954）。他将在东南亚发现的罗马钱币和铜器解释为"漂流不定的关系的产物"，意思是公元前2000年就已经存在"断断续续的、短距离的互惠交易网"（Glover, 1986: 3）。

格洛弗的结论是，班东塔碧的考古发现反驳了惠勒的诠释，显示"东南亚已经成为世界贸易体系的一部分。这个贸易体系连接地中海文明和中国汉文明"（Glover, 1989: 47–48）。但他不是十分确定这种商贸活动与基于市场交换的新型社会网络是否具有相关性，或者说，他不太肯定东南亚人是否仍将远程海上贸易视为"'当权者'交换尊贵物品"的朝贡贸易的延续（Glover, 1989: 4）。保罗·惠特利相信，用"当权者"的朝贡贸易体系来解释东南亚陆地王国在4世纪的发展状况是不够的。他认为，东南亚根本性的社会变革发生在公元后最初几个世纪里（Wheatley, 1983: 294–295）。布朗森沿袭了惠特利的观点，指出珠子山也许是一个"外国人（印度人）建立并居住的飞地"（Bronson, 1990: 227）。不过他并没有摈弃另一种可能性，那就是当地工匠向印度人学习了玻璃制作技艺，并雇佣后者在那里工作。

惠特利对这种变化、这种印度影响论的阐释并不为近期大多数学者所接受。比如，查尔斯·海厄姆“与惠特利的解释不尽相同。惠特利认为，公元前500年到公元800年这一关键时期是一段连续期，印度人的出现只是几种相互作用的变量之一”（Higham, 1989: 308）。按照海厄姆的观点，随着扶南国成为西方尊贵物品的主要集散地，内陆国家不得不加强利用向西的陆路。他们有三个选择：使用通往暹罗湾前端海岸的西线，与占婆的毗阇耶（Vijaya）和古笪罗（Kauthara）进行陆上贸易，或者自己直接控制三角洲各王国。“有证据显示，这三种做法他们都采用过。”（Higham, 1989: 315）海厄姆坚持传统学派的观点，即大批到访扶南的印度人对刺激社会变革发挥了至关重要的作用，而且进行贸易活动的主要动因就是为当地贵族阶层获取象征尊贵地位的物品。这就意味着，从根本上讲，古老的社会经济结构是一直延续的。

为什么俄亥文化消失了？

不管扶南国是否像中国人描述的那样，幅员辽阔，影响力辐射大片区域，一直延伸到暹罗–马来半岛，人们都可以说出2000多年前出现在东南亚大陆，然后又于公元600年前后陆续消失的一连串港口。虽然7世纪初的中国古籍仍提到扶南，但其政治活动中心和人口聚居地似乎已经开始从湄公河下游地区向柬埔寨北部转移，碑铭普遍以梵文为主、吉蔑文为辅。佛教和印度教所崇拜的毗湿奴神，以及包括杜尔迦神（Durga）和诃里诃罗神（Harihara）在内的其他神祇已被湿婆林伽崇拜所取代。

马勒雷提出，俄亥的衰落是由海岸线变化造成的（Malleret , 1962: 355, n. 4）。地貌学研究显示，东南亚历史时期海岸线发生快速变化的理论站不住脚（Miksic, 1977）。霍尔（K. R. Hall, 1985: 72）指出，扶南国的衰落是由于东南亚岛屿的水稻农业大发展造成的，这使得湄公河三角洲失去了稻米供应地的地位。然而，并没有这一时期岛屿地区大量种植水稻的证据，也没有迹象显示多余的稻米被运往东南亚大陆。只有商业活动的结构变化才能最好地解释为什么一个曾经繁荣的文明会走向衰落，这种现象不仅发生在湄公河下游地区，也发生在整个泰国中部和南部，以及缅甸。

俄亥时期之后，钱币逐渐从柬埔寨、缅甸和泰国消失，直到几个世纪之后，才又被重新引入。吴哥王朝和蒲甘王朝不使用钱币。这些11—12世纪内陆帝国的经济似乎拥有一个更高级的行政管理和易货贸易制度。在东南亚大陆，没有出现俄亥那样人口密集的贸易和制造区。随着越南南部和泰国的贸易港口被遗弃，泰国中部平原才出现了筑有壕沟的城址。考古学家已经确定了63处这样的遗址，建于公元500—1000年间。穆达确定了这一时期该地区有七处“区域中心”，以及四层次行政级别（Mudar, 1999）。当南部和东部古老的国际化沿海港口逐渐衰落时，内陆的城镇发展起一些更复杂的新型政体。

许多权威人士指出，俄亥文化消失是因为新的航海路线绕开了它的港口。人们经常认为，缅甸沿海地区与俄亥地区产生关联，是因为人们要穿越马来半岛，进行陆上运输。到7世纪，经马六甲海峡的全程海路取代了这些陆上运输线。这条新航路的出现恰好与苏门答腊岛南部几个港口的兴起同时发生。到7世纪末，以南苏门答腊为大本营的室利佛逝王国开始崭露头角，部分原因是它取代了扶南国，连接中国与印度洋。

在所有亚洲史料记载中，室利佛逝都是一个重要的商业中心，但作为室利佛逝中心的巴邻旁地区却找不到像俄亥那样规模或那样富裕的遗址（Bronson and Wisseman, 1976）。这并不是说巴邻旁不是室利佛逝的首都，也不是说室利佛逝并非一个通过海上贸易聚集大量财富的强国。这里的居民似乎采用了一种与俄亥不同的居住模式：他们很可能居住在宽阔的穆西河（Musi River）边缘，这意味着他们的许多生存证据都落入河底，深埋于淤泥之下，令考古学家无处寻觅。不过，至少从2000年起，现代居民已经开始热衷于挖泥探宝了。

4世纪初，中国高僧法显乘船从印度回国时，一条从马六甲海峡到中国的全程海路已经存在。不过在5世纪，湄公河南部仍然十分繁荣。在马六甲海峡，占族人和马来人相互竞争，他们可能已经享受到更有效、更广泛的贸易模式所带来的好处。这种贸易模式出现在5世纪和6世纪，尤其是581年隋朝统一中国之后。

这些说法未能有力地解释扶南国的消失问题。历史学家更喜欢强调气候变化引起争夺，以及适者生存的说法，他们用外部力量的作用解释文明的衰落。然而，在许多文明衰落的例子里，根本原因也许是内因，而不是外因。大约2000年以前，聚居在湄公河下游的，很可能是孟–高棉人，他们构成俄亥人群的主体，沿公共蓄水池而居。2世纪，尊称“范”（pon）的酋长们开始寻找一种新的财源：海上国际贸易。3世纪，当中国人开始在东南亚登场时，扶南国已经在南海周边的原料来源地开展频繁的贸易活动，而且他们也已经与印度有了交往。这种交往可能不是由孟人推动的，而是由已经专门从事航海的马来人、爪哇人和菲律宾人推动的。南岛语系族群的航运活动很可能创造了一种互利互惠的共生关系体系。这种体系有利于在湄公河下游大规模发展手工制造业：马来水手将原材料（矿石）从岛屿上的原料产地运送到位于大陆的加工制作中心，再将制成品（钱币）运走，由此将孟–高棉人的沿海中心相互连接。

湄公河下游的人也许在2000年前就开始从事贸易活动。600年后，他们出于达成共识，有意识地放弃了贸易活动，投奔新生活。7世纪，居住在柬埔寨最大的湖泊——洞里萨湖（Tonle Sap）周边的吉蔑人开始建立一种与印度教相关的新宗教信仰。湄公河下游的孟–高棉人也许更喜爱这种新的吉蔑文明，于是开始融入其中。内陆王国的统治者也许能够提供比原有的商业生活更可靠的生活资源，因为他们拥有复杂的水利设施，并在此基础上发展起密集的农业系统。不管怎样，在7世纪，很多古老的孟–高棉贸易中心在东南亚大陆上纷纷消失。

俄亥时期有什么意义呢？如果考虑到它没能阻挡人们纷纷迁入内陆的行为，并心甘情愿接受吉蔑农业民族的身份，那么你也许可以说这一时期不重要。但从另一方面讲，南湄公河孟–高棉文化的某些方面在泰国和缅甸半岛上得以传承，说明能够保存下来的是一种具有经济活力的模式，这种模式强调个人进取精神，而不是后来吴哥–高棉帝国和蒲甘帝国实行的中央集权统治。这一地区的孟–高棉人笃信佛教，这一特质决定了他们要与世界沟通交流。而信仰印度教的吴哥王朝虽然有辉煌的文明，但却相当封闭，与外界隔绝。

俄亥及扶南国的兴衰也许是了解整个东南亚历史的关键。也许有人会说，中国人和后来的历史学家都错了，他们以为扶南国消失是湄公河下游及内陆的两大族群爆发冲突的结果。也许更应该将扶南国的消亡看作是一种逐渐转移的标志，即一个社会从沼泽低地的海上贸易向肥沃平原的大规模农业转移。俄亥文化兴衰之谜用现有的数据是无法解答的。进一步的研究，比如湄公河下游考古项目，将会为这个问题提供新的见解（Stark, 2006）。

第二章 海岛帝国的崛起

就年代与复杂性而言，在马六甲海峡尚未发现能与俄亥或三乔山相提并论的港口遗址。在7世纪，三件历史发展大事引发了海上丝绸之路的重要变迁：唐朝统一中国，扶南逐渐淡出历史舞台，以及一批新生的海上贸易王国在马六甲海峡崛起。这一时期建立起来的商业网络，除少许变化外，一直延续近千年，并为14世纪新加坡的出现提供了历史背景。

马来西亚吉打

东南亚最古老的佛教典籍发现于今马来半岛吉打州境内。吉打在东南亚与印度的早期交往中发挥了重要作用，这与其所处的地理位置直接相关。如果从人们熟知的吉打山出发，向正西方向航行，可紧贴着苏门答腊岛北端穿过，最终到达斯里兰卡。古代水手所掌握的基本导航技术是沿着一条固定纬度，朝正东或正西行驶。在没有精密时间仪器的时代，水手们无法确定他们在东西航线上的位置，但可以通过观星来判断自己的南北方位。

在吉打山脚下不远处发现了几块4世纪末到5世纪的石碑，碑铭为梵文（Christie, 1990: 45）。其中三块为仪典说明，内容完全相同，反映了佛教世界观的因果法则、轮回报应。这些文字在印度和斯里兰卡从未发现过。这些铭文似乎是在马来半岛刻写，说明当地佛教活动已经相当成熟。其中一块石碑于1848年在姆拉河（Muda River）南岸的一处古建筑废墟中被发现，上面还刻了别的内容："保佑居于赤土国的伟大的船长佛陀笈多，一帆风顺，平平安安，抵达目的地！"（Christie, 1990: 48）

佛陀笈多居住的赤土国在哪里？7世纪初的中国文献提到一个叫作赤土国的国家。该国甚为重要，以至于隋朝曾派常骏和王君政于607—609年出使该国，并上书朝廷。他们的上书原文早已散佚，但曾被后期的文献引用。这个王国位于马来半岛东岸，狼牙修以南，其俗敬佛（Wheatley, 1961: 26–36, 105）。而且，据中国人记载，该王国是扶南国的一部分。亨德里克·科恩（Hendrik Kern）以及其他几位作者推测，这个赤土国与吉打碑文中所述的王国为同一个国家（Kern, 1883, 1907; Wheatley, 1961: 32）。达斯（S. R. Das）指出，赤土国指的是孟加拉一个地方，不过，也不能忽略佛陀笈多为马来半岛当地人的假设（Rājbādīdāngā: 1962, cited in Jacq-Hergoual'h 2002: 216）。

吉打双溪马士

公元500年，苗柏河（Merbok River）与布让河口（Bujang Estuary）之间的

地带似乎已人口稠密。考古学家在双溪马士（Sungai Mas，意为“金河”）的一个现代村庄里进行研究，发现了公元后一千年间的几个关键遗址，其中有三块石碑，当中一块碑铭刻有关于因果法则的本地叙事。遗址之一，即第53号遗址，占地至少20公顷。第53A遗址的土层剖面显示有三个文化层（Allen, 1988: app. F soil profile Z[a]）。

陶瓷遗物包括当地制作的器物、来自中国和西亚的器物，还有玻璃珠子和玻璃碎片。这些玻璃器多数来自西亚，其中包括八枚可能是被丢弃的废珠。废珠的出现支持了考古学家埃文斯（Ivor Evans, 1912, 1925）的推断，即玻璃珠是使用从霹雳州瓜拉塞林新遗址输入的玻璃在这里制作的（Francis, 1996; Nik Hasan Shuhaimi bin Nik Abdul Rahman, 2011）。人们还发现了可能是在印度制作的大量红玉髓石珠（Jacq-Hergoualc'h, 2002: 298）。

1980年，一支由马来西亚国民大学和马来西亚国家博物馆组成的考古队在这个村子里发现了一些砖砌地基，并对其中六处进行了发掘。发掘出的遗物包括几件公元5—6世纪的佛教文物：一块用跋罗婆字母刻写佛教祈祷文的碑铭；一件大概属于同时期的佛头像，是村民偶然发现的；以及一尊怀抱孩子的女人像，暂时被确定为佛教的鬼子母神（诃梨帝母神）（Nik Hasan Shuhaimi bin Nik Abdul Rahman and Othman Mohd. Yatim, 1990: 52–60）。

1980—1991年，在第32号遗址进行了其他挖掘工作，挖掘总面积达到368平方米，平均挖掘深度为40厘米。在这一地区发现了大量遗物，包括当地制造的土陶器、中国唐宋时期瓷器、8—10世纪西亚陶瓷、各种类型的珠子，以及残存的建筑地基，其中可能包括一座舍利塔的部分地基（Nik Hassan and Kamaruddin, 1993: 78–80）。由此看来，这一地点可能经历过两个不同阶段的聚居区：俄亥时代后期，以及8—10世纪时期。也许，古老的佛教遗物并非一开始就沉积在双溪马士，而是

插图2.00　从南部眺望吉打山。重要的考古遗址就位于山脚下，这些遗址包括双溪马士、布让谷和苗柏河口

来自附近另一处遗址。不论是哪种情况，这些数据都证明，姆拉河下游地区曾经有一个相当重要的早期佛教遗址群。

尚未有任何遗物可以被确认为来自距离海岸4公里的双溪马士港口。艾伦（Allen, 1988: 406）提出，这个遗址在有人定居时还属于沿海地区，这一假设是有可能的，但仍需看到一些转口贸易活动的痕迹，如仓储地点等，才能让我们接受这个假设。不清楚第32号和第53号遗址曾经是做什么用的：普通居所？礼仪场所？王公贵族府宅？或者兼而有之？只有等完整的研究报告发表后，我们才能给出更精确的诠释。

姆拉河下游河谷其他遗址的发掘工作才刚刚起步，但初步发掘成果显示，在公元后第一个千年的大部分时间里，这一地区曾经是各种商业活动的核心地带。举例来说，2010年开始在双溪巴都（Sungai Batu）

进行的发掘已经找到大规模制造铁器的证据和砖石地基，这些地基暂时可以解释为船只停靠平台，其年代可以追溯到公元后最初几个世纪（Dr. Mokhtar Saidin, pers. comm., 23 April 2011）。

南苏门答腊的“早期室利佛逝”遗址：森当、亚逸苏吉汉与中卡朗阿贡

不久前在苏门答腊东南部发现了公元后第一个千年早期的三处遗址，这些遗址很可能可以解释末罗游（Malayu）王国和室利佛逝王国在7世纪的发展状况。这些发现也许属于“原始室利佛逝”或“早期室利佛逝”时期。中国文献将这些港口命名为诃罗单、干陀利和婆皇，说明这些港口曾经存在过（Nurhadi Rangkuti, 2008: 7–8; Wolters, 1965: 212; Wolters, 1967: 61, 165, passim）。在南苏门答腊省的森当和占碑省的莱巴克万隆（Lebakbandung）发现了4000—5000年前的瓮葬遗址。20世纪80年代，森当遭到严重盗掠。那里报告发现的遗物包括一只陶瓮，目前暂定为中国汉朝时期的陶瓮。

位于巴唐哈里河（Batanghari River）与穆西河之间的中卡朗阿贡（Karangagung Tengah）引起考古学家的注意，原因是那里的遗物遭到大量盗掠，其情况与泰国南部遗址的情况相同（Endang, 2002）。发掘工作从2001年开始，发现的遗物有红玉髓石珠（包括两颗双锥形六面体截面的珠子，与在班东塔碧发现的珠子类似）、水晶、可能为缟玛瑙的光亮黑石，以及几种风格的玻璃珠（包括单色、多色以及一些金色玻璃珠）和玻璃马赛克。陶瓷遗物包括罗马–印度风格轮刻陶，也许来自南印度的阿里卡梅杜（Arikamedu）。此外还有当地大量制作的器具，这些器具含有大量的黄铁成分。对房屋木柱的放射性碳元素测年发现，其年代

跨度为3—6世纪。在这里还发现了一只巨大的船舵。

在巴邻旁以南60公里，距目前海岸线15公里的亚逸苏吉汉（Air Sugihan）发现了15处遗址。亚逸苏吉汉是距离苏门答腊岛至邦加岛的柯达卡布（Kota Kapur，亦称哥打加浦）最近的地点。1993年，亚逸苏吉汉引人关注，因为爪哇来的移民偶然发现了大量珠子和中国隋朝的炻器（Adhyatman and Redjeki Arifin, 1993: 28–29）。考古研究院在2002—2008年间的调查发现了遗址15处以上，以及宋代陶瓷、房屋木柱遗迹（Budisantoso and Tri Marhaeni S., 2002, 2005, 2007; Manguin, Soeroso and Charras, 2006; Nurhadi Rangkuti, 2008: 8–17; Tri Marhaeni, 2010: 40–44）。

西爪哇的巴度加亚和西布瓦剌

两千年来，爪哇西北部，包括今印尼首都雅加达所在区域，一直是一个重要的贸易中心，但关于这一地区早期历史的资料却十分稀少，语焉不详。考古学家不断加大在这一地区的发掘力度，终于找到不少新数据，可以用来补充相关的文献资料。中国佛教高僧法显在公元414年从印度取经回国途中，曾在爪哇逗留。他发现“其国外道，婆罗门兴盛，佛法不足言”（Legge, 1886: 113）。7世纪，义净记录了关于印尼佛教的更多细节。他说，爪哇和苏门答腊信奉古印度佛教的“根本说一切有部”宗派（他本人也属于这一部派）。不过，在末罗游国有一部分人信奉大乘佛教，其他人则信奉一些不太主流的佛教宗派（Takakusu, 1896: 10–11）。[1]

1 见义净的《南海寄归内法传》:“南海诸洲有十余国……多是小乘，唯有末罗游少有大乘耳。”另，“根本说一切有部”为小乘宗名，义净曾译《根本说一切有部毗奈耶颂》。

在西爪哇发现了四块5世纪碑铭，其中三块在内陆地区发现，一块在靠近北部沿海地方发现。碑铭中提到达鲁玛纳卡拉王国（Tarumanagara kingdom）及其国王婆尔那跋摩（Purnavarman），国王笃信印度教的毗湿奴神。在位于西爪哇北部沿海地区的西布瓦剌（Cibuaya），人们也发现了两尊这一时期的毗湿奴雕像，其中一尊很可能来自南印度，另一尊则来自印度东北部。

在西布瓦剌以西15公里的巴度加亚（Batujaya），考古工作也获得了重大发现，包括方形砖石地基，以及可以追溯到6世纪或7世纪的陶土还愿匾。还愿匾上的装饰图案没有大乘佛教的象征符号，与这些陶土匾最接近的是在泰国发现的遗物。放射性碳元素鉴年法确定这一遗址所在年代为公元1—6世纪，从而也确定了从陶瓷遗物所获得的信息，即到1世纪或2世纪，此遗址居民与印度交往频繁（Manguin and Agustijanto Indrajaya, 2006; Ferdinandus, 2002; Hasan Djafar, 2010）。

在巴度加亚发现的陶瓷为研究公元最初几个世纪的西爪哇文化提供了重要数据。这些陶瓷包括一种叫布尼（Buni）的陶器（占这批陶瓷遗物的30%—40%）。在爪哇西北海岸墓葬中曾发现过这种器物，年代可追溯到史前末期（至公元3世纪）。罗马–印度风格轮刻陶残片占这批陶瓷遗物的5%—7%。曾有报告称，在西爪哇发现了用这种材料制作的完整陶器（Walker and S. Santoso, 1977, 1980），然而，从考古意义上讲，巴度加亚的考古成果才是第一次出土这类陶器的标志。这个考古数据非常重要，因为在此之前人们一直猜测轮刻陶是作为奇珍异宝或礼品被带到东南亚的。而在巴度加亚发现的此材质陶器比例很高，足以证明它们是大批量商业舶来品。

罗马–印度轮刻陶如此得名是因为南印度陶工模仿了公元1—2世纪罗马陶器使用的装饰技术。考古学家分析了在越南中部查乔发现的公元前1世纪到公元1世纪的这类陶器残片（Glover, 1996: 67; Glover and Yamagata, 1995: 156; analysis by Prior, 1998），从而证实，从矿物学意义上讲，这些残片与在南印度阿里卡梅杜发现的没有区别，而阿里卡梅杜正是希腊–罗马商人到过的地方。通过分析来自南印度、斯里兰卡和巴厘岛的9块残片，可以得出最终结论：所有这些陶器很可能是在同一地点制造的（I Wayan Ardika, 2008: 152）。

宛朗岸（Blandongan）和西布瓦剌也许可以代表早期印尼社会的两个阶段：一个是印度教阶段，另一个是佛教阶段。在爪哇岛上，毗湿奴崇拜可能早于佛教。3世纪，康泰和朱应在其《南州异物志》中提到一个叫“歌营”（在有些文献中称为“加营”）的地方，很可能位于西爪哇（Wolters, 1967: 227, n. 53）。歌营出口珍珠、黄金、玉石和槟榔果。它与马来半岛和印度保持贸易往来，并从那些地方进口宝马；但未与中国进行贸易（Wolters, 1967: 49–61）。6世纪中期的一部中国古文献《洛阳伽蓝记》将歌营描绘成南蛮中最强大的国家（Wolters, 1967: app. A）。宛朗岸和西布瓦剌可能还属于一个被称为“诃陵”的王国。7世纪，诃陵国曾遣使前往中国。高僧义净称该国是一个信奉小乘佛教的国家（Takakusu, 1896: xlviii）。

印尼巴厘岛的散比垄和帕聪

巴厘岛在通往印尼东部的马鲁古群岛（香料群岛）的航道上占据战略地位。巴厘岛东北部海岸的出土文物让人们发现了大约始于公元1世纪的海上丝绸之路的两处重要遗址：今天朱拉（Julah）村附近的散比垄（Sembiran）和帕聪（Pacung）。这里出土的印度舶来品包括100块罗马–印度轮刻陶残片，以及2块被称为阿里卡梅杜型10号的陶器残片。

插图2.01　散比垄，是巴厘岛北部沿海具有2000年历史的港口

在散比垄还发现了1块用古印度佉卢文字（Kharoshthi script）刻写的碑铭残片（I Wayan Ardika, 1997; I Wayan Ardika and Bellwood, 1991）。在这两处遗址还发现了其他从印度输入的遗物，包括玻璃珠和红玉髓石珠。

在距散比垄200米远的帕聪遗址，发掘出一颗公元前340—前320年的牙齿，并认定为非巴厘岛人（也许是印度人）的牙齿。不过，这个结论尚存争议。认为这颗牙齿属于印度人的说法是根据掉牙人具有陆地性饮食习惯这一结论得出的，这一时期的巴厘岛人应该主要食用海产食物。线粒体DNA分析显示，牙齿主人的单倍型与南亚次大陆人种的相同（McLaughlin and Thomas, 2006; Lansing et al., 2004, 2006）。

朱拉地区在长达一千年的时间里一直是航海者的重要目的地。公

插图2.02　在散比垄发现的罗马－印度轮刻陶

元896—1181年间的巴厘岛文献提到了商人，其中包括住在一个城里的外国人。该城很可能是一处建有围墙的飞地，或是一个城堡聚居区，拥有一个商业行会，还有市场官员。

东南亚与中国唐朝（618—907）的关系

公元581年，隋朝统一中国，南朝灭亡。605年，隋朝皇帝建立了新都城，为装点新皇宫，命各道献上南方奢侈品，如犀角、象牙和毛皮等（Wang, 1958: 63）。虽然隋朝统治时间不长，但一些东南亚王国还是派遣使团向其贡献方物，遣使次数分别为：占婆2次、丹丹国2次、盘盘国1次、赤土国3次、真腊国1次、伽罗舍1次（Wang, 1958: 112）。

公元618年，唐朝建立。唐朝时期，南洋贸易继续扩展。除了朝廷和寺庙使用奢侈品，中国消费者也开始购买药物和香料等物品。随着越来越多人不畏艰险，踏上陆上和海上丝绸之路，中国的佛教信众不断增加，这也使得寺庙佛事使用的外国燃香需求量增加。

位于长江与大运河交汇处的扬州成为重要的贸易中心。公元728年，一条连接扬州港与广州的道路已经修通。唐代《开大庾岭路记》描述了交通设施改善、贸易蒸蒸日上的景象：

> 海外诸国，日以通商，齿革羽毛之殷，鱼盐蜃蛤之利，上足以备府库之用，下足以赡江淮之求。[1]（Wang, 1958: 79）

8世纪—9世纪初，唐朝皇帝励精图治，继续扩展贸易。广州尤其得益于这种发展。公元841年，一古代文献称“南海有蛮舶之利，珍货辐凑。……凡为南海者，靡不梱载而还”[2]（Wang, 1958: 83）。

唐朝统治的289年间，已知有24国71次遣使进贡，多数来自东南亚。最积极的当属占婆国，遣使26次；爪哇的诃陵王国，遣使8次；苏门答腊的室利佛逝王国和占卑国，分别遣使6次和2次；可能同样位于占卑国辖区、自称“末罗游”的王国，遣使1次；开始出现在中国古文献中的真腊国遣使3次；而扶南国在唐朝早期最后一次遣使后，便在中国古文献记载中销声匿迹。

唐代的唯一史料几乎完全没有记载商业活动。公元714年之前，外贸归地方官府管辖。当航运季节最后一艘船到达后，所有非专营货物都将被官府收走30%作为舶脚，剩余货物交还贡使，由他们自行贸易（Hirth and Rockhill, 1911: 15）。船只到港后的头十天里，当地官员有特权与外国船只进行交易。外贸活动在专门的场所进行，储存货物必须使用官府购置的仓库（Sen, 1996: 252）。唐代没有私商出海贸易的记载。

---

1 见〔唐〕张九龄撰《开大庾岭路记》，载清嘉庆敕撰《全唐文》卷二百九十一。

2 见〔五代〕刘昫撰《旧唐书》卷一百七十七列传第一百二十七《卢钧传》。

幸运的是，我们可以从一位叫义净的中国高僧旅行家的宝贵记录中了解7世纪末苏门答腊岛的情况。早期许多中国僧侣都是通过陆路前往印度的佛教圣地朝拜取经，比如著名的玄奘法师，他的旅行经历后来被写成中国文学名著《西游记》，成为传世之作。但到7世纪末，海路变得更受欢迎。这也清楚地显示，商人们同样更倾向取道海路，而不是陆路。义净提到有59位与他同时代旅行去印度的僧人，其中22位走陆路，37位走海路——几乎是走陆路人数的两倍。求法取经的僧人从广州出发，可能先到爪哇，更可能先到巴邻旁，在那里换船，继续航行至斯里兰卡，然后再前往印度东北部（Hirth and Rockhill, 1911: 9）。所有这些航行都留有详尽信息，他们乘坐的是商船，走的是常规路线。

公元671年，义净从中国到达室利佛逝，所乘船舶属于室利佛逝大王。他在南苏门答腊一座寺庙学习梵文，在那里逗留了半年（人们一般会在海峡驻留半年，等待季风吹起时，才继续前往印度）。他将自己有意义的经历介绍给后来的佛教行者。随后，他乘坐另一艘室利佛逝船，经末罗游（占卑国）和吉打驶往印度。

义净在印度生活了18年之后，回到室利佛逝。他发现在此期间，室利佛逝已经吞并了末罗游和吉打。他本打算在室利佛逝住上一段时间，但有一天，当他登上一艘停在港口里的船，准备让人带信回国帮他购买更多纸笔时，船突然起锚，径直往中国方向驶去。义净措手不及，只能随船而行，自行购买所需纸笔。然而，他非常渴望回到室利佛逝住一段时间，于是，他又乘船回到苏门答腊。几年之后，义净于695年返回中国，不再远行。

义净提到另一位唐朝僧人乘商船前往佛国圣地取经。那艘“满载货物”的船从广州（或河内）到达诃陵，然后驶往末罗游，但因超载，遇风暴沉没；那位僧人丧生大海。毫无疑问，这种附带的描述只揭示了冰山一角。唐朝时，印尼商船满载各种来自东南亚和印度洋沿岸的货物，航行于南苏门答腊和中国之间。这种海上航行司空见惯，但也充满风险。

义净的叙述对研究唐朝早期海上贸易极为重要，因为这是唯一保存下来的关于公元750年之前海上通道的记载。他描述了印尼船只从广州直接航行至巴邻旁的情况。这些船偶尔也会直接驶往爪哇。从此以后，末罗游（占卑）和吉打成为常用的停靠港口。回程则反向走相同的线路。

7世纪末或8世纪初，室利佛逝“数遣使者朝，表为边吏侵掠，有诏广州慰抚”[1]（Wang, 1958: 97）。

这是唐代唯一关于来自南海的外国使团说服中国朝廷采取措施，保护在广州的商人利益的记载。这一记载也证明，室利佛逝已经成为主要贸易大国，并赢得中国人的尊重（Wang, 1958: 98–99）。室利佛逝人成为广州番商社区的首领，则可以进一步证明这一点；他们的重要地位一直保持到公元742年。

公元684年，广州节度使被杀，杀人者是一位印尼人。后者是因为受到当地官员盘剥，忍无可忍，愤而杀人（Miller, 1969: 186）。一些类似事件使800年后的多默·皮列士总结出中国不允许外国人进入广州交易的原因：“他们说中国人立法禁止洋人进入广州，是因为害怕爪哇人和马来人胡作非为。”（Cortesao, 1944: I, 122）

公元714年，中国史书开始提到名为市舶使的官员，即“负责与外国商船贸易的专员”（Sen, 1996: 256）。这是中国第一次由朝廷指派类似

---

1 见〔北宋〕欧阳修等撰《新唐书》卷二百二十二下列传第一百四十七下南蛮《室利佛逝》。

印度洋港务官的官员。市舶使主要由宦官担任，直接对朝廷负责。一部9世纪初的古代文献描述了这个官职的责任：

> 南海舶外国船也，每岁至安南、广州……至则本道奏报，郡邑为之喧阗。有蕃长（或商人首领）为主领，市舶使籍其名物，纳舶脚，禁珍异（政府专卖品），蕃商有以欺诈入牢狱者。[1]（Wang, 1958: 101）

督监官员也负责保护港口的外商，还要负责翻译事宜，准备贵重贡礼，呈交岁贡。这些岁贡要么由省里安排呈送，要么安排外国贡使自行进京呈送。

另一文献称，早期的监督官员没有实权。一位叫王虔休的市舶使在公元800年前后写信禀报皇上，称“伏以承前虽有命使（市舶使）之名，而无责成之实……素无簿书，不恒其所”[2]（Sen, 1996: 253）。不过，王虔休所言也许带有成见，也许是为了贬低前任，美化自己的功劳。

市舶使有时可能也会扮演“国王的商人”角色，他可以行使特权，近水楼台，先于其他官员及私商挑选货物。有些官吏也许本身就是地方官。在另外一个案例中，一位广州地方官就根据地方政策，而不是经济管理条例，取消了对外国船只的关税（Sen, 1996: 253）。据史料称，公元820年，一位岭南节度使试图制止走私：“蕃舶之至泊步……始至有阅货之燕，犀珠磊落，宥及仆隶，公皆罢之。”[3]（Wang, 1958: 101）

---

1 见〔唐〕李肇撰《唐国史补》。

2 见清嘉庆敕撰《全唐文》卷五百一十五《进岭南王馆市舶使院图表》。

3 见韩愈的《唐正议大夫尚书左丞孔公墓志铭》，载清嘉庆敕撰《全唐文》卷五百六十三。

同一史料显示，中国商人已经开始侨居东南亚。这一情况很难与严禁中国人私自从事外贸活动的法规形成一致，但这种贸易活动显然存在。尽管法规对商人有严格的限制，但官员在执行规定时，有时会网开一面，灵活处置：

> 绝海之商，有死于吾地者，官藏其货。满三月，无妻子之请者，尽没有之。公（停止这种做法）曰："海道以年计往复，何月之拘？苟有验者，悉推与之，无算远近。"[1]（Wang, 1958: 101–102）

也许这位官员是当地人，比起北方的朝廷官吏，他更加同情当地商人。不管怎样，他的告示说明私人贸易禁令已经开始松动，商人阶层的社会地位也有所提高。到9世纪，人们已经可以谈论"官方贸易"了（Wang, 1958: 90 n. 1）。显然，皇亲国戚、地方显贵、大小官吏都从海上丝绸之路带来的奢侈品贸易中捞得盆满钵满。

钱币

当人们有计划、有规律地进行贸易活动时，通常会出现一种标准化的交换媒介。虽然古代东南亚很多地方都会使用钱币，但每种文化地区对待钱币的态度却不尽相同。钱币是在政治范畴，而不是地理范畴流通。

钱币这种物品具有内在价值，这是因为它们含有金属成分，有时还会被当作一种金属原材料交易，而不是一种被人为地赋予

1 见韩愈的《唐正议大夫尚书左丞孔公墓志铭》，载清嘉庆敕撰《全唐文》卷五百六十三。

一定价值的象征性物品。伪造钱币，以及钱币掺假的行为时有发生，所以要想准确判断钱币遗物是否符合货币定义，还需要对某一年代的大量标本进行研究，并取得确凿证据。就像其他几种类型的物质文化一样，我们并不掌握判断这些物品的功能的充分信息，即使它们与现代遗物非常相像。我们不能确定在东南亚遗址中发现的“钱币样物品”（Wicks, 1992）到底是钱币，还是圆形金属饰物，或是代币。有的可能用于某种特殊场合，如向统治者进贡，向庙宇捐献，而非用于日常交换。已掌握的考古证据基本证明，这些物品的大多数作用与现代社会的货币相似；因此我们可以称之为“钱币”。不过，这些物品与世界其他地方的钱币有几方面的具体区别：最古老的东南亚钱币上既没有铭文或年代，也不是为了显示统治者尊容，更没有王国的名称（除了一枚银币上有“堕罗钵底”［Dvaravati］字样，见下图）。

东南亚最古老的、有比较明确年代（454—476年）的钱币来自缅甸的阿拉干（Arakan）地区。钱币为银质，印有海螺/万字符装饰图案，这些图案在印度寓意吉祥如意。具有这些图案的钱币在俄亥也有发现（Wicks, 1992: 154），但不能确定是在当地制造的，还是外来的。虽然威克斯相信扶南已经发展成为货币化社会，但他怀疑在俄亥发现的钱币并不是在当地制造的（Wicks, 1992: 192）。

有一种海螺/万字符钱币被认为是早在5世纪就由缅甸中部的古勃固国居民制作的。这种钱币成为东南亚大多数钱币的模本，一直使用到公元一千年（Wicks, 1992: 108）。这样的钱币在西贡和孟加拉都有发现。钱币分布如此之广泛，时间如此之早，充分证明这种钱币是一种贸易货物（也可能是一种交换媒介）。其他的钱币变异体包括一种在俄亥发现的钱币，还有一种主要集中分布于乌通、沙廉（Syriam）和摩萨（Hmawza，早期的室利差旦罗城［Sri Ksetra］）遗址的钱币；另外，在泰国南部还发现了一枚小得多的钱币（Wicks, 1992: 108）。

早期东南亚流传最广的钱币图案似乎是表现旭日初升，在泰国、柬埔寨和扶南都发现过这样的图案。也许这些钱币不只是在这其中一个地方制造的。钱币币值分为1个单位、1/4个单位和1/8个单位。这也更加说明这些钱币具有经济功能，而不是象征性功能。其中一种钱币主要在缅甸流行。另外一种钱币在缅甸相当常见，但也同时出现在从泰国中部到柬埔寨的广阔区域里，主要是掸邦高原的掸族人居住地，而不仅仅局限于摩萨（室利差旦罗城）这样的地区——该地是民族–语言学意义上的骠人（Pyu）居住地。（另外一种有海螺纹/万字符号装饰的钱币在摩萨和泰国

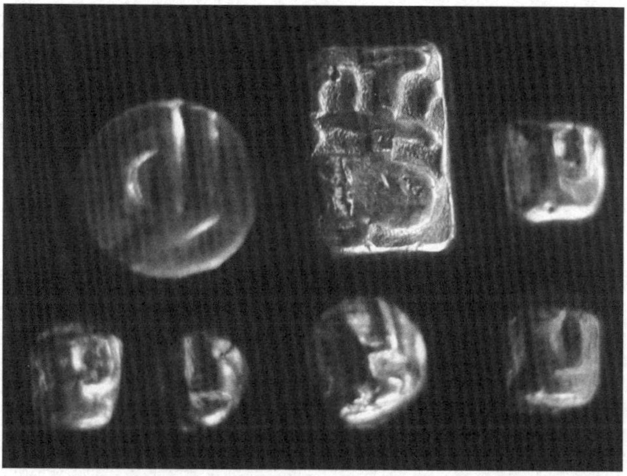

插图2.03　在中爪哇发现的9世纪金币

中部也有发现。）东南亚大陆迄今发现的最大一批钱币来自泰国南部那空是贪玛叻府的班摩兰村（Ban Moklaan）遗址，在那里发现了几百枚旭日图案钱币，包括切割成二等分和四等分的部分钱币（Wicks, 1992: 221）。

“古代东南亚分布最广、类型最多的钱币”（Wicks, 1992: 157）是6—10世纪期间居住在泰国中部和东北部的族群所制作。学者们通常认为这一地区当时是由堕罗钵底王国统治。但是穆达表示，这并不是一个统一的王国（Mudar, 1999）。英拉乌（Indrawooth, 2009）曾试图走出宗教遗物范畴，依据考古证据诠释堕罗钵底国的属性。但格洛弗却指出，与其说堕罗钵底是一个政治实体，不如将其理解为历史上的一种艺术风格。根据对乌通和昌盛考古发现进行放射性碳元素测定，该风格起源年代应该还要再早几百年。

在另一处与堕罗钵底有关的佛统府遗址发现了几件银质物品，上面印有“堕罗钵底”这个名字。威克斯倾向于称之为“圆牌”，而非“钱币”（Wicks, 1992: 158）。这些钱币如果确实是由一个如此具名的王国发行，那么应该是古代东南亚唯一显示政治含义的钱币了。一块9世纪的铭文告示写道，任何人未经授权，擅自仿造堕罗钵底钱币/圆牌，将会受到严厉惩罚。这则在古代东南亚见到的唯一告示证明，这些物品代表一种标准价值，具有货币功能（Wicks, 1992: 159）。

早期钱币在东南亚大陆南部流通，覆盖缅甸和孟加拉人居住的阿拉干边界地带。在扶南时期，造币是东南亚中部经济活动的关键环节。在俄亥，人们很可能使用钱币进行日常购物。事实上，如果没有一种交换媒介，俄亥是不可能建立起复杂的行业分工体系，进而兴旺发达的。

后来，大约在公元800年，钱币出现在东南亚岛屿地区。早期的岛屿钱币并非来源于已经流通了几个世纪的东南亚大陆钱币，岛屿钱币有不同的设计、形状，甚至使用不同的金属。岛屿钱币的主要类型为银质，略呈杯状，一面印有所谓檀香花图案，另一面印有一个堕罗钵底字母“ma”。公元800年左右，堕罗钵底字母出现在爪哇。这些钱币重约2.4克，爪哇语称这一单位为“masa”[1]；因此，这个字母应该代表这个钱币的重量。檀香花图案可能具有某种象征意义，但这个意义尚不为人所知。

第二种早期岛屿钱币的形状是一个准圆形或长方形金块，上面压出两个凹陷，中间由一道凸线隔开，每个凹陷里有一个凸环。这个图案也含义不明。

勿里洞岛沉船

9世纪，另一个外贸港口出现了：泉州（也称刺桐城，13世纪，马可·波罗已经使用这一地名）。1998年，在印尼邦加岛与勿里洞岛之间的格拉萨海峡（Gelasa Strait）发现了一处沉船遗址。沉船上载有9世纪早期的大量中国货物。这艘船被称为黑石号（*Batu Hitam*），很可能在830—840年间沉没（Wilson and Flecker, 2010）。人们无法准确判断这艘船的来历，但从该船的造船细节来看，它很可能来自波斯湾或印度西北部（Flecker, 2000）。

该沉船是东南亚考古史上的一次重大发现，但仍存在很多尚未解答的疑问：它当时正驶往何处？它的任务是什么？

9世纪初，中国首次外销陶瓷；这艘勿里洞岛沉船可能是最早运

1　一古印度重量单位的梵文名称就叫“masa”，相当于中国古代重量单位“钱”。

送大量陶器商品的船舶之一（Wang, 1958: 112）。除了中国陶瓷，这艘船还装载了大量贵重金属，包括一些皇室级别的黄金遗物，以及银锭。发现的其他遗物还包括一枚印尼金币、铅锭（既是货物，又作为压舱石使用）、香料树脂（很可能产自东南亚）、八角茴香（来自中国），以及一件制作精良的木箱（用波罗蜜木或一种产自南亚、东南亚的类似木料制成）。

根据这些信息，我们可以推断这艘船曾经停靠一个中国港口。在那里，大量高价值的中国货物被装运上船。大部分货物应该来自扬州，不过，也有大量陶瓷和其他物品被储放在广东出产的大缸里；有五六件陶瓷很可能来自波斯湾；另外几件石臼、石杵类物品显示有些船员可能来自东南亚；船上还发现了几件日常用品，可能属于来自东南亚或中国的乘客（Krahl et al., 2010: 40）。

这艘船沉没时似乎已经比较老旧：当时一定是漏水了，因为在船板之间使用了填塞材料。这种填塞材料取自白千层属树，也叫鱼皮树，可以在新加坡找到。新加坡地名甘榜格南（Kampong Gelam）就是用这种树的一个品种命名的。捆绑船板的麻绳可能取自黄槿，这是马来人和印尼人制作麻绳时最常使用的植物（Flecker, 2008）。12世纪，中国驶往大食（阿拉伯国家）的船舶一般习惯在巴邻旁进行维修（Wolters, 1983: 55）；由此说来，在9世纪，这些材料肯定也能在那里找到。

这艘船将驶往何处？关于这艘沉船及其货物，有一个专门的展览，而撰写展览物品说明书的几个编纂者给出了自相矛盾的说法（Krahl et al., 2010）。有人认为该船返回西印度洋，可能是去阿曼（Guy, 2001–2002: 25; Hsieh, 2010: 142），但是，沉船的位置却显示它并未打算穿过马六甲海峡，而马六甲海峡是从南海进入印度洋的常规路线。如果说这艘船真要驶往印度洋，它也可以穿过苏门答腊和爪哇之间的巽他海峡。但是，“没有可靠证据证明早期有船只使用巽他海峡”（Wolters, 1967: 267, n. 4），因为如果走这条航线，需要沿苏门答腊海岸向西航行，途中港口寥寥无几，而且船只必须经过无数险象环生的暗礁、岩石和浅滩，还要经受来自印度洋的狂风暴雨、惊涛骇浪。相比之下，印度洋水手非常熟悉马六甲海峡北端航道，而这艘船的位置正处在他们熟悉的、喜欢走的航线上：从南海到爪哇。

该船的任务是什么？黑石号此次航行不太可能是一般性贸易航行。船上遗物的数量和质量对这一时期任何地方（不管是陆上，还是海上）来说，都是前所未有的。这批货物实际上完全是赠给王室的礼品，有可能是中国皇帝回赐爪哇朝贡使团的礼物。813—839年，爪哇先后派遣六批使团去中国，说明两大王国之间保持密切的外交关系和经贸关系（Louis, 2010: 91）。中国回赐爪哇朝贡的物品应该具有极高价值，在勿里洞沉船中发现的一枚爪哇金币让人不禁想到其中的关联。黑石号沉没的时间正值爪哇岛上强大的马打蓝（Mataram）王国建造宏伟的婆罗浮屠之际。沉船年代也正是爪哇社会的古代文明达到巅峰、处于全盛的时期。

878年，唐朝盛世走到尽头。广州在一场民乱中被大肆劫掠，社会动荡不安，番商惨遭屠杀，贸易活动停滞达一个世纪之久。公元907年，唐朝灭亡。

五代时期（907—960）

这一时期，中国处在分裂状态，其间东南亚国家遣使来访只有区区4次：占城3次，室利佛逝1次。不过，尽管外交活动减少，仍然有大量中国货物进入南海。在南苏门答腊外的航线上，发现了一艘沉船。该船被命名为印坦号（*Intan*），沉没时间大约为943年。船上装载着大量中国瓷器，以及使用东南亚原材料制作的物品，比如可能产自泰国南部的土陶器和象牙（Flecker and Miksic, 2000; Flecker, 2002）。这大概是一艘来自印尼西部的东南亚船。

公元960年，宋朝建立，随即带来新一轮更加繁荣兴旺的贸易时期，更多人开始从事贸易活动，包括中国商人，他们纷纷出海经商。这一新局势将在第三章讨论。

7—10世纪的东南亚港口

7世纪初，扶南王国衰落并消亡。大约在同一时期，东南亚海上贸易中心转移至马六甲海峡。人们争论了一个世纪，仍然无法确定这些变化是否相互关联。如果有关联，那么哪个是因，哪个是果？唐朝的兴起伴随着苏门答腊和马来半岛港口的出现。这些港口的性质与俄亥不同。这里的商人和官吏共同协调着来往于印度洋、南海和爪哇海之间复杂的货物交易活动。考古学家在这些港口遗址的调查研究仍处于初始阶段，不过，一个繁荣发达的社会形态已渐渐初露端倪，而且人们也越来越清楚地看到，新加坡聚落将应运而生。

末罗游/占卑国

唐朝建立后，末罗游成为马六甲海峡新崛起的第一批朝贡国之一。这个王国于公元644年向中国派遣了一个朝贡使团。两百年后，中国史料记载了占卑国的两个使团遣使，分别在853年和871年来华（Wolters, 1967: 85）。人们认为末罗游位于现在的占碑地区。我们无法确定末罗游是后来改称占卑，抑或占卑是一个新的王国。不过，两百年的空白可以从7世纪末到访苏门答腊的中国高僧义净的叙述中找到答案。

插图2.04　位于南苏门答腊穆西河上的巴邻旁繁忙港口

义净称末罗游隶属于室利佛逝。853年和871年末罗游两次遣使中国，表明此时自称占卑国的末罗游试图表达自己的独立地位。

到目前为止，考古学家在东苏门答腊巴唐哈里河流域并没有发现相应的王国遗址，而这些王国后来确实以占卑国或末罗游名义向唐朝廷派遣过使团。虽然找到了一些与这一时期相符的佛像，但尚未发现来自唐朝的中国瓷器，或其他贸易货物。

室利佛逝及南苏门答腊的考古发掘

到7世纪末，苏门答腊东南部已经成为室利佛逝的中心，也是南亚与中国之间一个主要的海运连接点；义净讲述了他乘坐属于室利佛逝大王的船，从广州驶往印度的经历。在接下来的4个世纪里，室利佛逝继续主宰着中国与马六甲海峡之间的海上贸易。

考古学家很难将中国人和阿拉伯人描述的室利佛逝的富庶与在苏门答腊东南部发掘出来的实物遗存联系起来（Bronson and Wisseman, 1976）。虽然集中进行的考古研究已经带来可观的成果，但是，由于一些因素，室利佛逝物质文化原状也许已经永远遗失。其中一个原因是，他们使用的材料容易腐朽。他们居住在木筏船上，或水上高脚屋里（Manguin, 1987）（见插图2.04）。不过，考古学家锲而不舍的探索还是带来了一些收获。在巴邻旁及其周边地区，已经发现了不少考古遗迹，让大多数学者相信，巴邻旁事实上正是室利佛逝的都城（Manguin, 1992, 1993）。

有一部著作能让我们很好地了解到，在前殖民地时期，新加坡地区的人们是如何看待他们历史的，这就是《马来王族史》（*Sulalatu's-salatin*），世人更为熟知的名称是《末罗游纪年》或《马来纪年》。不过，它的另一个书名是《诸王世谱》（*Penurunan Segala Raja-Raja*）（见第四章）。虽然不能从《马来纪年》中得出具体史实，但可以从中了解17世纪马来人的思想观念：他们认为巴邻旁是他们文化的发源地。根据这本书的描述，第一位马来国王神奇地出现在巴邻旁的西昆山（Seguntang Hill）上（见插图2.05）。

682—686年，有人在巴邻旁及其周边地区雕刻了几块石碑。这一地区的其他石碑未具年代，不过，很可能也是刻于7世纪末（插图2.06）。这些石碑证明，兴起于该地区的这个新王国主要信奉佛教。在西昆山上发现了佛像，也有印度教神像（插图2.07）。

在至少4个世纪里，室利佛逝的都城在马六甲海峡代表一个强权。义净暗示，在他672年和689年两次访问巴邻旁期间，室利佛逝成了末罗游和吉打的宗主国，末罗游位于海峡西岸，而吉打位于这条重要水道的东北端（Wolters, 1967: 15, 263 fn. 2）。中国和阿拉伯古代文献称，室利

插图2.05　巴邻旁的西昆山上一处现代穆斯林墓地，或称圣墓

佛逝为7—10世纪最富有的国家之一。虽然室利佛逝很少向中国派遣朝贡使团，但它非常热衷于与中国进行贸易往来。

考古学家在邦加岛进行了一系列重要的发掘工作。邦加岛位于通往巴邻旁的穆西河口之外。1892年，人们在邦加岛西岸的柯达卡布（该岛距穆西河入海口最近的地点之一）发现了一块石碑。石碑年代为686年，上书效忠室利佛逝大王的誓言，并记载了室利佛逝国刚刚对爪哇国发动的一次进攻。当时的考古发现还有一尊毗湿奴雕像、一块可能来自杜尔迦神像的碎片，以及一段4米高、1.5米长的土城墙。但是，直到1994年，那里才开始进行考古研究。当时，法国–印尼考古队记录了新的重要发现（P. Koestoro, Soeroso and Manguin, 1998）。

考古队对那段土城墙进行了发掘，经放射性碳元素测定，土城墙年代为6—9世纪，中期时间应该在650年。研究人员还在巴邻旁的

插图2.06　在沙波津津（Sabukingking，靠近巴邻旁的特拉伽巴杜）发现的7世纪末石碑，使用的是古马来文和字母。石碑顶部是象征着水和超自然力量的七条眼镜蛇，亦称多头蛇造型；水从顶部流下，从文字中汲取力量，汇聚到底部的水槽里，然后被宣誓效忠的人喝下；水也能变成毒药，欺君叛国的官员喝下后就会一命呜呼。

插图2.07　在巴邻旁的西昆山上发现的大乘佛教观世音像，雕刻时间大致为义净来访的7世纪末。

特拉迦巴杜（Telagabatu）[1]附近发现了一处地基，可能属于一个砖石庙宇。在庙里，他们发现了五堆铁锅，上面摆放着60件中国釉面瓷碗，很可能来自12世纪的福建。在这个遗址里，找到少量其他宋代陶瓷残片。在表层探测过程中，还发现了9、10世纪制造的广东商品。1994年的发掘又发现了四尊毗湿奴神像残件，年代均为5—7世纪。

2007年在老柯达卡布村又进行了一次发掘，发现了一处可能是庙宇的遗迹，遗迹里有金首饰、中国宋代陶瓷，以及许多“老柯达卡布村”制造的当地土陶器。这些发现说明，这里可能是686年石碑的原产地。不过，要想证实这个推论，还需要进行更多发掘（Tri Marhaeni, 2010: 35–36）。

柯达卡布的发掘成果显示，在室利佛逝建立之前，这里已经是一处与外国有重要联系的聚落。但柯达卡布似乎并不是一个贸易据点，因为，除了发现的雕像，这里的外来物品很少（也许未来的发掘工作能够改变这一认识）。

在后来的时期里，邦加岛成为两种重要商品——胡椒和锡——的来源地。也许室利佛逝早已掌控了这些物品，并通过巴邻旁纳入其国际贸易网络中。最近，人们在柯达卡布发现了重2.3公斤的金字塔形锡锭，以及开采锡矿使用的古老工具，如铁锹和木柄。2009年，在杜阿杜努（Tuatunu）村附近又发现了更大的锡锭，那里距离发现一只大型古代木船舵的地点不远，距当地人今天的锡矿开采地也不远（Tri Marhaeni, 2010: 38–39）。2010年，一座锡矿的开挖地点距那段古代土城墙东端仅25米（Ibid.: 29, 33）。目前，人们正在附近的勿里洞岛大规模开采赤铁矿，这是一种铁矿石的原料。1996年，在邦加岛的考古发掘中，发

1 意“石湖”。

现了重达27公斤的铁矿渣。由此可见，这里也许是勿里洞岛铁矿石的加工遗址。

史料显示，邦加人与室利佛逝的兴盛密不可分，既因为这里靠近穆西河口，据守战略位置，还因为这里有重要的矿产资源和邦加人的航海技术。

在一处7世纪庙宇地基上发现12世纪遗物是一件非常奇怪的事。但这也许说明，在中国瓷器贸易活跃时期，这里的宗教活动又重新兴盛。宋代，室利佛逝势力渐衰，但柯达卡布可能仍然是以巴邻旁为大本营的政体中心，邦加岛也一直是巴邻旁统治者的海军基地，直到14世纪末爪哇人攻陷邦加岛（Cortesao, 1944: vol. 2, 230–242）。

遗憾的是，室利佛逝的历史几乎完全没有史料记载。在沙波津津发现的7世纪石碑上有一长串誓言效忠国王的官吏名单。从语法上看，碑文属于古马来语，但许多表示官职类别的词使用梵文。这份名单包括"贸易及工匠监督"和船长，所以，我们至少可以知道室利佛逝曾存在这些职业。7世纪后，南苏门答腊再也没有出现过石碑。中国古代文献也只是在发生不寻常事件或情况而引起北方朝廷注意时，才顺带提到室利佛逝。

室利佛逝的兴起标志着东南亚商业中心从大陆王国扶南转移到马六甲海峡，形成了海上航线的交汇点。这些航线连接印度洋、南海和爪哇海。室利佛逝也效仿海上丝绸之路其他港口的做法，力图防范所有别的港口在其势力范围内进行贸易活动，或与中国进行邦交。如果这些东南亚王国与中国没有外交往来，就得不到中国对其独立国家地位的认可，也就无法进行朝贡贸易。室利佛逝王国势力范围内的各港口也许都已经沦为二流港口，只能向巴邻旁输送热带物产，这些物产再由巴邻旁出口至中国。与此同时，这些二流港口的统治者通过向室利佛逝称臣纳贡，从室利佛逝大王那里得到这种贸易的好处，也得到王室赐予的地位象征。这种体制一直延续了350年。

从技术上讲，巴邻旁是一个贸易港口吗？这个名称似乎不太合适，因为有证据显示，巴邻旁与内陆地区往来密切。不仅如此，巴邻旁还是一个幅员辽阔的王国中心，而不是处于边缘地带的聚落。然而，巴邻旁的习俗和关于交换与财富的文化概念，与海上丝绸之路的其他贸易港口极为相似。

在没有古代文献的情况下，我们只能凭借对巴邻旁生活的后期记载，判断这个独特的城市曾经如何在水域世界里运作。最有价值的记载来自经典著作《马来群岛》（*The Malay Archipelago*），其作者为英国自然学家艾尔弗雷德·拉塞尔·华莱士（Alfred Russel Wallace）。19世纪50年代，他访问过这个城市，并描述这里的地理概貌：长3—4英里（5—6公里），却只有一房之宽；水上高脚屋沿穆西河一长溜修建起来。他还提到，这里所有交通出行都靠舟船（Wallace, 1869: 95）。

很多人住在河中的木筏屋里。中国文人赵汝适于1225年写道，三佛齐（苏门答腊东南部）的普通百姓住在河中的木筏上，因此不必纳税（Hirth and Rockhill, 1911: 60）。形成这种习俗归因于巴邻旁的实际情况：那里的穆西河每年春天要涨潮4.5米，而且雨季来临时频发洪水。19世纪20年代，只有上流社会人家才能在干燥土地上修建木屋居住。这种木屋屋顶上有瓦，屋门口有自家专用的码头。即便是外国人，也都住在河中筏子上（van Rijn van Alkemade, 1883: 55）。巴邻旁也被称为“二十岛城”。苏丹及其两位亲王的宫殿就位于其中一个“岛”上。这些岛其实就是岸边沼泽中稍微高出地面的小丘而已。这里没有陆地市场，所有交易活动都是在河中的叭喇唬船上进行的（van Sevenhoven, 1825: 53）。

这座城市被分成不同的区。外国人按种族分区而居：有一个中国人区，还有一个南印度人区（van Rijn van Alkemade, 1883: 69 n. 49）。阿拉伯人和欧洲人不得越过苏丹王宫进入上游流域，违令者处死（Thorn, 1815: 156–164）。城市的其他坊区按照具体行业，如制席、打铁和打金等划定。这些特质与贸易港口一致，只是巴邻旁位于一片广阔的内陆之中这一特点与贸易港口模式不符。从许多方面看，巴邻旁更应该按照地理学术语被称为“中心地带”（Miksic, 1984）。

沃尔特斯（O. W. Wolters）曾经诠释过义净文本中所说的室利佛逝大王住在“坚固城堡”的含义。1979年，沃尔特斯就此文本解释道：

> 义净只是使用了传统中文词汇来描述有防护的国王住所……不能将他的话语解释成建有砖或石围墙的院落……这位统治者的住宅充其量是雕刻精美的木质房屋，没有道理认为有比这更坚实永久的房屋了。

由此说来，我们也不要期待能在巴邻旁发现古代砖石遗迹。可能有过坚固的院落，但那应该是由木质围栏或土墙包围的院落，有可能为了加强保护还种植了一层刺竹。

1025年，一支来自印度南部注辇王国首都坦焦尔（Tanjor）的舰队袭击了室利佛逝统治的马六甲海峡主要港口，包括位于巴邻旁的都城（Kulke, Kesavapany and Sakhuja, 2009）。国王被俘，并被押往印度，从此杳无音信。遭此重创后，室利佛逝贸易帝国，或者说室利佛逝的制海权再也没有恢复元气。1025年袭击后的大约一百年间，马六甲海峡北端，从婆鲁斯（Barus）到吉打和达瓜巴（Takuapa），可能都处于注辇国直接管辖之下；一位注辇国太子可能直接充当吉打总督（Miksic, 1995）。

20世纪90年代在巴邻旁的考古发现至关重要，澄清了模糊不清、有时甚至自相矛盾的史料。在巴邻旁发现的中国陶瓷均不早于9世纪。而在9—10世纪之间，则出现了各种类型的中国陶瓷，包括定窑瓷、越窑瓷、长沙窑瓷、广西白瓷，还有很多出自广东沿海地区的青瓷。这一时期的阿拉伯–波斯地区出产的釉面土陶器在巴邻旁也有发现：虹彩陶、青绿陶和锡白陶（Eka A. Putrina Taim, 1992; Ho and Bronson, 1995: 1）。

在西巴邻旁的西昆山附近，在地表层下发掘出土了几件遗物。当然，在地面也发现了遗物，包括几百片9—10世纪的中国越窑陶瓷残片。在诗布朗地区的塔郎吉金（Talang Kikim Seberang）围垦沼泽时，发现了许多唐代后期的青瓷和储物罐碎片、玻璃块、玻璃珠及铁器。在另外一处遗址，坎邦翁格兰（Kambang Unglen），发现了8.6公斤的早期玻璃，显示这里可能是一处珠子制造遗址。珠子属于印度–太平洋类型，很可能源自印度。其他几处遗址，如加冷亚惹（Karang Anyar）也出土了早期遗物，不过多数遗物仍来路不明。落荣詹布（Lorong Jambu）遗址出土了一批中国宋元时期遗物。

1990年和1991年，在巴邻旁中部巴达鲁丁（Badaruddin）博物馆遗址发掘出55 000余件遗物，重达800公斤，其中40%的遗物来自室利佛逝时期。在这批遗物中，进口陶瓷占18%，共10 000余件（Manguin, 1992）。巴邻旁的考古研究非常艰巨，但还是有希望发掘出更多信息来了解这一关键遗址。各方需要协同作战，以获得关于这个可能是室利佛逝都城的更完整的信息。

婆鲁斯

历史上，航海水手一般都会避开苏门答腊西海岸。这里与马六甲海峡不同，无遮无挡，直接面对印度洋。岛礁和露出水面的岩石给航海者带来极大危险。不过，在9世纪，苏门答腊岛西北部一处地方却成为重要港口。今天这个地方叫婆鲁斯，与1世纪托勒密《地理图志》中描述的一个群岛名字“婆鲁塞”（Baroussai）相对应。如此说来，这个名字指的是一处面积相当大的地区，而不仅仅是一个港口。

从19世纪起，古文物研究者已久闻婆鲁斯大名。1844年，在距今天的婆鲁斯镇5公里远的卢勃克杜阿（Lubok Tua）发现了首饰和金银币（Deutz, 1875）。1852—1857年，一位热衷考古的荷兰官员范德图克（H. N. van der Tuuk）发现了更多金币和银币，以及17枚刻有那加利（Nagari）和古卡维（Kawi）文字的指环，这两种文字均为古代爪哇和苏门答腊王国所使用。1899年，一尊红色花岗岩观音像躯干被送往巴达维亚（雅加达旧名），但后来下落不明。

婆鲁斯最著名的考古发现出现在1873年，当时一名荷兰行政官员报告发现了四块石碑。其中一块用泰米尔文刻写的石碑，年代为1088年，提到一个印度商人行会（Subbarayalu, 1998）。行会成员都被称为拜里米苏利（Parameswari，“拜里米苏拉”一词的阴性形式）之子。14世纪新加坡一位统治者也使用这个名字（见第三章）。行会以卡纳塔克邦（Karnataka）为中心，不过，其成员来自好几个族群，包括12世纪末位于泰米尔纳德邦（Nadu）的朱罗王国（Cola kingdom）的泰米尔人。

这块泰米尔文碑铭中称当地居民为扎比吉（Zabedj），属于食人族。这个恶名也符合关于北苏门答腊巴塔克人（Batak）的其他记载。扎比吉一词的变异体（阇婆格［Zabag］/阇婆［Zabaj］）也出现在这一时期的阿拉伯语文献中（Laffan, 2005）。

卢勃克杜阿之所以成为要地，很可能是因为樟脑。这种产品来自几种不同的树木，但人们认为质量最好的樟脑产自婆鲁斯北部一个叫新格尔（Singkel）的地方。“婆律香”（Kapur Barus）是古代世界对顶级樟脑的传统叫法。844—848年，第一位提到扎比吉大王的阿拉伯人伊本·霍达白（Ibn Hordadbeh）[1]说，室利佛逝有两件事很有名：一是出产樟脑，二是国王往水里掷金砖庆祝生日（Sastri, 1949: 62）。毫无疑问，这些樟脑是从苏门答腊西北部运到巴邻旁的。

对早期阿拉伯水手来说，婆鲁斯还有另外一个名字：范苏儿（Fansur）或班卒儿（Pansur），这是一个当地巴塔克词，意为“泉水”。在苏门答腊、现马来西亚和廖内沿海地区，班卒儿是一个常见的地名。在这一地区，找到淡水对水手们至关重要，因为这里多数溪流都是咸水。

在托勒密之后，关于婆鲁斯的记载可以从唐代文献中找到，即义净（635—713年）和贾耽（730—805年）的记载。义净提到苏门答腊西海岸有个婆鲁师。唐代文献中有四个类似婆鲁斯的地名（婆鲁娑、婆律、婆鲁师、婆鲁），说明这个名字转写后变异很大，而婆利这个略显不同的名字却一直被沿用。包括沃尔特斯在内的一些学者认为，婆利就是“婆罗洲”。也许中国文献编纂者自己也搞不清楚“婆利”与“婆律”的区别，偶尔也会混淆。

9世纪的阿拉伯文献在说到樟脑时也提到范苏儿。显然这个范苏儿指的是婆鲁斯。中国人很久以后才使用这个地名：一位明朝特使于1405年前往苏门答腊海岸，访问了范苏儿。一份巴塔克年鉴记载，婆鲁斯港口曾经迁移过三次（Guillot, 1998a: 113）。这也许解释了为什么同一贸易中心会使用不同的名字。

距今天婆鲁斯以北4公里有一处面积大约3公顷、地势高20米的地方，由一道土城墙包围。此处位于两河之间，具有战略意义。考古人员在此地进行了重大考古发掘工作，发现了大量古代贸易活动的证

1 也称伊本·库达伯。

据。贸易物品来自中国、阿拉伯、埃及、波斯和印度，种类繁多，有砖、陶瓷、玻璃、铁、青铜、金、石碑、雕像碎片、半宝石和早期钱币（Guillot, 1998b）。

这一遗址发现的中国文物包括17 000余件陶器残片，许多是来自广东西村窑和潮州窑的炻器。这些陶器是10世纪末到12世纪初外销到东南亚的陶瓷。在卢勃克杜阿没有发现来自浙江龙泉窑的青瓷，所以说，到1150年，该地进口中国陶瓷的活动肯定就停止了（Dupoizat, 1998: 154, 156; 2003）。在这里还发现了10世纪中期的三色釉陶瓷（三彩），以及所谓杜珊（Dusun）罐。发现的其他中国遗物包括可能产自江西景德镇的白炻器和白瓷器，以及可能产自浙江的青瓷。虽然这里的出土遗物有力地证明阿拉伯国家与婆鲁斯之间有大量来往，但令人惊奇的是，在卢勃克杜阿发现的这批中国陶瓷与埃及福斯塔特陶瓷相似，而与波斯湾的尸罗夫（Siraf）[1]陶瓷不同（Dupoizat, 1998: 155）。

西亚遗物包括近9000件玻璃碎片。这些破碎的玻璃制品有水瓶、高脚杯、瓶子，可能还有化学或医疗器具；属于半透明或染色玻璃，有浅蓝、绿、黄、褐、钴蓝、紫或蓝绿色。它们来自两个不同的地区，分属不同时期：一组残片来自波斯湾（伊朗/伊拉克），年代为9世纪或10世纪；而另一组碎片来自埃及–叙利亚，年代为12世纪（Guillot and Sonny Ch. Wibisono, 1998; Guillot et al., 2003: 223 ff.）。

另外还发现了1000余件波斯湾地区制造的陶器残片，主要来自尸罗夫，年代为9世纪中期到11世纪初期（Perret and Sugeng Riyanto, 1998; Guillot et al., 2003: 171–197）。这些陶器的特点为实用功能，而不是装饰功能；其中包括未上釉的坛坛罐罐；有些残片上刻有仿古阿拉伯字母；有清一色

1　也称斯拉夫。

的白色或青绿色蓝釉，还有一些多彩陶器。

印度遗物包括1000余件玻璃珠，这些珠子使用了印度南部的一种制作技艺。其他玻璃物品包括深紫色手镯，使用的原料不详。

在婆鲁斯发现的遗物大部分为当地产陶器的残片。有些陶器使用一种快速陶轮技术制造，而这是早期东南亚并不常见的工业生产技术。但有些用陶轮制作的细黏土陶器与在苏门答腊、马来西亚以及14世纪的新加坡发现的陶器相似。如果不进一步分析，则无法确定它们之间的关系。有时被称为细胎陶器的坛子、罐子、香水瓶、香炉和执壶（在东南亚称为“军持”）很可能制造于今天泰国的沙听拍（Satingphra）地区。

其他质地较粗糙的陶器多为红色泥釉陶，用来制作蹲式陶罐（宽度大于高度，肩部呈舟状，底部通常可见压印的弦纹），还有圆底缸（缸沿外翻，刻印几何图案）。今天，占婆鲁斯人数最多的巴塔克人并不具备专门制作陶器的传统。这就使研究婆鲁斯遗址的主要学者提出了假设，即这些土陶器有可能是从亚齐（Aceh）或爪哇进口的，或者是由外来人监制、本地人制作的，毕竟土陶器质脆，不易运输。一个地区的制陶传统会发生兴衰变化。也许婆鲁斯当地陶器制作是受到大量外国商人涌入的影响而兴起，又随着婆鲁斯商业时代的结束而终止。

土陶器是东南亚地区制造的最重要的物品之一。一个地方大量出现陶器说明这里曾经是古代聚落。但很少有学者对此进行研究。虽然陶片不如首饰、庙宇或雕像那样引人注目，令人着迷，但它们却为古代文化的关键部分提供了大量相关信息，涉及技术、经济、艺术、社会结构等。如果不进一步研究当地土陶器，我们将无法彻底了解东南亚前现代社会生活的方方面面。

早期东南亚地区内曾进行当地土陶器的贸易活动。10世纪的印坦号沉船已经证实了这一点。新加坡国立大学的实验室分析显示，在新加坡发现的一些14世纪土陶器来自泰国南部（Miksic and Yap, 1990, 1992）。不过，这种分析耗时费力，而且需要动用特殊设备。目前，当地陶器贸易在早期东南亚经济中的作用尚不为人知。

另一种几乎可以断定为婆鲁斯制造的货物是青铜器，包括首饰、容器和一尊动物雕像（一只鹅）。这些物件使用失蜡法铸造技术制造，而这一技术一直是东南亚的一项独特技艺。青铜铸造产生的微滴证明，这里制造青铜器时，使用了红铜和锡（这两种物质都可以在苏门答腊找到）。

在婆鲁斯发现的其他冶炼金属遗物为黄金制品。据19世纪的荷兰史料记载，当地人在这里挖出很多金首饰和钱币。20世纪90年代的考古发掘还找到了指环，有些指环上镶有宝石。用于制作耳饰或吊坠的两块石模碎片印证了一个事实：即便不是全部，也有一部分金器是在当地制作的。多数古代婆鲁斯钱币用黄金制作，但也有几枚银币。在婆鲁斯以北的沿海地区，以及往南1000公里的明古鲁，都发现过相似的钱币。在苏门答腊东部海岸慕亚拉占碑（Muara Jambi）的一座神庙里也发现过两枚钱币。

在明古鲁山区热长乐朋（Rejang Lebong）的一座金矿附近，人们发现了一些钱币。19世纪，有荷兰矿工在这里发现了古代大规模开采金矿的证据。婆鲁斯钱币使用的黄金很可能来自此地，或者来自北苏门答腊。16世纪初，阿拉伯人和葡萄牙人都知道婆鲁斯是黄金出口地（Tibbetts, 1979; Cortesao, 1944: 161; João de Barros, cited in Guillot, 1998a: fn. 15）。

婆鲁斯为什么衰落了？古代阿拉伯地理学家马素迪（Mas'udi）说，来自尸罗夫和阿曼的船舶只到达个罗国（Kalah，很可能在马来半岛地峡一带），他们在那里与来自中国的船只相会。也许卢勃克杜阿受到

11世纪中期塞尔柱人（Seljuks）崛起的影响，塞尔柱人当时扰乱了波斯湾地区的贸易活动。在这一时期，波斯人的两大港口，尸罗夫和苏哈尔（Sohar）都遭废弃；也许，过于依赖波斯湾贸易的卢勃克杜阿也因此逐渐式微。11世纪中期，许多其他因素也开始影响马六甲海峡，所以很难断定哪个因素起了决定性作用。

生活在婆鲁斯的是什么人？我们可以想象阿拉伯人在此建立了永久聚居地，但我们又无法证明这一点。一部已知的13世纪文献（也可能更久远一些）提到婆鲁斯居民曾经是基督徒（Guillot, 1998: 124–125）。有可能基督教聂斯脱利派曾在这个沿海地区发展信徒。但是，即便如此，他们也未能在苏门答腊文化中留下任何踪迹。

婆鲁斯也可能存在过一个印度人飞地，一块1088年的碑铭显示了这个信息。不过，我们必须结合整体情况来解读这块石碑。泰米尔文石碑在其他地方也有发现，包括巴当拉瓦斯[1]、亚齐、巴帕赫镇[2]和泰国南部。印度南部文化在巴塔克人身上留下很深的印记，不仅是在西海岸，也在东海岸。这种影响不一定非要伴随大量泰米尔移民到来才会出现。

考古发现无法证明也无法否定这里曾出现某个族群，或讲某种语言的群体，除非在很特殊的情况下，而在婆鲁斯案例上，并不具备这些特殊条件。也许小规模印度商人来过这里，或者居住一两年后返回印度。因此，现在的证据不能证实曾经出现一个印度侨民的拓殖地或永久性聚落。没有文献显示曾经有来自印度南部任何地方的印度人长

---

1 Padang Lawas，在那里发现了12—13世纪建于北苏门答腊内陆的金刚乘佛教砖寺庙遗迹。——原注

2 Bandar Bapahat，位于西苏门答腊米南加保（Minangkabau）高地的巴卡尔鲁容（Pagarruyung）附近。——原注

期居留于苏门答腊岛或马来半岛。即便有直接从印度输入的陶器，这些遗物本身也无法证明使用过这些物品的是哪个族群。别忘了，在可证实的海外华人社区存在之前，东南亚人就已使用中国瓷器达几个世纪之久。唯一能够被视为证据充分的考古发现，是那些能够证明一群外国人曾经在当地生活的遗物。这些遗物必须能够显示在同一地点同时存在两种不同的生活方式（如居住建筑或日常用品遗物）。但即便如此，仍然会有人提出不同的推论——两种不同的生活方式可能是当地贵族阶层在模仿外国的生活方式，而平民百姓则保持传统生活方式。

吉洛（C. Guillot）认为"很少有属于当地人的遗物，这一事实说明卢勃克杜阿是建立在巴塔克人土地上的某个外国飞地"（1998a: 128）。他认为婆鲁斯是一个"外国商人据点，很可能由南印度人与当地王子联合掌控"，"完全独立于当地政权之外"（Ibid.: 130）。这种观点不够成熟，在没有文献证据的情况下，人们无法接受婆鲁斯曾经存在一个或若干个外国飞地的结论。可以承认婆鲁斯存在过外国飞地的可能性，但没有任何确凿的考古证据支持这一结论。在这个问题上，反证无法证明任何事情。

2001年到2004年，一支法国–印尼考古小组在婆鲁斯地区又发掘了三处遗址。这些遗址晚于卢勃克杜阿时期，提供了一些12—17世纪期间人们在此地居住与经商的数据（Perret and Hedi Surachman, 2009）。

达瓜巴和林门波

从暹罗–马来半岛克拉地峡南部到今天吉打州地区，曾是阿拉伯地理学家所熟知的个罗国（Kalah-bar，区别于Kalah）。851年的《苏莱曼东游记》[1]称，在尼科巴群岛（Nicobars），“船只聚集起来，进入称为个罗国的海峡。‘bar’既有王国的含义，又有沿海的意思。个罗国是位于其西南面阇婆格帝国的一部分。个罗国和阇婆格国由同一个国王统治”（Ferrand, 1922: 53）。个罗国在《一千零一夜》里出现过，是辛巴达到访过的一个地方。中国古籍《宋史》称阿拉伯商人乘坐个罗船，于1012年到达广州（Wolters, 1966: 228 n. 22）。《宋史》还描述了在1015年一条从泰米尔到个罗国的航线，可以看出，个罗国位于马来半岛西海岸。另一位中国古代文人贾耽提到过哥谷罗国，应该指的是同一个地方（Wheatley, 1961: 59–60）。这些记载中的地理信息并不十分详细，因此，我们无法判断这些地方的准确位置。不过，这些记载让我们看到，复杂的航海路线都交汇于今天泰国南部和马来西亚交界处。

公元943年，马素迪描述了从尸罗夫和阿曼来的水手们继续航行，到达个罗国和阇婆格国（Sastri, 1949: 71）。这很可能是9世纪初广州发生屠杀番商事件之后的情况。在此之后，我们发现了很多文献及考古证据，证明人们在今天泰国南部地峡一带从事中国货物和阿拉伯货物贸易。个罗国有时也被称为吉打，但也许同样只是一个“统称”，泛指“穆斯林使用的沿岸停泊地”（Jacq-Hergoualc'h, 2002: 262）。

在马来半岛地峡两侧地带，人们从诸如达瓜巴和林门波（Laem Pho）这样的遗址中发现了中国和阿拉伯许多陶器残片和玻璃碎片。在这些遗址发现最多的瓷器类型为长沙窑瓷器。在勿里洞沉船上曾经发现大量这种类型的瓷器。这类瓷器在马来半岛遗址中也有发现，包括双溪马士、吉打和中爪哇许多地点，从北部沿海一直延伸到迪昂（Dieng）和普兰班南（Prambanan）等巨大庙宇，以及萨吉万（Sojiwan）塔、沙利（Sari）

1　一译《中国印度见闻录》。

陵庙和博科女王神庙（Ratu Boko）。继续向西延伸，在斯里兰卡、伊朗和肯尼亚也都发现了这类瓷器（Guy, 1990: 11），但数量要比在东南亚发现的少。

沿克拉地峡东西两侧分布着与印度教和佛教活动相关的雕像、庙宇及其他遗存（Bronson, 1996; O'Connor, 1972, 1974; Lamb, 1961）（插图2.07、2.08）。不过，遗物最为集中的有三个地方。9世纪，这些地方都经历了几十年的繁荣活跃期，其中包括西海岸的郭各考（Ko Kho Khao）以及附近达瓜巴河沿岸地区。这里发现了一块9世纪的泰米尔文石碑，由印度南部的商人行会竖立（Sastri, 1949a）。在卧佛寺（Kwan Phra Noe）和栲帕那来（Khao Phra Narai）还发现了几个可能与泰米尔来访者有关的印度教雕像。"与其他中国唐代重要贸易港口一样，达瓜巴显然非常国际化。"（Guy, 1990: 7）

达瓜巴/郭各考与位于半岛东部海岸的林门波有许多相同特质：两地都出土了很多中东玻璃杯碗的碎片和晚唐陶器残片，以及从宝石到玻璃质地的多种类型的珠子（Lamb, 1961, 1965; Khemachat, 1983; Jacq-Hergoualc'h, 2002: 287–289）。除了林门波的一小片地区在12世纪后期又曾经有人短暂居住（Bronson, 1996），两处地点都昙花一现，只在9世纪有人聚居。两地都有中国陶瓷的影子：在郭各考，中国瓷器占3%—8%；而在更靠近中国的林门波，这一比例达到9%—36%。这些中国瓷器包括长沙窑瓷、越窑瓷、定窑瓷、北方白瓷、梅县窑瓷、广东器，以及也许来自广西的点彩青花器。

与发现的中国陶瓷相比，在郭各考和林门波发现的中东陶瓷十分稀少。这些陶瓷包括五种釉彩陶器，如巴士拉天蓝瓷、黄色釉亮白瓷、钴蓝和白色瓷。所发现的中东玻璃也验证了这里曾有大量玻璃器皿，其中90%为水杯和小碗。有几件碎片与在埃及福斯塔特发现的玻璃碎片极为相似。宋代史籍《资治通鉴》提到，阿拉伯玻璃杯与陶瓷

插图2.08　泰国南部猜也的龙寺。该庙宇修建于室利佛逝时期

器皿和银器一样，可以用来盛热酒。

有学者提出，林门波与达瓜巴由一条横跨半岛的路线相连，但其他学者认为，两地具有相似性是因为它们同属海上贸易网的口岸，其他贸易港口还包括吉打的双溪马士和南苏门答腊的巴邻旁（Jacq-Hergoualc'h, 2002: 292）。布朗森指出，虽然这两地发现的土陶器与泰国中部发现的同一时期陶器相似，但在郭各考发现的陶瓷品种却更多，大小也不同，风格迥异（Bronson, 1996）。林门波地区更适合发展农业，特别是水稻种植。这里的居民可能主要由当地人构成，却由另一个地方（今天的猜也）来管辖；距林门波以西5公里，有可能是中国人所说的盘盘国都城（Jacq-Hergoualc'h, 2002: 294）。郭各考似乎没有内陆，其政权依附关系也不清楚；这里也许形成过一个南亚客商飞地。在附近的滃洒（Wiang Sra）地区，出土了一批遗物，包括当地制作的土陶器、进口的中国唐宋时期陶器、一枚年代为882年的阿拉伯钱币、一座印度教象征女阴的尤尼像（湿婆林伽的基座）、派勒瓦雕像、毗湿奴像，以及10

世纪或11世纪的女神像（O'Connor, 1972: 60）。

这三地似乎在10世纪初全都衰落，很可能是由于商业和政治因素发生了变化。在此之后，泰国南部的另一处地点开始崭露头角，这就是圣王之城（今泰国那空是贪玛叻府）。

印坦号沉船

1997年（发现勿里洞沉船遗址前两年），人们在苏门答腊东南沿海发现了前文提到过的那艘10世纪沉船印坦号。该沉船以沉没地点附近一座油田的名字命名（Flecker and Miksic, 2000; Flecker, 2002）。以下简介远不足以说明印坦号为考古界带来的巨大信息财富。一艘沉船就是一颗时间胶囊，一段凝固的时光。这样的机遇在陆地上几乎不可能碰到，除非火山突然喷发，一切变化瞬间停止。在东南亚很少有完整的沉船记录，这意味着，每一艘沉船都是无价之宝。

不仅如此，该沉船正处在一段尤为有趣的时代。室利佛逝王朝正值财富和权力鼎盛时期。北宋刚刚衰亡，中国又进入了一个群雄四起、列国纷争的时代，但这并未对海外贸易造成伤害。中爪哇的马打蓝王国也刚刚灭亡。中爪哇发现的最晚年代的石碑为公元918年，恰好接近沉船的时间。这艘沉没于爪哇海的船舶当时正驶往何处？公元929年，东爪哇已经成为一个新政体的中心；也许印坦号当时正驶往泗水（Surabaya）或图班（Tuban，又译杜板）区域的某个港口。

沉船的残存部分印证这艘船不是在中国建造的：船只使用的木材并非产自中国；船由木榫而不是铁钉接合。不过，该船的一个特点却反映出中国对该船设计的影响：虽然没有留下木质样本，但大量铁锈凝结物却保留了早已朽烂的隔舱板的原貌。

到15世纪，泰国造船已经采用了隔舱板技术。同时，学者们都认为，中国船只首次出现于东南亚水域是在13世纪，而且数量很少。因此，到底是什么人建造了印坦号仍然是个未解之谜。

印坦号货物分为两大类：陶瓷和金属制品。船底层存放着沉重的锡锭，它们兼作压舱石，保持船体稳定。这些锡锭很可能来自马来半岛，或距沉船地点不远的新吉岛（Singkep）或邦加岛。锡锭之上是中国陶瓷。如果说，这艘船携带着沉重的锡锭从马来半岛前往中国，装载陶瓷货物后再航行数千公里返回，应该是没有道理的。所以，可以得出的结论是，印坦号曾去过一个既有锡又有中国陶瓷的港口。还有一种不太合理的可能性，就是该船先在一个港口装上锡，再驶往另一个

插图2.09　位于猜也的佛塔寺（Wat Phra Boromthat）。这座镀金的灰色寺庙可能修建于室利佛逝同一时期

港口装上中国陶瓷。这种货物组合方式有力地支持了一个推论：印尼的主要贸易港往往汇集了大量的中国进口货物和其他货物，然后再出口到其他地区。印坦号也许来自马来半岛的地峡地区，或者来自一个类似南苏门答腊巴邻旁这样的港口。它的沉没地点显示它当时可能正驶往爪哇（Flecker, 2002: 123 Fig. 123）。

9世纪末，爪哇已经统一了度量衡，也许在苏门答腊也是如此。在印坦号上发现大量秤砣也是一个证据，可以支持该船为印尼船的结论。这些秤砣大多用铜合金制造，常常注入少量不同合金。制造秤砣时还使用了石英、大理石、锡合金或复合材料。

在印坦号上找到的43件秤砣，可组成不少于23种重量级别。这些重量级别包括：1两（相当于38克）、1斤（相当于20两，现760克）、1钱（相当于2.4克）、8钱（19克）、12钱（29克）、24钱（46克）以及28钱（58克）。虽然这些秤砣中有些单位（或非常相似的单位）及其名称在印度和中国也有使用，但很多是印尼特有的，而且，这在同时期的爪哇碑铭上也有所提及。这更加强了人们的猜测，即该船来自印尼群岛，而且主要在这一区域做生意。

该船沉没的年代可以相对精确地推算出来（Flecker, 2002: 63），因为在沉船上发现了137枚中国钱币。这些钱币全部为铅合金制造，而且所有钱币上都有相同的铭文“乾亨重宝”，只有1枚例外（没有文字）。铸有文字的钱币全部铸造于公元917—942年这25年间。

不论怎样强调印坦号对东南亚考古意义的重要性都不为过。在沉船上发现的许多物品是以前从未见过的。船上货物品种之多令人瞠目。以下概述也只是对沉船上发现的重要物品类别的粗略表述。

最令人称奇的是，在印坦号发现了种类繁多的青铜物件，这些物件可能产自苏门答腊，因为在那里发现了制造青铜器的原材料，也可能产自中国（见插图2.10、2.11）。中国宋代文献提到，“三佛齐的番商带来生铜原料，在泉州制作成器皿，然后将器皿运回国，装饰他们的庙宇”（Schottenhammer, 2001: 106）。有两件锥形器物可能是铜锭，但大多数青铜物件都是制成品，多为佛教法器，其中包括青铜锡杖。锡杖是僧人行走时所持道具，端头装有活动环，行走时发出响声（Flecker, 2002; Miksic and Soekatno, 1995: 143 Fig. 38）。其他物件包括一大批青铜法器金刚杵（插图2.11）。金刚杵是佛教密宗派僧人使用的一种器具，象征雷电，是印度神话里宇宙中心须弥山之王因陀罗的武器。10世纪，佛教金刚乘派在印尼流行。当时金刚乘派僧人使用的两件最重要的器物就是金刚杵和金刚铃。沉船货物中也发现了僧人佩戴的金刚铃，还有寺庙和信徒家中供奉的佛教神祇和神兽的雕像。

魔鬼面具状的大型青铜器物以前从未在印尼发现过。口中衔环的是时间神阎魔。在柬埔寨罗洛斯（Roluos）遗址的罗莱寺（Lolei temple）假门上就有这种鬼神像（插图2.10），其功能为庙宇门把手。印坦号上发现的其他青铜器物有华丽的门配件或门扇合页，很可能是庙宇建筑的配件。这批货物里还有制作佛教还愿物的模具，用于制作如小型佛塔和神像。

另一类货物是家用青铜器物，如中式铜镜（Flecker, 2002: 54–60）。沉船里还发现了铜合金托盘，但已经被海水严重锈蚀，只剩些许盘子边缘。这些托盘用于宗教仪式，但也有可能用于其他很多地方（Miksic and Soekatno, 1995: Fig. 81–84, 167）。船上还有其他各种各样的青铜器物：耳环、油灯、箱子把手、大锅、锅架、锤头、扣件、臼、杵、门合页、印章和废金属。

沉船中还发现了几件黄金器物：可能铸造于苏门答腊的檀香花图案钱币；首饰；零配件，如一件铁制品上的黄金把手。首饰风格与现

插图2.10　印坦号上发现的一件青铜阎魔头像，很可能为庙宇木门把手。图片由迈克尔 · 弗莱克提供

插图2.11　一套佛教僧人使用的、象征雷电的金刚杵。10世纪，该船沉没时，这些物件正从苏门答腊运往爪哇。图片由迈克尔 · 弗莱克提供

代爪哇首饰风格属于同一类型。在苏门答腊很少发现黄金遗物，因为在那里很少进行过考古发掘工作。找到黄金遗物多是出于偶然，而非有组织的考古发掘结果。常常听说有人意外发现大量黄金遗物后，便会马上将其熔化，重新打制成金条。2011年，生活在河边的当地人在巴邻旁穆西河河床上和占碑的巴唐哈里河中发现了一些黄金遗物。这些物品的风格基本类似于在爪哇和印坦号上发现的其他遗物（Miksic, 2012）。如今，印坦号和其他沉船上的实物证据都显示，黄金制品可能是在苏门答腊制造的，后又出口到爪哇。

人们在发掘过程中找到了八块铸有汉字的银锭，其余银锭早已被潜水员顺手牵羊，据为己有。银锭上的文字一般为重量注明，例如，在一块银锭上的文字是“盐税上色银伍拾贰两专知官陈训”（Flecker, 2002: 85）。因此可以说，这些银子是中国出口的，主要来源地为云南。银子有时是苏门答腊使节朝贡所获得的回赠：1079年的一个朝贡使团就得到数额巨大的赠银，共517公斤（10 500两）（Wong, 1979: 16）。在大部分历史时期内，构成中国货币体系基础的是银，而不是金或铜（von Glahn, 1996）。

印坦号运载了中国制造的大量铁制品，包括用藤条捆绑的成捆铁条和一捆刀片（类似马来人的帕兰短刀），以及摞起来摆放的铁锅（镬）。铁制品是东南亚岛民渴望得到的物品。佛教高僧义净在7世纪描述过尼科巴群岛的海上游民，说他们见到商船就会划着独木舟蜂拥而至，用椰子、芭蕉和藤竹制品换取“梦寐以求的铁器；5—10个椰子能换到一块两指宽的铁条”（Takakusu, 1896: xxx）。

印坦号的陶瓷似乎正准备送往一个相当成熟的市场。船上原有货物可能达到20 000余件，一半以上为中国炻器。高档陶瓷包括一些白釉或青花（蓝白）釉小碟，可能产自广东，也可能来自景德镇。其他白瓷包括瓶、罐、水瓶和碗，大概来自广东和福建。船上的青瓷碗和刻有精细装饰的盖盒、水罐和瓶子很可能来自浙江越窑。

在航行途中，该船还从某个地点顺便装载了一些容器，这些容器是由近东某个未确定的地方（很可能是波斯）制作的。这些容器碎片应该属于一些大型青绿釉饰水罐。船上至少发现了4只双耳瓶形水罐（Flecker, 2002: 118）。

玻璃器皿的碎片主要为瓶子碎片，这些瓶子很可能来自中国。碎片与13世纪爪哇海沉船上的玻璃十分相似，其中含有中国玻璃特有的化学成分（Miksic, Yap and Vijiyakumar, 1996）。印坦号上发现的几百颗“蜻蜓眼玻璃珠”很可能制作于近东地区，不过也有可能制作于巴邻旁（Flecker, 2002: 79），因为在吉打的双溪马士也发现类似的珠子。

细胎陶器是沉船货物中另一种重要的而且比较独特的物品。这些陶器中有瓶子和军持，其中有些为造型复杂的“倒流瓶”。这种军持只能从壶底往里注水（Eng-Lee, 1984: 10 Figs. 3a-3d）。由新加坡国立大学物理系进行的能量色散型X射线荧光分析显示，这些器物很可能产自泰国南部。这些结果意味着印坦号可能是在泰国南部装载了大量货物。

有机物浸泡在海水里长达几个世纪一般不可能保存下来。不过，在印坦号上倒是发现了几件有机物，其中包括一小块象牙；象牙一般是以朝贡贸易的形式送往中国的。还有一小块香料树脂。树脂和象牙是苏门答腊物产，而且船只显然是驶往爪哇。这些事实都进一步证实，该船并非直接来自中国。在沉船上发现的其他有机物还包括人和虎的骨头，及牙齿、鹿角和石栗。

印坦号清晰地证明，“中国—印尼—印度洋”贸易是一个整体。这艘船从三个地区装载货物，有些货物档次较高，有些货物较为大众化。这种贸易航行并非朝贡之旅，而是各种货物混合搭配的商贸运营。该船很可能代表许多商家的利益。人们是如何记账交货的？这艘船又会从爪哇运回什么？为什么会沉没？这些问题显然是永远无法解开的谜团。

将印坦号与爪哇海号进行比较会非常有趣（见第三章）。虽然两次海难相隔将近三百年，但两艘船只所运载的货物非常相似。印坦号虽然年代早一些，但运载的货物种类更加多样化。另一方面，几乎所有在爪哇海号上发现的物品在印坦号上都能找到。这说明，中国与东南亚的贸易模式在相当长一段时间里都非常稳定。

两艘船都揭示了一种常规的做法：将中国货物运至东南亚某个港口，在那里卸货、储存，再装上另一艘船，驶往另一个目的地。同样，这些物品中有些可能会被卸下来，然后再运往爪哇东边更远的地方，最终到达苏拉威西或马鲁古。

井里汶沉船和卡拉旺沉船

两处遗址都位于爪哇西北岸外的海域水下50米深处。井里汶沉船（或称南汉沉船）发现于2003年。相当大一部分船体保存下来，使得人们有机会研究不同类别的木材，以及当时所使用的造船技术。人们由此得出的结论是，该船为印尼建造。虽然沉船位于深水之中，偷盗者还是伸出了黑手，因此，船上货物最初的状况及数量已无从准确判断。船上货物与印坦号所载货物相似，包括从波斯湾到中国的海上丝绸之路所涉及的所有货物。考古学家记录了15万余件物品。据估计，该船运载了至少300吨货物（Liebner, 2010: 33），货物种类包括金、青铜（其中有佛教法器）、玻璃瓶、各种类型的珠子（有些带有阿拉伯文字）以及陶瓷。考古学家对超过25万件残片进行了研究，但最终又将它们留在原处，因为在陆地上无法保存这些出水文物。船上陶瓷数量巨大，大概有50万余件，令人震撼，因为这一时期的爪哇居民人数可能只有200万。一只碗的足底刻有“戊辰徐记造”字样，显示这只碗于968年在徐窑烧制（Liebner, 2010: 35），说明至少有些陶瓷可以追溯到宋代初期。

船上货物包括3万5千余件土陶器，以及25万件中国陶瓷（Bambang Budi Utomo, 2008: 35）。土陶器中有各种式样的细胎军持（Bambang Budi Utomo, 2008: 49–52, illustrations）。阿布·里多（Abu Ridho）1985年的研究报告，以及马尼拉国家博物馆的苏珊·娜拉乔（Susan Naranjo）、菲律宾海洋考古学家玛丽–简·波路尼亚（Mary-Jane Bolunia）的私人信件证实，类似的陶瓷也远销到棉兰老岛的武端地区。在马尼拉国家博物馆以及私人收藏中发现的一些陶瓷标本几乎可以确定是来自泰国南部（见第七章），且很可能在菲律宾出土（Guérin and van Oenen, 2005: 164）。

经过对沉船货物的精心测绘，研究者们得出一个惊人的结论：整批货物是由一位商人或由官方包办的，而并非将舱位分配给数个商人，让他们各自在船上存放货物。如果这种情况属实，那么学界对古代东南亚海上贸易组织模式的普遍认识就需重新审视了（Liebner, 2010: 44）。这种模式可以解释为极度专业化，也就是说，每位商人只经营一种产品，但早期欧洲人与东南亚通商的组织模式却不是这样的。相关数据符合朝贡贸易模式。在这种模式里，远程贸易伙伴之间的交易多通过半官方渠道进行，交易次数少但交易量大，而不是通过大量小规模零散的交易进行的。

卡拉旺沉船（Karawang wreck）是渔民在2007年发现的，位于水下55米处。目前只进行了部分发掘。估计还有40%的货物留在遗址原地，包括10万余件陶瓷（Liebner, 2010: 42）。沉船本身的残骸尚未被发现。和井里汶沉船一样，这里最多的遗物是青釉碗。

第一个千年的结束

到公元1000年，马六甲海峡作为海上远程贸易体系的基石已经发展了一千年。最早的主要贸易王国都坐落在湄公河下游的河谷地带，但扶南国与马来半岛地峡地区关系密切。在东南亚历史时期开始的时候，沿马六甲海峡两岸已形成数个贸易港口，它们利用了该水道连通三海的战略地位优势，也利用了当地物产。这些物产构成国际奢侈品贸易的一部分。这一体系既灵活又稳定。许多这一地区的港口都展现出贸易港口模式的若干共性，同时它们又天赋异禀，具有各自的特质。正如印坦号所展现的那样，这种贸易性质复杂，货物既有贵重物品，也有普通货物。

考古数据表明，公元10世纪之前，东南亚已经存在飞地，来自印度各地的商人和工匠居住在飞地上。但这些数据又无法证实这一情况。没有历史文献提过，在公元第一个千年期间，东南亚存在外国人永久定居地。可能这些飞地上的外来人口频繁进出，而不是永久定居。这种情况可能在11世纪发生变化，这种变化的原因以及对东南亚的影响将在第三章中探讨。

第三章 从室利佛逝衰亡到新加坡兴起

10世纪初的中国文献记载苏门答腊与爪哇彼此征战不休。后来，爪哇于公元919—927年间遭受了一场重大灾难，爪哇语称“pralaya”[1]。所发现的碑铭对此事的细节往往缄口不言，但有一种可能，那就是爪哇遭到了室利佛逝的入侵。这场灾难的后果是，爪哇王国将其都城迁往东边内陆地区，并停止了长达4个世纪之久的大兴土木活动，不再兴建千古不朽的宏伟建筑。尽管如此，参与海上丝绸之路的贸易仍稳步进行，持续不断。

随着11世纪到来，人们不曾料到，马六甲海峡的霸主，名扬四海、富甲一方的室利佛逝即将走向衰亡。后来，这真的发生了。一场始料未及的袭击从天而降，袭击者横扫马六甲海峡，剿灭了室利佛逝

1 来自梵文，意为“崩溃、解体”。

插图3.00　婆罗浮屠上佛教譬喻故事中所描绘的一家金店，公元800年前后

及其主要藩属国。室利佛逝国王被这些征服者俘虏，从此杳无音信。尽管发生了这场巨大变故，在1000—1300年之间，亚洲海外贸易却在不断加速发展，使这里的社会经济发生了根本性变化。但导致这一变化的主要原因并非政治原因（室利佛逝灭亡），而是经济原因（中国改变了对出海经商者的政策）。关于中国早期海外拓展时代的贸易数量及贸易性质，现有的记载只能提供粗略的信息，而且可能引致误读。有关海上丝绸之路这一关键发展时期的考古研究正开始填补重大知识空白。

南宋兴起及早期海外华人

室利佛逝与宋朝统治者

公元900年，室利佛逝王国牢牢掌控着马六甲海峡，与外国保持良好有序的邦交关系。904年，室利佛逝遣使前往中国，指派的使节为驻福建的番坊首领（Wolters, 1967: 239, n. 87）。960年，宋朝统一中国。这一局面是个好兆头，预示室利佛逝将更加繁荣昌盛，因为按照中国的政策，只有设法获得中国朝廷认可的少数几个邦交国才能来华贸易。9世纪，唐朝进入了缓慢但却不可逆转的衰退期，并最终走向灭亡。从907年唐朝灭亡到宋朝兴起之间的分裂时期被称为五代。中国割据的政治局面对马六甲海峡上相互竞争的港口是个有利因素。此时，室利佛逝期望恢复自己唯一的商业霸主地位，继续主宰亚洲三海（印度洋、南海、爪哇海）的海外贸易网。

北宋时期（960—1127），中国进口的奢侈品（首饰、象牙、犀角、乌木、琥珀、珊瑚、香药和香水）仍属于朝廷专卖品，只有官府许可的经销商才能从位于泉州和广州的官仓里，以固定数量和固定价格购买这些商品。苏门答腊特有的犀角有着举足轻重的作用，它使室利佛逝与宋朝皇帝保持密切的关系。宋朝开国仅仅数月，室利佛逝使团便到达宋朝都城开封。很可能是室利佛逝统治者获悉了最新的政治事态，于是抓紧时机，欲与新的统治集团建立联系。也可能是出于巧合，此次使团带来的贡品包括一只犀角，上面的图案酷似一条龙，还有一个酷似汉字“宋”的图案。中国人认为犀角能传达上天旨意，所以，宋朝统治者宋太祖将此犀角视为君权神授的证据。遵循传统，宋太祖将犀角制成带钩，在祭天仪式上佩戴（Salmon, 2002: 60–61）。于是，室利佛逝的贡品成了大宋朝代合法性的显著标志。在接下来的两百年间，宋朝皇帝格外关照来自室利佛逝的使者，邀请这些使者参加登泰山封禅以及其他重要的国家仪典。1009年，一位室利佛逝特使的报告称，他们在苏门答腊修建了一座寺庙，祈求宋朝皇帝万寿无疆。从1004年到1018年，室利佛逝遣使五次。1172年，有十多位室利佛逝富商居住在泉州（Salmon, 2002: 70 n. 52）。

中国南方逐渐兴起

唐朝时，中国南方人的经商天赋受到反对海外贸易的儒家思想的压制。五代时期，从大唐帝国分裂出来的其中一个小国称“闽国”。闽国只持续到945年，但它的南部，也就是由福建南部和泉州地区构成的闽南地区，基本保持了独立存在的状态，直到976年。闽南地区的自由环境为发展海外贸易提供了新机遇。最早的福建商人乘坐穆斯林商船下南海到东南亚地区闯荡（Chang, 1998: 149）。到了11、12世纪，他们已经能够驾驭自己的船舶，直接航行至印度洋。

外贸带来的财富使中国，尤其是福建地区发生了巨大变化。在这个地方，小户人家也有机会通过海上丝绸之路成为天下闻名的富豪（Clark, 2001: 47, 86–89），12世纪生活在泉州的王元懋就是一个例子。他少年时出家为僧，做杂役，晓习“南蕃诸国书”，后随商船赴占城国。由于王元懋通晓当地文字，受到占城国王青睐，后积累百万缗，成为大海商。

宋朝贸易法规以及广州、泉州的发展

在宋朝最初的150年中，朝廷的海外贸易政策摇摆不定。960—1126年间，宋朝的对外贸易有所增长，但仍受一千年前儒家思想的清规戒律束缚。其中，与外国人交往的法规和唐朝实施的相同。976—983年间，“敢与蕃客货易……黥面配海岛”[1]（Hirth and Rockhill, 1911: 20）。对于进港船只，市舶使负责检查是否有未申报的朝廷专营货物，是否将合法进口货物运至仓库，是否已抽取关税，是否以中国货物交换专卖

1　见〔清〕徐松辑《宋会要辑稿·官职四四》。

货物；对于出海船只，市舶使则检查是否夹带“违禁物品”。这些官员也负责保护外商的人身安全。最后，所有运达中国的贵重细货都必须送到官库。

971年，宋朝在广州设立第一个市舶司。不过，直到11世纪，这个负责外贸的官职通常由当地官员担任，还兼任其他职务（Sen, 1996: 256）。宋朝最初希望通过传统的朝贡机制来刺激贸易发展，于987年派出四个使团赴海外招商。使团带着诏书、黄金和布匹，交换香药、犀角、象牙、珍珠和婆鲁斯樟脑——婆律香（Ma, 1971: 33; Sen, 1996: 254–255）。古籍《岭外代答》提到北宋每年还会举办交易会，以吸引外商（Sen, 1996: 256）。

由官府指定外贸港口的做法使地方陶瓷产业成为受益者。宋人撰写的《萍洲可谈》描绘了一艘准备起航前往南海的船只：“货多陶器，大小相套，无少隙地。”[1]（Yang, 1985: 26）据格雷丝·王（Grace Wong）所说，宋朝文献只有一处提到将瓷器作为外交礼品：963年，朝廷赠室利佛逝白瓷。显然，瓷器被认为是一种普通商品，而非外交奢侈礼品。

福建的泉州港于1087年设立市舶司，并逐渐与广州并驾齐驱。泉州港尤其受到穆斯林商人的青睐。泉州有一个穆斯林名称，叫“刺桐”，很可能源于当地常见的中国树木刺桐（Writer's Group, 1977: 51）。宋朝末年，泉州经历了一段萧条时期，元朝后又得以恢复。马可·波罗称泉州为“世界上两大货物流通港口之一”（Latham, 1958: 237）。一位元朝学者吴徵称泉州为“中国最有名气的城市”（So, 2000: 118）。泉州之所以兴旺发达，原因之一是这里的抽税不那么严格：“到11世纪中期，泉州显然已经成为商人的重要目的地，虽说这样做不合法，但他们在这里

1 见〔北宋〕朱彧撰《萍洲可谈》卷二。

至少可以少交15%的关税。”（Clark, 2001: 51）

这一时期，许多穆斯林航行者常常止步于苏门答腊，不再前行。于是苏门答腊使节有时会扮演中间人的角色，把阿拉伯物产作为贡品献上。1018年，一位苏门答腊使节献上乳香81 680两，以及数量不明的其他阿拉伯物品和印尼物产，如檀香木、胡椒、肉豆蔻和丁香等（Wolters, 1958: 101）。1156年，一位苏门答腊遣使献上4个玻璃瓶的阿拉伯糖和16个玻璃瓶的阿拉伯蜜枣。1178年，另一位苏门答腊使节献上11个玻璃瓶（很可能来自阿拉伯或波斯湾），内装糖、蜜枣和栀子花（Ho, 1994: 45）。

大宋朝廷在杭州（971年）、明州（999年）、苏州、温州和江阴均设立市舶务。虽然量化数据非常少，但一些传说轶事还是显示，宋代“也许是世界历史上最早的大规模海洋贸易时代”（Ma, 1971: 23）。其贸易增长速度可以从以下事实略见一斑：1049—1053年，中国的年进口总量为53 000件物品。到了1175年，这一数字增长了十倍（Wheatley, 1961: 61）。

大宋朝廷开始鼓励海外贸易。唐朝后期，朝廷已投资海外贸易设施建设，在福州附近修建了一个码头。11世纪初，官府又出资疏浚广州码头（Wheatley, 1959: 26–27）。“诸市舶纲首能招诱舶舟、抽解物货、累价及五万贯十万贯者，补官有差。”[1]1115年，政府在泉州为海商修建客栈，为此每年要花费300贯钱。1132年，在广州又建一客栈。如发生沉船，官府还为水手提供福利待遇，每人可得50钱生活费，以及每天2配克（0.02立方米）大米。

官府收购特许商品作为关税（即以实物形式而非现金支付），或

1　见《宋史》卷一八五志第一百三十八《食货下七 · 香附》。

者通过市舶使购买。为此，11世纪末的市舶使每年可以领到约十万贯钱，而到了12世纪初，市舶使每年可以领到三十万贯。有趣的是，这一酬金的来源是通过向僧侣征收度牒税。该项投资的回报率相当可观：1128—1134年，泉州市舶司就赚取利润九十八万缗（Rockhill, 1914: 421 n. 1; Sen, 1996: 257）。

外商开始进入越来越广阔的中国市场。1104年之前，不管是本地商人还是外商，只能在他们所进入的州府销售商品。但这一规定并未得到落实。只要商人从市舶司获得公凭，便可在其他地区自行销售货物（Sen, 1996: 257）。

钱币与中国经济

虽然中国在汉代就已经有了钱币，但直到宋代，中国经济才完全实现货币化。唐朝时期，中国的货币主要用于缴纳赋税（Miyazawa, cited in von Glahn, 2004: 163）。但即便如此，749年，中国政府以货币形式征收的税也只占税收总数的4%。而到了1065年，这一数字已经超过50%（Lo, 1969: 61）。11世纪70年代，大权在握的高官王安石试图推广货币的使用，1085年，支持王安石变法的宋神宗驾崩，改革随之受到固守旧政策的保守势力百般阻挠。新法被废，王安石也于次年去世（Von Glahn, 2004: 164）。不过，商人是政府税收的主要来源，举足轻重，这无疑给他们带来影响政治的重要砝码。11世纪末到12世纪初，来自海外贸易的税收增加了三倍。1131年，贸易税收再次翻倍；在大宋朝廷的全部税收中，海外贸易税比例占到20%（Lo, 1969: 67–68）。

北宋时期，朝廷共铸造了三亿缗钱币，但钱币流通却不顺畅。宫泽（Miyazawa）估计，1100年，进入流通的钱币只有三千万缗左右，而且农民在缴纳赋税之后，手中也不再有剩余钱币，钱币多藏于国库。高聪明则认为，货币供应的一半是在市场实现的，而且富裕人家都存有三万到五十万贯钱币（Von Glahn, 2004: 169–172）。真实情况难以判断。

宋朝早期，朝廷试图强化对八种货物的禁榷经营：玳瑁、象牙、犀角、镔铁（制造武器的一种特殊原料）、蜥蜴皮制成的鼓皮、珊瑚、玛瑙和乳香（Ma, 1971: 37–38）。这些物品几乎均来自南海。但是，间接的记载显示，真实情况与法律规定背道而驰。有记录显示，逃避经济法律约束的情况经常发生，屡禁不止。

1074年，一名叫张方平的官吏称，外商船只在离开中国时装满中国钱币，"海舶饱载而回"，"供尾闾之泄也"（Rockhill, 1914: 422）。[1]12世纪中叶，贵重物品的非法贸易盛行，中国走私者用金、银、铁，尤其是铜钱支付这些货物。1159年，朝廷只铸造了应铸造钱币的10%。官方文献将这一钱荒现象归咎于与东南亚的海上非法贸易。市舶使的职责之一就是查验出港船只，以确保这些船只没有夹带违禁物品，包括钱币，其他青铜制品、金、银，以及诸如马匹、武器和书籍等战略物资（Sen, 1996: 257）。

1222年，中国制定了法律，规定用货币购买舶来品属于非法行为。官府鼓励人们用本地物产如丝绸、漆器和瓷器进行易货贸易。这条规定刺激了广东瓷器的生产。朱彧写道："广人举债总一倍，约舶过回偿……富者乘时畜缯帛、陶货，加其直与求债者，计息何啻倍蓰。"[2]（Yang, 1985: 27）为了满足出口需求，在靠近南海的广东各地都建起大型窑厂，比如西村窑和北郊窑。中国商人租用仓位，"下以贮物，夜卧其上"。运载货物多为陶器（Yang, 1985: 28）。中国东南一些地方土地贫瘠，

1　见〔元〕脱脱等撰《宋史》卷一百八十志第一百三十三《食货下二·钱币》。

2　见〔北宋〕朱彧撰《萍洲可谈》卷二。

百姓穷困，陶瓷业为他们提供了挣钱谋生的新出路。宋代晚期，东南亚对制成品的需求成为刺激中国东南部经济发展的重要因素。

虽然大宋朝廷允许国人出海，但同样只能从设立市舶司的港口出发，必须详细报备船员、航线和货物情况。1194年，福建节度使禁止辖区内所有人出海与外国人贸易，认为"这些满载香料、犀角、象牙和翠毛而来的外国商船，已经吸走这里所有的铜钱"。1107年、1157年、1201年和1214年，朝廷又多次颁布了禁奢法，不允许使用翠毛和金进行装饰，但收效甚微。1248年，一位叫陈求鲁的监察御史称："贩于中国者皆浮靡无用之异物，而泄于外夷者乃国家富贵之操柄。……香、药、象、犀之类异物之珍奇可悦者，本无适用之实，服御之间昭示俭德，自上化下，风俗丕变，则漏泄之弊少息矣。"[1]（Rockhill, 1914: 423）。

也许由于铜钱流失，白银在中国经济中变得更加重要。1161年，士兵军饷的一半用白银支付。1189年，朝廷开始禁止出口白银（Von Glahn, 2004: 175）。然而，在这一时期的东南亚沉船中却发现了中国银币，有些银币上还铸有官印，而且在巴林（Bahrain）也发现这种银币（Schottenhammer, 2001: 136）。这说明，宋朝这一禁令与其他许多禁令一样，没有得到有效实施。

中国北方沦陷：贸易成为爱国行为

海外贸易是一把双刃剑。有时它可以为国库提供更多资金来源，中国皇帝甚至梦想通过海外贸易解决财政困难。但在另一方面，皇帝又无法实施海外贸易管制，反而使得财政状况雪上加霜。

1127年，北宋被游牧民族契丹人打败，长久以来实施的贸易限

1 见〔元〕脱脱等撰《宋史》卷一百八十志第一百三十三《食货下二·钱币》。

制随之解体。由于北方中心地带落入入侵者之手，朝廷被迫南迁。于是，距杭州最近的港口泉州后来居上，超过广州，成为中国最大的贸易集散地。朝廷允许对外贸易的“通商口岸”只剩下泉州和杭州。

此时，南宋朝廷通往西方的陆路通道已经被切断，却更靠近南海的各大港口。朝廷的主要任务变为开发海外贸易，填补国库空虚，为保卫大宋剩余的疆土提供资金。

官方贸易的扩展，是保证更多税收的刻意之举。1137年，退守南方后不久，宋高宗颁布一道圣谕：“市舶之利最厚，若措置合宜，所得动以百万（缗）计，岂不胜取之于民？”[1]（Ma, 1971: 34）事实上，高宗的估计还是过于保守了。1128年，海外贸易已经创造两百万缗关税，占国家全部税收的20%。

大宋朝廷南迁后，中国很快发生了巨大变化，有史以来第一次允许甚至鼓励人们出海贸易。这也使得南海贸易框架发生了根本改变。朝贡国身份不再是与中国建立贸易关系的前提，贸易关系于是摆脱了古老的外交关系束缚。原来左右着东南亚与中国交往的朝贡体系显著衰落：“到12世纪，没有一个马来港口的财富是凭借与中国的朝贡关系获得的。”（Wolters, 1975: 1）

权贵阶层对贸易经商不屑一顾的态度很可能仅是一种假象，实际上另有一套。如今，连这层外表也彻底丢弃了。宋代权贵阶层公然操纵海外贸易，攫取财富，因此在商贾中非常不得人心（Kwee, 1997: fn. 35）。

私商贸易与东南亚政治

朝贡贸易衰落导致南海各个王国发生政治变迁。中国商人和航运

---

1 见〔清〕徐松辑《宋会要辑稿 · 官职四四》。

商出现在东南亚水域，冲破了只限少数港口繁荣兴旺的壁垒。1025年，室利佛逝受到外来入侵，遭遇重创。中国船只出现在东南亚海域更是为其海上霸权敲响了丧钟。

从整体上讲，中国的政策变化并没有给东南亚带来经济上的困难。事实正好相反，沿马六甲海峡发掘出这一时期很多的考古遗迹，主要发现了大量瓷器残片。此时，新增长的财富分布更广泛，因为更多的马来港口可以直接与中国交往；马六甲海峡不再臣服于独霸大多数进口产品的室利佛逝王朝。

13世纪海上贸易的复杂程度可以从一份中国货物清单略见一斑。这个清单种类繁多，范围庞大，1141种物品中包括339种进口货物（Wheatley, 1959: 31）。从价值和贸易量上看，最重要的物品仍然是香料：乳香、龙涎香、安息香、栀子花、山奈、没药、丁香、肉豆蔻和檀香。这些物品用途广泛。燃香除了用于宗教仪式，也用于衣料熏香、墙壁装饰、沐浴香汤和烹饪。中国四大官库之一就是专门存放燃香和香药的。

最早的中国海船

1126年之前很可能就有中国人居住在东南亚了，但无法准确估算他们的人数。由于私自出海经商是重罪，所以那些铤而走险的人总是行踪隐秘，掩人耳目。中国人侨居海外的证据在官方记载中时有出现。举例来说，1150年，一个中国人和几个“黑皮肤土著”在中国沿海遭遇沉船。显然，他们当时正试图偷偷溜回中国。这个中国人在印尼生活了很长时间，并娶了一位印尼妻子（Hirth, 1917: 76）。也许由于早期私商贸易都在暗中进行，而且即使私商贸易合法化，走私活动依然猖獗，所以很少见到关于中国船运的文献资料。

人们经常用“junk”（戎克船）一词来指代传统中式帆船，但这个词实际上来自爪哇词“jong”（艅）。这个词最早出现在9世纪的爪哇碑文中（Zoetmulder, 1982: 748）。虽然在阿拉伯文献和中国文献中偶尔提到，在公元后一千年里有中国船只来到南海或印度洋，但在大多数情况下，这些船实际上是指载有中国商人或货物的船只，不一定是在中国制造的中国船。直到13世纪，才有确凿证据证明中国船队到达东南亚和更远的地区（Flecker, 2001: 221）。

我们已经了解到宋朝人进行贸易活动的一些细节：船长会得到一封“朱记”，也就是“红头通行证”，上面有纲首和舵师的姓名、船上的乘客人数、船只尺寸及其类型。这些舟船仍比较原始、落后，除了船帆，每船约有十橹，每橹由四人操作。水手们随身携带弓箭，以防海盗扰掠。船上没有舱房，每位乘客会分到一定面积的舱位。商船水手通常也会参与小规模的贸易活动。他们五人一组，有某种“证件”（Kwee, 1997: 16）。

中国的文人学士编写了许多中国技术典籍，但却认为造船这一实用行当不值得描述或分析（Needham, 1971: vol. 4 pt. 3）。这种文化观念也影响了中国艺术，以至于在中国艺术作品中找不到对早期船舶的详细描绘。中国最早的船舶形象不是在中国找到的，而是在柬埔寨吴哥的巴戎寺发现的，年代可以追溯到12世纪后期。李约瑟将此船描述为一艘平底、方头、双桅的传统中国船（Needham, pl. ccdviii, Fig. 975）。欧洲人对中国船舶的最早描述则出现在1375年左右的《卡塔兰地图》（又称《加泰罗尼亚地图》）中。

朱彧对宋代广州商船有如下描述：

舶船深阔各数十丈，商人分占贮货，人得数尺许，下以贮物，夜卧其上。货多陶器，大小相套，无少隙地……[1]（Kenderdine 1995: 253, quoting Li Zhiyan and Cheng Wen, 1989）

大船后会拖一条较小的舶运船，用于登陆。马可·波罗提供的数据使人们得以计算出最大船舶的吨位可能达到500—800吨，这与19世纪中国与东南亚进行贸易时使用的船只大小相同。舶运船也可载货70吨（Wake, 1997: 54–55）。12世纪初，中国水手已经开始使用指南针。另一项导航技术是以十丈绳钩取海底泥，船长嗅之便知所至（Wang, 1958: 108）。

大约在1085年，南宋朝廷颁布了一条法律，允许外国人携带贡品，在中国海船上交易。但这条法律很快又被废止，说明官府对贸易的态度模棱两可。到了元代，这条法律变成允许外国人上中国船只（分为官船和私商船）进行交易，但他们要为享受这种特权而交税（Pearson, Li and Li, 2002: 45）。

南宋朝廷又颁布了新法律，允许在中国东南部建立私人船坞。掌管宋朝皇族宗室事务的南外宗正司开始参与海外贸易。宗室成员有权向商人征用船舶。13世纪，生活在泉州的宗室成员从300人骤增到2300人。在中国政坛上，海洋贸易开始与政治紧密交织。

海上考古才刚开始为早期中国海商贸易研究提供资料。在福州以北的定海地区一个叫白礁的地方发现了一处重要的宋代沉船遗址。打捞出水的大部分遗物（69%）均为瓷器，其中的88%为黑瓷或兔毫盏；其余瓷器为青花瓷，包括几件青花釉瓷器，以及两件青花瓷。兔毫盏为福建北部建窑黑瓷，因用于饮茶而受到日本人推崇。在东南亚

1　见〔北宋〕朱彧撰《萍洲可谈》卷二。

很少见到这种瓷器（在中国城遗址发现过一只这种瓷器的残片），所以这艘船很可能不是驶往东南亚的。在该沉船中，还有两块铁锈结块（Kenderdine, 1995）。

在宁波，以及泉州以北10公里的后渚港，也发现了其他宋代沉船。1974年发现的后渚港沉船是中国最重要的沉船发现之一。中国船只一般没有龙骨、艏柱或艉柱。但中国船有隔水舱板，这可以大大加固船身，但同时也增加了船身的重量。另外，船上还有活动船板（Keith and Buys, 1981）。东南亚的"混合型船"有时也会增加舱板。这艘泉州船一反典型的中国造船设计：它有很深的V形船底，而不是常见的平底船身；它还有一条真正的龙骨，以及一个尾舵。该船长34.6米，宽9.82米，排水量374.4吨，与西方当时建造的商船一样大。沃赛斯特（Worcester, 1984）估计，元代帆船横梁宽36英尺（11米），长度超过100英尺（30米）。如果进一步的考古发掘证明这类船在13世纪非常普遍，那么，后来的中国船要么出现了退步，要么就是我们对中国船的认识出现了极大偏差。

从货物中发现的标签判断，这艘船属于皇室宗亲，这也证实了其他文献所显示的情况：皇亲国戚直接参与了贸易活动（Chaffee, 2001: 34）。1276年11月，泉州被蒙古族攻陷，3000多名皇亲国戚惨遭屠杀。这艘船可能在事发后不久抵达泉州，这也解释了为什么大部分货物仍留在船上。

在沙巴北端外的丹戎星邦马葛尧（Tanjong Simpang Mengayu）发现一艘大概是宋代建造的中国船。考古学家着手研究时，发现沉船只剩下木头残骸，大部分货物已经被盗抢。不过，考古学家还是发现了303件完好无损的陶瓷遗物和250公斤残片，包括"青花瓷（器形无法断定）、水瓶、盖盒，以及其他褐色釉器具"，其中有一把军持、几把茶壶，以及61面铜锣。这些铜锣上没有多数铜锣特有的凸起部分（Sjostrand, Adi Haji Taha, and Samsol Sahar, 2006: 111）。一些学者估计这些遗物为北宋时期遗物，弗莱克（M. Flecker, 2012: 27）则倾向南宋时期。弗莱克还确认这艘船为中国制造，理由是木料上留下了钉眼儿，而这一时期的东南亚船不使用钉子，其木板是用纤维绳索捆绑在一起的。极为遗憾的是，这艘在东南亚发现的最古老的中国船几乎已经完全损毁，无法确认其大小、设计、载荷等细节。

中国宋朝时期的东南亚社会

10世纪到13世纪，东南亚社会朝两个不同的方向演化。大陆地区由两大帝国主宰：缅甸的蒲甘王朝和柬埔寨的吴哥王朝。到10世纪，柬埔寨和缅甸都已废除钱币，转而实行高度中央集权的计划经济，由政府控制劳动力和剩余农产品。在这些专注于战争和修建庞大宗教建筑的王国，外贸的作用微乎其微。

在这些国家实施经济去货币化的同时，马六甲海峡和爪哇海各民族则朝相反的方向发展。越南南部沿海的占婆国虽然尚未发现贸易方面的考古遗址，但仍是不可小觑的强国。中国一份文献提到，1160—1190年，一位泉州人通过与占婆国进行贸易而发了财，成为巨富。苏门答腊和爪哇的经济高度货币化。在爪哇，赋税要以货币支付。这与当时的印度非常不同。在印度，虽然未连续耕种的土地仍属村庄共同拥有，但私人可以拥有并有权出售灌溉稻田、果园和房屋。大多数村镇都有定期集市。而在爪哇，自从8世纪起，市场就由官府统一管理（Christie, 1992）。

从爪哇碑铭可以看出，爪哇经济活动分为两个层次。第一层次大概属于兼营活动，包括制作染料、印染、织布、制陶、制糖，以及编织竹席。这些行业很可能是在农闲时节从事的副业。

第二层次经济活动涉及专业商人和匠人，他们可以游走四方，并根据市场因素决定去哪里居住。这些人被称为“行商之人”。还有些人是掮客（其操作方式不明），与国际商贸网保持联系，经营包括锡和其他金属在内的进口产品。他们也出售稻米。这说明有相当数量的人在市场上购买粮食，也意味着经济达到专业化，并且出现了剩余农产品。

那么，远程海上贸易是如何与本地经销系统接轨的呢？遗憾的是，没有爪哇或中国史料回答这个问题，而且，也尚未收集到关于这个问题的足够的考古数据。能够提供经销数据的重要遗物类型只有瓷器，而且唯一一项地区研究工作还是在二战后不久进行的（Orsoy de Flines, 1941–1947）。人们对可能是早期中爪哇港口的地带进行了一次研究。这一地区面积达2500平方公里。在南望县（Rembang）20多处遗址和周边100多处遗址中，人们发现了宋代瓷器。这些县市包括三宝垄（Semarang）、哥玻安（Grobogan）、淡目（Demak）、杰帕拉（Jepara）、巴蒂（Pati）、古突士（Kudus）和布劳拉（Blora）。其经销模式似乎与聚落地区以及海岸至内陆的交通线路相关。

11世纪，中爪哇北部已经具有一种完整的进口陶器营销体系。这种模式不同于迄今为止发现的中国唐代时期中爪哇南部的营销模式。在那里，大多数中国瓷器与庙宇有关。这种情况应该是由几个因素决定的：中国陶器可能在不同时期或不同地区有不同的功能；中国陶瓷可能在宋代比在唐代更受推崇；聚落模式可能有所不同。我们需要了解更多自中国进口的产品在各个东南亚遗址所在地的经销状况，才能从同一时期社会生活的方方面面中理出头绪，从而弄清中国参与海上贸易对东南亚社会及经济的影响。

东南亚大陆强国对待贸易的态度与中国儒学家的态度大同小异。高棉人社会和缅甸人社会都更重视社会稳定，长治久安。在他们的王国里，没有发展出大型商业城市。社会生活围绕宫殿和庙宇仪式进行。社会流动性非常有限，只有在战场上建功立业，才能出人头地。蒲甘王朝和吴哥王朝经常进行对外战争，同时内战不断。虽然缅甸和吴哥以银定价，而且有时也以黄金来代表价值，但没有钱币；至今尚未发现当地制造的蒲甘王朝和吴哥王朝时代的钱币。由此可见，日常经济交换很可能通过易货贸易的形式，或在政府监管下进行。

而在东南亚海岛地区，社会等级不那么森严。虽然我们没有找到石碑铭文，但稍晚时期的类似文字显示，政治权力与通过贸易获得的财富紧密相连。这些财富不是为了储藏，而是要重新分配他人，建立起一种传统意义上的主从关系。遗憾的是，这种做法可能抑制了贸易的发展，因为这些人一旦拥有权力，就会通过垄断手段阻止竞争局面的出现（Reid, 1993a: 267–269）。

同样，在政治上，东南亚海岛地区与东南亚大陆地区朝着相反的方向发展。一边是蒲甘王朝和吴哥王朝创建的政治制度控制了越来越多的地区，另一边是马打蓝王国和室利佛逝正在走向解体：马打蓝的衰落出现在10世纪初，室利佛逝的分裂出现在11世纪初。令人惊奇的是，这些东南亚海岛王国在这一时期的贸易增长与政治统一呈反向关系。这些海岛上的商业活动不断扩展，表现在铸币方面的发展。在从爪哇到泰国南部的广阔地域，人们发现了10—12世纪当地制造的、带有檀香花图案的银币。这些钱币存在地区差异：爪哇岛的钱币不太规则，而在苏门答腊和泰国南部发现的钱币文字风格与爪哇钱币有所不同，制作更精良。在埃及的福斯塔特发现了至少一枚泰国南部式样的钱币。

1225年，中国文人赵汝适记载，爪哇将士（约3万余人）的军饷以金子支付。黄金还被用来支付罚款和彩礼，而国际贸易则是以非现金形式支付。这种情况强调了一个事实：货币是地方性交易媒介，而非国际交易媒介。据《宋史》记载，13世纪的爪哇宫廷建立了一种固定的米银兑换率。但赵汝适却提出不同的说法，称在爪哇苏吉丹（Sukadana，又称苏卡达纳），一个货金可换米30升到100升不等（Wicks, 1992）。

马打蓝王国突然衰落和消失的原因尚未清晰。人们提出了很多假设，从火山喷发说到室利佛逝进攻论。还有人认为，由于贸易的积极诱惑，东北部沿海的泗水一带变得越来越重要，进而取代马打蓝的地位，但对此一直没有定论。室利佛逝的衰落倒是比较容易解释：被军事征服。

吉打与室利佛逝灭亡

从7世纪起，室利佛逝与南印度统治者之间一直关系融洽。1005年，室利佛逝统治者还与南印度统治者共同建造了一座佛教庙宇。300年后，这种友好关系烟消云散。据1030年注辇王国都城坦焦尔的一块碑文所述，罗贞陀罗（Rajendra Chola）俘虏了迦荼罗（Kadaram，又称迦托诃）国王僧伽罗摩毗阇瑜腾伽跋摩（Sanggramavijayottungavarman）。迦荼罗王国是位于吉打南部布让谷地的重要港口。罗贞陀罗夺去了这里的作战城门，并抢走国王的财宝。石碑铭文中两次提到迦荼罗：第一次是报告该国国王被俘，第二次是出现在罗贞陀罗攻打的室利佛逝附属国名单中。但碑文没有给出罗贞陀罗发动进攻的原因。

人们相信，注辇王国是在1025年打败室利佛逝的。不过，吉打也许在几年前就受到袭击。1017—1018年的蒂鲁瓦朗加杜（Tiruvalanggadu）石碑称罗贞陀罗为“羯荼（Kataha）的胜利者”，而另一块1022—1023年的石碑碑文中称罗贞陀罗为恒伽（Gangge）和迦荼罗的统治者。不过，蒂鲁瓦朗加杜石碑用两种语言书写。第一部分由524行泰米尔文字组成，第二部分为271行梵文。两种文字都刻于罗贞陀罗在位第六年，其中梵文部分应该是后来加上去的。罗贞陀罗在位第九年的一块石碑没有提到征服迦荼罗之事。但另一块刻于罗贞陀罗统治第十三年的石碑记载了罗贞陀罗在印度取得的胜利。坦焦尔碑铭也刻写于其在位第十三年：重复记录了蒂鲁默莱（Tirumalai）碑铭上的内容，而且增加了征服马六甲海峡的战绩。马宗达（R. C. Majumdar）由此得出结论：吉打在1017—1018年遭到进犯，但入侵者直到1025年才成功征服吉打（1986: 171–173, fn. 2）。

这个世纪后期又发生了一件与注辇国和室利佛逝相关的事件，但具体过程模糊不清。1069—1070年，毗罗罗贞陀罗提婆（Virarajendradeva）时代刻写的贝伦布尔（Perumber）碑铭称，“他已经占领了迦荼罗，很乐意将其还给迦荼罗国王，国王跪拜在他系着脚环的脚下”（Majumdar, 1986: 181）。对此，最简单的解释是，这里发生了叛乱，但随后被注辇人镇压。

1070年，一位名叫库洛东伽（Kulottungga）的人继承了注辇国王位。中国人称之为地华伽罗，很可能从“Diwakara”转译而来。据《宋史》记载，1077年，印度派遣两位使节前往中国：至啰啰（奇啰啰）和麻图华啰。在广州发现的一块碑铭称地华伽罗从1064—1067年起就是室利佛逝国王。同年，室利佛逝国王派遣两名使节前往中国，使节姓名与注辇国使节相同。

库洛东伽在位早期的碑铭描写他是如何“得到温柔体贴的抚养，

一点儿都不让她发愁。她是莲花一样圣洁的大地女神，居住在旭日东升的地方”（Majumdar, 1986: 186）。碑铭里描述的地方有时被认为是吉打。库洛东伽与吉打的关联在另外两处史料中有所提及，其中一个是莱顿博物馆的泰米尔文拨款铜牌铭文，年代为1089—1090年。铭文称，库洛东伽应笈多罗（Kidara）国王的要求，将一座村庄许诺给夏连特拉（Sailendra）庙宇作为寺产（Majumdar, 1986: 182）。使用“夏连特拉”来指代一群统治者的情况，只出现在爪哇碑铭，以及一块在泰南洛坤（Ligor）发现的石碑背面。如上所述，夏连特拉也作为吉打统治者的名字出现在印度石碑上。另外，一首写于1120年库洛东伽统治末期的泰米尔文诗歌《羯陵伽之战》（*Kalingatupparani*）提到，库洛东伽摧毁了迦荼罗（Wolters, 1970: 93）。

根据这些数据，有些人相信库洛东伽曾经是吉打的一位高官，也许是总督，后来在印度登上王位（Çœdès, 1968: 148）。沃尔特斯则认为，室利佛逝国王与注辇国王姓名相似是一个巧合（Wolters, 1966: 228–230）。不过，我们仍无法解释为什么中国人相信1068—1072年的注辇王国是室利佛逝的属国（Ibid.: 148）。一位南印度历史学家认为，出现这种结果的“唯一解释是室利佛逝派遣的使者陈述混乱”（Sastri, 1949: 84）。最有可能的解释是，库洛东伽被派往吉打担任总督，后来又回到印度，成为国王。中国人听说吉打统治者成为注辇国王，便误以为注辇国归属吉打。

12世纪，注辇国国力衰落。印度史料也不再提到吉打。泰米尔人在马六甲海峡北端建立殖民地的时间大约持续了一个世纪。这一时期，他们在吉打留下的最明显的遗迹为湿婆神殿的废墟（特别是武吉巴都巴辖寺［Candi Bukit Batu Pahat］），以及一些碑铭，其中最著名的是1088年刻于婆鲁斯的碑铭。

据中国史料记载，1225年，马来半岛上的一些地方为三佛齐的附属国：彭亨（Pahang）、登牙侬（Terengganu，又称丁加奴）、狼牙修、吉兰丹、洛坤、单马令（Tambralinga）和猜也。有一个叫作佛罗安的国家，其首领就是由三佛齐直接任命的。三佛齐太子每年去佛罗安朝圣，在庙里烧香拜佛（Wheatley, 1961: 69）。佛罗安国相对富裕，一座庙宇甚至用青铜做屋顶。它每年向三佛齐进贡，贡品包括金盘银碗（Hirth and Rockhill, 1911: 69）。

吉打（此时被称为羯荼；中国人转写的名字经常变化，给历史学家带来很多困惑）在成书于1225年的《诸蕃志》里只被提到过一次。14世纪的汪大渊和15世纪的马欢都使用这个表达。1225年赵汝适写道，船只每年从三个地方驶往马拉巴尔（Malabar）：吉打、占卑和三佛齐。这与7世纪的情况如出一辙。吉打在13世纪的情况很难评估。戈岱斯相信，马六甲海峡北部的主要商业中心从吉打转移到巴赛（Pasai），但吉打的政治影响依然较大（Çœdès, 1968: 245, 367 fn. 87）。

14世纪，诗人勃拉班查（Prapanca）[1]称日莱峰（即吉打峰，马来语是“Gunung Jerai”）为满者伯夷（Majapahit）的领土。吉打在《马来纪年》中并未扮演突出的角色。吉打国王在苏丹马哈茂德·赛亚（Mahmud Syah）掌权时去过马六甲，为了确认自己是那个地区的统治者（Brown, 1970: 130–131）。可以看出，此时的吉打已经失去了早期的重要性。

吉打考古与古建筑遗迹：注辇国留下的印记

在吉打没有发现11世纪或12世纪的碑铭，因此，我们没有确凿证据证明印度在政治意义上占领了这里，或在这里建立过一个南亚贸

1　1365年写出叙事诗《爪哇史颂》（*Nagarakrtagama/Desawarnana*），描述了满者伯夷帝国鼎盛时期的内政外交。

易聚居区。不过，这里的建筑却显示苗柏河口发生了文化突变。

苗柏河以南的考古遗迹（见第二章）包括佛教遗址和碑铭，而苗柏河以北的景象却截然不同。这里有印度寺庙的地基，包括一座印度教圣庙塔（亦称毗玛那，指供有神像或林伽等圣物的小屋）和一座带顶的神牛亭（敞开式亭子），里面通常供奉着湿婆坐骑公牛南迪像，而拜神者会在此举行仪式（Peacock, 1980: 24）。这种建筑风格只在东南亚北苏门答腊的多巴扬寺（Biaro Si Topayan）发现过（Lamb, 1961: 1–9）。吉打一处神殿，即第8号遗址（插图3.01），还修建了一条石头圣水水道（也叫林伽水槽）。这一特点在印度教的古代和现代庙宇中都非常普遍。但在印度尼西亚，只有一座庙宇建有这种设施（建于8世纪早期、位于中爪哇迪昂的阿朱那神庙［Candi Arjuna］）。由于注辇国主要信奉印度教，且罗贞陀罗王是一位虔诚的湿婆信徒，所以第8号遗址很可能是建于注辇时期的印度教寺庙。

虽然这些遗址大部分无法确定属于印度教还是佛教，但遗址统计数字显示，注辇国入侵时期，布让–苗柏河地区存在着从佛教向印度教过渡的情况。

表3.1　吉打南部前伊斯兰时期遗址（Allen，1988）

遗址	数量（个）
早期佛教遗址	6
早期印度教遗址	2
晚期佛教遗址	1
晚期印度教遗址	6
时期不明的印度教遗址	3
早期不明的宗教遗址	8

续表

遗址	数量（个）
晚期不明的宗教遗址	12
时期不明的宗教遗址	22

吉打是否存在过一个注辇国飞地？虽然看起来有过这样一块飞地，但并没有找到考古证据。吉打本地制作的土陶器上有刻木压印纹饰；该陶器的制作技艺和特定图案，与北苏门答腊（尤其是中国城）、14世纪的新加坡和16世纪的旧柔佛（Johor Lama）有关联。在苗柏河地带以北，很少能找到可辨认的印度遗物。吉打的印度教庙宇也许是注辇人修建的，以纪念他们的征服大业。南印度商人很有可能曾经在吉打安居乐业，但没有发现像婆鲁斯那样的刻于1088年的碑铭。没有石碑，本身就什么也证明不了。

艺术史学家斯坦利·奥康纳（Stanley O'Connor）指出："9世纪到11世纪暹罗半岛的婆罗门雕像以南印度风格为主……这种南印度风格的侵入说明半岛的婆罗门雕塑风格发生了急剧断裂。"（1972: 52）人们可以发现，这一时期强大的泰米尔风格突然涌入，带来巨大影响。印度与东南亚文化经济关系变得愈发紧密，且处于鼎盛时期，而注辇国试图主宰吉打和泰国南部。不过，这一阶段最终还是结束了，马六甲海峡北端又恢复了原有的文化传统。

在一处叫彭加兰谷（Pengkalan Bujang）的遗址（亦作邦噶兰布章寺庙），发现了宋代的中国陶瓷。虽然缺乏这方面的史料，但考古显示，这一时期吉打与婆罗洲、爪哇的关系密切。化学分析结果显示，在吉打寺庙的仪式遗存中发现的一件金器就是使用婆罗洲黄金制作的（Treloar, 1967, 1968, 1972）。

吉打考古证据：揭示室利佛逝与三佛齐的含义

要想更多地了解古代东南亚，主要困难之一是对外国史料的严重依赖。但外国人对东南亚情况的说法常常很混乱，而且永远搞不清他们说的同一个名字是否就指同一个地方。不仅如此，同一个地方可能还有不止一个名字。例如，室利佛逝也被叫作室利佛哲、三佛齐、阇婆格等。更糟糕的是，外国文人往往喜欢舞文弄墨，为此可能有意扭曲当地地名，或者使用转喻词，因此，某个地名可能指的是一个地区，又或者正好相反，一个岛的名字可能指整个国家。例如，梵文文献中的“金岛”（Suvarnadipa）可能指的是整个苏门答腊岛，也可能指室利佛逝国。更令人混乱的是，古代人并非总是用一个名字称呼一个国家，首都名称往往代表住在该地王宫里的统治者所统辖的整个区域。

插图3.01　武吉巴都巴辖寺（石刻山寺），位于马来西亚吉打。很可能建于11世纪，用于供奉湿婆

因此，完全依赖东南亚地名这一史料证据是危险的。但905年之后中国人用另一个中文名称取代了室利佛逝，特别具有提示意义。最早的室利佛逝名称来自“Srivijaya”的转音，但从唐朝末年起，这个名字变成了三佛齐。“三”与“室利”（Sri）并不是很相应的对音，“佛齐”倒是较好地对应了“佛逝”（vijaya）。那么，这个名称变化的意义何在？

中国文献中的三佛齐就是“三个佛逝”的意思。这也许反映出当时中国人已意识到室利佛逝并非一个中央集权帝国。这个名字的出现恰好与突然兴起的遣使活动同时发生。每逢内乱之际，东南亚王国往往会派遣更多朝贡使团到中国，以期中国人承认其统治者的地位，这种做法对在国内的他们具有政治意义。992年，一中国文献称，一位三佛齐贡使不敢回国，因为他的国家已遭爪哇侵占。10世纪末，室利佛逝在马六甲海峡的主宰地位开始动摇。马来半岛北端的重要港口单马令已经脱离室利佛逝而独立（Wolters, 1958），而大致位于马来半岛西部沿岸的个罗国也已经与中国直接形成贸易往来（Wolters, 1966: 228）。

著名历史学家乔治·戈岱斯为东南亚古代史研究奠定了基础。他相信室利佛逝一蹶不振只是暂时现象，后来会东山再起。不过，他的观点很可能是错误的，证据之一是注辇人统治了吉打，并用印度教取代了佛教。另一个证据是有着400年历史的室利佛逝都城巴邻旁丧失了主导地位。一些历史学家认为，室利佛逝的都城只是迁到北边占碑的另一条河的流域，即巴唐哈里河河谷地区，那里曾是末罗游王国的地盘（Wolters, 1966）。但这个说法与一个事实相矛盾，即三佛齐不再像10世纪末那样热衷于邦交关系，也不再向中国频繁遣使：它在1028—1077年间竟没有向中国派遣一个使团。这也许是权力稳固的迹象，也许是注辇国1025年发动进攻后，室利佛逝彻底衰亡的表现。

不太可能出现室利佛逝统治者只是将王宫迁往占卑这么简单的情况。穆西河流域与巴唐哈里河流域至少从7世纪起就处于竞争状态。在东南亚前现代阶段，很少出现地方政权消失的情况。当权力中心从苏门答腊东南部转移至占碑地区，在迁移的同时保持室利佛逝原状并不是一件容易的事。现实无疑是占卑颠覆了巴邻旁400年的主导地位，并将位于穆西河的宗主国变为自己的属邦。这绝非一次地理位置的小小调整，而是一次巨大的行动。一个具有神圣核心的新曼陀罗权力结构被建立起来。这很可能意味着，随着越来越多中国商人和船舶进入马六甲海峡区域，贸易受到集权控制的原有格局开始松动。

有可能在1025年之后，室利佛逝便不复存在。注辇国的进犯有可能是导致其消亡的直接原因。但一个更加关键却不那么突然的原因是外国商人的逐渐渗透。他们进入并穿过马六甲海峡及南海。起初，这些外商是来自西边的穆斯林，但很快，另一群人变成了主角，那就是中国人。

最早前往东南亚的中国人很可能搭乘穆斯林船舶。然而，几个世纪之后，中国人掌握了独立出海的本领。这种侨居海外的生活方式造就了中国人的海外社区。最初，中国人很可能只是在南海短暂逗留，但商业活动的紧迫性需要有商业代理人驻扎在那里，以便抓住时机，利用波动的市场价格获得更大利润。于是，在12世纪某个时期，马六甲海峡某个地方便出现了最早的华人社区。

南宋及赵汝适的《诸蕃志》

1127年，宋朝在南方建立新都城，并在那里勉强维持了一个半世纪。1276年，南宋都城失守。南宋朝廷又在风雨飘摇中苟延残喘至

1279年，最终不再抵抗。

大宋朝廷南迁，使之更靠近沿海港口，加之维持军队急需资金，这些都成为中国与南海进行海外贸易的新动力。1178年，周去非撰写了一部重要著作《岭外代答》，意为“边关以外的信息”。遗憾的是，这一著作现已散失，但在其后的史料中有人引用了他的原文。1225年，广州市舶提举[1]赵汝适撰写了《诸蕃志》。这是年代最久远、保存最完好的一部文献，有大量关于中国海上贸易的详细记录。虽然他从未离开过中国，但他通过采访水手，获取了大量信息，同时也吸收了周去非提供的信息。

《诸蕃志》没有提到任何海外华人社区。虽然在1225年之前，有可能存在过一个或几个华人社区，但考古证据无法确定中国商人只是到访某地，还是在那里生活过较长一段时间。只有历史证据才能确切地证明这个问题，但似乎并没有这种证据保存下来。

赵汝适的记载表明，中国商人并不局限于少数几个“指定”港口。陈旧的贸易港口制度到了13世纪已经无法继续强制执行。这一时期出现了很多新港口，有些位于之前很少与中国交往的地区。在婆罗洲的渤泥（Brunei）[2]，商人们在经过一些初步仪式之后：

> 方请其王与大人论定物价。价定，然后鸣鼓以召远近之人，听其贸易。价未定而私贸者罚。俗重商贾……[3]（Hirth and Rockhill, 1911: 156）

1 应是福建路市舶提举，1225年兼权泉州市舶。

2 文莱一带的一个古国。

3 〔南宋〕赵汝适撰《诸蕃志》卷上《志国 · 渤泥国》。

克罗姆说，这一信息让我们得知这里的“印度化”程度很低，或者说没有被“印度化”。（Krom, 1931）

赵汝适说，三佛齐（此时指一个由占卑国统治的政体）之所以富裕，并不是因为其自身的物产，而是因为其他国家的船只汇聚于此。他说，最好的露兜树叶簟席产自婆罗洲，但却在三佛齐销售。昂贵的香料龙涎香与同等重量的黄金等价。赵汝适认为，龙涎香是阿拉伯人垄断的物品，但中国人买到的大部分龙涎香主要由三佛齐供应。赵汝适知道室利佛逝是阿拉伯或波斯其他地区其他产品的集散地，比如珍珠、乳香、蔷薇水、栀子花、没药、芦荟、阿魏等（Hirth and Rockhill, 1911: 61）。没有证据显示占卑除了制造一些雕刻精美的木头，还在当地制造其他产品。赵汝适说那些木头产于当地。

据赵汝适记载，三佛齐拥有15个属邦，包括巴邻旁（这也明确显示巴邻旁已经不再是中国人称为三佛齐的地方）。这些属邦还包括从马来半岛的吉兰丹和单马令，到巽他（西爪哇）和北苏门答腊的蓝无里（Lambri，又译南巫里）。（他还提到一个叫细兰的国家，听上去像是“斯里兰卡”。如果他的确是这个意思，那么，这一整段记载的准确性将受到怀疑。）另一方面，1230年，单马令在泰国半岛的猜也竖立了一块石碑，显示单马令刚刚征服了猜也。碑文没有显示单马令或猜也的任何一方认为自己曾受三佛齐管辖。

赵汝适还记载了三佛齐在必要时会使用武力，迫使过往船只停靠其码头，并缴纳关税。这一特征与古代海上丝绸之路的传统一脉相承，就连威尼斯也会使用这种计策。

东南亚贸易港与早期中国侨民社区

古代东南亚的城市化问题

俄亥是众所周知的最古老的考古遗址，这里大多数人都会称之为东南亚城市。俄亥曾经人口密集，这一点已经被大量定居人口居住的遗迹证明。这个遗址还有居民从事多种专门行业的痕迹。他们的工作是以货币支付的。公元一千年早期的其他遗址，如空统（泰国南部甲米府）也许具备类似的模式，但是空统遭到严重盗掠，在考古学家到达之前，那里的古代遗迹就被搬动或遭破坏。要想估算出一个古代聚落的人口，需要有保存良好的遗址，需要进行大规模考古发掘，然而很少有东南亚遗址具有这么优越的条件。因此，人们对早期东南亚城市的了解几乎为零，而且将永远不得而知。

第二个问题是，传统的东南亚房屋，甚至宫殿，都是用木材、竹子和茅草建造的。经过几个世纪的风吹雨打，这种结构的建筑几乎荡然无存。这个问题在马六甲海峡尤其严重。在那里，许多城市都像巴邻旁一样建在水上，房屋腐朽后陷入烂泥，最终完全消失。许多城市曾经有过大型砖石建筑，但就像巴邻旁和新加坡的情况一样，这些遗址在19世纪和20世纪遭到破坏，砖被挪作他用，遗址随之无影无踪。

与之相反的情况是，有些遗址有大量建筑遗迹，但却没有证据显示人口稠密。中爪哇南部的情况便是如此。在柬埔寨的吴哥和缅甸的蒲甘，考古研究的注意力主要集中在宏伟的大型建筑上，没有人花力气去寻找居民区遗址。因此，我们不知道这些文明是否创造了人口稠密的城市区，或是像埃及金字塔一样，宏伟建筑位于人口稀少地区。在中央集权的缅甸和柬埔寨王国，也许由于很少有专业化行业分工，所以没有形成紧凑密集的城市街坊。事实上，这正是这两个特有的社会不愿意看到的情况，因为这种高密集的城市不利于朝廷实施严格的政治管控。

如果除去许多没有数据支撑、判断是否存在过现代意义上的城市的例子，那么我们肯定可以得出结论：在俄亥衰落之后的几个世纪里，东南亚没有兴起城市。在苏门答腊、爪哇、婆罗洲、马来半岛和菲律宾，早期欧洲来访者看到的是，即使是人口稠密的港口，四处都生长着茂密的植被，这让欧洲人感到既惊讶又好奇（Miksic, 1989），因为这种景象与欧洲城市空间利用方式极为不同。

在东苏门答腊，很少进行过寻找聚落遗址的系统性发掘工作。爱德华兹·麦金农（Edwards McKinnon）指出，仅在穆西河流域就有至少12处10—15世纪遗址，多数遗迹为前伊斯兰时期的庙宇或雕像。不过，有些遗址以中国瓷器残片为特征。在巴唐哈里河流域发现了许多其他遗址（Edwards McKinnon, 1985; Shah Alam bin Mohd. Zaini. and Cowan, 2006），但由于缺乏人力和资金，加之难以到达，除了知道这些遗址曾经存在，人们对遗址的其他情况一无所知。

巴邻旁与占碑

由于在巴邻旁和占碑都没有找到足够的考古证据，人们无法回答其布局及人口方面的问题。中国文献描述的巴邻旁是一个各国来客都居住在城墙内的地方，当地居民要么分散居住在城外，要么住在船屋里（Hirth and Rockhill, 1911: 60）。因此，既无城市密集居住区的证据，也无提到有华人社区存在的史料。

20世纪90年代初进行的考古发现了11—12世纪的几种中国陶瓷类型：青瓷、青花瓷、褐釉瓷，这些陶瓷来自福建、广东和浙江（Eka A.

Putrina Taim, 1992)。由此可以看出，即使巴邻旁失去了统领北面邻国的地位，它也并未割断国际贸易联系。

穆西河口外的邦加岛对室利佛逝非常重要。室利佛逝王朝的海军力量很可能主要来自邦加岛上的人口资源。甚至在7世纪末室利佛逝兴起之前，邦加岛就已经与远程贸易网产生了联系。这一事实的证据是，早在6世纪或7世纪，毗湿奴崇拜就已在邦加岛建立。在一处毗湿奴神庙废墟里，人们找到了一批神秘的遗物：五摞12世纪的青花瓷碗摆在五摞朝上的铁锅上，而这些铁锅下面是三摞倒扣的铁锅。

末罗游－占卑国

位于今天东苏门答腊的占碑省毗连巴唐哈里河流域。巴唐哈里河（插图3.02）居穆西河之后，为苏门答腊第二大河流体系。该河长1740公里，其中1440公里具备通航能力（Agus Widiatmoko, 2009: 2）。占碑省的历史考古研究始于对卡朗勃拉希（Karang Berahi）碑铭的研究。这是几块铭刻效忠室利佛逝王朝誓言的石碑之一，立碑时间为7世纪末。卡朗勃拉希位于内陆地区，靠近一处金矿。一部7世纪初的唐代文献提到过一个来自末罗游的朝贡使团。末罗游这个名字在接下来的700年里与占卑国关系尤为密切。义净提到，这里是他672年从室利佛逝到吉打行程中的一站。685年，他再次停留此地，称这里已经附属于室利佛逝。占卑国于9世纪和后来的11世纪都曾向中国遣使入贡。

到11世纪，与爪哇岛钱币类似的檀香花图案金币、金银合金币及银币，也出现在苏门答腊和泰国南部甲米府这样的马来半岛遗址上。其中一种钱币主要发现于婆鲁斯、明古鲁和慕亚拉占碑。与爪哇不同，银币在苏门答腊非常少见。在苏门答腊发现的唯一一大批这种钱币出土于明古鲁的克鲁伊（Krui）。这个遗址位于苏门答腊岛西南沿海，不太可能是一个主要港口。不过，这里靠近山区的金矿和银矿。另一种钱币与婆鲁斯尤其相关。

一部11世纪的阿拉伯文献提到室利佛逝有许多货币兑换商。在巴邻旁没有发现钱币，不过在慕亚拉占碑的古姆彭神庙（Candi Gumpung）发现了三枚同一类型的金币。不过，有一点要注意，那就是尚未对巴邻旁的神庙进行过认真的考古发掘，不然说不定也会发现类似的钱币。占卑钱币是在庙宇的地基层里发现的，因此，我们仍无法弄清这些钱币是在什么情况下使用的。

室利佛逝长达近4个世纪的垄断地位被打破，末罗游似乎成了主要受益者之一。虽然坦焦尔碑铭提到，末罗游是1025年受到注辇国攻击的港口之一，但末罗游仍在1079—1094年间五次向中国遣使，这是末罗游积极参与国际贸易的证据。12世纪，使团带回外地物产，以及来自近东的玻璃器皿和糖。这也证明，末罗游在分布广泛的商贸网中处于中心位置。

插图3.02　慕亚拉占碑附近巴唐哈里河上的一艘传统船只，船上装有侧舵

9世纪的阿拉伯文献提到阇婆格或阇婆。《中国印度见闻录》（*Akhbar al-sin wa'l-hind*）提到阇婆格、拉姆尼（Ramni，可能指亚齐的南无里[Lamuri]），以及石叻（Salat，很可能来自马来语selat，“海峡”之意）。根据这些文献，阇婆是统治个罗国的王国（可能位于泰国南部西海岸及吉打），出产樟脑和黄金，有一座火山，还有食人族。另一部文献《苏莱曼东游记》编辑于公元851年，后由阿布泽德（Abu Zayd Hasan）评述（撰写于916年前后）。该书讲述了一个高棉国王的故事。这位年轻气盛、不可一世的国王扬言要找人取阇婆格大王的首级，放在盘子上呈送予他。听闻此事，阇婆格大王杀了这位高棉国王。伊朗人伊本·胡尔达兹比赫（Ibn Khurdâdhbih）撰写的《道里邦国志》（*Kitab al-masalikwa'l-mamalik*）一书也记录了类似的情况，并补充了大王每天向水池里投掷黄金的故事。10世纪初，阿布泽德对尸罗夫的记载显示，阇婆格与室利佛逝为同一个地方，这个地方被称为室利佛哲。

阇婆格或阇婆很可能对应“Jawaka”，而“Jawaka”很可能泛指爪哇和南苏门答腊两地。阿拉伯文献一直使用阇婆格这个名字，直到12世纪，这个名字才是指由占卑统治的国家。阿拉伯地理学家爱德利奚（Edrisi）在1154年写道，由于中国时局动荡，印度充满暴政和混乱，中国人开始频繁前往阇婆格及其附属岛国。他们认为阇婆格法律公正，百姓举止得体，商人规范经营。因此，他说，阇婆格“人口众多，外国人趋之若鹜”（Ferrand, 1922: 66）。

13世纪，末罗游受到新柯沙里（Singasari）的入侵，遭到重创。但末罗游仍保持了自己的重要地位，直到14世纪末期。明朝初期，巴邻旁已经拥有相当数量的中国人，而占卑却逐渐变得无声无息。在占碑省没有发现早期青花瓷。

在占碑的高地和低地都发现了11—13世纪的雕像、庙宇废墟和碑铭。几十年来，考古研究集中于慕亚拉占碑，即从今天的占碑省首府沿巴唐哈里河向下游方向行走约25公里的地方。在距离巴唐哈里河左岸大约5公里面积处，散布着39座庙宇或砖庙（M. Nazir, 1980/1981: 23）。其他古代遗迹更是覆盖了1000公顷的面积。这些遗迹包括建有内室以供奉雕像的方形建筑，以及圆形佛塔（插图3.03）。慕亚拉占碑曾是一个欣欣向荣的佛教中心。

这里还有水利设施，包括三处蓄水池和多条运河（其中9条已经被确认）。一处大型人工蓄水池叫作国王湖（插图3.04），表明这处遗址曾经是一座王宫。这个120米×100米的长方形蓄水池距离古姆彭神庙这座大庙100米（Agus Widiatmoko, 2009; Retno Purwanti, 2009）。这些遗迹也许

插图3.03　位于慕亚拉占碑盐仓（Gudang Garam）的佛塔遗址，大约建于公元1100年前后

显示，这处遗址是末罗游11—13世纪的都城。庙宇建筑，以及对自然景观的改变都证明这里曾经是一个繁华城市。在室利佛逝都城巴邻旁于1025年衰落之后，末罗游很可能获得了新的自治权，在政治上开始崛起。

20世纪80年代，在修复慕亚拉占碑庙宇的过程中，人们发现了大量陶器，包括当地制作的土陶器，可能是来自爪哇的遗物，以及各种中国瓷器和炻器。但学界尚未对这些遗物进行深入研究。

占卑参与贸易活动的考古证据包括从五代到元代的中国瓷器，这些瓷器分布于从慕亚拉占碑延伸至大海的数个遗址中（Edwards McKinnon, 1982a, 1982b, 1992; Abu Ridho, 1992, 1995）。在慕亚拉占碑，人们在几处庙宇群入

插图3.04　慕亚拉占碑的国王湖，可能是末罗游王宫的一部分

口处发现了陶瓷，说明这里经常举行某种活动。中国陶瓷的年代跨度为11世纪早期到13世纪。在大型建筑之一的双塔寺（Candi Kembar Batu）废墟上，人们发现一面有汉字铭文的青铜铜锣，铭文上的日期是1231年。

慕亚拉占碑有一个国王湖，表明这个遗址是一处王宫和寺庙群，是一个仪式中心，而非经济中心。从慕亚拉占碑向下游方向走，人们发现了为数众多的11—13世纪遗址。2005年，新加坡国立大学亚洲研究院与印度尼西亚国家考古研究及发展中心在巴唐哈里河下游联合组织了一次科学考察，巴厘岛的乌达亚纳大学也参加了。此次研究的目的是再现该流域14世纪前的聚落模式。这个由新加坡海上果园机构（Orchard Marine）资助的项目探查了巴唐哈里河两岸，以及距河岸约20—30米宽的河滩地带，还有位于现代占碑城与海岸之间的巴唐哈里河支流——巴唐古姆贝河（Batang Kumpeh）。

考察研究证实了占地1100公顷的慕亚拉占碑为末罗游王国所有遗址中规模最大的一处。第二级别规模的遗址有三处，分别位于蓝布尔（Lambur）、甘迪斯城（Kota Kandis）、甘迪斯湾，占地50—132公顷。第三级别规模的遗址有两处，占地12—28公顷。还发现了属于第四级别规模的遗址，共13处，占地不到1公顷。据报告称，古迹保存部的当地分支机构还发现了另外8处面积不详的遗址（Shah Alam and Cowan, 2006）。

这些遗址中包括砖寺遗迹，但反映在这些遗址上古代居民活动的证据主要来自陶瓷（Listiyani, 2008）。甘迪斯城出土了大量的进口陶瓷和一盏来自南印度的青铜法灯。似乎那个卸下大量陶瓷而且经济活动非常活跃的港口并不靠近这一群砖砌建筑，而是更靠近河口地带的另一处遗址。这一空间上的分隔非常有趣，让我们看到宗教活动与经济活动是区分开来的。

在末罗游进行的考古活动一直围绕着纪念建筑、雕像和碑铭进

插图3.05　佛教中的圆满智慧神般若波罗蜜多雕像。雕像发现于慕亚拉占碑，但可能于1275年新柯沙里入侵前后从东爪哇带来此地；该女神在东爪哇也非常受欢迎。

行。没有人研究并解释慕亚拉占碑下游地区的那些遗迹的规模和性质，也没人研究贸易及其他行业对这些遗址的形成和运转所起的作用。我们还不甚了解这一重要地区的商业活动，而在早期中国人移民海外时，海上丝绸之路已经连接到这片东苏门答腊沿海地区。

20世纪90年代，情况开始发生变化。在现代巴唐哈里河下游河道的大部分地区，都有人在进行调查和勘测发掘（Abu Ridho, 1992, 1995; Tim Penelitian Arkeologi Klasik［TPAK］, 1996, 1997）。该河流的河床曾无数次改道，有许多河曲湖和支流，不管是现有的，还是已被泥沙淤积的，都尚未来得及研究。这一调查显示，我们有很大潜力，可以拓展对早期中国贸易发展及苏门答腊文明的认识。也许未来十年里更多的调查研究工

插图3.06　苏门答腊廖内省玛拉塔库斯的马里盖塔，可能建于11世纪，后被扩大。

作，包括深度发掘，将使这些可能性变成丰硕成果。

内陆宗教场所遗址：玛拉塔库斯

玛拉塔库斯（Muara Takus）位于廖内省甘巴河（Kampar River）上游。11世纪，这里建起了一群佛教圣坛，但不清楚是什么人出于什么目的修建的。一些学者从仍然屹立的高大细长的马里盖塔（Mahligai Stupa）（插图3.06）发现了来自斯里兰卡的影响。但在这处遗址并未发现斯里兰卡遗物。20世纪80年代，这里在进行修复施工时发现了中国瓷器残片，说明该遗址居民与海上丝绸之路有关系。这处遗址还证明，佛教影响已经从沿海地带扩展至苏门答腊岛内陆。它也许还证明，这里曾经是一个贸易路线的交叉路口。在它周边没有发现聚落或其他遗址。今天，岛上这个遗址地处偏僻，人口稀少。迄今为止，玛拉塔库斯是在廖内省发现的最重要的古代遗址。甘巴河并不是一条重要的交通路线，因为河口潮水湍急，险象环生。那么，在遗址发现的中国瓷器残片很可能是通过另一条河进入海岛，又从陆路到达该遗址的。

婆鲁斯

苏门答腊西北婆鲁斯的卢勃克杜阿遗址应该算得上是一个11世纪的城市（见第二章）。但要想验证这一假设，还需要做进一步研究，因为，目前尚不可能估计出卢勃克杜阿的人口密度。不过，该遗址的居民似乎都在从事与贸易相关的专门行业。贸易网使该遗址与埃及、波斯湾、印度、中国、爪哇以及苏门答腊其他地方联系起来。卢勃克杜阿似乎在泰米尔人入侵后不久便衰落了。没有证据证明1088年竖立石碑的泰米尔人商会促进了当地商业活动大幅增长。事实上，情况可能恰恰相反。这一遗址出土了很多中国和波斯遗物，但却少有印度遗物。也没有确凿的档案资料证明这里曾建立外国人社区。婆鲁斯的其他遗址，如武吉哈桑（Bukit Hasang），是在12世纪兴起的。婆鲁斯在17世纪前的远程贸易中一直扮演着重要角色（见第十一章）。1335年到访苏门答腊的阿拉伯旅行家伊本·白图泰（Ibn Battuta）认为，婆鲁斯与巴邻旁和末罗游一样，是重要的国际港口（Krom, 1931: 397–398）。

中国城

中国城位于苏门答腊东北部得利河（Deli River）口的一片红树林沼

插图3.07　通往中国城遗址的小溪

泽地带（插图3.07）。重要出口物品，包括中国市场上价格昂贵的黄金和樟脑，都产自这一遗址的内陆地区。20世纪70年代初期和中期，在那里进行了大规模考古发掘（Miksic, 1979; Edwards McKinnon, 1984）（插图3.08），并发现了砖寺地基（插图3.09）、支撑高脚屋的木桩（插图3.10）、佛教和印度教雕像（插图3.11）、大量中国陶瓷和当地陶瓷（插图3.12、3.13）、中国和斯里兰卡钱币、金铜铁炉渣、首饰制作模具、骨头、食物残渣如贝壳等。

除了简单的直线砖结构地基，该遗址缺乏纪念性建筑。有些地基

插图3.08　1977年，印度尼西亚考古队在中国城；右侧持相机者为考古工作指挥、理科硕士努尔哈迪先生

插图3.09　中国城砖寺地基，大约建于11世纪末或12世纪初

插图3.10　中国城居住区的考古土层

插图3.11　南印度/斯里兰卡风格花岗岩佛像，可能雕刻于12世纪；佛头于20世纪40年代被盗，后以一粗糙泥头替代

插图3.12　中国城出土的宋代模印鱼纹饰青瓷

插图3.13　中国城出土的13世纪青瓷军持。从器形上看，中国瓷器刻意模仿东南亚土陶器，以便在陶瓷市场上占据更大份额。

已经被当地居民拆走，所以这里可能曾经有过较大规模的建筑。现存建筑也许是一处印度教坛城入口，另一处建筑为一佛教寺院。在那里发现了这两种宗教的雕像，很可能都来自斯里兰卡和南印度。

判断中国城所属年代的最有力证据来自数万片瓷器残片。这些残片是在发掘遗址和地表勘测时发现的，属于北宋和南宋近两个世纪的时期。1225年的《诸蕃志》称当时的瓷器贸易主要由藩商，尤其是阿拉伯商人经营。因此，在遗址发现大量中国瓷器本身并不能证明是中国商人将它们运到那里，也无法证明中国商人曾长时间住在那里。不过，1100年初，朱彧描述了中国商人出海的情形，“货多陶器，大小相套，无少隙地”（Hirth and Rockhill, 1911: 31）。

从理论上讲，人们可以根据那里的大量遗物及其分布情况，以及遗物在遗址内和周边地区的整体状况进行推测，判断中国人有可能曾经在那里居住。正因如此，有必要建构一个既规模宏大又具体详实的中国陶瓷在马六甲海峡的分布图，时间跨度为10—15世纪。只有收集到这些数据后，我们才有可能客观地评价所有遗址，断定其是否为早期海外华人社区。

居住地废墟的密集程度、居住地区分布的广度，以及遗迹显示居民所从事行业的多样性，都使中国城具备符合一个城市的条件。可以从考古学意义上确定，中国城是仅次于婆鲁斯的印尼最古老城市。

这一地区的历史并不为人所熟知。中国古代文献中没有与之相关联的名字。这个遗址的名字本身已经很能说明问题。1825年，这里已有一个叫中国城的村庄（Anderson, 1971）。这个名字在印尼语中是“中国围栏”的意思。从词源上讲，“kota”已经成为现代印尼语中的“城市”，这跟马来语中使用“bandar”（贸易港口）一词来表示城市很不相同。这个遗址的名称表明了它形成的原因。1291年，也就是中国城似乎被遗弃后不久，马可·波罗描述了中国航海者在北苏门答腊修建木围栏的情形：

> 我们下船登岸。因为害怕这里野蛮的食人族，我们在营地周围挖了一条大深沟，深沟的两端都延伸到港口边。在壕沟的堤坝上，我们修建了五座木塔，或者说堡垒。我们就这样在要塞里住了五个月。（Latham, 1958: 254）

马可·波罗的中国同伴并未在华人社区度过季风期，这说明此时不存在这样的社区。也许中国城此时已经被遗弃。

中国人因循这种传统做法长达几个世纪，即使是明朝早期的大型船队，也会在到达一地之后修建临时营地。马欢写道：

> 凡中国宝船到彼，则立排栅，如城垣。设四门更鼓楼，夜则提铃巡警。内又立重栅，如小城，盖造库藏仓廒，一应钱粮，顿在其内[1]。（Mills, 1970: 113）

中国城最早可能是由当地人聚集在季节性到访的中国人周围而形成的。这些季节性聚居地逐渐发展成永久性聚落。这种季节性聚居地的范例可以在19世纪初的印尼东部见到。艾尔弗雷德·拉塞尔·华莱士描述过这样一个临时贸易中心：阿鲁群岛（Aru archipelago）的多波（Dobbo）（Wallace, 1860: 335–336）。大约500名中国商人和阿拉伯商人每年聚集在一处海滩上，开店设铺，用铁质工具和布匹来交换当地物产，如珍珠、天堂鸟羽毛等。这些交易活动会持续一个季节。当风向开始转变时，商人们就收拾好已经换到的物品，印尼人则坐上他们的独木舟，各自离去。只需一周，整个海滩就变得空无一人。从这种模式里，我们可以看到欧洲中世纪贸易集市的影子。经过这种相互适应和共生的过程，中国商人或许会决定在中国城这样的地方半永久性地居住下来。而当地族群就会在他们周围扎下根，为这些来客提供食物和服务。当地统治者也愿意允许中国人在自己领地上定居，因为他可以借此机会参与传统的奢侈礼品交易活动，并通过监管市场上其他货物贸易，收取税费，从而获得政治利益。

证明中国城曾经有中国人居住的证据（非最终结论）包括大量中国瓷器、带有汉字的金箔残渣（Swan and Scott, 1990），以及几百枚中国铜钱。已经锈蚀的成串铜钱装在盒子里，说明这些钱币原本是按照统一

1　见〔明〕马欢撰《瀛涯胜览·满剌加国》。

数量用绳子串起来，代表更大的货币单位。其他钱币则随意散落在居住区遗址各处。最有可能的推测结果是，这些钱币是当作日常交换媒介使用的。因此，也证明这里是东南亚流通中国货币的最古老遗址。

没有证据显示东南亚使用过印度货币，但在中国城以及14世纪的新加坡，倒是发现了13世纪末的斯里兰卡钱币，说明这些钱币曾经在东南亚流通。这些钱币加上输入的佛教和印度教神祇石像，说明中国城居民中可能包含南亚人。

这里还发现了一些与波斯/红海交往的遗迹。槟榔屿的一位金匠杜福伟（Tho Fook Wai）先生发现几只小泥壶内壁的绿色痕迹为硼砂残留物，即熔融黄金时使用的助熔剂。据赵汝适描述，爪哇人曾从波斯进口硼砂。玻璃碎片和几块陶瓷残片也被鉴定为那一地区的产品。

中国城社会可以被解释为当地人口与外来元素融合的产物。外来移民并未强行带入新的生活方式，而是像催化剂一样，在这里形成新的经济和社会结构。在此之前，北苏门答腊向室利佛逝或吉打的统治者提供自己的物产，从而间接地体验了海外贸易。而中国船只直接去到苏门答腊东北部的得利河寻找黄金和森林物产，自然受到当地社会的欢迎。

1025年，南印度人的入侵摧毁了室利佛逝的霸权。古老的贸易港口制度，也就是将外贸局限于少数几个指定港口的模式被一种原子化模式所取代。在室利佛逝被摧毁的同时，假如穆斯林和中国商人没有进入这一地区，该制度也许会重新建立。然而，在国家的政治权威受到削弱时，一旦外国商人大量涌入，原有的制度便无法继续维持。在原有的制度下，一个印尼港口可以阻止外国商人停靠到自己对手的港口。而此时，马六甲海峡南段的各个港口（占碑、巴邻旁、新加坡、马六甲、廖内和柔佛）都设法获得了同侪之首的地位，但从未拥有室利佛逝曾经主宰整个海峡贸易的能力。

马六甲海峡西岸、亚齐北部沿岸以及泰国半岛一定存在着其他11—13世纪贸易地点的遗址，但人们尚未积极寻找有关这些遗址的考古证据。中国城也许就是此类马六甲海峡沿岸遗址的典型，它的形成是由于旧的垄断体制消失、新的商业资源出现带来新的机遇。促使中国城兴起的主要因素之一是中国移民的到来。之前从未存在过这种遗址，因为之前从未有过中国人（或南亚人）移民到此的历史时期。

中国城的主要遗存为当地制造的土陶器残片，上面有压印纹装饰图案，与同一时期在吉打发现的类型相同。彭加兰谷也与中国城有一些重大区别。中国城的建筑使用的是砖，而不是石头。发现大量陶俑的地方是吉打，而不是中国城。从整体遗物种类来看，中国城进行的主要活动并非宗教活动，而是贸易活动。吉打的情况也许正好相反。据马来西亚考古学家梁秀珩（Leong Sau Heng）称，1971年吉打的考古发掘"显示转口贸易活动并非像兰姆博士想象的那么重要。总体来说，文化层既不深厚，也不密集"（1980: 11）。大多数已知的11—13世纪吉打遗址都是宗教建筑，而非民居遗迹。

另一方面，吉打南部的遗址显示那里曾经非常重要，但尚未进行深入考察。有一处遗址，在早期报告中被称为奥尔城（Kota Aur），但应该称为室瑞村（Kampung Sireh，或第42号遗址）。人们在这里的一条小河边发掘出至少80米长、土层深厚、层次清晰的外国陶器沉积层。这些陶器包括宋、元、明时代的中国陶瓷，以及泰国和越南的陶瓷，甚至可能还有来自高棉的陶器。丹邦新勃尔村（Kampong Tambang Simpor）遗址（第43号遗址）出土了10世纪中国陶瓷残片，以及11—12世纪来自中东地区的陶瓷。由于没有发现青花瓷，所以这一遗址很可能没有持续到14世纪。其他中东遗物包括14块玻璃器皿碎片和2颗珠子，有些玻璃碎片因被火烧过而变形。发现者推测，珠子也许是在这里用重新熔融的玻璃制作的（Allen, 1988: 369）。阿尔斯泰尔·兰姆20世纪50年代在彭加兰谷进行的发掘工作找到了大量进口陶瓷和玻璃器皿（Lamb, 1961）。[1]

菲律宾：布雷克滩（Breaker Shoal）沉船

10世纪后，武端城（见第二章）被遗弃。在菲律宾其他地区出现了一些贸易港口。1991年在巴拉望附近发现的布雷克滩沉船出水了铅锭、铁锭、中国青白/青花瓷，以及各种青瓷。这些青瓷来自德化窑、同安窑、安溪窑、建窑、景德镇，可能还有浙江窑址。除了瓷器，货物中还有磁州炻器储存罐，包括小口瓶（也称为水银瓶，见第七章）。酷似泰国南部风格的军持说明，这些商人不管在哪里，除了与中国做贸易，也与东南亚其他地区保持商业往来（Dupoizat, 1995）。

13世纪晚期

1260年，宋朝都城落入蒙古族人之手。不过，流亡的南宋王朝直到1279年才寿终正寝。元朝统治者虽然来自远离海洋的中亚草原，但对外面的世界却有深厚的认识。当时元朝帝国的疆界已经扩展到欧洲大门口。尽管他们的文化强调尚武精神，但他们也明白和平经商的益处。因此，中国贸易并未因权力更替而削弱，相反，随着儒家观念影响渐衰，道德和法律对贸易的约束逐渐减少，贸易活动得以发展。另外两个新情况也对马六甲海峡产生了深远的影响：伊斯兰教的到来，以及爪哇势力的扩大。

1　还发现了来自阿拉伯地区的玻璃灯碎片，年代可追溯到公元11—12世纪。——原注

早期伊斯兰化及爪哇扩张

虽然马六甲海峡的居民已经与阿拉伯人和波斯人交往数百年，但没有证据显示当地人在13世纪之前就已皈依了伊斯兰教。1281年，末罗游派遣两名穆斯林使者前往中国，“很可能他们本来就与中国有商业关系，所以临时充当了遣使”（Krom, 1931: 336）。不过，1292年，据马可·波罗记载，北苏门答腊的八剌国是一个穆斯林国。20世纪初，在苏木都剌（Samudra）发现了1297年的马利克·萨利赫国王墓（Malik-al-Saleh grave）（Moquette, 1913）。1286年，也就是在马可·波罗到访后不久，八剌国遣使前往中国（Rockhill, 1914: 441）。

亚齐的考古成果少有发表。在亚齐沿海的一些遗址，发现了早期中国、泰国和越南陶瓷沉积层，显示这一地区具有极大考古潜力，有待发掘（Edwards McKinnon, 1988）。目前，我们对这一地区一无所知，令人遗憾。除非对亚齐进行彻底研究，否则，一些基本问题也无法得到解答。这些问题包括，世界上最大的伊斯兰国家印尼，其早期伊斯兰化是怎样的一个过程。

直到14世纪，除了亚齐，在从苏门答腊到马六甲这条路线上的各个港口里，伊斯兰教只是外国商人信奉的一种宗教。之后，伊斯兰教开始成为马来半岛的宗教信仰：首先是西海岸的丁加奴，之后在15世纪早期，马六甲统治者皈依了伊斯兰教，其臣民很可能随之皈依。不过，伊斯兰教的影响在13世纪和14世纪的马来半岛仍然有限。

13世纪，爪哇人又恢复了强大势力。1275年，东爪哇的新柯沙里攻打占卑，使占卑沦为其附属国，连国王也被掳到东爪哇。这也许解释了为什么在慕亚拉占碑找不到任何元代以后的陶瓷，因为该地方当时很可能不再具有政治中心的功能。

爪哇统治者克塔纳伽拉（Krtanagara）终于跨越遥远的距离，将自己的力量从东爪哇投送到苏门答腊（中间相隔大约1500公里），并一直统治到1292年。在此期间，世界接二连三地发生了一些事件。忽必烈于1289年派使臣前往爪哇，诏谕爪哇国入贡献物，且过分要求，超出了爪哇人习惯的朝贡制度。于是，克塔纳伽拉将元使黥面并送回，以示藐视。1292年，大约与马可·波罗经苏门答腊返航意大利同时，一支舰队从中国出发，征讨爪哇。但元军未能如愿以偿，报仇雪恨，因为在舰队即将到达之际，克塔纳伽拉已被杀。这些戏剧性事件给马六甲海峡带来一个后果——爪哇人放松了对苏门答腊的控制长达几十年。与此同时，在东爪哇的另一个新王国趁机巩固政权，不断扩大势力，这就是满者伯夷。

1260—1300年中国、东南亚、中东和欧洲之间的商业及政治往来

如果说与中国历史其他方面相比，经济史受到极大忽视，那么元朝经济史可以说基本上完全被忽视。只有一部英语著作是专门讨论元朝对外贸易的，就是舒尔曼（Herbert Franz Schurmann）的《元朝的经济结构》（*Economic Structure of the Yuan Dynasty*），但其中也只有一章是关于海商贸易的。事实上，他所有的研究仅仅依据了《元史》中的两卷而已。元朝贸易在中文文献中也不受重视，主要研究成果一直以来都只有1955年冯浩的一篇研究论文，而其结论现在也已过时（Kwee, 1997）。冯浩研究了中西交流的一般情况，并指出，虽然元朝政府有垄断外贸领域并压制大商人的倾向，但对外贸易仍持续发展。

陈高华指出，元代的外贸主要是通过海路而不是陆路进行（Kwee,

1997: 2 fn. 3; cf. Reid, 1993: 10）。他认为海商贸易在元代达到顶峰，但他的论文缺乏论据。舒尔曼和李东华也认为，元代泉州的海外贸易比宋代还要繁荣兴旺，但他们同样没有给出证据（Kwee, 1997: 2, fn. 4）。

倒是有间接证据支持宋代贸易在元代继续加速发展的观点。出现了一些新迹象表明，中国人更加了解海洋世界。举例来说，元代史料已经可以清晰区分各个海上疆界。一些词汇首次出现，如东西洋、大东洋、小东洋、小西洋。元朝主张开海政策，外国人也更容易在中国居住。地方官员甚至举行祭海祈风仪式，祈求航行一帆风顺。由于没有数据保存下来，要想估算出元代贸易的规模，就必须拥有其他一些足够的间接证据。舒尔曼写道：

> 《元史·食货志》并未涵盖元代所有重要的经济制度。它没有包括……租约、私人商业、店铺、当铺，以及生产制造。虽然这些制度在中国经济史上非常重要，但它们不与政府直接相关。只有政府直接关注的领域才被史书收入，如税收、土地测量、海上粮食运输，以及专卖税。（Schurmann, 1956: viii）

《（大德）南海志》称，元“珍货之盛，亦倍于前志之所书者”[1]（Kwee, 1997: 3, fn. 7）。与中国进行贸易的域外国家，以及中国拥有的物产种类在元代都有所增加。与宋代相比，元代泉州的穆斯林墓碑数量更多。官方供奉海神娘娘妈祖的活动有所增加。南宋时，海外贸易货物种类为160种，而元时达到210种（Kwee, 1997: 4, fn. 9）。

1277年，元朝在宋朝末期最繁华的港口泉州设立第一个市舶司，

1　见〔元〕陈大震撰《（大德）南海志》卷七《舶货》。

“每岁召集舶商，来朝互市”[1]（Kwee, 1997）。不久，元再设置三处市舶司：宁波（庆元）、上海和澉浦（杭州附近）。1293年，已经有七个市舶司：泉州、上海、澉浦、温州、广州、杭州和庆元（Hirth, 1917: 72）。据传闻逸事所述，泉州物产丰富。1293年去世的泉州市舶使蒲寿庚有一个女婿，拥有海船80艘，珍珠130石（或约60公斤）（Wheatley, 1959: 29）。顶级珍珠来自近东，中国从主要集散中心占卑那里输入珍珠。东南亚珍珠的主要来源地为菲律宾南部的苏禄（Sulu），其他珍珠来自占卑附近的甘巴和爪哇。1225年，赵汝适写道：“珍珠价高，中国人用作头饰。”商人们试图走私珍珠进入中国，把珍珠藏在衣服衬里和伞柄中（Hirth and Rockhill, 1911: 230）。这一时期，就连僧侣都不能免除赋税。

表3.2　中国指定的对外贸易港口（Chang, 1983: 10）

朝代	市舶司	市舶务
宋朝	密州、杭州、宁波、泉州、广州	杭州、宁波、苏州、温州、江阴军
元朝	上海、澉浦、庆元、杭州、温州、泉州、广州	无

元朝统治者不像儒家那样对贸易抱有偏见，因此，他们实行贸易自由化的程度超过宋朝皇帝也就不足为奇，尽管与贸易相关的政策时有起伏。从1277年到1284年，元朝允许商人从事外贸（So, 2000: 119）。1278年，“官员向皇上请愿，要求重视与东南（或东和南）海岛的人建立贸易关系。上书者称，所有那些岛国的人都对中国恭敬至极”（Rockhill, 1914: 429）。1279年，中国遣使爪哇。1282年，一位爪哇使节入贡，

1　见〔明〕宋濂等撰《元史》卷九十四志第四十三食货二《市舶》。

献金佛塔。

1284年，为了占有大部分海外贸易的高额利润，元朝出台措施，设市舶都转运使于杭、泉二州。“官自具船、给本，选人入蕃，贸易诸货。其所获之息，以十分为率，官取其七，所易人得其三。”[1]有出海经商者，家人可免除劳役。

这一官船官本商贩之法受到大商人的仇视，因为这项政策的主要目的似乎并不是刺激贸易发展，而是通过让小商贩参与竞争，从而遏制少数大商人家族的发展，后者的权势面临危险。但另一方面，小商贩或许正巴不得有这样的机会。

朝廷出现这种对海外贸易的新姿态，是斡脱人与蒙古族人传统的共生关系从中亚草原移植到海上丝绸之路的结果。“斡脱”在突厥语中有“伙伴”之意，指的是商业团体，主要由亚洲穆斯林构成。他们成为元朝统治时期的上流阶层；政府借给他们大量钱财，用于商业活动和放高利贷（Kwee, 1997）。放贷交易的利润则流进元朝贵族阶层的腰包。

1292年，元政府第一次开征海上贸易税（Kwee, 1997: 15 fn. 46）。1295年，走私逃税和出口违禁货物（如铜钱）行为十分猖獗。朝廷派官员到海上查验船只。元朝当局禁止私人资本“入蕃为贾，犯者罪之”（Rockhill, 1914: 425）。不过，“政府禁止私人资本贸易的努力显然没有奏效，因为，我们知道1303年禁止私人入番为贾的禁令被废止了”（Rockhill, 1914: 426）。

元朝对东南亚的政治态度并不总是有利于商业活动。元朝在东南亚大陆与越南、占城、真腊和缅甸数次交战，目的通常是强迫这些东

1　见〔明〕宋濂等撰《元史》卷九十四志第四十三食货二《市舶》。

南亚国家实行更高规格的入贡献物，比以往中国皇帝在朝贡贸易体制下要求的更多。

1292年，忽必烈派遣一支庞大的远征军杀向爪哇，去报复其使节黥面之辱。远征军由福建行省官员负责调集，他征用了私商船只。这种安排说明了一个事实：当时中国没有海军。1293年，船队从泉州出发，但远征军陷入一场政治乱局，最终遭到爪哇一个前盟友的背叛，于同年返航。1293年，忽必烈病逝，从此中国正史中便再没有中国派遣使团的记录。不过，中国与爪哇的关系很快又恢复正常：爪哇使团于1298年和1300年到访元朝。

元朝中期，官方对商业活动的态度出现了反复地剧烈摇摆。市舶机构于1294年被取消，但同年晚些时候又重新设立；1303年机构关闭，1308年再度复设；1311年关闭，1314年复设；1320年关闭，但很快又于1322年重新设立。之后，市舶机构运行平稳，朝廷允许进行海商贸易，直到1368年元朝灭亡。

中国文献中从来不提元朝政策为何如此反复无常。学者们认为，政策变化背后的原因是政治动机，比如说担心富商挑战官府。不过，采取这些行动也有可能是为了惩罚违反贸易法规的私商。朝廷制定的《市舶则法》（二十二条）可提供参考。另外，禁商措施也许无伤大雅，因为有证据显示，尽管对外贸易机构关闭，外国商人照样前来上海。

1326年，元泰定帝宣布取消朝贡贸易。“1329年，向朝廷呈献贡品的做法被严格禁止。所有这些贡品实际上价高却毫无用途，还必须按照朝廷规定的价格进行支付，俨然已经成为‘以其蠹耗国财’的祸

根。”[1]（Kwee, 1997: 8）

元朝末年，地方势力纷纷发动叛乱，泉州也成为一个叛乱中心。主要由波斯人组成的当地驻军在波斯商人的唆使下，从1357年到1366年一直掌控着泉州城。1366年，他们终于被赶走，但这些叛乱重挫当地经济，当地众多商人倾家荡产，有些人不得不迁往其他港口（So, 2000: 122–124）。元朝灭亡时，中国南方贸易网已是一片萧条。几个世纪之后，中国南方港口才再次恢复宋元时期的繁荣和声望。

13世纪水下遗址的考古发现

鳄鱼岛沉船

几艘重要沉船提供的信息极大丰富并澄清了历史知识和陆地考古资料。20世纪80年代，在位于新加坡以南100公里的廖内群岛的鳄鱼岛（Pulau Buaya）附近发现了一艘沉船。考古学家没能详细记录这艘沉船的情况，因为沉船是由商业潜水机构打捞的。当打捞机构听说大量出水瓷器无法在市场上出售后，便把这些遗物搁置在一间仓库里，任其损坏，只放一些最好的物品流散出去，但未留下任何记录。关于运载这些出水遗物的船只结构，则没有留下任何数据。最后，原本可能成为了解早期亚洲贸易情况的重要资料就这样丢失了。

打捞者找到了3万1千余件完整遗物。这些物件都是实用物品，而非奢侈品。物品破损率不得而知；货物总量可能达到5万件，也有

1　见〔明〕宋濂等撰《元史》卷九十四志第四十三食货二《市舶》：“若夫中买宝货之制，泰定三年命省臣依累朝呈献例给价。天历元年，以其蠹耗国财，诏加禁止，凡中献者以违制论云。”

可能更多。多数已知的陶瓷来自广东，少数来自其他窑址。海水浸泡导致瓷釉脱落，这也是为什么这批货物无法进行商业出售的原因之一。另一个原因是数千件物品几乎完全相同。这批货物主要是卖给老百姓的廉价实用品，而不是进献给统治者的奢侈品。一些可能属于船员自用的土陶器包括压印纹饰圆底容器，类似在马六甲海峡两侧陆地上发现的陶瓷残片。还发现了一只常见的东南亚海岛式样土陶炉碎片（Abu Ridho and Edwards McKinnon, 1998: pl. 47）。

打捞出水的其他遗物包括细胎陶执壶（或称军持），与在中国城和新加坡发现的水瓶，以及后面将要讨论的在爪哇海沉船上发现的水瓶相似。其他物品还有2块试金石、2块嵌入白色骨头的黑木骰子。骰子个头很大，4厘米见方。另外还发现了大量用褐色玻璃制造的平底玻璃杯，以及一些可能来自近东的玻璃瓶和细颈瓶（Ridho and Edwards McKinnon, 1998）。发现的金属物品包括一些含量为99.12%的纯铜锭，8面类似铜锣的物件（但没有铜锣常见的凸起部分），129块铜手镯，48块未确定成分的条状金属锭，48块平头双棱锥体铝锭，1面铜镜，2枚中国钱币（其中1枚为唐代钱币），还有大量铁锅和用桄榔纤维捆扎的砍刀（或称帕兰短刀）。

货物中有18块铸有汉字“官”的金属锭，这是事先在模具里刻出汉字，再向模具中浇铸熔融的金属液体而形成的（Abu Ridho and Edwards McKinnon, 1998: 80–82）。新加坡国立大学化学系对金属锭进行了能量色散型X射线荧光分析。分析显示，在8块被测试金属锭中，5块主要为铅，2块主要为锡。剩下的1块金属锭由51.33%红铜、37.55%铅、4.73%锌和少量铁、钙和硅构成。

表3.3　鳄鱼岛沉船金属锭成分分析（%）

	铅	锡	锌	铜	铁	锰	钙	硅
金属#2	37.55	—	4.73	51.33	1.37	—	2.98	1.97
金属#3	13.66	86.13	—	0.055	0.15	—	—	—
金属#4	97.82	—	—	< 0.007	0.067	—	2.09	—
金属#5	0.27	95.57	—	—	1.79	0.090	—	2.28
金属#6	98.66	—	—	0.007	0.18	< 0.006	1.16	—
金属#7	95.21	—	—	0.16	0.15	—	4.48	—
金属#8	99.05	—	—	< 0.009	0.019	—	0.92	—
金属#9	97.37	—	0.14	—	0.23	—	2.23	—

除了这几块金属锭，对沉船上其他几件金属器物也进行了分析。结果显示，这些器物属于各种青铜合金：

表3.4　鳄鱼岛沉船金属物品成分表（%）

遗物	铜	锡	锌	铅	硅	铁	镍
金属丝	95.47	2.19	1.42	0.25	0.43	0.11	0.11
金属板碎片	72.26	26.11	—	0.22	1.32	0.12	0.011
银器碎片	72.28	26.83	—	0.25	0.20	0.42	0.017
物品边缘碎片	63.09	35.87	—	0.25	0.46	0.29	0.032
圆碟	74.43	2.49	22.13	0.55	< 0.14	0.22	0.057

该船沉没时间大概在12世纪或13世纪。船上发现的马六甲海峡式样的遗物，可能属于船员的，这说明该船可能为一艘东南亚船。但是，在没有发现任何船只残骸的情况下，这种观点纯属猜测。

爪哇海沉船

1996年发现了新证据，证明元朝时期商业活动继续扩展。考古学家对一艘13世纪后期的沉船进行了考察。该沉船位于西爪哇海的苏门答腊东南海岸以外。考古研究结果发现，该艘船装载了10万余件中国瓷器，以及1万余件可能是在泰国南部制作的土陶器（Mathers and Flecker, 1997）。该船装运的陶器种类至少有30种。其他商品还包括：中国铁锅和刀具、达玛香、可能来自苏门答腊的象牙。少量玻璃器皿可能也属于货物的一部分。所有这些遗物符合与这一时期东南亚商业活动相关的“商贩性质理论”。虽然现在下定论为时尚早，但这些发现也许可以帮助解决一个长达七十年的争论：海上丝绸之路交易的物品到底哪种更重要，“豪华高档品”还是“平凡大路货”？

该船于20世纪90年代在苏门答腊的楠榜（Lampung）东南海岸被发现。那里远离陆地，四周没有航行危险。无法确定船只沉没的原因。遗憾的是，船身几乎完全消失。不过，在那里发现的柚木碎片，有可能曾是船身的一部分。几块碎木中有木榫，起码是木榫孔。中国人不使用木榫，而使用铁钉，即便是在船板边缘接合处。在放置锚锭的大概位置发现了两块大石头，其成分和形状显示石头来自东南亚而不是中国。其中一块似乎是玄武岩，也许是安山岩；另一块是石灰岩。柚木、安山岩、石灰岩都与爪哇有关联。根据这些数据，可以得出最接近事实的猜测：这艘船为爪哇船。

与鳄鱼岛沉船相比，对爪哇海沉船的考古研究规划周密。通过对船上的中国瓷器风格进行分析，以及对达玛香的放射性碳元素测定，可以确定该船的沉船时间为13世纪晚期（碳14测定确认该船有68%的可能性为1265—1310年间的沉船）（Mathers and Flecker, 1997: 76）。沉船遗物散落在70米×55米的椭圆形海床区域。这一面积大于印坦号50米×45米的覆盖区。估计爪哇海沉船长26米，宽8米（Mathers and Flecker, 1997: 69）。

爪哇海沉船的主要货物为陶瓷和铁器。据估计，由成捆铁条和成摞大铁锅构成的铁器货物总重量将近340吨（Mathers and Flecker, 1997: 70）。长方形铁条按每四五条一捆放置，用藤条捆扎，由简陋的编织物或藤条包裹。梯形铁条被捆成锥体，基本以相同方式堆放。宋代时，福建许多地方建起炼铁中心，包括安溪和德化，这些地方同时也出产陶瓷（Schottenhammer, 2001: 103）。

据估计，爪哇海沉船上的陶瓷货物重量为25—30吨（Mathers and Flecker, 1997: 70–71）。除了铁器，非陶瓷类遗物在爪哇海沉船物品中只占一小部分。这些物品包括铜像、铜镜、铜盘、玻璃、松香、磨刀石、象牙、红铜锭、锡锭、秤砣和秤杆。其中的量具与印坦号上发现的量具相同。只是这艘船上发现的秤砣比印坦号少：共有10种重量单位的14只秤砣，而印坦号上发现了23种重量单位的43只秤砣。

爪哇海沉船里的铜像包括一尊盘腿的男性，实为小台子或佛龛的转角支柱；还有一尊女性人像，骑在类似海豚的海洋生物身上，很可能是爪哇斯里丹戎（Sri Tanjung）民间传说中的人物，该人物经常出现在14世纪的艺术作品中。另外还有两个用来装饰高僧木杖的杆头顶饰。

拥有如此规模和种类的货物说明元朝中期的贸易活动定期、不间断，从船上泰南陶瓷所占较大比重来看，这些贸易活动并不完全以中国为导向。虽然爪哇海沉船的主要货物是中国陶瓷和铁器，但仍然有大量非中国物品。由此可以得出结论，这艘船的贸易模式与16世纪常见的不定期船运模式更为接近。从经济上讲，这种“不定期船运”是一种有效策略，因为这种模式可以使商人们利用各港口间的差价赚取利润。在地中海，就像在东南亚一样：

> 每位水手，从船长到船舱男仆，都带着自己的货物上船……进行买卖交易，而且船只还特意停靠里窝那（Leghorn）、热那亚或威尼斯这样的港口，以便用香料、皮子、棉花或土特产交换金属货币。只有专运盐粮的大型船只才会进行类似今天那种直达目的地的航运，其他船只则更像是四处流动的大集市（Braudel, 1972: II, 107）。

在1996年的发掘过程中，出水了1万2千余件完整陶瓷物品。陶瓷品损坏率估计超过80%，大多数为实用型：来自福建的青釉碗碟，以及泉州附近窑厂制作的褐色釉坛、盆和瓶子。细胎器皿包括来自福建安溪窑和德化窑的青白釉模印纹盖盒、花瓶、水瓶和盘盏。另外还有一些非常精细的景德镇青白/青花瓷盘。有些陶瓷，如青白/青花瓷盘器身有很明显的模印纹痕迹，比较独特。瓷盒底部刻字的情况也比比皆是，非常有意思。这类器皿在东南亚很少见到，只在中国文献中有过记载。

有趣的是，船上货物中竟然没有龙泉窑陶瓷，而龙泉窑是这一时期产量最高的瓷窑，其生产的瓷器在东南亚非常受欢迎。沉船上的青瓷为福建地区制造，主要来自同安窑区。黑釉茶壶为天目瓷，而非著名的建窑茶壶。少数几件水瓶、碗、盖和盖盒都是在乳白色瓷胎上装饰褐色花枝纹图案，或者反之，再施以透明青釉。它们与一些磁州瓷相似，但这些爪哇海沉船样本的胎土更白、更细腻。磁州窑区的产品包括几件白色胎身装饰褐色花枝纹的瓷器。以相反程序制作的瓷器可能还增加了青色釉上釉，是一种复杂的装饰过程，也是所发现遗物中最令人叹为观止的。

炻器货物中也有一些令人惊叹的物品。梅瓶和压印图案盒是非常有名的陶瓷类型。一般来说，用于储物的大坛、大瓮属于这类物品，但在瓶肩上频繁出现压印汉字还是很令人惊讶的。带有黑色装饰的青釉大坛在所有已知遗址里也很少见到。

数百件细胎土陶军持和水瓶大概来自泰国半岛，说明该船从中国航行至泰国南部北大年（Patani）地区，接着到达苏门答腊，后来在驶往爪哇的途中发生沉船事故。细胎土陶与泰国南部北大年地区的陶瓷十分相似。不过，该船上的几种器型之前从未见过，尤其是环形管状执壶：该壶有壶嘴、壶颈和壶足。之前，只有中国执壶才有这种形状。倒流瓶是另外一种陶瓷执壶，其注水口不在壶的颈部，而是在壶的底部。

至于不能永久保存的货物，我们只能进行猜测。有迹象表明，大部分易朽物品都来自东南亚，比如说在该遗址发现的象牙可能来自泰国或苏门答腊，而非中国。发现苏门答腊物产象牙和达玛香显示，该船曾在苏门答腊沿岸某个港口停靠过。当然，还有另外一种可能性，即所有货物都在南苏门答腊某个港口进行换船转运。前满者伯夷时期的青铜像和木杖顶饰可能属于一艘印尼船的水手的物品。

在1050年的福建南部和1388年的云南还能见到野象出没（Arasaratnam, 1991）。据赵汝适所言，象牙来自安南、红河、真腊，以及马来半岛东岸、苏门答腊和爪哇。象牙也从非洲经阿拉伯国家和室利佛逝，再经马来半岛某个港口到达中国。从唐朝武德年开始，五品以上官员使用象牙笏板，用于上殿时记录君命。品级较低的官员则使用木笏。古代画像中经常可以见到这种象征官阶的笏板。

据朱彧描述，12世纪初，象牙和香木在中国市场上声誉极高，属

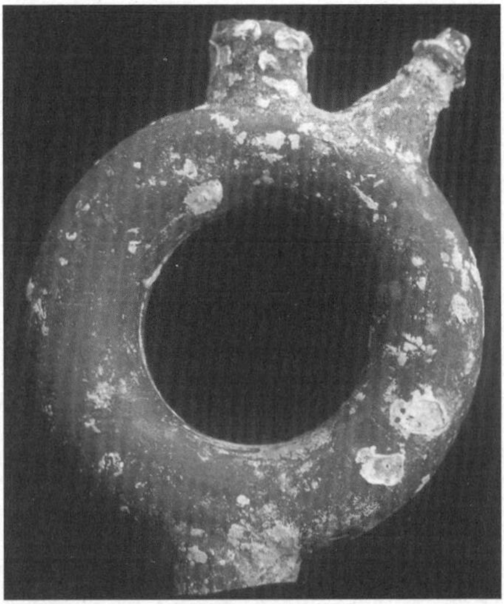

插图3.14　爪哇海沉船上的细胎陶环形执壶。在菲律宾也发现了中国元代制作的类似形状的白瓷器。经牛津大学出版社允许复制。

插图3.15　爪哇海沉船上的褐釉瓷器盖；颜色浅的地方原本盖有青釉，后剥蚀。经牛津大学出版社允许复制。

于皇家专用品，百姓不得拥有（Hirth and Rockhill, 1911: 21; Wong, 1979）。在爪哇海沉船中发现了16块象牙，部分象牙显示了加工痕迹。爪哇海沉船上还发现了长达410毫米的整块达玛香。出现的这两种苏门答腊物产（象牙和达玛香）有力地证明，这艘船不久前曾停靠苏门答腊某个港口。船上只有两块锡锭和一块红铜锭。这些可能是前一批货物的剩余物品，而在印坦号上，这些遗物却是主要货物。爪哇海沉船上发现的铜锣（两面）是在印坦号上没有发现的唯一遗物类型。

印坦号和爪哇海沉船的沉没时间相距300年，却显示出宋元时期的贸易模式相当稳定。爪哇海沉船似乎是在中国南方某个港口，或在马来半岛地峡地带装载铁器和陶瓷物品；而印坦号很可能是在苏门答腊装上货物。两艘船的货物都以中国陶瓷为主。这些陶瓷产自广东、福建和浙江的瓷窑，只有少数几件更为精细的陶瓷产自江西景德镇。仔细观察两艘沉船的陶瓷类型，似乎可以看出，市场需求已经从仪式、装饰为主转变为实用为主。

后渚沉船

在爪哇海号沉没的同一时期，另一艘船在泉州港后渚湾沉没。将两艘船进行对比非常有意思。宋末元初，泉州港后渚湾非常繁忙。1974年出土的这艘沉船长24.2米，宽9.15米，排水量估计为200—380吨。该船有一条龙骨、一根樟木艏柱，还有杉木船身和隔舱板。发掘者估计该船有50名船员。该船大小与当时的欧洲船只相仿，造船技术则更先进。有人提出，该船的一些特点说明中国南方的造船技术受到东南亚影响（Keith and Buys, 1981; Pearson, Li and Li, 2002: 47）。该船沉没时间大概为1256—1279年。在船上发现的一些木质标牌显示这批货物属于南外宗正司（掌管南海贸易的官方机构）。其他人得出的结论是，这艘船属于一个穆斯林所有，这个穆斯林也许就是蒲寿庚，因为标牌上有“亚里/阿里”这个名字。蒲寿庚为当地大商人，1266年后任市舶使（Kuwabara, 1928）。大部分货物来自东南亚。保存下来的最大物品种类包括香料和药材等有机物质：胡椒、槟榔、乳香、龙涎香、香木（降真檀香、檀香、沉香，及“许多其他种类”），还有玳瑁。船上还发现了少量其他可能产自东南亚的货物：朱砂（4.6克）和水银（385克）（Writing Group, 1977: 18）。

船上很少有中国货物，只包括34件陶器和22件瓷器。这些物品并非船上的主要货物，也许是船长和船员的私人物品。这些陶瓷包括4个“小口瓶”样本（Writing Group, 1977: 28 Fig. 16），其类型将在第七章中讨论。船上还发现了504枚铜币（33枚唐代币、358枚北宋币、70枚南宋币，以及43枚无法断定年代的钱币），7枚铁质钱币，还有更多被当作货币的贝壳共1700枚，外加在该船周围发现的100多枚。另外还发现了一颗玻璃珠和2.55克少量玻璃。除此以外，还发现了2000多枚可能是作为货币使用的玛瑙贝，以及各色热带海洋贝壳（Pearson, Li and Li, 2002: 48–49）。中国人并不使用贝壳作为货币，但东南亚自古以来使用其作为货币。

后渚沉船是一个反方向行驶于上述国家的好例子：船只抵达中国，带回东南亚需要的奢侈货物。我们有理由相信，这艘船是在1277年宋元交战期间沉没的。

柬埔寨

有关中国人在东南亚定居（至少是暂居）的信息，我们掌握的最早的详尽记载时间是13世纪末。令人意外的是，这一证据不是来自马六甲海峡，而是来自柬埔寨吴哥王朝首都吴哥。这个曾经雄霸一方的王国当时正处于极度衰落的状态，西边大部分领土刚被素可泰（Sukhothai）王国征服。尽管如此，吴哥在各国邦交关系中仍扮演重要角色。

古代吴哥的聚落模式还有待明确界定。12世纪晚期巴戎寺（Bayon Temple）的浮雕故事也许或多或少真实地反映出当时吴哥的景象。但我们不能完全相信这些故事。在那些浮雕中，房屋并不是密集地连在一

插图3.16　12世纪晚期柬埔寨吴哥城的巴戎寺。经牛津大学出版社允许复制。

起，而是被园子围绕。

> 商业区显然由货摊组成。这些货摊用几根木柱支撑，上面用茅草覆盖。沿吴哥城的主要城市轴线两边的是运河河道，这里是开设店铺的最佳地点。在巴戎寺附近进行了发掘工作，发现了大量普通的瓦片……很可能来自巴戎寺周边商人居所。这些商人在此居住直到16世纪……但在这里不太可能找到居民区（Dumarçay and Royère, 2001: 106）。

吴哥的聚落模式看起来似乎不像中国城那么密集。

找不到什么证据证明吴哥存在复杂的经济活动。碑铭很少提到商人及其住所，或市场情况，更不要说提供具体细节了。经商者主要是妇女。她们没有店铺，所有活动都是在露天场所进行。小笔买卖用稻米、粮食或中国钱币支付，较大型的交易使用布匹支付，而更大宗的买卖则需使用金银支付，但不以货币交易。[1]

为什么吴哥时期的柬埔寨没有货币？克劳德·雅克（Claude Jacques）认为是因为商业不够发达。威克斯则提出相反结论："在吴哥王朝，地区间交易以及货物经销已经达到相当可观的规模。"（Wicks, 1992: 218）但除了周达观提到过的中国商人，并没有找到其他相关证据。中国人的出现有可能刺激了商业发展，因为他们引入了外来钱币，但似乎货币数量也很有限。仅靠中国人显然不足以大规模地将货币引进柬埔寨，这种情况意味着也许是社会制度限制了货币的使用。

1 〔元〕周达观撰《真腊风土记·贸易》："小交关则用米谷及唐货，次则用布若乃，大交关则用金银矣。"

中国史料很少能提供这一时期外贸情况的可用信息。这主要是因为，即便是在环境相对自由的宋元时期，官方仍对商业活动抱有偏见。周达观在1297年撰写的《真腊风土记》是为数不多的商业活动记录。1296年，周达观随使团出访，并在吴哥逗留半年。他将此经历写成书。周达观此次出访的主要目的并非贸易，而且对这一话题的记录

插图3.17　12世纪早期到中期的柬埔寨吴哥窟

相对较少，尤其真腊还不是一个重要的贸易国家。在真腊物产中，他提到一种用于燃香的树脂：答麻儿（达玛香）。赵汝适说此物来自真腊，盛于瓷器（炻器?）内，运往中国。翠毛是另一种出口物产：明代文献《星槎胜览》称真腊翠毛“优于其他外国港口的翠毛”。如前所述，翠毛贸易曾经相当活跃，以至于1107年，中国朝廷试图禁止进口翠毛。真腊最重要的出口物产是象牙。但据14世纪早期的一部文献记载，真腊最重要的进口物品只有少数几种纺织品（锦、丝、绸和棉布）以及玻璃珠。

令人惊奇的是，周达观称已有数代中国人在吴哥居住。他提到“今亦渐有焚者，往往皆是唐人之遗种也”（Çœdès, 1968: 215）。火葬在中国并不常见，吴哥的那些“唐人遗种”一定已经在那里生活了数代，才能放弃入土为安的习俗，改循东南亚风俗。遗憾的是，周达观再没有告诉我们关于这些传说中的中国后裔的其他信息：有多少人？是否从事某些专门行业？或者是否与真腊人有其他方面的区别？从周达观非常简略的描述中我们可以看到，这些中国人似乎并未保持任何中国人的特点。不过，他们知道自己是唐人之遗种（或自称是唐人遗种），这一事实显示他们保持了某种不同的身份认同。

周达观发现这里有遗留的中国人，却没有流露出惊诧。不过，在没有其他文献证据的情况下，我们无法从他简洁的叙述中读出更多的信息。我们只能知道，在1292年之前的几十年里，吴哥已经建立了一个华人社区，但我们无法判断他们是侨居还是定居。

沙巴：玉龙号沉船

2010年，在婆罗洲沙巴北端以外的海里发现了一艘沉船。当地渔民发现沉船后立刻开始抢盗遗物。后来，经过专业考古学家的调查，总算确认这是一艘穿绳捆绑构造的东南亚船，装载的专门货物几乎全部为浙江龙泉地区制作的青瓷，外加一些大概产于磁州和磁灶的陶瓷品（Flecker, 2012: 18）。沉船残骸损坏严重，但还是能确定这是一艘较小的船只；可能只装运了一两千件陶瓷（Flecker, 2012: 16），加上基本等重的铁砍刀。沉船年代只能从陶瓷风格来断定，大致为13世纪末到14世纪初。这艘船行驶的并不是海上丝绸之路的常规航线，有可能是驶往东边的香料群岛——马鲁古群岛。元朝时期，中国船只会经过菲律宾驶往这一地区，但是，这种运作早在葡萄牙人于16世纪初到达之前就停止了。

结论

宋代时，越来越多的中国商人出海航行至东南亚。起初是试探性的，但随着中国官方逐渐放宽对外贸易和交通的政策管制，中国商人开始大举出动。开始时，他们可能在海外短暂居住，但随着时间推移，他们的居住时间不断延长，有些人最终会在海外居住多年。几个世纪以来，中国人出海需要借助外国船只和水手，但到13世纪末，中国人已经发展起航行至马六甲海峡所需的航海技术和造船技术。中国与东南亚的贸易越来越脱离古老的朝贡贸易体制。宋朝钱币成为东南亚一种主要的货币。在一些港口，商业活动货币化已经达到相当高的程度。

在整个宋代及元代早期，中国商旅在东南亚各港口的外国人社区里应该只占少数。到了13世纪，在有些港口，中国人的数量已经变得相当可观。不过，13世纪末，在马可·波罗航行经过这一地区时，并没有提到任何一个华人海外永久定居地。

东南亚的海外贸易社区是中国物品的主要需求来源，尤其是纺织品、金属和陶瓷。两大地区的经济似乎在一定程度上已融为一体。虽然出现过政治变迁，以及1025年后衰落的室利佛逝对马六甲海峡控制权逐渐分散，但贸易活动仍持续发展。而且不管出身高贵或卑微，人们都越来越有机会通过贸易爬到较高的社会地位。这两个地区因此也出现了新的社会形态。

马可·波罗曾在苏门答腊逗留半年，在那之后没过几年就出现了有关东南亚华人社区的文献证据。这个社区并非建立在某个海上贸易中心，而是建立在柬埔寨内陆地区。这个社区或许并不是第一个海外华人社区，但它却是第一个有文字记载的华人社区。遗憾的是，我们不知道他们是否居住在吴哥的一个专门的街坊里。我们没有他们在那里居住的考古证据。虽然在吴哥发现了中国瓷器，但这些瓷器散落在许多地点。在吴哥发现的中国瓷器数量并不比中国城多，但中国城要比吴哥小得多、简单得多。

13世纪，南印度的纳加帕提南（Negapattinam）曾经为华人居民修建一座中国塔。这说明那里的中国人口相当多。没有找到早期印度曾出现华人社区的历史记载（Guy, 1993–1994; Sen, 2003: 231），说明侨居者没有在印度居住很长时间。

由此说来，我们有考古证据证明，13世纪，中国人也许已经居住在马六甲海峡，但我们没有文献史料确认这一推论。与此相反的是，我们有文献史料证明吴哥存在过一个华人社区，但没有这个地点的考古线索。直到14世纪，人们才用考古成果和史料证明了一个东南亚华人社区遗址的存在，它就是新加坡。

第四章 新加坡古代史（1299—1604年）

世系谱是大多数早期东南亚王国的重要历史文献。东南亚社会虽然缺少强大的宗族结构，但仍然强调统治者应该是前朝君王的世袭后裔，君王应“血统纯正”。最重要的古代马来文献当属《马来纪年》，其中所讲述的故事正是围绕王族世系展开的。

《马来纪年》

1436年，一位生活在马六甲的不知名作者编写了马来王朝世系谱。其最初版本现已失传，但直接派生出来的版本也许就是《诸王世谱》（*Ceritera asal Raja-Raja Melayu punya keturunan*），之后各代人不断抄录并修改这一版本，最终演化成《马来纪年》。

1436年，马来统治阶层正处于皈依伊斯兰教的改宗过程中。基于佛教象征符号的政权合法性已成为过时理念，贵族阶层需要新的理念来证明其统治的合法性。为了满足这一需求，《马来纪年》的编者有可能在一个包含某些佛教时期元素的古老版本基础上做了改动。

现存的《马来纪年》约有30种版本的手抄本。一些历史学家不畏困难，试图通过比较不同时期、不同地点的手稿，来重新构建文本演化的各个阶段（Wolters, 1971）。《马来纪年》没有时间记载，因为其编写目的并非现代概念所说的客观记录历史事件，而是为马六甲王室家族（及其后来在柔佛和廖内王国的继承人）争取民意支持。从文学类型上看，《马来纪年》属于诗颂体作品；在电子媒介出现之前，朗诵文学作品一直是东南亚一种喜闻乐见的文化娱乐形式。《马来纪年》的目的是吸引听众，向他们传递作品中的信息，而这种目的也会影响到文本的内容。

15世纪，现代意义的“马来文化”（Malay culture）尚不存在。“末罗游”（Malayu）[1]一词直到19世纪和20世纪才具有现代含义。因此，《马来纪年》不仅反映了马来社会的情况，也在形成马来人身份认同的过程中发挥了积极作用。

现存最早的《马来纪年》文本是《莱佛士第18号手稿》，是托马斯·史丹福·莱佛士爵士19世纪初居住在新加坡时得到的。这个版本写于1612年，反映了当时的社会政局。将《莱佛士第18号手稿》与1750年左右写于廖内的另一个版本相比较，可以发现与政局相关的重大改动。1750年版本也叫作《希勒别修订本》（*Shellabear Recension*），以威廉·希勒别（William Shellabear）牧师的名字命名。正是因为他，这一版本

1 关于“Malayu”一词的含义变化，可参见：Wee, 1985；Milner, 1982；L. Y. Andaya, 2001；T. P. Barnard, 2001；Reid, 2001；Shamsul A. B., 2001。——原注

才得以于19世纪初在新加坡出版。这一版本成书于苏拉威西岛布吉斯人（Bugis，又译“武吉斯人”）统治廖内的时期，因此，《希勒别修订本》将马六甲英雄杭杜亚（Hang Tuah）塑造成布吉斯人而非马来人，这既不是巧合，也不是讹误。在《马来纪年》的演进过程中，这种改写情况屡屡发生。与1436年的原始版本相比，1612年版本无疑经历了无数次改动。虽然人们无须按照字面意思去理解《马来纪年》，但这并不意味着它完全是虚构或神话。修书是为统治合法化服务，每一代统治者一定都认为他那个版本最实事求是，最反映现实。因此，每个版本的《马来纪年》都可以用来再现某一代君王在那个时代和地点的身份认知，但它只是历史长河中的一个片段，并非客观记录历史事件的文献。

《莱佛士第18号手稿》显示，17世纪初，马来王朝及其主要支持者都认为新加坡在他们的近期历史上一直是一个重要港口。那么，在马来人的传说中，新加坡是如何成为这一角色的？

新加坡与《马来纪年》

《马来纪年》的开篇是羯陵伽国（位于印度东部沿海的一个古代王国）苏兰王（Raja Shulan）的故事。他的祖先是伊斯干达·如卡纳因（Iskander Zulkarnain，波斯神话中与亚历山大大帝拥有共祖的人物）。他的儿子朱兰王（Raja Chulan）准备远征中国。中国人闻听此讯，找来一条漏水老船，搭载了一群齿摇发落的老翁出海，到淡马锡拦截朱兰王。朱兰王询问中国还有多远，这些老翁说，他们离开家乡时还是年轻后生，怎奈海途遥远，时光荏苒，如今已成暮年。闻听此话，朱兰王便放弃了远征中国的计划，班师回朝。

该文本告诉我们，淡马锡是新加坡最早的名称。朱兰王显然是以1025年攻打室利佛逝的注辇王为模板的。这一章节显示，人们对当年注辇国攻打室利佛逝之事仍记忆犹新，并将其载入《马来纪年》。这个故事的重要象征意义之一是，将淡马锡描绘成马来文化发端期的战略要地，印度人和中国人在此相遇。

据《马来纪年》所述，朱兰王与生活在大海中的美丽公主相爱（这是古代东南亚神话中的常见主题）。公主为他生下三个王子。一天夜里，巴邻旁附近的西昆山上发出神秘光芒，之后，王子们便神奇地现身山顶。第二天早上，两个寡妇发现自己山上的稻田变成了金黄色。神秘的光芒、金光灿灿和高山峻岭都是东南亚神话中最高权力的象征。于是巴邻旁国王（叶之宽酋长）[1]退位，而三王子之一、符合三个神迹的圣尼罗乌达玛[2]成为国王。另外两个王子成为米南加保（西苏门答腊）和丹戎普拉（婆罗洲）的君王。圣尼罗乌达玛加冕之后，将自己的马来名字改为梵文名字"室利地利般那"。叶之宽酋长承诺，马来人将永远效忠室利地利般那的后代。同时，室利地利般那也承诺，马来君王将永远不欺压臣民，不使其蒙受耻辱。

"三界之王"

室利地利般那，梵文"吉祥三界王"之意，来自一个典故，相信宇宙分为天神界、人间和地下魔界。早期东南亚的一些国王常常使用这个词作为自己的称号。这个称号的其他含义可以从各种史料

1 Demang Lebar Daun，又译"勒巴道恩村长"。

2 Sang Nila Utama，又称"桑尼拉·乌塔玛"。

中找到。在蒲甘和土瓦（Tavoy，即缅甸的塔威［Dawei］）就发现过12世纪的还愿匾，上面刻有佛陀像和“三界光明王”（Sri Tribhuvanaditya）这个词组。11世纪，蒲甘国王江喜陀（Kyanzittha）的外孙及继承人阿朗悉都（Alaungsithu）拥有类似的头衔（Luce, 1970: II, 12–15）。东爪哇新柯沙里时期的一尊密宗“不空绢索观音”（Amoghapasa）像基座上有铭文显示，1286年末罗游国王拥有称号（Srimat Tribuanaraja Mauliwarmadewa）。

1345年，一部专门阐释佛教教义的典籍《三界之王》问世。这部典籍如今在泰国依然很有影响力。根据三界教义，所有生灵按其功德善业进行排位，并由此注定其世世代代的社会等级（Phraya Lithai, 1982）。三界哲学思想广为传播之时，正是新加坡成为一个重要商业地点的时候。中国史籍告诉我们，此时新加坡正受到暹人/暹罗人的进攻。听过《马来纪年》的人应该都知道这个典故。

三界概念在14世纪的爪哇也很流行。“三界女王”（特丽布瓦纳栋卡黛微［Queen Tribhuwanottunggadewi］）就是一位虔诚的佛教徒。在她统治爪哇期间（1328—1350），满者伯夷将淡马锡纳为藩属国。14世纪，东南亚的两大强国——大陆上的阿瑜陀耶和试图主宰新加坡的爪哇岛上的满者伯夷，都信奉三界论教义。统治者将姓名从马来语（一种地方性语言）改用梵文（一种具有国际声望的语言），这在整个东南亚产生巨大反响。这种更名换姓、使用梵文名字的现象，标志着马来统治者试图获得更高的国际地位。

《马来纪年》以及其他典型英雄人物都强调臣民有义务绝对效忠君主，而君主有责任永远不使臣民蒙受羞辱。叶之宽酋长与室利地利般那达成的协定与7世纪室利佛逝臣民的效忠誓言如出一辙。

大多数社会的神话都会描述世界的起源以及地位高低的由来，而在从印尼到波利尼西亚的广阔南岛世界，人们喜爱的神话都包括一个外人神奇降临的主题。此人一般为相貌俊美、散发光芒的少年，被宣布为一国之君（Fox, 1995）。室利地利般那的故事融合了原始南岛人的意象和早期佛教故事。室利地利般那最终离开苏门答腊，前往苏西达女王[1]统治的民丹岛。《马来纪年》写道，苏西达女王的属地拥有400艘船，说明那里财力雄厚，国力强大。

她收养了室利地利般那，作为自己的儿子和继承人。为了让他名正言顺地登基，她创造了诺巴（nobat）。这是一套典礼乐队乐器，是马来王朝几个世纪以来不可或缺的王权象征。一天，室利地利般那在狩猎时见到一块巨石，他爬到巨石顶端，在海上眺望，看到了对面陆地上如同一匹白布的洁白沙滩。他问因陀罗·博帕尔（女王的首席大臣）："远处那一大片沙地是什么地方？那地方叫什么？"因陀罗·博帕尔回答："陛下，那个地方叫淡马锡。"（Brown, 1970: 19）。

考古研究发现，在新加坡南岸，从新加坡河到甘榜格南，曾经有一层白色细沙。在有人居住之前，过往船只上的人常常可以看到阳光下令人炫目的白沙滩。白沙与满眼的绿色山峦、蓝色海水形成强烈反差。《马来纪年》对有人居住前的新加坡南岸的描述保留了真实的记忆。

室利地利般那急于前往那个美丽的海滩。但船行至新加坡海峡中间时，海上风浪大作，船开始下沉。为了减轻船的重量，所有东西都被抛进海里，但他的船仍然无助地飘向直落布兰雅（Telok Belangah，这个名称今天仍指新加坡河西南岸的一个地区）。此时，室利地利般那将王冠抛出船外，海面立刻风平浪静。

失落的王冠是印尼文学作品中另一个反复出现的主题。在这个故

1 Queen Sakidar Shah，也译萨迦德女王。

事里，王冠失落也许象征着马来都城从苏门答腊迁移到马来半岛，也就意味着从此无法主宰形成马来身份认同的核心地带。

这几位探险者继续在淡马锡河口的开阔地带（如今的大草场，马来语“田地”之意）狩猎。在这里，他们看到一种奇特的动物一闪而过。叶之宽酋长提到，据说古代的狮子有些长成这样，并毫无把握地得出结论：那是一头狮子。于是，室利地利般那决定在淡马锡建立一座城市，并称之为新加普拉（Singapura，也译作信诃补罗），也就是“狮城”。

虽然新加坡以“狮城”著称，但历史学家多次指出，在东南亚从未发现过狮子。《马来纪年》所描述的动物显然不是一头狮子。文本描述其非常活跃，相貌威严，体格健壮，红色身体，黑色脑袋，白色胸脯，体型略大于山羊（Winstedt, 1938: 61）。虽说此兽“相貌威严”，符合狮子的特征，但所描述的颜色并不是正常狮子的毛色。那些特征属于一种叫作“黑面神兽”（janggi）的怪物。西爪哇米南加保山地流传的神话称，这种神兽专门守卫金矿。米南加保人用“黑面神兽”的毛发装饰长矛，代代相传。这种长约15—20厘米的暗红色物质很可能是红毛猩猩的毛。

尽管狮子不是东南亚本土动物，但在1011年，确实有人在东南亚见过一头狮子。当时有人从印度向中国运送一头狮子，途经三佛齐。一部中国古籍有如下描述：“狮子色黄，首班而身纯。”[1]（Wade, 1991: 31–32）显然，狮子经过巴邻旁时，引起不小的轰动。同样，去过印度的马来水手和到访过三佛齐的印度人可能都见过印度狮子。

1　出自〔南宋〕王应麟《玉海》：“占城国献狮子，色黄。其王言：‘于三佛齐国得金毛狮子一，首班而身纯。’命养于玉津园。”

采用新加普拉这个名字，与其统治者更名换姓同时发生，后者将自己的名字从圣尼罗乌达玛改为室利地利般那。用有名望的国际语言梵文姓名取代当地马来姓名的做法更确定了一个推断：更名换姓是为了在国际关系领域获得更高地位。

“新加坡”之名

今天人们称为“新加坡”的岛屿是东南亚数个同名地点之一。“新加普拉”在早期东南亚是一个相当常见的城市名。5世纪，占婆人建立了第一个叫新加普拉的城市，位于越南中部会安附近的查乔（Çœdès, 1968: 154; Briggs, 1951: 67）。后来在泰国中部（今信武里府，可追溯到大约12世纪的吴哥王朝时期），以及在15世纪的中爪哇也发现了同名城市（Sunarto H. and Sukanda-Tessier, 1983: 404 and passim）。

这个名字还出现在印度故事中，如《本生经》（*Jataka*，佛陀前世故事）。在讲述紧那罗[1]故事的《大事书》（*Mahavastu*）中，妙臂王（King Subahu）命令他的儿子善财童子（Sudhanakumara）去帮助新加普拉的苏坎德里马王（Sucandrima）举行重大献祭活动（de Casparis, 1958: 17 fn. 87）。在《罗摩衍那》中，罗摩到遥远的新加普拉解救被抢走的妻子私多（Sita）。早在公元前3世纪阿育王统治印度时，狮子已经成为佛教的象征。1447年的东爪哇苏洛打干（Surodakan）碑铭将新加坡列为满者伯夷的属国之一。班邦·普拉姆蒂多（Bambang Pramudito）指出，爪哇以北的巴韦安群岛（Bawean Islands）如今称为“桑卡普拉”（Shangkapura），而在17世纪被称为“新加普拉”（2006: 371–372）。

1 Kinnari，半人半鸟，用歌声美化天堂的天神。——原注惠特利推测，“新加普拉”（Sing[h]apura）来源于早期满者伯夷王室信奉的密宗派勒瓦佛教（Wheatley, 1961: 304）。13—14世纪的地名中含有“singha”的包括“Singhasari”（新柯沙里）和“Singharaja”（辛哈拉贾）。还有一些更早被称为新加普拉的地方，因此这一理论遭到质疑。淡马锡的名字有可能在1390年前后改为新加普拉。当时，一位来自苏门答腊岛的人篡权夺位，并掌控了这个岛。

根据《马来纪年》，室利地利般那48岁去世，被埋在“新加普拉山”，与叶之宽酋长葬在一起。19世纪写于廖内的《珍贵的礼物》（*Tuhfatal-Nafis*）补充了新信息，称苏西达女王也埋在那里。由此可见，马来文献记载的马来人最重要的三位祖先（他们的首位君王、巴邻旁国王、使其统治合法化的民丹岛女王）均埋在新加坡山上。难怪在1819年，新加坡居民对他们口中的禁山充满敬畏。他们相信这里在古代曾经建有一座王宫，他们的伟大先祖就安葬于此，因此不肯靠近。

据《马来纪年》所述，室利地利般那的儿子西里·皮克拉玛·维拉（Paduka Sri Pikrama Wira）[1]继承王位。“从此以后，新加普拉成为一个繁荣的城市，外国人云集于此，城市的美名和威望四海传扬。”（Brown, 1970: 21）由此，《马来纪年》为新加普拉冠以第一大马来港的美誉。爪哇岛满者伯夷的巴塔哈（Bhatara）国王听说新加普拉如此繁荣昌盛，便一心想将其纳为自己的属地。他试图通过外交手段实现这一目的，但没有得逞，于是派遣舰队前去攻打新加普拉。西里·皮克拉玛·维拉奋起抵抗，保住了自己的王国，继续统治了15年。

皮克拉玛·维拉在位期间，出现了一位著名的大力士巴当。他与新加坡河口的一块石堰（可移动的屏障）有关。在一次比武中，巴当

1 “Paduka”是对大人物的尊称，意为阁下、陛下。

将一块巨石从一个山顶（很可能是福康宁山）投到新加坡河口处（丹戎）。英国人到来时，海上船民仍然相信新加坡石碑和其他巨石具有超自然神力。与马来西亚河流、印尼河流相关的其他史料也提及包括巨大铁链在内的类似文物。虽然尚未获得考古证据，但这些文物也许确实存在过。《莱佛士第18号手稿》提到，在编写纪年时（可假设为1612年），那块石堰还存在。《马来纪年》文本边上有几处注释提到，此书编写时，那些新加坡地标依然存在。这些注释只出现在与新加坡有关的段落，也许是由编者/抄写者自行添加的。

皮克拉玛·维拉的儿子西里·拉马·维克拉玛（Sri Rama Wikrama）继承王位。拉马·维克拉玛在位十三年后去世，他的儿子成为新加坡第四代统治者，称号为“室利马哈拉贾”（Paduka Sri Maharaja）[1]。

从新加普拉到马六甲

一位来自北苏门答腊巴赛的人为了讨好室利马哈拉贾的王后，自作聪明地用魔术将宫殿前种植的一株散尾葵变成两棵树。国王看到这一幕后将其处死，他的血凝结成石头。手稿称现在还可以看到这块石头。此人被处决后，新加普拉遭到剑鱼攻击。一个男孩向室利马哈拉贾国王提出建议，用芭蕉树干在海边筑起屏障，剑鱼会被屏障卡住，这样就可以轻而易举地将它们杀死。这一招果然奏效，男孩拯救了这个城市。但国王害怕这个聪明的男孩将来会对他构成威胁，于是让人杀死他。

这种文献的主题也许纯属虚构，也许是在隐晦地表达作者不愿直

1　意为“神圣大王公”。

接描述的某个事件。但有人遭剑鱼攻击而丢掉性命并不是凭空想象，因为马六甲海峡的渔民偶尔会被剑鱼刺死。例如，1996年7月，霹雳州就发生过这样的事情。这种大型鱼类长有尖利的嘴，而且容易被渔船上的灯光吸引。它们会一跃而起，扑向灯笼，攻击人的头部或胸部，有时会造成致命伤。

室利马哈拉贾执政十二年半后去世，其子室利·苏丹·伊斯干达王继位。伊斯干达王是新加普拉五位君王中的最后一位，对马来文化的发展至关重要，因为在其统治期间，伊斯兰教传入新加普拉。就像室利马哈拉贾不公正地处死男孩一样，伊斯干达王也犯下不公正的罪行：他在市场上脱掉了一个妃子的衣服而令其受辱。妃子是首席大臣桑拉汝那·塔帕（Sang Rajuna Tapa）的女儿，所以这位宰相怀恨在心。为了报复国王，他暗中串通爪哇满者伯夷的巴塔哈，打开城门，引狼入室，让爪哇人征服了这座城市。伊斯干达王仓皇逃到实里达（Seletar），后又逃至麻坡（Muar）。麻坡是今天马来西亚柔佛州的一个现代城镇。塔帕和妻子因背信弃义而遭天谴，变成新加普拉护城河中的石头，再现了古代效忠誓言的传说。《莱佛士第18号手稿》称这一地标真实存在。伊斯干达王统治新加普拉三年，又在麻坡居住两年，之后在马六甲落脚。他在这里统治了二十年，为马六甲日后的辉煌打下基础（Brown, 1970: 41–42）。

新加普拉的陷落可被视为警示后人的一个故事。伊斯干达王破坏了室利地利般那永不羞辱臣民的约定，所以新加普拉的陷落是违背古老契约的直接后果。然而，在15世纪的马六甲，当众羞辱是等同于死刑的正规惩罚形式：

> 对损害王室权益的惩罚包括死刑、没收违法所得，以及当众

羞辱……这与马来人的羞耻（羞辱或耻辱）观念紧密相连。对冒犯盘陀诃罗[1]行为的惩罚为当众剥去衣服或扯烂铺盖，并涂污犯人面部羞辱犯人。法典允许百姓围观执行惩罚的过程，这无疑会加重犯人的羞耻感。（Khasnor Johan, 1999: 135）

据16世纪的一位作者描述，在菲律宾，杀人犯或欠债者可被贬为奴隶。同样，"侮辱有地位的妇女，或在公众场合脱其衣服使其赤裸，或迫使其逃跑/自卫而致使衣服脱落，均属重罪，犯罪者可贬为奴隶"（Junker, 1999: 133）。

《马来纪年》记载，马六甲建立后，新加普拉成为一块封地，属于一位号称"大统领"（Sri Bija Diraja）[2]的儿子。显然，新加普拉也是其父的封地。这位大统领拥有一个重要头衔——海军大将[3]，即苏丹的海军司令（Brown, 1970: 117–118, 241 n. 625）。

杭杜亚是马六甲最有名气的英雄人物，其个性相当于《摩诃婆罗多》[4]的主人公阿朱那，也拥有"海军大将"的头衔。这样一来，《马来纪年》中最伟大的英雄便与新加普拉直接联系起来。那么，为什么新加普拉会成为他的领地？《马来纪年》称苏丹芒速王（Sultan Mansur Shah）统治时期是马六甲最辉煌的时期之一，并赞美它为拥有40艘三桅战船的海军基地（Brown, 1970: 67）。新加普拉显然是马六甲时期最重要的海军所在地，就像之前的民丹岛。然而，马六甲并没有航海人口。

---

1 盘陀诃罗（bendahara），即首席大臣。

2 此称号也可直译为"室利比甲迪拉贾"或"室利·毗阇·提罗阇"。

3 马来语"Laksamana"（拉沙马那）现代意义上指海军上将，而在15世纪马六甲王国时代指为苏丹王管理马六甲海上安全的大将军。

4 古代梵文叙事诗，意为"伟大婆罗多王后裔"，描述了两个王族争夺王位的故事。

"新加普拉"一词在《马来纪年》第十章不再出现，在芒速王统治时期由乌丁礁林（Ujung Tanah，意为"大地尽头"）取而代之，包括马六甲控制的南至民丹岛的马来半岛最南端。

莱恩汉（W. Linehan）在假设《马来纪年》内容属实的情况下，于1947年整理出新加普拉历史年鉴。这不是没有可能，因为伊斯干达王的存在得到《明史》的印证：他本人曾出访中国，而且中国史料记载他死于1413年。如果将五代君王统治的年代相加，前后共达114年，那么就可以假设室利地利般那是在1299年来到新加坡的，而且新加坡于1375—1376年落入爪哇人之手。

没有人认为《马来纪年》是一部可以用来确认年代或事件的可靠指南。但学者们都在争论一个有趣的问题，即能否重构《马来纪年》编纂者的真实意图。《马来纪年》到底在多大程度上描绘了新加普拉的真实面貌，又在多大程度上反映了14世纪新加普拉的重要性？

沃尔特斯的结论是，《马来纪年》中的新加普拉实际上象征了巴邻旁室利佛逝王朝的长久盛世。他认为，描述新加普拉也许是回避室利佛逝11世纪败于注辇国，以及巴邻旁沦为占卑属国的手段。根据沃尔特斯重构的历史，新加普拉只在1391—1397年里成为马来人的都城。

巴邻旁是一个建于7世纪、国祚长达300年的海上强国的都城，这个王国也是第一个重要的马来贸易王国。相比之下，新加普拉仅建于1300年前后，因此不是马来人第一个主要的港口或都城。沃尔特斯的理论也许可以做另一种解读：《马来纪年》所反映的是介于11世纪巴邻旁衰落与15世纪马六甲兴起之间的时期。在此期间，新加普拉成为一个重要港口。

《马来纪年》描述的往事中还有其他未解之谜。为什么要用五代君王的篇幅讲述新加普拉的辉煌，而长达几个世纪的巴邻旁历史却只用一代君王一笔带过？为什么末罗游/占卑完全被忽略？可惜，这些问题都无法得到回答。不过，我们还可以讨论另一个有趣的问题：《莱佛士第18号手稿》是如何影响托马斯·史丹福·莱佛士爵士这位英国读者的？

《马来纪年》对托马斯·史丹福·莱佛士爵士的影响

尽管有人不同意这个说法，但《马来纪年》在莱佛士1819年决定于新加坡建立据点这件事情上起了很大的作用。这是可以肯定的事实。从他到访这个岛屿之前写的几封信里，我们可以看出，他已经从马来文献中了解到新加坡曾经是一个声名显赫的古王国。莱佛士踌躇满志，希望重振一个古港。莱佛士夫人“后来说，正是《马来纪年》第三章中关于新加坡建立的具体描述，使她丈夫产生了在原址上建立一个‘东方定居地’的念头”（Hooker and Hooker, 2001: 43–45; Bastin, 2002: 109）。

约翰·巴斯廷（John Bastin）认为，不应夸大《马来纪年》对莱佛士的影响：“莱佛士从《马来纪年》中了解到新加普拉……这一点是显而易见的，但如果将此说成是他萌生在岛上建立一个英国定居点的主要灵感，那未免忽略了实际上让他决定建立新加坡的复杂因素。”（Bastin, 2002: 109）地缘政治方面的考虑无疑决定了莱佛士的思路，他要在马六甲海峡南端寻找一处商业据点。他的同事威廉·法夸尔上校则青睐新加坡以西30公里外的吉里汶岛。1819年1月，他们对吉里汶岛进行勘察，却发现了几个不利因素。据一份史料记载，当时是发现号船长丹尼尔·罗斯（Daniel Ross）建议法夸尔和莱佛士考虑新加坡（Langdon and Kwa, 2010: 1）。莱佛士到达后，很快就与管辖新加坡的马来官员签订了一份协议，从此再没讨论过吉里汶岛。

我们无法确切地知道各种因素是如何促使莱佛士做出决定的，也许新加坡的地缘政治位置、潜在的港口吞吐能力、淡水资源，以及它在马来文献中的传奇色彩，都被纳入考虑范畴。如果莱佛士当时重视在各岛屿居民中大力宣传他的新港口计划，那么以后就不会出现相互争夺的局面。新加坡的名字具有传奇色彩，而且由廖内王国的一位重臣管辖。相比之下，吉里汶岛只是一个次要的偏远地区。新加坡这个名字本身就是一个极好的营销策略，而且莱佛士非常希望将当地的航运吸引到自己的定居地来，并将其作为印度与中国之间的中转站（cf. Trocki, 1979: xviii）。

新加坡其他早期历史文献

葡萄牙药剂师多默·皮列士

如果说《马来纪年》是一部历史传奇，只演绎一些事实，而非真正追根溯源，那么其他文献则从不同角度记载了新加坡古代的历史。1509年已经有人讲述古代新加普拉的故事。1511年后不久，多默·皮列士到达马六甲，从当地的大型爪哇人社群中听到不少事情。爪哇人除了为马六甲提供大米，还充当雇佣兵，形成马六甲陆军的骨干力量。虽然《马来纪年》将爪哇人设定为反面角色，但马六甲与爪哇一定有着深远的渊源。

皮列士引用了一部书目不详的爪哇史料信息（也许是一本爪哇历史传说，属于与马来传记相似的文学类型）。该史料称，1360年之后，一位叫拜里米苏拉的巴邻旁王子试图摆脱爪哇宗主国的控制。作为报复，一支爪哇舰队袭击了拜里米苏拉位于邦加岛的大本营，后者逃往新加普拉。拜里米苏拉到新加普拉八天后，杀死了号称桑阿吉（Sang Aji）的当地酋长，随后“开始统治海峡和各岛屿……他没有任何生计，只能让百姓种稻、打鱼、抢劫对手，就这样生活在这个叫作新加普拉的海峡上”（Cortesao, 1944: 232）。“桑阿吉”这个称号相当于1917年之前比马岛（Bima）上使用的“王子”称号（Lebar, 1972: 71）。之后的葡萄牙作者若奥·德·巴洛斯（Joaõ de Barros）给出了更多细节。他在1553年写道，拜里米苏拉从巴邻旁逃到淡马锡，杀死一名叫作桑吉新呵（Sangesinga）的酋长，并在新加普拉人所仇视的海人部落帮助下统治了五年。

对此最有可能的解读是，被杀害的新加普拉酋长娶了马来人王国北大年的公主，而北大年是阿瑜陀耶王朝时期暹罗帝国的藩属国，也是今天难以管制的泰南省份之一。根据沃尔特斯的推算，1396年新加普拉遭到攻击。攻击的目的并非摧毁这座城市，而是因桑阿吉遇刺所以惩罚拜里米苏拉。这支军队或许得到了阿瑜陀耶的支持，但他们很可能是来自北大年的马来人。拜里米苏拉再次摆脱抓捕，逃至麻坡，后来建立了马六甲王国。

吉里汶岛海人

葡萄牙史料和马来史料都认为，拜里米苏拉从巴邻旁逃至新加普拉时，支持他的主要力量是一群海人。葡萄牙人称他们为海人部落（Çelates），这个词来源于马来语“selat”（石叻），意为“海峡”。海人护送拜里米苏拉从巴邻旁（也许是邦加岛）出逃，但并没有随他生活在新加坡，而是留在吉里汶岛。葡萄牙人说，这也许是因为他们觉得自己在新加坡不受欢迎，毕竟他们可能参与了谋杀新加坡酋长的行动。

吉里汶岛在《马来纪年》中无足轻重，但却占据着马六甲海峡南端的战略位置。站在岛上的山顶，可以看到一侧的新加坡和另一侧的苏门答腊。船只只要进出海峡就一定会被发现。中国元代和明代的航海指南称，吉里汶岛是重要的导航地标和船只汇合点。虽然吉里汶岛在马来文献中未被提及，但它在室利佛逝时期却扮演了重要的角色。在吉里汶岛北面的一块峭岩壁上，有刻于9世纪或10世纪（室利佛逝黄金时期）的铭文。铭文用梵文那加利字体书写，字体很大，每个字母高30厘米："此处为伟大的大乘佛教信仰者乔达摩之足迹，他拥有一只浑天仪。"（插图4.00—4.01；还可参考考德威尔与黑兹尔伍德合著的图书［Caldwell

插图4.00　吉里汶岛铭文如今被一道混凝土墙包围起来，阿基特人（Orang Akit）用传统幡旗装饰。铭文中所说的"足迹"或许是岩石上的自然凹陷。

and Hazelwood, 1994］）

这些神秘的文字可以做以下解读。铭文旁边的“足迹”也许是自然形成的凹陷。自8世纪末起，爪哇岛的大乘佛教徒开始使用那加利字体，因此可以说，在吉里汶岛北部岩石附近可能存在一个佛教徒社区，由一位叫作乔达摩的人领导。而“gola yantra”一词早在476年就用于印度天文学，指浑天仪，是一种用来确定星星位置的仪器（Narveker, 2007）。这个浑天仪很可能不是由居住在吉里汶岛的工匠制作的，而是乔达摩从其大王——室利佛逝或末罗游的统治者（宗主）那

插图4.01　吉里汶岛上使用梵文那加利字体书写的铭文

里收到的赠礼或作为地位的象征，而浑天仪是该大王从别的地方，也许是南亚某地得到的。

吉里汶岛的地理位置具有双重战略意义：它扼守海峡南端出口（距柔佛西南角只有9公里的水面距离，距海峡西边的朗桑岛［Pulau Rangsang］仅20公里），位于甘巴河口正北面，这条河通往西苏门答腊的米南加保腹地。沿甘巴河坐落着几处经典的考古遗址，其中之一是10世纪或11世纪的玛拉塔库斯遗址，那里有大量砖建庙宇。这些庙宇虽然按照大乘佛教教义修建，但外形酷似斯里兰卡佛塔。

从这里的制高点可以俯瞰马六甲海峡。发现铭文的地方也许就是那些与室利佛逝或末罗游结盟的海人用来观察过往船只的地方。他们的任务是确保那些船只向他们的大王缴纳关税。国王将精巧的舶来仪器赠予酋长，也许是一种地位的象征，也许是为了更好地笼络海人。这个仪器令酋长欣喜万分，为了记载这一馈赠，他让人在这块突出的岩石上刻上大字，以便过往船只都能看到（插图4.02）。

乔达摩宣称，信仰大乘佛教非常符合这一推测，因为大乘佛教是室利佛逝和末罗游王室所信仰的宗教。乔达摩除了接受室利佛逝在精神层面的权威地位，很可能还向其提供其他服务。有几位作者指出，廖内和林加群岛的船民很可能是室利佛逝军队的核心力量，特别是海军。对任何渴望掌握控制大权的统治者来说，吉里汶岛船民的效忠都具有重大价值。这些统治者渴望控制马六甲海峡船运，控制其他意欲成为转运中心而与之竞争的港口，还想抑制海盗活动。

距石刻铭文几公里外有一个村庄，那里的居民自称阿基特人（插图4.03）。他们宣称信仰佛教，虽然他们的庙宇只是丛林中的茅草屋。他们主要以捕鱼为生，一直供奉着那块石刻，用幡旗来装饰包围着石刻的低矮水泥墙。这些特质使他们与一千多年前住在岛上的人，以及

插图4.02　从吉里汶岛铭文处眺望马六甲海峡

插图4.03　北吉里汶岛居民，他们自称阿基特人

1819年供奉新加坡河口巨石的人联系起来。

海人部落，或称海峡人，是1511年居住在新加坡的唯一族群。“新加普拉海峡仅有几处海峡人村落。再往前走，人们所说的王国已到尽头。我认为，对那里的人来说，这条水道的意义不大。”（Cortesao, 1944: 262）据皮列士所说，巴夭族海人（Çelates Bajaus）住在新加普拉和巴邻旁附近，他们永远追随着拜里米苏拉。他们的首席大臣和海军大将都是世袭官职。17世纪，新加普拉海人中甚至有一位酋长拥有响亮的头衔——“海峡（石叻）国王”（Andaya, 1975: 256, 259, 264, 281, 288）。为皮列士提供资料的人称，是海人发现了马六甲这个地方，并邀请拜里米苏拉从麻坡迁来。葡萄牙人占领马六甲时，当时的海军大将就是一位海人的后裔。杭杜亚有可能就是这群人中的一员。皮列士称吉里汶岛至朗桑岛之间的一系列岛屿为“海峡岛屿”，还说当地人能生产一些食物。

1846年，吉里汶岛仍以加朗部落（Galang suku[1]）海盗的老巢声名狼藉。19世纪末，吉里汶岛民主要是这些人的后裔，他们已经成为半定居人口，但不是穆斯林。

在马来人将都城迁回乌丁礁林（柔佛–新加坡–廖内地区）后，海人仍保持他们在王国里的地位。不同的海人族群从事不同的行业。曼当（Mantang）部落专做铁匠活儿，包括制造剑和矛。其他海人部落充当士兵和划船手，“护送使节，给外国君王传递信件”，制作琼脂和西米露原料沙谷粉，提供餐厨服务，运水运木，驯养猎犬（Andaya, 1975: 44）。

海人是苏丹王最忠实可靠的臣民。他们与马来统治者的关系一直持续到1699年，最后一位号称室利地利般那直系继承人的苏丹遇刺身

1 suku指部落、社区。这是小型族群，通常使用自己的方言，自认为属于某一块领地。

亡。在此之后，海人部落群分崩离析，群龙无首，许多人最终融入其他族群。

热爱红树林的人

新加坡沿海和马六甲海峡为人们提供了四种栖息环境：红树林沼泽、沙滩、岩石悬崖和珊瑚礁。对现代人来说，茂密的红树林也许令人生畏，但从生态学角度来讲，红树林却是丰饶之地。如果说流动的船居人有固定住所的话，那么红树林就是这些船居人的家园。这里的动物种群主要包括贝类和甲壳纲动物，还有一些爬行动物，包括珍贵的龟类。几千年来，人类已经学会利用这些优质蛋白资源。红树林不出产制作独木舟的木材，但有些树种，如尼邦棕（nibong）和尼巴椰（nipah），都是搭建传统屋舍的宝贵材料。各种红树提供了高质量的薪柴和木炭原料，某些红树的树皮可以提取单宁。露兜树属植物可以用于编筐、编篓、制席、制帆。这里还发现了用于制作绳子的木槿属植物。红树林与沙滩不同，外人难以进入，但却可以为熟悉它的人们提供保护，防范风暴和来犯之敌。

丹老群岛（Mergui Archipelago，又称墨吉群岛），是海人最后的避难所。居住在这里的海人依旧按照年复一年的气候循环规律生活。雨季时，他们居住在岛屿的背风海湾里，采集牡蛎、野山药和修船编席的原材料。有时他们会在滩涂上临时搭建高脚屋。旱季时，他们转移到向风的海岸地带，在那里捕捉刺鳐，或潜到海底采珍珠（Sopher, 1977: 60）。

据皮列士和巴洛斯记载，16世纪，刺鳐对海人来说不可或缺，因为刺鳐可以提供吹箭飞镖的毒药。海人会出动一群小船协同作战，捕捉刺鳐，取其尾刺。然后，他们研磨尾刺，并与其他成分混合，制造出毒药。阿拉伯作者马素迪（于943年）、伊德里西（Idrisi，于1154年）和伊本·赛义德（Ibn Said，于13世纪）提到南海的海盗也使用毒箭（Sopher, 1977: 342）。

海人无法自给自足。千百年来，他们专门从事采集自然物产的活动，用这些物产与马六甲海峡沿岸河口定居地的居民交易，这些居民后来被称为马来人。海人是珍珠、蜡、海参、燕窝和达玛香的主要提供者。而这些物品构成这一地区海上贸易的主要货物。海人一般会投靠一个主顾，要么是马来人，要么是中国人。这些主顾享有与他们的独家贸易权，并被视为他们的保护者。

1819年，几支海人部落居住在新加坡。而居住在新加坡河附近的海人属于格南部落（Gelamsuku），他们也居住在巴淡岛（Batam）及其附近的岛屿上。阿都拉·文西对他们进行了描述，称他们崇拜新加坡河口的一块岩石（不是那块刻有铭文的岩石，而是旁边一块形似剑鱼头的岩石）。英国人到来后，新加坡河变得繁忙、拥挤，于是他们迁到岌巴港（Keppel Harbour）附近，靠近圣淘沙的布拉尼岛（Pulau Berani）[1]。20世纪20年代初，他们融入了马来文化（Sopher, 977: 105）。另外，一群来自实里达部落的海人住在红树林周围的船上，尤其是在新加坡北部沿海靠近实里达河口处。比端达–加冷（Biduanda-Kallang）部落生活在加冷河红树林沼泽地，据说在1848年因天花而灭绝（Sopher, 1977: 107）。

1 意为“勇敢岛”。

马六甲建立者、葡萄牙人以及暹罗人

《马来纪年》称，新加普拉的最后一位统治者伊斯干达王被赶出新加普拉，随后建立了马六甲王国。而按照葡萄牙作者多默·皮列士的记载，新加坡曾经被一位叫拜里米苏拉的人统治；伊斯干达王是他的儿子，生于新加坡，后来成为马六甲第二位统治者。中国明代早期的文献，以及葡萄牙作者也称拜里米苏拉是马六甲的建立者。这些葡萄牙作者包括巴洛斯和布拉斯·亚伯奎（Bras d'Albuquerque）。布拉斯·亚伯奎是马六甲征服者的儿子，他后来随父名，更名为阿方索（Afonso）。《马来纪年》省略了关于拜里米苏拉的介绍，其原因我们只能进行猜测。

巴洛斯说，将拜里米苏拉赶出新加坡的是暹罗人，而不是爪哇人。拜里米苏拉先是去了麻坡上游40公里外的巴莪（Pago）。马六甲最后一位苏丹在被葡萄牙人赶走之前也在巴莪居住过，时间为1516—1520年，后来他将王室迁往民丹岛。

是什么人将拜里米苏拉赶出新加坡？葡萄牙人对此意见不一。布拉斯·亚伯奎在1557年写道，拜里米苏拉到新加坡时，那里已经是一个大城镇。他也说拜里米苏拉统治五年后被逐——不是被暹罗人，而是被他的对手北大年[1]国王。他先是去了麻坡，后来去了民丹岛（Rouffaer, 1921: 27–28）。蒂欧格·都科托（Diogo do Couto）同意《马来纪年》的说法，即拜里米苏拉被逐是满者伯夷造成的，而埃雷迪亚则说他是因为躲避彭亨的进攻（彭亨当时占据了今天马来西亚半岛的大部分地区）（Gibson-Hill, 1956: 19）。关于新加坡与马六甲的关系，虽然葡萄牙人

1　北大年是一个马来人王国，也是暹罗的藩属国。——原注

听说过不同版本的故事，但他们都认为，当时新加坡已经是一个大城镇，其统治者是暹罗附庸，后被一个从巴邻旁来的逃亡者杀死。

“彭亨”这个地名最早出现在1225年赵汝适的地名词典中。这个王国于1378年、1411年、1414年和1416年多次向中国遣使入贡。克劳迪乌斯·托勒密的《地理志》中所说的帕兰达斯（Palandas）河与阿塔巴斯（Attabas）河可能指的就是彭亨（Wheatley, 1961: 171）。考古学家尚未发现这个王国的都城，不过应该会有一些遗迹保留下来。

1280年，暹罗人已经开始入侵马来半岛北部（Wheatley, 1961: 301）。13世纪末或14世纪初（后推定为1292年），在素可泰竖立的第一块暹罗人的石碑称，位于北大年马来人王国边界的洛坤是一个藩属国。汪大渊提到大约在1330年，暹（“掸”，后来指暹罗）攻打淡马锡（Rockhill, 1914: 100）。爪哇人的满者伯夷王国可能在1330年到1390年之间称霸新加坡，但在此之后（也可能同时期），阿瑜陀耶王朝也迫使新加坡称藩纳贡。15世纪初，马六甲曾向中国寻求保护，以对抗阿瑜陀耶，但有记录显示，后来它也向暹罗人称藩纳贡。

皮列士列出三位拥有“桑阿吉”头衔的国王：巴邻旁、坤甸和新加普拉的酋长。这三地都是爪哇的藩属国，但据说新加普拉的酋长娶了暹罗国王的女儿，以及一位北大年的贵族女性。所以新加普拉酋长通过联姻与阿瑜陀耶国王和北大年贵族拉上关系。

拜里米苏拉和伊斯干达王有可能是同一个人在不同阶段所使用的不同名字。据为皮列士提供资料的爪哇人讲，巴邻旁的“桑阿吉”宣称自己可以不必纳贡，爪哇人听说此事后，决定对他发起攻击。对一个打算造反的人来说，1389年似乎是天赐良机，因为爪哇大王哈奄·务禄（Hayam Wuruk）刚刚去世。根据沃尔特斯对历史的重构，1390年或1391年，拜里米苏拉造反失败，不得不逃离巴邻旁（Wolters, 1971: 71–74,

110–112）。后来，他篡夺了新加普拉的酋长位置。

为什么拜里米苏拉（或者伊斯干达王）选择了新加坡？永远没有人知道答案。考古研究显示，当时新加坡比较繁荣。也许是因为拜里米苏拉手下的海人已经对那一带非常熟悉。

戈迪尼奥·德·埃雷迪亚（Godinho de Erédia）

> 暹罗国王去世后，拜里米苏拉的儿子伊斯干达王强行要求，以前在马六甲至苏门答腊这段海峡航行的船只不得再前往新加坡。按照以往的做法，从东边来的船只与西边来的船只都习惯在新加坡交易货物，如今却不得再前往新加坡做生意。这样做的后果是，在新加坡再也见不到商人的影子，他们都住到马六甲去了（Sopher, 1977: 317, quoting Joaõ de Barros）。

如果此叙述属实，那么新加坡一定是在15世纪逐渐衰落的，而不是突然间灭亡的。历史学和考古学证据支持这种结论。

1563年，戈迪尼奥·德·埃雷迪亚生于新加坡，是布吉斯公主与驻苏拉威西葡萄牙外交使团一位外交官的儿子。公主曾与这位外交官私奔。埃雷迪亚在葡属印度长大。埃雷迪亚在37岁时率领一支拥有70艘舰船的舰队回到马六甲，负责守卫马六甲海峡南端。1604年，他在麻坡建立了一个港口，并下令在新加坡和吉里汶岛附近的昆岛（Pulau Kundur）也修建港口（但这个计划似乎并未付诸实施）。他封锁柔佛，还对马来人采取了其他敌对行动，包括摧毁哥打巴都（Kota Batu，旧柔佛）的城堡聚落（Mills, 1997）。

埃雷迪亚对马来历史和文物情有独钟。似乎有人告诉过他，拜里米苏拉不是第一位马来国王。这说明曾经有过另一个版本的马来王族世系谱，里面包括拜里米苏拉。埃雷迪亚给出了具体信息：1398年，拜里米苏拉逃脱了自己的岳父——大爪哇国王的追杀，从巴邻旁来到新加普拉（所言较接近史实），又杀死了新加普拉的沙班达尔，此人与彭亨藩王是亲戚。“住在末罗游大都市帕塔纳（Pathana）的国王是暹罗帝国的贡臣，至今末罗游的人都视暹罗帝国为主人。”（Mills, 1997: 37）1391年拜里米苏拉到新加坡时，当地的君王很可能通过与北大年联姻而成为暹罗藩王。据葡萄牙人记载，拜里米苏拉到马六甲后，在山顶建起一座要塞。他的继承人是伊斯干达王。

几部文献也印证了新加坡为暹罗藩属国。巴洛斯提到“以暹罗国王的名义住在新加普拉的总督们”（Mills, 1997: 91）。“16世纪上半叶的一部阿拉伯航海史料告诉我们，‘新加坡是暹罗最南边的一块土地’。”（Mills, 1997: 96）

埃雷迪亚描述了几处在其他史料中未提及的古迹。在一个叫作板槽（Panchor）的地方，有一处“国王水池”，那是一处大理石浴场（Mills, 1997: 24）。板槽位于马六甲东北18公里处，那里如今已经没有任何遗迹。在马六甲以北约30公里处有高耸的岩石海角，叫作丹戎端（意思是“大王角”）；天气晴朗的时候，从这里可以看到苏门答腊海岸。埃雷迪亚在这处地点发现了“另一处建筑，看上去好像是用大理石修建的水池，或者说像是一座金字塔塔基的废墟，这里埋葬着拜里米苏拉……”（Mills, 1997: 24）。这一地点如今被一座巨大的灯塔占据，没有可见的古代遗迹，在山脚下只有当地信奉者保留的几座陵墓式神龛。

埃雷迪亚看到了“萨弗雷洛斯（Sarvarallos）王家花园的影子，那里简直就是人间天堂，果树上结满各种鲜美的果子，园中开满鲜花”（Mills, 1997: 24）。在东南亚，园林是王宫的主要部分。1822年，约翰·克劳福就在新加坡福康宁山东南山脚处发现了一个长着古老果树的园子，也许是淡马锡王宫花园的遗址。新加坡第一个植物园就建在不远处；而在福康宁公园的那个老地方，现在是一处欣欣向荣的香料园。

埃雷迪亚的报告中有一幅详尽的新加坡海峡和沙璜（Sabbang）地图，日期为1604年（Mills, 1997: opposite 225）。埃雷迪亚对新加坡–柔佛地区如此熟悉，是因为他在此地执行海军任务。他很可能曾经登上新加坡，因为他曾下令在那里修建一座要塞。他的地图上标出了新加坡南部沿海的一些地名，这些地名现在仍然存在：丹那美拉（Tanah Merah）、双溪勿洛（Sungai Bedok）、绝后岛（Belakang Mati），以及丹戎禺（Tanjong Rhu）。在新加坡河附近的另一个地名港务官驻扎地，显示新加坡仍然设有港主（港务官）一职，也许他是一位受柔佛指派的官员。新加坡必须有足够大的外贸量，才值得设立这么一个职务。港务官驻扎地这个地名也出现在至少其他两幅1650年前后的地图上。17世纪初，一位经常待在这一地区的弗莱米什商人称新加坡为“老港主岛”（Borschberg, 2004c: 36）。

在埃雷迪亚的地图上，岌巴港的位置标着“老海峡”。“新海峡”为今天的海峡主航道，位置更靠南一些，也就是位于新加坡与巴淡岛之间的水道。这一点印证了虽然主航道更适合航运，但岌巴港在16世纪，甚至更早的时候，就已投入使用（这与“老”的称呼一致）。

通过详细比对早期欧洲人绘制的新加坡地区地图，可以看出，并非所有制图者都像埃雷迪亚这样精确。举例来说，新加普拉有时被放到柔佛河上，靠近今天所说的旧柔佛。新加普拉也经常当作词组“新加普拉海峡”使用，指代该岛以南的数条水道，甚至马六甲海峡南端。新加坡有时还被称为乌丁礁林（“大地尽头”）。这个名字在亚洲史料中也可用来指代马来半岛南部的大片区域（Borschberg, 2004c: 34–37）。

“拜里米苏拉”其名

众多学者曾经推测过拜里米苏拉这个名字的出处和含义。他们相信，这个称号是给予一个娶了高等级女性的低等级贵族的。东南亚一些碑铭中提到室利拜里米苏拉这个名字，但室利（sri）有时也是称号的前缀，例如室利马哈拉贾，或者王国的前缀，如室利佛逝。卡伦菲尔在1926年的著作中指出，爪哇文献《爪哇诸王志》（*Pararaton*）[1]中提到了两个叫拜里米苏拉的满者伯夷贵族：一个是哈奄·务禄王的叔叔，另一个是一名大臣。卡伦菲尔认为，拜里米苏拉是一个尊称，而不是人名。这一结论是正确的。

他在两个案例中，发现这一尊称被授予娶了社会等级更高的女性的男性，于是得出一个结论，说这一称号象征此类婚姻。这个结论是错误的。卡伦菲尔自己也注意到，在944年和1126年的两处巴厘碑铭中，“拜里米苏拉”只是一个称号的一部分。1204年，该称号也被用来指代巴厘君王的儿子（Çœdès, 1968: 180）。1260—1324年，巴厘君王自称“Paduka Bhatara Parameswara Sri Hyang ning Hyang Adidewalancana”（Endang Sri Hardiati, 1996: 107）。一位公主也可能会被授予拜里米苏利的称号，这是拜里米苏拉的阴性形式。据《爪哇诸王志》描述，在1357年甫拔特（Bubat）大屠杀中，翁克尔（Wengker）王子是加查·玛达（Gajah Mada）的盟友，王子有个女儿叫索利（Sori），这个女性名很可能是拜里米苏利的讹误。她嫁给了满者伯夷国王，于是翁克尔王子成为国王的岳父（I Gusti Putu Phalgunadi, 1996: 125, 127 fn. 6）。

拜里米苏拉这个名字有几个可能的含义。根据14世纪流行于印尼

1　也译为《列王志》或《爪哇世系》。

的印度教湿婆悉檀派的教义，“解脱”分为四个阶段。一位学者推测，古代巴厘人雕刻神像很可能与第三阶段，即进入心灵世界有关。在这个阶段，“死去国王的灵魂来到拜里米苏拉神脚下，并与神化为一体”（Hariani Santiko, 2000: 179）。

拜里米苏拉字面意思是“至高无上的王”，经常被用在印度教的湿婆神身上。但是，“拜里米苏拉、湿婆、摩诃提婆是不同的人物”（Gonda, 1972: 3）。在14世纪的东爪哇，最高的神被称为拜里米苏拉，或“巴萨拉古鲁”[1]。他被塑造成湿婆的形象，集大师、苦行者及母神乌玛的夫君于一身（Gonda, 1972: 3）。有时，最高神灵也会是一位女神，被称为拜里米苏利。1088年，竖起婆鲁斯石碑的印度商人行会成员都自称是她的儿子（Subbarayalu, 1998）。

5世纪的印度国王使用拜里米苏拉作为王室称号。这些国王来自笈多王朝、遮卢迦王朝[2]、罗湿陀罗拘陀王朝[3]和西恒伽王朝（Western Ganga）（Chakravarti, 1978: 30 n.49）。有人认为，这一称号说明这些国王试图标榜自己的神圣地位。

在东爪哇南梦安县（Lamongan）的拉万（Lawan）发现一块未具年代的石碑，拜里米苏拉是上面列出的众神之一（Edi Sedyawati, 1994: 296）。爪哇诗歌《布玛考耶》（*Bhomakawya*）中提到天神拜里米苏拉（Bhatara Parameswara），艾迪·塞蒂亚瓦提（Edi Sedyawati）认为这是“万神之王”湿婆的一个名字。在另一部古代爪哇诗歌《丹杜·邦格拉兰》（*Tantu Panggelaran*）中，拜里米苏拉和拜里米苏利分别作为大师和乌玛的名字

1 Bhatara Guru，也译作“巴塔拉大师”，意为开智天神。

2 Chalukyas，也称遮娄其王朝。

3 Rastrakutas，也称罗什多罗拘多王朝。

（Edi Sedyawati, 1994: 166 n. 10）。

13世纪和14世纪，这个称号经常被爪哇王族使用，不分男女。13世纪末罗游征服者克塔纳伽拉的大女儿名叫拜里米苏利·特丽布瓦纳（Paramesvari Tribhuwana）。她成为满者伯夷开国君主格尔塔拉加沙·加亚瓦达纳（威查亚）（Krtarajasa Jayawardhana［Vijaya］）的配偶（Çœdès, 1968: 201）。1411年，马六甲统治者的配偶被称为拜里米苏利（Wade, 1991: 96）（《明实录》中也有记载），正好对应其丈夫的称号拜里米苏拉。

东爪哇要地翁克尔的统治者威查亚拉查沙（Wijayarajasa）拥有"室利·大王·国王·拜里米苏拉"（Sri Maharaja Raja Parameswara）的称号。1391年的《第二片毕尔鲁克铜简诰书》（"The Charter of Biluluk II"）和1395年的《加迪登铜简诰书》（"the Charter of Katiden"）提到"伟大的卓越君王拜里米苏拉，他是毗湿奴天界下凡的尊者"（Pigeaud, 1960: 167, 174）。这些谥号与统治新加坡的拜里米苏拉大概属于同一时期。

这个称号在东南亚大陆也很盛行。9世纪，个罗国的统治者名曰室利·拜里米苏拉。该国位于盘盘国东南，在克拉地峡附近（Wheatley, 1961: 55 n. 1）。8世纪的一位统治者被称为"占婆补罗·拜里米苏拉"（Campapura Parameswara），意为"占国大王"（Southworth, 2000: 240）。有几位占婆统治者分别在972年和1021年被称为拜里米苏拉跋摩（Paramesvaravarman）（Çœdès, 1968: 124, 139）；另一位在位时间为1044—1064年的统治者可能是佛教徒（他在潘朗［Phan Rang］的普魁［Phu Qui］修建了一座寺庙）（Schweizer, 2000: 205, 208）。1306年，一位嫁给占婆国王的越南公主也被授予拜里米苏利的称号（Çœdès, 1968: 217）。

在东南亚，授予统治者谥号和称号是常见的做法。吴哥王朝的建立者阇耶跋摩二世（Jayavarman II）于850年去世，后被称为拜里米苏拉。戈岱斯得出结论，称"这是用名称来神话柬埔寨君主的第一个实

插图4.04　加维陵庙（Candi Jawi），埋葬克塔纳伽拉的陵庙之一，陵庙下半部以湿婆神形式供奉，上半部以佛教形式供奉。该陵庙建筑高大细长，是14世纪满者伯夷庙宇的典范。

实在在的例子”（Çœdès, 1968: 15），但其他学者对此不以为然。地位较低的贵族阶层成员也会被称为拜里米苏拉，比如10世纪罗贞陀罗跋摩（Rajendravarman）的高僧就被称为拜里米苏拉（Chakravarti, 1978: 168）。959年的一块吴哥石碑上提到一个没有名气，也许无足轻重的人，也叫拜里米苏拉（Wicks, 1992: 195）。

拜里米苏拉巴达（Paramesvarapada）是阇耶跋摩八世的谥号。他于周达观在1296年访问真腊前一年被迫退位。古高棉最后一位国王（在位时间1327—？）名叫阇耶跋摩帝拜里米苏拉（Çœdès, 1968: 228）。拜里米苏拉甚至可以是一座建筑的名字，比如今天吴哥称为神牛寺（Preah Koh）的庙宇群。这个庙宇群是因陀罗跋摩（Indravarman）国王在879年修建的，包括六座砖塔，以供奉湿婆和提毗的形式分别献给其父母、外祖父母、已故的阇耶跋摩二世和他的王后（Çœdès, 1968: 310 n. 6）。

《明实录》提到1411年彭亨国王巴剌密琐剌达罗息泥（Parameswara Telok Cini?）。有人怀疑，此人就是马六甲国王。1445年，中国史料称一位马六甲统治者为息力八密息瓦儿丢八沙（Sri Parameswara Dewa Shah）（Wade, 1991: 96）。

中国关于古代新加坡的文献

龙牙门（龙牙海峡）这一地名第一次出现在1320年的《元史》：“……遣马扎蛮等使占城（占国）、占腊（真腊）、龙牙门，索驯象。”[1]1325年，龙牙门遣使奉表贡方物（Hsü Yün-Ts'iao, 1973: 3ff.）。附近的民丹岛也在1323年向中国遣使。因此可以说，1320年之前元朝廷已经知道龙牙门的存在，因为派遣使团事宜必须提前安排妥当。但令人沮丧

1 见〔明〕宋濂撰《元史》卷二十七本纪第二十七《英宗一》。

的是，这些记载太过简要，除了告诉我们龙牙门和民丹岛是当时海上丝绸之路的一部分，其他信息一概不详。

另一个出现龙牙门名字的史料是赵汝适的文本。有人认为这是指廖内群岛南部的林加岛，而14世纪的龙牙门就在林加岛附近（Lin, 1999）。不过，更可能的情况是，宋代文献与元代文献所指的是不同的地方。认为14世纪和15世纪的龙牙门就是新加坡的证据占绝对优势（Chung, 2003）。

幸运的是，在这些只言片语之后，很快出现了详细记载。这一记载是现存唯一的对古代新加坡的亲历描述。

汪大渊：中国商人兼墨客

14世纪初，以海上贸易为主题的诗歌非常少见。一个名叫孙平（Sung Pen）[1]的人写了一首这样的诗，大意如下：藩舶起航远去，岁岁往返，海上风平浪静……待到六月南风起，他们会再归来，美酒笙歌相迎，不亦乐乎？（Wheatley, 1959: 3）

汪大渊，字焕章，是中国第一位讲述东南亚情况的中国商人。他于1311年出生于南昌，南昌古时称洪州，宋代时候成为江西的一个繁忙港口。"据说'这里很多人从事贵重香木、珍珠和犀角贸易。他们的船高如大山，经常运送这些货物往来交（趾）、广（州）、荆襄（湖广）'。"（Kwee, 1997: 56–57 fn. 7）南昌城距离著名瓷都景德镇不远，很可能是元代瓷器贸易中心。

1349年，汪大渊撰写的《岛夷志略》收入由吴鉴编写的地方志《清源续志》（清源为泉州旧郡名）。这是一部详细记载泉州历史、地

1　音译。

理等各方面情况的文献。《岛夷志略》只有三分之二被翻译成英文（W. W. Rockhill, 1914）。汪大渊的文本为我们提供了题材广泛的重要信息。可惜我们对其本人知之甚少。他在《岛夷志略》后序中说，“大渊少年尝附舶以浮于海”（Kwee, 1997: 64 fn.31）。这种表述似乎是说一位商人在船上为自己和货物租了舱位，随船远航。他似乎完成过两次航行，一次是从1330年到1334年，另一次是从1337年到1339年。人们相信他曾经在泉州生活过一段时间（Ptak, 1995: 52）。

汪大渊记录过东南亚一个叫作“甘埋里”的地方，他描述了所谓“马船”：

> 其地船名为马船，大于（一般）商舶，不使钉灰（连接），用椰索板成片。每舶二三层，用板横栈，渗漏不胜，梢人日夜轮戽水不使竭。下以乳香压重，上载马数百匹……[1]（Kwee, 1997: 33 fn. 51; cf. Rockhill, 1914: 623–624）

汪大渊之所以专门提这些船舶，很可能是因为“椒之所以贵者，皆因此船运去尤多，较（一般）商舶之取，十不及其一焉”[2]（cf. Rockhill, 1914: 624, amended by Kwee）。

由于靠近北爪哇沿海、南婆罗洲和白古（即缅甸的勃固）的柚木林，葡萄牙人到来时，爪哇人已经可以建造大型帆船“艅”，比最大的葡萄牙船还要庞大。1512年，一支从杰帕拉出发前去攻打马六甲的船队，就拥有60艘载货量200吨以上的大帆船。大帆船的平均载重量

1　见〔元〕汪大渊撰《岛夷志略 · 甘埋里》。

2　同上。

为350—500吨，而最大的达1000吨，可以搭载1000人。爪哇人可航行至马尔代夫、阿曼和亚丁。不过，16世纪末，他们便不见了踪影。也许是中国人和古吉拉特人（Gujerati）的船只取代了他们的位置（Manguin, 1993c）。

1976年在韩国新安附近海域发现了一艘沉船，很可能是典型的元代商船（Kim, 1986: 39）。该船与13世纪泉州船相似，载货量为200—300吨，船上可载约60名船员和乘客。这种船也许是汪大渊去往新加坡所乘坐的类型。待考古学家到达现场时，已经有数量不明的陶瓷和其他物品被渔民盗抢。不过，考古学家还是找到28吨铜钱、1017块紫檀木，以及包括陶瓷、金属、石质物品在内的22 007件遗物。这艘船很可能驶往日本，于1323年沉没（Kim, 1986: 3）。瓷器遗物质量极高，考古学家李知宴由此得出结论："从胎釉质量和制瓷工艺上看，元代青瓷质量总的来说高于南宋时期。"（Kim, 1986: 11, 109）这些青瓷有可能从浙江庆元港（宁波）输出。宁波从1302年到1354年为宣慰使司都元帅府所在地，或者说是元朝军事管理中心。

在这艘沉船上没找到青花瓷，有可能是因为青花瓷外销尚未开始：青花瓷只在1329—1352年外销过（Liu, 1991）。这批货物包括12 359件青瓷、5303件白瓷（包括一种只在东南亚发现过的青白连座瓶）、506件黑釉器（包括来自福建建窑的天目瓷）、188件钧瓷、2305件炻器大缸、729件金属物品（青铜炊具、秤砣、铜镜、香炉及其他礼仪器具，3块铁、铅和镍）、一尊木观音像、包括胡椒和槟榔在内的植物原料，以及90块石质物件（砚台、磨刀石）（Kim, 1986: 54, 56–58）。

汪大渊及其著作

我们不知道汪大渊何时去世，在哪里去世，也不知道作为第一位撰写亲身经历的舶商，他真正的写作动机是什么。他的书不属于任何常规的文学类型。他生平的简要信息，可参考本书表格4.1。

《岛夷志略》对研究东南亚商业的史学家非常有价值，但该书在完成之后整整一百年才面世。该书分为100章，描述了99个国家、港口及其他地点。这些地方涵盖了从中国到马六甲，再到东非的辽阔地域，是我们了解许多地方的唯一史料。汪大渊引用了几处赵汝适的《诸蕃志》：关于菲律宾一次、藩朗（宾童龙）(Phanrang)（越南）一次、巴邻旁两次和印度一次。汪大渊的《岛夷志略》在有些方面模仿了《诸蕃志》，但其风格和结构都与《诸蕃志》大有不同。

表4.1　汪大渊生平（Su, 1981: 10; trans. in Kwee, 1997: 69）

1311年	出生
1330年	第一次从泉州出海
1334年	夏天返回
1334—1337年	留在国内
1337年	第二次从泉州出海
1339年	夏秋之交返回
1349年	撰写《岛夷志略》

有人评价“汪大渊文学造诣不高”，说明他不属于文人阶层。但他也有文人的雅兴:《岛夷志略》就是从他所写的诗词中摘抄而得（诗词已经失传）。也许由于他亲身体验了多种文化，所以他不像之前的中国文人墨客那样，对域外风土人情多有褒贬，尊己卑人。《岛夷志略》似乎真心是为商人提供有用信息而写成的。

汪大渊在知识层面颇有心得。他除了写诗，字里行间还融入了个人宇宙观。他相信，南海岛屿形成一个中间点，三条“脉络”由此向南（爪哇）、向东（婆罗洲）、向西（下昆仑，这是一个模糊的地域概念）延伸。汪大渊认为，数字3、9、81非常关键，这与中国古代思想有关，即天下分为九州，每州分为九部分。

汪大渊与那个时代的中国人一样，认为世界由两个部分组成：东方和西方。但是，关于东西方的分界点，他与其他人见解不同。他之前的中国历代文人均认为爪哇与苏门答腊之间的巽他海峡为东西方分界线。汪大渊则将象征性分界线设于新加坡海峡，特别是龙牙门，等于将新加坡放在象征东西交汇的点上（Ptak, 1995: 54–56）。他描述了99个地方（表4.2）；龙牙门正好位于第49号中间位置。在中国历史上，整个海上东南亚（除缅甸，可能还包括南海北部）第一次被视为一个整体（Ptak, 2001: 416）。

汪大渊提到两个海外华人社区，但他是否省略了其他华人社区，我们不得而知。这两个华人社区之一是由1292年元朝舰队攻打爪哇时留下的华人构成。航海征途上生病者被留在了勾栏山（交栏山，可能是婆罗洲外西南的格兰岛［Gelam Island］）。汪大渊到那里时，时间已经过去40年，尚“有病卒百余人，不能去者，遂留山中。今唐人与番人丛杂而居之”（Rockhill, 1914: 261）。

表4.2 《岛夷志略》记载地点的分布情况

东亚		
澎湖列岛	琉球	台湾
东南亚岛屿		
新加坡（2）	马来半岛（12）	阿南巴斯群岛
昆岛（Pulau Condor）	苏门答腊（11）	爪哇（3）

续表

婆罗洲（4）	菲律宾（3）	卡里马塔海峡（Karimata Strait）
班达海	马鲁古群岛	帝汶
不详地点（11）		
东南亚大陆		
越南（5）	柬埔寨（1）	泰国（2）
印度洋		
斯里兰卡（3）	马尔代夫	西里（Hili）
印度（8）	波斯	非洲（6）
麦加	土耳其	不详地点（14）

汪大渊提到的第二个海外华人社区更有意义，因为他指的似乎是一个商人聚居地。这一地点是在关于龙牙门或龙牙海峡的描述中提到的。那是岌巴港西端入口处，他称此处极其危险，是海盗巢穴。他还记载到唐人居于此地。这一点令人费解，因为仅在8公里之外就是沿新加坡河建起的商人聚居地，那里的人遵纪守法，井然有序。难道是汪大渊弄错了？他是不是将两处地点混为一谈？中国人怎么会住在海盗巢穴里？那样的话，中国船舶岂不成了海盗的猎物？

汪大渊对新加坡的描述被数次翻译，最常见的是惠特利译本。鉴于这些描述对新加坡历史至关重要，汪大渊文本的各种可能含义都值得深入挖掘。韦杰夫博士和吴玉颖博士详细分析了有关新加坡部分的文字。在以下段落中，前为惠特利译本，后为韦杰夫博士和吴博士的意译及说明。

汪大渊《岛夷志略》部分译文（第一部分）[1]

［门以单马锡番两山，相交若龙牙状，］

惠译：海峡从淡马锡夷人的两座山之间穿过，其形状似“龙牙”。

意译：海峡由淡马锡本地的两座山构成。

［中有水道以间之。］

惠译：有水道从中间穿过。

意译：一条水道将两边分开。

［田瘠稻少。天气候热，四五月多淫雨。］

惠译：田地贫瘠，少有稻田。气候炎热，四五月多雨。

意译：土壤贫瘠，稻田少。四月和五月间雨水过多。

［俗好劫掠。］

惠译：居民沉迷于做海盗。

意译：最喜欢做的事是劫掠。

［昔酋长掘地而得玉冠。］

惠译：古时酋长挖地，挖到珠宝头饰。

意译：以前，当地首领/头目挖地，挖到王冠。（此处可能为字面意思，也可能为比喻，表示获得该地的支配权。）

［岁之始，以见月为正初，酋长戴冠披服受贺，今亦递相传授。］

惠译：一年之始从月亮升起计算，此时酋长穿戴头饰和衣服，接受祝贺。如今这种习俗仍然延续。

1　为方便读者鉴赏和评判，每句译文前的中括号内为《岛夷志略》原文，摘自1981年版中华书局《岛夷志略·龙门牙》。

意译：通过观月确定一年之始为第一个月第一天。酋长（酋长指部落首领，或有威望、权力的人）戴上头冠，穿上（礼仪）服装/装束，接受祝贺。

[男女兼中国人居之。]

惠译：土著和中国人同住一处。

意译：大臣（相府）命令男女与中国人和睦相处，或者男女与中国人住在一起。

[多椎髻，穿短布衫。系青布捎。]

惠译：多数人挽发髻，穿棉布齐腰短衫，腰扎黑色棉布围裙。

意译：（他们留）杵状发型（发髻），还穿短布衫（布常指棉布）（蓝色/青色：青花瓷的青，一种中国色系，其中包括深蓝/青色）。这些布产值低（？）。

[地产粗降真、斗锡。]

惠译：当地土产包括降真香和锡。

意译：此地出产粗檀香木和锡粉。

[贸易之货，用赤金、青缎、花布、处瓷器、铁鼎之类。]

惠译：所交易物品为赤金、青缎、印花布、处瓷器、铁锅。

意译：贸易之货（即带来交易的货物）为赤金（红色的金）、青缎（青蓝色绸缎）、印花布（有花式图案的布）、处瓷器（当地瓷器。"处"并非人们认为的是一个重要窑址名，而是强调这些瓷器质量不高）[1]，以及金属锅。

[盖以山无美材，贡无异货。]

惠译：这里没有精美产品或稀有珍品。

1 中国学者普遍认为"处瓷器"指中国龙泉窑瓷器或青瓷，质量较高。

意译：山里不出产精美的森林贡品，没有特产。各地来的贸易货物都相似，也被认为是海盗的物品/赃物。

[以通泉州之贸易，皆剽窃之物也。]

惠译：都是通过与泉州商人交易获得的。

意译：泉州的贸易货物都是海盗所得（或者说，泉州的货物都是海盗抢来的）。

[舶往西洋，本番置之不问。回船之际，至吉利门，舶人须驾箭棚，张布幕，利器械以防之。贼舟二三百只必然来迎，敌数日。]

惠译：船向西航行时，没有受到海盗骚扰。但返回时，在吉利门（吉里汶岛）水手们穿上盔甲，搭起棉棚，以防箭袭。足有二三百只叭喇唬海盗船冲出来，袭扰数日。

意译：大海船向西方海洋航行，未受土著盘查或阻拦。返程接近吉列门时，水手们不得不架起防箭棚和特制幕布，磨快刀枪准备自卫；不得不出动二三百条船只迎敌/战斗数日。

[若侥幸顺风，或不遇之。否则人为所戮，货为所有，则人死系乎顷刻之间也。]

惠译：有时船舶顺风，则可以侥幸逃脱，不然瞬间船员就会被杀死，货物被抢走。

意译：如果运气好赶上顺风，就不会受到伤害，（但是如果）被追上，则被宰杀，货物会被抢走，而且那些人显然很快也会丧命。

汪大渊的叙述可以做以下解构：龙牙门之所以得名，是因为这片水域中有一块我们今天称为“拉柏多角”（Labrador Point）的突出岩石礁。

马来人称之为“风帆礁”（Batu Berlayar），而早期英国人称之为“罗德之妻”。它出现在一张1709年的英国人地图上，证明莱佛士到达的100年前，已有英国人在这一带探寻。两座山应该就是拉柏多角和圣淘沙岛上的岩石海岬，19世纪在那里建起了西乐索要塞（Fort Siloso）（插图4.05）。19世纪的新加坡守卫者仍然认为这条古水道具有战略价值。在19世纪中期的一项工程中，这里被清除，以使进入炭巴港的航行更加安全。

汪大渊提到的珠宝头饰令人联想起《马来纪年》中的故事，室利地利般那将王冠投入海中。接下来的描述“男女兼中国人居之”可以有两种解读：惠特利译为“土著和中国人同住一处”，而韦杰夫博

插图4.05　20世纪80年代，从圣淘沙岛的西乐索要塞看到的龙牙门海峡。罗德之妻/风帆礁/龙牙岩曾伫立于靠近对岸的水中，19世纪末，英国人在那里修建了一处要塞（今天所称的拉柏多角）。

士相信，这句话的意思要么是指统治者命令当地人需与中国人和睦相处，要么是指当地人与中国人事实上已混住。另一位学者许云樵是这样翻译这一段的："男人和女人，甚至包括住在那里的中国人，都需挽发髻……"（Hsü Yün-ts'iao, 1973: 2）这个例子说明汪大渊的叙述文字含糊不清、模棱两可。

我们依然无法确切解释这段描述。也许汪大渊有意将新加坡的华人聚居地与常见的东南亚华人聚居方式对照。东南亚聚居地的华人住在围栏里，就像马可·波罗所描述的那样，又或者住在19世纪巴邻旁那种指定的外国人聚集区。从唐代到19世纪，到访中国的外国人都被要求住在番坊里。如果是这种情况，为什么汪大渊在叙述中没有提到其他华人社区呢？他不太可能因为疏忽而没有提及那些华人社区，那些社区至少是比较重要的。15世纪早期，郑和下西洋期间撰写的那些文献记载了几处较大的华人社区所在地。

与这些问题交织在一起的，是中国人是否生活在海盗当中。海盗问题将在下一段进行讨论。很难相信中国商人会与杀死中国船员的海盗住在一起。距海盗不远处就有更安全的地方——班卒。

汪大渊《岛夷志略》译文（第二部分）

［班卒］

惠译：班卒（Banzu）

意译：班卒。有些版本称为 "Chueh Zu" [1]（"Chueh" 指某种官方用途的建筑，而 "Zu"［卒］是居民单位名，或是军队中的编制名，

1 "班卒"（Panchor/Pancur）在中国古文献中有不同译名：便塾、古里班卒、宾窣、宾撮、番速儿、班卒儿，但没有对应 "Chueh Zu" 的译名。

或是一卒列）。

［地势连龙牙门后山，］

惠译：此处为龙牙门后的山。

意译：此地与龙牙门后山相连。

［若缠若断，起凹峰而盘结，故民环居焉。］

惠译：如同一截切断的电线，上升到凹陷的山顶，阶地相互连接，人们围绕它居住。

意译：像盘绕的电线，穿过土地，来到一处不平坦的山峰。附近的居民围绕着相连的阶地居住。

［田瘠，谷少登。气候不齐，夏则多雨而微寒。］

惠译：土地贫瘠，稻谷少。气候不规律，夏季雨水多，天气凉。

意译：（因此）土地贫瘠植被少。除了气候不规律，夏季还多雨，所以天气微凉。

［俗质，］

惠译：风土人情质朴。

意译：（无改动。）

［披短发，缎锦缠头，红油布系身。］

惠译：留短发，金色织锦缎包头，红油布遮身。

意译：习惯留短发，用金色图案锦缎缠头，把一块红油粗布系在身上。

［煮海为盐，酿米为酒，名明家西。］

惠译：煮海水制盐，酿稻谷制酒，此酒名叫“明家（加）”。

意译：（他们）熬海水制盐，加工稻谷酿米酒/白酒。

［有酋长。］

惠译：他们由酋长统领。

意译：（他们）有酋长。（汪大渊使用这个词来表示这个首领没有独立身份，只是一个更强大的统治者的附庸。）

［地产上等鹤顶、中等降真、木棉花。贸易之货，用丝布、铁条、土印布、赤金、瓷器、铁鼎之属。］

惠译：当地土产包括上等犀鸟角、中等降真香、棉布。贸易货物为青布、铁条、土制印花布、赤金（“货金”）、瓷器，以及铁锅等。

意译：贸易货物为缎（绸/青）布、铁条、当地制作的印花布、赤金、陶器以及铁罐/鼎等。

汪大渊在《岛夷志略》关于湄南河下游河谷的“暹”（暹罗/掸）这一个部分加入了一些评述，其中出现了单马锡（淡马锡）的名字：

近年（暹/掸/暹罗人）以七十余艘来侵单马锡，攻打城池，（汪大渊在此使用了单马锡，而不是班卒，指代有人居住的区域）（该城抵抗）一月不下。本处闭关而守，不敢与争。遇爪哇使臣经过（单马锡），暹人闻知乃遁，遂掠昔里而归。[1]（Rockhill, 1914: 100）

班卒在马来语中有“泉水”之意。汪大渊将班卒的居民与龙牙门的居民进行了对比：班卒人诚实质朴，有酋长统领，衣着不同，且更加时尚，可遮身蔽体，而邻居龙牙门人穿着“短衫”；班卒人留短发，不像海角那边的长发毛贼。他们还有一种产业（酿酒）。他们提到的

1　见〔元〕汪大渊撰《岛夷志略·暹》。

山一定就是禁山，后来称为政府山，最后称为福康宁山。他们还有要塞，可以有效地保卫自己的城镇。

他称那些攻打班卒的人为暹人，这个词后来指“暹罗人”。但此时，暹人可能指的是几个讲泰语的族群，他们很可能住在湄南河下游河谷地带。这个名字与掸族有关，如今掸族是一个居住在泰缅边境的现代族群。

汪大渊对服饰非常关注。对于这一时期的中国人来说，服饰可以反映他们的个人社会地位和身份认同等大量信息，因此他高度关注这一问题。这对我们来说是非常幸运的事，因为他的描述有助于我们判断这一时期马六甲海峡不同社会的文化差异程度。14世纪，马来半岛每个港口都有自己独特的服饰风格。单马令（泰南）人穿白衫黑裙（纱笼），他们从近东进口布料；彭亨人穿长衫，腰系绳，衣料为来自爪哇的棉布；吉兰丹人除了在节庆时穿红长衫，平时上穿短衣，下穿黑围裙；丁加奴人穿绿短衫，腰系从印度坎贝进口的棉布条，他们还从越南进口棉布；狼牙修人穿着从菲律宾进口的棉布，以及印度和当地制造的印花布。相比之下，新加坡人的服饰十分靓丽，其中包括用金线装饰的头巾，听起来类似今天苏门答腊部分地区的民众使用的缠头巾，或金锦缎包头巾（一种用棉线或丝线与金线编制在一起的布料）。15世纪，彭亨人也从爪哇进口多色丝绸和棉布（Wheatley, 1961: 77）。汪大渊对服饰的描述是珍贵的史料，能够重现东南亚港口间繁忙的易朽货物贸易场景。

攻打单马锡是马来人与暹罗人长期敌对历史的一部分。据《元史》记载，1295年前后，“以暹人与麻里予儿旧相仇杀，至是皆归顺，有旨谕暹人‘勿伤麻里予儿，以践尔言’”[1]（Çœdès, 1968: 205）。这道谕旨同中国朝廷下达东南亚人的其他命令一样，毫无效力。

与汪大渊平常的写作风格不同，他对龙牙门和单马锡的叙述虽然简短，但更像趣闻轶事，说明他对新加坡地区相当熟悉。在讲述所有地方时，他都是直奔要点，详细介绍某地可以买卖哪些物品。虽说他想当一位诗人，但从他的文字可以看出，他是一位讲究实际的商人，惜墨如金。

早期史料很少介绍东南亚商业的细枝末节，而汪大渊是第一位提到东南亚有会计这一细节的早期文人。他专门赞扬渤泥会计：“……选其国能算者一人掌文簿，计其出纳，收税，无纤毫之差焉。”[2]（Rockhill, 1914: 265）另外一次，他提到菲律宾实行一种委托代理人制：“蛮贾议价领去博易土货，然后准价舶商。”[3]

《岛夷志略》在列举贸易货物时，结尾处常常使用“之属”，表列举未尽之意。有些港口，如北苏门答腊的花面国，船只经过此地，不贸易，只补给。水手们可以在这里购买牛、羊、鸡、鸭、槟榔、甘蔗、槟榔叶、木棉等物品。交换物品为铁条、青布、粗碗等。元代史料《（至正）四明续志》罗列的进口货物达250种。所有货物分为两大类：贵重细物（象牙、犀角、珊瑚）和香料（香料和熏香）（Kim, 1986: 36–37）。

作为一个生意人，透露商业秘密实属不寻常之举。为什么汪大渊要扮演一个公益角色，披露这些有商业价值的重要信息？这也是一个

1 见〔明〕宋濂等撰《元史》卷二百一十列传第九十七外夷三《暹》。

2 见〔元〕汪大渊《岛夷志略·浡泥》。

3 见〔元〕汪大渊《岛夷志略·麻逸》。

无解之题。

“班卒儿”其名

班卒儿有“泉水”之意，如今是马六甲海峡的一个常见地名，它作为地名已经存在几个世纪之久。对水手来说，找到饮用水是生死攸关的大事。马六甲海峡周边的河口流速缓慢，岸边是宽阔的红树林，取水点往往很难发现。除了10世纪在苏门答腊西北沿岸有个范苏儿（班卒儿），16世纪位于柔佛河上的柔佛都城也叫班卒儿。位于现代的林加岛东北沿岸有个叫班卒儿的城镇，约有居民1万人，几乎都是华人后裔。他们的主要生计是以笼渔网捕鱼，这是班卒儿所在大海湾的渔业平台。整个镇子，包括人行道，都搭建在滩涂的支柱上。因此，像新加坡这样有淡水来源的地方被叫作班卒儿并不奇怪。

英国人来到新加坡时，在新加坡河的禁山俯瞰，能看到一股清泉流下。根据莱佛士的老师阿都拉·文西所说，1819年，新加坡酋长天猛公曾告诉法夸尔上校：

> 自古以来就有一个关于古代国王的传说，说的是在这座山上建有一座王宫，任何人不得擅自上山，除非得到国王命令或召见，因此这座山被叫作“禁山”。山后有一处泉水叫作“禁泉”，那里是国王嫔妃洗浴的地方，所以任何人不得靠近（Hill, 1970: 142）。

这处泉水成为所有停靠新加坡港口船只的淡水来源。据记载，在泉水处修了一条水渠，距现在的里峇峇利路和禧街路口500英尺（约150米）远（插图0.11）。地图显示，河边有一个蓄水池，泉水自动流入蓄水池。港口里的船只不必派人登岸取淡水，而只需划上小船，逆水而上，用木桶装满清泉即可。

1830年之前，这一供水系统尚能满足需求。但是，随着货物运输量不断增长，泉水需求量超过了供应能力。于是，人们围着山脚打了几口井，泉水也就逐渐枯竭。里峇峇利路和登路交界处的游泳池隐约透露出禁山的传说。

在福康宁山上没有找到浴场遗迹。不过，苏门答腊倒是有一处14世纪浴场，里面有一个女性胴体出水口，水从乳房流出。这处位于米南加保山区的雕像也许是阿迭多跋摩命令修建的。该国王在东爪哇度过青年时代，那里的槟榔刚甘山（Mount Penanggungan）上有一个叫巴兰（Belahan）的浴场，浴场里至今还耸立这尊雕像。虽然福康宁山没有留下浴场的实物证据，但阿都拉·文西讲的故事并非完全杜撰。在新加坡建立之前，这种浴场作为早期印度尼西亚宫殿整体的一部分，已经有几百年历史了。14世纪新加坡王宫里有一处浴场并不会显得格格不入。所以，汪大渊笔下的班卒儿指的是福康宁山的可能性极高。

在印尼早期历史中，山泉一般被认为是神圣的。例如在东爪哇鲁马江–任抹（Lumajang-Jember）地区，有一处叫拉瓦（Rawa）的泉水，附近散落16块刻字石头，其中至少2块的年代为1459年，其他石头上有神秘图形曼陀罗标志。这是一个冥想场所的标记，这里的森林是禁止砍伐的。简短的铭文写着“Siddhiyatra”和“tirthayatra”，其中“siddha”意为“成功”，“yatra”意为“行程、朝圣”，“tirtha”意为“水”（Sukarto K. Atmodjo, 1986）。所以拉瓦很可能是一处朝圣之地。人们相信来到这里能获得好运。

巴邻旁的西昆山倒是没有泉水，但在那里发现了大量石头，上面也刻着“Siddhiyatra”。在亚洲以及许多古代世界，凡是山岳，不管有没有泉水，通常都被认为具有某种神圣属性。须弥山代表宇宙中心，众神在那里出没，彼此交往；众神之王因陀罗住在须弥山顶。这一意象与亚洲的王权象征有密切关联。早期马来人的三个都城（巴邻旁、新加坡、马六甲）都具有相同的地理特征：依山傍水。合适的马来人都城无疑必须具备这种自然布局。那座山也许就象征着须弥山，国王的宫殿就象征着须弥山山顶众神的宫殿。

越南人的记载

据说，早在7世纪，就有一位来自交趾（北越）的僧侣会说流利的马来语（Wheatley, 1983: 372）。由此可见，早在公元1300年以前，越南已经与马来亚–苏门答腊–新加坡地区来往。14世纪，另一部史料提到淡马锡与越南有直接交往：

> 开佑（Khai Huu）二年（1330）……王子陈日燏（Nhat Duat）去世（享年77岁）。王子生前与外国人交往……外国人来国都者，皆登门拜见之……
>
> 陈日燇（Nhan Tong）在位期间，一位“Sach Ma Tich”（很可能指淡马锡）使者携带礼物而来，找不到通译，只有王子陈日燏能够胜任通译。被问及如何能通其语言，他说：“太宗陈日煚（Thai Tong）在位时（1226—1258），该国来一位使者，我与之交好，因此学会一些他们的语言。”[1]
>
> 假如在1330年这位王子77岁，那么他应生于1253年，这是有可能的，因为他是太宗陈日煚之子。但其父退位时，他才5岁。

1　参考越南皇家编年史《大越史记全书》（*Dai Viet Su Ky Toan Thu*）。1330年淡马锡的部分，使用了1998年河内版。——原注所以说，以上数据基本上不正确。如果先前那个使节之事属实，那么，此事只可能发生在陈日燏的哥哥陈日烜在位期间（1258—1278），很可能不早于1268年，而当时王子应为15岁。由于王子会说占婆语，他可能很快从淡马锡使者那里学会了马来语。

“因此，据这位依据早期记录撰写史记的作者所言，可能有两位淡马锡使者曾经来访，一位在1268—1278年之间，另一位在1279—1293年之间，但没有人在1330年来过。”（Dr. Ivo Vasiljev, pers. comm., 10 December 2000）

这一信息（感谢瓦西列夫博士提供），虽然解释了一些问题，但也提出了另一些问题。它说明淡马锡为越南皇室所知。淡马锡（Temasik），古爪哇语对应词为（Tumasik）治理有序，因此才能派遣使者前往数个域外王国。之前一些学者提到过这段记载，并认为“Sach-ma-tich”是越南语中淡马锡的读音（Wolters, 1982: 48 n. 45）。那么淡马锡是否早在1278年就已经建立？

龙牙门这个名字出现在中国史籍中时，指的是中国派遣使团购买驯象的地方。也许正是由于这次联系，龙牙门于1325年遣使到中国。这一信息也许说明，大象是在马来半岛被捕捉并被驯化，在龙牙门出售的。新加坡也许在14世纪之前就已经与越南有商业往来，淡马锡可能在13世纪末就派使团前往越南。象牙为“戎”的特产，而“戎”可能是汪大渊对乌戎（Ujung）的发音，也就是“Ujung Tanah”（乌丁礁林，马来半岛最南端之意）的简称。象牙也许是古代淡马锡的出口货物之一。

虽然汪大渊对新加坡经济的描述很简略，但如果我们把这些和他描述的其他地方进行比对，就会很有意义。他罗列了东南亚25个进口棉布的国家，还将棉布分成多种类型。在新加坡地区，龙牙菩提[1]、戎、龙牙门，以及班卒皆进口棉布。有些地方既进口棉布，也出口棉布。例如，新加坡出口棉布，进口青布。在所有这些地方，只有龙牙门进口比较艳丽的布料（缎）。如果这些人真是海盗，那么这些海盗的品味未免太奢侈了。相比之下，班卒则进口价格较低的"土印布"。

龙牙门还出口一些高价值货物，其中包括锡，也许采自林加岛附近的新吉岛。包括班卒在内的九个国家出口鹤顶（盔犀鸟的头胄，中国人用来雕刻类似鼻烟壶的小型物件）。

爪哇人的记载

两部爪哇文献简要提到了淡马锡。淡马锡是一个马来名，而不是爪哇名。这个词可能源于"tasik"，即"湖"或"海"；淡马锡在此可能意为"被海水包围的地方"。《爪哇史颂》成书于1365年，内容涵盖满者伯夷王国的众多藩属国，"Temasik"这个词就在其中（Pigeaud, 1960: 11）。16世纪爪哇诗歌《爪哇诸王志》讲述的是新柯沙里王朝和满者伯夷王朝发生的事件。其中一个著名篇章讲述了满者伯夷首相加查·玛达发誓要征服数个国家。这些国家按地理位置排列，淡马锡位于苏门答腊和西婆罗洲之间（Krom, 1931: 36）。

几部非官方史料显示，14世纪淡马锡已经存在，拥有某种政治和经济架构，居民中有一部分中国人。在《马来纪年》中，淡马锡这个名字仅出现过两次：一次是在苏兰王的故事里，一次是在室利地利般那首次到达，并将其命名为新加普拉的故事里。这个名字是如何发生

---

1 不确定其具体地点，大多数学者倾向此地位于廖内-林加岛地区，也许是因为名字中的"龙牙"，也许是因为前后文。——原注

改变的？14世纪所有史料均称其为淡马锡。1511年，葡萄牙人却只提及新加普拉，淡马锡似乎已被人遗忘。中国史料到15世纪仍然使用淡马锡这个名字，不过，中国文人和修史者常常会保留一些别处不再使用的旧名，如明代仍然使用柬埔寨的古代名字“真腊”，这就是一个很好的例子。

新加坡的两大宗主国：满者伯夷和暹罗

1294年，满者伯夷在新柯沙里的废墟上建立。14世纪中期，满者伯夷已恢复爪哇人对苏门答腊的控制。亚齐史籍《巴赛列王传》（*Hikayat Raja-Raja Pasai*）的地位与《马来纪年》相当，提到爪哇人攻打巴赛、占卑、巴邻旁等国（Krom, 1931: 390 n. 2; Hill, 1960: 157–160）。《爪哇史颂》记载，满者伯夷号称自己的藩属国遍布广阔地域，实际上已经超出现代印尼版图。虽然满者伯夷王朝对爪哇以外大部分地区的内部事务可能影响甚小，但它的确经常对遥远的藩属国发号施令。

爪哇人开始染指马六甲海峡的同时，暹罗人（此处使用爪哇史料和中国史料中的名字）也试图在这一地区宣示宗主权。15世纪，阿拉伯一部航海文献称新加坡是“暹罗大陆的尽头”（Tibbetts, 1971: 183）。由此可见，新加坡处在两大不断增长的势力范围交汇点上。中国史料，包括汪大渊的著作，都提供了新加坡曾遭暹罗人攻击的无可辩驳的证据。另一方面，《马来纪年》将爪哇人描述为侵略者，曾两次攻打新加坡。《爪哇诸王志》中加查·玛达立誓的故事也证明了这一点，他发誓在征服“努山塔拉”（Nusantara，东南亚岛屿）各地之前，不再享用“帕拉帕”（palapa）[1]。“努山塔拉”包括了淡马锡。我们不知道帕拉帕的确

1 古爪哇语，有人解释为“香料”或“水果加香料”，后又引申为美食佳肴。——原注

插图4.06　这幅浮雕刻画了一个男人用扁担挑东西的形象。浮雕位于谏义里（Kediri）巴里（Pare）地区的一座满者伯夷神庙——德古鲁望宜神庙（Candi Tegurwangi）。这种情景最早出现在满者伯夷时期的爪哇浮雕里，这也许证明在14世纪，贸易已经变得越来越重要。

切含义，但帕拉帕誓言已经成为印尼重要的爱国主义表达方式。数个印尼通信卫星均以帕拉帕命名，以纪念这个誓言对实现印度尼西亚统一的重大意义，而通信卫星也体现了这个意义。《爪哇史颂》显然是研究1365年历史的可靠史料，它暗示加查·玛达实现了自己的誓言。

可以说，新加坡遭到来自南北两个方向的攻击也不是没有可能的事。14世纪，位于海峡南端的新加坡引起两大帝国的觊觎，一个来自大陆，一个来自海岛。新加坡所处的位置更凸显了其历史上发展的潜力，以及它的脆弱性，可谓福祸相依。

满者伯夷

满者伯夷的领地被分成三个行政区划：王宫及京畿地区；由国王指派的官员直接管辖的东爪哇和巴厘岛；实行内部自治的更遥远的藩属国。1225年，赵汝适描述："其领兵者岁给金二十两，胜兵三万，岁亦给金有差。"[1]这说明满者伯夷建立了职业军队，这一成就是其他东南亚王国难以企及的。我们虽然不了解满者伯夷陆军和海军的具体情况，但有证据显示，在14世纪大部分时间里，军队能够有效控制广阔区域的各地方首领，强迫他们保持藩贡关系。

满者伯夷对亚洲大陆实行积极的邦交关系。越南被认为是它的亲密同盟，这同淡马锡与越南的关系相仿。1368年之前，中国一直处于元朝统治之下。忽必烈远征爪哇后，满者伯夷与中国关系疏远，这也是情理之中的事。不过，双方仍偶尔互派使团。

8世纪起，爪哇的经济至少部分实现了货币化，这可以从中爪哇多处发现钱币得到证明（Wicks, 1992: 221）。但在1300年前后，满者伯夷第一位国王在位期间，形势发生了重大变化：在官方交易和日常交换活动中，本土钱币被中国钱币取代。爪哇史料没能解释为什么会出现这种变化，但这可能与制作成本低廉的小额货币因素有关。比起使用麻烦笨重的金子银子，小额货币更适合在市场中使用，效率更高。

14世纪爪哇的国内经济通过广泛整合、统一调配而发展起来。1358年发现的长谷碑铭（Canggu inscription）提到78处渡口，显示出当时东爪哇交通往来的规模（插图4.06）。满者伯夷的碑铭都提到大量的专门行业，从金匠到银匠，从饮料商贩到屠户，应有尽有。据《爪哇史颂》

1　见〔南宋〕赵汝适撰《诸蕃志》卷上《志国·阇婆国》。

称，满者伯夷吸引八方舶商前来贸易，包括印度人、高棉人、暹罗人、中国人等。一些商人成为半永久定居的外国人，他们如果要从事贸易以外的行业，可能必须缴纳专门的赋税（Christie, 1997; Sri Soejatmi Satari, 1985; Machi Suhadi, 1985）。

阿迭多跋摩：金地王

爪哇之外，满者伯夷最重要的藩属国当属苏门答腊的末罗游。《爪哇诸王志》为我们提供了14世纪末罗游的一些信息。虽然不能相信《爪哇诸王志》具有真实性，但此书坚称，1275年爪哇军队征服了末罗游，抓住一位马来公主并带回爪哇。公主嫁给了一位爪哇王子，并生下儿子阿迭多跋摩。

我们只了解少数几个14世纪生活在苏门答腊的人物的个人情况，阿迭多跋摩是其中之一。他早年生活在东爪哇，在玛琅（Malang）附近的加哥陵庙（Candi Jago）留下碑铭。也许是在1343年前后，他被爪哇人派到苏门答腊担任总督，大概是因为爪哇人认为当地人更容易接纳他，毕竟他有来自母亲的苏门答腊王室血统。30多块石碑记载了他在苏门答腊进行广泛的宗教活动的情况。

阿迭多跋摩在苏门答腊的第一块石碑竖立于东部低地，但大多数石碑是后来刻写的，都来自苏门答腊西部高地。在这些石碑铭文中，阿迭多跋摩自诩为不依附于他人的君主。当时他一定已经停止效忠爪哇人，并将都城迁到内陆，以躲避爪哇人的攻击。

在一块碑铭上，阿迭多跋摩自称“金地王”（Kanakamedinindra）。人们在西苏门答腊山脉发现了不少古代开采金矿的证据。在前殖民地时期，米南加保山区是苏门答腊唯一大规模种植稻米的地区。史丹福·莱佛士爵士在19世纪初到访这一地区时，惊叹于这里土地之丰饶。这里同爪哇王国一样五谷丰登。阿迭多跋摩一定认为，他能在这里建立一个繁荣兴旺的具有爪哇风格的新王国。虽然他一生励精图治，也一定取得过一些成就（他统治时间约30年，而且有一块石碑还提到“王储”一词），但他的年轻王国似乎并不比他长命。16世纪来到这一地区的人会发现，这里存在一个苏门答腊风格的、建立在共识基础上的政体。它受到当地其他王国的尊重，与满者伯夷完全没有相似之处。

阿迭多跋摩笃信密宗佛教。在苏门答腊发现的一尊巨大雕像（高4.3米）塑造了代表破坏力量的恐怖之神——派拉瓦。他是湿婆的化身，站在一堆头骨和一具尸体上，端着一只骷髅碗，拿着一把宰牲刀（插图4.07）。一些阿迭多跋摩石碑铭文描述了在焚尸场闻到烧尸恶臭的景象。14世纪，室利佛逝的大乘佛教与爪哇的大乘佛教一样，已经演化成一种更为神秘的形式（密宗）。没有必要研究爪哇对这里的影响，因为在北苏门答腊的巴当拉瓦斯，以及廖内内陆的玛拉塔库斯，都可以看到11—12世纪为密宗佛教神祇修建的砖塔。1025年注辇国攻打苏门答腊之后，这里的佛教就朝着密宗方向不断演化，而在爪哇岛，根本没有建起任何一座永久性建筑。

虽然阿迭多跋摩王国地处偏远，但他自有与外界交往的渠道。在巴帕赫镇，距阿迭多跋摩之前在鹅麦山（Bukit Gombak）上的宫殿不远处，有一条从岩石间凿出的水道。岩壁一侧有阿迭多跋摩时期苏门答腊特有的梵文文字，这些文字打破了诸多语法和拼写规则。岩壁另一侧是用泰米尔文刻写的文字，也许写的是“在阿迭多跋摩的臣民中，有很大一部分为南印度人”（Krom, 1931: 414–415; Oudheidkundige Verslag, 1912: 46）。不过，还是可以看出，这里一直与印度保持往来。

爪哇人委派阿迭多跋摩去统领苏门答腊，是希望控制苏门答腊这个14世纪的重要地区。不过，他们的如意算盘似乎落空了。阿迭多跋摩石碑显示，阿迭多跋摩似乎忙于宗教活动，而考古学家也尚未发现外贸活动痕迹，例如，不管是在山地还是在末罗游所在的低地，都没有发现14世纪的中国陶瓷。这种情况说明，尚缺乏这方面的研究，有待考古学家未来的发掘来改观。近年来，在发掘出派拉瓦神像的巴当洛克，通过研究和修复工作，已经发现了中国宋元时期的瓷器（Peneliti, 1992），证明在阿迭多跋摩到这里之前，已经有人逆流而上，运送陶瓷数百公里。而且，在阿迭多跋摩在位期间，仍不断有中国瓷器运来。

插图4.07　14世纪金刚乘佛教雕像，塑造的很可能是阿迭多跋摩，在西爪哇的巴当洛克被发现。雕像可能从东爪哇运来；1345年之前，阿迭多跋摩生活在东爪哇。

阿瑜陀耶

13世纪，各泰人族群不断分化、组合，形成社会结构复杂的强大王国。泰人指讲泰语系语言的民族，即“泰族王国公民”，以区别泰国人。最著名的王国是位于湄南河内陆河谷地区的素可泰王国，它似乎不是一个海上大国。无法确定13世纪时，是哪支泰人（或暹罗人）攻打了马来人，因为几个泰族王国都有能力派遣组织有序的远征军，长驱直入，征讨新加坡。

阿瑜陀耶王朝建于1351年，并迅速成为最强大的泰族王国（插图4.08）。阿瑜陀耶有可能是1396年那次讨伐新加坡的始作俑者。马六甲统治者承袭了马来国王的地位，15世纪时也向他们世代的阿瑜陀耶君

插图4.08　阿瑜陀耶王国废墟

主称藩纳贡。

元朝覆灭与明朝兴起

1368年，蒙古族统治的元朝被一个汉民族统治的朝代取代。这个朝代随即着手恢复汉民族身份。为了恢复元代之前的文化，中国朝廷又回到由极端儒家思想支配的贸易政策。明朝第一位皇帝朱元璋出身于保守的农民家庭。他规定，擅自与外国人接触要受到惩罚，并极端鄙视贸易和商人。因循旧制令所有人不满，怨声载道。对于贸易和朝贡，大明朝廷初期意见不一，争论不休。在明朝正式建立之前，吴王在位第一年[1]即下令设立市舶司。洪武元年（1368年），朱元璋称帝，在南京设立市舶司，但很快又于1370年关闭，对外声称是因为市舶司过于靠近皇宫。1398年，朱元璋去世后，由于内战，南京秩序混乱，1420年大明都城迁往北京。1371年，洪武帝严惩派人出海经商的福建官员。依照新法律，罪责轻者流放边疆做苦役，重者被处死。1402年大明朝廷又立一法，扬言将派舰队出海，处死那些拒不回国的海外华人（Nie, 1997: 70–72）。

1374年，为了处理朝贡关系，大明朝廷在三地设立了市舶司：宁波被指定接待日本贡使，泉州接待琉球贡使，广州负责接待占婆、暹罗以及所有西洋国家贡使。这些市舶司同年关闭，后复设，再于1394年关闭。如此反复，最后只有琉球、真腊（柬埔寨）和暹罗获准朝贡。

中国官府突然停止支持私商贸易，中国与外国人的所有交往一律

1 吴王指朱元璋，他于1364年在南京自立为吴王，史称“西吴王”。

通过官方渠道进行。三个世纪以来，官府已经逐渐放松对海外贸易的管制，但此时却突然出现逆转。朝廷新政策对中国在东南亚的商业活动带来巨大的负面影响。

按照明朝官方的逻辑，中国不应该通过朝贡贸易谋取利益。中国不需要任何海外货物。那些希望向中国纳贡的外国应该遵守中国的大统历法（以示承认大明朝廷的合法性），而且，他们的君主必须由中国册封。朝廷发明了各种复杂的仪式，以显示皇帝高高在上的地位。

明朝皇帝制定了“厚往薄来”的朝贡贸易原则，以示“皇恩浩荡”。朝贡事宜是政治–宗教领域的一部分，国际交往的原则是基于皇帝近乎神圣的地位，这与世俗经济活动利欲熏心的性质截然不同。朝贡礼仪由礼部下属的主客司负责；宦官被提拔为海上贸易监管，直接向皇帝汇报。朝贡来访的时间间隔是固定的，视各国情况而定。有些国家获准每年朝贡，有些则两年一贡、三年一贡，或十年一贡。

每个朝贡使团可派遣的人员及船只数量都有明文规定，目的是减少朝廷必须支出的费用。1421年之前，朝贡仪式均在南京举行，之后移到北京。

明朝早期当局担心“北虏南倭”——蒙古族和日本海盗，以及那些不遵守新规、继续私通外夷者。1373年，朝廷开始在浙江和福建大力造船，以加强海防。1394年，皇帝下谕，重申要彻底消除海上非法贸易。这说明，禁止私商贸易和走私的举措并未完全成功。由于仍有大批中国人非法出海，购买外国香料用于祭祖，皇上大怒（Wolters, 1970: 67–68）。朝廷禁止百姓使用外国的香料和其他产品，并责令他们三个月内彻底销毁这些物品。烧香拜神应使用本地产品，而非外国香木。1380年，爪哇来贡，皇上对此表示不满，说这些蛮夷表面修贡，实则慕利。

14世纪后期：海上丝绸之路转型

14世纪后期，明朝的官方举措使海上丝绸之路陷入混乱。暹罗和满者伯夷都试图夺得马六甲海峡各港口的纳贡。他们与中国私商的贸易被切断。这一地区的海外华人也处于无所适从的尴尬境地。这些中国商人过去被默许从事贸易，甚至受到鼓励，如今突然之间又沦为违法商贩。

1400年，已经有大量中国人（主要为广东人）生活在巴邻旁。不管是《岛夷志略》还是其他文献，之前都没有提到过有这么一批中国人，但他们确实很可能存在过。由于中国政权更迭，他们被置于茫然不知所措的境地。为了逃避惩罚，他们中的数千人，也许上万人选择留在巴邻旁，而不是返回中国。

也许占卑和巴邻旁受到朝贡贸易的恢复刺激，试图重建昔日室利佛逝帝国对海峡的主宰地位。1368—1377年，占卑数度遣使中国。显然，这些马来人港口希望获得中国的认可，承认其独立地位，而并非附属于满者伯夷宗主国的统治。1377年前后，满者伯夷强力阻止马来人争取中国支持的举措，当时爪哇人拦截并杀害了派往占卑的中国使节。一连串莫名其妙的事件使洪武帝大为不悦，认为自己被别国愚弄，给了对方不该给予的地位。洪武帝没有惩罚爪哇人，而是长达二十年不再理睬苏门答腊。

由于朝廷实行孤立政策，加之中国内部出现政治动荡，《明史》未详尽记录这段时期的历史。明朝第二个皇帝被其叔父赶下台，官方史料中也没有关于他的记载。这一段改写的历史可回溯至14世纪，也造成苏门答腊历史模糊不清、语焉不详（Wade, 1991: 13）。

1391年，巴邻旁的马来人酋长拜里米苏拉试图宣示独立地位，脱离爪哇统治（Wolters, 1970）。但他的努力再次失败：一支满者伯夷舰队摧毁位于邦加岛的巴邻旁防线。拜里米苏拉决定放弃旧港口，将马来王国的都城向北挪动数百公里。他为何选择了新加坡，我们不得而知，但他一定是认为那里具备接替巴邻旁，成为马来人都城的各种优良特质。他本来可以成功地在新加坡重建都城，但是，也许是出于偶然因素，也许是由于当地人与苏门答腊新来者之间发生争斗，他杀死了号称桑阿吉的新加坡酋长。此事激怒了暹罗人，也可能激怒了位于泰南的暹属马来邦，招致干预，拜里米苏拉于是不得不在1396年前后再次逃亡。接下来，他第三次尝试建立独立的马来人港口，最终如愿以偿：他在马六甲安家，顶住了爪哇人和暹罗人的威胁；他采纳了新的朝贡贸易制度，经受住由此带来的商业乱局，最终生存下来。

马六甲崛起与大明永乐帝

毫无疑问，两个因素使得马六甲崛起：一是明朝皇家舰队到访，二是加强与印度西北部的贸易。1402年，朱棣从侄子手中夺得王位。为使自己的王位合法化，他采取的措施之一是主动派遣众多使节出访，宣示自己登基。曾经助其成功夺权的宦官屡屡得到重用。朱棣（也称明成祖、永乐帝）于1403年重开三处市舶司。他对朝贡物品的回赐也更加慷慨大方，还扩大了朝贡贸易的范围。比起他的前任，他对那些在中国逗留期间私做贸易的外国使团成员更加宽容，网开一面。这些使节借助通事，与当地百姓私市，非法购买中国物品，而这些通译中有些就是域外国家雇佣的海外华人（Chang, 1983: 47）。不过，1404年，当一个外国使节私自购买中国瓷器，刑部建议不予没收时，皇帝并没有批准。

在各种因素作用下，派遣贡使的国家数目从洪武帝时的不足17

个，增加到永乐帝在位时的30多个。仅马六甲就派遣过12个使团。

明代大航海

明代早期外交政策中最显赫的一件大事就是派遣大型船队下西洋，远至东非。其中最著名的七次航行发生在1405—1433年。其中六次（1404—1421年）由永乐帝发起。永乐帝的继位者洪熙皇帝没有组织过一次航海活动，到其继位者宣德帝才发起过一次，船队于1432年从中国起航。这几次航行都是由郑和率领。他既是穆斯林，又是太监。奇怪的是，正是这样的非典型中国人特质才使他在这一时期脱颖而出，成为担此大任的不二人选。从汉朝起，一些太监就拥有处理邦交的专利，而且海上丝绸之路上的许多主要港口都是由信仰伊斯兰教的人掌控。

虽然郑和船队闻名遐迩，但绝不是永乐帝所派遣的唯一船队。据明朝编年史记载，至少有12位其他海军将领率领过船队出访东南亚和印度洋。1403年的第一次航海由同样是穆斯林的马彬率领，到达爪哇、亚齐和印度。同时期率领船队出海的还有吴宾和张谦（Zhang Koqing，但相关史料中未见相对应的名字）。侯显于1415年率领船队到达东印度，在此之前他还率使团于1413年到访中国的西藏和尼泊尔，“在这一时期的著名中国外交使臣中，《明史》列其名于郑和之后”（Kwee, 1997: 84）。

在率领明朝船队下西洋的官员中，郑和名气最大。他原名马和，1371年生于云南。他的曾祖父是蒙古族，父亲曾赴麦加朝觐。为了有朝一日成为达官显贵，家人将他送入宫中做太监。后来他因立下战功被提拔，并赐予“郑”姓。

派郑和下西洋主要是永乐帝的主意。在永乐帝之后，中国更彻底地断绝了与外部世界的联系，只是在宣德年间派遣过船队远航一次。

永乐帝鼓励对外交往的政策在明朝实属罕见。我们不清楚他的动机，但是有几种观点可以提出来。第一种观点是，赫赫有名的征服者帖木儿汗统治中亚，控制了陆上丝绸之路，永乐帝必须另辟蹊径——海上丝绸之路。当然，背后原因也许是永乐帝所依仗的贵族阶层旧习不改，仍需要熏香和香料这种外来奢侈品；这些物品在他们的生活中必不可少。

永乐帝的动机可以从他对船的叫法上看得更清楚："运宝之船"（运西洋宝石）或"宝船"（珠宝之船）（Mills, 1970: 2 n. 8）。其中一支船队竟然包括63艘"宝船"和28 000人。大型船队通常驶往占婆的归仁（Qui Nhon），然后到达东爪哇的泗水，并在那里逗留四个月。待风向转变，船只经巴邻旁驶往马六甲海峡，继续前往印度。船队的分遣队会到访一些小港口。返回时，船队与分遣队在马六甲会合，他们在那里修建围栏（与一个多世纪前马可·波罗描述的北苏门答腊上的中国人建造的围栏相同）。经过两年海外航行，终于返航，船只穿过新加坡海峡进入南中国海（Mills, 1970: 9–10）。

除了国内政策的商业动机，即满足王公贵族对奢侈品的需求，永乐帝派遣船队远航也许是为了防范海外华人可能对其构成的威胁，以稳固自己的统治。郑和第一次下西洋时有一项特殊使命。他与巴邻旁当地强悍的华人武装开战，杀死了5000人，生擒贼王陈祖义，并押解回京处死。尽管如此，但华人社区依然存在，我们由此可以想象出巴邻旁华人的人口规模。

郑和在巴邻旁的任务被冠以剿灭海贼之名。不过，在这次扫荡之前的1405年，朝廷下达过一道指令，命巴邻旁的华人返回中国。但巴邻旁的华人拒绝从命，自然就被戴上"海贼"的帽子，于1407年遭到郑和第一支船队的攻击。被称为海贼之王的陈祖义是从另一位华人手里夺过巴邻旁的统治权。这说明该古代港口已经被海外华人统治过一段时间。海外华人控制巴邻旁的具体时间不详，但应该是在1377年之后（Wolters, 1970: 71）。

巴邻旁是第一个已知的由海外华人管辖的地方。捉拿陈祖义之后，郑和并没有强迫余下的华人居民返回中国，也没将他们处死，而是指派了另一位华人施进卿担任头领。施进卿后被封为旧港宣慰使（明朝史料中经常使用“旧港”指代巴邻旁）。1406年，亚列·进卿（亚列［Ah Lit］可能源于佛教徒称号“Arya”）[1]遣使日本。他的儿子施济孙于1424年向中国朝廷请求册封为进卿的继任者。1421年，他效仿其父，向日本派遣使团。此时为止，也可能更早，巴邻旁的华人已经视自己为东南亚永久居民，而非侨民了。

永乐帝决定鼓励海外华人保持现状，并于1407年在巴邻旁设立特别官职——旧港宣慰使（Kobata and Matsuda, 1969: 131–132）。只有巴邻旁获得过这一地位，说明当时东南亚还不存在华人管辖的其他聚居地。

关于1435年明朝大航海结束后时期的情况，人们从一个不曾预料的史料中找到相关信息；这一史料来自琉球群岛，其最大的岛屿是冲绳岛。琉球群岛当时是一个独立王国，与东南亚保持定期邦交关系和商业往来。很多琉球船只和船员均来自福建（Murray, 1994: 99）。琉球参照中国方式保留档案，也记载了中国史料不曾记载的一些信息。1430—1442年，琉球六次派遣贸易使团前往爪哇。此后二十年的记录缺失。再次恢复记录时，琉球贸易的中心已经转移到马六甲。2004年，在15世纪首里城（Shurijo）附近的皇家圆觉寺发现了一把马来波刃短刀——克利斯（keris）匕首，被认为来自马六甲或爪哇。在琉球的几处遗址还

1　有资料显示，“亚列”也可能来自阿拉伯语“阿里”。

发现了15世纪的泰国陶瓷残片。

1428年，琉球派遣一名使者前往巴邻旁（旧港）。由于巴邻旁地位特殊，与巴邻旁的交往是以首席大臣名义进行的。琉球史料记载，1428年为赴巴邻旁（旧港）的船只发放“通行证”，以便运送“一批瓷器和其他物品”。1429年和1430年，又进行了类似的航行。由此可见，作为少数几个被允许定期访问中国的国家之一，琉球利用这一身份扮演了中国与东南亚贸易的中间人角色。

巴邻旁的华人大量汲取东南亚文化。这里的许多华人居民都入教，成为穆斯林。施进卿显然有两个女儿：俾那智（Pinati）和施二姐。俾那智后来成为巴邻旁大头目。选择女性担任这一角色更符合东南亚习俗，而非中国传统。也许巴邻旁的华人社区就是通过华人移民与当地女子结婚生子建立家庭而形成的，这种做法后来非常普遍。如果确实是这种情况，那么，俾那智统治期间一定得到了其母亲的苏门答腊家族的支持。

据琉球的《中山世鉴》（*Dynastic Documentary Records*）称，施氏大娘俾那智是施进卿（旧港宣慰使）的亲属。1430年，琉球致信“三佛齐国巴邻旁本目娘大人”。1431年，这封信得到“三佛齐国巴邻旁本目娘大人”的回复。她的真实名称可能是头目娘夫人（Pun Tau Mu Niang）[1]。当时她已经取代施济孙，成为旧港首领。

本目娘可能是本头娘的姐姐（Kobata and Matsuda, 1969: 139 fn. 8）。姐妹两人之一可能嫁给了丘彦诚，丘于是成为宣慰使施进卿的女婿。1407年，丘彦诚作为施济孙的使者前往北京。《瀛涯胜览》记载，施进卿去世时，继位的不是其子施济孙，是其二女儿施二姐。马欢描述了1431

1 “Pun”可能来自马来语“puan”，“夫人”之意。——原注年施二姐是如何继承父位，成为头目娘（女首领）的。但《明实录》称，施济孙在1424年获准嗣职。所以两处记载相互矛盾。

俾那智也成了爪哇15世纪的重要人物。她在巴邻旁被免职后，又出现在东爪哇的锦石[1]。那里距泗水不远，是华人穆斯林的另一个大本营。中国宝船每次下西洋时，都要在此停留数月。郑和手下一位官员写道，有1000多户华人家庭居住在锦石，首领是一位广东人。莱佛士在其《爪哇史》（*History of Java*）中引用了一处爪哇文献，称俾那智是一位柬埔寨首相的妻子，因施巫术被驱逐到爪哇（Raffles, 1817: vol. II, 115, 119）。荷兰史学家费特（P. J. Veth）则记载了另一个版本的说法，称她嫁给了满者伯夷摄政王吉阿伊·桑勃加（Kyai Sambaja），丈夫死后，她迁到锦石，并皈依伊斯兰教。陈育崧（Tan Yeok Seong）没有将“Sambaja”解读为“柬埔寨”（Kamboja/Cambodia），而是“三佛齐”。

据传说，头目娘俾那智甚至可能担任过锦石的藩舶长（港主）。另一个版本的传说是，她是爪哇东端布蓝邦安（Blambangan）一位宫廷官员的遗孀（Fox, 1997）。有一个故事讲到，她的商船在海上救起篮子里的一个男孩。这个男孩后来成为宗教和世俗领袖苏南·吉里（Sunan Giri）（Tan Yeok Seong, 1975），而他的养母则成为人们所知的“伟大女性俾那智”。她的墓地位于东爪哇苏南·吉里墓附近，那里至今仍是人们朝拜的圣地。

1435年以后，巴邻旁华人穆斯林的情况又如何？从郑和下西洋结束到葡萄牙人到来之间是一个关键时期，而我们对这一时期的东南亚情况却知之甚少。多默·皮列士将1500年初期的巴邻旁描绘成充满爪哇/马来文化的地方。一份史料称，巴邻旁在与中国断绝关系后，海

1　Gresik，也称革儿昔、新村。

外华人首领号召华人融入当地文化（Ma, 2002）。郑和下西洋时，海外华人已将原姓名改成当地名字（Kobata and Matsuda, 1969: 151, 153）。有些人充当了外交使节，尤其是作为派往中国的使节。中国史料直到1465年还提及有中国姓名的人充当爪哇贡使，而早在1425年和1447年就提到有中国姓但非中国名的人成为巴邻旁或爪哇的贡使。这说明，同化过程早已开始（Wade, 1991: 117–118）。1444年，一份中国史料提到55名非法者从广东前往爪哇贸易。22人显然决定留在那里，其他人在试图返回中国时被捕（Wade, 1991: 118）。但爪哇华人贡使马永良在1436—1453年间五次回国，其余时间似乎更愿意住在爪哇。

琉球档案中有马六甲海军大将分别写于1480年和1481年的两封信。一封信报告他派船前往占婆，营救了两名与越南打仗后幸存的琉球人。该海军大将请求琉球大王赠他一把剑、一个弓弦调整器和一副马鞍。1481年，这位海军大将又发出一封信，确认收到礼物、使节到达，并给出回礼清单。此类信件一般由苏丹本人来写，而这位海军大将以苏丹名义代笔，说明其地位极高。这两封信的措辞也不一样，语气比另外两份类似文件更加亲切热情。

据1511年后完成的《阿方索·德·亚伯奎书信集》，马六甲海军大将（亚伯奎确认他驻守新加坡）被描述为一位了不起的八旬老人（Kobata and Matsuda, 1969: 119 n. 36, 120）。人们不禁要问，此人是不是那位1480年和1481年致信琉球的人？难道他是杭杜亚？

有关东南亚的明朝文献

继汪大渊的《岛夷志略》后，《瀛涯胜览》（意即“对海外情况的全面考察”）是第一部关于东南亚商业史的重要中国文献，成书时间大约为1425—1432年，作者为名不见经传的中国穆斯林马欢。他是一名通译，记录了郑和1413年下西洋的经过。1436年前后，张升对文本进行删节整理，所以说此书肯定是完成于删改年代之前。

其他记载东南亚的明朝文献还有费信于1436年撰写的《星槎胜览》。费信为明朝官员，数次随郑和航海，但我们不知道他的官职是什么。另外一本航海手稿为《顺风相送》，写于1430年前后。关于郑和航海的另一部文献是巩珍于1432年撰写的《西洋藩国志》。巩珍随郑和最后一次出海，担任幕僚。此后的文献包括黄省曾于1520年撰写的《西洋朝贡典录》。

《武备志》一书的序言可追溯到1620年，进献给皇上的时间不早于1628年。该书收录一张称为茅坤图的航海图。《武备志》在序言中称该图的地理和航海细节是根据《瀛涯胜览》和《星槎胜览》所绘制。就地图来说，这是最接近宝船下西洋经过路线的仅存地图。图中地名包括淡马锡（新加坡岛），以及可能指绝后岛北部或南部的淡马锡门（新加坡海峡）（Mills, 1970: 221）。图上的航行指示提到龙牙门。大多数学者（Wheatley, 1961: 94 ff.; Gibson-Hill, 1956）都认为航线穿过岌巴港，不过，米尔斯（Mills, 1970: 317–318）认为，龙牙门实际上是指位于沙都姆岛（Pulau Satumu）南面的新加坡主海峡。此处的石柱证据，以及有学者强调的狭窄水道，都使人们更倾向一个结论：这里是从拉柏多角与西乐索要塞之间进入岌巴港的西入口。

虽然郑和船队浩浩荡荡，蔚为壮观，但他们并不是明朝初期唯一出海的使团。1403年，马彬被派遣出访爪哇、亚齐和印度。吴宾和张谦在同一时期也起航出使。侯显于1403年和1413年分别奉命前往中国西藏和尼泊尔，1415年又乘船前往印度东部。

宣德皇帝是最后一位派遣船队航行于海上丝绸之路的皇帝。最后一次航海后，出现了政治上抵制外国文化、宦官把持大权的局面。船只被毁，甚至船坞也被破坏。中国朝廷不鼓励外国人来华朝贡贸易，因此朝贡贸易体制的影响渐衰。

国家安全再次受到威胁，这影响到中国的内部政局。1421年，明朝定都北京，这是由于来自北方的安全隐患。中国军队曾一度占领越南，但在1428年被逐出。中国朝廷对外部世界的态度变为防守自保。15世纪30年代到50年代，明朝皇帝颁布了禁止私商贸易的法律，对违法者的惩治也更加严厉（Elvin, 1973: 218）。据《明实录》，1443年，明朝皇帝告知爪哇，朝贡不得超过三年一贡。一份来自广东的史料称，爪哇朝贡频数，“供亿费烦”[1]（T'ien, 1981: 33）。1500年，中国与外部世界的交往都是以走私的形式进行，于是政府出台新法，规定凡擅造双桅以上违式船，或与外国交易者一律处死。若将大船转雇，分取藩货，及私下买卖苏木、胡椒一千斤者，发配边疆充军（Chang, 1983: 49）。

明朝严禁私商贸易与泉州衰落同时发生。该城市人口减少，周边市场关闭（Murray, 1994: 102; Skinner, 1985: 276）。泉州的衰落可能是港口淤塞和对外贸易萎缩造成的（Murray, 1994: 102 fn. 27）。

15世纪，海外输入的胡椒和苏木已经成为中国大宗消费品，这给解除海禁带来压力，而此时，大明朝廷正在大力实施海禁。东南亚与中国之间的贸易不是依赖中国船舶，而主要是依赖马六甲海船完成的，这些船只属于爪哇商人和马来商人。珠江入海口有一座岛屿，专门指定为马六甲海船的停靠码头，另一座岛则是暹罗船只的停靠码头（T'ien, 1981: 34）。

1 见〔清〕张廷玉等撰《明史》卷三百二十四列传第二百十二《外国五·爪哇》：“八年，广东参政张琰言：‘爪哇朝贡频数，供亿费烦，敝中国以事远人，非计。’帝纳之。其使还，赐敕曰：‘海外诸邦，并三年一贡。王亦宜体恤军民，一遵此制。’”

明朝长期闭关自守给中国带来灾难性影响：1400年，中国曾在文化和技术发展方面走在世界前列，此时却已落后于人。中国朝廷打击走私活动长达两百年，带来的却是动荡不安。终于在1567年，禁止私人贸易的法律出现了松动。新皇帝穆宗批准福建地方当局的奏请，允许每年50艘中国船舶出海前往东南亚。

虽然我们掌握的15世纪新加坡历史资料比其后一百年的资料少，但我们知道，拜里米苏拉被赶走后，新加坡并未被人遗忘。据李约瑟确定成稿年代为1430年左右的《顺风相送》记载（Mills, 1970: 182）：过长腰屿，船于内侧过淡马锡门，客可在此换船（Mills, 1970: 325）。商人从一条船换到另一条船是司空见惯的做法。由此可见，明朝时的新加坡发挥了连接地区性小港与更大贸易网的作用，而今天的新加坡港口和机场还在扮演相同的角色。

明代水下遗址

1360年，中国船舶在东南亚水域常来常往，屡见不鲜。遗憾的是，热带海洋的巨大破坏力和寻宝者的掠夺破坏了我们研究中国早期造船情况的机会。元朝时，东南亚造船者开始借鉴中国设计（Reid, 1992: 181, 1996: 18）。不过在1368年以后，海禁严重制约了中国的造船发展。从1368年到1567年实施海禁期间，走私规模时起时落，完全取决于中国官府执行海禁令的力度。但在这两个世纪中，很少有中国瓷器输往东南亚。沉船考古也印证了这一结论。

明代空白期是东南亚考古领域一个非常著名的观点（Harrisson, 1958; Ho and Smith, 1999）。“空白期”指的是中国瓷器停止外销的一百多年。克罗萨娜·布朗（Roxana Brown）通过研究沉船数据，使这一概念更加完善。从1368年明朝建立到1430年郑和最后一次下西洋，中国瓷器在船运货物中的比重从100%下降到30%—40%。这一时期的货物中几乎完全见不到青花瓷的影子。在接下来的60年里，中国瓷器占货物比重不超过5%，只是在弘治年间（1488—1505年）这一比重才再次增长。

明代早期的贸易陶瓷器很难辨别，部分原因是陶瓷留存的数量很少。陆地考古学家有时不得不把14—16世纪当作一个时间段，因为无法确定从14世纪末到16世纪中期各种陶瓷器的具体年代（Junker, 1999）。

> 在研究这一时期生产的瓷器方面，确实工作做得不够，到目前为止还没见到印有年款的景德镇官窑瓷器。在过去几十年中，各种鉴定这一时期该省青花瓷年代的流派纷纷涌现，他们的观点有时候相互矛盾，令人困惑。（Lam, 2001: 35）

15世纪东南亚沉船数量很多，已经发现的有30多艘，说明海上丝绸之路的贸易活动一直非常活跃。虽然明朝早期许多沉船遗址已为人所知，但很少有成果发表出来。有些沉船位于深海，尚未进行深入研究，其他沉船则遭遇盗抢，破坏严重。只有两艘船上发现了青花瓷（总共8件），一艘为泰国湾中的荣坚沉船（1400—1425年），另一艘为马来西亚东海岸外发现的皇家南海号（1460—1470年）。一些在东南亚发现的器皿可以归属成化年间（1465—1487年）和弘治年间（1488—1505年），但它们来到这一地区的年代已无法确认。

荣坚沉船上几乎没有见到中国瓷器，但所载货物可能包括至少3吨中国钱币。泰国美术部抢救打捞出约200公斤各个年代的钱币，时间跨度从4世纪到洪武年间（Brown, 2004: 23）。

明朝建立后不久，就出现了载有泰国产和越南产釉瓷的沉船。这说明，泰国人和越南人趁着中国突然与外界隔绝，迅速行动，抓住商机，取而代之。1368—1428年，载有东南亚釉陶的沉船遗址为杜里安沉船、西昌岛II号沉船、荣坚沉船、宋岛沉船，以及马拉内沉船（*Maranei*）或称巴高岛沉船（*Bakau*）。

杜里安沉船

杜里安沉船位于马来西亚半岛东海岸以外。碳测定沉船年代有95%的可能是在1305—1435年。目前的推论是，该船沉没于1371年之前，当时中国刚刚实行海禁政策。该船很可能为中国制造：有隔舱板，没有使用木榫，一些船板上留有可能是铁钉眼的痕迹。

沉船上陶瓷货物包括46%的素可泰陶瓷、11%的西萨差那莱（Si Satchanalai）陶瓷、8%的越南陶瓷，以及35%的中国单色瓷器。没有发现中国青花瓷。除了2件土陶罐，至少还发现了4件常见的储物罐和素攀武里（Suphanburi）府大罐。非陶瓷类货物包括铁矿砂和4个象牙。该船是已知最早的以东南亚釉陶为主要货物的船（Brown and Sjostrand, 2000, 2002）。

巴高岛/马拉内沉船

该沉船发现于勿里洞岛和婆罗洲之间的卡里马塔（Karimata）海峡（Flecker, 2001）。15世纪初，该船驶往中国南方，停靠过泰国一个港口，随后沉没在南海与爪哇之间的主航道上。学者到达时，船上大部分货物已被盗抢，剩下的货物包括素攀武里府制造的储物罐，里面盛有谷物。

陶瓷类货物为13世纪或14世纪陶瓷，与在泰国的西昌岛II号沉船、荣坚沉船，以及马来西亚的杜里安沉船和龙泉沉船上发现的陶瓷相似。据盗抢者说，该船货物包括泰国、越南和中国陶瓷，其中素可泰窑生产的碗、盘数量超过宋家洛窑（Flecker, 2001: 226）。越南陶瓷只有几件釉下蓝彩装饰器皿。中国陶瓷包括龙泉青瓷、褐釉陶器、仿青花瓷，但显然没有青花瓷。该船还载有细胎执壶（军持）。这些执壶有乳头状出水口，与在印坦号和爪哇海沉船上发现的细胎陶设计上存在差别，器形更瘦，色彩更红。有些水瓶为双葫芦或三葫芦形状。“这是唯一没有在杜里安沉船上发现的瓷器。”（Flecker, 2001: 227）从这段描述可以看出，这些执瓶更像是爪哇瓷器，而不是泰南瓷器。然而，它们却出现在显然是驶往爪哇的船上，所以它们可能还是来自巴欧（Pa-O），或泰南其他什么地方（如北大年）。

推测沉船年代的最有利证据是十几枚钱币。所有这些钱币都可以辨认，除了一枚北宋钱币，其他都铸造于永乐年间。其他货物包括铜锣、铜镜和把手（所有都已分离）、红铜合金镊子、砧形磨石和滚轴，

插图4.09　发现于巴高岛/马拉内沉船的土陶军持，可能产于泰南，年代为15世纪早期，很可能是在郑和下西洋期间。

以及成摞的铁锅。其他少量红铜遗物可能是贸易货物，也可能是船员的私人物品，有鱼钩、一只带有柄脚的矛尖、一盏挂灯、盘、碗、勺、铃、秤砣，以及一个吃槟榔用的石灰容器。

南洋沉船

该船位于深海，无法进行深入研究。能够确定的是，船上货物为西萨差那莱窑和素攀武里窑陶瓷。到目前为止，该遗址只发现了两件中国青瓷碗。该船年代可能为郑和下西洋之后的十年（Brown, 2003）。但是，在进行充分研究之前，无法确认这个时间。该船有隔舱板和木榫，说明是一艘混合型船。不过，目前数据显示，混合型船到1424年前后（永乐帝时期结束）才出现。

龙泉沉船

这也是一艘硬木混合型船，因此可能来自东南亚。与南洋沉船一样，该船也位于深水之下，且没有进行持续的发掘工作。据估计，船上货物包括10万余件陶瓷，其中中国白瓷和青釉瓷占四成，西萨差那莱窑瓷器占四成。非陶瓷类货物中有苏木。具体沉船时间无法确定，但似乎要晚于南洋沉船。

皇家南海号沉船

该船与龙泉沉船、南洋沉船相似：典型的硬木船，结合了使用木榫的东南亚造船风格和源自中国的隔舱板。船上货物包括21 000余件陶瓷，其中最多的是宋加洛青瓷，还有信武里府储物缸和一些中国褐釉缸。在舱板下一隐蔽处，发现了4件中国青花瓷碗和一件白瓷盖盒。

克罗萨娜·布朗指出，皇家南海号沉船上发现的青花瓷产于成化年间。经碳十四测年发现，该船年代有95%的可能为1320—1460年（Brown and Sjostrand, 2000: 52）。实际时间可能更靠近这一时间段的最晚年代。货物中也有铁器和锡器。

武吉雅加斯沉船

该船发现于廖内的民丹河口边缘处，可能是很久以前有意搁浅并被遗弃在那里的。沉船残骸埋在泥沙里，随潮涨潮落而时隐时现。该船原本长约30米。碳十四测年测定其年代为1400—1460年这一关键时期。该船使用热带硬木制造，造船技术类似龙泉沉船、南洋沉船和皇家南海号沉船，即混合使用了木榫和四方船钉。该遗址由皮埃尔-伊夫·芒甘（Pierre-Yves Manguin）发现并发掘，因此是他辨认出这种混合型南海造船传统。

潘达南岛（Pandanan）沉船

该沉船发现于菲律宾南部巴拉望岛西南端以外，靠近婆罗洲，因此不在海上丝绸之路航线上，但也由此提供了一个有趣的契机，让人们将它与更熟悉的马六甲海峡周边地区进行比较。据菲律宾考古学家尤西比奥·迪松（Eusebio Dizon）提供的信息，从该船船身可以看出，它是一艘东南亚船（Diem, 2001: 92）。可能属于船员的三件土陶炉和几件土陶锅更加证明了这艘船的身世。在船上的遗物中，一枚永乐（1403—1424年）通宝显示该船一定是15世纪的船（Diem, 2001）。克罗萨娜·布朗相信该船年代应为成化年间（1465—1487年），其他学者则估计为1450年。

在发现的4722件陶瓷中，越南陶瓷占75.6%，其中四分之三是灰绿色青瓷，烧制于越南中部的瓦岗（Go Sanh），即今天的平定省。这里以前是占族文化圈的一部分，其陶瓷历史并不为人们所熟知。船上货物还有63件泰国褐釉缸和几件中国瓷器，其中包括应该是明代陶瓷外销空白期（1436—1464年）的青花瓷，极为罕见。尤其有趣的货物还有两门中国小铜炮。其余的陶瓷货物有中国陶瓷器和泰国陶瓷器。潘达南岛沉船上共发现60件中国青花瓷，是迄今为止发现青花瓷最多最早的沉船。

占岛（Cu Lao Cham）沉船

该沉船载有大量货物，大概有25万余件陶瓷物品。该船为混合型造船结构，隔舱板使用的柚木一定来自印度、缅甸或泰国。船上发现配制食用槟榔子的器具，说明船员来自东南亚。东南亚陶瓷包括信武里府产粗陶大储物缸、西萨差那莱缸、四件占婆缸，以及一件土陶军持。中国瓷器包括青花瓷和多色珐琅瓷，有些还带有金色装饰。碳测定年代为1380—1499年之间。一位学者通过遗物风格特征，如铜镜把手和一枚永乐通宝，推断出该船的最晚年代应该为1471年，也就是占族人的毗阇耶国（佛逝国）被攻陷的那一年。另一位学者印证说，少数中国器皿上有宝杵纹饰、折枝花纹和云纹，以及明代陶瓷外销空白期（1436—1464年）特有的折沿，因此该船沉没时间不晚于1457年（Bui et al., 2001; Colomban et al., 2004; Guy, 2000）。

会安（Hoi An）沉船

在会安海域发现的沉船被认为是一艘泰国船。一位学者断定其年代为1435—1470年，其依据是碳测年法的基本数据、可能来自铜镜的青铜把手，以及一枚永乐通宝。该船的最晚时间被认为是1471年，因为主要的占族人王国——毗阇耶国于1471年被越南人征服（Bound, 2001: 101）。林倾向的最晚沉船年代为1457年（Lam, 103 fn. 3），盖伊则主张最晚年代为15世纪末或16世纪初（Guy, 2000: 125）。该船货物包括北越产的青花瓷，还有几只带有宝杵纹饰及15世纪中期其他特有风格细节的碗。在船上找到的30件炻器大缸，产自信武里府挽拉曾窑（Ban Rachan），泰国湾沉船上也发现过该窑陶瓷；还有五只西萨差那莱缸、一件土陶执瓶、四件出自占城的小罐，以及一些重要的高温烧制的青花瓷和常以金色装饰的多色珐琅器。

文莱帆船（Brunei Junk）和圣克鲁斯号（Santa Cruz）沉船

文莱帆船、圣克鲁斯号，以及里纳礁（Lena Shoal）沉船为弘治年间（1488—1505年）沉船，是已知最早的、载有大量中国青花瓷的沉船。这三艘船上有相当大数量的中国青花瓷、一些越南青花瓷，以及很多主要来自泰国信武里府的储物缸（Brown, 2004）。船上没有发现这一时期的宋加洛青瓷盘，倒是有来自缅甸的青瓷盘，很可能来自伊洛瓦底江三角洲的端迪（Twante）。在这些船上发现了宋加洛窑的“椰子”罐和环柄小罐。在文莱帆船上找到一只碟，上有“大明年制”四个字（L'Hour, 2001: I, 38）。

里纳礁沉船

该船沉没于菲律宾布桑加岛（Busuanga）以东。被盗抢之后剩余5千余件物品，包括陶瓷、铜炮、香料、玻璃珠、漆器、青铜手镯、银锭、铁锭、铁锅、红铜器皿和象牙。这批瓷器中有越南瓷器共28件和中国青瓷。泰国青瓷包括400只坛子，但并非标准的西萨差那莱型。一位学者认为这些坛子来自泰国北部卡隆（Kalong）窑，所以沉船年代应为1500年前后（Crick, 2001）。船上还有来自中国、泰国、越南和缅甸的储物缸（Crick, 2001: 71）。克里克又指出，这些货物并不是常见的菲律宾货物，并说该船的目的地是中东，也许它途经菲律宾，并在此卸下泰国瓷器（Ibid.: 84）。

这艘沉船显示，中国铁制品在15世纪后期的东南亚仍颇受欢迎。《明实录》提到爪哇使节两次专门提出要铁器。一次是在1429年，被中国拒绝，原因是官方禁止铁器输出。（人们可能会问，在此之前难道没有这样的禁令吗？）1452年，另一个爪哇使团提出需要铁器，这次他们的要求得到了满足（Wade, 1991: 77）。

1511—1720年间建于新加坡的都城

1511年，随着葡萄牙史料面世，历史面纱终于被揭开，新加坡历史上的种种事件终于不再扑朔迷离。多默·皮列士虽然并不看好新加坡的前景，但还是觉得此地意义重大，值得书写一笔。而埃雷迪亚则更多看重其潜在意义，尤其是从军事角度上。但葡萄牙人从未在这个岛上站稳脚跟。1551年，圣方济各·沙勿略（St. Francis Xavier）写了一封信，从新加坡发出（Mills, 1997: 98），但那封信也许不是在新加坡陆地上写的，而是在停泊于该港口的船上写的。当时葡萄牙人正在与距新加坡沿海只有几公里远的马来都城柔佛争得你死我活。

1511年，马来王室被赶出马六甲，再次经历了一个颠沛流离的时期，后来才在柔佛河口的沙翁槟榔（Sayong Pinang）找到落脚之地。柔佛河提供了进入半岛腹地的通道。1535年，一艘葡萄牙快船驶过哥打丁宜（Kota Tinggi）。18世纪20年代，英国船长亚历山大·汉密尔顿（Alexander Hamilton）行驶至班卒，甚至可能更远的地方（Gibson-Hill, 1955），说明柔佛河可通航，可以逆流而上到达很远的地方。

马来王室从沙翁槟榔顺流而下，到达当时称为哥打巴都（石堡、石头城）、今天称为旧柔佛的地方，一待就是28年。旧柔佛被认为是这条河上最适宜停泊、最安全可靠的地方。不过，哥打巴都于1564年被攻陷。这次的敌人不是葡萄牙人，而是亚齐人，他们是拼命争夺马六甲海峡南端控制权的几方劲敌之一。不过，马来王室挺过难关，并沿着河流向上游迁移，大约十年之后才重占旧柔佛。埃雷迪亚称旧柔佛为“大名鼎鼎的石头城堡”和“柔佛帝国的大本营”。1587年，这里再次遭到进犯，而这次是葡萄牙人所为。在接下来的30年中，都城继续向柔佛河上游转移，来到巴株沙瓦（Batu Sawar），后来又迁往南边遥远的林加岛。在此后100年间，马来王室不断辗转、搬迁，其间曾在一个叫作班卒（位于柔佛河流域）的地方落脚，直到1720年才最终定都于廖内。

表4.4　16世纪30年代—18世纪20年代间的柔佛都城

时间	地点/事件
16世纪30年代（最迟至1536年）	沙翁槟榔
1536—1564年	旧柔佛；被亚齐人攻陷
1564年—16世纪70年代初	武吉东顺（Bukit Seluyut）
16世纪70年代初期—1587年	旧柔佛；被葡萄牙人攻陷
1587—1617/1618年	巴株沙瓦地区
1618—1625年	林加岛；被葡萄牙人攻陷

续表

时间	地点/事件
1625—1640年	无固定都城
1640—1675年	巴株沙瓦地区；被占卑人攻陷
1675—1680年	苏丹在彭亨
1680—1688年	苏丹在廖内
1688—1700年	哥打丁宜
1700—1708年	班卒
1708—1715年	廖内
1715—1720年	班卒
1720年	重返廖内

旧柔佛

在这一时期的马来都城中，虽然在几处遗址都发现过重要的早期墓碑，在地面层也发现了中国瓷器，但人们只对旧柔佛和哥打沙翁（Kota Sayong）进行过考古意义上的研究（Kamarudin Ab. Razak, 1998）。这一时期的考古遗迹与新加坡相关，因为新加坡河口处的聚落直到1600年前后，都一直是苏丹国的前哨基地。苏丹阿拉乌丁（Alauddin）在柔佛河左岸一个村庄边建起自己的都城。这里依山傍河，符合拥有一座须弥山（Mount Meru）的条件，而且易守难攻。1564年前后，亚齐人烧毁了这座城市，掳走阿拉乌丁并将其杀害。

他的儿子阿里·贾拉（Ali Jalla）似乎与葡萄牙人结成同盟，向亚齐人报仇。16世纪70年代，他在旧柔佛重建都城。最后，他与葡萄牙人交恶。1582年，阿里·贾拉没收了沉没在柔佛河口的葡萄牙人商船货物。作为回应，葡萄牙人禁止马六甲商人在柔佛王国控制的港口派驻代表。阿里·贾拉则效仿这里自古以来的做法，派出多艘船只，强迫所有过往商船停靠旧柔佛，一度造成马六甲粮食供应紧张。接着，他于1587年1月攻打马六甲。但是，葡萄牙人这次从印度果阿调来增援部队，对柔佛河进行了反封锁。同年年底，葡萄牙人沿河而上，连续数日炮轰旧柔佛，还袭击了更远的城镇。葡萄牙人蒂欧格·都科托目睹了这一切，并描述了葡萄牙人进攻柔佛的情景：

> 当时的旧柔佛是一座沿着河岸延伸的美丽城市，房屋用木头做墙，屋顶铺着棕榈叶；还有一些高塔和堡垒，以及一些更漂亮、更坚固的建筑。这里有很多人，健康快乐……还有这么多枪炮，有些甚至架在树顶上。枪炮遍布所有堡垒、瞭望塔和炮台，五颜六色的绸布旗帜迎风招展。城市位于一座山坡上，与海岸平行，两者只有一箭之遥。该城四周用结实的木头围成城墙……城墙上有一圈平台，供战斗时使用。在面向船只停泊地的城墙中部有一座堡垒……上面有一条蛇和一匹骆驼。紧挨着下面的是一棵树，那里有一只摩尔狮子，树上则有许多“斗牛士”。在面向大海的一面，还有另一座堡垒，被称为哥打巴都（Cotabato），意为土堡，因为它是由很厚的夯土墙构成，粗壮的木柱撑起顶部。（蛇、骆驼、摩尔狮子和“斗牛士”是不同种类的火炮名称。）（Macgregor, 1955: 106）

这个要塞修建有临时防御工事，由12 000名士兵把守。城堡外的护城壕沟用削尖的木桩加固。土城堡加装了木栅栏，距顶部一米处设战斗平台。守卫者英勇作战，无奈葡萄牙人炮火猛烈，最终将他们击溃。

1936年、1953年和1960年在旧柔佛进行了三次考古发掘工作，几位调查人员还在遗址找到地面遗迹。这个16世纪城堡的遗迹由一系列土城墙构成，这也是该遗址的主要特征。最大的遗物聚集在一座土丘上，发现的遗物主要为陶片。

发掘结果包括中国陶器和当地（马来）陶器。马来陶器包括三种不同的类型，至少能辨认出11种压印纹饰。10只残缺的壶嘴说明军持

插图4.10　重修的16世纪旧柔佛城堡，可以看到与14世纪新加坡的马来人城墙相似的土墙工事。

或其他注水器皿仍被普遍使用。还发现了一定数量的明朝晚期青花瓷（Choo, 1987: 86 pl. 84–86, 87 pl. 87–90; Miksic, 2009: 75, 78, 80, 83–84）。

哥打沙翁

1998年和1999年，考古学家对柔佛的沙翁槟榔进行发掘。一位贵族墓碑被确认为曼苏尔苏丹王已故祖父母（赛义德?）的墓，时间可追溯到伊斯兰历857年（公元1453年，即满剌加苏丹国时期）（Asyaari, 2001: 30, 45）。沿着沙翁河，在墓地附近约一平方公里的地面，以及玻璃城联邦土地发展局地区发现了散落各处的土陶器（Ibid.: 66）。发掘工作在五个主要遗址中进行。一件遗物似乎是一只泰国盖盒的盖子（Ibid.: 104 photo 36），但其他可确定年代的物品均来自19世纪。

结论

旧柔佛的第二段时期正好出现在明朝取消海禁之后。在该遗址发现了数量可观的明代晚期瓷器（但还没有人发表量化研究数据），说明中国人一旦解除危险，便开始输出陶瓷。几乎与此同时，越南和泰国的釉彩瓷在市面上销声匿迹。

直到17世纪初，新加坡都一直有人居住。接着，位于新加坡河口的聚居区似乎消失了。根据埃雷迪亚的地图，我们了解到，直到1600年前后还有一个港主驻扎在新加坡。马六甲陷落后，新加坡继续作为柔佛和廖内的马来统治者管辖的一部分区域，而且不管这些统治者身处何方，新加坡一直与之同命运、共兴衰。在这之后，新加坡的人口似乎完全消失了。这也许是1600年后不久遭到亚齐人进攻的结果。

在接下来的两个世纪，很可能只有几支海人部落在新加坡红树林及河口地带栖息，不过，禁山和禁泉的名字却从未消失。1819年，这些名字，以及埃雷迪亚在1500年听到的东岸的一些地名依然存在。尽管如此，1600年以后，新加坡进入了长达两个世纪的休眠状态，直到19世纪初才苏醒过来。虽然莱佛士坚信他是在一个古老文明的地基上搭建他的房屋，但沃尔特斯认为，新加坡的故事不过是杜撰出来的，以一种改头换面的方式讲述巴邻旁的没落而已。1984年，对福康宁山上的伊斯干达王圣墓进行了探索性考古发掘，结果显示，就新加坡古代史而言，莱佛士相信《马来纪年》中的事实多于虚构，是完全站得住脚的。

考古证据

第五章

新加坡考古发现：历史与诠释

1822年2月3日，约翰·克劳福率领英国外交使团出使暹罗，途经新加坡。清晨，他来到这个古老城市的边缘漫步。他从新加坡河口起步，也就是今天大草场朝向海边的一侧，沿着沙滩往北走，一直走到淡水溪（Buckley, 1984: 123–124）。如今已经看不到小溪入口了，因为上面修了路。不过，在史丹福路北面，正对着新加坡俱乐部（Singapore Recreation Club）的位置仍然可以看到一块铁牌，纪念这里之前横跨小溪的一座桥。

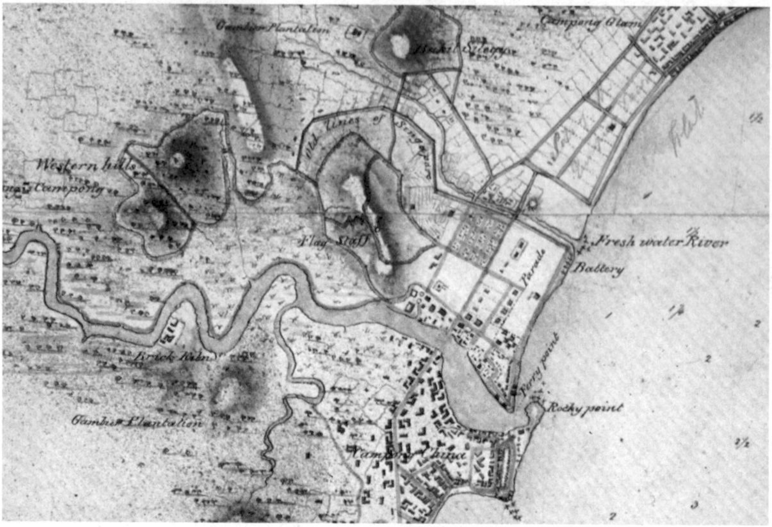

插图5.00　1822年前后的新加坡河。经大英图书馆理事会允许复制。

最早到访的英国人及其见闻

从这里开始，克劳福沿着淡水溪河岸向西行走，脚下是称为马来古墙（Malay Wall）的一道土墙。这道墙顺着今天的史丹福路延伸。在位于百胜地铁站的勿拉士峇沙路、乌节路和汉地路前方是一条叫作梧槽河（Stamford Canal）的水泥沟槽，这就是昔日淡水溪留下的全部遗迹。往总统府方向去，还可以寻得这条沟槽的踪迹。1822年，一张地图绘制了这条河和“新加坡古防线”（插图5.00）。这个古防线指的是防御城墙。

在克劳福探访新加坡古城界前两年，已经有人从城墙取土。《亚洲学术月刊》[1]引述的《槟城公报》（*Penang Gazette*）文字如下：

> 据称，在挖掘新加坡古老城墙的过程中，工程师发现了几枚中国黄铜钱币。其中一枚，也只有这一枚，铭文完整，或者说至少可以清晰地看到其年代已达700年之久。

对这枚钱币的描述转接至公报第292页：

> 从铭文似乎可以看出，钱币是宋徽宗[2]在位期间官府铸造的。……宋徽宗死于公元1125年[3]，与亨利一世同时代。
>
> 新加坡代理工程师拉尔夫中尉（Lieut. Ralfe）发现了这枚钱币，同时还有其他钱币。他是在挖掘古城墙遗迹，或者说在挖掘环绕新加坡古城的土堆时发现这枚钱币的。这座古城曾人口众多，规模庞大，但现在只留下这段残垣断壁。
>
> 其他钱币出土后暴露在空气中，轻轻一碰，立刻粉碎。不过，我们前面说过，目前保存在加尔各答的那枚钱币则未受时间消磨，上面的中文仍清晰可见。
>
> 据我们了解，这枚钱币将转交给英国皇家炮兵部队的哈德威克将军（Gen. Hardwicke）。我们相信他会把这枚钱币送去做文物鉴定。

1 *The Asiatic Journal and Monthly Registrar*, vol. 10, 1820, 198. 在此感谢中国香港的罗纳德·希尔（Ronald D. Hill）先生提供这一资料。——原注

2 在激光扫描图片里，名号好像就是这么写的，但无法准确断定到底是徽宗（Huing-tsung）还是钦宗（Hwing-tsung）。——原注

3 此处有误，宋徽宗卒于1135年。

克劳福使团成员乔治·芬利森（George Finlayson）也提到见过这一古迹特征，他将其描述为“一道泥土墙，也许是古代要塞的遗迹”（1826: 298）。1819年1月31日，莱佛士在给其老友兼导师威廉·马斯登的信中称，这是“古代城墙及防线”（该信由莱佛士的第二任妻子索菲亚发表）（S. Raffles, 1991/1830: 376）。

克劳福将这处城墙描述为“新加坡古城”的北部城界（Crawfurd, 1828: 44）。该城墙底部宽16英尺（5米），高8—9英尺（2.75米）。在小溪穿过西北山脚时，城墙顺山坡向上延伸，外缘还挖有一条壕沟以加强防守。克劳福注意到，城墙连续不断，中间没有城门或射击口断开，他由此得出结论:“新加坡的工事不是为了防御火器攻击。”（Crawfurd, 1828: 45）这意味着城墙的年代早于火炮使用时间。

城墙边的壕沟和淡水溪正好对应了希勒别版本的《马来纪年》第10个故事中讲到的新加普拉壕沟。正是在这个壕沟里，那位打开城门放爪哇入侵者进城的阴险大臣遭到天谴，变为石柱。汪大渊提到，淡马锡城“关闭城门”（Rockhill, 1914: 100）长达一个月之久，以抵御暹罗人进攻。虽然土墙没有城门，但真正用以防卫新加坡的也许是在土堤上面或其他地段的木栅栏，如福康宁山脚周围的木栅栏，这些木栅栏有门洞。

2001年，在建设新加坡管理大学之前，（在该大学资助下）考古学家对勿拉士峇沙公园进行了发掘，但没有发现古城活动的证据（插图5.01、5.02）。这支持了一个结论，即这堵马来城墙是古聚落的北面城界，而且也证明了没有必要在此修建城门。由城墙、小溪、山坡、新加坡河以及沙滩所围绕的新加坡古城总面积约为84公顷（1200米 ×700米）。相比之下，1230年，当时中国南方最大的城市之一泉州，以城

插图5.01　勿拉士峇沙公园，现为新加坡管理大学所在地；反铲发掘机在进行勘测

墙为界的城区面积为640公顷（So, 2000: 164）。

克劳福在一个生长着非常古老的果树的果园漫步。果园位于今天的亚美尼安街（Armenian Street）附近。接着，他朝南走，爬上当时称为禁山、今天叫作福康宁山的山坡。在山坡北面，他看到许多砖建筑遗迹，如今的伊斯干达王圣墓就坐落在最大一处遗址上。克劳福之所以想察看这处遗址，也许是想起拉尔夫中尉早前在山上发现中国文物的报告（*The Asiatic Journal and Monthly Registrar*, 1820: 477）：

> 哈德威克少将把一枚中国宋朝的钱币送到学会。这枚钱币应铸造于该朝代第八位皇帝宋徽宗在位时期。

钱币由驻孟加拉炮兵部队的拉尔夫中尉在清理新加坡岛一处土坡时发现。那里据说原是一个城镇或一个集市所在地，同时发现的还有其他几枚钱币，一些中国陶瓷碎片、贝壳等。除了这枚上交的钱币，其他钱币均无法测定，因为它们一经触碰便化作粉末。

克劳福从山坡的另一面下山，就来到禁泉，淡马锡的公主曾在那里沐浴。克劳福沿着新加坡河左岸返回住地，途中穿过安德逊桥（Anderson Bridge），去看鱼尾狮最早站立的地方，那个地点就是新加坡石碑所在地。这块曾经传达天意的古石早已被炸成多个碎块。

克劳福在平原地带没有看到明显的废墟。只有平原地带西北的山坡和新加坡河口的岩石角引起他寻古探幽的兴致。在山坡上，他看到“一处坟墓和一处应该是神庙的遗迹”（其中一处很可能就是伊斯干达

插图5.02　勿拉士峇沙公园土层显示出一个白泥层，19世纪史料称这种黏土非常适合制作陶器。

王圣墓），还在河口处看见一块裂开的大圆石上刻有铭文。

克劳福一一盘点新加坡古迹，至今已过去190年，这期间新加坡古代居民的生活遗迹已经变得零散破碎，或者说已被彻底抹掉。21世纪的新加坡考古学家的确面临巨大困难，但也并非一筹莫展。新加坡考古研究在第一个25年（1984—2009年）里已经确定了这座14世纪都城的边界。25年的发掘成果显示，有大量考古工作等待一代代新人去完成。

莱佛士在禁山山脊上建起自己的别墅，于是这里成为政府山。1858年，政府山的锥形山顶被削平，成为炮兵要塞，于是这里又成为福康宁要塞。虽然占地3公顷的要塞应该遍布考古遗迹，但没有人留下任何发现。毫无疑问，新加坡大量历史记录被要塞建造者清除了。显然，就像后来许多建设者一样，被他们扰动的遗物在他们眼里毫无价值，甚至清除起来还碍手碍脚。

1819年，新加坡人称这里为禁山。《阿都拉传》记录了该岛统治者天猛公东姑·阿卜杜勒·拉赫曼与法夸尔上校的对话。东姑说，这座山是古王宫所在地，普通百姓未经允许不得上山。人们对禁山充满敬畏还因为民间流传的鬼故事，以及从那里传出的怪声。20世纪20年代，人们还能听到这种声响。阿都拉有关东姑·阿卜杜勒·拉赫曼和法夸尔上校的对话与《马来纪年》所叙述的一段对话——代表岛上居民的因陀罗·博帕尔与室利地利般那的对话非常相似。法夸尔和室利地利般那都是这一地区的新兴势力，都渴望开发该岛。讲述阿都拉故事的文风显示作者也许在刻意模仿早期故事的叙述风格。

在山的北边和东边，克劳福看到用烧制精良的砖修建的地基，地基覆盖了大部分地面。他还看到在砖石间散落着大量中国陶器和本地陶器碎片，以及中国的红铜钱币。钱币的年代为967年、1067年和

1085年。

最有意思的遗迹坐落在一处40平方英尺（12平方米）的阶地上。这些遗迹都是砖砌建筑，也许是神庙，也许是由木桩支撑的厅堂，类似爪哇凉亭。克劳福发现了14块方形砂岩石块（现已失踪），与在苏门答腊、爪哇、巴厘岛和吉打发现的柱础相似。这块阶地大概位于今天的微波通信站位置。

克劳福得知另一块面积大一些的阶地是“一个统治者”的墓地。莱佛士写于1823年1月21日的信提到，在他的山坡别墅附近，有一片“马来国王墓地”（S. Raffles, 1991/1830: 535）。莱佛士和克劳福都没有详细记录此处遗址。不久，那里再修了一个“简陋的墓地”，这就是我们今天所知的伊斯干达王圣墓。1909年，那里又修起圆顶墓碑，有人说是在模仿南苏拉威西岛上的伊斯兰墓地。那里的墓地可追溯到17世纪（Rouffaer, 1921: 64, 380）。

该遗迹很可能不是坟墓，而是一处宗教建筑。在前伊斯兰时代的苏门答腊和吉打，就出现过这种用砖做的地基，用易朽材料做上层建筑的佛教庙宇和印度教庙宇。在印尼，一般人都把这种建筑遗迹与墓葬联系起来。新加坡曾经有50多处圣墓，主要与19世纪印度穆斯林经师有关。新加坡国教理事会并不鼓励人们在这种场所举行宗教活动，认为这些活动属于非正统宗教行为，在圣墓举行的诸如烧香、撒花、喂鸽子、祈福等仪式与现代伊斯兰教正统行为规范不相符。

1819年英国人到达时，民间传说称在山坡西边有“禁泉”，古代王室女眷都在那里洗浴。《阿都拉传》提到有一条“禁溪”（Hill, 1970: 42）。在印尼，几处遗留下来或重新修复的古代浴场都有大量装饰：浴场由砖或石围绕，有雕像和雕花出水口。在西苏门答腊的巴都桑卡（Batusangkar），有一处女性酮体形状出水口，显示在新加坡淡马锡时期，巴都桑卡仍有一处浴场。

1819年，还没有任何关于禁泉考古遗迹的记录，但那里的泉水清澈丰沛。于是东印度公司很快修筑了一条水渠，将泉水引到山脚下，在那里，也就是禧街街角的河岸边，建起一处灰泥蓄水池。停靠新加坡港口的船只不必上岸取水，而只需划小船载木桶去取水（插图0.11）。这种方便设施吸引了过往船只，由此促进新加坡发展壮大。这条水渠一直使用到1830年。此时，淡水需求量已经超过泉水供应量。于是，人们在山脚下打了数口井，最终也导致泉水枯竭。

汪大渊称14世纪这个淡马锡贸易集散地为班卒或班卒儿，说明这眼泉水在这个聚落的早期发展中发挥了重大作用。如前所述，班卒儿这个地名在马六甲海峡屡见不鲜。

对禁泉的记忆通过两种方式世代流传。在山脚下修建蓄水池的结果是，出现了一条名叫“登路”[1]的街道，这个名字沿用至今。另外，还有一条街道名叫里峇峇利路，在很长一段时间里，里峇峇利路旁边的大型公共游泳池为普通百姓带来欢乐时光。

克劳福在山脚下发现了一处生长着古老果树的果园。在东南亚前现代宫廷文学和王宫设计中，种植果树和花木的花园具有非同小可的作用。印尼就有大量这样的例子，如在亚齐、井里汶、日惹、梭罗、巴厘岛和龙目岛都可找到（Lombard, 2008）。在巴邻旁附近的大朗杜沃（Talang Tuwo）发现的7世纪碑铭提到，室利佛逝统治者修建了一处花园，俨然就是人间天堂。14世纪淡马锡的统治者继承了这一古代王宫园林传统。《阿都拉传》提到福康宁山脚下生长着各种古老果树，有杜古、兰撒（前两者均为楝色木属）、酸橙、柚子、耶林（大风子科）和臭

1　登路（Tank Road）的“Tank”为蓄水池之意，发音近似“登”。

豆（球花豆属），说明这里是古代果园的遗迹（Hill, 1970: 168）。这些高大的果树在19世纪初的新加坡一定非常引人注目，因为，据阿都拉和其他人记载，当时山坡上没发现几棵大树。滨海区的树木也不茂盛，倒是桃金娘和野杜鹃（野牡丹科）这两种荒地低矮植物生长旺盛、枝繁叶茂。因此，古老的平原地带并没有被茂盛的森林所覆盖，而是被灌木丛或者二次生长植物所占据，也就更说明这里是古代新加坡的聚居地。

新加坡的古代概貌与早期殖民地的近代规划利用有着异曲同工之妙。在新的定居地，莱佛士重新利用了禁泉遗址，将其辟为公共游泳池，并在马来人的铭文古石地点竖起鱼尾狮雕像。此外，他还决定在古马来王宫的遗址上开辟一处园林，鼓励人们种植经济作物。这大片田地占地48英亩（约19公顷），是新加坡第一个植物园，出现在1822年绘制的地图上。山坡被开垦成18英尺（5.5米）宽的梯田，以防止水土流失，梯田略微朝山坡倾斜。淡水溪被用来灌溉植物。然而，由于缺乏训练有素的监管和充足的资金，这处园子没有兴旺起来，并于1829年6月被废。这块地也被划给了亚美尼亚教会和一所学校。如今，新加坡管理大学和国家博物馆就坐落在老植物园地界内。古代园林的精确边界并未被绘入地图。不过，早期定居的殖民者显然是想利用这块地，以及其他19世纪初尚存的古代遗迹。

《马来纪年》也许在大力士巴当的故事里提到新加坡河口的巨石铭文。巴当将巨石投到新加坡河口处的新加坡角。附近另一块石头因其形状，被海人称为剑鱼头。在新加坡发生统治者更替事件之后，如发生于1392年的拜里米苏拉篡位，这块石头就成为一件具有重要宗教意义的物件（见导言）。1843年，这块石头被爆破，詹姆斯·洛上校抢救出几块铭文石，并送到加尔各答（Low, 1848: 65–66 Fig. 0.16）。1918年，一块碎石被送回新加坡，如今藏于国家博物馆（插图0.16）。

新加坡史前生活遗迹

在克劳福之后，沉寂了很长一段时间，再没有人对新加坡文物古迹产生兴趣。1891年，芮德勒（H. N. Ridley）报告称，在新加坡西南端的丹戎加兰（Tanjong Karang）海滩发现了一件石质工具，这是一件沉重的深褐色石圆斧，打磨过边缘，长117厘米（Tweedie, 1953: 69）（插图5.03）。

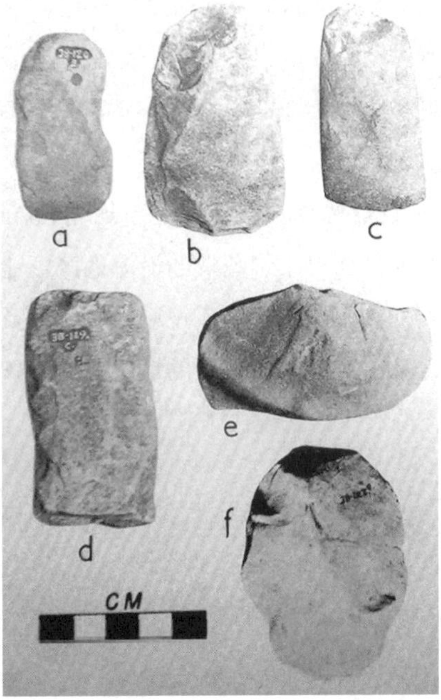

插图5.03　在新加坡丹戎加兰、乌敏岛以及柔佛丹戎武雅发现的史前石质工具。经M. W. F. 特威迪允许重新制作

在丹戎加兰没有进行过考古发掘。20世纪30年代，在柔佛南部沿海的丹戎武雅（Tanjong Bunga，或称丹戎巴眼，靠近通往马来西亚二号通道的大士区［Tuas］）进行了考古研究。此次项目没有发表报告。不过，1938年的一份简报描述了此次考古发现，称发现了多个种类的遗物，包括几种石质工具、红色和黄色赭石，还有几块树脂（cited in Tweedie, 1953: Appendix III, "The excavation at Tanjong Bunga", 84–85）。

在丹戎武雅发现的工具，其文化成分与之前在半岛上发现的完全不同。人们熟悉矩形新石器打磨石斧，但之前从未发现过圆形新石器打磨石斧。这种石斧工具在新加坡非常罕见。这些细石器在马来亚首次出现，可能与在爪哇万隆附近发现的黑曜石有某种文化关联。

威廉斯·亨特（Williams Hunt）在乌敏岛发现了圆形石斧和碎片，但探测发掘未找到更多遗物（Williams Hunt, 1951: 191; Tweedie, 1953: 69–71. "Anomalous Industries. 2. The Tanjong Bunga Culture"）。

这些证据虽然数量稀少，但却证明新加坡在几千年前已有人居住。新加坡北部和西部面对柔佛海峡的沿海地区可能还存在更多史前人类居住遗迹。新加坡石器工具的不规则性质，以及它们可能与爪哇而不是马来半岛北部具有的某种关联的情况非常奇妙。但在找到更多文化证据之前，无法给出任何说法。

圣墓中到底埋的是何人？

据多默·皮列士记载，伊斯干达王死于马六甲王国的巴登（Bertam）。明朝史料称，马六甲第二任统治者为伊斯干达王，但一些权威人士认为，之所以得出这种结论，是由于拜里米苏拉在皈依伊斯兰教时更名为伊斯干达王而产生的误会。皮列士认为，按照《马来纪年》的说法，拜里米苏拉到老年才皈依伊斯兰教，当时他已经72岁（Cortesao, 1944: II, 242）。据说他皈依伊斯兰教只是名义上皈依而已（Wolters, 1970: 161）。他死于1412年或1413年；他的继承人在位十年，但似乎并不是一位穆斯林。不过，他的孙子——马六甲第三位统治者马哈茂德王（Mahmud Shah）于1436年皈依伊斯兰教。马哈茂德王可能于1392年到1397年之间生于新加坡。他的皈依也许正是编制诸王世系表的动机，而这个世系表正是《马来纪年》的核心内容。据埃雷迪亚称，16世纪时，还可以在马六甲北部丹戎端见到拜里米苏拉的墓地。没有记载说拜里米苏拉或伊斯干达王被埋葬于新加坡，也没有任何记载称1819年清除这处山顶的树木时发现过一处墓地。1819年，新加坡人出于忌讳不敢上山，也不知道山上有些什么。后来伊斯干达王被埋在山上的说法慢慢流行起来，但并没有任何证据确认这一传说。20世纪90年代初，人们在这个遗址上建起现在的墓顶时，考古人员在黑色大理石板周围进行了深达两米的发掘，未发现任何古代遗迹。所有古代建筑痕迹，包括克劳福亲眼所见的，都已经被彻底抹掉了。

关于圣墓和墓地的说法均为现代人附会而成。圣墓（keramat）一词来自阿拉伯语，带有天佑或神圣之意。在伊斯兰世界，某些与穆斯林圣人有关的遗迹都会受到祭拜，有时会成为祭拜的圣地。在有些地方，非正统伊斯兰理念会使人们想起前伊斯兰时期的观念，即人可以通过祈祷和冥想与神融为一体。不过在大多数地区，圣墓最早都被当作冥想、祈祷、参悟的理想场所。所以，供奉圣墓本身并不一定属于宗教异端。圣墓可以是与穆斯林圣人有关的任何场所，而不一定是一个墓地。我们不清楚为什么伊斯干达王的名字会与这个遗迹联系起来。

英国人没有打扰这个圣墓，即使它非常靠近要塞围墙。在莱佛士的年代，这一地点成为所有民族举行宗教活动的场所。传说华人在那里燃放鞭炮，惊扰了熟睡的莱佛士（Buckley, 1965: 96）。对这一遗址的早期描述已经不复存在。福康宁要塞的早年地图倒是画出了“乞僧墓”周围的一道土坝。19世纪初，在圣安德烈座堂塔尖上拍摄的一张照片显示圣墓遗址处有一个很大的建筑，由一道土墙包围。这一时期的地图都将此处标为“乞僧凸角堡”（军事术语，指要塞围墙）。20世纪初的一张“新加坡伊斯干达王墓地”的照片（Braddell, 1982: opposite p. 57）显示一条木桥横跨一道壕沟，旁边立着一排木桩，形成一个院子的入口，院子里有一个低矮的方顶建筑。1892年的一本旅游指南说：“经木桥跨过新加普拉老城壕沟，游客即可进入该景点（圣墓）。”（Reith 1892: 60）

最早的圣墓园内的照片摄于20世纪50年代，与70年代拍摄的完全不同。到了80年代，这一遗址再次被翻修。所有这些翻修都是虔诚信徒所为。一个印度穆斯林家族世代看守这处遗址，他们作为伊斯干达王的精神载体，指导信众在此祭拜和祈祷。1984年，这一职责落在一位对自己的身世讳莫如深的老者身上。人们经常会看到一位相貌庄严的白胡子老者坐在从圣墓通往上方道路的台阶上。他向信众贩卖绿豆，让他们投喂在附近出没的鸽群。

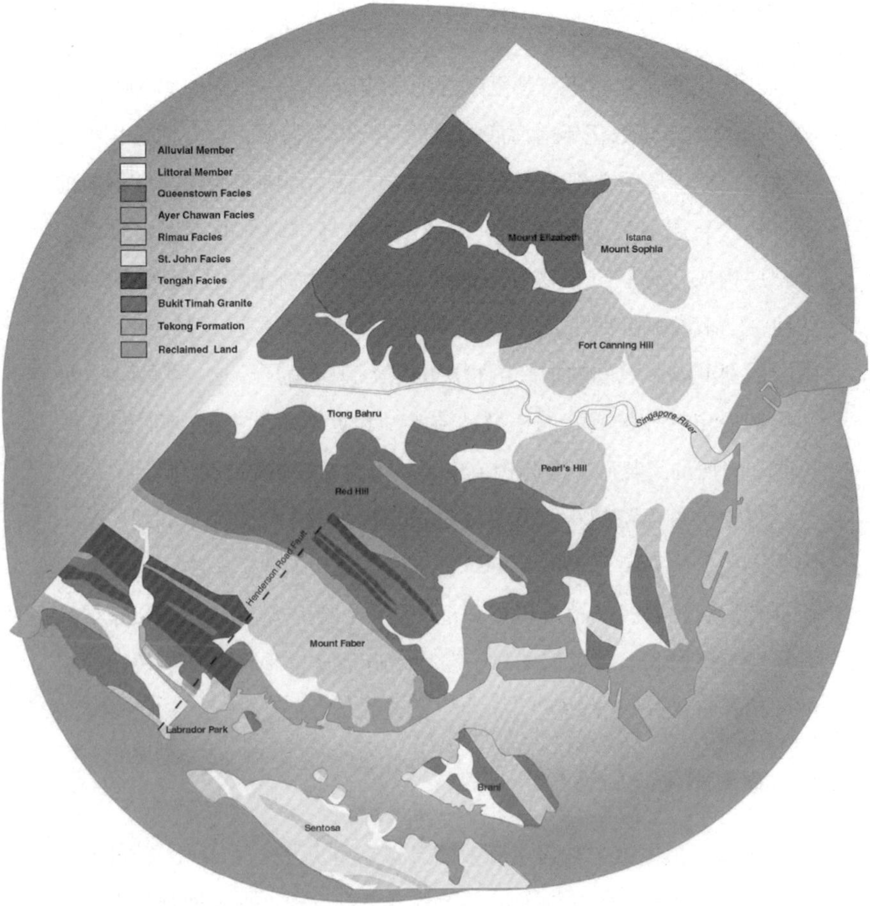

插图5.04　新加坡南部地质构造。加冷沉积层有两种形式：一种是冲积层，主要由河流带来的沉积物形成；另一种是滨海沉积层，包括海滩沙和含铁胶结质沙滩岩。裕廊沉积层包括几个分层。皇后镇相（Queenstown Facies）地层含有红色到紫色的泥岩和带有凝灰岩的砂岩。呈现红色可能是风化的原因，也有一部分原因可能是含火山物质。亚逸查湾相（Ayer Chawan Facies）包括由海洋环境带来的泥质砂岩和泥岩，通常呈黑色。在这里可以找到一些化石。马来相（Rimau Facies）由海洋石英砾岩和石英砂岩组成。圣约翰相（St. John Facies）为沉积在海水中的泥质细砂岩。登加相（Tengah Facies）有更多的泥质海洋砂岩。德光岛地层（Tekong Formation）为海洋及滨河砂，含漂石。

新加坡地质状况

新加坡的弹丸面积与其复杂的地质构造完全不匹配（插图5.04）。裕廊（Jurong）地带是数亿年前海底形成的石灰岩沉积层，含有地球生物史早期化石。该岛中北部武吉知马山（Bukit Timah）周围为火山活动形成的较年轻岩石层。实龙岗（Serangoon）及新加坡岛中南部的土层由较晚的沉积层构成，有些沉积物被河水留下，有些为海浪和洋流携带而来。从地文学来说，裕廊和加冷河（Kallang River）流域几乎是一片平川。从福康宁山到滨海区之间的加冷沉积层的沿海部分就属于这一类型。这种地质构成包括分选良好的松散沙滩沙，和近岸水域中含少量铁矾土、贝壳和岩屑的石英砂，在此构成中还发现含铁胶结物的沙滩岩石。

位于史丹福路和新加坡河口之间的新加坡古城为加冷沉积层的一部分，包含过去两万年里留下的海洋沉积物和陆地沉积物。福康宁山所具有的沉积岩属于马来相裕廊沉积层。在地质学里，马来相是“向海洋石英砾岩和石英砂岩的过渡阶段。碎屑通常呈棱角和半棱角，松散堆积，而岩石凝结紧密”[1]。

福康宁发现的黄金

1928年，福康宁被再次开发，已有65年历史的炮兵要塞被铲平，并修起一个水库。此次施工记录了重大考古发现：一批埋藏地下的金首饰重见天日。这些首饰被装在某种包裹里，可能是一只布袋。这些饰品深埋于地下三米，但大部分覆盖岩层是1860年平整山头时推下来的泥土。1928年的报告称金首饰位于原有地表层下。这条信息十分重

1 《新加坡地质图》，新加坡国家发展部公共工程局，1976年。——原注

要，它说明当时有明显的土壤分层。这意味着埋藏这些金饰的人没来得及将它们藏进深坑，而是埋在浅表层土坑里，说明此人当时十分匆忙。这也许发生在14世纪新加坡遭到的某次攻击的时刻。

首饰包括臂环、耳环和戒指。臂环装饰复杂，混合使用了多种制作技巧，其中包括一套精细的开合装置。臂环上有伽罗头浮雕（插图0.22）。臂环上还刻有一只鹅，这是印度教大神梵天坐骑的象征。饰品质地精良，足以匹配高等级贵族甚至国王的身份。14世纪苏门答腊一尊雕像上的衣带扣环与发现的金饰极为相似（插图0.17）。

配水库的发掘过程中没有报告任何考古发现。14世纪许多遗物肯定是在山顶土石方再次向山下倾塌时被砸得粉碎。在考古发掘中发现的一些物件就是来自山顶。虽然这些物品能够提供有用的信息，但由于它们已经离开了原地点，其价值也就不如那些700年前丢弃在原地点的物件了。

首饰被发现的地方位于伊斯干达王圣墓以上几米的山坡上，现位于福康宁山顶配水库周边的围栏内。那里不允许进行考古发掘。

克劳福的接班人：正规考古研究重回新加坡

1984年1月，新加坡对福康宁山（插图5.05）进行的首次系统性发掘拉开了帷幕。该项目构思来源于新加坡国家博物馆馆长康妮·薛尔斯女士[1]、黄李淑志夫人[2]，以及玛丽安·张夫人（Marianne Teo）。此外，对该

1 康妮·薛尔斯（Connie Shears），新加坡共和国总统本杰明·薛尔斯（Benjamin Sheares）的女儿。——原注

2 黄李淑志（Eng-Lee Seok Chee），新加坡著名华商李光前之女，曾任新加坡国家博物馆馆长。

计划出炉同样发挥了重要作用的还有后来成为国家博物馆总监的柯宗源先生（就任时间为1989—1994年）。这个刻不容缓的项目还得到皇家壳牌公司的资金支持（在此我要特别感谢当时受聘于该公司的蓝秉湖先生）。不久前，新加坡公园及康乐局提出规划建议，要在福康宁进行大规模景观建设，这将破坏残存的考古信息。

我们考古队认为在伊斯干达王圣墓极有可能发掘出考古信息。圣墓虽然是一处相当晚的建筑（插图0.06—0.10），但它位于克劳福曾经描述过的原有阶地，圣墓的碑谒称此处为伊斯干达王墓。在《马来纪年》中，新加坡建立者室利地利般那，以及叶之宽酋长据说都埋在这座山上。《珍贵的礼物》更是添加了新内容，说室利地利般那的母亲——民丹岛女王也同这些伟人一起长眠在这座山上（Rajah Ali Haji Ibn Ahmad, 1982: 13）。

1984年，在对福康宁山的初步发掘中，考古队在山的东南角、靠近禧街消防局的地方确定了另一处有考古发掘可能的地点，那附近有一条2米深、2米宽的壕沟，一座木桥从上面跨过。人们认为，圣墓东南方向约160米远的一处凹陷地带可能是古马来城墙和护城河的最后残存遗迹。克劳福曾说，城墙沿着山的一侧向上延伸，护城河变成了一条干沟，所以说应该有过这些遗迹。1990年，在伦敦公共档案馆发现的一张1822年地图推翻了这一理论。今天我们知道了城墙和护城河继续向北延伸，大致延伸到克列孟梭大道。后来在旧消防局局长官邸进行的发掘显示，壕沟附近确实还埋着14世纪的遗物，但壕沟的年代尚未确定，也许是19世纪开挖的。

我们后来决定，发掘地点尽量靠近圣墓，但必须是在不影响信众活动的前提下进行。这一点很重要（插图5.06）。圣墓南边几米远的地方有一座土丘，覆盖着乔木和灌木丛，上面还有垃圾，包括一座旧神龛残骸。这种神龛一般修建在所谓神灵居住的地方。这个土丘至少有三级阶地，比圣墓海拔略高一些。部分发掘工作在这里展开，其他发掘区位于圣墓到老基督教墓地砖墙之间的草坪上。还有一处发掘区则尽量靠近配水库。那时，水库围栏修到圣墓附近的山坡上。如今，这道围栏一直修到路边，而1984年发掘的那处遗址现在再也进不去了。

选择福康宁进行考古发掘不是因为这里极有可能提供考古信息，而是因为这里面临被开发的危险。我们已经知道这座山受过种种扰动。首先是修建要塞，然后是修水库、修路、修体育场，架设电信设施，修建一座欧洲人墓地和婚姻注册局等等，数不胜数。如果找不到任何遗物也不足为奇，毕竟古代新加坡人口稀少，他们的房屋和用具可能都是由易朽材料制成的。7个世纪的光阴可以抹去古代生活的所有痕迹。1887年起，莱佛士博物馆（今天的国家博物馆）已经矗立在山脚下。假如真的存在早期历史痕迹，那么一直在山脚下工作的博物馆人员早就发现它们了。所以说，找到有价值的考古信息的可能性应该微乎其微。

但从另一方面讲，考古学家已经发现，要想完全抹掉所有历史印记也是不可能的。纽约、伦敦、雅典和罗马都出土过比新加坡发现的遗存还要古老的文物。很多历史遗迹都是工人在施工中偶然发现的，他们随后报告给博物馆负责人，以及城市文物保护官员。许多城市聘请考古工作组与公众一起工作，查看他们的报告，为他们解释考古对教育、旅游和休闲娱乐的意义。

新加坡考古年鉴

福康宁伊斯干达王圣墓考古时间：1984年、1987年、1988年、1990年、1991年、1993年、1994年（消防局局长官邸）、1995年、

1999年（固定遮阳棚）、2000年（筛土）。

1984年：首次发掘福康宁。

1989年3月：丹戎巴葛的达士敦山（Duxton Hill），挖掘巷道。

1992年12月12日：福康宁房屋区，帕西瓦尔阶梯（Percival Steps）。

1994年11月21日 至1995年1月：国会大厦（Parliament House Complex）。

1998年1月、4—6月：皇后坊。

2000年：哥伦坡阁。

2000年至2003年中期：甘榜格南王宫。

2001年：勿拉士峇沙公园。在新加坡管理大学建成之前进行考古发掘。

2002年：旧国会大厦。

2003年4月：新加坡板球俱乐部草场（Singapore Cricket Club），短暂但却成果丰硕。

2003年9月16日至2004年3月：圣安德烈座堂草场。

2010年4—5月：福康宁香料园。

发掘工作只给了十天时间：鉴于皇家壳牌公司提供的资金规模，这个时限未免太短了。对于确凿证明在莱佛士之前新加坡已具有古文明遗迹这一任务来说，时间也不够。新加坡政府抽调了一组国民服役人员支援我们。资助方的其他资金用于雇佣国外劳动力。有两名博物馆员工——国家博物馆顾问亚历山德拉·朱（Alexandra Choo）博士和博物馆摄影师李志强（Lee Chee Kheong）先生加入了我们的队伍，使得田野工作组人员配备更加完善。

考古工作于1984年1月18日开始，一直持续到1月28日。在十天时间内，我们对8个探坑进行了发掘。1号探方（5米×2米）距圣墓以北26.1米，正对圣墓入口处的小径，位于圣墓所在的阶地脚下。2号和3号探方（插图5.07）在位于圣墓东南方土丘的二号发掘区。4号探方（插图5.08）尽量接近1928年发现金饰的地点。三号发掘区位于水库附近山坡一侧的一处水泥结构以南，高于圣墓阶地。

挖掘5号探方是为了观察圣墓与基督教墓地之间草坪西侧的陡坡顶端部位（位于今天摆放一门老炮的河岸底部）。此处挖掘点距1号探

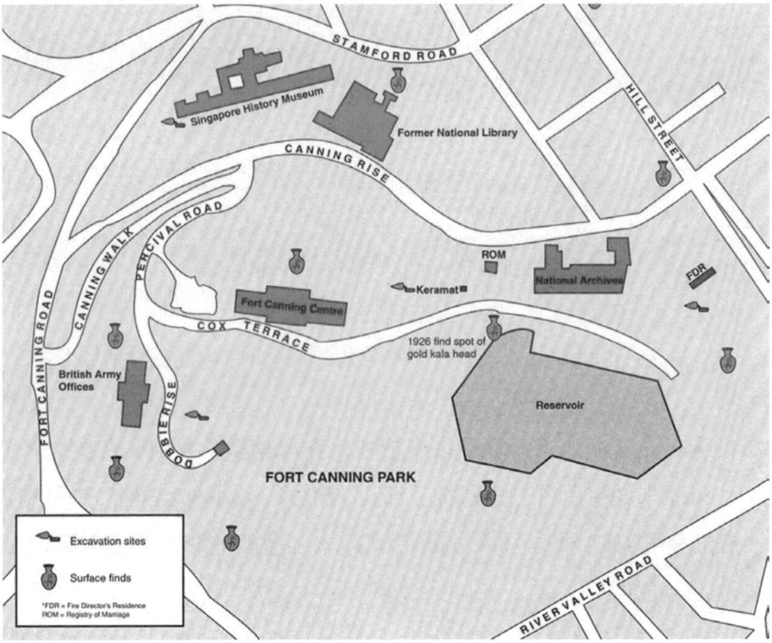

插图5.05　福康宁14世纪发掘区分布图

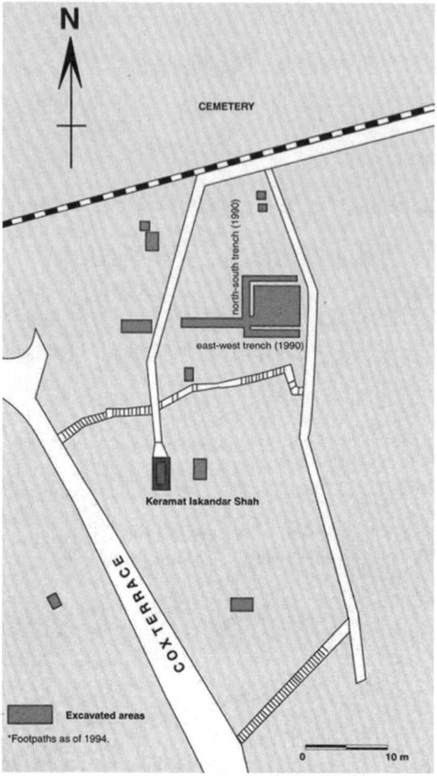

插图5.06　伊斯干达王圣墓周边发掘区

方15米。在这一地点发现了许多遗物仍在原位后，我们又在5号探方以北60厘米处挖了另一个探坑，即6号探方。另外两处探坑，7号和8号探方相隔1米，与1号探方都相距37米。这两处探方是圣墓附近山坡的最低位置。

1月是新加坡雨季，雨水不断。每天一场大雨迫使挖掘工作暂停一两个小时。位于山坡最底部位置的7号和8号探方容易积水，只能

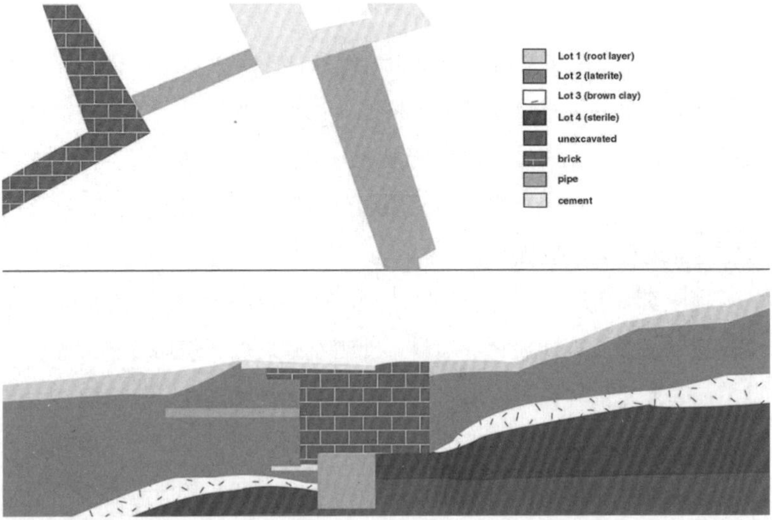

插图5.07 福康宁3号探方平面及剖面图

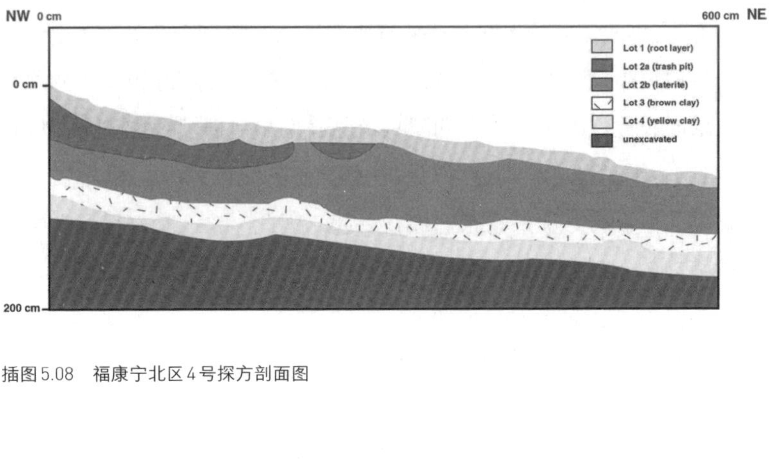

插图5.08 福康宁北区4号探方剖面图

放弃。

1号探方很快显露出福康宁山的地层样本。人们之前曾担心，由于修建要塞、墓地，以及其他近期建筑活动，福康宁的土壤已经被彻底翻动过，可能无法看到清晰的考古分层。但到了第三天，探方中露出理想的考古分层，每层有不同的颜色和质地，层层叠压。这种情况说明，此处遗址未被扰动过。

最上面一层表土厚约6厘米，由草、植物根系和黑色腐殖质构成。这一层含有近期遗物：塑料、啤酒瓶碎玻璃、新加坡硬币等。根系下面是厚重的红色黏土层，混杂着漂石和矿物结核。这一层基本没有遗物。再下一层变化很大，是染成褐色的含沙黏土。这一层含有约翰·克劳福在1822年见到的同类遗物：中国陶器和本地陶器残片、唐代和宋代钱币。这一层完好无损，没有混入上面两层的泥土，不含有可辨认的早于650年的物件。凭借运气和训练有素的推测，我们在第一个探坑就发现了一处拜里米苏拉时代未被扰动的遗迹。

圣墓以南的发掘情况则完全不同。挖掘深度达2米时仍未见到古代遗存。整个土丘是在较近的历史时期由于人为活动堆积而成的。十天过去了，这处近代土堆还是没有见底。

水库边的探坑终于在3米深的地方见底。这里只发现了厚厚的、夹杂着白色纹理的红土层。遗憾的是，这个探方发掘到1928年的原有表土层时，允许施工的十天期限到了。我们只能回填探坑。该探坑在挖掘到1.6米时，还出现过一只白泥烟斗——是欧洲人19世纪初使用的类型，但没有其他遗物跟它放在一起。因此，要么是这里的土层之前被翻动过，要么是烟斗从植物根系留下的孔洞中掉入下面更古老的土层。

靠近1号探方的5号探方情况相似，14世纪土层颜色更深一些，

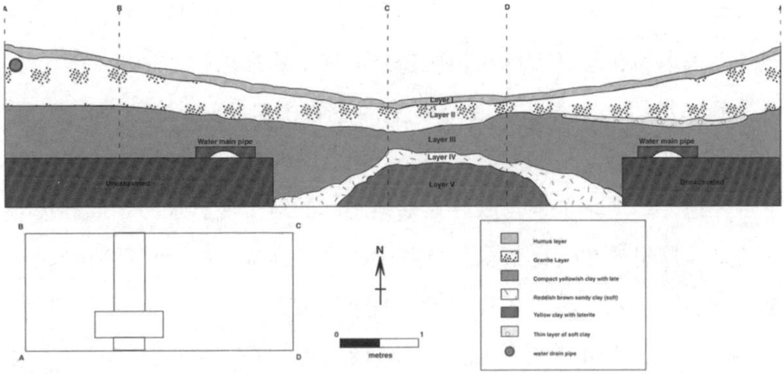

插图5.09　福康宁圣墓一号发掘区地层图

显示居住人口更密集。人类使用的木炭、朽烂的植物，以及其他物质会将土壤染色。5号探方的14世纪土层比1号探方的颜色更深，古代遗物分布更密集。于是，我们在5号探方旁边又挖了另一个探坑。

十天后，考古队不得不停止挖掘，不过已经可以得出一个重要结论：福康宁山在14世纪确实有人居住。国家博物馆从一号发掘区和四号发掘区收集了重达14.51公斤，共1346件古代陶器残片。这些标本已经相当充分地证明这里未被扰动，也就是说，未出现遗物与后来物质发生混合的情况。如果土层在较近时代被扰动过，那么，较近时代的遗物会不可避免地与较古老时代的遗物混合。在出土的上千件陶片中，没有发现近代遗物，这很好地证明了这些古代遗物一直堆积在原有位置，不曾移动。

陶器分三种类型：土陶器、炻器和瓷器。几乎所有出土的瓷器和炻器都制作于元代的中国。唯一例外的是14世纪晚期或15世纪早期制造于泰国的两件盖盒碎片。中国瓷器和炻器的数量尤为巨大，占所有遗物数量的75%以上。多数土陶器很可能产自新加坡。福康宁土陶器与马来半岛和苏门答腊14世纪遗址的标本非常相似。

新加坡第一个考古项目终于克服重重困难，在短短十天内发现了有意义的数据。虽然发掘面很小，而且并非在每个取样地点都发现了古代遗存，但是圣墓与欧洲人墓地之间的地带显然是一处未被扰动的遗址，这里的年代比最早一批英国人到达新加坡的年代还要早，甚至比著名的马六甲港口还要古老。一个确凿无误的结论是，沃尔特斯在1970年所做的推论是错误的，《马来纪年》并非纯属虚构，也不会试图歪曲巴邻旁的室利佛逝王国被占碑的末罗游王国所征服的那段历史。我们永远不会知道古代新加坡国王（或酋长）的名字，也不会知道他们为什么放弃这里。但是，我们现在知道了他们不是空中幽灵，他们确有其人，福康宁就是他们的家。

1984年6月和1985年1月，在亚历山德拉·朱的主持下，考古学家对福康宁做了进一步发掘。他们在伊斯干达王圣墓附近挖了两处探坑。在福康宁山的南端，禧街上方的阶地也挖了5个探坑。但相关的考古挖掘报告（Choo, 1986）却有些令人费解。举例来说，B2号探坑被记录为高于海平面136.28米（Choo, 1986: 27），这比福康宁山顶还要高出许多。另一个疑问与确认一段砖墙废墟有关。这里被认为是构成新加坡古防线的一部分（Choo, 1986: 21）。照片（Choo, 1986: pl. III）清晰地显示了一段19世纪的建筑，建筑的砖墙用厚厚的砂浆粘在一起，而砂浆在14世纪是根本不存在的。在苏门答腊或马来半岛遗址从未发现过砖砌防御工事。而且，克劳福也清楚地描述城墙为土墙。照片中所显示的结构很可能是一处19世纪建筑的残骸。他们倒是在圣安德烈座堂附近发掘出一段土墙，但没有把具体地点写在报告中。

1984年6月和1985年1月挖掘时使用的方法相当不正规。他们没有使用手铲，而是挖出大块泥土，在探坑边用手打碎。正像发掘者所记录的，使用这种方法的结果可能是无法找到所有遗物（Choo, 1986: 26）。使用这种方法也为记录遗物在土层中的原有位置造成阻碍。根系孔洞这样的常见特征没有被记录为自然现象，而是被解释为“动物孔穴”（Choo, 1986: 32）。出土遗物清单中也没有记录地层数据，因此很难判断哪些遗物来自未扰动土层（如果真有的话），哪些来自扰动层。

虽然缺乏清楚的地层学描述，很难做出确切判断，但三个探方还是在原位找到了14世纪遗物。只是项目总监本人对此也不是很有把握（Choo, 1986: 63）。这些探方位于福康宁山西南角，在里峇峇利路上方一处陡坡的边缘。

这两处发掘区共发现9535克陶瓷。与1984年1月的那次发掘一样，此次中国陶瓷与本地陶器的比例为3：1。有些陶片被确定为高棉陶，但可能性不大，因为很少在柬埔寨以外的地方发现高棉陶瓷。一块残片被认为是磁州瓷（pl. XIX, p. 73），很可能来自福建泉州（Hughes-Stanton and Kerr n.d., pl. 173, p. 34）。

下一轮的发掘于1987年11月进行，资助方为东盟组织。该项目属于东盟各成员国主办的系列考古研讨会部分活动。1987年的研讨会不仅涉及福康宁考古，还对新加坡西北部及几座沿海岛屿进行了调查，包括乌敏岛的马曼村（Kampung Maman）、圣约翰岛、实马高岛（Pulau Semakau），以及德光岛的甘榜柏玛当（Kampung Permatang）。只有甘榜柏玛当显示有考古意义。考古学家在一个废弃村庄找到地表遗物，包括16件土陶片，其中11件上有传统的压印纹饰痕迹，还有年代为1831/1832年和1845年的英国钱币。1987年11月13日对5厘米地表层进行勘测，发现一件来自素可泰的陶片，因此时间可能为15世纪（*Report of the Fourth Intra-ASEAN Archaeological and Conservation Workshop*, 1987: 36–54）

1987年，考古学家在福康宁五处发掘区提取了样土。一处探坑是在里峇峇利路游泳池上方的福康宁山西南面。另一处是在山的东北角，东盟雕塑公园里。第三处探坑位于山的东面，公路和水库之间的考克斯（Cox）阶地上。余下两处发掘区位于伊斯干达王圣墓附近：一个在其东南面，另一个在其北面。

里峇峇利路的发掘证实了一个假设，即不太可能在这个极为陡峭的山坡发现遗物。在这里只发现了很少几件19世纪或20世纪生活遗存。雕塑公园倒是有一个有趣的发现：一片铺砖地面。据19世纪地图标记显示，这里曾经有一个马厩。最后，这块地面被重新填埋。也许有朝一日可以重新发掘此地，以寻找新加坡在殖民地时期更多的生活信息。在考克斯阶地（插图5.10）发现了一处砖墙地基，以及相当密集的殖民地时期遗物（碎砖、腐蚀的金属、碎玻璃和陶片）。

只在圣墓附近的两个探方找到了有意义的遗物。在圣墓南边的探坑发现了几大块古代碎砖。鉴于这里的古代遗迹与殖民地时期遗迹混杂，这些遗物对断定遗址性质价值不大，因为它们可能来自山上任何地方。

K2探方（K为临时编号，指圣墓）位于圣墓与基督教墓地围墙之间。在发掘开始之前，已经用一台特殊的钻孔机对不同地点的土层进行取样。取到的样土显示，这里的土层排序与1984年坡顶地点的情况相似，那里靠近那门19世纪大炮。

在发掘K2探方的第一天，仅在地表层以下几厘米深的地方就发现了砖砌地基。这一发现令人有些气馁，但是由于地基只覆盖了探坑的一部分，我们决定继续发掘探方的其他部分。终于，我们的执着有了回报，在一层红色黏土层下方，出现了暗绿色沙质土层，含有铁结核，与之前在同一地区发掘的情况相似。在这种沙质土层中有很多14

插图5.10 1987年东盟考古项目，在考克斯阶地的发掘

世纪遗物。

虽然在几处探坑中发现了14世纪遗物，但圣墓到基督教墓地之间的地段的考古潜力还很难断定。亚历山德拉·朱在同一地点的发掘工作，尤其是在她挖掘的B4探坑，没有找到有价值的东西（Choo, 1986: 34）。东盟考古研讨会的短期发掘项目说明，这里具有淡马锡时期更重要的文物。因此，计划在1988年再进行一次发掘，届时目标宏大，将

超过之前所有新加坡考古发掘。

1988年福康宁考古

1988年，各社会团体人士已经开始关注新加坡古代历史，它可能尚未盖棺定论，只是刚刚开始书写新篇章。东南亚陶瓷协会、李氏基金会以及博物馆之友都表示支持新加坡考古研究。在这些组织、新加坡国立大学历史系以及新加坡公园及康乐局（现国家公园局）的支持下，我终于拿到施工许可。李氏基金会向东南亚陶瓷协会出资，赞助我开展一次大规模发掘。

插图5.11　1988年，在李氏基金会和新加坡公园及康乐局的资助下，从伊斯干达王圣墓到基督教墓地围墙之间挖开了一条长长的探沟。

我决定从圣墓与基督教墓地之间的山坡底部向顶部依次开挖探方（插图5.11）。这样做的目的是得到两个探方之间的所有区域的标本。在这两个探方中，发现了1984年和1987年两次发掘的大部分数据。志愿者队伍规模庞大，干劲十足。他们包括国家博物馆工作人员、博物馆之友成员、东南亚陶瓷协会成员，以及新加坡国立大学的学生。我们齐心协力，挖出一条长30米、宽2米的探沟。通往圣墓的铺砖阶梯小径将探沟隔断，几乎呈直角穿过探沟。

发掘工作从1988年10月24日持续到11月18日，其间获得了重要信息，发现了大量14世纪遗物。在探沟上坡和下坡两个方向都发现了清晰的14世纪文化层。中间区域（3号坑）则一无所获。在这里，直接叠压在浅黄色自然底土层上的不是14世纪土层，而是被称为福康宁土层序列第二层的红土层。底土层是由河床的砂岩风化形成的生土层。换句话说，山坡的中间部分没有人类活动的证据。这处空白地区在14世纪也许是一条通道，通往位于圣墓地点的神龛。

1989年，在福康宁没有进行考古发掘。那一年的考古重心转移到另一个遗址（丹戎巴葛的达士敦山，见第十二章）。1990年3月12日至31日，队伍再次回到福康宁，进行重大发掘。原来的志愿者队伍再次参与，还增加了莱佛士初级学院的学生。

1990年，新加坡的考古社群才真正成长起来。大众意识被唤醒，教育机构也开始认识到学生们是可以直接参与考古研究的。从那时起，更多的个人和组织开始投身新加坡考古事业。虽然没有官方考古机构，但从那时起，社会团体及个人都支持一个定期活动项目。新加坡考古已经成为一项社会活动，社会各界纷纷作出贡献。在东南亚，没有一个城市的民众如此积极地参与城市考古，这在全世界也是屈指可数的。

插图5.12　在修建帕西瓦尔阶梯的施工中，发现了埋在19世纪福康宁要塞围墙下的14世纪遗物层。

福康宁山另外两处地点也显示出考古潜力。其中一处是在山的北端修建帕西瓦尔阶梯（插图5.12）时发现的。这处阶梯沿前新加坡指挥参谋学院（现福康宁酒店）背后的小路通往山顶。这个阶梯位于1860年修建的花岗岩要塞围墙边。这道围墙绕山一周，但大部分已在20世纪20年代被拆除，只剩下要塞入口与这段阶梯之间的一段围墙。修建阶梯时，在要塞围墙下发现了一段深褐色土层。沙阿兰·本·穆赫德·再尼（Shah Alam bin Mohd Zaini）先生当时是福康宁考古研究助理。1992年10月12日，他与我清理了剖面，确认这段围墙建于含14世纪遗物的土层上方。

另一处地点位于山对面，在这里的原状土层中发现了14世纪遗物。1994年，禧街消防局（插图5.15）背后的旧消防局局长官邸被改造，

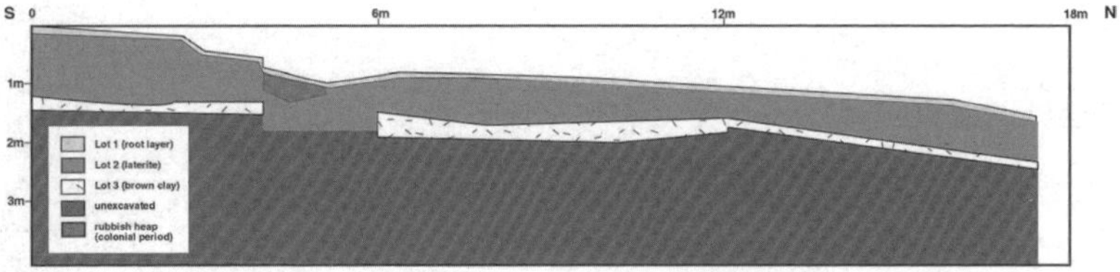

插图5.13　1990年福康宁考古的东西走向探沟

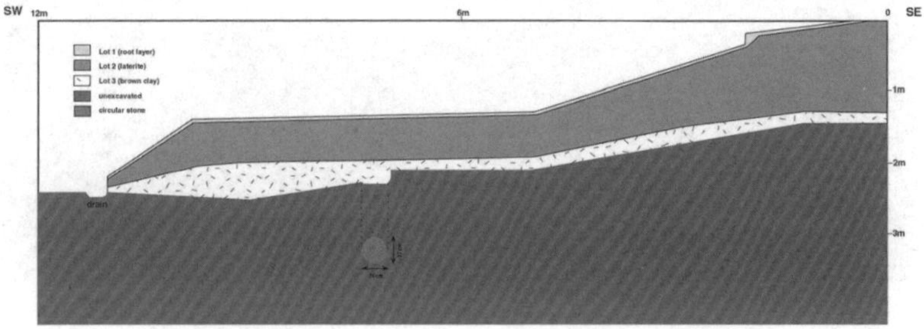

插图5.14　1990年福康宁考古的南北走向探沟

成为新加坡自然学会所在地。当时修了一条路直达山坡（插图5.16）。在此处发掘了一条长而薄的14世纪土层及其所含遗物。吴玉颖博士对其中小部分遗物进行了系统性研究。她当时还是新加坡国立大学东南亚研究专业的一名本科生，2013年成为南洋理工大学助教。此次共找到大约700片14世纪残片，包括一些较大的中国瓷器碎片。

福康宁山最陡的西面山坡不时发生滑坡。1995年，一场豪雨导致大面积滑坡，仿佛禁泉在冬眠150年之后苏醒过来。大量泥沙涌入，破坏了里峇峇利路公共游泳池。这些滑坡（插图5.17）有时也会暴露出零星的14世纪遗物。在山上的建设施工也会偶尔发现一些遗物。

插图5.15　位于禧街消防局背后的旧消防局局长官邸在改造中

圣墓考古遗址作为福康宁公园的一部分被保护起来。由于受到保护，我们可以从容地进行复杂而精准的发掘和记录。一般来说，历史遗迹发掘者根据遗物在生土层（自然土层）中的位置记录该遗物的地层学位置。生土层厚度超过10厘米时，可记录为一个地层堆积单位（lot），熟土层厚度则按每10厘米记录一个遗物堆积单位（spit）。在水平方向，按若干平方米为测量单位。因此，在确定某件遗物原有位置时，垂直方向经常可以精确到10厘米，而水平方向以几米来记录。

福康宁的发掘采用了更为复杂、精密的三维测绘方法。每件遗物的水平和垂直位置都可以精确到厘米。虽然这一过程非常耗时，却能得到庞大的数据。我们可以利用这些数据精确回答有关遗址构造、地

插图5.16　被推土机暴露出的14世纪土层，地点为旧消防局局长官邸（现被一家饭店所占）附近的福康宁山坡。14世纪土层被叠压在上面的红土层之下，白尺的2/3部分即为14世纪土层。

层关系、遗址断代、土壤分布等问题。这一方法一般用于只有上百种遗物的史前遗址考古，很少用于有历史记录时期的古代遗址。在福康宁，几乎3万件遗物都被单独记录、编号，其所在位置也被录入数据库。这个数据库已经成为早期东南亚城市考古研究的独一无二的资源。

福康宁的考古潜力远待开发。圣墓与基督教墓地之间的区域也仅仅发掘了十分之一，对消防局局长官邸和要塞围墙也只是进行了初步探索。一批批古代遗物也许正静静地藏在山上某个地方，从未被扰动。阶段性发掘仍在福康宁进行着（现在由国家公园管理局监管并大力资助）。由于没有任何压力，山上没有一处遗址被彻底发掘。这也

插图5.17　里峇峇利路的福康宁山体滑坡

是为了尽量保护遗址，等待将来的考古学家探索秘密。新一代考古学家将拥有更新的技术手段和理论指导。他们会有很多机会为逐渐展开的禁山考古故事续写新的篇章。

福康宁的五个历史阶段

四分之一世纪的考古研究显示，我们今天所了解的福康宁至少经历了五个历史阶段（插图5.18—5.22）。虽然已经进行了十二次发掘，但有几处遗址仍具巨大潜力，将会产生更多有关这一地区古代生活史的数据。福康宁山的主要考古成果揭示了此山在整个东南亚宫殿遗址中的重要地位，甚至是独一无二的地位。福康宁不仅让我们看到了早期新加坡的生活场景，也对整个东南亚地区早期生活的方方面面带来启示，这是其他任何研究无法做到的。

19世纪和20世纪的建设和拆除工程抹掉了福康宁考古的大量记录，不过还是有少数几个区域幸免于难。圣墓北面的2号探坑发现了砖砌地基，而灯塔值事员曾在一处地基上的房子里居住。这座灯塔建于1902年，位于福康宁山南端，取代了1855年以后一直悬挂在旗杆上的灯笼。像新加坡所有的砖砌地基一样，这处地基也是建在30—40厘米深的沟里，沟里灌注了一部分水泥。这种地基结构可以稳固支撑上面的砖墙。而这样的建筑技巧不会扰动下面深层的考古遗物。事实上，这幢房子保护了埋在下面的东西。只要房子屹立不倒，下面的遗物就安然无恙，正像要塞围墙保护了其下的14世纪土层一样。

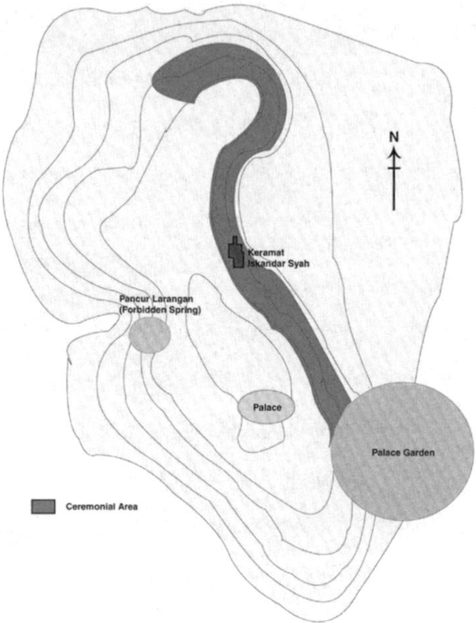

插图5.18　14世纪的福康宁山阶段

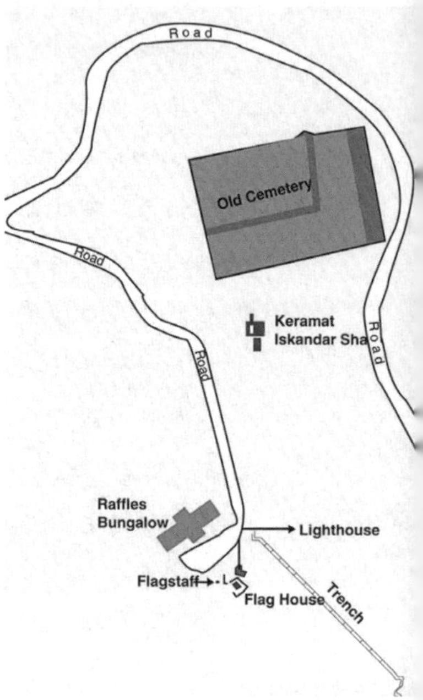

插图5.19　1820—1860年政府山阶段

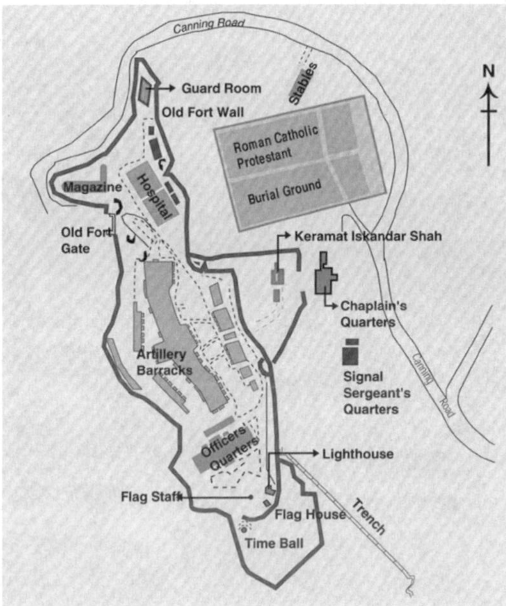

插图5.20　1860—1925年福康宁炮兵要塞阶段

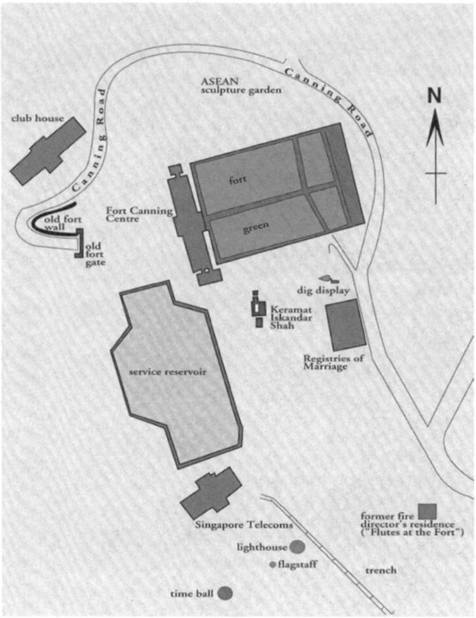

插图5.21　福康宁地下指挥中心；
1925—1942年远东司令部阶段

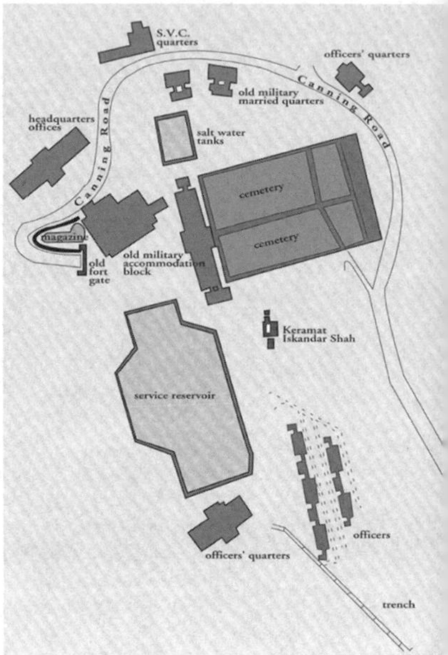

插图5.22　2000年福康宁公园阶段

沿新加坡河的考古发掘

国会大厦

在建设施工中，偶尔会有一些遗物重见天日。这也说明，除了福康宁，其他地点也有遗存。这种可能性不仅存在于理论上。1989年，新加坡旧国会大厦的西迪（Sidik）先生告知新加坡历史博物馆（现为国家博物馆），那幢建筑的地下室在进行现代化改造的过程中发现了陶瓷。旧国会大厦（现为艺术之家）伫立在新加坡河畔，紧邻维多利亚音乐厅。它建于1826—1827年，是新加坡现存最古老的建筑。与那个时代的建筑一样，旧国会大厦地基很浅，因此保护了地基下的堆积物。博物馆人员进行了紧急发掘，找到1457件陶片，包括土陶（338件）、炻器（包括水银瓶，758件）、青瓷（311件），以及5枚钱币，其中两枚的年代为990年（National Museum Singapore, 1990）。

大概在同一时间，位于新加坡河口的皇后坊大厦也在进行改造，建成五个中国古代文化系列展览场馆。改建工程包括在大厦与维多利亚剧院之间铺设水、电管线。经过勘测，挖开沟槽，发现下面是未被扰动的14世纪土层。发现的遗物包括土陶器、炻器、瓷器和钱币，其中一枚钱币上铸有“绍圣”字样，这是1086—1100年在位的北宋皇帝的其中一个年号。但这枚钱币上的铭文显示铸造年代为1094年，因此，这枚钱币应该不早于这个年代。

20世纪90年代初，位于谐街（High Street）和新加坡河东南端的桥北路（North Bridge Road）路口是一个停车场，主要为前往维多利亚音乐厅和小贩中心的客人提供停车位。1994年初，小贩中心被拆除，停车场关闭，整个区域被围挡起来。经了解，这里被规划为新国会大厦用地。

插图5.23　遮着篷布的国会大厦挖掘地点。该照片摄于谐街和桥北路路口，从那里可以看到新加坡河。

从考古学角度上讲，新国会大厦属于初次地产。如果说福康宁曾是这个岛上一处古代仪式中心——淡马锡的神山，那么，河岸地带应该是主要人口居住区。生产制作、买卖交易等日常活动都在这里进行。1819年，河右岸还是一片沼泽，人们可以很方便地从附近山上取土，填埋沼泽。1825年，这里被称为“牛车水”（马来语叫“中国村”）。而在古代，不太可能有人居住在这里。在这个区域的考古发掘只找到了19世纪遗物。

对国会大厦的浅层挖掘工作已经开始，施工方为国家发展部公共工程局的承包商。他们开挖的探坑深1.5米，应该能够发现未扰动

插图5.24　反铲挖掘机清理国会大厦14世纪土层上的表土，含14世纪遗物的黑沙层刚刚显露出来。

古代土层。热心的国会秘书同意我们进行勘探。发掘区选在谐街和桥北路路口处，比工程车辆出入的地方更远一些，靠近最高法院旧大厦（插图5.23）。

博物馆的资助使我们有钱租用一台反铲挖掘机。这是唯一实用有效的手段，可以快速探明这一地点是否存在考古堆积层。因此，1994年11月，当这台小型挖掘机的机械斗在挖开表土时，我和几个志愿者（由沙阿兰和克里斯蒂娜·加尔丁［Kristina Gardin］带领）都在注意查看情况（插图5.24）。

起初，挖掘结果不太乐观。挖到1米深时，只出现了19世纪的建筑瓦砾。出于安全考虑，挖掘机的挖掘深度不得超过1.5米，因为，

插图5.25 国会大厦土层，含有14世纪遗物的黑沙层被黄沙质土层叠压。

洞挖得越深，越有塌方的危险。挖掘机再次向下挖去，终于露出不同类型和颜色的土层：黑沙层（插图5.25）。由于这是一种未曾见过的土层，我们一开始并不清楚其含义。挖掘机挖开一小片黑沙层时，出现了几块陶片。这些陶片为土陶，虽无法确定年代，但却是一个好兆头。接着，挖掘机小心翼翼地挖开一个较大的探坑，露出更多黑色沙土。我们使用手铲清理片刻之后，发现了中国炻器碎片，大概是近代器皿。最后终于发现了一块青瓷残片，可以清楚地确认为元代，与在福康宁发现的类型相同。

挖掘机继续扩大探坑范围，发现了更多黑沙和陶片。随着挖掘的持续进行，我们看到黑沙层中开始侵入一些颜色较浅的泥土。难道这块令人兴奋的14世纪生活遗迹只是我们恰巧碰上的例外情况？也就是说，在这一大片被扰动的区域里，正好存在这么一小块14世纪遗迹？挖掘机继续挖掘探坑的对面一侧，也就是远离扰动部分的桥北路一侧。几分钟后，黑沙层再次显露，我们悬着的心才放下来。

收工的时候，挖掘机已经挖开一个可容纳一组人工作的探沟。现在可以请志愿者入场了。我最大的感受是松了一口气，历史博物馆的资助总算没有打水漂，我们的寻觅并非劳而无获。紧接着是一种谨慎的乐观。或许我们可以获得新加坡这一地区的详细信息，而之前的探索者，如约翰·克劳福，从未报告过发现历史遗存。除了了解福康宁王宫和神庙，我们也有望了解大部分普通百姓的生活场景了。

我决定挖一条与桥北路平行的更长的探沟，以桥北路与谐街路口为起点，向新加坡河方向延伸。在距河岸50米处，出现了一个含大

插图5.26　国会大厦土层中密集的14世纪遗物

量木板和19世纪其他建筑遗迹的大探坑。早期地图显示，一条叫作驳船北码头（North Boat Quay，即吻基北路）的道路曾经从桥北路穿过新加坡河的地点向下游方向延伸，到达后来建起皇后坊和维多利亚剧院的地方。如果继续向这个方向挖掘，似乎会徒劳无功，所以探沟在此终止。

在国会大厦的发掘进行了三个月（1994年11月至1995年1月）。这条探沟暴露出密集的14世纪遗物，许多都是新发现的类型（插图5.26）。大学生两个月的假期都用在这个项目上。1月底，新加坡国立大学开学，许多学生志愿者纷纷回到学校上课。考古项目不得不就此停止。

发掘工作的环境时好时坏。几乎每天都会有一场大雨，沙质沟壁时刻都有垮塌的危险。电闪雷鸣，狂风骤起，经常会把志愿者淋得透湿。他们头上只有用塑料布和竹竿搭成的小小遮阳棚。只有等风停雨住、太阳出现，情况才会稍稍好转。不过，探沟里通风不畅，温度可达40℃，人的体力消耗巨大。

国会大厦的发掘与福康宁不同，因为时间有限，所以需要争分夺秒。在垂直方向，遗物记录以10厘米地层堆积厚度为单位（在考古学上称为熟土层，它们不与土壤地层学对应）；在水平方向，探方内平均每个面长4米。这个方法并不像在福康宁发掘时所使用的方法那么精确，但是符合城市遗址发掘的常规标准。到项目结束时，这条探沟已经接近50米长、6米宽，探沟中的黑沙层厚约50厘米。发现的中国瓷器表明，黑沙层下端时间为13世纪末，顶端时间为15世纪。国会大厦遗址有人居住的时间可能要比福康宁早几年，而且在福康宁山被遗弃后，这里仍有居民继续居住了一段时间。国会大厦遗址的遗物密度和古代文化层厚度与福康宁最密集的区域一样可观。

国会大厦的发掘为我们了解古代新加坡提供了新视角。这里的发掘证明了河岸地带曾有密集居住的人口，而且这处居住区至少从河边延伸到谐街，占了整整一个城市街区。

皇后坊

1998年，对河岸另一处地点进行发掘的机会来了。经决定，亚洲文明博物馆的新侧厅将落户于皇后坊大厦。亚洲文明博物馆总监郭勒逊博士和国家发展部公共工程局项目负责官员积极热情，对我们在大厦附近的试掘给予支持。在过去十年的考古初期，由于重新开发，位于皇后坊大厦和维多利亚音乐厅之间的土地受到扰动，因此我们选择了对面的区域，也就是皇后坊大厦和新加坡河之间的地带作为此研究项目的发掘区。

1998年1月的发掘使用了挖掘机（插图5.27）。这里的地面覆盖着一层厚厚的水泥，使得最初的发掘费时费力。挖开一条深沟后，我们看到了含14世纪遗物的薄薄的黑沙层（插图5.28）。不过这个发掘区存在一些问题：发掘区覆盖水泥层；14世纪遗物堆积层位置较深；遗物层较薄。

向下游方向继续发掘出的迹象更令人期待（插图5.29—5.30）。在原小贩中心位置的几棵大树附近，我们挖了一个深坑，这里露出厚厚的黑沙层，与国会大厦的情况极为相似，所含遗物丰硕。由于有塌方危险，不允许考古学家靠近。

1998年4月，我们又借到一台挖掘机，用于探测小贩中心的地下情况（插图5.31）。我们发现黑沙层一直延伸到这里。亚洲文明博物馆的资助使我们得以挖出一个长45米、宽10米、深1.5米的探坑。这个探坑的宽度足以让我们躲开坑壁。即便出现塌方，我们也会安然无恙。

插图5.27　1998年1月，奥马尔·陈（Omar Chen）和麦克·弗莱克察看皇后坊建筑工地。一层厚厚的黑沙似乎说明这一地点极具考古潜力，但出于安全考虑，不允许考古学家进入探坑，取走样土或遗物。

插图5.28　1990年在皇后坊附近的建设施工中发现14世纪遗物，说明这一地点具有考古潜力。八年之后，才在这里进行了考古发掘。

插图5.29　探坑背后高耸的摩天大楼

插图5.30　1998年1月，探坑的原始位置

插图5.31　皇后坊小贩中心地下的19世纪政府金库被拆除

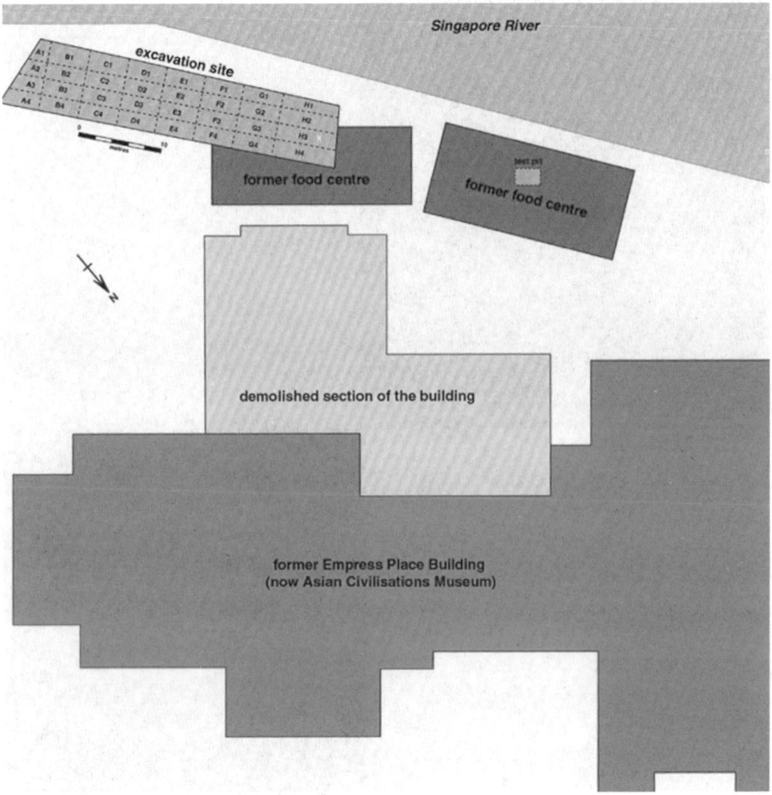

插图5.32　皇后坊挖掘地点平面图

插图5.33　皇后坊这处发掘地点性质独特，被拉丁尼斯博士称为“天晓得”特征。这是一个方形地洞，四周衬以木板，其功能和年代不详。

插图5.34　皇后坊f4探方，遗迹堆积第三层。渍水土壤中存留的木桩残骸，这些木桩可能用于拴船，也可能是水边平台。

插图5.35　皇后坊F4S1探方。地层情况与国会大厦相似，由于古人类活动而变黑的沙土层被叠压在过去二百年间形成的1.5米厚未扰动堆积层下。

插图5.36　在皇后坊工作的志愿者；探坑中心部位的发掘开始显现出14世纪黑色堆积层，它上面覆盖的是19世纪堆积物形成的浅色土层。

插图5.37　不寻常的土壤颜色是在过去700年中，由新加坡河河岸的植被和沉积物造成；左边的橙色是混合了氧化铁的沙层，右边的黑色区域由含有大量有机物的淤泥形成。

插图5.38　1998年6月发生浸水事件，严重影响了皇后坊的发掘工作。

1998年4月正好赶上厄尔尼诺现象，整整一个月，志愿者们都可以开心地待在大堆砂石中寻觅，不用担心雨水会来捣乱。在迄今调查过的新加坡遗址中，皇后坊的土层最为复杂。幸运的是，宽阔的发掘平面和干燥的天气（虽然炎热）使我们能够清楚地辨认土壤的许多特征。

19世纪20年代，为了平整土地，这里被泥土覆盖。沿着河边修建的石头护墙依然存在。这些堆积物掩盖了19世纪早期的居住痕迹，让我们找不到更多的遗物堆积。在前殖民地时期，这里的地面向河边倾斜，其西边边缘（或者说较低的边缘）经常浸泡在河水里。1998年涨潮时，地下水位上升，透过了发掘区的沙质地面，因此发掘工作只能暂停，等到退潮时才能继续。

发掘区西边边缘是一个由浮木、贝壳、金属和其他岩屑构成的致密基质，这是在流速缓慢的河流边缘形成的典型堆积层。残存的木桩保留下来，有些仍伫立在最初被埋设的地点。这些木桩可能是高脚屋的桩子，也可能是码头柱，或拴船桩。

19世纪早期地层下方是更早期的土层。该发掘区上游方向的东北地段高出河水，在这里发现了密集的14世纪遗物。在发掘区中部，这一堆积层不是非常清晰可见。在发掘区的下游端，靠近河口处，出现了两个有趣的特征。其中之一是一个方形结构，即由木板构成的一米见方箱体（插图5.33）。这可能是某种井。这口井也许是19世纪结构，但没有用放射性碳元素鉴年法来证实这种猜测。

另一个特征是一处古沙堤。它由包含14世纪遗物的堆积层构成，逐渐向探坑的东南角升高。从地貌学角度讲，这与河口处经常形成沙洲的情况一致。水流在这里遇到海浪冲击的反向力量，于是，河流携带的沉积物便滞留下来。人们在这处地势较高的地方向河岸内侧丢弃了很多遗物。

皇后坊地层的另一个特征是，一处橙色沙层中掺杂着颜色较浅的小沙圈（插图5.37）。橙色可能代表原状沉积层，较浅的沙圈可能是红树和其他耐碱植物的根系造成的孔洞。

五月中旬，厄尔尼诺现象带来频繁的暴雨天气。我们再也无法辨认地层。发掘区经常变成一片泽国，我们不得不在早上开工之前花一个小时将水抽干（插图5.38）。发掘区上方的遮阳棚开始下垂，岌岌可危，支撑帆布遮阳棚的钢梁也倒了几次。最后，只能将志愿者队伍解散，剩下的发掘工作由我和家人，以及少数几位甘冒被钢梁砸中的风险的特殊志愿者完成。

皇后坊的发掘为人们了解古代新加坡人的生活提供了新内容。14世纪，住在河岸边的居民向泥水中丢弃各种垃圾。我们找到了许多前殖民地时期，以及殖民地早期的新类型遗物。我们获得的确凿证据证明，1400年马六甲王国建立后，新加坡并没有被遗弃。虽然这座城市从14世纪的规模急剧缩小，变成了聚集在新加坡河口的一个小小的聚落，但它仍然继续存在了200年。

哥伦坡阁

2000年，一处从国会大厦穿过谐街的建筑工程又为我们提供了抢救性考古发掘的机会。7月18日，由承包商和公共工程局提供的大型机械挖掘机很快挖出了一个探沟，显露出与国会大厦相同的黑沙层。这一地点大部分已经被挖开，主要是以前建筑的地下结构。不过，仍有两处地方可以进行考古探测，其中之一是1号探方，这实际上是一条与谐街平行的，长20米、宽6米的探沟。另一条探沟与桥北路平行，长30米，宽6米。

这里的发掘条件并不理想。由于在这里的主要工作在2000年11

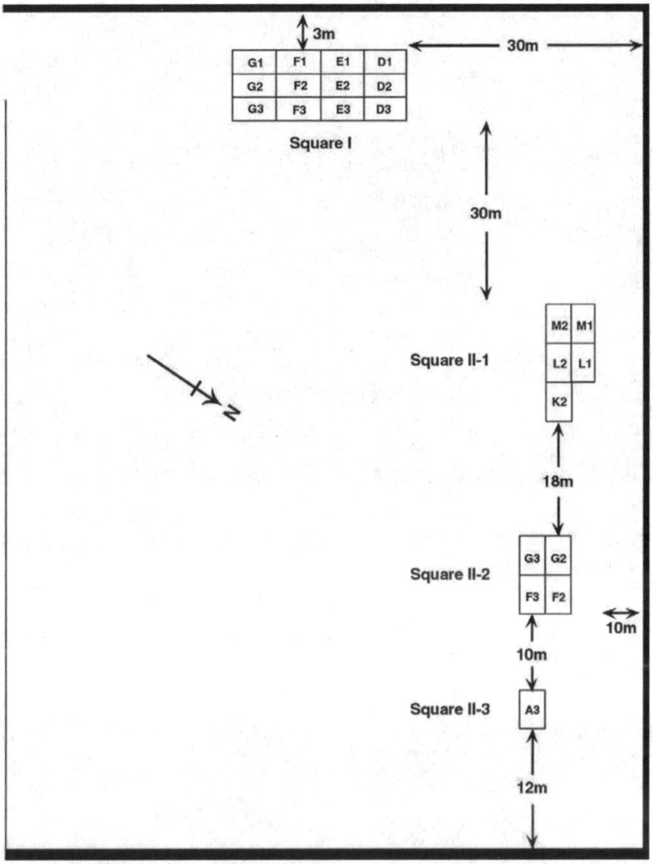

插图5.39　哥伦坡阁（Colombo Court，CCT）发掘区平面图

月和12月进行，这里的探坑经常被雨水灌满。而且建筑工地非常繁忙，我们的发掘工作只能在承包商的空闲时间进行。虽然困难重重，还是找到了证据，证明14世纪时曾有人在此居住。

插图5.40　哥伦坡阁2（2）号探方。较晚期的建设严重扰动了这一遗址，不过挖槽中仍有未扰动的14世纪遗物。

插图5.41　2000年12月7日的发掘现场，现场总监、考古学家、新加坡博物馆的吴庆辉（Ng Ching Huei）与凯尔·拉丁尼斯均在场。

插图5.42、5.43　反铲挖掘机作业，以确认哥伦坡阁地下存在14世纪遗物

旧国会大厦

2002年，又有人搭起围栏。这次是在皇后坊和新国会大厦之间新加坡河北岸的旧国会大厦（Old Parliament House, OPH）旁边。这座建筑的一部分是英国商人约翰·阿盖尔·麦克斯维尔（John Argyle Maxwell）于1826—1827年修建的宅邸。1839年，这里进行了扩建。1843年，政府出资购得这处房产，并于1847年再次进行扩建，用作政府办公室和法庭。有时庭审程序会被邻近的霍尔皮克造船厂（Hallpike's Shipyard）的噪声打断（Hooi, 1978: 10）。

1989年11月，当这幢建筑还是新加坡国会大厦时，在大厦的改造工程中，在建筑的地板下发现了14世纪遗物（National Museum Singapore, 1990）。改造施工刚刚开始不久，就有工人们发现了四件完好无损的中国粗陶罐。这是一种独特但却常见的类型，人们随口称之为水银瓶。

遗憾的是，在这一地点没有机会进行系统性发掘，因为承包商的改造工程很少有时间空隙，考古学家只能见缝插针地工作。发掘工作

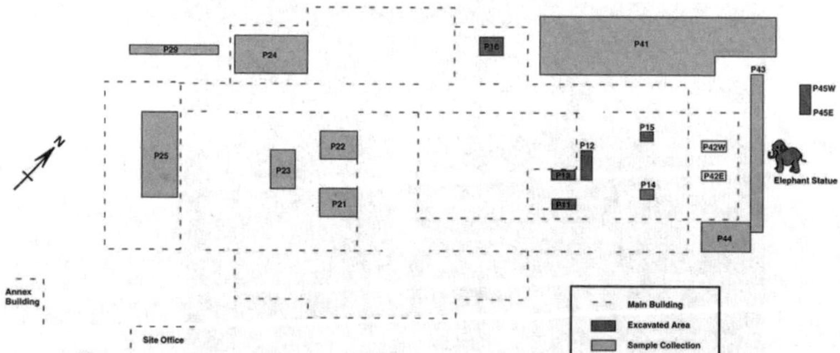

插图5.44　旧国会大厦发掘区平面图

插图5.45　旧国会大厦内的发掘工作正在进行

只能在几间拆除了厚厚的水泥地板的房间进行。另外，在道路北边的花园也进行了短暂的发掘。那里靠近大象雕像，该雕像是为纪念19世纪泰国朱拉隆功国王到访新加坡而修建的。新加坡历史博物馆的吴庆辉先生每周都会来发掘现场视察一次，劝说那些工人不要把发现的文物带走。

我们永远不会知道在旧国会大厦发掘现场找到了多少件物品。上交国家博物馆的物品显示，这幢建筑是在一个特别重要的地点上修建的。总共发现了11件未损坏的水银瓶。这些物品不是在系统发掘过程中发现的，因此我们无法知道为什么它们在没有损坏的情况下就被丢弃；它们也许是在某个仪式上被埋起来的。

旧国会大厦的地层与新国会大厦的地层相似。这里的黑色沙土层深度为现在的地表下75—120厘米不等。黑沙层下面是漂亮的白沙层，与新加坡平原地带的白沙层相同，这些白沙沿海岸线伸展至甘榜格南。

新加坡板球俱乐部草场

多年来，新加坡考古人士都盯着古代新加坡研究的最高奖品：大草场。这块绿草如茵的地方位于汪大渊和约翰·克劳福描述的地界内。它构成这座古城的大部分海岸线。1990年，一条探沟从哥里门街（Coleman Street）径直穿过大草场，地表出现了几块陶片。这更坚定了人们的信念：总有一天，大草场会成为整个新加坡考古画卷的一部分。2003年，在新加坡国立大学历史系布莱恩·法雷尔（Brian Farrell）教授的协助下，板球俱乐部负责人马克·詹姆斯（Mark James）先生和瑞·巴利（Ray Parry）先生允许我们在这片精心养护、近乎神圣的草皮上挖开了一个考古切口。这块运动场是一代代男女运动健将奔跑、跳跃的地方。二战期间，这块翡翠珍宝上曾开挖战壕，布置枪炮，已经伤痕累累。后来又在草地下面铺设排污管道，让它再受创伤。不过，我们还是有理由期待能获得一块过去200年间从未被挖掘过的地方。

2003年4月，在板球场外的草地滚球场树篱附近、距圣安德烈座堂路22.5米远的地方，我们选定了一块考古发掘区（插图5.46）。发掘时间从2003年4月16日上午9点开始。8点开始下起大雨，直到9点半雨势才逐渐变小。地表土层含有斑驳的橙色沙土，新加坡运动场管理员正是用这类土壤养护草坪。土层逐渐变成深褐色沙壤土，所含遗物很少，只有一些近期的常见物质：地砖碎块、清代青花、绿色的玻璃瓶子，在发掘区中心位置（最初测量为5米 ×2米）还发现了一些木炭。

清除50厘米表层土花了一天多。发掘工作进展缓慢，这是因为大家生怕漏掉任何细微的线索，错过这个新地点可能显示的土层特征。

在12—30厘米处出现了褐色土壤，这与福康宁含遗物土层的特征一致。这很奇怪，因为大草场的土壤应该属于沙质。这一土层中有一些14世纪遗物，但也许是从福康宁带来的次生堆积层。

第二天，挖到50厘米深度时，探坑东端出现了黑沙，这更像是这一地点的原状土。14世纪遗物开始出现：一块带有黄条纹的深红色玻璃手镯碎片、一颗用红玉髓宝石制作的珠子，以及一枚北宋晚期的中国钱币残片。黑色土层厚度最终超过10厘米，于是按照每10厘米一个遗物堆积单位进行细分。在黑沙层第二个堆积单位中发现了分布更加密集的14世纪遗物。

在发掘的第三天，出现了意义非凡的发现。这是一枚中国钱币，

插图5.46　板球俱乐部草场发掘地点外观

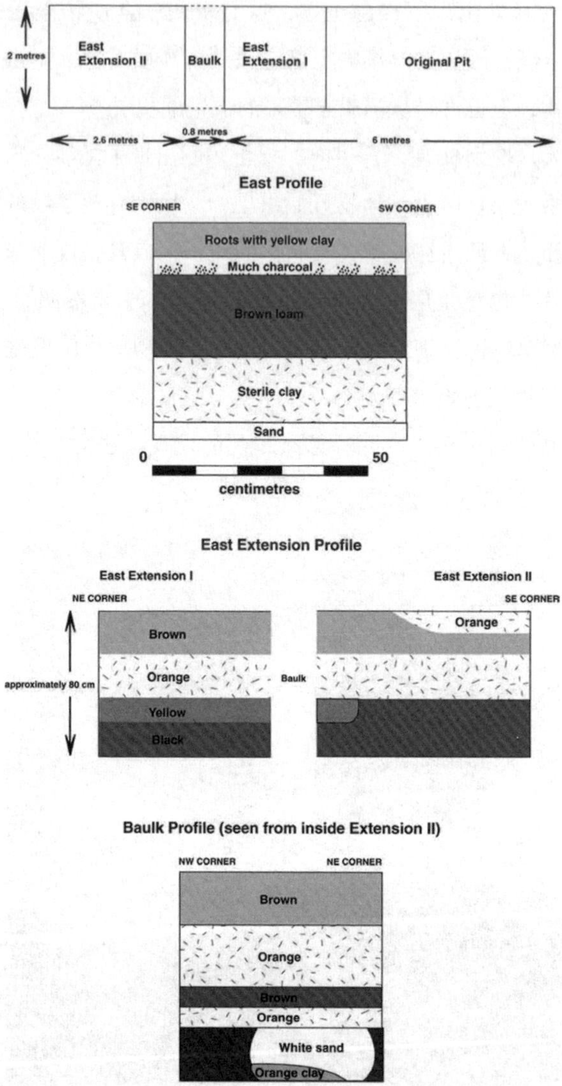

插图5.47　板球俱乐部草场发掘区平面图和土层示意图。板球俱乐部草场土层保存情况良好，水平方向土层边缘清晰，没有近期扰动的迹象。

完好无损。但就像前几天发现的破碎标本一样，这枚钱币是弯曲的，似乎是高温使其变了形。这里的黑沙层相当厚。在70—80厘米的深度出现了瓷瓶盖之类的罕见物品（青瓷或青花瓷），还有模塑的白色瓷盒碎片。

发掘工作持续了两周。这批遗物包括几种之前在新加坡从未发现过的物品类型，有些相当独特（这些物品将在相关章节中详细介绍）。这一发掘区一直延伸到164厘米深的地下水位层。到达1.5米深之后，遗物开始变得稀少，到了最下面一个堆积单位，已经见不到任何遗物。

发掘工作一直进行到2003年5月2日，此时已经从原有探坑向海岸方向进行了两次扩展发掘，形成了从圣安德烈座堂路到滨海区的深沟。这一地点的土层清晰明了：水平土层没有早期建筑或扰动的迹象（插图5.47—5.49）。这里的遗物种类多、密度大。这一结果证实了大草场

插图5.48　板球俱乐部草场1号探方。探方底部的白色沙土呈现未被破坏的完美状态，令人想起《马来纪年》对淡马锡沙滩的描述。

是一个巨大考古地点的猜测。在这里发现的遗物类型显示，继续发掘很可能会发现迄今为止从未预料到的古代新加坡信息。

圣安德烈座堂草场

在板球俱乐部草场遗址开始挖掘之前，新加坡国立大学历史系的一位同事阿尔伯特·刘（Albert Lau）教授告诉我，政府规划在国家历史古迹圣安德烈座堂进行建筑施工。在他的协助下，我与新加坡教区牧师、圣安德烈座堂的郑信福（John Tay Sin Hock）博士取得了联系。一个由新加坡国立大学和新加坡历史博物馆成员组成的委员会安排我与教堂理事会磋商，并告知新加坡古迹保护局，我们计划进行考古发掘。

由于建设项目并非迫在眉睫，所以我们可以实施系统性发掘大教堂的研究项目。项目分为五个阶段：（1）查阅现有文件，如建筑规划旧图和历史记录，并与有关部门接洽，如新加坡陆路交通管理局、市区重建局和公共工程局；（2）地表勘探；（3）打孔勘探；（4）开挖探坑；（5）全面发掘。地表勘探于2003年3月动工，并为下一阶段详细规划打下基础。勘探和钻孔（取样土）的目的是提供方位指导，判断哪里最有可能在原位发现前殖民地时期遗物。

在英国人定居新加坡的最初阶段，这个大教堂尚未建起。那时，这一地点被用来修建房屋。这个情况反映在密集的殖民地时期遗物记录和教堂院子里的扰动土层上。据阿都拉·文西说：

> 在它（英国教堂）建起之前，这里是一片开阔地带的中心。我第一眼望去，这里没有森林和参天大树，只覆盖着低矮灌木和桃金娘、野杜鹃之类的灌木丛。法夸尔先生花了几天时间清理这片土地，后来被印度军兵占用。他们一直驻守这里，直到克劳福

上校成为这里的特派代表。（拿赫什［Nahuijs］上校说，1824年，这里大约有30幢欧洲人住宅，从这里到海边有一条环形马车道［海滨大道］）……该地用来赛马。晚上，白人会去散步。很快，越来越多人为自己建起了房子。此时此刻，那里已有六七幢房子了。（Hill, 1970: 281–282）

圣安德烈座堂建于1856—1863年。之前还有另外一个教堂，但在1855年被拆除，因为在1845年和1849年，那个教堂的塔和尖顶曾两次被闪电击中（Hooi, 1978: 8）。

9月，我们在开发施工可能会影响到的区域里布好了7个50米长

插图5.49　在板球俱乐部草场1号发掘区的一个角落，发现了一个被挖过的坑，这一特征显示古时已有人在此挖掘；此处没有发现特殊遗物。

的断面。沿着这些断面，每隔10米进行钻孔探测，目的是提取样土。在南边和东边的草地上也施划更多断面，而且进行了钻孔探测。后来又在探测单元里补充钻孔。

对大堂的发掘计划在邻近桥北路的西北草地进行，直接受影响的面积宽达2400平方英尺（约240平方米）。此外，大教堂方面慷慨地允许我们在地面其他位置进行发掘。

发掘工作优先考虑那些会直接受到开发项目影响的区域。在靠近大草场的教堂南边也开了探坑。2003年9月16日，发掘工作开始（插图5.50），并一直进行到2004年3月底（插图5.51）。如果进一步发掘，有可能扩大我们对教堂区域的了解，但我们已经实现了主要目标，那就是抢救施工建设区域内的遗物，保留这些遗物分布的土壤特征信息。

在发掘的第一阶段，我们在受影响区域挖开三个2米×1米的探坑，目的是通过钻孔取样土确认土层情况，并寻找遗物。探测单元挖到地下水位，此时已达到最大深度——2米。

挖开探坑之后，便循序渐进地开始更大规模的发掘。2004年2月，一台反铲挖掘机进入现场工作，一天中清走一大片区域的30厘米表层土，这是为将来的施工场地作准备。

挖走上层土后，暴露出一层密集的多种类型殖民地时期遗物：钱币、军队徽章、纽扣、玻璃、建筑材料、金属和陶瓷，还有很多1941—1942年的小型武器（步枪和左轮手枪）弹药标本，这些遗物交由警方妥善处理（Miksic and Lim, 2004）。

在殖民地时期的土层下，发现了莱佛士前人大量的居住证据（插图5.52—5.55）。圣安德烈座堂草场遗址也提供了之前从未在新加坡见过的更多遗物类型，也许在全世界都未曾见过。例如，在这里发现的三只完好无损的焐器，也是在新加坡进行的有限的考古发掘中发现的第一批14世纪完整遗物。旧国会大厦的完整水银瓶是由建筑工人发现的，因此没有留下相关情况记录。在圣安德烈座堂草场发掘初期发现的其他独特遗物，包括可能来自印度的管状红玉髓石珠，以及中国元代的十两钱。

此次发掘成功地证明，这座大教堂地下包含古代新加坡大量遗物。最后一块拼图终于就位，现已可以证明，这座古城从新加坡河延伸至史丹福路，新加坡古防线很可能围绕着这一地区。

在圣安德烈座堂草场发现了将近一吨遗物，相当于遗物平均密度为每立方米519件。分析这批巨量遗物要花费多年时间。不过，初步研究已经完成（Lim, 2012）。从20个考古单元（探方）发现的8681件样本（重量为53公斤）中，按件数计算，土陶器占比最大（61.3%）。但由于它们一般体积很小，所以按重量算，它们排在第二位（22%）。中国炻器在陶片中占30.5%，但其重量却占遗物总重量的64.8%。第三类遗物为中国瓷器，其数量占8.2%，重量占13.2%（Lim, 2012: 8, table VI）。

还发现了少量金属，主要是铁器，其中包括成品遗物，如钩子和铁丝，还有矿渣。铁器是否在这个遗址打造，无法判断。样本中还有2件青铜器和6枚青铜钱币，其中5枚为中国钱币（2枚分别为1001—1006年和1032—1033年，其他3枚钱币的文字无法辨认），1枚来自斯里兰卡，年代也许可以追溯到13世纪末（Lim, 2012: 24–25）。

许多遗址有待进一步探索，不光是在古代淡马锡边界内，还要扩大到城墙以外。想要彻底了解古代淡马锡的历史，新加坡考古界任重道远。

插图5.50　圣安德烈座堂草场发掘地点外观，布方开挖

插图5.51　圣安德烈座堂草场发掘地点平面插图

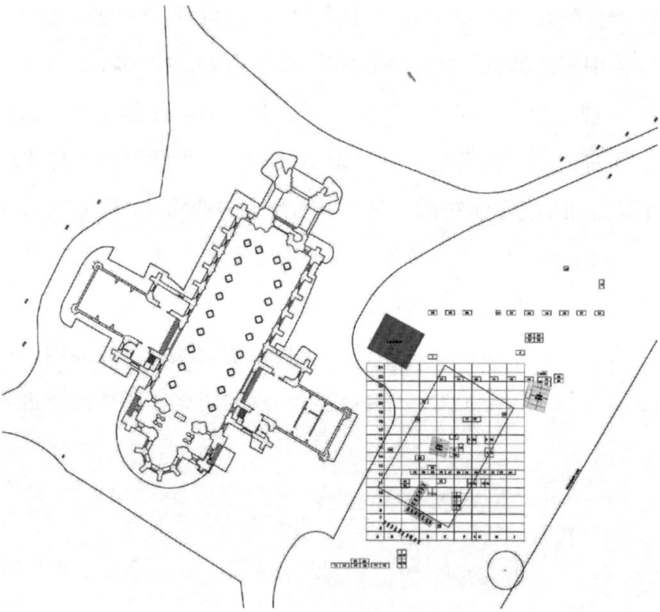

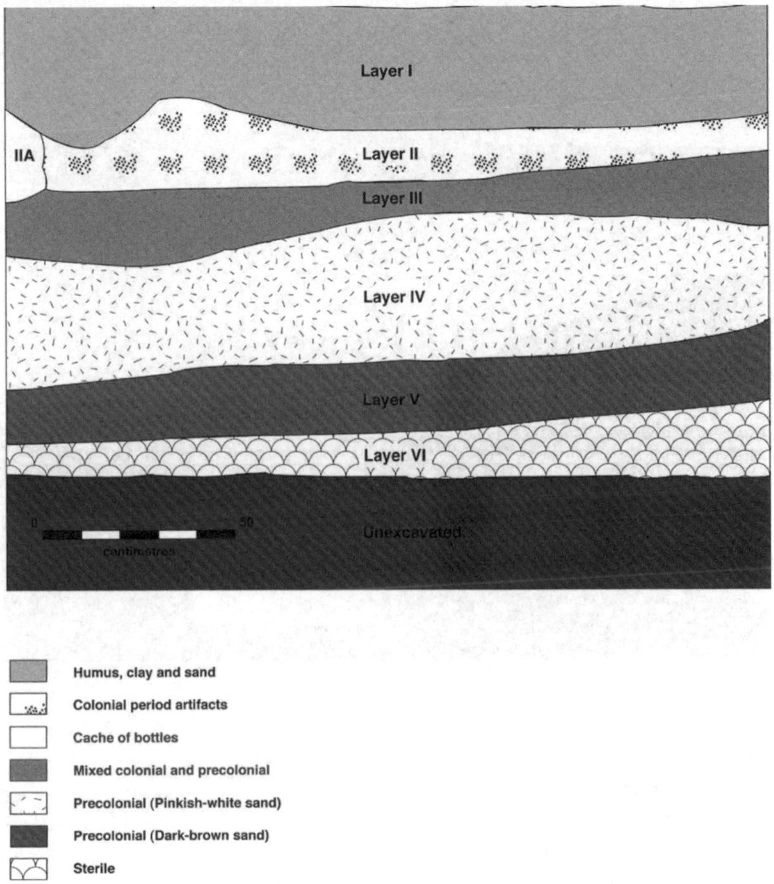

插图5.52 （圣安德烈座堂草场发掘剖面图）南侧3号发掘地点：这里土层复杂，显示不同阶段的人类活动，其中一些活动扰动了更早期的土层。

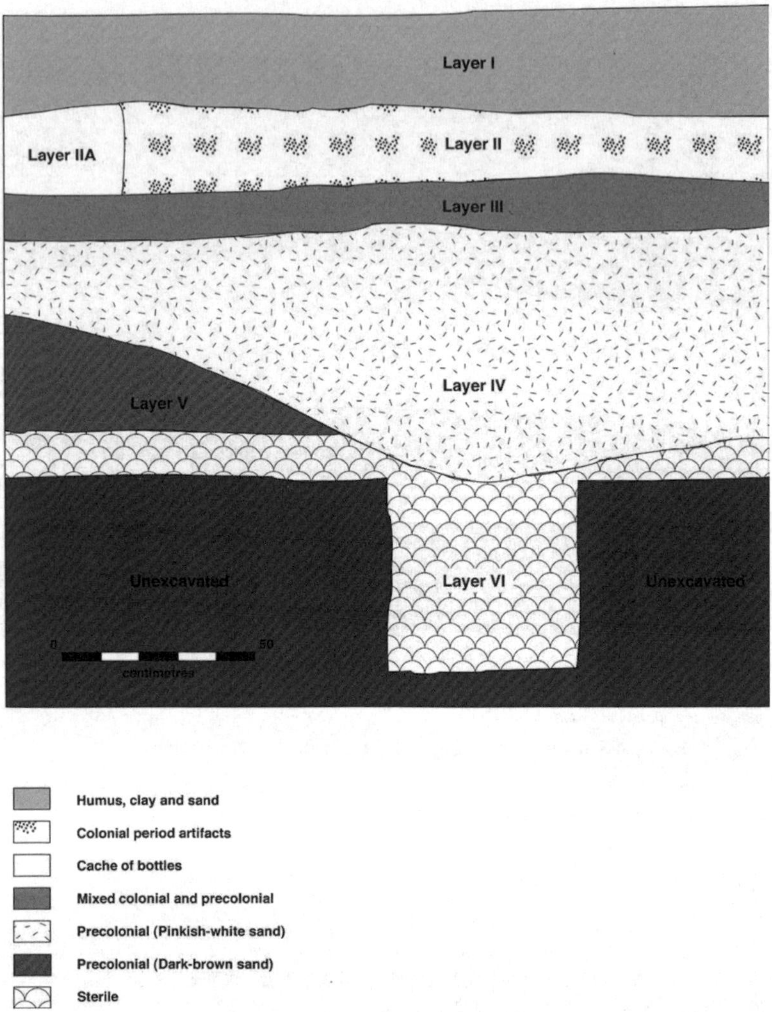

插图5.53 （圣安德烈座堂草场发掘剖面图）西侧3+3a号发掘地点剖面图

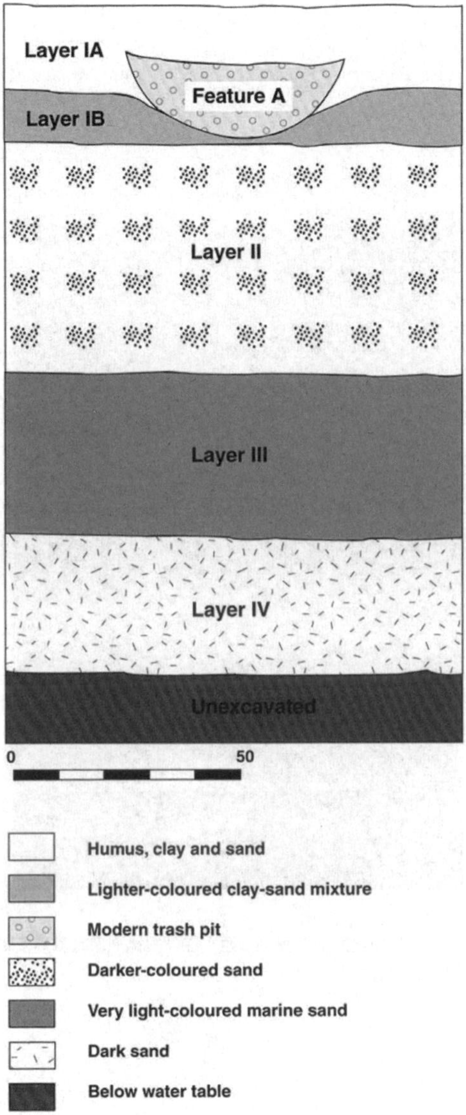

插图5.54 （圣安德烈座堂草场发掘剖面图）南侧5号发掘地点剖面图

插图5.55 （圣安德烈座堂草场发掘剖面图）土层：在圣安德烈座堂草场发现的白色沙层显示，这里与大草场的地质变化情况相同。

第六章 古代新加坡物产

由于没有掌握东南亚其他考古遗址的可比数据，因此很难将古代新加坡置于一个合适的历史场景中进行比较。相比于当时其他亚洲国家的城市，新加坡城市规模是更大还是更小？生活更富裕还是更贫困？经贸更繁荣还是更萧条？只有发现这时期的更多遗址，并进行深入而系统的类似研究，才有可能回答这些问题。25年的新加坡考古研究，使我们得以较全面地认识新加坡。在东南亚，这个古代城市独一无二，甚至走遍世界也几乎没有哪个14世纪城市可以与之媲美。

14世纪初期，马六甲海峡正发生着几个重大变化。现代意义上的城市开始形成。伊斯兰教开始在东南亚地区传播。在东南亚几个王国，中国钱币是交换媒介。中国人开始在东南亚一些地方长时间居住，甚至永久定居。14世纪新加坡的考古发现让我们可以了解这些进程的最初阶段。

插图6.00 西苏门答腊岛加洛安当村（Galogandang Village）的现代陶工，使用板拍（tatap）和砧板（pelandas）制造陶器，与14世纪新加坡的制法相似。

新加坡在14世纪经济中扮演了多重角色：它是天然原料的供应地；是周边地区（主要是廖内群岛）奇珍异宝的集散地；是来自远方口岸商品的中转站，这些口岸散布在海上丝绸之路及其他沿海商路上。考古发现表明，新加坡人已可以将原料加工成成品。当地产业规模虽然不大，但的确存在，这足以表明新加坡并非一个由渔民和海盗组成的落后社会。这里既有整体规划，又有专业技术，并依赖长远规划和投资，创造出商业形态。在新加坡七个考古遗址中发现的成千上万的手工制品就是很好的佐证。

土陶器

罐子是几千年来人们生活中最基本的器皿之一。自8000年前农耕时代开始，大多数用于烹调、饮食、储存食物和水的器皿都离不开制陶技术的发展。根据历史学和民族学的资料，我们知道，在陶器的初期发展阶段，陶罐制作都是在家庭内进行的。我们还知道，在大多数前工业社会中，陶工都是妇女。直到大规模陶瓷生产发展起来后，制瓷才成为男性的工作，就如近东和中国唐朝的情况一样。陶罐的规模生产源于技术的更新，从手工捏制发展到轮制成型，从露天柴火烧制发展到使用大型陶窑。

土陶器是14世纪新加坡常见的产品。新加坡14世纪的所有遗址都挖掘出大批土陶器，表明土陶器是本土文化的组成部分。跟其他大多数早期文化一样，新加坡也将陶瓷器皿应用于生活各个方面。陶罐的制作工艺、装饰、造型都说明，这些陶罐就在马六甲海峡这一地理区域内制作，而且很可能就在新加坡城内或附近制作。

与其他东南亚地区一样，新加坡早期的陶罐都是手工制作，焙烧温度低（低于900℃）。新加坡14世纪生产的制品尚能留存下来的大多数是土陶陶瓷。世界上许多国家的文化群落考古研究已经表明，这类陶瓷器很可能出自妇女之手。研究还表明，陶器图案的分布，有助于我们了解不同聚落之间女性的联系网络及流动迁徙情况（例证参见迪茨的书［Deetz, 1965］）。

新加坡蕴藏丰富的适宜制作陶罐的黏土。19世纪中叶的研究已确认这一点。新加坡出版的《印度群岛及东亚学刊》（*Journal of the Indian Archipelago and East Asia*）常被称为《洛根学刊》（Logan's Journal），因其出版商为约翰·洛根（John Logan）而得名。该学刊于1849年刊登了以下一段文字：

> 在（东）印度发现的高岭土品质细腻，蕴藏量丰富，最适宜生产陶瓷，但尚未有制造商在此地投资设厂。……到目前为止，我见过的最优质的黏土是哈尔施塔特（Halstead）船长给我的黏土，那是他在新加坡找到的。……这种黏土矿床厚……从未开采过，一挖掘便有收获。它可烧出淡黄色炻器。从密度、硬度、强度、亮度和色度来看，这是品种最佳的一种黏土。

在《洛根学刊》上还有另外一篇文章，题为《新加坡海峡的地质状况》（1852: 194），提到"在政府山脚下，即旧高等法院围墙附近，在20英尺深处发现白黏土；在30英尺深处发现红黏土和铁矾土，该土层下为坚硬的白黏土"。这种黏土适宜制作现代艺术陶瓷（Kemp, 1997: 74）。因此，14世纪新加坡的陶工可轻而易举地在土城墙外取得原料。当时，这道土城墙是城市居民区北翼的防线。

经过对1984年挖掘出的新加坡土陶器进行研究，一份分析报告初步指出，新加坡陶器按其材质可分出四大类型（Miksic, 1985）。之后对这些陶瓷的深入研究，又提出十种类型：

表6.1　14世纪新加坡出土陶器分类

一、细石英夹砂陶（A类）
种类：1.未施泥釉
2.施红/白泥釉
3.施褐泥釉
4.施红泥釉/施颜料
5.薄胎压印纹

续表

二、细胎陶
三、粗石英夹砂陶
四、云母夹砂陶
五、黄铁砂夹砂陶
六、掺石灰泥质陶
七、瓦当
八、陶制砖
九、抛光陶
十、红陶

第一大类，1984年称为“A类”，是最为常见的土陶器，属粗糙的细石英夹砂陶。这大类型的各种类可根据质地和外观来区分。陶器外表呈灰白色（白色、粉红色或橙色），内壁（从横截面来看）通常是深褐色至黑色。

陶器残片内外壁的颜色存在差异是由两个因素造成的。陶片内壁发黑，是因为陶器在烧制过程中碳物质未充分氧化。这种情况即使在今天农业社会家庭制造的生活日用陶瓷器中也很常见。温度低（800℃）及焙烧时间短（通常不超过4小时）导致碳物质不能完全氧化，而陶工使用的黏土有一些含碳有机物质，所以造成发黑。陶片外表呈白色、红色或粉红色，是因为陶器外表完全暴露于空气中，氧化更充分，受热温度更高。陶工经常会给坯体施一层泥釉（水与黏土的混合物，这种黏土比用于制作器身的黏土更纯净、细腻[1]），使用这种

1 新加坡早期陶器使用的黏土可能来自两种类型：一种是含杂质较多的黏土，另一种是高纯度的高岭土。19世纪的研究报告指出，这些黏土在史丹福路和勿拉士峇沙路之间、靠近皇家山附近的地方可以找到。——原注

方法可以制造出白色的器皿。从新加坡出土的几块陶片来看，陶器外施红泥釉，这可能是在泥釉中加入了铁物质。

在早期新加坡历史中，白陶器似乎有着特别的意义，即具有礼仪功能。在之前一个世纪的中国城，白陶器也似乎具有同样的功能。其实，尽管中国城的历史比新加坡早一两百年，但它与14世纪的新加坡有着很多共同点。12—13世纪的中国城是马六甲海峡北部地区中国人的一个早期定居地，而新加坡则为马六甲海峡南端的中国人聚居地。在福康宁遗址发掘出的陶器中，很多都是属于A类的精美白泥釉陶。但在古城的其他遗址中，白泥釉陶器难得一见。福康宁遗址只有很少量的炊器，所发现的陶瓷器主要都是小型储存器皿。在福康宁山与大海之间的新加坡平川地带，几处遗址发现的日用土陶器颜色各异，从褐色、橙色到黑色均有。显然，这是烧制黏土产生的自然色彩，而没有作任何人工添色。

福康宁遗址发现的土陶器与几处早期新加坡遗址发掘的土陶器在几个方面颇为不同。福康宁夹砂陶所使用的砂砾，比其他地方掺入陶器的砂砾更加精细，陶器形状和装饰也有所不同。有几个手工制品很明显是举行宗教仪式所用的供器，其中包括或许是一只瓶子的长颈，以及一个底座（插图6.01）。

在新加坡低地和中国城两个遗址发现的容器中，最常见的器形为宽口、圆底陶罐，罐体宽度远大于高度。这些陶罐通常在罐体上有一些弦纹刻画线（插图6.02）。这些陶罐也通常呈折状，也就是说，罐体边缘缓缓向外弯曲，到底部时形成一个大角度折弯。这些陶罐经常被火烧焦，特别是在底部。这些特点，和目前仍在印尼和马来西亚制作并用于烹煮的陶器的特点很相似。

这些烹煮用炊罐都配有盖子，盖子顶上有盖钮，方便使用。在所

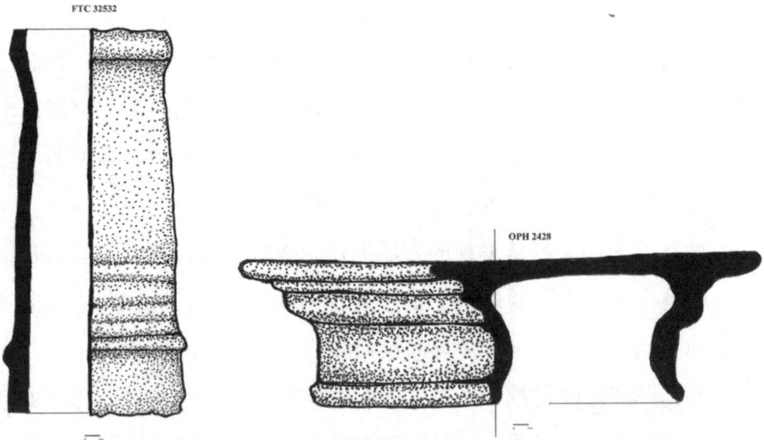

（a）福康宁32532号的罐颈部　　（b）旧国会大厦2428号的底座

插图6.01　新加坡14世纪独特的土陶器物

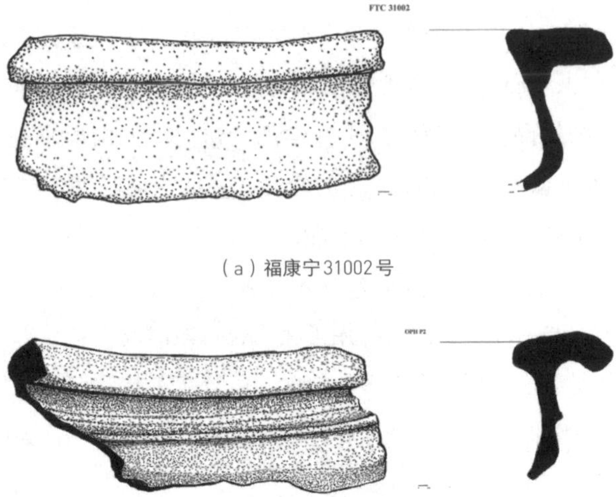

（a）福康宁31002号

（b）旧国会大厦P2号

插图6.02　14世纪的炊罐

有早期新加坡遗址中都能找到不少这样的陶片（插图6.03）。

在所有早期新加坡遗址中，比折状炊器更普遍的陶器是一种储存器皿。罐体高度大于宽度（插图6.04 a-i）。这些储存器的造型与早期东南亚多个地方使用的陶器形状相似，但这些陶器在近代被其他材质的容器，如炻器、塑料容器和金属容器所取代。

这些在新加坡低地发现的容器陶片，很多带有装饰的痕迹，是用木刻印模在半湿半干的黏土上压印而成（插图6.05 a-x）。这种制作工艺一般被称为刻花压印纹饰，是马六甲海峡一带（从中国城和吉打一直延伸到西婆罗洲的沙捞越）所发掘的陶器的典型特色。这种工艺历史悠久，可追溯到史前时代。汉代前的台湾岛和华南地区已能制造这类陶器。两种不同但又密切相关的陶器制造工艺传统由此形成，然后向不同的方向传播开来，一个方向是环南中国海沿岸地区，从菲律宾群岛传播到越南南部（前占婆国领地），另一个方向是经过一条未知路线传播到缅甸（Solheim, 2003）。如此类型的陶器最早是在越南和菲律宾的遗址发现的，所以在东南亚被定义为“沙萤–卡拉奈”（Sahuynh-Kalanay）工艺传统的制品。[1]但近年来考古学家的研究，如山形真理子（Mariko Yamagata）和徐志煌（Tsui Chi Hoang）的研究，强调史前晚期南越和菲律宾的陶器存在着差异性而不是相似性，质疑这两个地区拥有共同的陶器工艺传统（Ian C. Glover, pers. comm., March 2011）。

某些陶器装饰在东南亚沿用了相当长一段时间，这就给考古学家出了一个大难题。在世界大多数地区，陶瓷工艺技法变化频繁，所以考古学家可以根据一块陶瓷器碎片轻松判断其制作年代，如中国、墨

1 有关中国城的压印纹饰陶瓷插图，可参见麦金农的书（Edwards McKinnon, 1984: pl. 57–69）。——原注

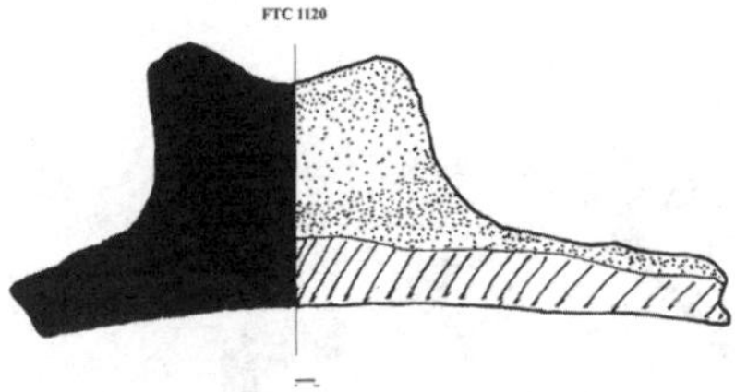

（a）福康宁1120号把手

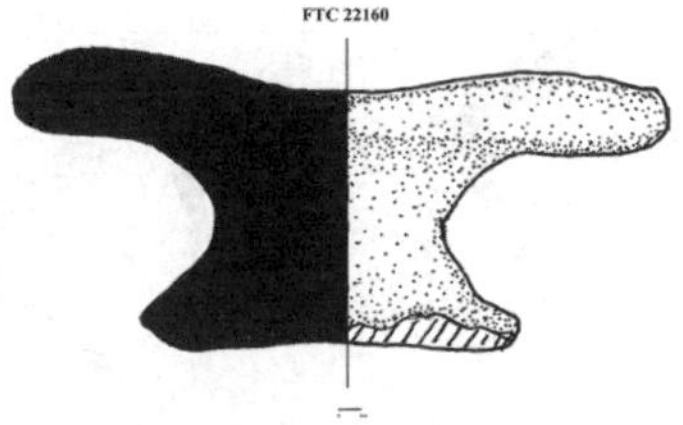

（b）福康宁22160号把手

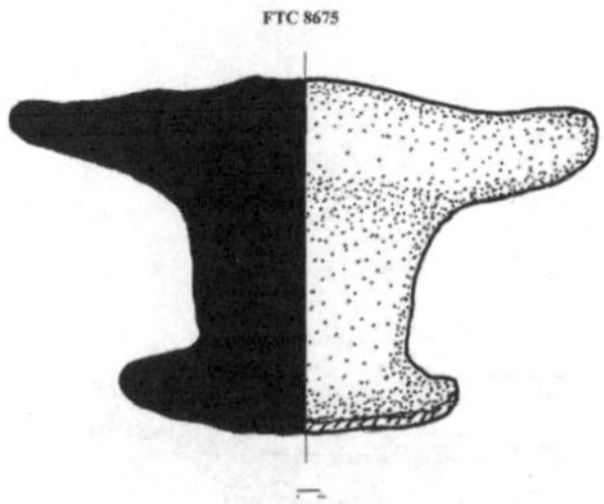

（c）福康宁8675号把手

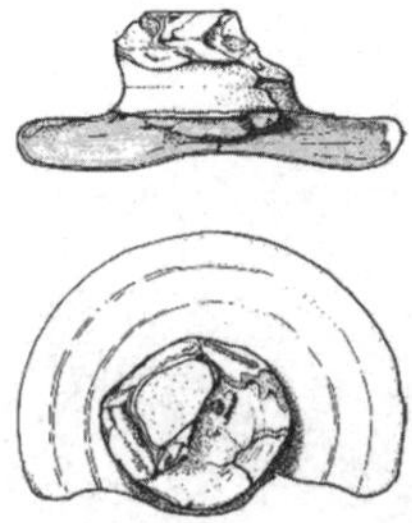

（d）旧国会大厦P35号把手

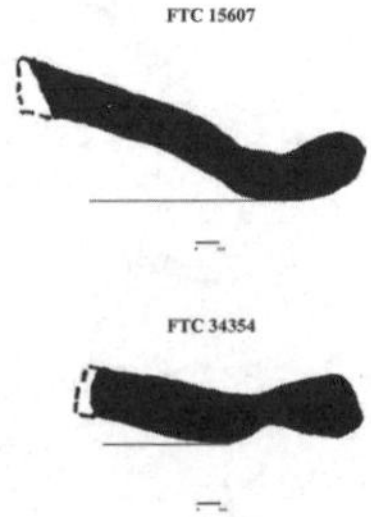

（e）福康宁15607号、34354号盖子

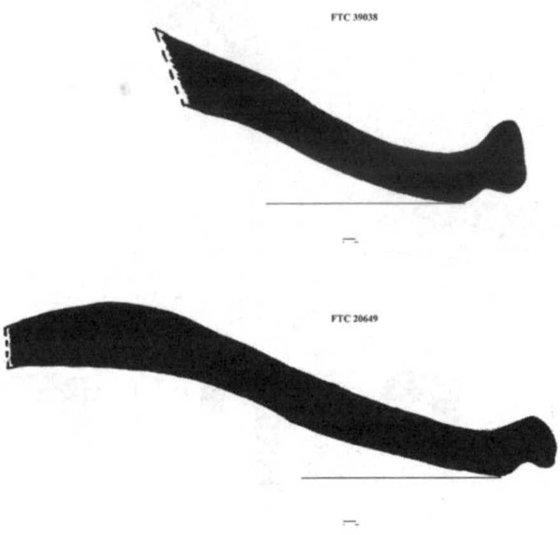

（f）福康宁39038号、20649号盖子

（g）陶罐盖子

插图6.03　14世纪的陶罐盖子

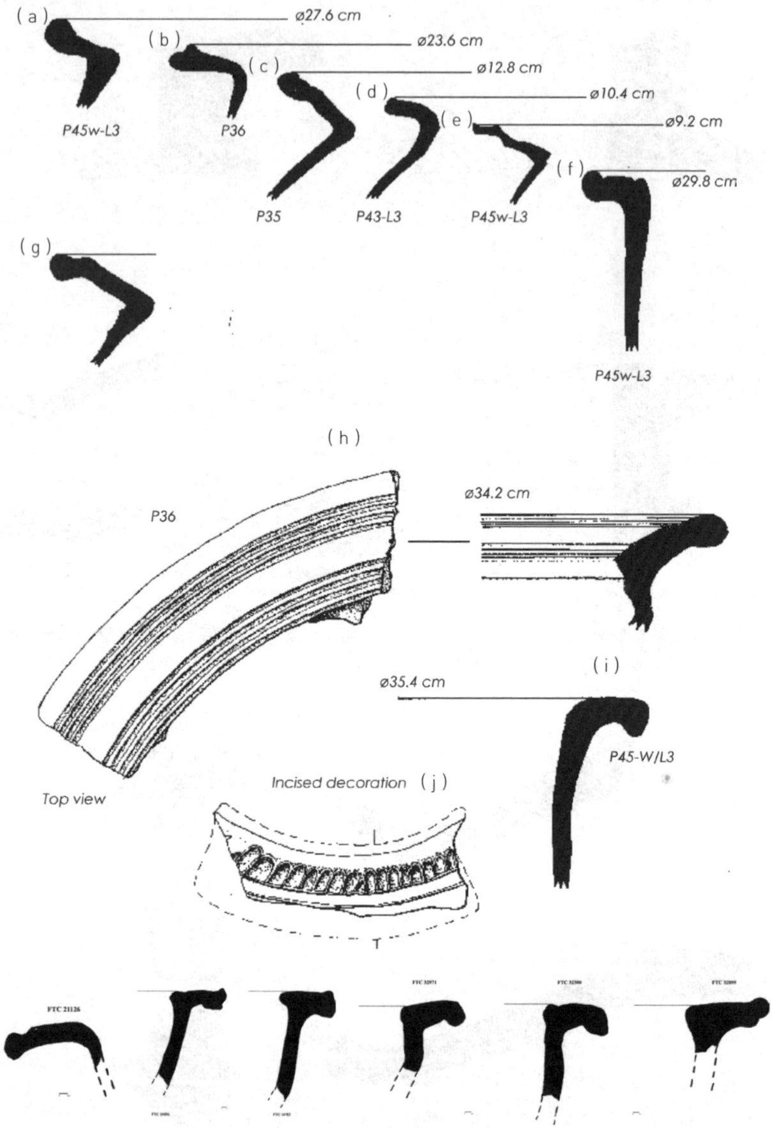

插图6.04　14世纪陶制品的口沿碎片（其中，a-f出土于旧国会大厦，g-j出土于福康宁）

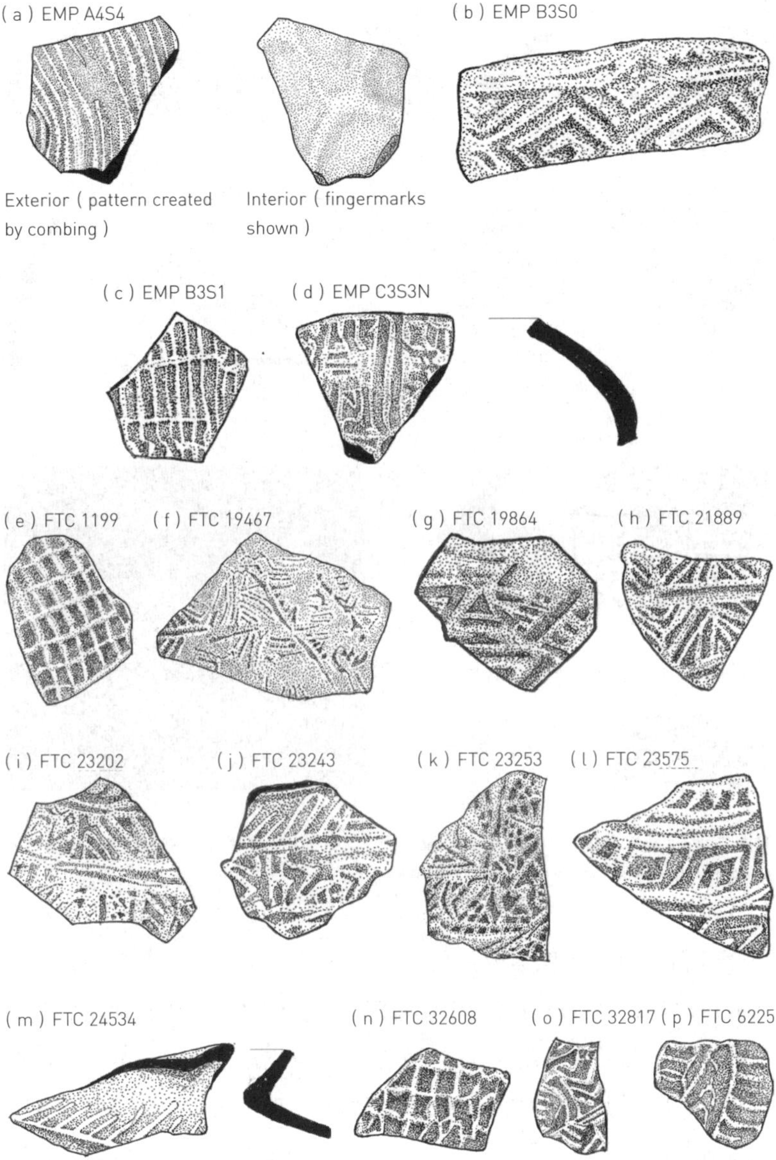
(a) EMP A4S4
Exterior (pattern created by combing)
Interior (fingermarks shown)
(b) EMP B3S0
(c) EMP B3S1
(d) EMP C3S3N
(e) FTC 1199
(f) FTC 19467
(g) FTC 19864
(h) FTC 21889
(i) FTC 23202
(j) FTC 23243
(k) FTC 23253
(l) FTC 23575
(m) FTC 24534
(n) FTC 32608
(o) FTC 32817
(p) FTC 6225

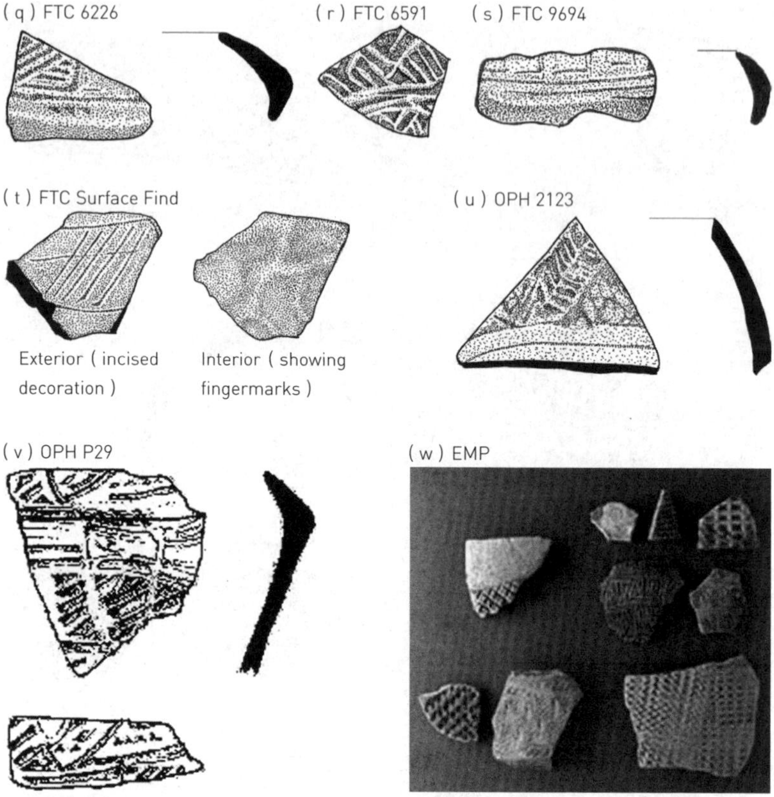

插图6.05　压印纹饰陶片：(a-d) 出土于皇后坊，其中EMP A4S4外表为弦纹图案，内壁有指印；(e-p) 出土于福康宁；(q-w) 压印纹饰陶片

西哥或伊拉克的陶瓷器就是如此。随着研究的深入，情况将来或许会有所改观，但目前要对东南亚地区的陶瓷器进行年代鉴别几乎是不可能的，该地区的陶瓷器装饰只要有一丁点细微的差异，可能就意味着在年代顺序上有巨大的不同。尽管如此，现阶段如果在印尼或菲律宾发现一块压印纹饰陶器碎片，大概可以判断其为500—2000年前的

制品。

虽然目前相关知识不完备，土陶器类型无法为考古学家提供确认遗址年代的线索，但是，某种装饰技法和风格的地域分布还是能说明一些文化含义的。不过，对这种标准，我们理解得并不充分。从越南和中国发掘的汉代陶片上可以看到，一些图案设计与在新加坡和中国城发现的陶片十分相像，其中的部分图案，如以“b”“c”和“l”为标记的那些图案，则类似于中国东南部浙江地区相当精美复杂的陶瓷器图案（Gibbson-Hill, 1955: pl. 11）。

尽管这些陶片的文化边界比较模糊，但还是较容易区分哪些是在马六甲海峡、西爪哇和西婆罗洲制作的陶器，哪些是在中爪哇和东爪哇制作的陶器。后者完全没有压印纹饰。爪哇人更喜欢表面平滑光洁的陶器，他们会用一种抛光工艺，花很大工夫修坯（用一块光滑的石头磋磨半干的成品外表），以使陶器表面充满光泽。另一个区别是，爪哇陶器经常会使用红泥釉或红颜料来装饰陶器（见第八章）。

早期新加坡使用泥釉或颜料的普遍程度很可能比我们想象的高得多。在新加坡发掘的几块陶片上发现了很容易被洗掉的泥釉或颜料。这说明有不少陶片原来很可能上过泥釉或颜料。但是，薄土胎外层的漂亮光泽经过几个世纪的岁月，自然消磨掉了。

在新加坡尚未发现可确认的制陶工具。这可能很难找到，因为这些工具一般是木制的，而早期新加坡的任何木制品基本荡然无存。马六甲海峡的陶工似乎有很大的自由度，他们可以自己创作刻花压印纹图案模，其中某些模板线条简单，只是几条平行线或箭尾形线，但这些图案在各地普遍使用，而且使用了相当长的时间。

另一种装饰形式，被索尔海姆（W. G. Solheim）形容为“刻画与压印纹饰的三角形图案。这种图案通常用拉斜线法，或者在三角尖端上刻画小圆圈或半圆圈。三角形图案各式各样，有的底部是开放式，两边以曲线连接，有的则是以直线连接，但顶端是圆圈”（2003: Fig. 1.4）。这种形式的装饰从早期台湾地区到密克罗尼西亚都有广泛应用，在菲律宾、中国城和新加坡也有。此类装饰在中国城和新加坡两地似乎都是某种特别用途的圆底坛罐。我们无法知道这种特定装饰有什么特别的含义，但此类装饰与某种特定形状的陶器相关联，使人想到这两者之间的关联一定隐含着某种意义。

在早期的马六甲海峡陶器中，除了简单明了的弦纹刻画线，其他刻画纹饰是很少见的。在新加坡发现的纹饰陶器中只有不到1%的陶

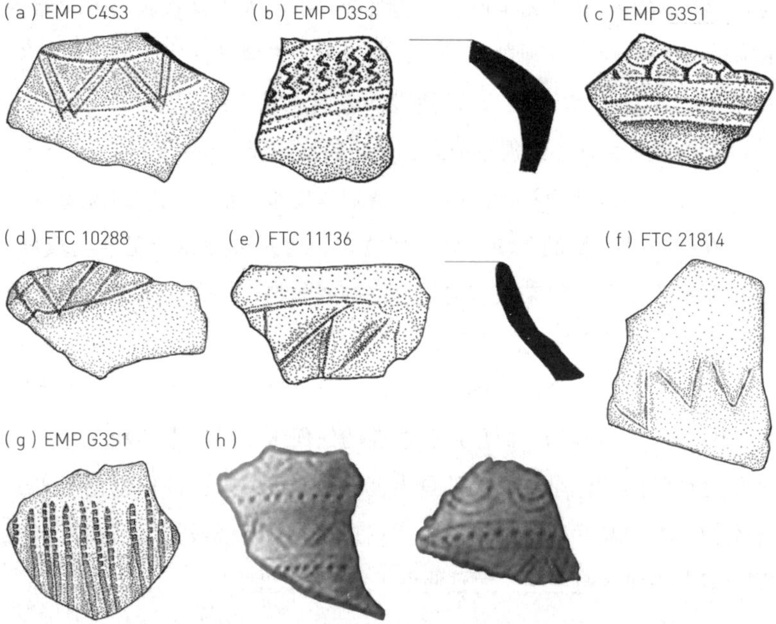

插图6.06 刻画花纹饰陶片：(a-c) 出土于皇后坊；(d-h) 出土于福康宁

片显示使用了弦纹刻画以外的工艺技法（插图6.06）。

一些陶器碎片似乎也用了一种相关的技法来装饰，即模印法或印花法（插图6.07）。用长柄扁平木板拍打陶坯，可以使陶坯比采用原始泥条盘筑法制作的陶器更平整、更密实。如果说这一发展指的是一种技术，那么模印法则是一门技艺。模印法意味着更精细、更系统地运用精美复杂图案。具有模印花纹图案的陶器碎片只有在皇后坊遗址数量较大的陶瓷器碎片中才能找到，表明这些陶器是外来制品。这类陶器大多数可能出产于婆罗洲西部、马来半岛东北部及泰国南部地区，其黏土比典型的新加坡黏土含有更多白垩粉。有一块特别的陶片——旭日型模印（插图6.07 c），所使用的黏土与其他类型不同，图案也相当独特，说明这陶片的来路与众不同。人们所知的另外一种装饰技艺是戳

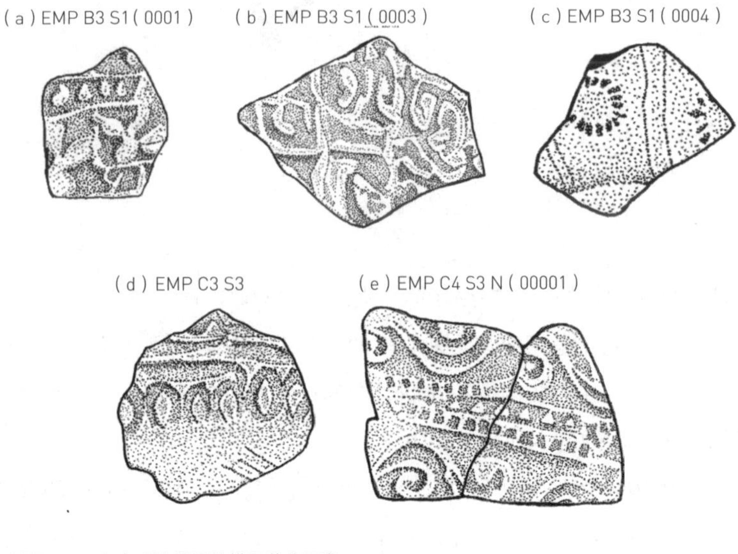

插图6.07　在皇后坊发现的模印花纹图案

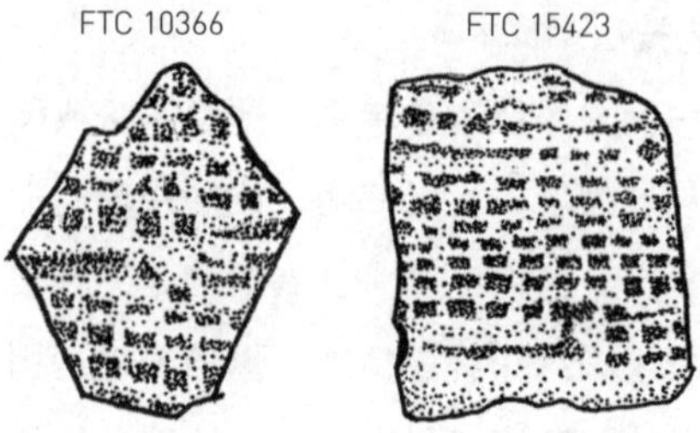

插图6.08　戳印图案

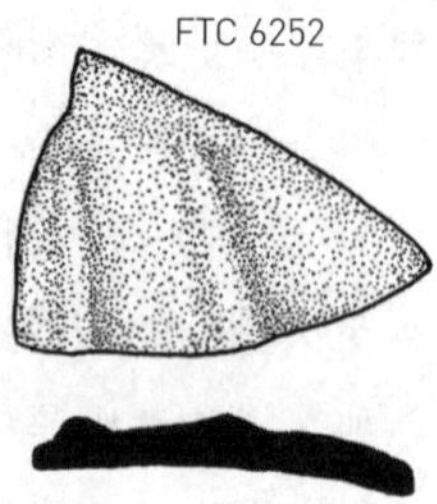

插图6.09　陶制军持的模塑壶体

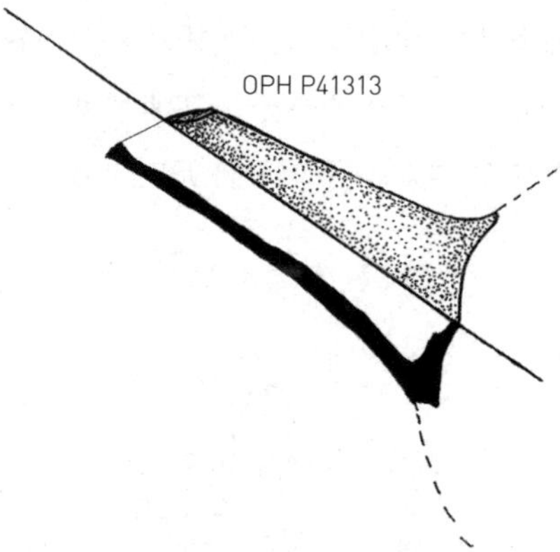

插图6.10　陶制军持的壶嘴

印法，即用尖锐的物体在湿坯体上戳出花纹（插图6.08）。

一些陶瓷器是用模塑法来制作的，塑造出外表凹凸不平的垂脊效果（插图6.09）。这种装饰技法在同时期的东爪哇偶有发现。但新加坡陶瓷器看来使用的是本地黏土。

在中国城遗址找到许多壶嘴，显然是衔在一种相当复杂的容器上的。这种容器是一种水壶，专指军持（执壶）。这种军持用来盛装清水，也用作宗教礼器。在新加坡不同遗址中都发现了几只壶嘴，但比起在中国城遗址所找到的数量要少得多（插图6.10）。这些发现有何含义，目前不太清楚。

到目前为止，在新加坡的皇后坊遗址和圣安德烈座堂草场发掘了一种很重要的遗物类型，它提供了最强有力的证据，证明14世纪新加坡与位于东爪哇特洛武兰（Trowulan）的爪哇国满者伯夷的首府有联系。这种手工制品就是一批陶瓷圆片，直径大概是3—6厘米（插图6.11）。在爪哇，这种小陶瓷片叫“gacuk”，不是由陶工制作的，而是另有人为之。他们好像是将破裂的陶瓷器敲打加工成圆形陶瓷片。有些圆瓷片属于低温陶，有些则属于粗陶，甚至还有瓷制品。

有学者推测，这些小陶瓷片用作某种代币（Sumarah Adhyatman, 1981: 48）。据说，明代的青花瓷片“在马来人村落里被打磨成小巧的圆碟状用具，作为赌博的筹码”（Sullivan, 1961–1962: 61）。这些小陶瓷片在新加坡出现，说明了14世纪爪哇对新加坡的影响以及两地的交往。这与爪哇诗人勃拉班查声称1365年新加坡为爪哇藩属国的说法一致。2010年，卡渣玛达大学在迪昂高原进行了考古调查。研究表明，“gacuk”一词

插图6.11　小陶瓷圆片，出土于皇后坊：抛光的爪哇制品（左）；压印纹饰的本土制品（右）

早在9世纪的中爪哇已经开始使用。越南北部河内的升龙皇城（Thang Long Citadel）以及缅甸的蒲甘都发现过类似的遗物。

在14世纪的爪哇，土陶普遍被用来制作小雕像，描绘人类、动物、寺庙和居屋。这些雕像用于何目的无从知晓，但大多数雕像都很可能是用于世俗目的，因为几乎没有什么雕像是描绘神灵的。有些看起来滑稽可笑，有些则是装饰性的，可能是玩具，也可能是家居装饰品。在国会大厦遗址发现一只小土陶件（插图6.12），其黏土原料看来出自本地，颜色呈浅灰褐色，而爪哇的陶器往往呈红色或橙色。有一铁块已黏附在那个陶件上，因为两件物品在地下一起埋了很长时间。在新加坡发现这种物件太不寻常了，所以对此物件的用途最多只能猜测。其主要意义还在于，有这样的物件存在。这也表明，陶土在新加坡除了被运用来制作烹煮和储存食物的器皿外，还用来制作雕像。

在中国城遗址还发现了一些陶炉碎片，这些陶片的质地一般是细白的高岭土。此类陶炉马来文叫“tungku”，在苏门答腊、马来西亚和菲律宾多个地区，这种陶炉一直使用到相对较近代的时期（插图6.13）。

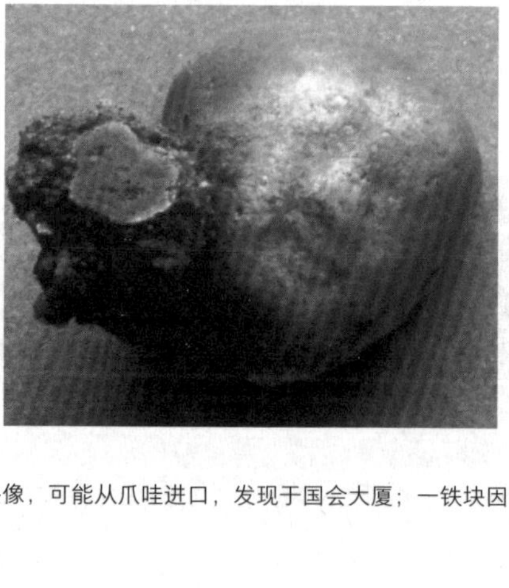

插图6.12　陶制人头像，可能从爪哇进口，发现于国会大厦；一铁块因氧化附着在陶件上。

(a)
(b)
(c)

插图6.13　现菲律宾吕宋北部卡加延（Cagayan）使用的传统陶制火炉：（a）厨房内正使用老式火炉（请注意，这里还使用了其他陶制容器）；（b）在福康宁发掘的陶片，类似于“anglo”式炉子内用的格栅；（c）新式火炉，包括“tungku”式炉子（东南亚人用）和“anglo”式炉子（中国人用）

在新加坡发现了一些类似的陶片遗物，但已难以重构火炉原样，毕竟在这里不像在苏门答腊那样普遍使用。在新加坡，可能人们使用的是不同构造的火炉，但这一点尚未被证实。新加坡出土的最大一块陶炉碎片也是白色的。在福康宁和旧国会大厦两地都挖掘出一些陶瓷碎片，其黏土片足有1厘米厚，上面环绕一圈齿孔。这些陶片可能属于不同类型的烹煮炉灶，马来文叫“anglo”（样式为小火炉），它的构造更类似于中国的传统炉子。

在福康宁遗址中发掘出夹粗砂的殷红色黏土质陶片，内含大粒石英石，可能还有其他矿物质。这些陶片被归为“D”类（插图6.14 a, b; Miksic, 1985: 63 Fig.15, 64, 95 pl. VIII）。1984年第一次考古挖掘时，只找到三块此类材质的陶片，其中一块是一件相对完好无损的手工制品。根据这个小标本，有学者推断，这些陶片是用作滴水瓦的（Miksic, 1985: Fig. 16），部分理由是：14世纪福康宁山建造的房屋可能都使用了瓦顶，就像爪哇现在的房屋构造一样。第一次考古发现的屋顶瓦碎片被认为来自14世纪土层。滴水瓦是专门设计用来抬高建筑檐头板的，使得雨水分

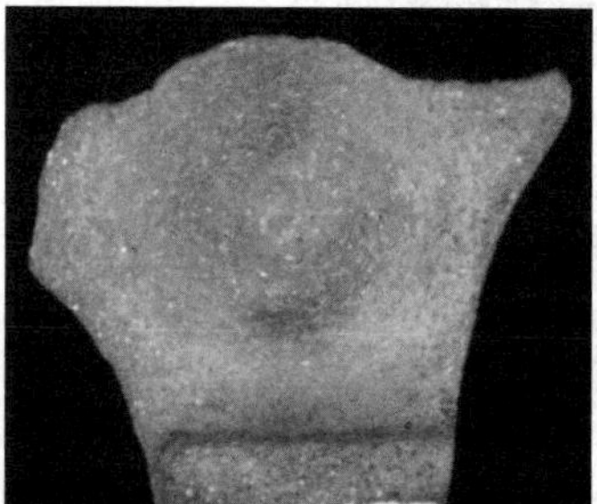 

插图6.14　未明用途的陶制品，发现于福康宁。最初以为是滴水瓦，但未发现14世纪新加坡有屋顶瓦，所以这些瓦片不可能是滴水瓦。

流，不至于直接滴到房屋地基上。

进一步的考古挖掘和分析证明，1984年发现的那些屋顶瓦年代并不久远，为19世纪至20世纪之间。很可能是灯塔值事员所住房屋的屋顶瓦，因为此地曾经建造过一所灯塔值事员的居室。我们现在已经知道，14世纪的新加坡尚未使用屋顶瓦，包括特殊用途的瓦当和滴水瓦。这些外表奇特的器物究竟是什么用途，目前还是个谜。在新加坡其他几处14世纪遗址里，包括旧国会大厦遗址和圣安德烈座堂草场，也发现了同样器形的其他标本。如此一来，这些遗址与圣墓遗址就没有什么特别的关系了。至今也没有关于在东南亚其他地方发掘出同类遗物的研究报告。

除了1984年发掘出圆锥形凸状的奇特器物，类似粗糙材质的陶瓷器还有其他器形。有一些“D”类材质的陶片上过泥釉，甚至外部抛过光。这些器物可能是舶来品，或当地制作的特殊用途物品，其复杂的外表表明其作用重要，可能是某类工业生产的工具。在福康宁遗址和皇后坊遗址都发现了其他一些制造业用品：小陶杯（可能是坩埚，见插图6.15）。这些陶杯的尺寸和器形说明，它们很可能是用来炼金

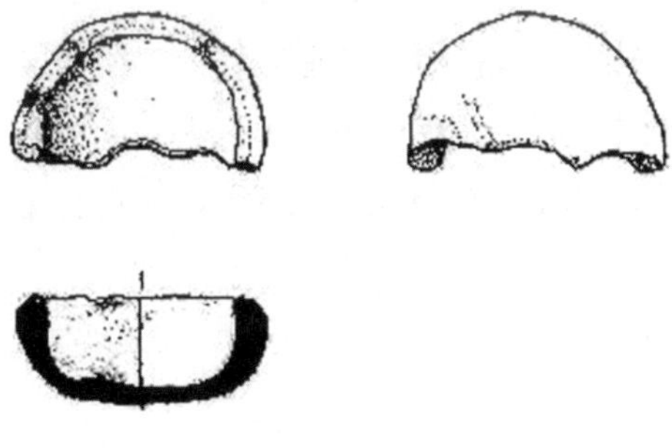

插图6.15　在皇后坊发现的坩埚

的。但不同于中国城遗址发现的坩埚，新加坡发现的坩埚没有微绿色硼砂痕迹，所以难以支持上述炼金的说法。

新加坡考古发现，不仅有以上提及的普通类型土陶器，还有其他不同类型的土陶制品，但其中很多类型只有为数不多的陶片可作为样本。这些土陶制品可能是从马六甲海峡其他地区或更远处带来的，例如，只找到一件蓝纹压印标本。有一些土陶制品含黄铁，要么是质料上添加黄铁，要么是陶土自然含有黄铁。16世纪，黄铁在东南亚被描述为古老而贵重的贸易品（Hill, 1970: 205 n. 207）。

旧柔佛——离新加坡最近的考古遗址，也发现大批早期的土陶器。20世纪50年代，在这个16世纪的遗址内，发掘出近3000件土陶器残片（见第十章）。遗址考古人员根据沙、黏土熟料，可能还有作为添加料的有机纤维如米糠的使用情况，将陶罐分为两类（也可能是三类）。夹砂陶碎片内常常含有云母成分。

在旧柔佛城发现了大概10只军持的壶嘴。17世纪，荷兰人曾说柔佛外销军持（Gibson-Hill, 1955: 192 n. 176）。当时柔佛的陶制业颇为发达，陶制品据称品种繁多。和新加坡一样，在这一批陶瓷器中也许只有少量瓷器是从其他商港运至此地的。约19%的陶瓷器有刻花压印纹饰（Gibson-Hill, 1955: pl. 8, 9, 10）。刻画纹饰与新加坡的相同，仅限于在容器表面刻画弦纹。大约15—20件陶片有垂脊纹饰，可能是用镶嵌饰法做成的，但有些看起来使用的是模塑法（Solheim and Green, 1965）。以此方法装饰的几块陶片，在中国城遗址和新加坡遗址中都有发现。

青铜器 / 铜器

青铜是铜和锡的合金，在新加坡酸性土壤中很快会被腐蚀。在东南亚，青铜器属于稀罕的贵重商品。不过在苏门答腊发现了铜，而在廖内和马来半岛几处也发现了锡。

在福康宁遗址找到一些青铜器残片，其中一件比较厚实、略有弧度，可能是一只碗的碎片。在皇后坊遗址，发现一件青铜矛尖和一只小鱼钩。在新加坡板球俱乐部草场，挖掘出几件小青铜器和废青铜线。

相比之下，在国会大厦遗址发掘出数量较大的红铜器和青铜器。纯铜线是最常见的铜制品：共找到233根，其中一些编织得相当结实。发掘出的鱼钩共计11件，小鱼钩弯度直径是25毫米，大鱼钩则为30毫米（插图6.16），全部制成倒钩。较大的鱼钩是青铜制，而小鱼钩则是红铜制。其中一只鱼钩由一根红铜或青铜引线，穿进小孔。青铜线一大段用作鱼钩的引线。最大的一只鱼钩长46毫米，上有眼孔，穿着一根铜线。显微结构分析表明，这些鱼钩是用拽拉法制成的。此法是一种较高的技艺，即将一块软金属通过一个有孔的拉模板在很短的时间内拽拉，这样就制作出一根横切面为圆形、粗细均匀的金属线（Shah

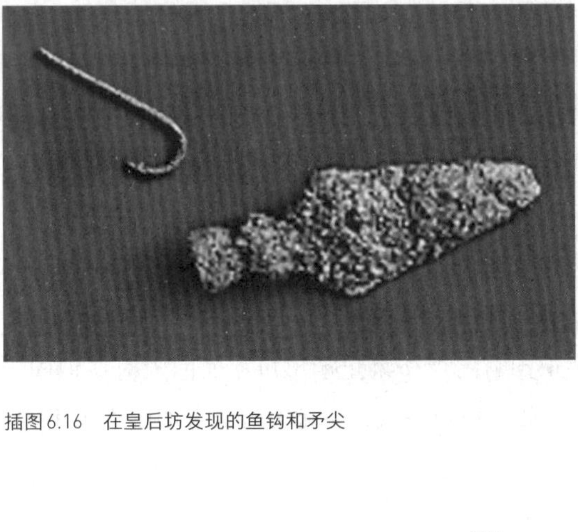

插图6.16　在皇后坊发现的鱼钩和矛尖

Alam Zaini, 1997: 27）。

其他红铜或青铜器呈条状，大约几厘米长，直径2—3毫米。在国会大厦遗址发现一个尖头器，可能是矛头或箭头（插图6.16）；还发现两个小铃铛，其中一个有人脸装饰。这些铃铛与在东南亚其他地方发现的手工制品相似，均为儿童佩戴的饰品。另一件在国会大厦遗址发现的青铜器，直径7毫米，厚2.4毫米，重0.52克。博雷尔（B. Borell）猜测，该物件可能是衡器，因为它使用的单位接近马来重量单位“kupang”（2000: 10–11）。

在国会大厦遗址还挖掘出10枚铜球（经过熔铜工序制作出来的圆形铜制品）以及799克炉渣（Shah Alam Zaini, 1997: 13 and Fig. 11）。这些发现表明，铜是在国会大厦遗址熔炼加工的，也许用来制作铜线和鱼钩，而这些制成品要么供当地渔民使用，要么外销。如果将来在这里或新加坡其他老渔村也发掘出新加坡制作的鱼钩，或许我们就可以知道答案了。

到目前为止尚未确切辨认出相关的加工器，如用来熔炼金属的坩埚或用来炼铜、锡的工具。只有出土于国会大厦遗址的一件遗物，有学者分析可能是工具（Chen, 2001）。发现了许多铁制品，但形状已严重腐蚀，很难看出原貌和功能。在新加坡板球俱乐部草场发现了可用于熔炼金属的坩埚，也许这些坩埚碎片已被丢弃到离国会大厦小规模发掘现场几米之外的地方，因此在建设新国会大厦时这些碎片都被毁掉了。

鉴于新加坡本土不出产铜和锡，这一制造业的原材料必然是进口的。中国史书鲜有记载铜索或其他铜制品的贸易情况。毫无疑问，这是由于当年中国官府严格禁止铜出口，而南宋时期铜属于稀有金属。根据赵汝适记载，12世纪末，三佛齐曾请求中国准予出口3万片铜瓦，或一船铜，并提供中国工匠，由他们来将这些铜制成屋顶瓦。但这一请求遭到中国朝廷拒绝（Sastri, 1949: 87）。然而，有史料表明，铜还是神不知鬼不觉地被偷运出了中国关口。也许史料大大低估了真实的铜贸易量。虽然古代东南亚沉船记录中没有关于装载了铜矿石的记载，但在新加坡海岸附近沉没的船只里却发现了锡和铅的矿石。

汪大渊提及有几个地方从中国进口铜制品：遐来勿（马来半岛附近地区）、巴邻旁、勿里洞岛、淡目（爪哇中北部）、东淡目（Dung Demak，未知何处）。婆罗洲的丹戎武罗（Tanjungpura，或译东冲古剌）则进口铜锅。戎（Jong，马来半岛南部地区）和勾栏山（Geram Island）进口铜器。占卑（三佛齐）进口铜鼎。菲律宾的三岛（San Dao）进口铜珠。暹/暹罗、彭亨和八都马（Baduma，位于爪哇）进口一些器形不详的铜器。

红铜和青铜都易于循环使用，将其完全熔化后重新铸造即可。这些中国铜器在14世纪从中国运到新加坡地区后被重新铸造使用。铜的另外一个来源是中国铜钱。在新加坡板球俱乐部草场的14世纪土层中发现了因高温而变形的中国铜币。除了各种铜废渣，还找到陶瓷坩埚以及一件石器，可能是炼铜器具的一部分。

金器

在圣墓遗址和国会大厦遗址的考古挖掘中，发现了多个小件金制残片。在圣墓遗址中，找到小球状金器、一些薄金片、残断的金线，而在国会大厦遗址则发现了三朵小金片。这些都属于金匠在工作台上打金时洒落地面的残留物。另外发现几件金制工艺品。在皇后坊遗址，挖掘出一条金带子，镶嵌着已腐蚀的青铜。在福康宁遗址，出土

插图6.17　在圣安德烈座堂草场发现的金线

了一件小金三角，上有一根金线穿孔挂着（Borell, 2000: 12–13）。在圣安德烈座堂草场发掘出一根金线，造型弯曲华丽。

中国商人根据当地市场需求外销各种器形的黄金。13世纪，赵汝适记载中国向真腊（柬埔寨）、占卑、马来半岛、渤泥（贸易黄金）和爪哇供应黄金，汪大渊则提供了大量证据说明金器在14世纪一直是中国外销的主要商品。根据赵汝适的记载，婆罗洲丹戎武罗的消费者更喜爱赤金、沙金。在安南（越南），金银头饰生意兴旺，而在马来半岛北部地区，金盘金碗是主要贸易商品。泰国的华富里（Lopburi）则进口具体器形不详的金器。

赵汝适和汪大渊提到了不同色泽的金：赤金、绛红金或紫金以及“假金”（straw gold）——“花银”[1]。汪大渊和其他中国史学家提到一种货品叫赤金。“赤”字面上的意思是“红色”，而“金”就是指黄金。但有时，如惠特勒在讲述班卒的情况时，就把“赤金”翻译成“贸易黄金”（trade gold）（Wheatley, 1961: 83）。“赤金”的意思从来没有明确的界定。

1　指面有金花色的足银锭。

伊本·白图泰于1345—1346年间在苏门答腊居住过，他说那里的百姓使用“中国生金”和锡钱作为货币（Krom, 1931: 395），此话语焉不详。

龙牙门和班卒两地都需要赤金。柔克义（W. W. Rockhill）引述1388年的中文史书说，赤金“在古代是半两钱之称，目前（指1388年）此币用铜加金混合铸造。足金（指赤金）现已不多见”（1916: 133 n.2）。伊本·白图泰于1345年左右到访北苏门答腊，提到在当地发现红币[1]，“我猜这些东西是用赤金做的，赤金是中国史书作者经常使用的词”（Rockhill, 1916: 154 n.1）。赤金相当受欢迎，在苏门答腊东北部的淡洋（Tamiang）、蓝无里（又译南巫里）、亚齐、八都马（也用“花银”一词），赤金都可以贸易。而渤泥进口绛红金，苏禄购入紫金。

有一种可能性是，绛红金对应马来文的“suasa”（该词指铜金合金）。这种合金经过酸性处理，呈现绛红色或紫色。鉴于绛红金或紫金属于合金，就不如高纯度黄金那么昂贵。现代新加坡华人将金分为三种成色，按纯度逐渐降低排序，分别为白金、红金与紫金。

中国史料没有提及黄金来自苏门答腊或马来半岛，也没说这里蕴藏着金矿。这是很奇怪的事儿，因为有大量证据表明这些地区在古代已有淘金活动（Miksic, 1990）。中国城遗址在不同场合都出土了金，其中在一个举办仪式的遗迹里找到一件金叶残片，该遗迹可能是湿婆神之公牛南迪像的基座。大部分黄金遗物与破碎的陶瓷器、贝壳、木炭和房屋瓦砾堆在一起。还发现了几样炼金工具，包括试金石、一个铸造金戒指的石模、一个铸造贞操带的石模、一些陶制坩埚和很多被称为水银器的陶罐残片（可能是用来搬运水银的）。水银用来炼金，将金与砂石分离开来。这种水银器残片在新加坡14世纪遗址里十分常见

1　red tanga。“tanga”可能同“tanggah”，后者是马来文，指波斯古币。

（见第七章）。

在中国城遗址发现的熟金手工制品中有一个小坠儿，马来文称“tali”，是南印度人使用的一种挂件，仿照11—12世纪埃及钱币的形状制作（Edwards McKinnon, 1980），还有小珠子和串珠线。在中国城发掘的大部分金器可能都是下脚料，要准备熔化，重新铸造。这些下脚料中包括许多金箔残片，其中两块上面有冲印的中国文字，如“分”“金”“十”。12世纪初，亚齐金器商衡量金器的含金量时分为十等级（Stammeshaus, 1946），所以这些字可能是试金师留下的印铭。一些手工制品的含金量达24K，但大多数含金量只有70%—85%，添加了银和少量铜。金戒指和金珠的含金量是22K，金箔残片含金量包括18K和20K，而金线含金量最低，只有16K（Manning, Edwards McKinnon and Treloar, 1980; Edwards McKinnon, 1984; Swan and Scott, 1990）。

铸金活动也许是在福康宁进行的，在早期新加坡可能还有其他一两个这样的地方。跟红铜和青铜情况一样，金矿石也是进口的。据汪大渊所载，有些金矿石来自中国。但较近的地方也有金矿来源，就在马来半岛、苏门答腊和西婆罗洲。1928年在福康宁遗址发现的金器也许是当地铸造的，但目前无法证实这一点。其他来源的金通常是混合成色，金与其他金属铸成合金后，再碰上其他问题，使得目前很难追溯金的来源。

易朽材料制品

早期新加坡外销的几种商品，没有留下任何考证线索。例如，汪大渊提到班卒出口棉花。然而，棉花喜干燥气候，而条件适合、距新加坡最近的地方就是爪哇。19世纪，新加坡几度尝试种植棉花。

1836年，一个叫克雷恩（Crane）的男子从福康宁植物园原址拿走了一些棉花种子，说明那时植物园里种植了棉花。后来葬于福康宁山的何塞·德·阿尔梅达（Jose d'Almeida）也曾试图在丹戎加东（Tanjong Katong）种植棉花，之后也做了多次尝试，但都以失败告终，原因要么是雨水过多，要么是病虫害（Burkill, 1966: II, 1123–1124）。廖内也有曾经种植棉花的迹象（Burkill, 1966: II, 1123）。因此，如果史书提及棉花是新加坡的外销商品，那应该是指新加坡再出口爪哇的棉花。

据汪大渊所述，檀木（lakawood）来自龙牙门和班卒。龙牙门的檀木粗糙，而班卒的檀木细腻。16世纪初，皮列士记述了“黑檀”是新加坡的主要产品之一。“laka”一词指涉多种檀属植物，最大的檀属是黄檀属，包括各种目科，出名的有南美和印度的蔷薇目。12世纪初，中国从泰国进口该属类的黑檀（Burkill, 1966: I, 765）。新加坡的裕廊种植了商业性的印度玫瑰木，这类树可高达20米。

另一种类型的木也叫“檀”，来自苏门答腊和马来半岛的森林，是一种木质藤本，用作熏香。伯基尔（I. H. N. Burkill）证实了这就是赵汝适在1225年提到的那种香（1966: I, 766）。1920年，新加坡还出口这种产品。但伯基尔没有说明此檀是产于新加坡，还是产于其他地方，然后由新加坡再出口的。马六甲树也是属于黄檀属其中一种，15世纪马六甲港正是由此树得名。马来亚还有一种相关的树，马来文叫“akar laka”，主要生长于新加坡和马来半岛南部地区，其木“淡红，耐用，比水重，用作房柱”（Burkill, 1966: II, 1638）。

在新加坡物产中，汪大渊不吝言辞赞美盔犀鸟[1]的头胄。这些鸟在马来亚称为“burung enggang”，是犀鸟属的一种。在马来亚发现了

1　马欢在《瀛涯胜览》中详细描述了这种鸟，称之为“鹤顶鸟”。

插图6.18　在国会大厦发现的玳瑁

八类犀鸟属，都长有巨大的骨质盔突，构成鸟喙的一部分。大多数头胄都是空的，但有一类头胄是坚实的，这种质地的头胄如象牙一样可雕刻。在中国，这些盔犀鸟的头胄被用来制作小器物，从胸针到鼻烟壶。在东南亚，头胄被制成戒指、耳塞及神药（Burkill, 1966: II, 1214–1215）。当时新加坡岛大部分地区的森林里都有这些盔犀鸟栖息。

在新加坡的自然物产中，只有一样东西在考古遗迹中保存下来，那就是玳瑁。这种物品在中国属于朝廷专用品，只有达官贵人才有权使用玳瑁制成的梳子、装饰品和首饰。在国会大厦遗址的14世纪土层发掘出一大块玳瑁（插图6.18）。海龟过去可能在新加坡的沙滩上掘洞产卵，现在海龟仍在民丹岛附近及廖内岛其他地方产卵。14世纪，这种海龟背甲可能是由海人带到新加坡的，以换取中国陶瓷或珠子。

其他新加坡物产还包括海盐和酒精类产品。海盐可以通过烧煮海水提取，酒精类产品则由大米发酵酿成。这两样产品的痕迹已无法找到。由于这些产品都要经过原材料加工，因此也许可以找到一些制作这些产品的工具，如某种器形的陶瓷器。

汪大渊没有提到在福康宁14世纪遗址发掘出来的一件物品，这一物品被认为是中国当时的主要进口商品，而《瀛涯胜览》却将它列入马六甲物产中，那就是用作熏香的树脂。在马来亚，这种树脂通常称为“打麻儿香”[1]。一般词典都将“打麻儿香”（达玛香）当作英文词，其实是源自17世纪的马来文。12世纪初，有一个特别品种叫“新加坡打麻儿香”，但不知道是产于新加坡，还是再度外销的产品（Burkill, 1966: I, 774）。

在圣墓遗址附近的发掘中，14世纪土层发现了几件“打麻儿香”遗物。这些树脂一般看起来像是很脆的块状物，外表呈黄白色，粉状，但内部呈殷红色，有光泽，坚硬。目前尚难判断哪一些树木是出产这类特别品种的“打麻儿香”，但也有可能是进口的产品。

小结

14世纪，人们在新加坡可以从事各种各样的职业，其中一些职业有赖于进口原材料，而另一些职业则利用本土生产的货物。整个经济体系包括了专职和兼职的专业化分工。尽管没有一行特别兴旺，但有证据显示，新加坡与商品供应网紧密相连，其市场延伸到爪哇、斯里兰卡和中国。该网络的参与者都必须掌握关于生产技术、物价、市场状况和原料来源等广泛信息。汪大渊和多默·皮列士两人都强调新加坡缺乏农业资源，故此地居民必然要靠贸易维生。

新加坡手工制品很可能远销岛外。位于印度东南海岸的哥打巴南（Kottapatnam）遗址（印度火箭发射场附近）的考古发现进一步证实了

1　一般叫达玛香、达玛树脂。马欢的《瀛涯胜览》描述了“打麻儿香”的多种用途。

这一点。该遗址表层面积约20公顷，此处发掘出一批遗物，其中30%的标本属于饶（K. P. Rao）所称的模印纹饰罐，而那里的土陶器纹饰都是以刻花压印技法制作的。根据饶的研究，这样的模印纹饰罐并非印度制造，而与在旧柔佛城遗址以及沙捞越的丹戎库布尔（Tanjong Kubur）遗址发现的遗物很相似（Rao, 2004: 12–13）。X光衍射分析和中子活化分析也表明，那些土陶器非印度本土产品。在哥打巴南遗址发掘的表层遗物中，还有一批类似在新加坡发现的中国物品，里面包括14世纪的青瓷、明末青花瓷、炻器、玻璃手镯，以及一枚永乐币（1408年）。许多土陶器装饰图案与在新加坡发现的一模一样（Karashima, 2004: pls. 5: 1, 5: 2, 6: 1, 6: 2, 12: 48–49）。在哥打巴南从事商业活动的人似乎与马六甲海峡关系密切。

本章确定了新加坡可提供贸易的货物品种，下一章将叙述新加坡所换取的物品。考古研究表明，虽然新加坡当地缺乏主要的自然资源，生存环境不乐观，但新加坡人还是能出人意料地享受到奢侈的生活。

第七章

14—16世纪新加坡的舶来品

新加坡出土的14世纪文物中，本地产品和进口产品几乎各占一半。新加坡进口原材料，然后将原材料变为制成品，其中有一部分产品，如青铜鱼钩和红铜鱼钩可能再外销到附近地区。新加坡可能还是印度货和中国货的中转港，将这些国家的产品再外销到马来半岛附近地区以及印尼。《岛夷志略》或其他史料都未提及上述经济活动。《马来纪年》提到新加坡是一个繁荣的港口，但除此之外未述及经济活动。这部编年史的作者对其他事务——主要是宗教和政治事务——更感兴趣。

然而，考古实物资料可以为研究新加坡的经济事务提供有用的主要依据。有一些物件，特别是玻璃器和陶瓷器，比较容易追根溯源，但其他遗物，如土陶器就较难辨别。新加坡遗址出土的文物种类证实了历史文献记载的情况，即新加坡与中国、印度、爪哇、泰国和越南

插图7.00　中国明初的青白花大瓷盘，内底心有一中国文人学士画，发现于皇后坊遗址

关系紧密，斯里兰卡后来也参与进来。考古发现不仅澄清了历史，而且让人们更进一步认识到新加坡在14世纪拥有丰富多彩的物品，其多样性令人叹为观止。那些出土文物还让我们能够就700年前贸易对于该岛居民生活的重要性得出一些基本结论。

瓷器贸易史：宋元明初时代（公元1000—1450年）

到目前为止，陶瓷器是新加坡多处遗址保存的最大种类的舶来品。陶瓷器也许已破碎成数以百计的残片，但这些碎片本身非常坚硬，难以损坏。陶瓷器当然不能提供古代经济活动的完整画面，因为易朽原料制品如土布和木器，在古代货船运抵东南亚港口的物品中占据更大比例，但这些商品几乎不可能保存下来。陶瓷器就评估商业规模和性质而言是颇为有用的资料来源，但有必要知道，陶瓷器本身不能解释新加坡古代贸易的某些重要问题。举例来说，有一个关键问题是，在新加坡早期贸易平衡中，印度相对于中国，它的重要性究竟有多大。瓷器和炻器一千年来一直是中国最负盛名的商品，因此中国与陶瓷器的关系毋庸置疑，以至于英文“china”一词既指代这个国家，也指代某类陶瓷器。印度外销的产品则由不同原料制作，没有留下持久的痕迹。无论如何，在没有历史文献的情况下，考古发现就成为我们唯一可以依赖的资料来源。

中国陶瓷器大规模外销始于宋代，但印尼勿里洞岛海域附近的黑石号沉船的发现表明，有一大部分货物是唐末时期制作的。中国朝廷鼓励外销陶瓷器，1216年后更是如此（Wheatley, 1959: 39）。11世纪末，中国在泉州开设了市舶司，此举推动了福建陶瓷器的出口，这也许使得福建陶瓷器在东南亚地区比广东陶瓷器和浙江陶瓷器更为畅销，但质量相对来说略逊一筹（Dupoizat, 1998）。

宋元瓷窑中，浙江龙泉窑出产的青瓷和泉州德化窑出产的白瓷被认为是质量上乘的瓷器。1225年，中国陶瓷远销越南北部、柬埔寨、三佛齐、马来半岛北部、菲律宾、南印度，甚至抵达东非桑给巴尔岛。不同颜色的瓷器销往不同的市场：青花瓷在爪哇比较受欢迎，而印尼群岛东部岛屿则青睐白瓷，婆罗洲喜爱青瓷。

宋元时代，泉州可能是亚洲最大的海港，人口达一百万（Chaffee, 2001: 20）。泉州路下辖七个县——泉州、晋江、同安、安溪、永春、南安和德化，[1]共有160座瓷窑，“使泉州跻身中国最重要的瓷器生产地之一，与江西景德镇和浙江龙泉齐名”（Chen Peng, 1998）。南安县资料显示，

1 有误。宋时泉州属福建路，1278年升为泉州路，辖晋江、同安、惠安、南安、永春、安溪、德化七县。

瓷器生产经历了繁荣与萧条的起伏。唐代和五代时期，南安县只有4座瓷窑，宋元时代增加到50座，瓷器生产达到鼎盛时期，之后便走向衰落，至明朝只剩下4座瓷窑。南安县生产青花瓷器、青瓷器和白瓷器，在菲律宾发现这些瓷器的标本（Yang Xiaochuan, 1998）。

晋江也出现了同样的情况。晋江曾有一大瓷窑中心——磁灶镇，南朝时期拥有5座瓷窑，唐代有10座，宋元时有9座，到明代只剩2座。虽然宋元时的瓷窑数量略有减少，但晋江的瓷器生产在这一时期达到顶峰，生产活动高度集中于这几个窑址。在土尾庵遗址中，宋元代土层为4.6米深，厚度是唐代土层的两倍（Huang Shichun, 1998）。据估计，宋末、元初时期，晋江有10万人从事瓷器生产，占闽南地区人口的10%（So, 1994: 14）。福建瓷器生产的兴盛很可能是由于不断打开新的海外市场，而其衰落很可能是由于明朝政府出台了海禁政策。

元代，浙江龙泉地区有300座瓷窑（Zhu Boqian, 1998: 44）。要在浙江瓷器中分辨出福建青瓷器实为困难。在海外发现的许多青瓷器被归为龙泉瓷，实际上也许是福建制造的（Pearson et al., 2001: 192）。龙泉瓷器的外销在元代已式微，德化取代江西和浙江成为中国最大的陶瓷生产中心。德化的陶瓷制造业兴起于元代，此时泉州正是贸易中心。泉州的衰落与德化的瓷器业萧条互为因果关系。明代前半期，中国瓷器生产一直处于低潮，但在16世纪复兴，并且在明末清初重新达到高潮，此时正是海外贸易重获皇帝恩准开放之时。因受到欧洲瓷器竞争的影响，德化陶瓷制造业在19世纪再度衰落。

德化最有名的产品是清一色的白瓷器。古时白陶瓷在新加坡和马六甲海峡占有独特地位。白色土陶器经常被用作军持（执壶），具有礼仪供器功用。有一种特别的卵白釉瓷叫枢府瓷，产于14世纪的德化，最初在中国用作祭祀礼器，之后成为输往东南亚的外销产品（Mao,

1979: 22; Addis, 1968）。

元代以来，中国最著名的瓷器生产基地是景德镇。此地位于山谷地带，优势是盛产高岭土，但劣势是地处中国内陆，交通不便。成品运输必须翻越武夷山，再由小船顺闽江而下运至福建港口，或者顺长江而下到达海边，然后由沿海岸行驶的船只送到福建港，因为只有福建港才被允许对外通商贸易。最终货物自福建港口销往东南亚。

汪大渊对陶瓷贸易颇为关注，其书大量记载了关于外国各商港所需求的陶瓷器种类，所述详尽确切。中国商人都要根据当地市场的需求来调整他们的外销产品。汪大渊的《岛夷志略》提供了一份名副其实的14世纪30年代瓷器在东南亚销售情况的清单。大部分瓷器买主居住在马六甲海峡地区或周边地区。他提到多个陶瓷器品种的情况，其中包括各种混合原料、造型、大小、色彩和纹饰。马来半岛东北部地区的客户进口土陶罐、大缸和磁州瓷，而东爪哇泗水附近的人需要水缸、青白瓶和青瓷。巴邻旁在汪大渊时代显然已经不太繁荣，只能买得起大水埕和小水罐。马都拉和婆罗洲的丹戎武罗均属于规模较小的市场，只供此类器物购买，但丹戎武罗也进口青花瓷杯。粗瓷杯适合日丽（越南南部?）和灵山（越南北部）的顾客，粗瓷碗则畅销于暹来勿（新加坡地区某处）及苏门答腊东北部的淡洋。爪哇中北部的淡目只需要普通瓷碗，而马都拉欢迎普通瓷杯。安南离中国较近，有更高的品味，喜欢造型更精致的瓷器，如青白杯和酒杯。明初，吉兰丹也进口青白杯。

蓝釉瓷在东南亚炙手可热，从越南北部到文诞（初步断定为班达岛［Banda］）家喻户晓。文诞之所以重要，是因为那里出产丁香和肉豆蔻。马鲁古需要蓝釉瓷埕。这是一片群岛地区，其中包括班达岛。蓝釉瓷在元代瓷器中不是常见的陶瓷种类，我还不确定汪大渊使用这个名词是指哪种瓷器，也许是指翠绿釉瓷。

乌瓶也许不过是普普通通的粗陶容器，汪大渊叙述说，在遥远的文诞货用乌瓶。尽管在整个东南亚地区的考古遗址都发现了这种遗物，但汪大渊仅在说到文诞时才提起此器物，可能他是特指某一品种的瓷器。

汪大渊的《岛夷志略》是第一部提到白瓷的文本史料。这种白瓷的装饰花纹使用钴蓝釉（石青）绘制，白地青花，主要产于景德镇，是世界上最畅销的商品之一，数百年经久不衰。这类青白花绘陶瓷似乎最早来自波斯[1]。青白花瓷器早期外销仅持续了25年，即从1327年至1352年（Liu, 1999）。1352年后，过了一个世纪，才重新出现青白花瓷（Brown, 2003）。因此，在汪大渊记述的年代，该品种的瓷器才刚刚投入市场。青白花瓷一经问世便倍受追捧，而中国瓷器品种繁多，不计其数的外销目的港口便是明证。

青白花瓷器14世纪初开始在江西景德镇大批生产，当时被看成低下、庸俗之物。直到15世纪初中国达官贵人才开始流行使用青白花瓷（Joseph, 1975: 26–27）。

在元代沉船的出水文物中，尚未发现青白花瓷货物。这看起来有些神奇，不过也说明当时烧制出来的青白花瓷器并不多。所知道的最大一起元代沉船事件发生于韩国新安外海域，沉船时间是14世纪初，当时该船满载货物驶往日本，其中包括大量瓷器。这些瓷器与福康宁遗址及新加坡其他遗址发现的遗物如果不完全相同，至少也是颇为相似的（cf. Anon., 1977–1984），但没有发现青白花瓷器。

根据汪大渊的记载，青白花瓷销往丁家卢和蓝无里（亚齐）。青

1 青花陶源自波斯，但青花瓷创自中国。

白花碗在罗卫（也许在马来半岛北部）和戎（马来半岛南部）广受欢迎。另一方面，青白花杯在单马令、戎、爪哇、丹戎武罗和菲律宾三岛备受青睐。瓷壶和瓶也外销到戎。

汪大渊的著述显示，新加坡是世界上最早喜好这种新产品的地区之一。因此，在新加坡14世纪遗址发掘出该品种瓷器的一些残片就不足为奇了。能购得青白花瓷的时间段相当短暂，即14世纪的第二个25年间，这证明发掘到青白花瓷的遗址都是那个阶段使用过青白花瓷的地方。

汪大渊叙述了外销到龙牙门和班卒的陶瓷器，其品种比新加坡考古所发现的遗物要少得多。尽管他的著作写于1349年，但他的记载应是依据他在14世纪30年代初游历的见闻，当时新加坡还处于刚刚起步的阶段。狮城到14世纪中叶才显著发展。

班卒是汪大渊著述中唯一提到进口瓷器的地方。他只是说那里的人进口瓷器，但没有具体说明班卒畅销的是什么品种的瓷器。不过，他倒是具体说到龙牙门贸易之货有磁器。如第三章里指出的，惠特利认为，“磁”是个著名窑址之名，但没有这样一个地名与瓷窑相关。[1]韦杰夫则认为，这个字的意思是指“本地”，是为了将本地销售的瓷器与更具名气的窑址烧制的高品质瓷器区分开来。这种瓷器在巴邻旁和“花面人”（可能是北苏门答腊的巴塔克人），以及在苏禄都广受欢迎。汪大渊用更专业的术语“青器”来记载遐来勿（新加坡附近）和马都拉买卖的陶瓷器。

1 事实上，含有“磁”字的地名与大窑址密切关联，比如河北磁州和福建磁灶。磁州窑和磁灶窑都是宋元时期著名的窑址。如果“磁”是指某一名窑址的话，那么“磁”可能指磁州或磁灶，而“磁器”则指磁州瓷器或磁灶瓷器。

新加坡古代瓷器：考古发现

陶瓷器质料

出土于新加坡的古代中国陶瓷可分为三类：瓷器、炻器和土陶器。这种分类对应陶瓷因不同焙烧温度而发生的不同物理变化。土陶器烧制的温度只要达到将黏土中的水分全部烧干即可，而黏土本身不发生任何物理变化。土陶器的吸水率较高，水分可以从黏土颗粒渗透到胎体外，然后挥发掉，水分挥发过程自然冷却陶器，这使人们在大热天使用军持（执壶）饮水时有清凉感觉。但同时这些土陶器也有弊端：疏松的坯体有很多孔隙，会挂住食物颗粒，难以清洗。有些原料可用作土陶器釉料，使土陶器的外表像上釉瓷器一样光润。添加锡和铅元素可产生白、绿或棕等颜色，但时间久远后会脱色或溶蚀。有机树脂也可用于陶罐施釉，使外表具光泽、明亮。

炻器烧制的温度在1100—1200℃，坯体内的黏粒表面熔化。冷却过程中，黏粒粘结在一起，使坯体致密，质地更加坚硬。也可以给炻器施装饰釉，使坯体外表光滑、闪亮，经久耐用。

瓷器的烧制温度高达1300℃。在此高温下，黏粒完全烧结。但如果超过这个温度，容器会被烧毁。因此，瓷器烧制成功的秘诀在于精确掌握火候。在适度高温下，坯体玻化，形成玻璃质。真正的瓷器胎体致密不漏水，黏粒无孔隙。瓷器可用的釉料五花八门，呈现五彩缤纷、色彩斑斓的效果。

唐末，中国陶工已经掌握了规模生产瓷器的大部分工艺。宋朝对外贸易解禁后，这一新产业蓬勃发展。直到19世纪左右之前，瓷器一直都在中国境内烧制，使中国工匠垄断这一行业长达几个世纪。由于距瓷窑不远，东南亚人能够以相对低廉的价格购买瓷器。因此，新加坡开埠后不久，便成了中国瓷器出口最早的主要消费市场之一。

尚需进一步的考古研究，才能勾勒出中国境内外不同瓷窑和瓷器设计的兴衰史。目前很难做到这一点，因为可靠的资料还不充分，也还不十分清楚所有瓷窑的确切情况，无法追溯陶瓷的生产来源地。

瓷器品种

青瓷器

宋元时代，青釉瓷器在东南亚颇受青睐，而中国的许多窑址都烧制这种颜色的瓷器。“青釉”一词经常被西方鉴赏家用来形容令人神往的翠绿釉。这一名词来自中世纪欧洲一部戏剧的人物名字，他穿的长袍就是这种翠绿色。中文统称翠绿色瓷器为“青瓷”。

中国青瓷窑址分布广泛，也许可以进行这样一个有意义的研究，即阐明中国瓷器的贸易方式和路线，旨在梳理出不同品种的瓷器在东南亚地区的传播情况。不幸的是：

> 要想鉴别出瓷器碎片归属哪个瓷窑，坯泥毫无帮助，因为坯体原料是多种多样的，即使同一瓷窑出产的瓷器原料也千差万别。华南地区同一瓷窑使用多种坯泥的做法相当普遍，这使得鉴定瓷器归属异常复杂，变成一个极端艰巨的任务。（Edwards McKinnon, 1984: 252）

浙江省龙泉地区烧制的青瓷最受人们赞赏。但福建、广东的许多瓷窑也出产同样的产品。高科技分析技术也许可以检测出微量元素的

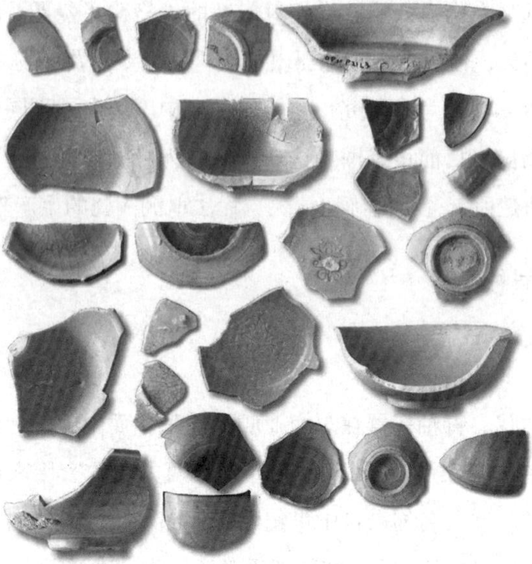

插图7.01　14世纪的中国青瓷碗，出土于新加坡遗址

特征，由此用于追溯中国境外发现的瓷器之生产来源。有几个实验室目前正从事这样的微量元素测定研究。但是否可以通过这一方法将不同地区的瓷器真实可靠地分辨出来，现在下定论还为时过早。

碗是青瓷器中最普遍的器形（插图7.01）。在皇后坊遗址，洪毅瀚（Ang Yik Han）先生将青瓷分成龙泉窑系和非龙泉窑系。龙泉窑系残片共有7247块，重58公斤（其中56公斤属于碟和碗的碎片，2公斤是其他器形的碎片），非龙泉窑系碎片总共才重18公斤。这样的区分完全基于目视标准。需要做进一步的分析测定，如运用能量色散型X射线荧光分析（见第九章），才能证实这种假说。

模塑花卉纹饰非同寻常，精美秀致，被应用于新加坡几处遗址发

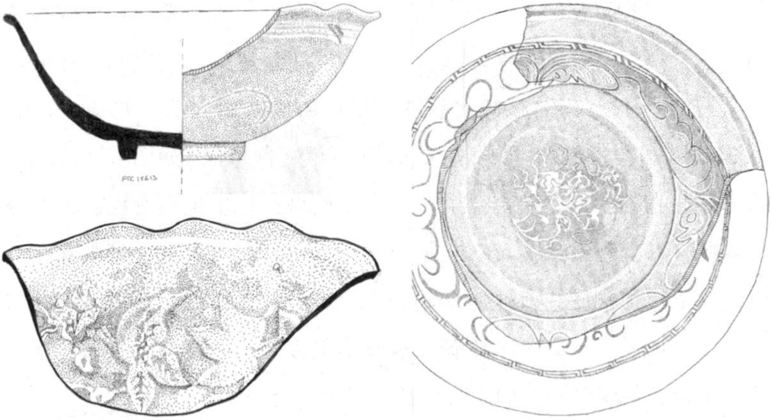

插图7.02　14世纪波浪口沿的碗，模塑花卉纹饰，出土于福康宁遗址

现的青瓷碗中。在凸雕中，花卉图案超凡脱俗，其色彩略浅于底釉较厚的翠绿底色。瓷碗残片所体现的风格与在菲律宾发掘的瓷碗风格相似。菲律宾瓷碗被归为耀州窑系，可能产自广东（Brown, 1989: 105 pl.85）。这些瓷碗的烧制年代有时是明代。类似的产品还远销到埃及的福斯塔特（Gyllensvard, 1975: pls. 40–44）。

口沿简单的碗是14世纪新加坡最常见的青瓷器形，口径大概15厘米。这一款式有不同翻版。瓷碗的内外壁常有刻画线装饰纹，构成简洁明快的曲线图案。内底心经常有模印花朵纹饰。由于碗底釉厚，这些花纹一般难以看清。口沿呈波浪形，被捏塑成馅饼外皮状。有时器身模印成堆雕花卉图案（插图7.02）。

一只有烧痕的越窑系青瓷碗，秘色，器形仿唐代式样，此式样沿用至宋元代。在中国城遗址发现一些标本，但在新加坡遗址只找到一件（在国会大厦遗址的表层发掘中发现）。

有一只相当粗糙的碗器，内壁一圈无釉，颇为典型。这种碗很实用，适合把多个碗叠摞在一起放置在瓷窑里烧制，节省空间。在旧国会大厦遗址出土了52只此类碗器，皇后坊出土了56只，福康宁出土了10只，国会大厦出土了9只。只有一只碗器（出土于皇后坊遗址）的内底心有釉下模印纹饰。这种碗在中国城遗址里也有发现，其中一只内壁有万字型模印纹饰（Edwards McKinnon, 1984: pl. 133）。同类型古碗在特洛武兰也颇为常见，该地是14世纪东爪哇首府，声称对新加坡拥有宗主权。在那里发现的标本比新加坡标本更多地使用了模印纹饰。这个差异是否有某些含义？如果有，那含义又是什么呢？

另外一种不同类型的碗器，通常釉色极佳，有时被称为“洗”。这种类型的瓷器器身有模塑装饰，内壁有垂直沟槽，外表造型似竹篮，有一根线沿水平方向在器身周围捆一圈。这类瓷器也许在龙泉产品中独一无二（Aga-Oglu, 1975: 30）

模塑双鱼贴纹茶杯托在宋代遗址中屡见不鲜，如中国城遗址，但在14世纪的新加坡并不常见。在福康宁遗址也没有发现，在国会大厦遗址也只出土了3只。但在皇后坊遗址找到38只标本。这种类型的瓷器一定有其含义，但我们不得而知。福康宁遗址出土的一只碗有模印双鱼纹饰，不是模塑装饰。

大盘子在新加坡14世纪的几处遗址中无处不在，有些口沿为荷叶状。有一只不同寻常的瓷盘残片在亚美尼安教堂前面的禧路拓宽时被发现：瓷盘碎片呈金黄色。中国瓷窑有时会烧制出这样颜色的盘子，也许在瓷窑烧制中温度和空气发生轻微波动，才出现这种求之不得的效果。该瓷盘以雕龙装饰（有一只类似的标本，但属于普通青瓷色）（Aga-Oglu, 1975: 28）。

有盖子的盖罐，中文就叫“罐”，英文却通常称为“酒埕”。这些

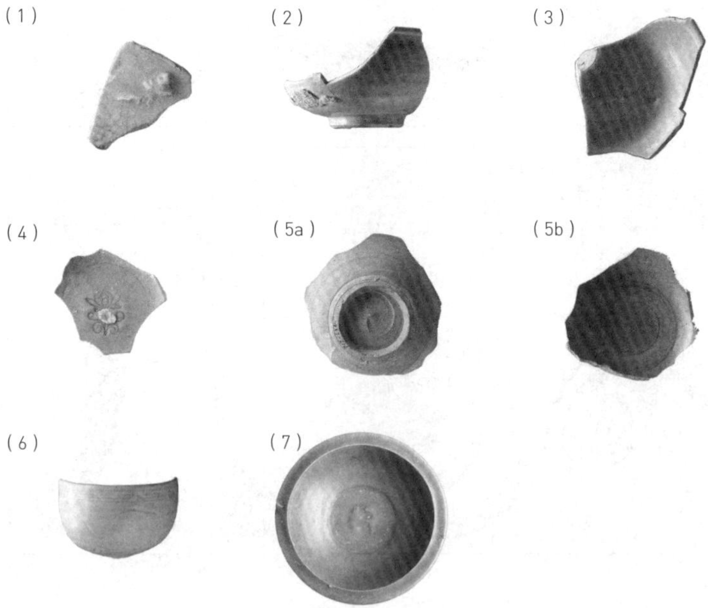

插图7.03a　14世纪青瓷器碎片，出土于新加坡：（1）碗，火珠图案；（2）碗，外壁；（3）碗，内壁；（4）杯；（5a-5b）碗，堆积环；（6）碗，鱼纹；（7）碗，模印花卉图案、文字

盖罐“看来在中国城遗址地区广泛使用”（Edwards McKinnon, 1984: 271）。新加坡有盖罐，但并不多见。旧国会大厦遗址出土了一些标本，包括2件盖子和1只罐的碎片（插图7.03c）；在福康宁遗址找到了6只罐和1件盖子；在国会大厦遗址发掘出1只花瓶和1件盖子（插图7.03c）；福康宁遗址发现1只罐的残片，此罐体短，宽腹，外壁模塑三爪龙装饰（插图7.04）。关于圣安德烈座堂草场出土的瓷器器形尚无资料。福康宁遗址还发现1件青瓷罐的圆盖（与菲律宾出土的盖罐标本一模一样）（Aga-Oglu, 1975: 25; Joseph and Brown, 1979: 60）。

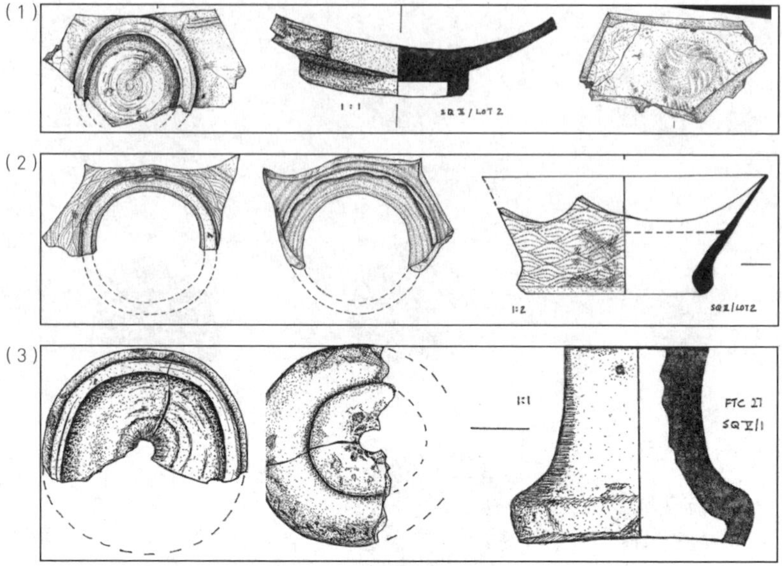

插图7.03b　福康宁出土的青瓷器：(1)碗底足，压印纹饰；(2)缸底，海水波浪纹饰；(3)厚实的底座，可能是餐具底座

小瓶罐相对来说较为普遍，各尺寸和品种皆有：从无纹饰到模塑装饰，从无贯耳的罐肩到有贯耳的罐肩。旧国会大厦遗址出土了10件器形各异的小瓶罐；皇后坊遗址大约出土了20件，器底直径20毫米到32毫米不等；国会大厦遗址发现了11件。福康宁出土的碎片大概属于7件小瓶罐（插图7.05—7.07）。

元代外销到新加坡的青瓷还有其他常见的器形，包括大瓷盘（有些直径超过30厘米）、碗碟、茶杯托、小水罐、大口水壶、有盖酒埕、花瓶及香炉。新加坡遗址发现了一些青瓷花瓶：旧国会大厦遗址出土的花瓶，一只侈口长颈，另一只有模塑装饰；国会大厦遗址也发现2

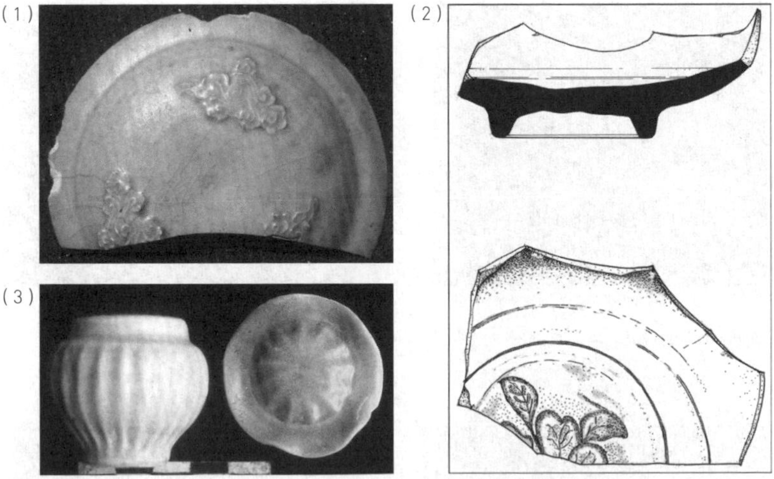

插图7.03c （1）国会大厦出土的青瓷盖。大盖子有云状贴花装饰，可能由浙江龙泉窑烧制，是某种平底大罐的盖子；（2）青瓷盘底，福康宁7961号；（3）青釉盖子和罐，发现于廖内

只花瓶。

与白瓷器和青白花瓷器相比，独特的青瓷器很少。旧国会大厦遗址发现了一块盖盒的盒底，皇后坊遗址发现了一件类似雕像的碎片，福康宁遗址找到了一个可能是圈足碗的碗底，这些是目前所看到的、装饰最华丽的青瓷器。

国会大厦遗址出土了一块青瓷碗口沿碎片，口沿边有凸起的圆钮，可能是一只香炉；还有一块青瓷器物饰有兽爪，可以肯定地说是另一种香炉的残片，这种香炉式样几乎与中国城遗址发现的一模一样（Edwards McKinnon, 1984: pl. 165），菲律宾也出土了类似的香炉（Aga-Oglu, 1975: 27）。旧国会大厦遗址发现了一块器形为鸭子的盖盒碎片，可能产自广东西村窑（Joseph and Brown, 1979: 63; Brown, 1989: 104）。慕亚拉占碑也出土了相

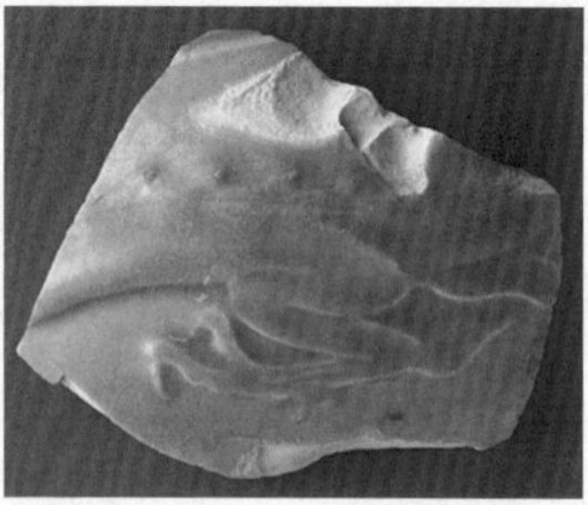

插图7.04　罐碎片，有龙爪装饰

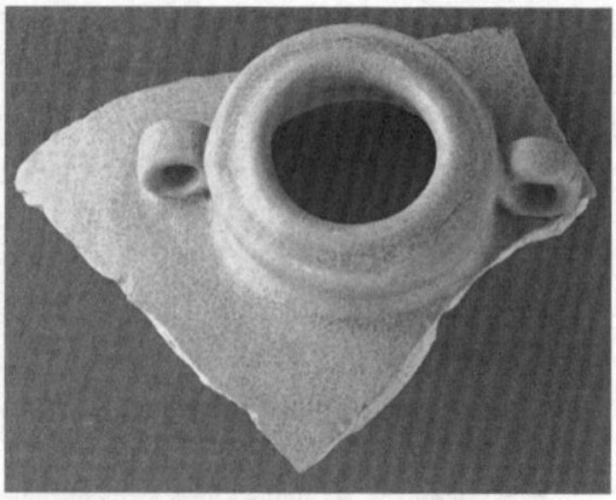

插图7.05　青瓷小罐的口部，带贯耳

插图7.06　宽口小罐的罐口和罐体

插图7.07　福康宁遗址出土的铁斑纹青瓷小罐，与菲律宾出土的相似

似残片。

元代，龙泉陶工和福建陶工尝试给青瓷器添加其他色彩：有时会在青釉上涂洒几滴氧化铁，以使青釉产生不规则的酱褐色，甚至接近黑色的斑点。在新加坡没有发现这类型瓷器。在菲律宾则出土了这类型的一个代表作：一件小罐（插图7.07）。

另一大类型的中国瓷器是铅釉土陶器，可能产自泉州。虽然在中

插图7.08　福康宁遗址出土的宋元时期挂铅釉黑青花土陶器，产自河北磁州

国城遗址以及包括新加坡在内的其他遗址，这种土陶器都不常见，但还是出土了一些样本。这些样本都是青瓷色白胎体。福康宁遗址出土的碎片属于一只模塑装饰小罐（插图7.08）。在国会大厦遗址发现了几件器物的残片，其中包括一只军持（Brown, 1989: pl. 35）。

白瓷器

在新加坡发现的元代白瓷器分属两大类：一类是软胎质，泛黄；另一类是骨灰白，或者浅蓝色硬胎瓷。软胎瓷和硬胎瓷的器形很不一样。软质型的用于制作盒子和浅碗，外壁模塑蕉叶纹饰。硬胎瓷适用于制作高边碗，外壁平滑细腻，内壁模塑纹饰。硬胎瓷可能主要产自江西景德镇和福建德化。自北宋以来到今天，德化瓷一直使用稳定窑火长时间烧制技术，火候变化极小（Zeng Fan, 1990: 33–34）。德化瓷土含有大量硅元素，少量铝和钛元素，还有微量氧化铁元素（0.5%以下）。德化之名已成为类型广泛的白瓷器的同义词，而德化瓷在东南亚地区十分畅销。新加坡14世纪遗址出土的德化瓷在器形上与菲律宾发现的器物颇为相似：花瓶、碗具、盖盒（插图7.09）（Li Z.–Y., 1993: Fig. 1）。

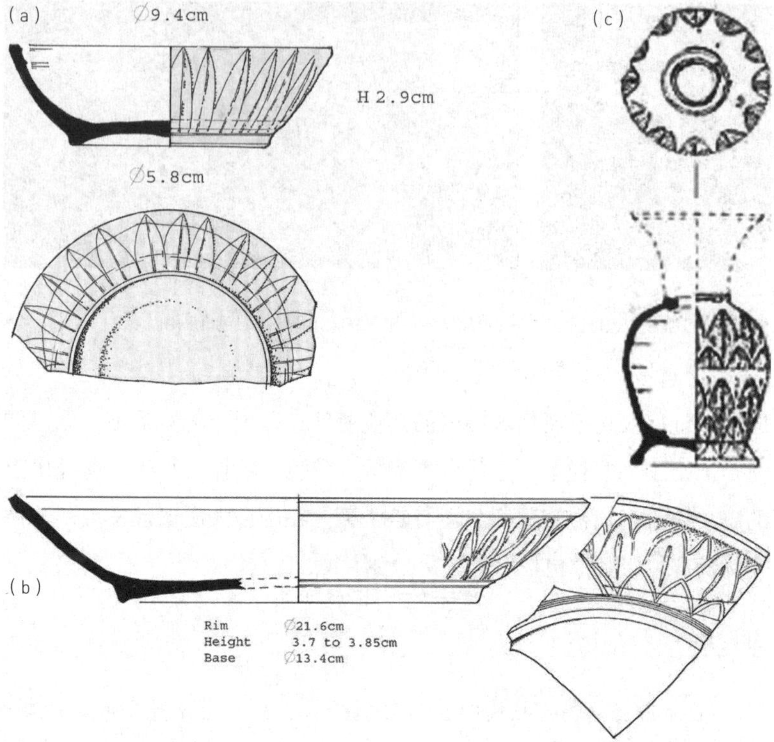

插图7.09　14世纪白瓷器：(a)皇后坊B4-1、B4-5；(b)皇后坊出土的浅碗；(c)铅釉模塑装饰白瓷器小罐的罐体（福康宁2891，l/3）

软质瓷器的产地不详。在泉州崛起、成为主要商港的年代里，泉州地区的瓷窑群包括德化窑、安溪窑、南安窑和同安窑，在宋元朝代外销大量瓷器到东南亚。有人认为，白瓷器不是在德化烧制的，很可能产自安溪。

江西景德镇的瓷窑专门生产一种白釉瓷，叫青白（青花）瓷。“青”字代表了一种特别的青色色调，“白”即白色。有时也称“影

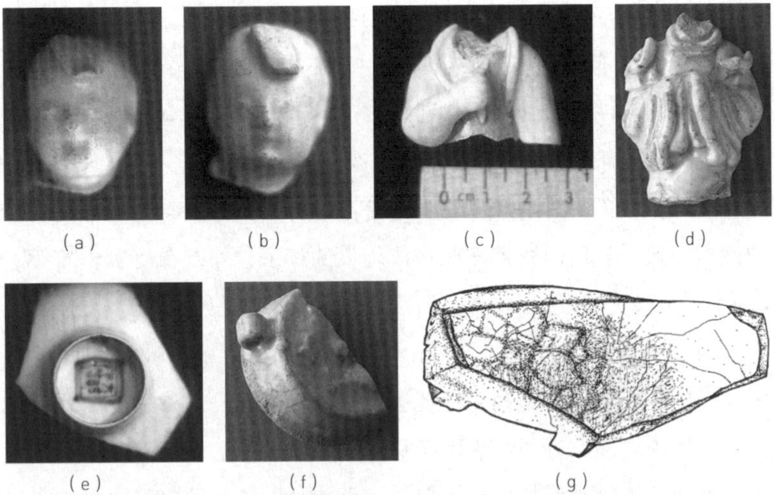

插图7.10 青花瓷残片：（a）人物小雕塑的头像，皇后坊遗址出土；（b）人物小雕塑的头像，国会大厦遗址出土；（c）人体躯干雕塑像，国会大厦遗址出土；（d）穿长袍人躯干雕塑像，皇后坊遗址出土；（e）白瓷酒杯，外壁底部印有文字；（f）带贯耳的青花瓷盖；（g）内底心模塑花卉纹饰的碗，福康宁遗址出土

青"/"映青"，"青白"指青中泛白的颜色。此类瓷器在宋代开始烧制，延续至元代。新加坡发现的其中一些青花瓷工艺品以贴花装饰，这是13世纪晚期才开始使用的工艺技术（Borstlap and Teske, 1995: 61）。因此，新加坡出土的器物反映了这一工艺技术的早期发展阶段（插图7.10）。

不管是硬质还是软质的白瓷，都适用于制作小圆盖盒，常模塑草木花卉为装饰图案（Aga-Oglu, 1975: 36），也用于制作平底小碗，可能是用模塑法，外壁饰以蕉叶图案（Aga-Oglu, 1975: 58）。另一种常见的普通器形是小罐，外壁也以蕉叶图案装饰，相对来说为长颈侈口（插图7.10）（Ibid.: 85）。

一些器形只有硬白瓷才能制作出来。其中之一是小圈足碗，碗体较低，几乎平底，一朵康乃馨花纹衔接折腰部与口沿。这些碗通常叫枢府碗，因为有时这些碗底会印上“枢”“府”这两个中文字（与新加坡发现的物件相似的例证，见二书［Addis et al., 1984: 123, pl. 86; Aga-Oglu, 1975: 37］）。这些枢府碗在多个瓷窑都有生产，包括德化窑。

硬质瓷器的另外一种独特器形是小酒杯，其造型与釉下青花装饰的标本一致。软质白瓷器多制作成较大的杯子，外壁有模塑装饰（Aga-Oglu, 1975: 38）。

有一种普通、常见的容器，即军持（或者说是有嘴的盛水器），多产于中国，然后外销到东南亚。在福康宁遗址发现一只精美的白瓷壶嘴，发现之地靠近原中央消防局局长官邸，位于禧街消防局（救火局）后面。壶嘴看似从一头怪兽——可能是一条龙的口部伸出（完整的标本，见书［He and Xu, 1973: 579］）。

福康宁遗址的白瓷器中有一些稀奇古怪的品种。其中一个器物已碎成多个残件，残件中有精致的卷曲物，类似细线或绳索。它还有小栏杆和两个半身小人：一个是披袈裟的和尚，另一个包着头巾，不是中国人，可能是波斯人或阿拉伯人。这些碎片都来自一只瓷枕，其造型为中国戏台，戏台上有演员（插图7.12）。在中国发现的相似瓷枕几乎也有一样的配置，如栏杆和布幕的线绳。此标本可追溯到宋代（Tregear and Vainker, 2000: 186）和元代（He and Xu, 1973: 378–379）。

另外两件白瓷器由一大堆残片组成，瓷片厚1厘米，刻画纹饰，其中一件饰有海龙逐火珠图案，另一件带某种附件，要么是壶嘴，要么是手柄。两件瓷器都难以复原。还有一件较大的白瓷器物为长方形香炉，四粗足鼎立，仿常见青铜器器形。

爱德华兹·麦金农将中国城遗址发现的白瓷与灰瓷区分开来。相似的灰瓷残片在福康宁遗址也有发现。目前还难以确定灰瓷是否可以

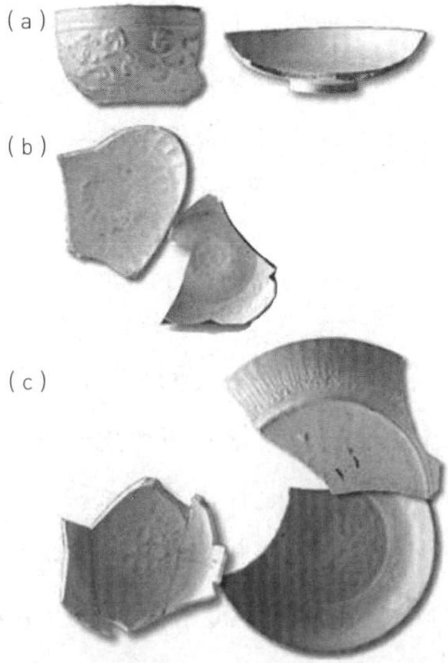

插图7.11　在新加坡遗址发现的德化瓷器:(a)小杯;(b)茶杯托;(c)平底碟

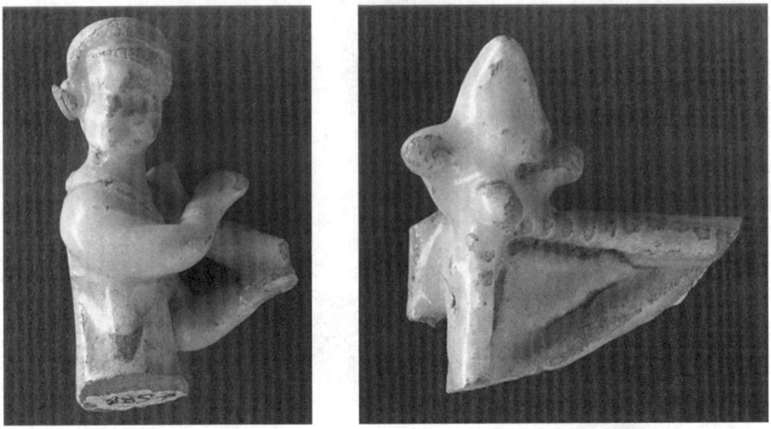

插图7.12　中国戏台形青花瓷枕碎片，福康宁遗址出土：包着头巾的“外国人”，舞台栏杆的丁香形尖顶

单独成为一种类型，因为这种颜色的瓷器与白瓷器在器形上有很多共同之处，都以简单的碗器为主。如果通过更多的研究，能够检测出灰瓷碎片与白瓷碎片在构成上始终存在差异，那么此种区分假设便可以得到证实。灰瓷应该产自福建。

釉里红瓷器

元代，中国陶工除了使用钴料，还试验增加多种矿物质，其中之一就是铜元素。在一定条件下，铜可以产生一种柔和的红色。要掌握这种工艺技术相当困难，因此制作出来的这种手工艺品数量也相当少。在福康宁、圣安德烈座堂草场和国会大厦各遗址只发现十几件釉里红瓷器碎片（插图7.13），这些碎片属于小碗、罐和杯子的某些部分（类似标本，见下图［Addis et al., 1994: 154 pl. 154, 155 pl. 147］）。

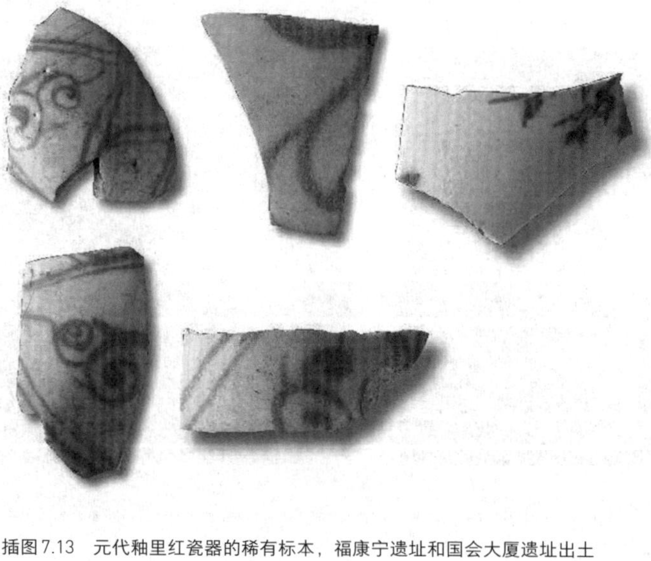

插图7.13　元代釉里红瓷器的稀有标本，福康宁遗址和国会大厦遗址出土

铁斑青花瓷

中国陶工有时也用氧化铁，以在白釉上制造褐色或黑色斑点，由此创烧出铁斑青花瓷。很显然，这种瓷器主要是外销。福康宁遗址发现5块铁斑瓷的碎片，属于微型罐子和盖子的碎片（插图7.14a）(Addis et al., 1994: 118 pl. 76)。在国会大厦遗址发现的其中一件物品引人注目：那是一块小碟子的残片，饰有童子在莲花池戏水的婴戏纹（插图7.14b）（完整的标本，见二书 [Joseph and Brown, 1979: 46, 89; Guy, 1990: 90 pl. 43]）。在菲律宾也发现相似的手工制品。在圣安德烈座堂草场发现了一只仿杨桃造型的小罐（相似的标本，见书 [Addis et al., 1994: 60 pl. 75]）。

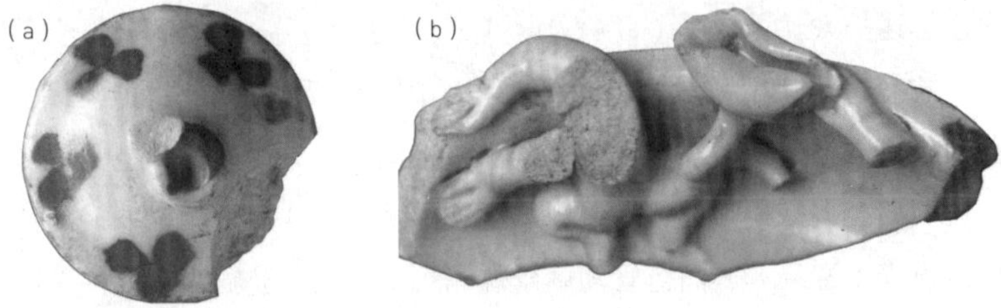

插图7.14　铁斑青花瓷：(a) 小罐的盖子，福康宁遗址出土；(b) 平底碟，饰童子莲花池戏水，福康宁遗址出土

青花瓷[1]

虽然说中国陶工9世纪就开始尝试在白釉底上制作青花纹，但最

1　也称青白花瓷。

古老的青花瓷手工制品可以确切地说来自1319年的墓穴(Gotuaco et al., 1997: Fig. 2; Peng Shifan et al., 2002: pl. 1)。根据刘新园的研究，在中东发现的所有元瓷器都是釉下青花装饰，烧制时间为1328—1352年间(Liu, 1999; cf. Borstlap and Teske, 1995: 60)。根据瓷器的一些装饰图案的出处，我们可以得知中国外销此类瓷器的起始年代。人们认为，元代青花瓷器在1352年停止外销，当时蒙古族人已经失去对景德镇的控制，那里的浮梁瓷局也关闭了。在新加坡遗址发现的几乎所有早期青花瓷应当都是在这24年间烧制的。

元代青花瓷主要产自景德镇，但景德镇不是唯一产地。那里的陶工最初制作白瓷器，与更发达的瓷器生产地如德化进行竞争。后来他们开始试验使用釉下青彩纹饰。这些产品很快畅销于海外市场，因此生产迅速扩大。

青瓷色是使用钴料而产生的效果。中国蕴藏含钴矿物，但元代景德镇使用的钴料含有高浓度的铁和少量的锰，这种品质的钴料是近东地区伊斯兰国家典型的进口钴料。元朝在珠山——景德镇窑业较发达地区设立了瓷局，专门监管为朝廷烧制御瓷事务，瓷局聘用的许多陶工也来自伊斯兰国家(Liu, 1993: 36)。

除了景德镇，还有其他一两个地方也尝试烧制釉下青花纹饰瓷器。福康宁遗址发现的一些碗器，经过700年地下埋藏后，釉色已无光泽，而正常的景德镇瓷依然釉色光亮。如果将光亮瓷器所含的矿物质与褪色无光的其他质地瓷器比较一下，应该能判断出它们产自不同的窑区。关于此课题的研究还在进行中，但14世纪新加坡进口的瓷器很可能来源于两个产地。

除了景德镇，另一个产地尚不能确定，但有可能在华南地区(也许是云南)。那里出产钴料，玉溪有瓷窑，靠近矿区，14世纪也生产青花瓷器（Hughes-Stanton and Kerr, 1980: 68; Feng, 1981）。陈尧成、郭演仪和陈虹三位学者运用X射线荧光光谱分析，研究了12块元代青花瓷碎片，其中有5件出自云南玉溪窑和建水窑，其他7件产自景德镇。云南钴料含锰元素较多，而景德镇的钴料则含铁元素较多，含锰元素较少。他们这篇论文里讲到的云南瓷片，又与福康宁遗址发现的标本很不一样，因此需要更多的研究。

早期的钴蓝纹饰在多种器形的瓷器上都得到运用，包括我们已熟知的器形，如碗器。除此之外，青花碗与德化素面白瓷碗毫无差别。不到几年时间，这些青花工艺就开始应用到不同器形的瓷器上了，如小花瓶和小贯耳罐。

新加坡遗址发现的元代青釉瓷器的图案种类相当有限（插图7.15）。大部分器物都是碗器，碗体外壁下部都有莲花瓣纹饰；外壁的藤蔓花纹是菊花和黑莓藤蔓图案。内壁口沿都是经典的涡卷形或藤形。内底心是碗器的最主要部分，通常观赏者都会注意这部分，其装饰要么是鸭子游弋于池塘，池塘周围长满水生物，要么是简洁的植物图案。池塘鸭子图案在印度也颇受青睐，因为印度出土的元瓷碗中有38%的瓷碗装饰这种图案（Liu, 1993: 37）。

还有一些器形不同寻常的瓷器：小杯子，做工精致，可能是酒杯；花瓶，有些是喇叭形侈口；两种类型的盖子，其中一只具龙骨状凸起，两三只是波浪形口沿；有手柄的水罐。在福康宁遗址发现了一只高足杯（相同的标本，见书［Carswell, 1985: 63–64］）。在特洛武兰也发现类似的高足杯。福康宁还发现一只大口水壶的残片，与阿加–奥格鲁论著（Aga-Oglu, 1975: 61）里展示的早期外销菲律宾大口水壶的式样大同小异。

在福康宁遗址发现的一块瓷片，可能曾是一种水壶的某一部分。这种水壶在西方经常被称为僧帽壶，中文叫多穆壶，式样仿木制器原型。在菲律宾也发现了这种器物的残片（Gotuaco et at., 1997: 61）。在蒙古国，同类水壶仍在使用，但是属于金属制器。

福康宁遗址最重要的发现之一，是一组瓷碗残片，釉下彩装饰，图案为中国文字罗盘图（插图7.15c）。这些文字在内壁碗底按正确顺序排列，形成一个圈，圈上划分许多小的刻度单位。内底心可看出一大字——“算”（意为“计算法”）。

中国人发明了指南针。沈括著于1085—1093年间的《梦溪笔谈》写道：“方家以磁石磨针锋，则能指南……水浮多荡摇，指爪及碗唇上皆可为之，运转尤速。”[1]（Li Shuhua, 1956: 90）浙江人朱彧在其写于12世纪初的著作《萍洲可谈》中首次描述了船长使用指南针导航的情况：“舟师识地理，夜则观星，昼则观日，阴晦观指南针。”[2]（Li Shuhua, 1956: 98）根据万历年间福建左布政使徐应秋在《玉芝堂谈荟》中的叙述，舵工常用之指南针，实为“术家针盘”（Li Shuhua, 1956: 104）。换言之，该仪器可两用，水手用作指南针，风水师用作罗盘。

目前，福康宁遗址出土的这个遗物是我们所知的世界上唯一一件此类型器物。这只釉下彩装饰碗呈黑色，而不是青色，也许用的是铁釉料，而非钴蓝釉料。罗经盆（罗盘碗）可能用于船上，也可能供占卜师使用。居住于福康宁山的君王应是拿它作占卜用。

印坦号沉船有一个独特的碗器，制作方式非同寻常，本应分开制作的两部分糅合在一起。其外壁是展翅的鹰状鸟刻画花纹饰。麦克·弗莱克推测，该碗可能是罗经盆，但并无确切证据证明他的观点（Flecker, 2002: 90–92）。在印坦号的碗上观察不到与福康宁碗的相似之处。

---

1 见〔北宋〕沈括撰《梦溪笔谈》卷二十四《杂志一》。

2 见〔北宋〕朱彧撰《萍洲可谈》卷二。

插图 7.15a　新加坡遗址出土的元代和明初青花瓷碎片

另一块与众不同的残片来自如意尊，这是中国人使用的一种供奉礼器。该残片可能是一只水壶的上部，仿木制“如意”器形，水壶造型似约瑟夫和布朗在书中使用的青花标本插图（Joseph and Brown, 1975: 80）。

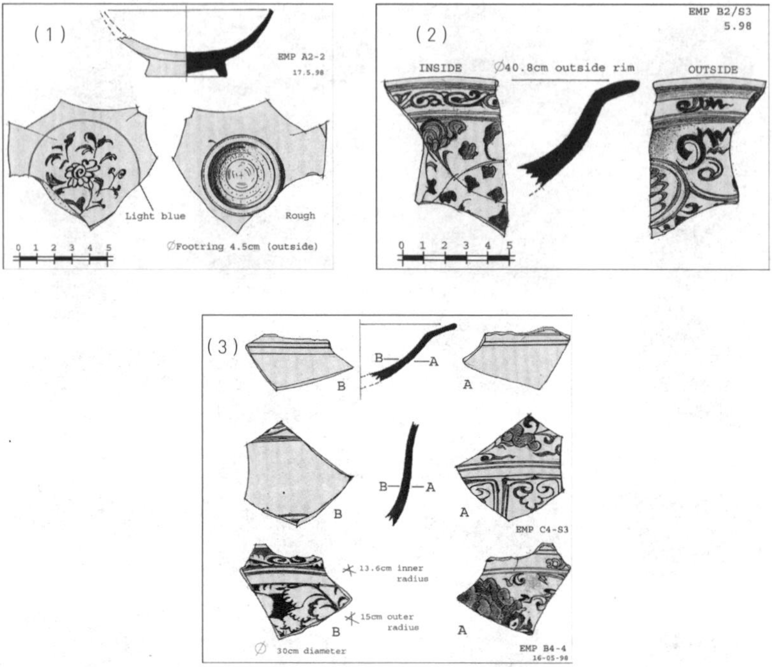

插图7.15b　元代青花瓷碎片，三幅不同角度的图片：(1)皇后坊A2-2碗；(2)皇后坊B2-53、C4、S3；(3)皇后坊C4-3、B4-4

新加坡的明代瓷器

新加坡遗址发现的一些残片属于明代初期产品。但学者尚不能确定这一时期中国瓷器烧制的具体年份。1436—1464年间制作的瓷器尤其模糊不清，难以确定年代。没有发现印有这时段年号的景德镇瓷器。大明正统年（1436—1449年）烧制的瓷器仍延续着元末明初的式样。“在过去几十年中，鉴定这一时期该省青花瓷年代的各种流派纷纷涌现，他们的观点有时候相互矛盾，令人困惑。”（Lam, 2001: 35）甚至

插图7.15c　罗经盆（罗盘碗），釉下彩装饰，福康宁遗址出土。这是新加坡遗址发现的最重要的器物之一，因为目前为止尚未发现其他类似的标本，此碗独一无二。

大明弘治年间（1488—1505年）的景德镇瓷器的情况，也鲜为人知。

在皇后坊遗址发现了明末的陶瓷碎片，证明即使在马六甲失陷，被葡萄牙人占领，马来人不得不退回柔佛–廖内地区建都之后，这里仍旧是一个商贸港口。在1604年埃雷迪亚绘制的新加坡地图上，沙班达尔（港主）的官署也许就坐落在附近地区。大部分明代器物都是小碗，但也发现其他器形，如细长颈花瓶（Carswell, 1985: 122）（插图7.15b）。

炻器

14世纪，瓷器是既可使用又可观赏的商品。新加坡从中国进口的陶瓷中有另外一个品种，即炻器，属于实用器物。在新加坡遗址发现的炻器，在数量上就算不多于瓷器，至少也相差无几。留存下来的早期新加坡炻器遗物最常见的是瓶子（也可以称为瓶罐或花瓶）。粗灰坯料质，瓶底窄，但瓶底平且厚，器身外侈，逐渐变薄，在约25厘米高度处，突然向内弧弯，收至小瓶口，口径约1厘米，完全没有瓶颈。这些瓶子坚固，但如果竖放，就不太稳当。

这些瓶子做工粗糙，瓶体造型不规则，显然是陶工在转轮时匆忙拉坯的结果。因为胎体太薄，瓶子上部经常塌陷。这些瓶子制作得毫无美感可言，没有装饰特征，器形固定，千篇一律。此类瓶子在12世纪开始制作。早期标本通常只有瓶子的口部周围一小圈地方施釉，但到14世纪连这种装饰都罕见或没有了。只有在新加坡国会大厦遗址中发现了一只带此类装饰的瓶子。

关于这种瓶子的用途，可以从器身自肩部到底部夸张的斜度找到线索。假如陶工更用心地完成坯体制作，那么这种造型的瓶子一定另有一番风格。但我们看不出陶工在容器外观上下了功夫，因此更可能的原因是，制作这种特别造型的瓶子完全是因为实用。中国考古学家称这些容器为“小口瓶”，烧制于曾竹山窑，属于泉州窑群的一部分（Kwan and Marlin, 1985: 74）。这些坚固的瓶子价廉量多，因此用来盛放各种物料，包括石灰（在新加坡出土的一只同款瓶子内发现有石灰残余物），不足为奇。经常有人认为，这种一器多用的容器是用来盛酒或装酱油的。有一学者提出，这些瓶子是专门用来存放闽南米酒的（Heng, 2009: 188–189）。

冶金学家特雷洛尔（F. E. Treloar）推测，这些容器被制作成这种特别形状，主要取决于容器设计者的需求。他们需要一种容器来装一些比液体重的物质，器底厚实、窄小而器身尖长的容器正好满足这种需求。如果液体易流动，那么容器的小口就发挥了作用。水银正是具备所有这些特点的物质。一只同样大小的瓶子，如果装满水银，大约重20公斤。

水银瓶/小口瓶的分布

在东南亚多处宋代遗址都发现了小口瓶，如彭加兰谷遗址和吴哥遗址（Treloar, 1974）、中国城遗址（Edwards McKinnon, 1984: 294–298），以及东爪哇的特洛武兰遗址。特雷洛尔还称，这种瓶子在19世纪的新加坡和现代缅甸都有发现，但在新加坡未扰动的19世纪遗址内并没有发现这种器物，在缅甸也没有研究报告说发现这种器物的残片。在东爪哇多个14世纪遗址，这种瓶子却相当普遍，图班就是一例（Ho, 2001: 248）。但在中爪哇这类器物并不多见，这里大部分遗址的年代均为8世纪到9世纪。在吴哥13世纪遗址发现了这些小口瓶，该地当时以进口水银出名（O'Connor, 1985: 68）。在沙捞越的前明时期遗址（Zainie, 1967: 81–82），以及吕宋岛和台湾岛之间的澎湖列岛（Liu Liang-yu, 1994: 249），这些器物都属于常见的出土文物。南印度泰米尔纳德邦的卡亚尔老城（Palaiya-Kayal）遗址

插图7.16　被发掘出来的4只水银瓶，完好无损，旧国会大厦遗址出土

也发现这类器物残片，同时还发现了13—14世纪的其他残片（Karashima, 2004: pl. 22: 1）。马可·波罗形容“卡伊尔”（他将“卡亚尔”拼写为“卡伊尔”）是“一座伟大而高贵的城市”。在其他地方应该也发掘出了这些瓶子，只是没有研究报告提及，因为大多数考古学家对实用性的炻器不屑一顾。

关于早期水银贸易的证据

天然纯汞易流动，呈银色液态，在空气中可挥发，如加热还会爆炸，有可能致人死亡。汞（水银）一般存在于朱砂矿物（朱砂矿）中。如果将含朱砂矿的岩石在空气中煅烧，汞会从岩石缝里升华；如果将朱砂矿研磨，然后在容器里加热，蒸发的汞会在容器壁上凝结。

在新加坡附近的几个地方都发现有朱砂矿。据说公元802年，北苏门答腊的一个王国出产黄金、樟脑和水银（Wolters, 1967: 192）。一位荷兰采矿工程师的研究报告说，占卑人在1906—1912年间开采朱砂矿（Tobler, 1921: 463–464）。水银与黄金开采密切相关，因为水银可用来提取岩石中的黄金。另一位工程师霍维格（Hovig）叙述说，在苏门答腊西南部明古鲁高地的乐邦谷（Lebong Valley），人们使用传统方法开采金矿，此地传说早在满者伯夷时代就已发现金矿。在乐邦多诺克（Lebong Donok），金矿石用石锤和研钵碾碎，然后就发现“相当多的水银”。但霍维格还是不能确定究竟水银是当地人在前殖民地时代从外面输入的，还是由最早的欧洲人带来的（Hovig, 1914: 111）。他没有描述所发现的水银是用何种容器盛放的。

沙捞越也发现了朱砂矿（Treloar, 1972: 233）。埃雷迪亚列出了在乌丁礁林（马来半岛南部）开采的矿产，其中包括了水银和金。水银用于金属矿产丰富的“霹拉特（Perath，或是霹雳［Perak?］）和加蓝（Calan，或是巴生［Kelang?］）的塞勒姆（Celem）矿区及其他地区”（Mills, 1997: 51–52）。

中国的贵州、湖南和四川都开采朱砂矿，但可能到明初才开始（Tegengren, 1920）。不过，特雷洛尔认为，湖南和陕西早在唐代已经开始生产水银。无论中国何时开始生产水银，有档案资料证明，古代早期的中国一直是一个水银进口大国。唐代，越南向中国进贡朱砂矿（Schafer, 1967: 157），而且据赵汝适记载，水银在宋代是中国与爪哇贸易的主要商品。在泉州沉没的货船中发现，1256—1279年（宋末）大宗的东南亚商品有香木、黑胡椒、槟榔、乳香、龙涎香和玳瑁，还有“小口瓶”——式样与新加坡发现的一模一样，里面装着朱砂和水银（插图7.16）（Pearson et al., 2002; Ting, 1996: 87）。1296—1297年周达观在柬埔寨逗留期间，也注意到水银是那里的华商求购的商品之一。汪大渊记载，水银是暹罗产品，爪哇也做水银贸易。

水银在欧洲同样是重要的贸易品。1592年，一艘英国船捕获一艘西班牙船，船上载有1400箱水银（Spence, 1985: 186–187）。葡萄牙人后来也加入水银贸易行列：他们在广州购入水银，然后运送到印度和日本。16世纪初，古吉拉特人在巴赛和勃固销售水银产品。同一世纪，马六甲从几个不同的渠道进口水银，其中之一就是经古吉拉特人从开罗购入（Cortesao, 1944: I, 269）。马六甲也从事水银出口生意。马六甲商人于1512年在马达班（Martaban）批发胡椒和鸦片，但零售水银、瓷和朱砂。1514年，从马六甲驶往马达班的货船，其货物总量的27%是水银产品。这些水银来源于亚丁（Aden）（Bouchon and Thomas, 1988: 94, 99, 100, 102, 105）。运输时，朱砂、水银和鱼被放入光釉瓶里，以沥青封口，虫胶和安息香则装在草编袋里，鸦片置入山羊皮囊中，大米搁于筐内。

水银既有液态纯汞，也有硫化物固体形态，是海上丝绸之路的大宗贸易商品。瓶子有时被用来装运水银，但史书里未见详细记载。在汪大渊叙述中国外销至新加坡的产品清单中，并没有水银这一项产品。鉴于中国不出产水银，那些瓶子很可能是在中国制造，但到了贸易中转站才装上水银。

由于元朝水银贸易相当普遍，因此在新加坡14世纪遗址发现的数十万件陶片中，很可能一些陶片就来自运载水银的容器，而最有可能扮演这一角色的正是水银瓶。一旦装盛水银的瓶子空出来，这些瓶子就很可能作其他用途。在新加坡发现的两只破碎的水银瓶里面装有石灰，也许可以说明这些容器确实被重复使用；盛装这种白粉末本来是没有必要使用这么沉重的容器的。石灰可以用于嚼槟榔：将石灰抹在能产生轻度兴奋的蒌叶上，包上切成片的槟榔后入口咀嚼。在中国城遗址出土的一只类似碎瓶内也发现了石灰（Edwards McKinnon, 1984: 289）。

水银的应用

早在汉代，中国人已经懂得使用水银从石英中分离黄金（Treloar, 1974），但中国从来就不是一个黄金生产大国，所以，中国热衷于寻找水银产品，应该不是为了上述原因。根据赵汝适的记载，朱砂的红颜色对于制作化妆品和染料十分有用。有时朱砂被称为“龙血”。

工匠也用水银来为金属鎏金，如铜鎏金。水银的这种性能早为中国人、南亚人和东南亚人所知。X射线荧光光谱分析证明，一把制作于公元940年的高棉匕首以及几件古代柬埔寨和占婆的手工艺品都使用了这种鎏金方法（Bunker, 2004）。尚不知其他东南亚工匠是否也运用此法。公元前4世纪，中国炼金术士在试图将基本金属变成黄金的过程中发展了这种技艺（Bunker, 1994: 47–48）。但高棉人似乎对炼金术不感兴趣，柬埔寨也没发现出产水银，故此用作鎏金的原材料应是舶来品。

在武吉巴都巴辖寺发现了一尊湿婆林伽小雕塑及其半圆底盘。寺庙估计是注辇国入侵马六甲海峡之后修建的。小雕像的构成成分非同一般：55%金、30%银、15%水银（Treloar, 1967: 396, 1972: 233）。根据一部写于11世纪或12世纪的印度炼金术著作《罗掌罗纳娑慕卡耶》（*Rasaratnasamuccaya*）所述，湿婆林伽雕塑含大量水银成分的原因，可能是人们在举行仪式中不断往上抹水银。写于12世纪的印度典籍《水银之海》（*Rasarnava*）则传授了如何制作长生不老灵药。此书如此引述湿婆神："水银由五种成分构成，而水即湿婆本身。"[1]水银有时被称为"精进陀罗"或"湿婆的精液"（Eliade, 1978: 133; Treloar, 1967）。信众认为，如果见到"水银林伽"，一切罪过即能免除。在昆达利尼（Kundalini）瑜伽学说中，水银是"喉轮"，是思想灵感、创造力及语言表达的本原。

在中国的养生修炼术中，"精"（本原）和"气"（主要能量）循环的学说以图表说明。内丹修炼的第一阶段成果叫丹田，是"外丹术图表"的核心。[2]头部被认为是"上丹田"，胸部属于"中丹田"，脐下部位是"下丹田"。在上、中、下三丹田内，人体各器官都得到提炼（Wan, 2003: fn. 69）。

中国炼金师、穆斯林炼金师和犹太炼金师都有一个共同的理念，即水银是第一物质，是宇宙万物起源的基本元素。中国炼金师炼含水银的金丹已有几个世纪之久，他们试图找到长生不老药。"无数道士为得道成仙，绞尽脑汁，吞下各种形态的水银。"（Bunker, 1993: 35）公元4世纪，中国一位朝廷官员听说交趾出产朱砂，便要求调到那里任职

1 印度教中有一个水银派，认为水银是湿婆神与其妃结合后产生的长生不老灵药。服用水银、修瑜伽，生前可获解脱。

2 作者对丹田、外丹术和内丹术的理解比较混乱。

(Taylor, 1983: 119 fn. 74)。马可·波罗记述，中国人服用一种水银加硫磺的药剂，他们相信此药可助延年益寿，长生不老。明代，人们服用汞药时配以东南亚进口的龙涎香。19世纪初，莱佛士爵士在新加坡居住期间，也服用了汞剂，以治疗剧烈的头痛症。

如果将朱砂石放入瓶子里加热，瓶颈上会出现一层白粉末，红色晶体沉淀于瓶底。白粉末有剧毒；红色晶体有很好的治疗功效，可制作消毒的红汞药水。氯化汞是一种强效药，但该药在光照下会变成剧毒品。

硫化物与红色氧化汞、硝酸一同加热，会产生一种叫汞齐的化合物。如此加工的结果，让人想起古人加工牛黄。牛黄是某些动物肠道内的毛发或食物结石，被认为具有药用价值。黄金竟然拿来与牛黄相提并论，被比作大地肠道内的“牛黄”。古代炼金师相信，运用汞齐可以将一般金属转化为黄金。

总之，水银代表了几种重要思想观念，其中一些观念在新加坡广为人知。水银可能来自苏门答腊，通过新加坡河运送至新加坡内地，然后在当地被用于上述某个目的。

水银瓶用途的几种推测

有几位学者提出水银瓶的其他可能的用途。有一种观点认为，在后渚湾沉船出水的一批土陶瓮用于装载打仗用的火药或燃油，以及香水、水银或酒浆。这些土陶器均上釉，从青黄色到紫褐色(Pearson et al., 2002: 49)。器形像水银瓶的容器，烧制于清代，据说是用于制造炸弹(Cheng and Zhong, 1990)，但尚无证据证明此说法。许清泉的论文提到了一个传说，说这些陶瓶是明朝郑成功收复台湾时在战船上贮存火药用的。这可以作为水银瓶重复使用的又一例证。

在福建闽南地区，这些陶瓶叫作国姓瓶[1]，另外，还叫作鸡腿瓶（Lu Yaw et al., 1983: 153 Fig. 168）。格罗·阿巴雅（C. Grau Abaya）称之为褐陶（C型9式）（1968: 27）。她注意到，“这类陶瓷人所共知，因为遍及全国各地的许多早期遗址都出土了这类陶瓷”。菲律宾发掘的大部分遗物都在器身上部施褐釉，这在中国城遗址很典型，但在新加坡遗址却很少见。使用褐釉来装饰陶瓶也许是宋代的做法，到了元代已不再使用。

1976年，来自福建省博物馆[2]和泉州海外交通史博物馆的考古学家，联合在泉州附近进行试掘，发掘出大量陶瓷、木炭和各种食品废物，如动物骨和贝壳，还有青铜币。宋代地层厚度4.25米，表明有过人类密集居住时期。发掘出的陶瓷器中有水银瓶，瓶口周围施褐釉。白色残留物是熟石灰瓶塞遗留在瓶口周围的痕迹。这些瓶子均匀分布于各地层，与其他碗、盘及日用器物的残片混合在一起，与在泉州湾发现的宋代沉船上的货物标本相似。

关于陶瓶的用途，许清泉的论文归纳出四种推测。第一种推测是，这些陶瓶用作贮存火药，而且可能一直沿用至明代（但无论在中国还是在东南亚的考古挖掘中，都没有发现证据证实这种推断）。尽管明朝使用火药，但没有直接证据说明当时火药是用此类型陶瓶贮存的。况且，在泉州发现宋代陶瓶的地方似乎是家居或民居环境，而不是军事性质的场所。

一些中国学者提出的第二种推测认为，这些陶瓶是用来储存蔷薇水的；蔷薇水是13世纪《诸蕃志》里列举的一项舶来品。但中国一

1　国姓瓶为郑成功军队在海战中使用的火药瓶。据说瓶子里装有石灰和火药，瓶口安有导火索，点燃后扔入敌阵中爆炸，犹如现代手榴弹。

2　2002年更名为福建博物院。

些考古学家则不以为然，认为如此粗糙的容器怎么可能用来盛放贵重的奢侈品。宋朝史料明确记载，宋年间，“用于盛放奢侈品的瓶，都是以白金制成的”，或者用“上釉的缶（鼓腹、小口储罐），外壁蜡密封”。

第三种推测认为瓶子用于贮存水银。在泉州沉船出水的小口瓶旁边，发现有水银。但有一些学者反驳说，尖底深腹的瓶子不适合盛水银，因为承载不了重量较大的水银液体。

最后一种可能性就是这些陶瓶用来装酒（Ho Chuimei, 2001: 248）。这一推测同样没有直接证据印证，因为宋代的酒坛没有这种器形。但是，许清泉认为，这些瓶子出现在家庭废弃物中，堆在一起的还有质地很好的瓷器，根据这样的事实可以判断，这些瓶子很有可能是储酒瓶。但同样，这些瓶子可能重复使用，也许是用于混合水银和酒，制造某种丹药。

水银的另一种次要用途与中国早期指南针相关。这种指南仪器的构造是，一根磁针浮于有水或有水银的碗上（Temple, 1986: 154）。在福康宁遗址发现的一只碗器刻有罗盘方位，它可能是结合水银来使用的。

人们都知道水银在中世纪欧洲是一项重要的贸易货物。如果这些陶瓶是专门设计来装载重液的话，那么这类形状的陶瓶应是其他地方自行发明的。因为从福斯塔特到塔什干，发现的特型瓶子具有的特点是：小口、宽肩、器身变细、圆底（Yolande Crowe, pers. Comm., June 2008）。普遍认为，这种陶瓶用来贮存“希腊火药”——一种早期火器的弹药。“希腊火药”容器的外壁有许多凸点，而这些陶瓶标本的外壁却是平滑的。

早在1871年就发现了一只装有水银的“希腊火药”罐。1908年在中亚遗址发现另外一只装有水银的瓶子，瓶口有木塞，且以蜡密封。

1914年，俄罗斯发现两只盛水银的瓶子。中亚的民族史史料表明，这种容器就是用来运转水银的。俄罗斯学者指出，这种容器壁的厚度颇适合装载重液态金属，小口则适宜将液体倒出，而窄底便于船运，可以燕尾式平放。

1541年阿拉伯文药典描述了这种水银瓶。在阿拉伯药物中，汞可用于制作皮肤油膏和药膏，也可治疗头痛、瘫痪、麻痹、耳聋、精神错乱、失明，还可作驱虫药、毒虱子和蛇蝎药。中世纪的亚美尼亚医师在一篇论述里提到，水银有20种名称。戈伊泰因（Goitein）（cf. Ettinghausen, 1965）指出，阿拉伯人对于水银瓶有一个专门的叫法：浮克艾（fuqqa'a）。阿拉伯人往往会赋予不同用途的容器以不同的名称，如麝香瓶、咸鱼罐、果汁瓶，这说明瓶子的外形是根据不同的装料而进行专门的设计。

在其他亚洲社会里，也有关于专盛水银的容器的记载。一种被称为水银罐的小土陶容器（高12—17.4厘米）就是储放水银的容器（Ettinghausen, 1965: 68）。这些容器在中亚的撒马尔罕遗址被发现，其沉积年代最早可追溯到1283年（Mouliérac, Marin and Rey-Delqué, 1993）[1]。

虽然还不能确认水银瓶这一表述是否准确，但有不少旁证可印证特雷洛尔的推论。此类陶瓶肯定会被反复使用，因此也就不难发现它们会出现在不同的场所，例如出现在泉州的家庭废弃物里。这些陶瓶形状特别，看上去就是为了满足某种特定功能的需要而设计的。如果用普通的储存罐就可以满足多用途的需求，从储水、存酒、放酱油到贮藏咸鱼和干果，甚至装载细瓷，为什么还要专门烧制一种形状特别的容器？如果标准形状的容器在制作和用料上成本更低的话，为什么

1　衷心感谢约兰达·克劳博士在这些方面提供的信息。

还要设计形状特别的容器？历史证据表明，这些陶瓶就是有特别的用途，之后又可以在不同的情况下重复使用。

这些陶瓶可能是在不同地点烧制的。泉州附近的曾竹山窑群和磁灶窑群中的土尾庵窑都可能是烧制地点。位于磁灶和南安的一些瓷窑也许都很擅长烧制这样的陶瓶（Ho, 2001: 249）。

其他粗陶器

海上丝绸之路上的大多数沉船遗址都发现了体型大于水银瓶的炻瓷储物罐。许多陶罐都已破碎（经常是被盗掠者砸烂），罐子要么空空荡荡，要么装满泥沙，但也有部分陶罐还留有所装材料的痕迹。这些残留的物质范围很广，从有机物到无机物，从食品到小细瓷，无所不有。

在新加坡和其他元代遗址里发现的这类陶片，大都素色无釉，只有少数带大地色调的釉，如绿色、褐色和黄色釉，但釉层往往已从器身脱落。大部分陶罐在肩部都配有4—6个竖耳，也许是用来固定木盖子的。这些竖耳常常带怪兽饕餮面饰（插图7.17）。几个陶罐的罐身有龙纹贴饰，刻画曲线纹或花卉纹（插图7.19）。

另一种形式的装饰表现为陶工的印记，称为“款”。款识是自汉代传下来的做法：陶工在优质陶瓷器底部，用楷书或印章字体，绘上吉祥文字。唐宋时期，款识包括帝王年号或产地名字、题词或吉语、表彰纪念语、陶工姓名以及代表好运的神话符号（Kenderdine, 1995: 256–257）。字款写在长方框内，一般难以辨认，在14世纪初的新安沉船中发现的标本可作对比（Anonymous, 1997–1984: 312–315, 497–498）。

在新加坡几处遗址里都发现了款识。仅在福康宁遗址，就辨认出

插图7.17　褐釉储物器米色罐的五大块残片，有龙纹贴饰以及怪兽面竖耳，福康宁遗址出土

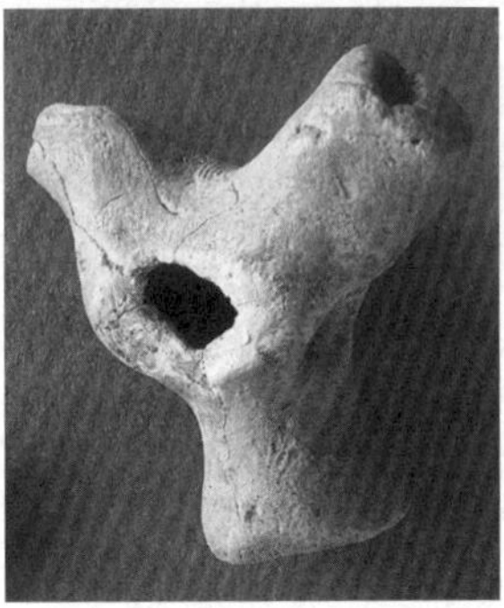

插图7.18　鸟哨，旧国会大厦遗址出土。这种玩具在中国清朝和东南亚随处可见，但在14世纪东南亚遗址里却没有找到。

插图7.19　炻瓷盖，刻画装饰纹，有褐釉痕，福康宁遗址出土

25个款识（Wang Wai-yee, 2011）（插图7.20—7.22）。大多数可能产于广东，但也有一部分来自其他省份。残片上的字款有："清香""百花春""土生金""火长"和"主顾"。另有一例款识带更多装饰，在一个类似菩提树叶框内印有"宝"字，意为"财宝""宝贵"或"珠宝"。

宋元时期的炻器可根据用料分为两大类。一类是以未经回火的淡黄色（米色）黏土或其他粗料制成，这类粗陶器通常出自广东，而且陶工的个人名款或龙图案款识是这类炻器特有的款识。另一类通常称为脆器，也许是因为烧制温度更高，所以硬度更高，但更容易破碎。脆器通常夹杂砂土和其他外来的材料，有可能是人为添加，也可能是自然包含。

脆器似乎多用作储物罐，而广东器则器形各异，包括一些平底盆，外壁几乎呈垂直状，有时施褐釉。阿布·里多和爱德华兹·麦金农描述了从鳄鱼岛沉船中打捞出水的一个标本，但不确定是产自西村窑（广东一大窑址）还是福建（Abu Ridho and Edwards McKinnon, 1998: 18）。林的论文也描绘了产自西村，属于米色罐类的一些标本。在菲律宾的私人收藏中也发现相似器形的陶器（Brown, 1989: 108 pl.97）。

在新加坡发现的另一种器形是碗器，内壁有纵横交错、棱角分明的刻画条纹饰。这些碗通常被叫作带状网格纹碗，显然也是广东西村窑烧制的。在北苏门答腊的中国城和沙捞越双溪巴（Sungai Buah）的考古挖掘中，都有类似器形标本的记录。在中国和日本，这种碗器被认为用来制作芝麻酱等调味品（Abu Ridho and Edwards McKinnon, 1978: pl. 19; Edwards McKinnon, 1984: 302–303）。

炻瓷军持并不多见，但在中国城遗址也发现了一些。国会大厦遗址出土了一只壶嘴，也许就是来自炻瓷军持，带青釉，但已变色，有裂纹，釉层剥落（出土于4号探方第二地层堆积单位）。

插图7.20 “宝”字款，字体不规整

插图7.21 “换钞”款

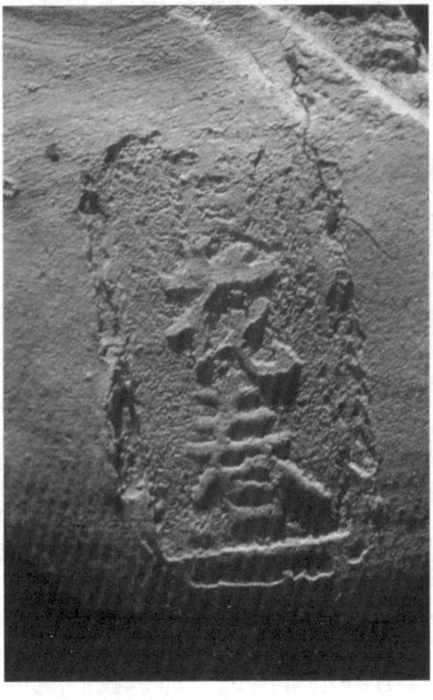

插图7.22 “百花春”

有一种形状别致的陶罐，罐底收窄，短颈带凸缘，器肩有双耳，粗糙紫胎。在中国城和菲律宾圣安娜（Santa Ana）遗址都发现了这款陶罐（L. and C. Locsin, 1967: 117 pl. 92），在14世纪初新安沉船里也有发现（Li, Jiang and Guan, 1980: 50; Anonymous, 1977: pls. 253–256; Anonymous, 1984: 504 pl. 472）。

在海上丝绸之路沿线遗址发现的遗物中，炻器占相当大的比例。虽然它们可以分为两大类，但每一类都可再细分。毫无疑问，参与制造这些炻器的瓷窑不计其数。对于从历史遗迹挖掘出来的炻器，尚无详细的分析研究。鉴于处理鉴别这些器物工作量大，又无中国窑址的文献可作对比，因此详细分析颇耗时费力。新加坡出土的炻器还有待详细分析，这是一项重要但有些单调乏味的任务。

如果继续进行耐心细致的考古挖掘，并加以详细记录，然后对已发现的各类型炻器（还有瓷器）进行深入分析研究，那么也许可以回答许多有趣的问题，这些问题涉及元代陶瓷外销贸易对于中国东南地区，乃至整个南方地区经济的重要意义。很少人对各窑址生产的不同品种陶瓷在中国内外的分布情况进行比较、研究。目前，在资料相当少的情况下，一些学者竟下结论称，陶瓷外销是中国陶瓷产地的重要收入来源。历史文献和考古发现都表明，元代中国陶瓷出口中心从广东转移到了福建，这可能也意味着经济繁荣的转移。

德雷克·王博士（Dr. Derek Heng）对皇后坊遗址出土的炻器标本进行了详尽的分析、研究。他采集了A区和B区重达55公斤的残片标本。这两个发掘区是该遗址内14世纪出土文物最密集的地方。他鉴别出55种不同品种的文物，然后根据器物的质料将这些品种集合成三大组：广东器、深灰器和脆器。广东器在这批遗物中占60%（Heng, 2004b）。如果这种分析可应用于其他遗址的话，那么我们就可以回答关于海上丝绸之路沿线商贸活动的很多基本问题。

第八章 陶瓷之外：金属、钱币和玻璃器皿

在14世纪的新加坡社会，不论是令人厌恶的龙牙门（新加坡海峡）海盗，还是诚实质朴的班卒商人，除了对中国瓷器情有独钟，对许多舶来品也趋之若骛。由于文物的分类保存差异，大多数考古数据都来自瓷器。少量的文字记载表明，虽然海上丝绸之路沿线的商贸活动涵盖了广泛的物品交易范围，但很少有物品在考古堆积中留存下来。汪大渊提到，在龙牙门贸易的中国货品，除了瓷器，还有赤金、青缎、土印布和铁鼎“之类”。销往附近班卒（福康宁山和新加坡河）商港的是同样的畅销货品，包括瓷器、木棉花、赤金、铁条、铁鼎“之属”。

中国的炼铁业代表了高水平的高温火控技术。铁可通过两种方式炼成。在第一种方式的提炼过程中，将铁矿石加热，铁矿石中的杂质，如二氧化硅和其他矿物质，被熔化、去除。但这样得到的含铁材

插图8.00　中国卷绕法制作的玻璃珠，福康宁遗址

料仍附带一些高熔点杂质，因此需要继续加温，直到铁被烧红，具有延展性，然后对锻铁反复锻打，尽可能去掉杂质。用这种方式炼铁，铁不会熔化，只会柔化，还可以被锻造或锤打成不同的形状。熟铁尤其适宜制造锋利的工具或兵器。东南亚人锻打的熟铁接近于钢，因为在加热与锻打时，木炭（主要是碳元素）偶然渗入金属内。

中国人的炼铁方法很成功，他们将铁矿石装入鼓风炉内，加热至一定温度，使铁熔化成铁水，然后倒入各种形状的模具里铸造出铁器，如平底炒锅和圆底煮锅，也叫“镬”和“刮利锅”[1]。中国的炼铁业已达到高效率和规模经济的水平，使得中国可以大量出口价格低廉的铁器。不过铸铁质脆，不宜打造锋利的砍削工具，如斧头、砍刀或弯刀。因此，虽然中国铁的出口量增加，但并未取代东南亚的铁器生产。

印尼一些人口稠密岛屿，如爪哇岛，很少有铁矿产，甚至没有。

1　“镬”是广东人的叫法，即铁锅，“刮利锅”是印尼人或马来人的叫法。

供应来源与市场需求中心在地域上分布不匀，刺激了当地铁贸易的发展，不过几个世纪之后他们才开始从中国进口铁。除了缺乏铁资源，对中国铁产生需求的另一个原因是，东南亚和印度的铁器制造工艺与中国的工艺存在差异。东南亚人可以自己制造锋利的刀具，但需要购买中国的铁锅。公元3世纪，湄公河三角洲的扶南国，从靠近婆罗洲的一个可能位于菲律宾南部的岛屿进口铁器（Wolters, 1967: 52）。

有学者深入研究过古代婆罗洲西北部沙捞越河三角洲一带的制铁生产（Harrisson and O'Connor, 1969）。该地的制铁生产使用当地的工艺技术，其遗迹可以与中国自唐代到元代的钱币、炻器和瓷器联系在一起。当地的制铁生产与中国陶瓷器进口都在12—13世纪达到顶峰。

尽管目前婆罗洲不具备商业化开采铁矿石的条件，但从19世纪早期到中叶，婆罗洲社会一直以生产铁制品闻名，他们用品位较低的铁矿石制作出工艺简单的铁制品。20世纪，南加里曼丹的一些村庄，如纳加拉（Nagara），依然制造大批铁工具出口至爪哇岛。苏拉威西岛的鲁勿（Luwu）也有类似现象，也许该岛地名就来自铁，因为古爪哇语中“威西”意为“铁”。

根据李约瑟的研究，中国当时进口熟铁，“自公元6世纪以来”，中国人就购买“相对少量的印度超高碳乌兹钢[1]。乌兹钢的贸易有几条路线，例如经马来亚和印尼，也有的经波斯和克什米尔”（Needham, 1958: 48）。哈里森和奥康纳（T. Harrisson and S. J. O'Connor）认为，沙捞越河三角洲的居民参与了这项贸易，而且使用了印度的制铁法（1969: 203–204）。来自马来西亚西北部吉打的资料表明，在吉打出土的几个圣骨匣里装有铜、银、水银、钻石、煤和碧玺等物品，这些物品都产自沙捞越河源

1　古代印度以土法所制之钢铁，也称印度铁，现多称大马士革钢。

头的巴乌（Bau）矿区（Treloar, 1968, 1972），年代可追溯至11世纪。这一发现，证实了沙捞越当时出口熟铁并进口铸铁的说法。

13世纪，赵汝适将铁列为自渤泥、菲律宾、爪哇、东部群岛和三佛齐进口的舶来品。然而，并非所有学者都认同沙捞越河三角洲是出口铁的生产中心这样的观点。克里斯蒂（J. W. Christie, 1985）赞同三都望（Santubong）就是中国史籍里提到的渤泥，估计当时此地有居民1万人（Hirth and Rockhill, 1911: 155）。但克里斯蒂认为，渤泥冶铁业规模不大，产品仅供当地使用，并认为，被哈里森和奥康纳解释为矿渣的大部分残留物实则为自然凝固体。

阿拉伯史料记载，印尼人为了寻找铁，曾远航至东非（Ferrand, 1922: 66）。随着中国扩大海上贸易范围，铁成为外销东南亚的主要货物之一。据惠特勒所述：

> 铁和铁器类是中国运至南海的常见货物，但赵汝适只在五处提及此货，因此较稳妥的看法是，赵的记载并不完整。铁（想必是铁条），在三佛齐、佛罗安（在马来半岛上）以及海南，被华商用作易物交易的物品。（Wheatley, 1959: 117）

赵汝适说，铁从东京（越南北部）出口，但惠特勒认为，“那一定是从东京再外销的产品”（Wheatley, 1959: 117）。

铁针是另一类适宜以中国制铁法大量制作的产品。赵汝适记述，铁针和香炉外销到菲律宾。据汪大渊记载，14世纪初中国外销各种类型的铁：铁块出口到日丽（可能在马来半岛，也可能在越南南部）；铁条在与菲律宾和班卒的贸易中颇受青睐；铁器出口到印尼西部多处地方，包括东北苏门答腊的淡洋、亚齐的南巫里（蓝无里）、彭坑（彭亨）、爪哇、八节涧（Pajekan）、马都拉、东淡目、八都马（在爪哇）、帝汶、马鲁古和文莱。铁线（不同寻常的货品）是暹来勿（马来半岛附近地区）专门购买的商品。

铁条在东南亚多个地方有时用作交易媒介。1282—1283年，中国朝廷准许华商使用铁作为一种实物货币，但禁止使用黄金和白银作为交易媒介（Rockhill, 1914: 424）。北苏门答腊的巴塔克地区和勿里洞岛都需要铁条，可能是用作交易货币。铁条和成捆束的铁块在19世纪的婆罗洲仍有交易，并用作铁钱（Crawfurd, 1856/1971: 158–159）。

铁锅在班卒、三佛齐和龙牙菩提（被认为位于廖内–林加地区）广受欢迎，而龙牙门、马来半岛北部的麻里噜、菲律宾的三岛和苏禄则兴趣相异，更喜爱大铁锅。据赵汝适所述，小巽他群岛锻造铁剑。赵汝适的记载还提到，三佛齐和爪哇也从西部地区进口铁剑。

关于铁贸易的考古数据

前些年，在柯达卡布（位于苏门答腊外的邦加岛上）的考古挖掘中，发现了五摞12世纪的青花瓷碗，置于五摞铁锅上，碗口朝上，而铁锅下面还有三摞倒扣的铁锅。这些遗物埋藏于一座六七世纪建造的毗湿奴庙地下深近2米处（Koestoro, Soeroso and Manguin, 1998: 73）。只有未来的研究才能解开铁锅成为礼器遗物之谜。铁对于古代东南亚人来说似乎具有超自然的含义（Harrisson and O'Connor, 1969）。有一最相似的民俗可作类比，那就是苏门答腊人在建造高脚屋时会在木桩下埋入一些小块金属（铁或铜），以保佑住宅和住户平安，这种习俗沿袭至今。

10世纪的印坦号沉船里装载着一捆捆铁刀片和其他铁器，铁刀片用土布包裹，以藤条捆扎。只发现了3件铁锅，可能是船上厨役使用的（Flecker, 2002）。而在勿里洞外海的9世纪初的黑石号沉船内，发现了大批铁容器。

宋代定海沉船里有两件凝结铁块，可能是已腐蚀的手工制品，1.5米×1.5米×1米（Kenderdine, 1995）。在民丹岛附近发现的宋末鳄鱼岛沉船，运载了一摞摞铁锅，以及一堆堆用藤条状的东西捆绑的铁弯刀（印尼语称“帕兰短刀”）。宋末元初，爪哇海域的沉船装有上千吨铁条和大铁锅。“这个沉船遗址最大的特点就是载满铁货。”凝结的大铁块长4米，宽1.5米，向上突出1.5米，高于沉船残骸标志位置（Flecker, in Mathers and Flecker, 1997: 77）。

18世纪的皇家公告（或称“敕书”）表明，巴邻旁的苏丹是最大的进口商，他为苏丹国进口铁、盐和布料，然后作为一种皇家赏赐，分给内地族群。通过他，这些族群才能得到进口商品。多个世纪以来，掌握进口铁产品的分配权一直是马六甲海峡社会政治权力的重要源泉。

14世纪新加坡的铁制品

在新加坡所有古代遗址里都发现了铁质文物，但很少能清楚辨别是何物，因为这里的土壤和气候都容易使铁锈蚀。在国会大厦遗址里，识别出33件可能属于同一只大铁锅的铁残片。其中一件残片含有足够的金属成分，可用金相法进行分析。分析结果证明残片为铸铁（Shah Alam, 1997），确定自中国进口。

在旧国会大厦遗址，工人发现了一件文物，是一把铁刀刃，长25.5厘米，宽4.7厘米，中间部位厚2.7厘米。刀刃的曲线让人联想到典型的马来波刃短刀——克利斯匕首，但对这件出土文物的X射线分析尚不能得出一个确切结论。明显的曲线可能只是自然氧化的结果。

刀刃也许只适合配短把，但也可能配长把，这样刀刃就会变成一把长矛的尖头。刀刃被发现时分成三截，还带一个圆把手，刀刃长6厘米，圆把手直径3.7厘米。4件残片总重量415克，算得上是一件大兵器。

黄铜制品

黄铜不是14世纪中国的主要外销产品。在新加坡发现的大多数红铜合金制品可能都在本地生产或在苏门答腊岛生产。国会大厦遗址出土的一件黄铜制品是传统的中国式挂锁，这是一种较复杂的锁具：一个长方形锁体，另有一个由固定在簧片上的锁栓构成的插件（插图8.01）。锁栓插入锁眼内，便可以锁上门或箱子。一旦锁栓插入锁芯，簧片张开，那么只有使用钥匙，将簧片重新压紧，才能拉开锁栓。锁体饰刻画花卉纹饰。在现代中国挂锁中，横锁类型已不多见。然而，这把锁具与在14世纪初新安沉船中发现的另一把锁具几乎一模一样

插图8.01　黄铜制的中国横锁，国会大厦遗址出土

（Anonymous, 1984: II, 509 pl. 483）。相似的铜锁在泰国暹罗湾的荣坚沉船中也有发现（Prishanchit, 1996: 295）。

钱币

中国经济完全货币化差不多与爪哇同时完成：公元755年安禄山叛乱之后，中国钱币以青铜铸造，而非以黄金或白银造，因为作为日用品，青铜钱币更实用，相对来说成本也更低，易于生产。与印尼古时的情况相同，使用银币或金币对于日常生活中的一些活动十分不便，例如购买食物时大钱小用难以运作。最早一批欧洲人到达东南亚后，因为没有足够的钱币从事商贸活动而一筹莫展，困难重重。因此金属在一些地方如爪哇就变得很值钱，以至于金属很快在市场上消失，人们便改用珠宝之类的贵重品代替，这阻碍了货币供应量的扩大。

中国需要进口锡，但国内的铜矿相对充裕。北宋时期，中国的铜矿超过100座。随着老矿逐渐枯竭，铜矿开采逐渐从福建、广东转移到湖南。1127年，北宋走向灭亡之后，南宋仍坐拥大量铜矿资源。契丹和西夏都使用宋钱币，自己不铸币（Ch'en, 1965: 615）。

在中国，铜有两种用途，但这两种用途相去甚远：一种是铸造礼器和家庭用具，另一种是铸造钱币。中国朝廷力图限制私人使用铜器。公元960年后周皇帝[1]下诏曰：

> 除礼器、兵器及寺庙使用之铜铃、铜钹和手镯外，其他铜器

1　960年元月已改朝换代，应为北宋开国皇帝。

和铜像一律按估价上缴地方官府，限期五十天。如家中私藏铜器超过五斤之违抗者，一律处以死刑。（Ch'en, 1965: 615）

这一诏令显然收效甚微。969年和977年，皇帝不得不再度下达铜禁诏令。“由于976—983年间铜荒严重，百姓纷纷盗古墓、挖铜具，或者砸毁铜佛像，以攫取铜料来私造铜币。”（Ch'en, 1965: 617）公元991年，朝廷颁布法令，禁止任何人私熔钱币而铸造铜器（Ch'en, 1965: 615）。这表明，此类活动不仅在东南亚，而且也在中国发生过。

有一段时期，铜的供求相对平衡，但到12世纪中叶，再度失衡。举例来说，1154年，中国皇帝不得不从宫中拿出1500件青铜器以供熔铸钱币。全国百姓也一共捐出重达200万斤（100多万吨）青铜器具。寺庙内供奉用的黄铜和青铜器具则需注册和抽税（Ch'en, 1965: 618）。

中国铸币的数量起伏不定。钱币产量高的年份与钱币大量出口的时段相关联。11世纪钱币年产量是12世纪年产量的十倍。表8.1列出了具体时期的铸币数量。

表8.1　自唐代到宋代的中国钱币产量（Ch'en, 1965: 619 Table 3）

朝代	时间	钱币产量（枚）	年均产量（枚/年）
唐代	742—756年	327 000	20 000（大概）
	804—805年	135 000	62 500
	820—821年	150 000	75 000
	834—835年	100 000	50 000
北宋	995—998年	800 000	200 000
	1000—1001年	1 350 000	675 000
	1007—1008年	1 830 000	915 000

续表

北宋	1016—1017年	1 250 000	625 000
	1021—1022年	1 050 000	525 000
	1023—1032年	1 000 000	100 000
	1041—1049年	3 000 000	333 333
	1049—1054年	1 400 000	233 333
	1064—1068年	1 700 000	340 000
	1073—1074年	6 000 000	3 000 000
	1080—1081年	5 949 234	2 974 317
	1106—1107年	2 890 000	1 445 000
	1124—1125年	3 000 000	1 500 000
南宋	1131年	80 000	80 000
	1132—1133年	100 000	50 000
	1155年	140 000	140 000
	1156年	220 000	220 000
	1157年	230 000	230 000

南宋时期几乎长年通货膨胀。虽然钱币产量低，但多少因“大铜钱”的铸造而抵消了不良影响，因为一枚“大铜钱”的面值就相当于数枚小钱、铁钱和纸钞。在出现铜荒的几个时段，只能铸造少量的钱币（Ch'en, 1965: 619–620）。随着铜资源日益稀缺，宋币逐渐贬值（Ch'en, 1965）。

印坦号沉船装载了中国银锭，其中一些带有铭文，铭文表明，这些银锭是用于支付中国盐税的。何翠媚博士（Dr. Chuimei Ho）将其中一件铭文翻译成英文。其中的文字为“盐税上色银伍拾贰两专知官陈训”[1]，另一件铭文是“淮阳监”[2]（Michael Flecker, pers. comm.）。这些银锭应该是偷运出境的，表明贵金属从中国流到了东南亚。换言之，中国从东南亚进口货物要多于其出口价值，贸易逆差要通过输出贵金属来弥补。

大宋朝廷颁布过多道法令，力图制止青铜从中国流出。第一道法令颁布于960年，规定钱币北不得出长城，南不得进入南蛮之地。另有七道法令在970—1178年间陆续发布。宋朝初年，钱币外流主要发生在中国北部边疆地区，但南部边疆地区很快超越了北部。1182年，广州港、泉州港、明州港和苏州港被专门点名。1234—1253年，朝廷再度颁布五道法令，禁止所有商港输出钱币。一种叫作胆铜的铜合金（以硫酸铜［$CuSO_4$+$5H_2O$］溶液炼制）有时被用于铸造镀铜铁钱。有一道法令明文规定，在边疆地区只能使用铁钱。

早在1074年，有一个官员抱怨，铜钱“边关重车而出”。然而，1079年，中国朝廷却赠予三佛齐朝贡使节64 000贯铜币，这些钱币最后可能被熔化，用于其他用途。12世纪之前，对于东南亚人来说，中国钱币是一种随手可得的金属来源，而不是一种人为规定的商品交易单位。

宋朝廷极力鼓励出口丝绸，以抵消中国的贸易逆差。1160—1265年间，钱币输出被明令禁止达十次之多。其中一次，爪哇被指名为主要钱币流入地之一。历史上，此类贸易不平衡状况多次出现。最早始

1 其中的“伍拾贰两专知官陈训”有误，应为“肆拾玖两专知官陈训等”，见全洪、李颖明著《印坦沉船出水银铤为南汉桂阳监制造》，《湖南省博物馆馆刊》2014年第11辑，第422页。

2 “淮阳监”有误，应为“桂阳监”，见全洪、李颖明著《印坦沉船出水银铤为南汉桂阳监制造》，《湖南省博物馆馆刊》2014年第11辑，第421—429页。

于公元1世纪初，当时罗马帝国皇帝韦帕芗指责人们过分热衷于东方神香及其他奢侈品，已使得罗马帝国的钱币大量外流。另一事件发生在18—19世纪，这次，中国成为欧洲金属货币再度外流的收益方，从而导致了鸦片战争的爆发。欧洲人试图以战争方式纠正因大量需求中国产品而产生的不平衡贸易。

为了保存铜资源，1121年，南宋开始发行纸钞，但因为没有金属储备作保证，结果纸钞大幅贬值。1260年，忽必烈即位后发行纸币，并一举成功（Kuwabara, 1928: 25 n. 23）。据汪大渊所述，元钞使用广泛，远及印度。

1293年和1296年，除了反复明令禁止输出钱币，官府还禁止金、银、铁器、兵器等贸易。据不完整的史料表明，尽管纸钞使用率增加，元代中国经济的货币化程度却远低于宋代。宋代代表了中国经济发展的一个高潮阶段。虽然明代还使用钱币，但未经铸造的银块成为主要的交易媒介（von Glahn, 2004: 163）。

在汪大渊时代，爪哇当地的钱币以银、锡、铅及铜杂铸，“如螺甲大，名为银钱，以权（中国的）铜钱使用”[1]（Rockhill, 1914: 237）。爪哇是当时富庶的标杆，汪大渊往往将其他地方如斯里兰卡与之比较，说明爪哇的经济运行良好。1976年和1988年，在满者伯夷首府特洛武兰的考古探查中，发现了864枚中国钱币，其中大多数是残片，只有162枚可确认年代。在这些可辨认的钱币中，8%铸造于唐代，77%属于宋代，约15%制于明朝（Amelia S., 1995: 99–106）。

虽然当地有铸币，但铭文显示，大约1300年，中国铜钱在爪哇成为法定货币，可用来付税和交罚金。因此，1300年标志着东南亚区域

---

1 见〔元〕汪大渊撰《岛夷志略·爪哇》。

与中国之间的经济互动关系有重大发展。爪哇经济开始使用中国货币是东南亚社会变迁的一个重要分水岭。1300年之前，东南亚地区的货币化发展停滞不前。如果没有一种有效的基础金属铸币供使用，那么该地区的货币化就难以继续发展，而中国的铜钱正好适应这一需求。

早期的爪哇碑铭提及钱币、有偿职业及市场，但关于具体商业交易的记载很少。1349年的《岛夷志略》就属于这种凤毛麟角的文字记述，它叙述了婆罗洲巴南巴西（今天印尼的马辰）的民间女子从小被训练为歌手、舞者、杂技人和表演者，到其他国家演出，得钱币为赏。汪大渊称，是蒙古族人要求爪哇人使用中国钱币的（Rockhill, 1916: 237）。爪哇人通常会用元币换取当地钱币，这意味着当地钱币仍然可以流通。爪哇人不太可能被强迫使用中国货币。1300年的爪哇碑铭显示他们非常乐意使用中国钱币，因为这样能够轻松、自由地从事商贸活动。

据《瀛涯胜览》记载，巴邻旁、南巫里（蓝无里）和爪哇都通行使用中国铜钱（特别是“历代”旧铜币）。此外，在位于苏门答腊东北部的哑鲁（Aru），棉布也作为实物货币。这与附近的中国城宋代遗址发现大量中国钱币的情况形成对照。为什么两地相距不远，哑鲁却使用棉布作为交易媒介？也许受中国对外贸易影响越大，或者接触中国人越多的地方，就越有可能使用中国钱币。

13世纪末伊斯兰教传入苏门答腊之时，新样式钱币恰好开始在苏门答腊（苏门答腊–巴赛地区）和亚齐使用，比如锡钱。从1400年到1700年初，铸造于马六甲海峡多个地方的本土钱币成为通用的交易媒介（Wicks, 1992: 219）。此时中国朝廷严禁海上对外贸易，意味着中国钱币在东南亚十分紧缺。但有证据表明，中国旧币仍在流通、使用。在新加坡附近的尼巴椰浅滩沉船中，发现了数千枚中国钱币，其年代从唐肃宗在位（756—761年）至宋宝祐年间（1253—1258年）（Warren Blake, pers. comm.）。该沉船上的陶瓷年代为14世纪初。考古学家在泰国荣坚沉船中出水了约200公斤钱币，估计该船运载了3吨钱币（Brown, 2004: 23–24）。对14世纪初在韩国外海沉没的新安船的考察研究，发现的货物中有重达28吨的钱币，估计总共有600万—800万枚（Seyock, 2007: 336, 356 fn. 2）。

所发现的古代新加坡钱币

汪大渊将赤金列为中国向班卒出口的产品。钱币被称为“半两钱”（Rockhill, 1914: 133 n. 2）。1822年，约翰·克劳福注意到，在新加坡的皇家山地面上有很多中国钱币，俯拾皆是，年代可追溯到唐宋时期。在福康宁遗址的考古发掘中，出土了16枚钱币，有些残缺，有些完整，大多数年代均为北宋时期（960—1127年），只有一枚有年代的钱币属于南宋宋高宗建炎年间（1127—1130年）。

表8.2　国会大厦遗址出土的钱币

年代	钱币数（枚）	百分比（%）
唐代	1	0.8
北宋	91	72
南宋	6	5
无法辨认	29	22.29

在国会大厦遗址挖掘出127枚中国钱币，其中大部分年代为北宋时期。从面值来看，126枚[1]值1文，20枚值2文，1枚当十钱（Borell, 2000:

1　原文如此，似乎数字有误。

3 Table 1）。[1]一批批不同朝代的中国钱币分布于从东南亚到近东的广阔地区，这是一种典型的现象（Borell, 2000: 2, 4）。

在国会大厦遗址发现一枚斯里兰卡钱币，年代可追溯到布瓦尼卡·巴胡一世（Bhuvanika Bahu I）统治时期（1273—1302年）。2004年在圣安德烈座堂遗址又发现另外一枚（参见第九章）。

在皇后坊遗址发掘出6枚中国钱币，年代未知。在哥伦坡阁遗址的考古发掘中，发现15枚钱币及其他遗物，这些遗物是在筛分建筑工人施工挖掘出的泥土时发现的。除一个例外，其他出土钱币都属北宋年代，其中包括2枚两文币和1枚当十币。例外的一枚钱币属南宋时期。圣安德烈座堂遗址也发现了1枚元代的当十币。

在古代新加坡，四处都可寻到钱币，但主要还是集中于国会大厦遗址炼铜作坊附近（插图8.02）。那里出土的钱币完好无变形，也没有其他证据证明这些钱币是用来熔化，以获取钱币内的金属材料。但在新加坡板球俱乐部遗址的情况就不一样了。在那里发现了几枚变形的钱币和可能是金属加工工具的残片，这也许意味着此处的中国钱币被重新加工，以铸造成其他物品。看来中国钱币在新加坡流通是作为交易媒介使用，但有时也会熔为金属作其他用途，因为那样更加经济划算。博雷尔发现，中国钱币在爪哇很少被重新铸造使用，不过在东非，至少发现一尊塑像很可能是用中国钱币的金属制造的（Borell, 2000: 7 n. 20）。她还怀疑自国会大厦10（1）号遗址出土的一枚印有“开元通宝”的钱币成分异常，与其他钱币截然不同。她推测该钱币含铅量较高。这类钱币往往被认为是仿中国币铸造的典型爪哇币，其含金属成分为：40%铜、40%铅、3%—11%锡（van Aelst, 1999: 385; Borell, 2000: 8）。该

1　感谢布里吉特·博雷尔博士和范女士帮我解读这些钱币。——原注

插图8.02　中国钱币，新加坡板球俱乐部遗址出土。虽然钱币可能会被用作交易媒介，但在新加坡板球俱乐部遗址发现的这些钱币肯定要被熔掉，重铸成其他形状的物品。

钱币经新加坡国立大学物理系的能量色散型X射线荧光分析测定，证实博雷尔博士的猜测是对的。但令人惊讶的是，该钱币比一般钱币含铅量低得多，含铜量却很高。这种差别有何含义，尚不清楚。

玻璃器

相对于汗牛充栋的瓷器工艺资料来说，关于中国玻璃制品的史料寥寥无几。大多数学术权威都认为玻璃制造技术是由西方传入中国的。玻璃何时在中国出现，目前的说法都是推测而已。学者们提出的时间为公元前6世纪到战国时代，时间跨度数百年。这时代的中国玻璃工匠也许已经开始制造玻璃珠。据《太平御览》所述，中国汉代即开始制造玻璃，当时汉武帝（公元前140—公元前87年）遣使前往位于中国西南的“蛮夷之地”学习玻璃制作工艺（Francis, 1986: 29–30）。到汉代结束之前，中国人已能运用玻璃制作礼器和私人装饰物品。但中国史籍对于玻璃制造的最早描述却不早于清代。

根据万震《南州异物志》和葛洪[1]所言，公元3世纪，广东和广西都能制造玻璃。到西晋（265—317年）之前，广州制造玻璃时使用了晋人葛洪所描述的“非中国制法”。他也许对吹制玻璃工艺略知一二。近东地区发明玻璃制造术过了大约500年后，中国开始出现这种玻璃制造工艺。在中国工匠掌握该技术之前，中国从罗马、叙利亚和波斯进口玻璃器皿，如玻璃瓶和玻璃花瓶。宋朝史料称，玻璃制于广州（Brown and Rabiner, 1987: 74）。1154年，阿拉伯旅行家伊德里西也提到，华南地区是中国玻璃制造中心。他可能是指广州，但更可能是指泉州。

自古以来，中国人就崇尚外来玻璃。唐代文人颜师古夸奖罗马玻璃晶莹剔透，堪比玉石（Shen, 2002: 73）。中国史料常常明确区分玻璃是不透明的琉璃还是透明的玻璃。中国人所称的“玻璃”可能有两种意思，一是指透明玻璃，二是指水晶，后者（梵文叫“sphatika”）是佛教西方极乐世界中的“七宝”之一（Shen, 2002: 73 fn. 8）。在印度的佛教圣物中，水晶被用于保存佛陀舍利。在中国，佛陀舍利是用玻璃来存放的。唐代和北宋时期，在建造的佛教寺塔基底都会埋藏宝函，其中包括五彩缤纷的外来玻璃。史上最隆重的一次安置宝函仪式是在陕西省西安市扶风县法门寺举办的。法门寺地宫埋藏了20个由皇帝赐予的玻璃瓶，佛陀舍利和其他佛教高僧的舍利都保存在玻璃瓶内。中国人一般用白透玻璃作此用途，而不会使用水晶瓶或彩瓶（Shen, 2002: 75）。对于中国人来说，透亮的玻璃代表了纯洁（Shen, 2002: 78）。

由于受国人重舶来玻璃、轻土制玻璃的风气影响，一些史书在论

1　葛洪（284—364年）：东晋道教学者、炼丹家、医药学家。

述中国发现的早期玻璃器时，只谈论舶来玻璃（An, 1996）。据《汉书》记载，“琉璃”是宦官使臣出访外国时用黄金和细丝绸换取的奢侈饰品之一，其他奢侈饰品还包括珍珠、宝石和“奇珍异宝”（Wang, 1958: 19）。暹罗–马来半岛上的盘盘国在公元5世纪中叶遣使入贡中国，献上琉璃（Wang, 1958: 55）。一本7世纪的文献称，扶南船携带多面玻璃镜入贡中国（Hirth and Rockhill, 1911: 228）。

三佛齐有时将西南亚玻璃纳入进贡中国的贡品中，玻璃通常作为盛放其他商品的容器。1156年，一套贡品内含4只装阿拉伯糖的琉璃瓶和16只装阿拉伯枣的琉璃瓶。1178年，另一套入贡礼品中也有琉璃瓶，4只装外国糖，3只装外国枣，还有4只装栀子花。

赵汝适认为阿拉伯玻璃优于中国玻璃，因为它们更耐热，不易碎，有时还带雕刻花纹。中国玻璃则质脆，常常融入了铅，导致玻璃器随着时间而老化破碎（Hirth and Rockhill, 1911: 227）。但中国人确实也在玻璃制造工艺上有所创新：他们率先使用煤作为玻璃熔窑燃料，并且创制出一种透亮的红宝石色玻璃珠。通过添加铜而产生红宝石色是他们在11世纪初取得的成就。福康宁遗址出土的一枚玻璃珠标本在哈佛大学进行了X射线荧光光谱分析测定，发现含有铜成分（Francis, 2002: 75）。弗朗西斯（P. Francis）猜测这枚玻璃珠是苏州制造的。

赵汝适只提到中国出口玻璃（琉璃珠和琉璃瓶子）到渤泥国。汪大渊也只提到一种形状的中国外销玻璃“五色烧珠”（琉璃珠）。当时在彭亨国（占据马来半岛大部分），中等阶层以琉璃珠做的发圈装饰头发，富贵者则使用金发圈。

14世纪的中国玻璃制造状况是一个特别模糊不清的问题。有观点认为，这一产业当时无足轻重：

> 关于元代（1271—1368年）和明代中国的玻璃生产状况，人们知之甚少。这时期为数不多的史料都让人生疑……所能找到的17世纪之前中国制造玻璃的证据真是寥寥无几，无论是实物还是文献（Macfarlane, 2002: 2–3）。

一部早期玻璃分析汇编，连一件元时期中国外销玻璃器标本都没有包括在内，但东南亚遗址出土的一些玻璃可能原本就产自宋元时代的中国（Brill, 1999）。

1982年在山东省淄博市博山区发现了中国最早的玻璃作坊遗址，年代估计不晚于元末明初（Yi and Tu, 199）。玻璃产品含珠子、簪子及扣环之类的装饰品。据说作坊原有规模较大。博山琉璃珠在中国非常独特，因为这些珠子不含铅，而主要含碳酸钾和石灰钙。在当时，博山玻璃在化学成分和器物造型这两方面非常不同于华南地区制造的琉璃器，但人们尚未发现华南地区的作坊遗址。

东南亚的玻璃制作

考古学家至今尚未发现一处熔融砂石制作玻璃的古代东南亚遗址。熔融砂石制作玻璃需要两个条件：一是要有几近纯净的石英，二是具备将石英加热到1400℃高温的技术能力。但重新熔融玻璃只需要700℃，这在早期东南亚所掌握的技术能力范围内。有证据证明，在东南亚，从南亚和西南亚进口的玻璃被重新熔融加工。南亚和西南亚都普遍有这样的做法：熔融砂石，制造出大块玻璃，然后贩运到其他地区，供这些地区的本土工匠作原材料使用。

泰国南部地区的珠子山遗址，在公元500年曾有人居住，现已被劫掠一空（见第一章），但在那里却发现了一些大块的玻璃和许多玻璃

“液滴”（与在福康宁遗址发现的“玻璃泡”类似），这些大块玻璃也许用作原材料（Bronson, 1990）。该遗址的玻璃工匠可能都从印度进口玻璃原料。在珠子山遗址还发现了五颜六色的玻璃手镯，有淡绿色、青绿色、浅蓝色或中蓝色，但布朗森没有评论这些手镯是否可能在本地生产。没有在珠子山发现手工作坊。该遗址还出土了大批珠子，其中一粒珠子以典型的中国卷绕法[1]制作，其余珠子则用印度风格的拖拽法[2]制作——将玻璃从一根管子内抽出。

在泰南的达瓜巴和郭各考遗址都发现了做工精细的西南亚玻璃，还有9世纪的阿拉伯陶瓷和中国陶瓷。9—10世纪，马六甲沿岸港口会把西亚玻璃再出口到中国和印尼。

在瓜拉塞林新（现马来半岛的霹雳州，见第一章）及达瓜巴（泰国南部，见第二章），都发现了挑料切头（吹制玻璃的残余物）和珠子半成品（Lamb, 1966: 77–78）。1961年，阿拉斯泰尔·兰姆（Alastair Lamb）发掘了将近3吨文物，这些文物是在彭加兰谷的夸里奇·威尔士（H. G. Quaritch Wales）遗址18号附近一个长4.3米、宽3米的探方里发现的。根据中国瓷器年份可推测该遗址的年代约为13世纪。该遗址还出土了不少吹制玻璃瓶的碎片，这些玻璃瓶宽5—7.5厘米，高10—15厘米；还有5000粒玻璃珠，使用卷绕法（Lamb, 1961: Figs. 57, 83）和拖拽法种（Figs. 58, 61）制作。许多玻璃器已被烧至变形。兰姆还发现了玻璃器生产过程中留下的一些残渣，如废品和挑料切头碎片。他得出的结论是，这些玻璃残件以及在泰南的郭各考和马来西亚的哥打丁宜发现的其他遗物，都证明了玻璃被用来重新熔融加工，然后制成玻璃珠（Lamb, 1965）。

1　也叫缠绕法、缠丝法。

2　也叫抽取法。

印尼的玻璃珠考古发现

在苏门答腊几处重要的遗址都发现了玻璃珠。我们在第一章已经讨论过早期发现的第一个千年遗址——卡朗阿贡的考古发掘。至少从20世纪30年代以来，人们就在南苏门答腊的古代遗址寻找玻璃珠。1932年，荷兰采矿工程师范拓恩（J. van Tuijn）说，有人在印尼楠榜北部的美素吉（Mesuji）和都郎巴望（Tulangbawang）两个地方发掘出珠子，然后拿到帝汶和婆罗洲出售。珠子用多种材料制成，包括玻璃、黏土和红玉髓石。这些珠子与多件锡块、许多粗陶器堆放在一起，主要是在老滩脊沉积下50厘米处发现的，这里远离河流两岸的现代村庄。在长10公里的老滩脊上发掘出两处重要的遗址：哥东米南（Gedongmenang）和比达龙宁加尔（Bedaroninggal）（van Tuijn, 1932）。这份报告表明，挖掘出古老玻璃珠的遗址不一定古老，古老玻璃珠可能是在别处被挖掘出来，然后在新近的年代被贩运到新地点。

巴邻旁的坎邦翁格兰和塔郎吉金（也许是室利佛逝时期的遗址）提供了实物证据，证明进口玻璃很可能被重新熔融，然后制成玻璃珠（Manguin, 1992: 67）。在坎邦翁格兰的加冷亚惹遗址，发现大约800粒珠子，其中大部分是玻璃珠。蓝、黑是最普遍的颜色，白、黄、绿、褐和橙色次之（Bambang Budi Utomo, 1985）。

在11—13世纪三佛齐的中心慕亚拉占碑，考古学家发现了938粒珠子，其中736粒珠子是在阿斯塔诺神庙（Candi Astano）附近一个发掘区的探方里发现的。有一些珠子已经熔成一团。在同一个探方内，还发现了与珠子粘连的玻璃泡。这也初步证明当地玻璃珠是使用进口玻璃制作的。

表8.3　在慕亚拉占碑的阿斯塔诺神庙发现的珠子的颜色（Endang, 1988）

颜色	数量（单位：个，从多到少排序）
橙红色	约350
深蓝色	120—150
白色	100—120
紫色	30—50
绿色	30—50
黄色	30—50
浅蓝色	30—50
褐红色	1—6
黑色	1—3

表8.4　在阿斯塔诺神庙发现的珠子形状

形状	数量（个）
扁圆形	410
筒形	163
环形	102
木桶形	20
双锥形	7

在慕亚拉占碑发现的珠子用几种原料制成：砂石、红陶和玻璃。珠子直径1—5毫米，长1—6毫米。红陶珠尺寸要大一些：直径10—18毫米，长8—17毫米。这些珠子大多是用拖拽法制作，即从管子里拽出一根长长的玻璃，然后切成短截的筒形玻璃珠。这是典型的印度制法，所以这些玻璃珠一定来自印度。

特洛武兰是14世纪满者伯夷的首府，该王国曾宣称对淡马锡拥有宗主权。在这个东爪哇遗址里，大亭子（Pendopo Agung）和乌林古（Nglinguk）区域的考古挖掘发现了大约50粒珠子，主要颜色是黄色和蓝色。有一些珠子被切割过（可能准备分割成几个小珠子，但这道工序没有完成）。有一粒黄珠子在一块古砖内被发现，是1991年印尼考古学田野专业学校进行考察时发现的。与在特洛武兰发现的其他标本一样，这颗玻璃珠用卷绕法制作，因此可能产于中国。

在东爪哇巴纽旺宜（Banyuwangi）附近的哥林亭山丘（Gumuk Klinting）也发现了珠子，大多数是当地百姓在地表发现的，但也有一些是考古学家在1976年挖掘的。大概有500粒，大部分是玻璃珠。这些珠子与泥佛塔和印章一起出土。蓝色和褐红色是最普遍的颜色，珠子长度在2—6毫米之间不等（Endang S. H. Soekatno, 1988）。

在10世纪的印坦号沉船中发现了“蜻蜓眼”玻璃珠。对这些珠子的玻璃进行化学分析，结果表明，玻璃可能来自南亚或西亚地区。吉打的双溪马士、泰南、苏门答腊、爪哇和婆罗洲都发现类似玻璃珠。弗朗西斯认为，这些珠子都是在爪哇制作的，但证据不足（Francis, 1996: 146）。印坦号沉船还携带了一些吹制的玻璃容器。考古学家只发现了一件基本完整的玻璃瓶，其他144件都是玻璃器皿碎片。玻璃容器的形状是那个年代常见的西南亚玻璃制品形状，而玻璃中含铅量低，进一步证明印坦号的玻璃并非来自中国。

对爪哇海沉船上发现的玻璃器进行能量色散型X射线荧光分析测定，结果表明，这些玻璃器有两个来源。一只“洋葱瓶”的波纹玻璃底与在福康宁遗址发现的标本十分相似，属于中国熔制范畴。一根易碎的黄绿色玻璃棒残件却属于完全不同类型，几乎可以肯定不是中国造，而可能是爪哇制作的（Ho, 1994: 45; Miksic, 1996; Mathers and Flecker, 1997）。

有学者提出，早在5世纪或6世纪，东爪哇可能已经使用重新熔融的玻璃制作玻璃珠，这些玻璃来源于埃及和波斯（Lankton, Dussubieux and Rehren, 2008）。这类型的大多数玻璃珠在东爪哇都有记录，但没有一个确定年代的参照背景。得出的结论是，这些珠子应该制作于公元500年左右，主要的依据是，在这一时期的朝鲜古墓中发现了一些同样类型的玻璃珠。但没有多少旁证说明该时期朝鲜与爪哇有联系。

15世纪宣德沉船携带了数量不明的蓝色玻璃珠，盛放在一个储存容器里，产地不详。这个容器内装来自中国、泰国的储物罐。玻璃珠直径4—8毫米，长度11—13毫米。这些珠子以某种纤维串起来，但不能确定这些纤维究竟是什么质地（Sjostrand, 1997: 14）。

在15世纪的菲律宾潘达南岛沉船内，发现了数千粒“印度–太平洋珠”（Bacus, 2004: 268）。卡涌（J. G. Cayron）称，这些珠子外观上与双溪马士发现的珠子相似。然而，潘达南玻璃珠与双溪马士标本都来自同一个产地是不可能的，因为潘达南沉船比双溪马士玻璃珠要晚四五百年出现。宣德沉船与潘达南沉船上的玻璃珠很可能都来自中国。13世纪，中国已经垄断了与东南亚的玻璃珠贸易。

福康宁遗址的考古发掘出土了一批玻璃珠、玻璃器皿碎片（插图8.03）、玻璃手镯残件，以及畸形的玻璃泡（插图8.04）。这些玻璃遗物很多来自同一个地点——发掘区6号单元。由于缺乏中国玻璃制作的资料，在新加坡14世纪地层发现玻璃珠、玻璃瓶残片，以及其他中国熔制的玻璃器皿就相当重要。在廖内的多个遗址发掘出同一时期几个完整的中国玻璃器皿标本，说明淡马锡曾经在其周边地区发挥着重新分销中国玻璃的作用（见第九章）。

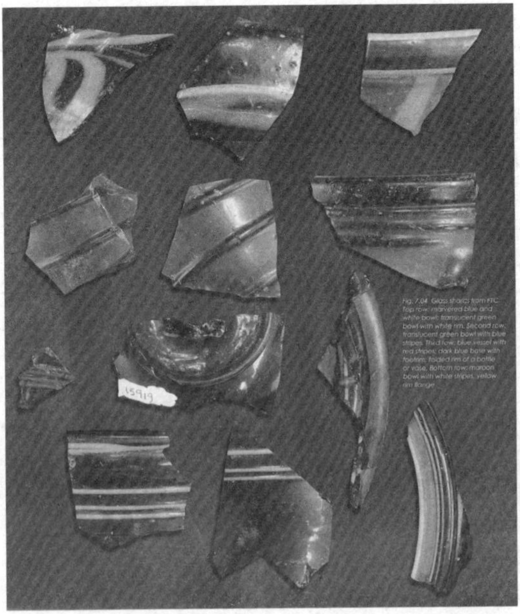

插图8.03　福康宁遗址出土的14世纪玻璃碎片。第一排（从左到右）：镶嵌乳光玻璃的青花碗；半透明绿碗，白口沿。第二排：带蓝弦纹的半透明绿碗。第三排（从左到右）：带红弦纹的蓝色器皿；带足边的深蓝色器皿底；一只瓶子或花瓶的折边。第四排：带白弦纹的栗色碗，黄边凸缘。

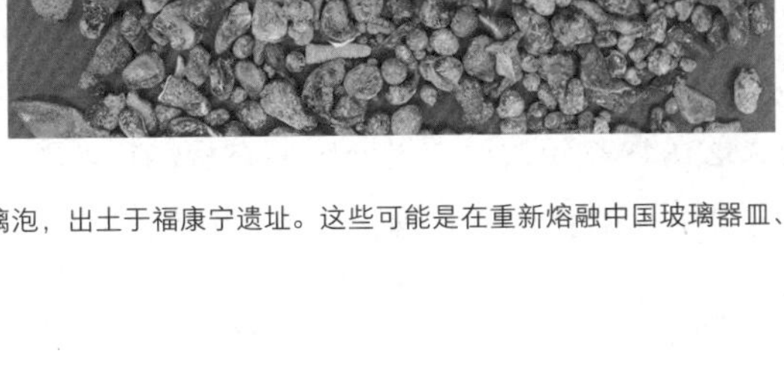

插图8.04　玻璃泡，出土于福康宁遗址。这些可能是在重新熔融中国玻璃器皿、制作玻璃手镯时留下的碎屑。

表8.5　福康宁遗址出土的玻璃

玻璃珠	12 413件完整标本，558件碎片
玻璃器皿残件	1221件
玻璃手镯残件	78件
玻璃泡	1235件

发掘区1号单元在6号单元旁边，那里保存了一个模样清晰的炉膛。这一遗物包括了几片晶状炭，与中国陶瓷、当地陶瓷、中国钱币和严重锈蚀的铁器（如斧刃）混杂。在炉膛里面和边上还发现了成堆石灰，重达几公斤，这些石灰也许是通过研磨海贝壳获取的，可能用作熔剂。中国玻璃匠人从唐代就开始使用氟化钙充当乳浊剂，以制造白玻璃（Borell, 2010: 149）。

对福康宁玻璃碎片的化学分析研究

新加坡国立大学物理系与芝加哥菲尔德自然史博物馆联合进行的能量色散型X射线荧光分析结果表明，福康宁遗址发现的玻璃是从四个不同的地方进口的。玻璃手镯、玻璃泡和其他玻璃器皿碎片同属一个类型，产地为中国，也许代表了14世纪淡马锡重新熔制玻璃的不同阶段。例外的三件玻璃器皿碎片在器形上仿中国玻璃器皿，但玻璃成分是典型的印度玻璃。玻璃珠属于第三种类型，也制作于中国，但产地不同于生产玻璃器皿的地方。色彩斑斓的玻璃手镯来源于印度，特点是铅、锌、钡和锡含量都较高。

学者已经对出土于中国多个遗址的玻璃标本进行了X射线荧光分析测定。安家瑶在1987年的论文里分析了45块钠钙玻璃和含铅玻璃。可惜的是，她只提供了16种元素含量的高、中、低数据。这些信息不足以断定福康宁遗址的标本是否来自中国。安家瑶的所有标本都早于14世纪，大多是在中国北方发现的。而在福康宁遗址发现的大多数中国瓷器都是中国东南部地区烧制的，也许玻璃也来自这一区域。

安家瑶在她所研究的45块中国标本中发现14块含少量的钡，其中属北宋时期的23块玻璃中有9块含钡。在福康宁遗址发现的玻璃泡、玻璃手镯和玻璃器皿碎片中，钡成分比较常见，但含钡的玻璃珠很少。总的来说，福康宁的含钡玻璃不含铅，而含铅的玻璃只含有微量的钡。这种元素关系同样体现在人们所知的中国玻璃标本中。

塞利格曼和贝克（C. G. Seligman and H. C. Beck）出版于1938年的著作认为，古玻璃含钡是一个好迹象，说明玻璃可能熔制于中国。然而，印度玻璃也含3%—5%的钡成分，因此“含钡本身并不能证明玻璃产自中国，但这是一个相当重要的指标”（Francis, 1986: 26）。兰姆认为，“总的来说，中国玻璃铅钡含量标准只适用于汉代玻璃”（Lamb, 1965: 38 n. 7），但福康宁数据表明，该标准也适用于汉代以后。

在福康宁遗址发现的玻璃，所含矿物质成分与在东南亚其他遗址如瓜拉塞林新、彭加兰谷和达瓜巴所发现的玻璃成分迥然不同，后者只含少量铅而没有钡（Lamb, 1961: 55, 61, 62）。含少量铅而不含钡的玻璃可能是印度玻璃或近东地区的玻璃。兰姆提及的所有遗址都属于1200年以前。在此之后，中国“卷芯珠子”取代了印度“长棍珠子”。也许东南亚使用的玻璃原料来源也同时从印度或近东地区转移到了中国。

1600年，有中国玻璃匠人居住在西爪哇的万丹（Banten），制作蓝珠子出口到婆罗洲（Francis, 1985）。13世纪，中国金匠已经在中国城打制金器。但尚难找到一种方法来确定是什么人在福康宁制作玻璃，因为玻璃制作和打金工艺都是可以被当地族群学会并掌握的。

玻璃泡

玻璃泡曾是玻璃器皿被加热到熔融状态时产生的残余物。玻璃泡可分成几组形状：有些像拉长的泪滴或冰凌，有些是柱形或皱板状，另一些看起来有点像球形。许多玻璃泡粘在瓷器碎片上（插图8.05）。所发现的玻璃泡显然是在熔融碎玻璃器皿过程中产生的。那么，玻璃泡会不会是由一场大火熔化了附近存储的玻璃器而偶然产生的结果呢？这个说法站不住脚。因为在发现玻璃泡的探方里没有发现残存的炭。况且玻璃泡无法形成一大堆熔化在一起的器物。每个玻璃泡都是一个单独的滴状物体。所以不可能出现一些玻璃碎块被大火熔化，而另一些完好无损的情况。

最简单的解释是，玻璃泡就是在熔融玻璃碎片制作手镯时溅洒出来的碎屑。能量色散型X射线荧光分析测定结果有力地佐证了这一解释。

插图8.05　带有玻璃泡的瓷器碎片表明，福康宁遗址曾进行玻璃加工生产。

玻璃手镯

大多数玻璃手镯残件都是深蓝色的，半圆形横截面，厚约4毫米。玻璃的化学成分表明，玻璃来自中国（插图8.06）。在廖内的14世纪古墓里发现有中国制造的玻璃手镯，但这些手镯异于福康宁遗址发现的手镯，廖内手镯要厚一些。福康宁手镯可能是用重新熔融的中国碎玻璃瓶制作的。

有两件手镯截然不同，其厚度更大，达8毫米，用四色玻璃制成——核心为浅绿色，外表是黄色，外边沿饰浅褐色条状纹理，条状纹理上点缀着白色椭圆形水滴状纹饰。北印度就以制造类似四色（黄、绿、橙、蓝）玻璃手镯著称，手镯外弧顶部还镶嵌白色玻璃

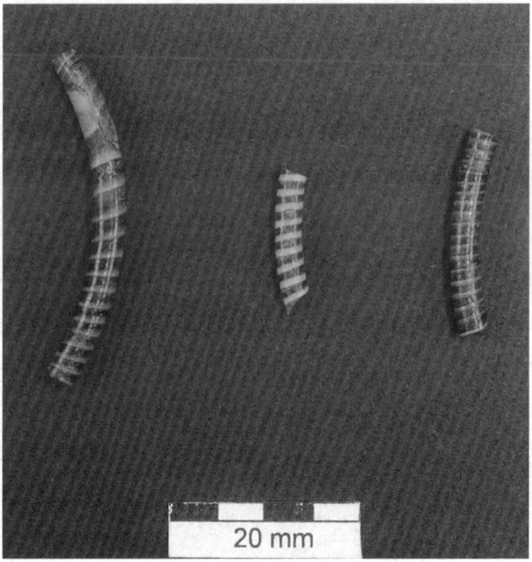

插图8.06　进口的玻璃手镯残件，福康宁遗址出土

珠。印度这类手镯制造于12世纪末期至巴曼尼（Bahmani）苏丹统治时期（1435—1518年）（Dikshit, 1969: 69–71 pl. B no. 1）。在南印度哥打巴南的地面采集中，也发现了类似的玻璃手镯（Rao, 2004: 17 pl. 10, lower right）。福康宁遗址出土的这种多色彩饰玻璃手镯，以及在圣安德烈座堂地下发现的另一个玻璃手镯残件，可能都是在印度制作的。其他双色玻璃手镯的残件，虽带卷绕纹饰，可能也是从印度进口的（插图9.10—9.12）。

玻璃器皿

一些小玻璃器皿的碎片，主要为小杯和小碗的残片。大多数玻璃杯碗都是厚壁，约0.5毫米，有些甚至厚1.1毫米。90%的碎片都来自吹制玻璃器皿。

另一种玻璃成型工艺叫卷芯法，用来制作别具一格的多色彩饰玻璃（Borell, 2010: 141–156）（插图8.07—8.08）。

卷芯法玻璃碎片属于小器皿的残片，可能是玻璃瓶或者小玻璃罐，口沿直径4—4.5厘米。这些残片的玻璃呈乳白色、半透明，不像吹制玻璃那么晶莹剔透。布丽奇特·博雷尔对卷芯法制作的玻璃器皿进行研究，发现其中一些碎片内夹铁丝痕。除了玻璃器皿残片，福康宁遗址还出土了一粒用同样手法制作的筒形玻璃珠（Miksic, Yap and Hua, 1994: 37 Table 1）。在菲律宾也发现了这种类型的玻璃器皿，完好无损，一件是在民都洛（Mindoro）岛发现的，另一件在武端市[1]附近发现（Lamb, 1965a; Borell, 2010: 153; Borell, 2001）。

在彭加兰谷发现了相似的玻璃碎片——绿玻璃，非白玻璃（Jacq-Hergoualc'h, 1992: 205–210; Lamb, 1961, 1965a）。福康宁玻璃碎片至少属于三种

1　菲律宾棉兰老岛东北部的一个港口商贸中心。

插图8.07　人字形图案的多色彩饰玻璃碗碎片，福康宁遗址出土

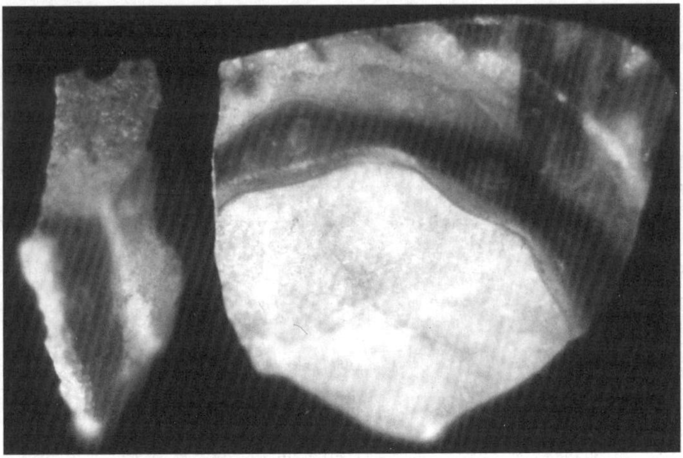

插图8.08　镶嵌玻璃，国会大厦遗址出土

不同的器皿（也可能不止三种）。在国会大厦发掘区发现了另一件同类型的玻璃碎片，使这种14世纪玻璃制品的总数达到至少4件（Borell, 2010: 151）。卷芯法是近东地区和埃及使用的制作工艺。但东南亚的玻璃器皿除了用独特的卷芯法制作，其化学成分（碎片中特别高的含铅量）和器具造型都更接近中国小玻璃罐，而不是西亚玻璃制品，这一点佐证了一个结论，即在东南亚发现的卷芯法玻璃器皿应该是在中国制造的（Miksic, Yap and Hua: 1994; Borell Seidel, 2000: 4）。博雷尔提出初步的结论，玻璃器皿具体的生产地是泉州（Borell, 2010: 154–155）。

吹制玻璃器皿可以用多种方式装饰。第一种方式，将一些有色玻璃薄横条放置在器身表面，形成横栏。第二种方式，将深色的有色玻璃放置在一个浅色且通常透明的玻璃器身外表上，然后加热玻璃，直到整个器身轻微熔化，两种颜色相互交融。第三种方式，将一根白玻璃镶衬线放置在一个深蓝色器身上，然后在玻璃器熔融过程中进行篦划，制造出波浪纹饰图案。只有两件玻璃碎片是使用这种方式装饰的。

中国没有关于带篦划条纹装饰的玻璃器皿的记载，但弗朗西斯认为，多色彩饰、高含铅的篦划条纹传世玻璃珠制作于泉州，被作为外销品。台湾的排湾人、沙捞越的卡扬族（Kayan）和苏拉威西的托拿加族（Toraja）都使用这类图案的玻璃珠。在菲律宾、沙捞越和爪哇的元代遗址发掘中也发现了这类图案的玻璃珠。篦划条纹工艺可能由穆斯林传入，当时有穆斯林聚居泉州，以此为商贸基地（Francis, 2002: 59; citing Ptak, 1998c: 8–9）。这仅仅是应用篦划工艺制作玻璃器皿的一小步。

在福康宁遗址也发现了一粒带篦划条纹装饰的玻璃珠（Borell Seidel, 2000: 3）。其他所有发现这类玻璃珠的遗址都位于从泉州经菲律宾到爪哇的所谓“东路”沿线上，而不是从广州到东南亚大陆沿岸的“西路”上。看来，新加坡是这两条路线的交汇点（Francis, 2002: 59）。

有一只玻璃器皿已经破碎，无法还原最初的装饰图案或工艺。它原来似乎是深绿色器身，深蓝纹饰，也许是用上文描述过的重熔工艺制作出来的。

在福康宁遗址发现的吹制玻璃属于两种不同类型。布里尔（R. H. Brill）给出了东南亚宋元时代考古遗址出土的玻璃化学成分数据，这些数据之间有相当大的差异。例如，从苏门答腊亚齐的司马威（Lhokseumawe）挖掘出四块玻璃，包括一件器皿口沿和三件手镯，其中一件手镯含铅量较高，其他三件的铅钡含量都较低。在婆鲁斯的卢勃克杜阿出土的两件玻璃器皿底片，年代大约为11世纪或12世纪，铅钡含量也较低。

在北苏门答腊哈曼帕兰霹雳（Hamparan Perak）的坦登西里尔（Tandem Hilir）的12—14世纪遗址里发掘出一些玻璃标本，得到同样的结果：5粒玻璃珠铅钡含量都较低。慕亚拉占碑出土的7粒玻璃珠，在郎盖特（Langkat）的金米岛（Pulau Kompei）发现的9粒玻璃珠，以及中国城的28粒标本也都如此。再往东一些的遗址，包括沙捞越、婆罗洲和菲律宾，则有一些玻璃珠含铅量较高，如加里曼丹的肯雅（Kenyah）树皮衣上11粒玻璃珠中的2粒，以及菲律宾出土的4粒玻璃珠中的2粒含铅量都较高。不过，这些数据只能起提示作用，因为被检测的大多数材料不是来自规范的考古现场。

芝加哥菲尔德自然史博物馆分析了31块玻璃碎片，其中28块主要属于“钾铅硅酸盐（K_2O-PbO-SiO_2）玻璃系统，这是中国自唐代到元代都应用的玻璃系统”（Dussubieux, 2010: 200）。中国玻璃碎片以含铅量高并含钾为特点。但有三块玻璃碎片具有不同的化学特征，“属于高铝低钙的钠铝硅酸盐玻璃”（Ibid.: 198）。狄旭彪（L. Dussubieux）研究了苏门答腊西北部婆鲁斯附近武吉哈桑遗址出土的玻璃，该地几乎与淡马锡同一时期被占据。狄旭彪得出的结论是，这三块来自新加坡的碎片及武吉哈桑出土的大约1/3的碎片都是南亚制造的玻璃（Borell Seidel, 2010: 163; Dussubieux, 2009: 399–400; Perret and Surachman, 2009: 328–330）。

不论是在南亚还是在中国，尚未找到关于这种玻璃器皿标本的记载。寻找有关这些稀有而华丽的文物的资料仍在进行。

玻璃珠

早期东南亚玻璃珠贸易的文献资料

赵汝适于1225年担任广州市舶提举[1]，注意到中国商人向渤泥（现婆罗洲）和菲律宾外销琉璃珠和玻璃瓶（Hirth and Rockhill, 1911: 156, 160, 162）。14世纪，汪大渊的《岛夷志略》里提到中国唯一一种玻璃制品——琉璃珠。他列出了11个买卖琉璃珠的港口，并7次提到在这些港口广受欢迎的玻璃珠的几种具体颜色：暹（暹罗）和柬埔寨用黄红烧珠；吉兰丹用红绿烧珠；戎（马来半岛南端?）用紫烧珠；龙牙菩提（廖内?）用红绿烧珠；占碑用红珠；巴邻旁用彩色的“门邦丸珠”；爪哇、哑鲁、马鲁古群岛和苏禄用青珠（Rockhill, 1914: 100, 106, 108, 118, 122, 128, 129, 134, 136, 140, 142, 238, 260, 271）。考古研究报告证实了汪大渊的记载。在菲律宾和霹雳州的瓜拉塞林新，白珠更受青睐。沙捞越的格东（Gedong）更喜爱黄珠。在吉打州的双溪马士，大多数是半透明的红烧珠（Francis, 2002: 77）。有意思的是，汪大渊并没有将琉璃珠纳入新加坡的贸易物品中。

1　应为福建路市舶提举，兼管泉州市舶。

除了玻璃珠，卡里马塔还进行珊瑚珠贸易（Rockhill, 1915: 263），而在菲律宾的三岛则有铜珠贸易（Rockhill, 1914: 269）。

新加坡的玻璃珠

福康宁遗址出土的玻璃珠直径1—2毫米，五颜六色（黄、黑、蓝、红、白、绿），用熔融的玻璃围绕芯轴进行缠绕的方法（卷绕法）制胎，在外表产生一种螺旋状花纹，中心穿孔边往往略高于四周，凸起状，或留下玻璃痕迹。每道卷绕圈意味着要切割成一粒珠子，但有时绕两圈到四圈也不切割，而是让它们连在一起，呈现分段的样子。目前从福康宁遗址共出土了超过12 000粒玻璃珠。

在福康宁遗址发现了另一种类型的玻璃珠，即用卷绕法制作的高脱玻红玻璃珠，形状似炸面圈。兰姆的著作中有类似的玻璃珠插图（Lamb, 1964 no. 11; republished by Mohd. Kamaruzaman, 1989: 90），布朗森提及在泰南的珠子山遗址也发现了类似的脱玻化珠子。但这些玻璃珠明显都是以拖拽法制作的。

既然福康宁遗址的玻璃珠与玻璃器皿是以不同的玻璃制作的，那么为什么这些玻璃器被发现时是堆放在一起的呢？这可能出于偶然，也可能是结合其他一些环境因素造成的间接后果。例如，玻璃工可能佩戴玻璃珠，或用这些玻璃珠来熔制其他器物。在宋代的苏州，玻璃珠被用来装饰灯笼，也被用来装饰苏州一座建于1013年的高塔的柱子（Francis, 1986: 14, 1986b: 6）。还有一种可能是，这些珠子被缝在衣物鞋帽上，如众所周知的土生华人的珠绣鞋。

相比于玻璃器皿碎片，玻璃珠的铅、钾和钙含量更高，并含很少量的钡和铯成分。不同的化学成分有时与颜色密切相关，黑珠含铜、铁较多，黄珠含大量的锡，深蓝珠和手镯含高浓度的钴，紫色手镯的

插图8.09　别具一格的白珠，带黑斑点，新加坡板球俱乐部草场遗址出土

锰含量高。

如果采用卷绕法制作玻璃，那么可以断定玻璃为中国制造。印度玻璃工匠制作玻璃珠的方法是拖拽法，即将熔融的玻璃拉成一根长管或长棍，再进行切割。福康宁珠子所使用的生产工艺是卷绕法，而不是拖拽法，而且含铅量高，这些都表明珠子产于中国。从12世纪到17世纪有关中国玻璃制作的文献资料特别需要加上含铅这一条（Francis, 1989: 11）。

根据弗朗西斯的研究，此类珠子在黑石、武吉山东（Bukit Sandong）、瓜拉塞林新和双溪马士都不多见，但在翁吉山（Bongkisam）、格东、彭加兰谷、卢穆特河（Sungai Lumut）、哥打巴都和卡拉塔安（Calatagan）却司空见惯（Francis, 1989: 14–15）。这些中国玻璃珠在公元900年左右传入东南亚，到公元1200年左右已完全取代印度的长棍珠。

1993年，在新加坡国立大学的物理系实验室，工作人员对78种标本（主要是玻璃珠，也有一些玻璃器皿碎片，相互比较）进行玻璃分析研究。这些玻璃可以分成两大组：一组是含铅量高的，另一组是含铅量低的。含铅量低的一组还可以分为四小组，每组对应不同的来源。含铅量高的一组可再分为两小组，下文将作进一步描述。这些分组明显区分出两个不同的产地。

高含铅量第一小组玻璃：来自福康宁、米代岛（Pulau Midai）

10粒出土于福康宁的玻璃珠属于中国风格，与米代岛（位于廖内群岛东部的七岛群）发现的标本相似。在七岛群的几个小岛上，有一些被洗劫的古墓，里面发现了类似的玻璃珠，还有来自中国、泰国和越南的一些陶瓷，制作于13—15世纪。

米代岛的标本不同于福康宁发现的珠子。米代岛的珠子为炸面圈形状，尺寸要大一些（直径13毫米，厚度6毫米），深蓝颜色。米代岛上的居民可能喜欢更大一些的珠子（Miksic and Yap, 1992; Miksic, Yup, Li and Wan, 1994）。这些玻璃珠有脱玻化倾向，表面蚀刻卷绕花纹，也许是按照生产过程中围绕芯轴转圈形成的一层层玻璃叠堆边缘线刻画的；脱玻化可能是含铅量特别高导致的。

对玻璃的实验分析支持一种结论：新加坡和廖内发现的玻璃珠都产自中国同一个地方。历史证据表明，廖内珠子首先被输送到新加坡，再销往廖内。关于这个历史证据，我们将在第十章里介绍。

低含铅量第一小组包括三种不同类型的器物，分别代表了重熔玻璃工序中的三个不同阶段，它们是：玻璃器皿碎片、玻璃泡（凝结的畸形玻璃液滴）及深蓝色玻璃手镯。其中一只手镯别具一格，具有球形而不是半球形横截面，呈浅绿色，表面较粗糙。

低含铅量第二小组是在七岛群和巴邻旁的坎邦翁格兰出土的玻璃珠（后者是由伊恩·卡德维尔［Ian Caldwell］教授发现的）。所有这些珠子看起来都是用缠绕方式制作，而且钡铅成分高，符合中国制造的标准。但这些珠子又不属于新加坡类型，表明这些珠子可能来自中国另一个玻璃珠产地。这些珠子与巴邻旁有关系，意味着1300年前巴邻旁这个商贸中心相当活跃。不过该推论仍是一个推测，除非从可靠的考古出处找到同样的玻璃珠来印证。

低含铅量第三小组是出土于廖内的玻璃珠，几乎可以肯定是在印度制造而不是在中国生产的。这组玻璃珠呈深褐色，管状，有时被叫作“印度–太平洋珠”。在新加坡没有发现这类玻璃珠。这些珠子只在廖内出现，说明在1200年之前那里的人使用这类珠子。还有一个可能，是这些玻璃珠在生产出来几百年后才销往廖内，但在新加坡并未发现这类低铅玻璃珠，这使人们对这种说法产生怀疑。

小结

能量色散型X射线荧光分析显示，新加坡和巴邻旁属于不同的玻璃珠贸易网。这可能是因为巴邻旁的历史比新加坡更悠久一些。七岛群似乎同时属于新旧两种贸易网。“印度–太平洋珠”最先进入七岛群，含铅量低的中国珠也随后传入。这种与在巴邻旁发现的类型一样的中国珠，后来却被在新加坡发现的含铅量高的玻璃珠所取代。

七岛群不可能有很多渠道与外部区域的商人进行联系。汪大渊和中国其他文人墨客都把廖内描述为海盗巢穴，他们根本没有与那里的居民开展贸易的意思。14世纪，新加坡可能是直接从中国商人那里购得玻璃珠、玻璃器皿和瓷器，再转运到七岛群，以换取海产品。同样，14世纪之前，巴邻旁可能扮演了廖内与其他舶来品来源地之间的中间商角色。

发现玻璃泡的福康宁遗址所处之地，原来可能是一个玻璃重熔作坊。工匠们在那里熔制手镯，因为在新加坡发现的手镯比人们熟悉的中国手镯要轻薄得多。重熔玻璃在亚洲司空见惯。18世纪末，广州玻璃工匠不是自己熔制玻璃，而是进口欧洲碎玻璃材料。但在1863年之前，他们却自己生产玻璃（Francis, 2002: 58）。这种重熔产业之所以集中于福康宁，与福康宁作为苏丹王宫所在地相关。玻璃工匠都是拥有专门技能的人，并且很可能是王室专门聘用的。

在新加坡其他遗址出土的玻璃相对于福康宁遗址来说微不足道。在国会大厦遗址根本没有发现玻璃。在皇后坊遗址，只发现了2件小玻璃瓶碎片和2件玻璃手镯残片。在新加坡板球俱乐部草场遗址和圣安德烈座堂遗址，发现了几块玻璃碎片、玻璃手镯残片和玻璃珠。结论是，玻璃几乎是那些居住于福康宁山上的王公贵族独享的财富。

在廖内的14世纪古墓里也发现了玻璃器皿、玻璃珠和玻璃手镯。这些玻璃器与在福康宁遗址发现的玻璃手镯截然不同。廖内的玻璃器更厚重，非常近似于在菲律宾马尼拉的一个14世纪墓穴——圣安娜遗址发现的玻璃手镯（L. and C. Locsin, 1967: 141 pl. 5）。厚重一点儿的手镯可能是中国熔制的。由此看来，福康宁重熔制作玻璃器者并没有一味模仿中国工艺。为什么他们要制作轻薄一点儿的手镯？这还是一个推测的课题，也许因为原材料稀少，他们想通过减少用量来保存。

在14世纪满者伯夷的首府，只发现一件古代玻璃。在婆鲁斯的武吉哈桑14世纪遗址里，发现了类似的玻璃器皿碎片（Perret and Heddy Surachman, 2009）。在更多的遗址内挖掘出这种类型的玻璃是有可能的，但或许不会被确认为早期中国的玻璃制品。

在新加坡，没有发现与这类玻璃相关的公元15世纪以后的遗物。这样的玻璃稀有珍贵，只在一个较短时期内制作过，并且只有王公贵族才能拥有。在圣墓遗址发掘出的玻璃珠与玻璃器皿是什么关系，目前尚不能解释。还未明确为什么会有数千粒珠子集中在这个遗址里，这是考古学家难以回答的另外一个谜。

地区场境中的新加坡

第九章 淡马锡的商贸伙伴：遍及爪哇、泰国、越南、斯里兰卡和印度

在淡马锡的对外关系中，与中国交往的资料无论是文献还是文物都是最丰富的。在新加坡的考古发掘中，发现了大量来自中国的舶来品，说明中国在这个14世纪港口城市的生活中具有举足轻重的作用。但在解读考古数据时，读者必须小心谨慎，因为中国外销品都是经久耐磨的产品，如陶瓷、金属和玻璃。这些产品埋在土里可以保存几个世纪之久，对它们的解读可能会让人对历史的认识相差甚远，因为从其他地方进口的产品一点儿都不逊色于中国产品，只是因为属于易朽产品，如食物和土布，所以也许已经完全消失。

马来人的各个古代聚落都会使用陶器。但马来本土陶器质脆，不如中国陶器易于保存。福康宁遗址的情况正是如此。14世纪的泥土非常坚硬，要想将土陶器挖掘出来，不得不打碎。有些土陶器甚至已破损解体，回归泥土。因此，相对于中国陶瓷器来说，当地土陶器在所

有陶器中占比很大，应超过现有数据显示的比重。

历史文献和考古数据都表明，新加坡除了与中国密切交往，还有其他一些商贸伙伴，包括斯里兰卡、印度、爪哇、苏门答腊、泰国和越南。新加坡与这些邻邦还有文化、政治关系，考古数据对此反映得不是那么清晰。历史资料与考古资料相结合，可以提供一个更准确、更平衡的画面，这是单方面的资料无法企及的。

本章主要探讨一些实物证据，证明古代新加坡与东南亚其他国家、印度洋国家保持定期交往。尽管这方面的考古证据相较于新加坡–中国关系的丰富数据来说寥寥无几，但千万不要理解为新加坡这个城市的生活只与中国息息相关，而与其他国家都无关紧要。当地的区域环境，对古代新加坡的生活轨迹起着重要作用。

爪哇

东爪哇的满者伯夷王国声称控制着大片疆域，而这片疆域比现印度尼西亚领土面积还要广阔。《马来纪年》将爪哇描述为古代新加坡的主要敌人，而且是曾经摧毁该城市的罪魁祸首。尽管这样的历史认识可以在《爪哇史颂》和《爪哇诸王志》的记载中得到印证，但此说法无疑太过简单。

关于古爪哇对爪哇岛和巴厘岛以外的影响，相关的考古证据少之又少。虽然马六甲海峡发现的陶瓷器是典型的13—14世纪马来式，但这时的爪哇人确实在苏门答腊政治中占统治地位。在苏门答腊，极少发现爪哇碑铭，即使有，也没有明确提到对苏门答腊拥有政治权力。爪哇在新加坡留下的遗物反映了这种典型的状况。能证明爪哇对新加坡拥有宗主权的考古遗迹微乎其微。倒是有少量迹象表明，淡马锡与

插图9.00　抛光的爪哇红陶器，旧国会大厦遗址出土。这些碎片证明了历史文献中所说的，淡马锡与满者伯夷的关系颇为重要。

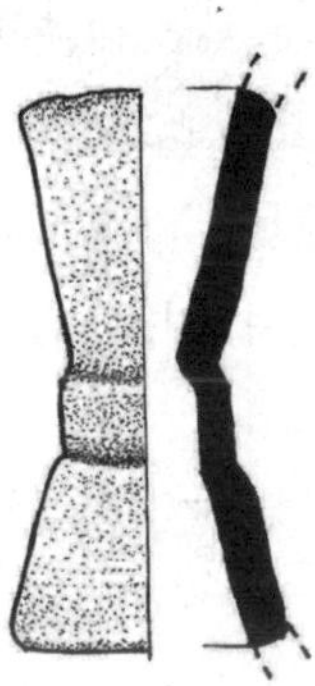

插图9.01　一只爪哇军持的法兰颈，旧国会大厦遗址出土

爪哇在14世纪确有来往，但这些迹象是双方进行和平的经济交往时留下的。旧国会大厦遗址出土了来自东爪哇的几块陶器片——一种精工细作、高度抛光的红陶器残片。这种红陶器在特洛武兰和14世纪爪哇的其他遗址中被发现，属于制作工艺较为精致的典型的一类（插图9.00）。其中一件是军持（执壶）的壶嘴，其他几件可能是军持或其他器物的某些部分（插图9.01）。

在满者伯夷首府的遗址里，发现了一些陶瓷片，这些碎片被有意切碎并研磨成圆形小陶瓷片，爪哇语称之为“gacuk”。在皇后坊遗址里发现的圆形小陶瓷片，有些是用中国瓷做的，有些则用新加坡陶，新加坡陶很可能是当地制造而不是从爪哇进口的。这些碎片在新加坡河旁边被发现，表明有爪哇商人曾居住于此，而不是爪哇陶器作为商品进口到新加坡。在中国城遗址、苏门答腊岛的其他遗址或马来半岛的遗址都没有发现这种圆形小陶瓷片。发现圆形小陶瓷片的地方是新加坡，而不是马来境内，证明了历史文献所记载的，在爪哇对新加坡拥有宗主权的时期，至少有一种爪哇文化习俗在新加坡流行过。新加坡的圆形小陶瓷片可能是爪哇商旅在使用，而不是当地马来人使用的。类似的小瓷片在东南亚其他地方也有发现，包括升龙——位于河内的公元10世纪末的一个遗址，以及爪哇的迪昂高原遗址（8—9世纪）。还不能确定，这些小瓷片的用途是否与14世纪新加坡和东爪哇的“gacuk”一样。

铅质塑像

第三类考古发现是1998年5月在皇后坊遗址发现的一尊金属塑像：银灰色，塑造了一个男性骑士形象，除了没有头部，整体完好无损（插图9.02）（Miksic 2002）。这一发现清楚地表明，古代新加坡社会存在过爪哇因素。塑像风格与东爪哇13世纪遗址加哥陵庙发现的石浮雕相似，也跟爪哇皮影戏中的人物形象相似。根据新加坡国家遗产委员会遗产保护中心测定，该雕像主要为铅质。无论从制作塑像的铅原料，还是从金属塑像的风格来看，该塑像在东南亚是史无前例的。

这尊塑像非常薄，人和马的造型都是二维的。突出塑造者的手臂和肩膀，是爪哇艺术的特点。塑像有一块平底座，使得塑像可以在

插图9.02　无头飞马骑士的铅质塑像，是这类型唯一一尊广为人知的塑像，发现于皇后坊遗址。新加坡国家博物馆、新加坡国家文物局藏品

平面立起。男子穿着纱笼，从腰部垂到膝盖，但他的小腿和上身都是裸露的。他还佩戴首饰，说明他是一位上层人物。他手持一物，可能代表矛，也可能代表旗杆。坐骑配备精致的马鞍，马鞍显然是一对翅膀。

人物形象也许是苏利亚（Surya）——太阳神。在14世纪的爪哇寺庙里，太阳神常常被塑造成骑士形象（Miksic, 1999）。这也可能是东爪哇爱情神话中的一个主角——班戢王子，神话讲述了这位王子寻找他失踪已久的爱人。班戢在皮影戏里也常常被描绘为骑着奔驰骏马的人。

北苏门答腊有铅矿。在廖内鳄鱼岛海域沉船中发现部分铅锭货物。爪哇本身没有铅矿藏，而在新加坡可以买到铅，因此这尊塑像有可能是在新加坡制作的。但只有爪哇有14世纪皮影戏风格的人物像，基于这一史实，塑像也可能来自爪哇。

泰国

汪大渊提到一个国家叫“暹”，大多数学者都认为这对应暹族人或掸族人。他说：“近年以七十余艘来侵单马锡，攻打城池，一月不下。本处闭关而守，不敢与争。”[1]（Rockhill, 1914: 100）对马来港与泰族邦之间这次军事冲突的记载，符合当时马来人和泰人之间对立关系的实际情况。暹攻打单马锡（淡马锡）发生在14世纪初几个泰人部族向南迁徙扩张的时期，他们相互争斗，试图控制湄南河河谷内外地区。一块孟人碑铭记载，1280年泰人已抵达马来半岛（Wheatley, 1961: 301）。1292年，素可泰国的兰甘亨王（King Rama Khamhaeng）声称，斯里贪玛叻（Sritamarat，现泰国南部那空是贪玛叻府）是其藩属。

暹国攻打淡马锡之事给淡马锡人留下了极为深刻的印象，以至几年后汪大渊到访时，那里的居民还在谈论此事。但《马来纪年》却没有提到泰人攻击之事，因为马来人将爪哇人（而不是暹人）视为新加坡的死对头。根据《马来纪年》记载，爪哇人攻打过新加坡两次。第一次进攻被击退，但第二次，叛变投敌的宰相为敌军打开城门。不过，新加坡的统治者仓皇逃走了，在荒郊野岭建立马六甲王国，几年后转败为胜。

除了与爪哇的关系，《马来纪年》对新加坡与其他国家的关系毫无兴趣。该文献的编者把关注点全部放在马六甲的马来王室如何延续千秋万代的故事上。但《马来纪年》确也提及暹罗（当时在阿瑜陀耶王国的统治下）对马六甲构成重大军事威胁。

满者伯夷或阿瑜陀耶是否曾试图建立一个大帝国（或称“曼荼

1　见〔元〕汪大渊撰《岛夷志略 · 暹》。

罗”[mandala])来统一整个东南亚呢？如果说东南亚君主从来没有建立这样一个帝国的想法，那是不可能的。领土征服的观念对于受中国王朝保护的越南人来说一点儿都不难理解；对于吉蔑人（高棉人）也是如此，他们曾经在其征服的领土上（现在的泰国境内）设置了军政官。泰人和爪哇人以印度典籍如《政事论》（*Arthasastra*）[1]所表达的思想来看待世界，在这个世界中，征服者也叫转轮王（Cakravartin）[2]，由王宫内向宇宙外辐射其威力，位于这种神力涟漪圈最内层的国家都会被神力降服，乖乖变成转轮王的忠诚属国。在某一点上，这个对应于曼荼罗的和谐公正区会遭遇一个黑暗区，里面是光明世界的邪恶敌人。在黑暗区之外还有另一个区，这个区既不黑暗也不光明，处在转轮王敌人的敌人统治之下。如果能与这些外围区的君主取得联系，那么他们可以成为转轮王的盟友，一同夹击黑暗的曼荼罗，并以神力启蒙它。

新加坡也许就在那个“敌人之敌人”的圈内。它离中心太远，又太小，很难自命不凡，但新加坡有潜在的价值，能将光明反照到对面的黑暗上。只有在新加坡身上，我们才确切地看到了处于泰人与爪哇人双重宗主统治下的藩属的事例。

从《马来纪年》可以看出，新加坡惧怕满者伯夷的太阳光芒（该王国的象征）更甚于对阿瑜陀耶的忧虑。但另一方面，中国史料和葡萄牙史料告诉我们，新加坡和马六甲都向阿瑜陀耶进贡（Wheatley, 1960: 321）。葡萄牙人还证实，1390年新加坡统治者与阿瑜陀耶国王建立了联姻关系。一种可能是，淡马锡与阿瑜陀耶的关系是间接的，是通过泰南的北大年这个中间者实现的。北大年虽然是马来小邦，但这时期

1　被认为是公元前四世纪印度摩揭陀国孔雀王朝宰相考底利耶（Kautilya）所作。

2　意为“宇宙之王”。

正日益受到来自暹罗的政治和文化压力。另外一种可能是，在编撰《马来纪年》期间，阿瑜陀耶/暹罗仍构成强大的威胁，使得这位马来编撰者认为不提暹人攻打淡马锡之事在政治上比较稳妥。

在历史文献中，没有提到泰国与新加坡的经济关系。但考古数据表明，淡马锡与位于现泰南地区的各个马来小邦以及泰国中部地区的湄南河河谷都有联系。

细胎陶器

“细胎陶器”一词专指在中国城遗址发现的，异于当地土陶器的一种特别的陶器。细胎陶器造型精致，陶土质地细腻、掺和料少。细胎陶器以军持（执壶）为主，但也有其他一些器形，如圆底储物器。在中国城遗址发掘出来的土陶器中，细胎陶器约占5%（Miksic, 1979: 185–188; Edwards McKinnon, 1984: 140–150）。

在东南亚其他很多遗址也发现了细胎陶器，如慕亚拉占碑、菲律宾群岛（Brown, 1989: 126–127）、东爪哇、泰国南部和吉打。在许多沉船中也发现了细胎陶器，如鳄鱼岛沉船（Abu Ridho and Edwards McKinnon, 1998: 41a, 41b）、印坦沉船、井里汶沉船、爪哇海沉船和马拉内沉船。绝大部分沉船出水的细胎陶器都是军持。

所有14世纪新加坡遗址都出土了细胎陶器，但出土最多的是福康宁遗址。在新加坡发现的细胎陶器多为军持（在皇后坊遗址找到一只壶嘴）和圆底小罐（插图9.03）。在新加坡发现的细胎陶器保存得不如中国城遗址发现的那么完整，这些细胎陶器质软，如用力清洗或在水里浸泡较久便会解体。尚未发现大块的残片。鉴于中国城遗址发现的大部分细胎陶器都是军持，在新加坡只发现寥寥可数的细胎陶壶嘴，这种情况非常奇怪。

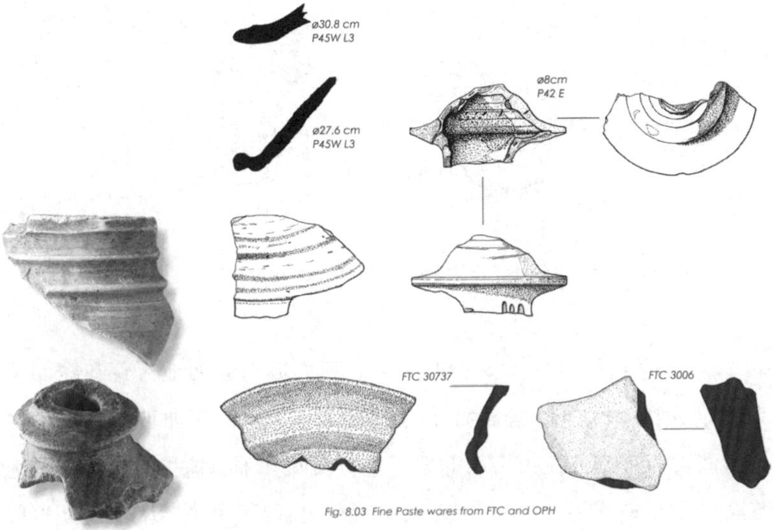

插图9.03　细胎陶器碎片，福康宁遗址和旧国会大厦遗址出土。这些可能是烧制于泰国南部的水壶残件。

细胎陶器可能不是在同一个地方生产的。新加坡国立大学物理系实验室对爪哇、苏门答腊、泰国和新加坡发现的碎片进行了能量色散型X射线荧光分析测定，结果表明细胎陶器至少产于两个甚至更多的地方。中国城遗址的碎片与东爪哇的形似，而新加坡的碎片则与泰南的相似（Miksic and Yap, 1990, 1992）。[1]

对泰南地区的研究发现，在巴欧遗址有大量制作陶器的证据，包括适宜制陶的黏土矿床、6座向上抽风窑和制陶工具（Srisuchat, 2003: see

1　类似的标本叫“沙听拍型”，以泰南一个重要的古代遗址命名，该地靠近巴欧地区，见布朗的书（Brown, 1989: 126–127）。——原注

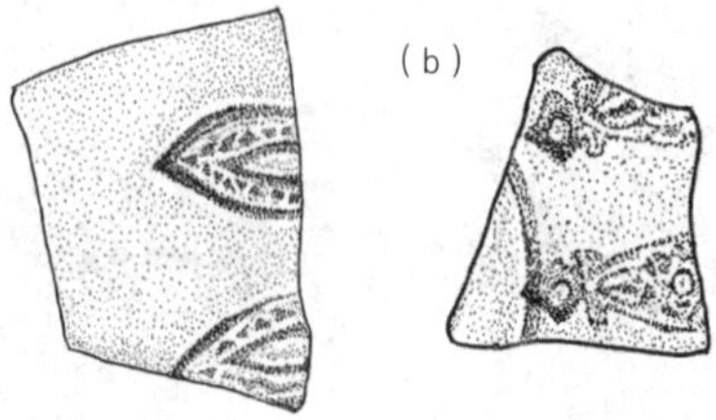

插图9.04 （a）皇后坊A2S3红色中等粗胎器；（b）细胎陶质地，“塔楼”图案

especially 252 Fig. 17.1, 253 Fig. 17.2, 255 Fig 17.4）。新加坡与泰南地区存在密切关系不足为奇，因为根据葡萄牙人记载，14世纪末新加坡统治者（后来可能被拜里米苏拉谋害）迎娶了一位泰南女子。这种联姻属于两地复杂文化与经济关系中的一部分，但最后只留下了细胎陶器见证这段历史。

在皇后坊遗址发现的两块碎片原本属于两种不同的容器，也可能产于泰国。一块碎片比另一块更细腻，但两块碎片其实都是细胎陶器的一部分。这两块碎片（可能都属于罐子）不同于其他细胎陶器标本，其精美图案深深地模印在器身上部。粗糙一些的器皿有尖拱图案，在泰国中部的彭世洛（Phitsanulok）烧制的古代罐子中，这种图案相当普遍。而另一块图案设计是一种“塔楼”形象，不知来自何处，但使用锋利刻具（可能为木制）模印、精雕图案，表明这是一种只能在泰国找到的审美风格，而不是马六甲海峡的特色（插图9.04）。

除了在泰国南部遗址发现了9—10世纪转口贸易活动的证据，莫克兰寺（Wat Mokhlan）和东邦（Tumpang）等遗址都出土了中国宋元时代的陶瓷器文物（Sampaongen, 2004）。北大年的也兰村或许对应于中国和爪哇史料都提到的狼牙修（Yukongdi and Pantukowit, 2004）。据说在也兰村发现了多处考古遗存，但尚未见到有关那里成批出土的中国瓷器的研究报告出版。对也兰村的遗存进行更多的研究，将会极大厘清14世纪新加坡与北大年地区的文化和经济关系。

东南亚釉陶

产于泰国和越南的釉陶在14世纪末开始传入印尼，这可以看作是印尼的一种直接应对措施，因为当时的中国瓷器供应突然中断。在苏门答腊、爪哇、苏拉威西和菲律宾的多处遗址都发现了泰国器和越南器，许多完好无损的标本还与人的尸骨堆埋在一起。这些陶器显然用作供品或供器，供奉逝者在天之灵。在苏门答腊和爪哇，这时期似乎还没有土葬之俗，通常都是火葬。尽管如此，在爪哇和苏门答腊的居民区以及在沉船中都发现泰国和越南的陶瓷器。

泰国出口的陶瓷主要来自两个生产中心：西萨差那莱和素可泰，其中西萨差那莱的产量更高，产品质量更优。早期泰国的釉陶器多为盘，以黑釉图案如鱼虫花鸟装饰。随着泰国陶工改进使用的陶土，开始出现青釉盘。西萨差那莱的青釉盘主要烧制于15世纪中叶，此时泰国北部的制陶业达到顶峰（Brown, 2003）。除了盘子，泰国陶工还制造带贯耳的瓶罐、盖盒及小雕像。

泰国中部的釉陶器

在福康宁遗址发现了两件西萨差那莱的施釉炻器残片。这两件残片是在扰动土层找到的（插图9.05），是一只褐白釉陶盖盒的残片。泰国器在新加坡稀少的情况符合这样一种说法：大约1396年，拜里米苏拉出逃马来半岛后，新加坡被遗弃了，因此直到14世纪末之后，泰国陶瓷才进入“早期活跃阶段”（Ho, 2002: 97）。1400年前后沉没的货船都装载了泰国陶器货物。

沿着新加坡河左岸，出土了更多的泰国陶器（插图9.06、9.07）。在皇后坊遗址，发现了16件泰国器残片，其中14件产自西萨差那莱，2件产自素可泰。在素可泰碎片中，一件是炻器碎片，另一件是白釉盘子残片。在西萨差那莱文物中，8件是碧釉陶瓷，也叫青瓷色釉陶瓷。泰国陶片包括多个盘子和碗，还有一只花瓶。另外一件绿碎片带釉下褐彩，属于一只陶盒的盖子，这个盖子是在模具中制成的。有3件盘子的残片以釉下黑彩装饰。还有2件绿灰釉炻器残片（Low, 2002: 138）。

15世纪泰国陶器片，皇后坊遗址出土

插图9.05　宋加洛的陶盖盒

插图9.06　素可泰陶器口沿

插图9.07　宋加洛陶盒的盖子

对出土于古代新加坡的炽器需要作更多分析研究。至今尚未找到产自诸如信武里府的炻器，因为这地方的炻器在沉船中发现得最多。未来对新加坡陶瓷器群组的研究也许会分辨出泰国炻器的更多特点。

越南釉陶瓷

在满者伯夷首府特洛武兰，以及在爪哇、南苏拉威西和菲律宾的其他遗址，都发现了种类繁多的越南陶瓷器。廖内也发现了一些标本。所有这些陶瓷器都可能是从新加坡转运过去的。

越南史料提到14世纪淡马锡与越南有外交来往（见第四章），而且在与新加坡有关的15世纪遗址普遍发现了越南陶瓷。因此，人们不禁怀疑，新加坡应该也使用过越南陶瓷器，但目前为止，在旧国会大厦遗址和皇后坊遗址只确认了十几件碎片产自越南（插图9.08）。其他标本如果已碎成小残片，也许就不会被察觉。

斯里兰卡钱币

自有文字记载的历史以来，斯里兰卡与东南亚一直关系密切。东南亚船只驶往南印度或向西前行都常常会到访那里。在中国城遗址发现的一尊佛像进一步证明了这种密切关系。这尊佛像与当代斯里兰卡佛像形似，也许就是从斯里兰卡进口的。在马六甲海峡北端的两个遗址里，还发现了斯里兰卡钱币。在吉打发现的钱币标本可追溯到斯里兰卡王撒哈萨·玛拉（Sahasa Malla）统治时期（1200—1202年）（Borell, 2000: 9）。在中国城遗址的地表采集中，发现了七枚撒哈萨·玛拉统治时期的钱币，一枚是莉拉瓦蒂女王（Queen Lilavati）时期（1197—1200年）的钱币。

在新加坡的考古发掘中，也出土了两枚斯里兰卡钱币：一枚在国会大厦遗址发现，另一枚在圣安德烈座堂遗址发现。这些钱币都是铜合金质，币上有两人形象：一边是固定风格的立者，另一边为一坐者

(a)
(b-c)
(d)
(e)

插图9.08 越南陶瓷片：(a)陶盒盖子，皇后坊遗址出土；(b)器身碎片，皇后坊遗址出土；(c)小陶盒，皇后坊遗址出土；(d)釉下青彩碗，皇后坊遗址出土；(e)越南碗，旧国会大厦遗址出土

(插图9.09)；钱币的年代可追溯到斯里兰卡王布瓦尼卡·巴胡一世统治期间（1273—1284年）(Borell, 2000: 8–10)。斯里兰卡钱币在新加坡出现，进一步证明了马六甲海峡与斯里兰卡的关系密切，凸显了14世纪新加坡作为中国、东南亚和南亚地区的商品贸易港的形象。这些钱币也说明，新加坡当地经济已相当成熟，以至多种货币可以同时在那里流行、使用。我们虽然无从了解14世纪新加坡市场中的具体交易是如何进行的，但可以肯定的是，这些交易都是使用货币交易和易货交易进行的。

马六甲钱币

有一件出土文物被初步认定为一枚钱币，在马六甲或柔佛铸造。钱币严重变形，因此难以下定论（Shah Alam bin Mohd. Zaini, 1997: 32）。

印度玻璃手镯与石珠

对淡马锡来说，与印度的贸易往来无疑很重要，但14世纪新加坡的印度贸易商却没有留下任何文字记录，而且大多数印度产品都属于易朽产品。几百年来，纺织品是印度的主要出口产品，但在考古遗址中已毫无纺织品的痕迹。因此，印度商品在新加坡市场上所起的作用在考古记录中肯定变小了。

可分辨的印度产品有两块类型特别的玻璃手镯残件，一块在福康宁遗址发现（插图9.10），另一块在圣安德烈座堂遗址发现（插图9.11、9.12）。这些手镯在图案设计和化学成分上都与中国的手环很不一样。印度手

插图9.09　13世纪末的斯里兰卡钱币，国会大厦遗址出土

镯的玻璃分两层，内层玻璃呈浅绿色，外层玻璃为黄色，在黄色外层边缘上还添加一层褐红色的宽带纹饰，有白玻璃点缀，增强装饰感。这些手镯的图案设计和化学成分是13世纪印度西北部地区（古吉拉特邦）手镯所特有的。这些物品肯定是新加坡在14世纪从印度进口的。

另外一类来自印度的舶来品是5粒珠子，直径一厘米，用一种叫红玉髓的红宝石制成。这些石珠是在新加坡板球俱乐部草场遗址和圣安德烈座堂遗址发现的（插图9.13）。自史前时期起，印度就一直生产这种材料做的珠子，然后外销到东南亚。苏门答腊的楠榜和西爪哇都有红玉髓矿藏，可能东南亚很早就已加工红玉髓石。在泰南的珠子山、西马的瓜拉塞林新、西爪哇雅加达附近以及越南南部的古海港俄亥发现了几粒半成品珠子的标本，这些不同地方的珠子代表了珠子生产发展中的几个阶段。贝琳娜的研究显示，早期东南亚制作的红玉髓珠子在品质上一点儿都不亚于印度珠子，甚至还更胜一筹（Bellina, 2003）。但后来东南亚红玉髓珠子的质量日益下降，黯然失色。

在东南亚发现的大多数红玉髓珠子年代久远，可追溯到史前后期或历史初期。贝琳娜所说的“第二阶段”，是指她所划分的珠子生产发展中的后两个阶段，涵盖了公元后第一个千年。但她没有提及在后来的遗址里发现的红玉髓石珠的情况。

与早期印度和东南亚红玉髓珠子相比，圣安德烈座堂遗址和新加坡板球俱乐部草场遗址所发现的珠子表面不太平整。在贝琳娜年表的“第二阶段”，东南亚人使用了滚筒磨光工艺，使得制作出来的珠子又圆又光滑。新加坡标本相较之下显得相当粗糙。有研究报告称，在文莱海岸外的沉船中发现了350粒珠子，与新加坡珠子相似，这艘沉船大概是在1500年沉没的（Huet, 2001: 136）。

需要作进一步研究，来确定制作这些新加坡红玉髓珠子所使用的

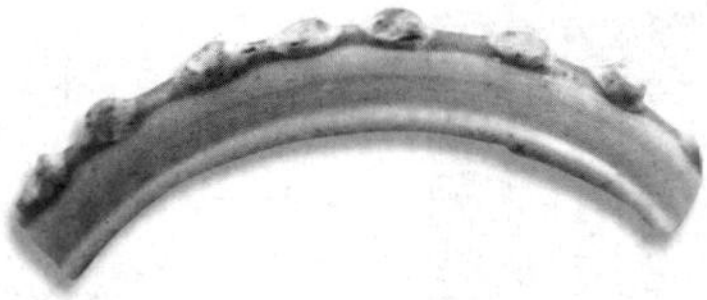

插图9.10　福康宁遗址出土印度玻璃手镯

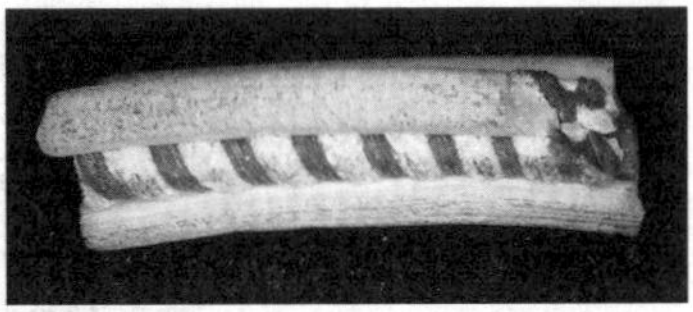

插图9.11　圣安德烈座堂遗址出土印度玻璃手镯

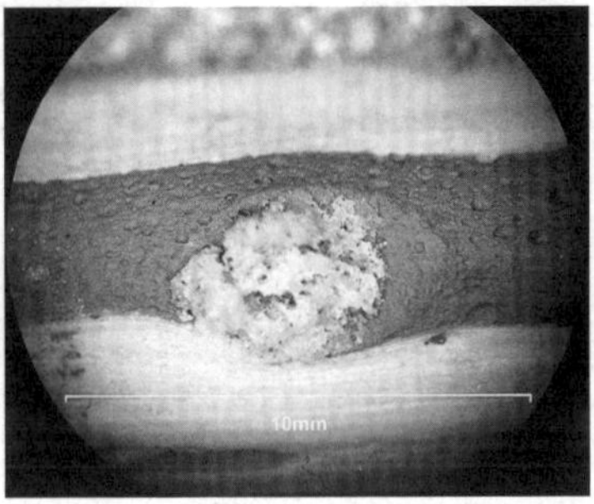

插图9.12　圣安德烈座堂遗址发现的印度玻璃手镯特写镜头

插图9.13　红玉髓石珠，新加坡板球俱乐部草场遗址出土。这种硬石质珠子自史前后期就开始外销到东南亚。

工艺，以及所使用材料的来源。这些珠子也许是证明14世纪有印度产品输入新加坡的又一个事例，不过，这些珠子也可能来自别的地方，比如印尼。

波斯彩陶

在皇后坊遗址发现了一件来自波斯湾的古碗（插图9.14）。从工艺上说，制碗的材料不属于陶瓷，因为不是用陶土制作的。恰当地说，材

插图9.14　彩陶碎片，可能来自波斯，皇后坊遗址出土

料应是石膏，由8—10份碎石英石、一份碎玻璃和一份细白黏土混制而成（Mason, 2004: 271）。仅一件釉下蓝彩波斯器不足以证明14世纪新加坡与西印度洋国家建立了联系，但还是很有意义的，因为该彩陶的出现，至少表明了在伊斯兰向东南亚扩张初期，新加坡与西印度洋地区存在间接的交往。

石雕

在圣安德烈座堂遗址考古发掘过程中，发现了两件小石雕器物，一件已破损，另一件完好。两件看起来都像楔子，圆身、尖头。在一件完整的石楔子上，精心雕刻了一个人的头像，置于别具一格的莲花座上（插图9.15）。刻画面部和头发的自然主义表现手法相当独特。这些石楔子与在吉打遗址和中国城遗址[1]发现的器物颇为相似。这些文物的发现进一步证明了14世纪新加坡与马六甲海峡北端可能存在文化和经

1　关于彭加兰谷的标本，可参见兰姆博士著作的图片（Lamb, 1961: Fig. 68）。——原注

插图9.15　石楔子，圣安德烈座堂遗址出土。在苏门答腊东北部以及吉打与克拉地峡之间的地区也发现类似物品。

济交往。

用于制作北苏门答腊和吉打石楔子的石头类型不同于新加坡石楔子的石料，说明石料不止来自一个地方（确切的生产地点尚不清楚）。新加坡标本应该是进口的，因为此地没有出产这种石头。

尚不确定这些器物是什么用途。有一种猜测是，这些器物用作游戏的代币，但历史上还没发现过这样的文物。最形似的文物叫"pukkor unte"，在北苏门答腊的巴塔克人（拔沓人）族群中发现。如今这些器物用木头制成，是卖给游客的现代仿制品。它们被界定为"古时巫医使用的'柑橘榨汁器'，用来给病人治病或给人占卜"（Causey, 2003: 190 and Figs. 12, 13）。如果真的如此，那么只有对该文物作进一步分析后，才能发现这种用途所造成的磨损痕迹。

周边地区舶来品：陶器和铁器

其他一些器物包括了用不同原料制作的陶器，表明这些陶器不是由历史记载中任何一个主要生产中心烧制的，也许是从新加坡邻近地区进口的。一些碎片含白垩成分，压印纹或模塑装饰都很精巧，形似西婆罗洲和泰国南部地区流行的标本（插图9.16）。烧制这些陶器的中心地点可能就是这两个地方之一。

在福康宁遗址找到的大部分铁质工具已腐蚀严重，难以辨识。在一大片碳化物质里发现一件器物，可清晰地认出是一把铁斧。这片碳化特征可被解释为用于工业的一个炉灶，也许是用作重新熔融玻璃的。铁斧柄被烧过，约15厘米的木柄已碳化，但仍能作为一个土壤特征辨识出来（插图9.17）。这把铁斧与在爪哇海沉船中发现的文物（长145毫米）（Flecker et al., 1997: 80）相似。船上的铁斧应理解为船用工具，而不是货物，因为独此一把。

尚未进行金相学分析以确定铁斧的来源。没有证据证明14世纪的新加坡出现过炼铁业，但在新加坡已发现零星的小规模炼铁活动，这说明在新加坡古城的某个区域里可能存在过一个炼铁的地方，只是还没有发掘出来。同样可能的是，这一文物是来自东南亚某地的舶来品。

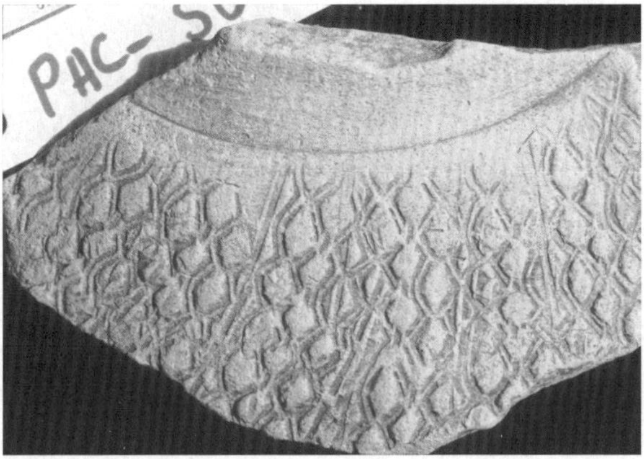

插图9.16　压印纹碎片；产地不详，可能是北婆罗洲或马来西亚东海岸地区；国会大厦遗址出土

插图9.17　铁斧，福康宁遗址出土。该工具是在一个炉灶遗迹中与很多木炭一起被发现的。

第十章 新加坡与廖内的关系

据多默·皮列士记载，16世纪初苏门答腊东南部被称为“马来人之地”（Tanah Melayu）。当葡萄牙人攻打马六甲时，马六甲人并没有向苏门答腊求救，而仅向廖内——“海军大将（拉沙马那）之领地”发出增援请求，希望调用苏丹王国在廖内的航海水手。巴邻旁也有些人参加了抗击葡萄牙人的反击战，但他们只是加入在淡目集结的爪哇穆斯林军队，而不是形成一支单独的战斗力。最后，反击战以失败告终。这段故事情节主要强调了马六甲海峡各地民众团结一致的力量，他们自称“马来人”，也自视为廖内群岛的岛民。

马六甲失陷后，苏丹马哈茂德逃到了廖内最大的岛屿民丹岛，重建王宫，历时11年，后来再度被葡萄牙人逐出。此后的150年里，廖内的政局动荡不安。从1677年到1683年，廖内成为苏丹易卜拉欣（Sultan Ibrahim）治下王国的一部分。1708—1716年，廖内的前首席大臣

插图10.00 在印尼廖内群岛省民丹岛老城（Kota Lama）的廖内河里发现的金手镯，可能制作于18世纪。

（盘陀诃罗）阿卜杜勒·贾利尔（Abd al-Jalil）升任苏丹。1719—1722年，米南加保族巴卡尔鲁容王室成员西阿克邦小王（Raja Kecil Siak）篡权夺位。1722—1787年，苏拉威西的布吉斯人首领与阿卜杜勒·贾利尔王朝的后人联手推翻篡位者，随后共同统治廖内。1787年，廖内沦为荷兰殖民地。

在荷兰的统治下，布吉斯人与阿卜杜勒·贾利尔王朝后人的关系变得紧张，双方竞相争夺成为该岛的荷兰委任统治者。1804年，廖内一分为二，变成两个自治区：廖内北部由民丹岛外的黄蜂岛（Pulau Penyengat）布吉斯人统治；廖内南部由以林加岛为中心的马来皇家统治，但马来皇家对此分治心怀不满，愤愤不平。1819年，莱佛士正好利用了这种四分五裂的政治局面，从廖内北部统治者那里获得恩准，在新加坡建立英国殖民地。1911年，荷兰人正式废除廖内苏丹国，将廖内变为荷属殖民地。1942年，廖内落入日本人之手。在印尼共和国政府执政初期，廖内曾划为中苏门答腊省的一部分。1958年，廖内分出，成为单独的一个行政省。2004年7月，廖内再分为两个省：一是廖内省，在苏门答腊岛的陆地部分，首府是北干巴鲁市；二是廖内群岛省，简称廖岛省，首府是丹戎槟榔市。

廖内群岛宽700多千米，包括了数百个岛屿，涵盖从苏门答腊东岸到南中国海的纳土纳群岛的广阔范围。廖内群岛的西部地区含几个大岛——巴淡岛、民丹岛和林加岛；东部地区则有三个小岛群——阿南巴斯群岛、纳土纳群岛和淡美兰群岛，传统上称作“七岛群”，是按照19世纪的行政区划体系划分的。历史上，西部岛屿一直占主要地位。据《马来纪年》记载，民丹岛是苏西达女王的家乡，她也是第一位伟大的马来统治者——室利帝利般那的养母。在古马来文化中，母系后裔的意义重大。因此，民丹岛如同苏门答腊岛一样，对追溯马来统治者的合法性具有至关重要的地位，并且在调解七岛群岛民与岛外其他民众关系中也发挥了举足轻重的作用。

廖内古代史

民丹山，高约370米，是指引船只进入新加坡海峡的突出地标（插图10.01）。在《茅坤图》[1]里，其山峰被叫作“马鞍山”。早在15世纪初，民丹岛已出现在中国人的航海图中（Mills, 1970）。民丹岛出土了大量的考古文物，证明在《茅坤图》绘制出来之后的600年里，民丹岛一直扮演着重要的地区航运中心角色，如今仍继续发挥这样的作用。

民丹岛西海岸有两大河口，在遇到东北季风掀起的狂风巨浪时，可为船只提供避风港。13世纪，伊本·赛义德在其阿拉伯文著作中提

1　即《郑和航海图》，西方汉学家称其为《茅坤图》。

插图10.01　民丹山，几个世纪以来一直是新加坡海峡南端一个重要的航海地标。

到了民丹岛有一王国，但他的叙述毫无恭维之词：

> （民丹岛附近）有一些小岛，黑皮肤海盗身背毒箭从这些小岛内窜出，海盗船采用战舰配置，火炮齐全。他们抢劫来往过客，但不抓人。有时他们也会在人群中扣留几个人质。（Sopher, 1977: 342）

13世纪末，马可·波罗对民丹岛的描述稍有改观，称之为“香料市场”。1323年，也就是元朝派人到龙牙门之后的第三年，民丹岛派遣使团到中国。两年后，龙牙门派使臣到中国；大约七年后，汪大渊到访新加坡。14世纪初，在班卒成为该地区的主要国际港口之前，民丹岛一直是淡马锡的竞争对手。

《岛夷志略》中提及很多地名，但都无法准确定位，只知道它们位于14世纪新加坡的周边地区。这些地方都出土了与中国贸易相关的器物。爪哇岛两个地方和新加坡周边的三个地方（遐来勿、龙牙菩提以及占碑［三佛齐］）都出产槟榔。虽然一般来说人们都不会把嚼槟榔与中国人联系起来，但《岭外代答》曾记录广州和泉州税务征收海舶运来的槟榔税，岁数万缗。汪大渊记载，漆器来自彭坑和戎，两地都位于马来半岛南部。19—20世纪，占碑和巴邻旁仍然生产漆器。七岛群在19世纪存在编织簟席的手工业。《星槎胜览》记载，蕉属植物纤维编织的“焦心簟”来自龙牙门附近的岛屿——东西竺。廖内当时的主要农作物之一是椰子。《岛夷志略》里提到龙牙菩提产椰子。该港口还出产“马蹄银”[1]，戎产黄蜡，而遐来勿外销苏木和木梳。

位于新加坡地区的班卒已是文明之地。有记载说，这里在14世纪曾是木棉花产地。汪大渊记载，东西竺和戎都出产木棉花。尽管19世纪新加坡尝试种植棉花失败，但19世纪的淡美兰是棉布纺织中心（van Hasselt and Schwartz, 1898: 664）。在12—14世纪的早期贸易时代，胡椒成为中国的主要进口货品。13世纪，赵汝适曾形容爪哇为这种香料的主要产地。《星槎胜览》讲述胡椒时提到了东西竺。《岛夷志略》记载，锡这种贵重金属产自罗斛（华富里）、丁家卢（登牙侬）和巴南巴西（马辰）。15世纪，锡矿来源转移到马六甲和东西竺（据《瀛涯胜览》和《星槎胜览》）。19世纪，有资料称有人在七岛群的哲马贾岛（Jemaja Island）开采锡矿（Netscher, 1864），此地可能就是东西竺的地理位置。

1 〔元〕汪大渊撰《岛夷志略·龙牙菩提》称其为“牙箱锭”。

13世纪初，沙华公国岛民恶名远扬："其人多出大海劫夺，得人缚而卖之阇婆。"[1]索菲尔（D. E. Sopher）推测，沙华公国可能是指纳土纳群岛（1977: 341）。夏德和柔克义（F. Hirth and W. W. Rockhill）则认为沙华公国岛民可能是指海人。"海人"与"马来人"属于不同族群，社会地位和生活方式都截然不同，这些方面的特征可能最晚形成于公元第一个千年初（Sopher, 1977; V. Wee, 1985）。在经济和文化上，海人与马来群岛各商港的居民保持共生关系长达数个世纪。两个族群可能同时演化，但国际贸易中心首先在马六甲海峡形成。于是，海人成了马来统治者的属民，要向马来统治者提供各种徭役，其中最重要的一种徭役就是派遣海上武装力量协防，这就可以解释为什么1511年马六甲落难时，海人出动武装力量到廖内。海人虽然未能驱逐葡萄牙人，但也许帮助马来统治者从丛林逃回廖内，然后在民丹岛重建都城，正如14世纪90年代拜里米苏拉逃离巴邻旁，后来又逃离新加坡的情况一样。

1699年，柔佛苏丹被杀[2]，马来统治者与海人的纽带便从此中断。这个刺杀事件断绝了驻柔佛的马六甲苏丹王朝血脉，而海人认为其祖先与马六甲王室订立过一个效忠盟约，既然没有了王室，也就无从效忠。《马来纪年》曾浪漫地描述了室利帝利般那与叶之宽酋长签订盟约，此事得到了特拉迦巴杜碑铭、苏门答腊和邦加其他碑铭的佐证。海人自此之后丧失了他们原有的地位，部分原因是他们失去一位象征性首领，无法呼风唤雨，无法聚合分散于广阔海洋上的流动人口。而其他族群，特别是荷兰人和布吉斯人，开始争夺对这些群岛的掌控权。各自为政的海人敌不过组织严密的族群进攻，挡不住新病毒的肆

1 见〔南宋〕赵汝适撰《诸蕃志》卷上《志国 · 海上杂国》。

2 1699年，残暴的柔佛第九任苏丹马哈茂德王二世被其臣属海军将领刺杀身亡。

虐，也无法阻止往昔的马来宗主国的奴隶掠夺。1900年以前，海人已经沦为遭人唾弃的原始野蛮人。

20世纪80年代末，在新加坡古董市场上开始出现中国元代陶瓷等古董，据说是从廖内古墓盗窃出来的（Miksic, 1994）。1992年，在李氏基金会的赞助下，新加坡国立大学和“保存与保护西苏门答腊和廖内国家遗产区域办事处”组织了一支考古队，对廖内的主要岛屿进行考察。此次考察活动发现了13世纪和14世纪的中国瓷器，还有15世纪的泰国陶瓷和越南陶瓷。这些陶器与一些殉葬品堆放在一起，包括玻璃珠、器皿、青铜矛尖和金首饰。至少发现了一例用木船作殉葬品的情况。

廖内考古研究

七岛群

1687年，弗朗索瓦·法伦杰恩（Francois Valentijn）观察到五六百艘船停靠在民丹岛西岸的廖内河口内。这些船只来自七岛群（Andaya, 1975: 148–149）。七岛群的岛屿鲜有外船到访，部分原因是这些岛屿远离马六甲海峡南端，但更重要的原因是，岛民以“蛮贼”著称。七岛群的这种不利因素使民丹岛成为货物集散地，但海人还是很有办法得到这些货物。

七岛群的岛民肯定是从他们地盘外的一个或多个商港中得到来自中国的奢侈品。因此，最合理的结论是，廖内海人与统治新加坡河口商港的马来苏丹建立了共生关系。廖内海人的殉葬品可能就来自淡马锡。

廖内海人与淡马锡马来苏丹的交换关系也许是这样一种模式：海人按传统习俗进贡，奉献礼品，而新加坡的马来王侯贵胄则回赐奢侈舶来品。廖内没有发现中国钱币，意味着那里的经济不以市场为主。尽管14世纪的外商对廖内退避三舍，但海人会收集一些海产品，如海参、珍珠和珊瑚，贩运到淡马锡的国际商港。18世纪和19世纪，廖内海人仍是海产品的重要采集者，这些海产品有：鱼类、海参、黑珊瑚（被视为一种神木，如制作成手环，可以使佩戴者加持某种特别力量）、玳瑁和五彩缤纷的海贝壳（Sopher, 1977: 116）。1178年三佛齐遣使中国，专门带去了丰富的海产品，贡品包括：113两珍珠、一棵重达240两的珊瑚树、13枚大珍珠“环”和14两珊瑚（Wong, 1979: 81–82）。

玳瑁是海人唾手可得的另一项重要商品。七岛群一直是棱皮龟和其他海龟的重要庇护所，它们在此栖息产卵。唐代就提到北苏门答腊出产玳瑁（Groeneveldt, 1960: 83）。1178年和1378年，三佛齐的贡品中都有玳瑁。1178年进贡的玳瑁重量为150斤（Wong, 1979）。1436年，《星槎胜览》记载，玳瑁为贸易货品（Groeneveldt, 1960: 69, 79）。在宋代，进口玳瑁完全由朝廷垄断（Ptak., 1991: 204）。

汪大渊列出了一长串玳瑁产地名单，包括新加坡比邻的几个地方，如日丽、罗卫、麻里噜、丁家卢、遐来勿、丹马令（单马令）、南巫里、亚齐、勾栏山、假里马打（卡里马塔）、勿里洞岛、渤泥、东冲古剌和菲律宾群岛。在新加坡国会大厦遗址的14世纪地层里，挖掘出几大片玳瑁，这也许是食用海龟的副产品；这些海龟可能是在附近岛屿捕获的，准备转销至中国。

只可惜，已知的所有海人古墓都被盗掠过，因此无法知道那些出土文物在墓地里的摆放位置，文物的象征意义，区分社会阶层的财富数量等诸如此类的情况。如果系统研究这些遗址，也许可以更详尽地

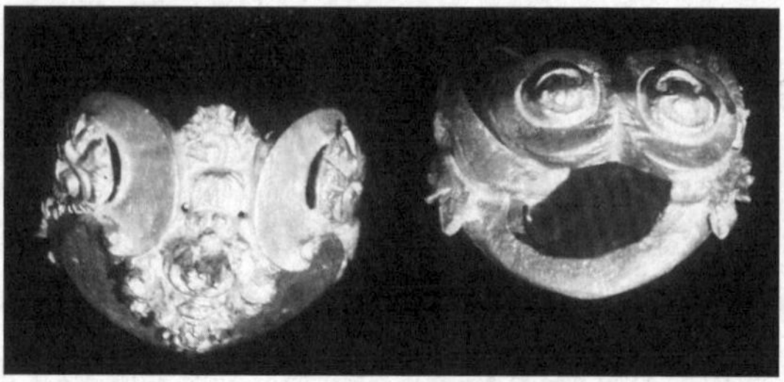

插图10.02　在七岛群发现的金耳环，可能是在前伊斯兰时代制作的

叙述海人的文化。关于这些古墓，目前所掌握的资料全部来自古董商和村民。村民也参与掘墓，还把“传家宝”卖给了经销商。使问题更复杂的是，大多数被发掘出来的金银首饰都被熔化，然后作为原料出售，以重新制作新的金银首饰（插图10.02）。据称，免遭劫难的唯一金制遗物就是一对来自廖内的耳环。此首饰展现了经典的金器工艺风格，表明这对耳环可能制作于苏门答腊或新加坡。

我们可根据现有资料对七岛群的古代文化总结出几个观点。居于这些岛上的海人贪婪地攫取中国瓷器、金银首饰和其他珍品，主要是用作殉葬品，这表明他们的社会结构是基于个人奋斗而争得的地位，且不能世袭。这与没有土葬习俗的古代新加坡人形成鲜明对照。在新加坡未发现任何一处古墓。苏门答腊、爪哇、巴厘岛、马来半岛和东南亚大陆的许多地区也是如此。似乎在2000年前，东南亚西部很多族群就已将处理尸体的方式从土葬改为火化。在500—1500年前的历史初期，土葬主要是内陆族群的风俗，他们与外界没有直接交往；内陆地区包括西苏拉威西、婆罗洲、菲律宾和柬埔寨的豆蔻山区（Cardamom Mountains）。因此，在文化上，廖内岛民与新加坡居民迥然相异。虽然两地有千丝万缕的关系，但两个族群一直保持着相对独立的社会特征。数百年来，维持一种文化与经济的互补关系是东南亚社会的一个特有属性。14世纪新加坡与廖内的关系为这一模式提供了一个范例。

米代岛直到近年来都是海龟的主要孵化地，也是海人的主要土葬之地。该岛与七岛群的其他岛屿相距甚远。在米代岛北岸基本看不见朋古兰岛（Bunguran）的最高点。米代岛不同于七岛群的大部分岛屿，拥有肥沃的土地。

被盗古墓遗址分布在岛上各处（Miksic, 1994, 2003）。这些古墓都是在山脚下沙壤土旁边的沙质海滩沉积层中挖掘出来的。1992年，这些古墓很轻易就被确认了，因为里面葬有陶器碎片、木块（显然是船棺的木料）和骸骨碎片。当地村民示范了他们如何用铁条钻探古墓，这种方法破坏了很多陶瓷器，因为探寻者戳土时不会轻手轻脚。好在村民们出于好奇，将卖不出去的碎陶瓷也装在袋子里收集起来。这些文物最终给我们提供了非常有用的考古信息。

位于曼景角（Manjing Point）的白水村（village of Airputih），距离沙滩200米，面积大约为400米 × 400米。一些村民报告说他们发现了许多碗和立在尸体双脚旁边的罐，有些罐子里还盛放更小一点儿的陶瓷器。此外，有村民说，他们发现了马拉波刃刀（克利斯匕首）和帕兰短刀（刺刀和砍刀），但我没有看见实物。在“白石灰水”（Arung Limau）小溪旁边，发现了一座古墓，以珊瑚石覆盖，摆放在一只倒扣的独木舟上。在独木舟下方两米深处，发现了两个儿童头盖骨。1992年我探访该处遗址时，在这座古墓附近，还可看到地上有一块樟脑木（318厘米 × 39厘米）。

在距离海岸400米的占巴村（Kampung Jambat），发现了许多陶瓷器（插图10.03—10.08）。一村民保存了大量碎片，其中有宋加洛盘，釉下黑

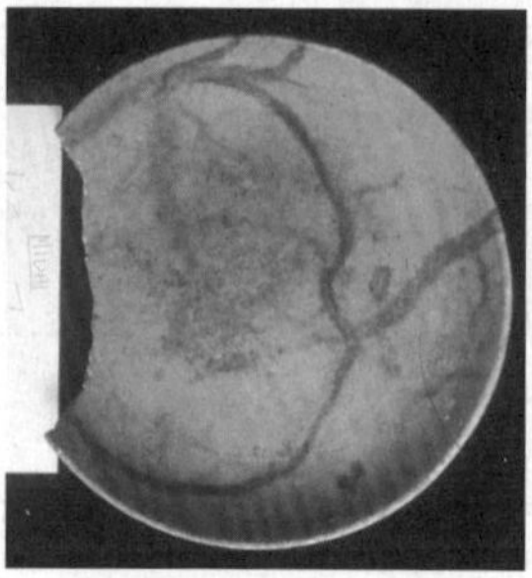

插图10.03　米代岛占巴村发现的14世纪青盘子，有釉下铁花纹泥浆彩饰

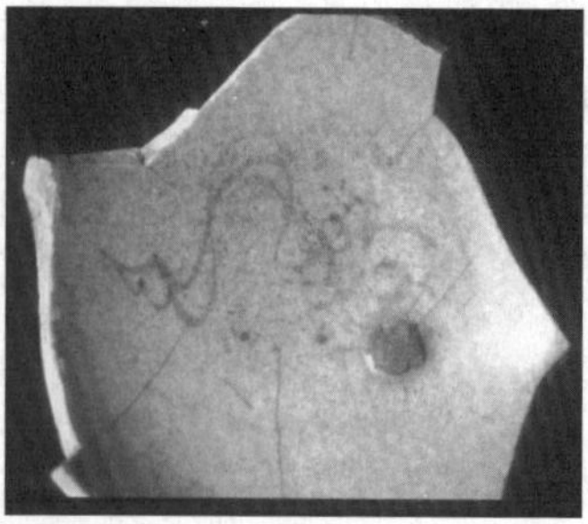

插图10.04　占巴村出土的青花瓷，有蓝纹图案

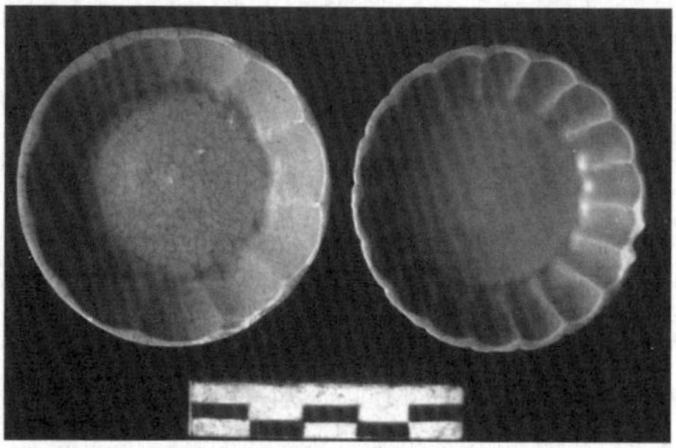

插图10.05　占巴村出土的青碗，器身有分割纹：左为碗内；右为碗外

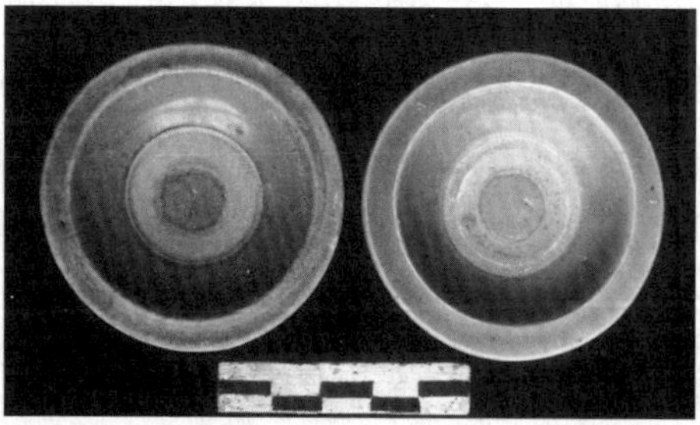

插图10.06　占巴村出土的青碗，碗底带有未上釉的堆置圈

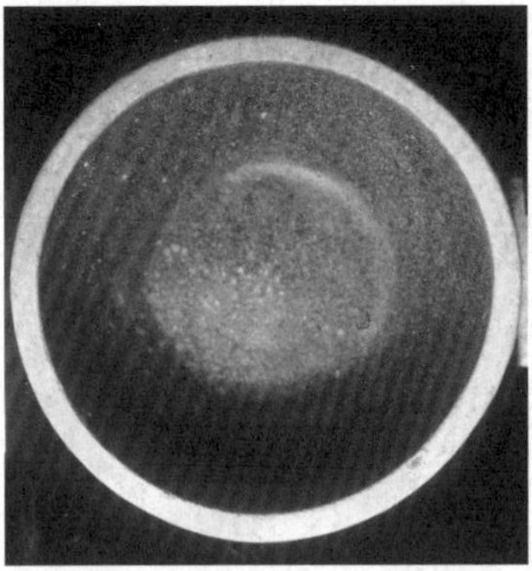

插图10.07　14世纪炻瓷盆，盆内施褐釉，烧制于福建磁灶窑，出土于米代岛

插图10.08　宋加洛碗，出土于占巴村

插图10.09　1992年考古队在达仁巴，完成了在七岛群的考察

彩鱼纹饰（插图10.08）。在距占巴村约400米远的另一个遗址，据称挖出的全部是越南陶瓷器。但据说其他古墓出土的是西萨差那莱青釉瓷。

在廖岛省首府丹戎槟榔市的一家古董店里，有一个9厘米高的炻瓷瓶子，酱彩绘装饰，据说就来自那个区域。在菲律宾南部巴拉望外海沉没的一艘沉船中，也发现一件类似的物品。还有一些其他有趣的陶瓷，如15世纪中叶的青花瓷和一件17世纪的“克拉克（kraak）瓷盘”[1]。

在阿南巴斯群岛的一个主要城镇达仁巴（Tarempah），考古队看到了几样文物：一件青花盘，刻画纹饰，年代可追溯到13世纪末；一件14世纪的龙泉青碗，与新加坡出土的很多标本一模一样；还有多件黄色的越南茶碟供器，直径10—12厘米。考古学家尚未对阿南巴斯群岛、淡美兰群岛和纳土纳群岛展开认真考察。

民丹岛和巴淡岛的考古研究

有一家私人机构，叫廖内甘迪尔博物馆，20世纪八九十年代期间收藏了中国宋元时期的青釉瓷器，但没有注明出处。1992年在民丹岛考察期间，也发现了多个遗址有宋元陶瓷。大部分遗址都位于民丹山脚下的民丹河北岸（右岸）。民丹河发源于民丹山脚下，而民丹山是该岛最高点，历史上为航海地标。

在民丹河沿岸的遗址之一比萨乌·本那加海角（Tanjung Pisau Penaga），出土了中国宋元和明末时期的青花瓷碎片。丹戎槟榔市的一位古董经销商说，盗墓者发现的东西可能是墓葬品：5—7摞陶瓷碗，每摞10只，碗口朝下，浅埋地下约75厘米。墓葬品内还包括贝壳、20—30粒

1 “克拉克瓷器”原指葡萄牙船贩运的中国外销青花瓷器，后泛指中国明代外销瓷器。

金珠、金环和已破损的金片，其中有一金片可隐约辨认出叶状图案。在蒙阿（Munggah）遗址也发现了一粒金珠。在民丹岛的达布尔·阿郎（Dapur Arang）遗址则发现了另外一件散落的碎片。在该岛发现的大部分文物，年代都在17—18世纪，有一些可追溯到14世纪。

廖内的考古发现为古代新加坡研究增加了重要的新视角。由于廖内人有殉葬风俗，在廖内可以发现完好无损的古文物，而在新加坡只能找到残片。例如，有一件完整的玻璃瓶，它使人们第一次见识在中国境外发现的约14世纪的中国玻璃瓶模样。厚玻璃质手镯的发现表明，廖内人喜好手感重的物品，这些物品可能都制作于中国，而在新加坡，轻薄、精巧一些的手镯更受青睐。廖内也出土了使用当地自然原材料如海贝壳制作的一些手镯（插图10.12）。其他形形色色的珠子在廖内群岛也很流行（插图10.11）。

在廖内古墓出土的中国物品中，有一些类型如青铜镜（插图10.11）没有在新加坡遗址发现过。发现的一件更有趣的制品，是一只优美华

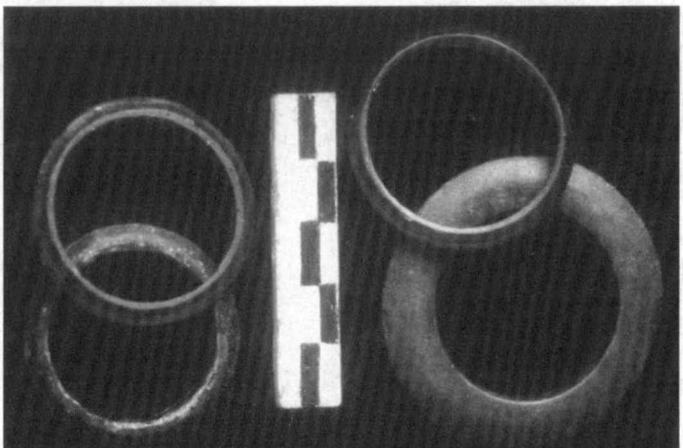

插图10.10　14世纪制作于中国的玻璃手镯，比在福康宁遗址发现的手镯要厚重得多。

丽的青铜军持，壶身和壶盖以铰链连接，盖顶站着一只鸟（插图10.13）。这一特征让人想起一只罐子，罐盖顶坐着一只鸡（雄鸡？）。该罐在龙泉窑烧制，制作年代为北宋中后期（Zhu, 1998: 98 pl. 59）。在丹戎槟榔市的古董店看到最有趣的一件器物是一只青釉罐，上有铁斑纹（插图10.25），明显来自七岛群。该器物的主要装饰是三位老者（也许是三学士）贴花纹，以花卉隔开。此外，古代廖内人还得到大量普通类型的青瓷器和白瓷器（插图10.14—10.24）（Medley, 1974: 73 pl. 66）。廖内发现的文物中，有

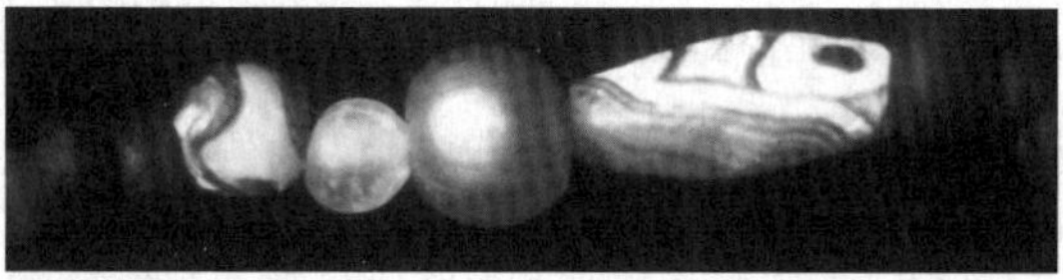

插图10.11　前殖民时期的各式珠子

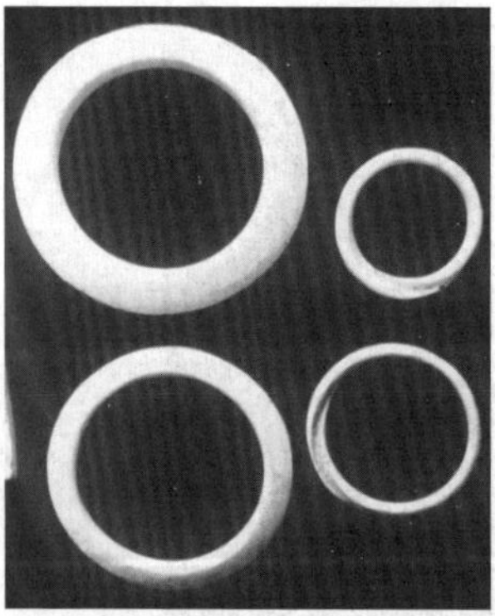

插图10.12　据说在14—16世纪的古墓里发现的海贝壳制手镯。使用有机原料制作手镯可能说明廖内一直保持古代传统。

插图10.13　青铜军持，产地不详

廖内发现的青釉器

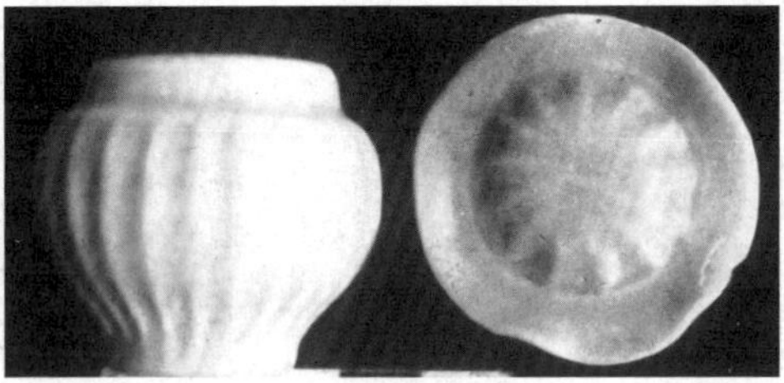

插图10.14　14世纪的青盖瓜棱小罐

插图10.15　青釉大盘，花卉图案

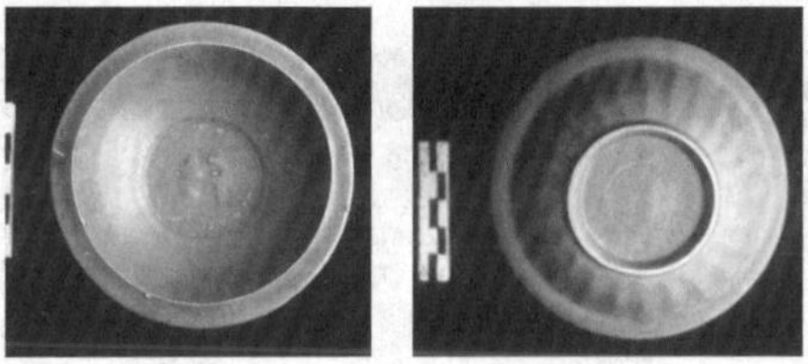

插图10.16　14世纪青碟盘，内有双鱼纹图案：左为碟盘内；右为碟盘外

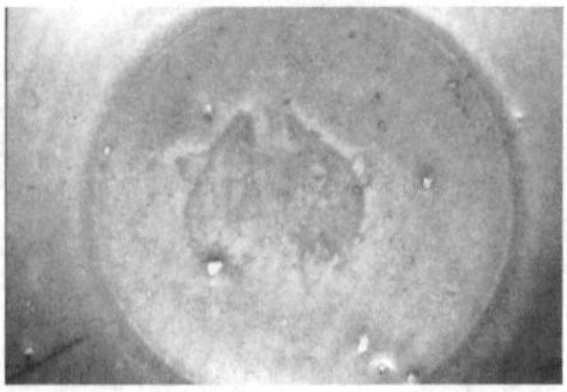

插图10.17　在米代岛发现的14世纪双鱼压印纹图案

一部分的产地尚未确定。例如，有一件做工相当细腻、保存得相当完好的青铜尖头器，属于精雕细刻的手工制品，尖头边锻造成叶状，制作工艺复杂。在所有公开发表的研究报告中，还没看见可与之媲美的文物。

私人收藏的那些属于本地区的文物，出处不详，年代范围跨度大，显然对七岛群地区的考古研究具有潜在的重要性。这些私人收藏文物中有史前石制工具和雕刻珊瑚，史前石制工具与在新加坡西部的大士区遗址发现的器物很像，而雕刻珊瑚可能属于建于伊斯兰教传入

廖内发现的白器皿

插图10.18　壶

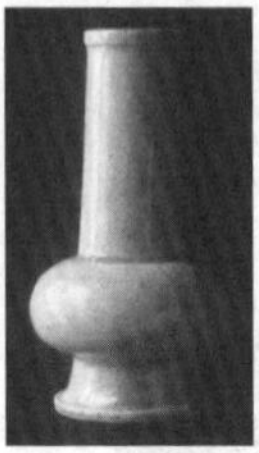

插图10.19　长颈容器

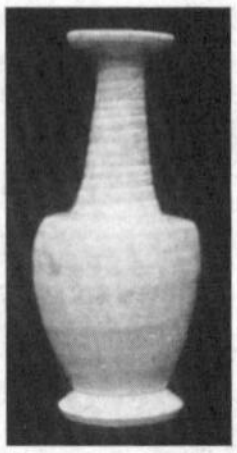

插图10.20　花瓶，刻画涡纹

插图10.21　花瓶

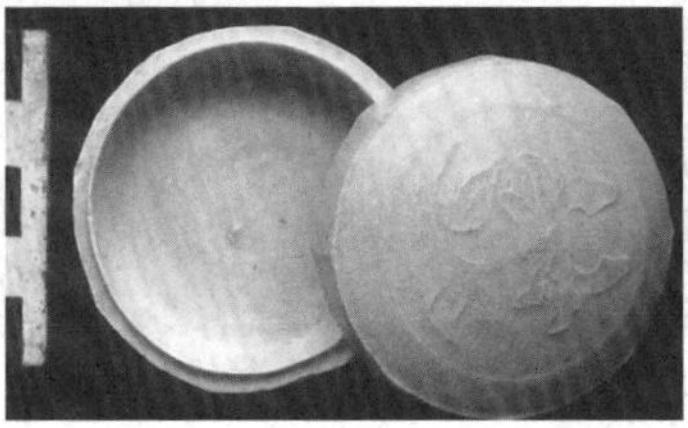

插图10.22　德化帽盒，模印花纹饰

插图10.23　铁斑纹饰壶，14世纪流行于菲律宾的一种瓷器类型

插图10.24　13世纪元代青花瓷器：马可·波罗瓶

插图10.25　在廖内七岛群发现的铁斑纹青罐，外壁有贴花人物装饰。这种传入淡马锡内陆地区的器皿精雕细刻，是稀有品种。

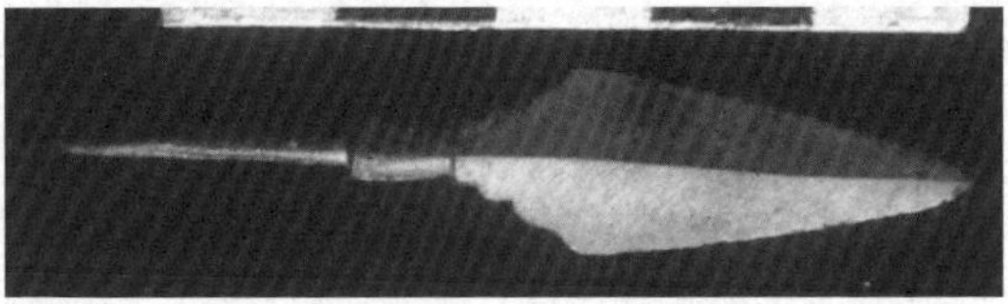

插图10.26 廖内发现的青铜尖头器。这类兵器产地不详，其年代也许可以追溯到14世纪或更早。

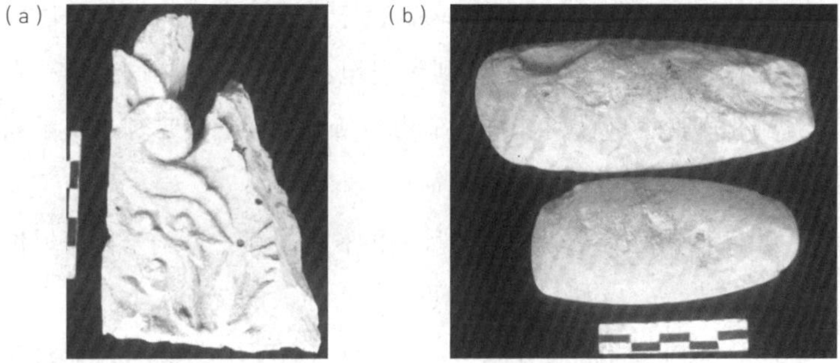

插图10.27a-b 在七岛群地区尚未展开考古调查，那里有很多已知类型的考古遗物，如可能构成伊斯兰古墓一部分的珊瑚雕刻，以及新石器时期的石制工具，该工具与在大士区发现的器物同时期。

时代的古墓殡葬品（插图10.27b）。

廖内近代史

七岛群在《马来纪年》中的地位无足轻重，但意义重大。15世纪，马六甲苏丹前往爪哇迎娶了一位公主，然后他请求爪哇王赐予他因陀罗吉利（Indragiri）作为嫁妆，最后获准。这一中等港口位于新加坡对面的苏门答腊岛东岸。接着，他又索要七岛群的阿南巴斯群岛中一个大岛——锡安坦（Siantan），这里离马来半岛最近。他的要求再度获准。从此，锡安坦成为马六甲海军大将的领地（Brown, 1970: 73）。不管这段历史是否真实，这一故事至少说明，马六甲光荣史的编写者十分看重锡安坦的重要意义。

18世纪初，阿南巴斯群岛获得重要地位，尤其是作为王侯贵胄的避难家园。1623年林加岛的苏丹哈迈特·西阿（Hammat Syah）和1716年廖内的王子迪巴蒂·阿农（Dipati Anum）都于此避难。18世纪初，巴邻旁的苏丹拉马望（Lumabang）两次逃到锡安坦，第一次是在1724年，次年他再度逃亡至此，此人可能与其他史料所提到的西阿克邦小王是同一个人（Andaya, 1975: 25, 241, 260–261, 305–308）。

19世纪廖内宫廷学者所著《珍贵的礼物》是一部马来传统风格的重要的历史典籍。当时，廖内正处在布吉斯人的统治之下。该文献描述了18世纪初七岛群的情况，这一时期的锡安坦在廖内的政权斗争中扮演重要角色。锡安坦的重要角色形成于15世纪或更早时期。《珍贵的礼物》提及锡安坦，表明锡安坦具有显要地位，在廖内与其他比邻王室的权力争夺中发挥着不可或缺的作用。《珍贵的礼物》还暗示，锡安坦有着特别的宗教威信，还生产某种纺织品。详细了解锡安坦的历史以及廖内布吉斯人的情况，对于解释后来的考古数据必不可少。这些资料又相应地关系到1819年新加坡的历史状况，说明在莱佛士到来之时，布吉斯人在新加坡及其周边地区占有重要地位。

罗阇阿拉姆（Raja Alam）是西阿克邦小王之子，娶了居住在锡安坦的布吉斯王公达英帕拉尼（Daeng Parani）的女儿。罗阇阿拉姆从苏门答腊东岸进攻西阿克邦，赶走了统治者。西阿克邦统治者四处求援，其中也到过锡安坦（Matheson and Andaya, 1982: 24）。

曾经有一个叫里拉贾（Rilaga）的布吉斯人，带着五个儿子，从苏拉威西漂洋过海，到锡安坦做生意。此事可能发生在1669年荷兰人占领布吉斯人的港口望加锡（Makasar）后不久。他的大儿子帕拉尼娶了锡安坦一位船主兼贸易商的女儿，然后随娘家家族走南闯北，到柔佛、马六甲、巴达维亚，甚至柬埔寨等各大港口经商，其间经历各种艰难险阻，最后又回到锡安坦。不久，里拉贾离开人世。他的五个儿子继续在锡安坦生活，并建造了6艘战船，配备火炮，雇佣布吉斯人为水手。帕拉尼最终去了柔佛，因为他相信一个预言说其后人终将成为柔佛的君主（Matheson and Andaya, 1982: 45–46. 另一个故事版本见安达亚的书［Andaya, 1975: 229］）。“达英帕拉尼和他的兄弟们成了战无不胜的勇士，天下无敌，在西部地区被奉为英雄豪杰，声名远播，从布吉斯人之地传到柔佛及其属地。”（Matheson and Andaya, 1982: 27）

拉瓦斯（Rawas）的苏丹拉巴扬（Lambayang）远道前往柔佛，向柔佛统治者帕拉尼的女儿求婚。苏丹在柔佛王宫大声放屁，行为不雅，还不承认自己失礼，他的求婚自然遭到拒绝。随后，苏丹去了锡安坦，在那里娶了一位哈吉的女儿。当柔佛被废黜的苏丹苏莱曼（Sulaiman）请求帕拉尼帮他从西阿克邦小王手中夺回王位时，帕拉尼答应了，回到锡安坦招募布吉斯人军队。

锡安坦除了具有提供人力资源的形象，有史料还提到这里商贸繁荣。18世纪廖内外销产品之一是“锡安坦丝织品”（Matheson and Andaya, 1982: 160）。

1724年布吉斯人攻打西阿克邦，西阿克邦小王逃到林加岛，得到那里的海人和锡安坦海人的支援。位于西加里曼丹的坤甸的开创者谢里夫·阿卜杜勒·拉赫曼（Sharif Abdal Rahman）王子，在1771年回婆罗洲定居之前曾在锡安坦落脚。一位尊称为“罗阇哈吉”（Raja Haji）的副王（Yang Dipertuan Muda），也曾在锡安坦住过一段时间，并于1788年5月离开。

七岛群大概共有260个岛屿。霍斯伯勒（James Horsburgh）于1855年出版的《印度指南》（*India Directory*），仍告诫海员在锡安坦登陆时要倍加小心，因为那里的岛民杀人越货、掳人为奴（Netscher, 1864: 8）。19世纪中叶，整个岛群地区有2400名陆地居民和500名海人，这些海人被称为“部落人”（van Hasselt and Schwartz, 1898）。索菲尔认为这反映了某种现象：

> 阿南巴斯群岛的船民与廖内–林加岛的海人有特别的亲缘关系，而且一直保持交往。例如，有一种说法称，在七岛群的所有海人都源自林加岛的曼当人……（Sopher, 1977: 115）

这也许是遥远历史关联的最后一丝显现。

除了300人，大多数人都居住在锡安坦。达仁巴有164户马来人和25户华人。锡安坦以制造优质的叭喇唬船著称，有些船只可载重100吨。他们制造的舢板也颇为出色。锡安坦是叭喇唬船的母港，可停靠30艘船，这些船只由此驶往新加坡、彭亨、渤泥、沙捞越和三发。一些孩童佩戴金首饰。入岛不征关税，只收纳3荷兰盾的税费（华人则要缴纳4荷兰盾）。按照传统习俗，当地居民仍有义务向廖内小王侯提供几艘人工划行的叭喇唬船，但这一习俗很少有人遵循。

1898年，锡安坦的达仁巴村依旧是七岛群里最重要的岛屿（van Hasselt and Schwartz, 1898）。一位荷兰探险家看到，那里有许多马来船和中国船。中国人都是生意人，与新加坡有直接的商贸关系；马来人也经商，但在新加坡和西婆罗洲做经销生意。这里有一座中国庙，还有一名华人“雷珍兰”（lieutenant），是七岛群中巴达维亚任命的唯一公职人员。1898年，这位土生华人“雷珍兰”已是古稀老人。“部落人”大约有

300人，由一位叫“巴廷”（batin）的传统首领来管制。

锡安坦是海产品和手工艺品的集散地。在某些季节能捕捉到大量的凤尾鱼，并装在从西婆罗洲进口的大土陶罐里出口到新加坡。还有很多其他品种的鱼类，用一些叫“kelong”的笼渔网来捕捉。黑珊瑚是另一项非常重要的海产品，可以制作手环和臂环。岛上纺织纱笼布，还生产棕榈糖。海人仍然采集玳瑁来做贸易。淡美兰群岛纺织的棉布外销到勿里洞岛，换取大量勿里洞岛的簟席。淡美兰的大白兰花则出口到新加坡。在锡安坦，有人开采铁矿（Netscher, 1864），但没有关于这一产业的详情。

250名海人居住在米代岛，分散在3—4个聚落。1888年，色达瑙（Sedanau）的罗阇安督（Raja Endut）之子罗阇阿里阿斯（Raja Alias）受副王派遣，到米代岛鼓励开发。不久，大批马来人移民米代岛，开始种植椰子。所有受马来人影响的海人虽然都加入了伊斯兰教，但仍然为马来人提供划船和造船的传统徭役。他们采集海参和玳瑁作贸易品。在附近的长岛（Long Island），海人仍遵循传统规矩，接受廖内皇家的管束，所捕获的海产品一律按固定价格售予皇家。在瓦达斯岛（Watas Island）和拉斯乌岛（Lasiu Island）上的海人也需交付100个珍珠贝壳给当地的马来贵族拿督。在淡美兰和多贡戈目迪岛（Tokong Kemudi Island），所有燕窝都归拿督，这种产品相当有利可图。

有一个群岛，马来语称“和谐岛”（Serasan Island），被荷兰人命名为“海盗岛”（Zeerovers Island）。荷兰探险家范哈赛尔特（van Hasselt）注意到，有一个华人金匠在此地打金，广受欢迎，但他没有解释为什么岛上600个居民都会帮衬这位工匠。这一群岛原本人口更多，但就在范哈赛尔特到来之前不久，这里发生了霍乱，导致25%的人死亡。

瓦达斯岛的海人与外界的联系只靠一艘中式船，而伯纳乌岛

（Penau Island）的海人首领则会用20艘船装载全家150人，举家出行。

新加坡的一间华人商店以每斤（600克）2元至7.5元不等的价格收购玳瑁。玳瑁产量已经下跌，过去每年至少可采集3担（每担100斤）玳瑁，现在只能收集一担。苏比岛（Subi Island）东南部的珍珠海岸众所周知，但并未开发，因为当地人不会潜入较深的海底。

关于廖内的古代文化，七岛群应是一个拥有丰富资料的潜在来源。由于外人一般都避开这些岛屿，因此档案中很少有该区域的信息。从考古数据结合编年史来看，对七岛群（尤其是对锡安坦）的研究越多，越可能挖掘更多信息。在廖内，成千上万的瓷器被用作殉葬品，这一发现说明了海人文化与苏拉威西、婆罗洲内地和菲律宾群岛的文化同根同源，他们都相信人有来世，逝者灵魂仍需要某些供奉。这表明，他们的宗教信仰体系不同于马来人——他们的邻居、他们的政治宗主及这类陶瓷的进口来源地。这种文化差异意味着，海人情愿与巴邻旁、新加坡和马六甲的马来人群保持一定的文化距离，而不愿将自身视为某个“示范中心”的边缘。他们有自己的理想文化，宁可保存自己的观念，也不愿被吸纳到在数量上和经济上都占主导地位的主体族群中。

民丹岛

1786年，沃伦·黑斯廷斯（Warren Hastings）派遣了一个使团前往民丹岛，但荷兰人阻止了英国人在此地建立贸易站。17世纪及18世纪初，在廖内河口已经形成一个人口颇具规模的聚落，河流上游的对岸就是现代的丹戎槟榔市。这一聚落在18世纪遭伊拉农人侵袭而被焚毁。伊拉农人是一群以菲律宾群岛为基地的海上流民海盗。廖内河流沿岸几处较大的建筑还残存了一些遗迹，成为那个时期廖内历史的见证（插图

插图10.28　从丹戎槟榔沿廖内河逆流而上，就是老城废墟，这里是17世纪马来的重要贸易港。

10.28）。

20世纪90年代，当地人沿河岸筛洗泥土，找到一些聚落的遗物，包括很多中国陶瓷碎片和大量的锡钱币。在离河流稍远一点儿的地方，找到了炼铁的证据，是一些散落的金属渣。从河里也挖掘出一些遗迹，表明当地有较高端的产业活动，如炼金和用模具铸币（插图10.29—10.33）。将中国瓷器等物品用作家庭装饰，反映了聚居区的国际城镇特征。一座如此大规模的18世纪王国，由于临河（可以说就坐落在河上），竟然消失得几乎无影无踪，这意味着要在马六甲海峡寻找到其他重要的贸易中心遗迹将是非常困难的事情。

廖内群岛省会丹戎槟榔市属于相对较新的城市，该市是在民丹岛西岸的廖内河口发展起来的，最初以海盗为业，但19世纪海盗业被逐渐取缔。廖内河对岸是一个华人村，叫新加兰村（Senggarang）。

林加岛位于廖内群岛的最南端，离丹戎槟榔市大约120公里。几个世纪以来，林加的邻岛新吉岛一直出产锡。关于林加的历史和考古几乎无人知晓。据说，这里曾发现中国宋元时期的陶瓷。但经过笔者的初步考察，最古老的文物也不过是伊斯兰墓碑，呈亚齐石状，其年代可能是16世纪（插图10.34）。林加岛的马来王宫丹拿宫（Istana Damnah）废墟由印尼官方机构保护（插图10.35）。

在林加岛的东北海岸，有一个叫班卒的小村，其名效仿14世纪淡马锡国一个聚落的名字。该村位于一处宁静的大海湾边上（插图10.36）。班卒居民估计有一万人，都住在建于水边的高脚屋里。这些居民全是中国人后裔，依靠在海湾内的笼捕渔业为生。

1819年1月，莱佛士向居住于黄蜂岛上的廖内统治者提出，准予英国人在新加坡设立贸易站，该岛位于民丹岛西岸之外。莱佛士并非盲目地进入新加坡，而是事先对新加坡的历史作了深入研究，并且在几年前就已经与廖内的布吉斯统治者和林加岛的马来苏丹建立了联系。1809年，莱佛士开始与廖内和林加的统治者书信往来。1811年初，莱佛士到达马六甲，协助当地组织了一支部队，准备进攻爪哇，当时那里被效忠于拿破仑·波拿巴的军队占领。1811年1月5日，在莱佛士到达马六甲之前，柔佛–彭亨苏丹马哈茂德王给他写过信。马哈茂德是东姑隆和苏丹阿卜杜勒·拉赫曼的父亲。1891年，东姑隆被莱佛士立为新加坡的苏丹胡仙（Sultan Hussein），而苏丹阿卜杜勒·拉赫曼则在荷兰人统治下继续管治廖内的其他地方。莱佛士与廖内–柔佛王室的其他王公贵族也都保持联系。1811年1月6日，莱佛士又收到林加岛的恩姑[1]赛义德·穆罕默德·辛阿尔库德西（Engku Sayid Muhammad Zin al-Kudsi）来信。关于辛阿尔库德西的历史故事，《珍贵的礼物》有所叙述。他出生于巴邻旁，父亲是阿拉伯人，母亲为暹罗人。他后来搬到林加岛，做贸易发了财，然后娶了苏丹马哈茂德王的王亲。莱佛士曾写信给他，要求协同进军爪哇。恩姑赛义德·穆罕默德回信答应将派遣一艘战舰协助（Gallop and Arps, 1991: 44）。

廖内群岛包括了从巴淡岛和民丹岛到纳土纳群岛和米代岛的范围，为新加坡构成了幅员辽阔的腹地。新加坡与廖内在文化上大不相同，这从廖内发现14世纪殉葬品，而同时期的新加坡没有发现的情况就可以看出，但两地长期存在着互补的社会经济关系，这也可以算作一个范例。

1　恩姑（Engku）是马来语中对权贵的尊称。

在民丹岛发现的器物

插图10.29　船型锡币，出土于廖内

插图10.30　廖内的金挂饰（Jasper and Pirngadie, 1927）。经由赛德斯通出版社提供

插图10.31　廖内老城出土的中国瓷欧洲洋人

插图10.32　廖内金币，上有阿拉伯文字

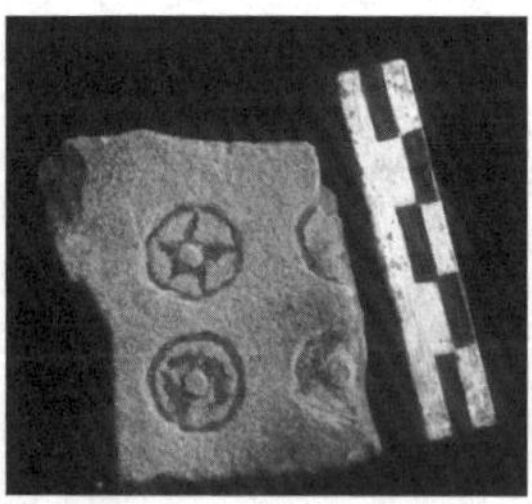

插图10.33　铸币模，外形尺寸大概宽3厘米、高4厘米、厚1厘米。与前一个铸币模不同，熔融金属需分开注入各铸币模室内。

林加岛的历史遗址

插图 10.34　穆斯林墓碑，亚齐石风格，可能造于16世纪，在林加岛的班卒附近发现

插图 10.35　林加岛丹拿宫的主楼梯，该王宫现不复存在

插图10.36　林加岛的班卒村，绝大部分村民都是华人渔民，居于建在水上的高脚屋

第十一章

淡马锡的邻居：14—15世纪的东南亚聚落

14世纪，新加坡不是东南亚最重要的城市，在汪大渊的记载中也不那么举足轻重。然而，从考古研究角度来看，新加坡是这时期、这地区最知名的城市。本章将概述那些与淡马锡有交往的其他城市和地区的情况。

菲律宾

在菲律宾，学者对14世纪几个重要的聚落进行了研究。中国史料对菲律宾南北部地区都有叙述。“麻逸”指菲律宾群岛的某个地方，中国几部史书中都出现过这个名字。《宋史》中有一条公元972年的记载，称一位中国掌市舶的监察御史负责处理阿拉伯国、阇婆国、勃泥国和麻逸国使者的交涉事务。公元982年，“又有摩（麻）逸国，太平兴国七年，载宝货至广州海岸”[1]。1001年，棉兰老岛东北部的蒲端国（武端国）遣使到中国；1373年，吕宋遣使至麻逸；1206年，有记载称，麻逸出产木棉花（Dizon, 2005: 286）。对菲律宾群岛中部米沙鄢（Visayas）的考察是最彻底的。有关坦哈伊（Tanjay）、拜斯（Bais）和内格罗斯（Negros）的11—16世纪聚落（Junker, 1990, 1999），宿务城的14—16世纪遗迹（Nishimura, 1992），以及内格罗斯东南部杜马格特市（Dumaguete）的11—16世纪雅浦（Yap）和安图（Unto）遗址（Bacus, 1999）都做了记录归档。

坦哈伊在历史上不是一个重要的地方，任何一本已知的古文献里都没有提及该地方，古代中国商人不太可能到过此地。然而，在坦哈伊却发现了中国瓷器，占所有瓷器的15%—20%，其余均为本地制（Junker, 1999: 198）。这要低于中国城的中国瓷器比重（35%），更低于新加坡的中国瓷器比重（按重量计算高达83%）。

在坦哈伊还收录了七处高脚屋的平面示意图，高脚屋是东南亚岛国房屋的标准形态。一处住房的年代可追溯到11—14世纪，另一处房屋是15—16世纪建成的。与这些住房相关联的有火炉、垃圾坑、堆肥和生活用品残件（土陶器片、瓷器片、贝壳、骨头、琢石、金属片、已碳化的植物等）。在坦哈伊的两个遗址里，有很多桩洞，奥斯梅纳公园（Osmena Park）的桩洞直径为25厘米，在圣地亚哥教堂的桩洞直径为15—35厘米，说明这里当年是一个规模相当可观的居住区。

生活在圣地亚哥教堂遗址的居民，可能比奥斯梅纳公园遗址的居民地位更高。在教堂遗址发现了更多名贵商品和素面土陶器，其中玻璃珠只在坦哈伊发现。这些珠子呈管状，因此可能制作于印度。

在西班牙人统治之前的菲律宾，瓷器也许是很稀少的。在12—14

1　见〔元〕脱脱等撰《宋史》卷四百八十九列传第二百四十八《阇婆》。

世纪的坦哈伊，只有王侯贵胄家才拥有瓷器。到15—16世纪，虽然瓷器仍多流行于上流家庭，但已有更多人开始使用瓷器（Junker, 1999: 158）。在马尼拉圣安娜的一处墓葬遗址里，30%的12—14世纪墓葬空无一物，9座最富有的墓葬（占墓葬总数的4.5%）内有大量瓷器，占该遗址发现的所有瓷器的25%。仅在一处墓地就找到57件瓷器和炻器。这种殉葬品分布不均衡的状况，也许准确地反映了当时这里不同个体在社会中的地位具有较大差距。

20世纪80年代，在菲律宾中部的宿务城，考古学家对十处地点进行了发掘，鲜有15世纪之前的遗物。所发现的土陶器占所有出土文物的98%（Nishimura, 1992: II）。坦哈伊12—14世纪的墓葬比圣安娜的贫乏一些，只发现了一种瓷器：低品质的青瓷。这里的瓷器似乎与死者的财富、年龄或性别无关，表明该地的社会阶层差距不大（Junker, 1999: 173）。不过，坦哈伊15—16世纪遗址却显示了比较复杂的社会等级，舶来品（中国瓷器）拥有者的分布更广泛（Junker, 1999: 175–179）。虽然几处坦哈伊15—16世纪墓葬有瓷器，但很多墓葬空无一物。这种情况不同于11—14世纪的墓葬，即不管是在上流社会的墓地还是平民阶层的墓区，都发现了瓷器和青铜器。

如将坦哈伊与新加坡作比较，可看出几个有趣的对照。例如，坦哈伊的中国文物在数量和种类上都比新加坡要少得多。坦哈伊人还保持着古代殉葬传统，与廖内人相似，而与淡马锡人相异。虽然从廖内墓葬遗址中未收集到准确数据，因为所有遗址都被盗劫过，但坦哈伊墓葬出土的文物在数量上和质量上似乎都逊色于廖内。

在安图遗址，只发现了一件15世纪的陶瓷碎片。在雅浦遗址，舶来品也是相当稀少。在所发现的11世纪文物中，有2182件土陶器碎片，其中只有3件炻器碎片和3件瓷器碎片。在12—14世纪文物中，发现了2089件土陶器碎片，其中也只有3件炻器碎片及28件瓷器碎片。甚至到15—16世纪阶段，在所有陶瓷碎片中，只有2.8%是瓷器和炻器（根据巴屈斯［E. A. Bacus］1995年的数据统计）。

卡拉塔安

在八打雁省（Batangas）的普隆巴高（Pulong Bakaw）和凯托马斯（Kay Thomas），考古学家发现了14世纪、15世纪的两个墓葬遗址，位于马尼拉以南100公里处。1958年，从505座墓地里出土了411件中国陶瓷器，其中2/3是釉下蓝彩纹饰，大部分属于明代。在所有进口瓷器中，中国瓷器占75%，其余为宋加洛陶瓷器（占22%）、越南陶瓷器（占3%），以及未知产地的陶瓷器（占1%）。还发现一枚中国钱币，是明朝开国皇帝在位时的洪武钱币（Fox, 1959）。

大多数墓地只有一两个罐子，意味着社会分层不多，差异不大。舶来品与当地产品的比例不相上下。从墓地内发掘的殉葬品有玻璃珠、玻璃手镯，以及中式木箱的黄铜把手和锁。由于这些物品均来自墓地，因此不能与14世纪新加坡及其他居住区遗址相提并论。菲律宾遗址给人的总体印象是，卡拉塔安社会相对于14世纪的新加坡和廖内来说简单得多。

泰国和柬埔寨

斯利苏差（A. Srisuchat）的研究报告称，泰国的32个遗址出土了宋元时代的龙泉青瓷器，这些遗址大部分原来是港口（1994: 225）。关于这些遗址出土各类型青瓷器的频率比较，尚未发表详细的英文版资料。鉴于新加坡在14—15世纪与北大年、阿瑜陀耶关系复杂，对陶瓷的分布进行研究，并且对进口陶瓷器与本土陶瓷器进行比较，可以使我们更加深刻地了解海上丝绸之路中贸易与交流所发挥的作用。阿瑜陀耶建于1351年，而且很快在暹罗巩固了其政治与商贸的实力地位。阿瑜陀耶首府在亚洲贸易中发挥着重大作用，长达400年。对阿瑜陀耶的考古研究，有助于我们在地区场景中了解14世纪的新加坡。

到13世纪，吴哥大兴土木修建寺庙的重要时期结束。此后，正如中国旅行家周达观在1296年所述，吴哥王国虽然日益受到暹罗人的威胁，但仍然得到其他王国的尊重。尽管吴哥地处内陆，11—12世纪中国瓷器仍源源不断地输入吴哥，即使在王国走向衰落以后也从未间断。对柬埔寨的研究，将提供更丰富的数据来探讨远程贸易在东南亚大陆地区经济中的地位。有一处遗址的考古发现有待记录，在这个遗址发掘出15世纪来自中国、越南和泰国的陶瓷；该遗址是2012年1月发现的，坐落于吴哥考古区内的维各讷（Vil Kou Phneou）。

柬埔寨对本地产陶瓷器的需求相当大。在大吴哥城（Angkor Thom）几个遗址里挖掘出的一组陶瓷器中，中国陶瓷只占很小比重，比苏门答腊的中国城、爪哇中北部的南望地区的比重还小。迄今为止，关于古代柬埔寨的中国陶瓷的数据，大多数来源于王宫区域内。有研究发现，在所研究的陶瓷碎片中，中国瓷仅占总量的6%（Heng Piphal, 2004: 230）到10%（Cremin, 2006）。在巴戎寺藏经阁北边，一支日本考古队找到60件中国陶瓷片，只占那一批陶瓷的5%（Nakagawa, 2000）。

在十二塔庙（Prasat Suor Prat），即斗象台（可能是高棉王公贵族检阅游行队伍的观礼台）前的一排神庙，考古学家发掘出超过15 000件中国陶瓷碎片，只占陶瓷器总量的10%（Cheng, Wan and Wong, 2005: 4 fn. 13）。从陶瓷风格来说，其中的207件中国陶瓷碎片经考察研究后确定属于宋末元初时代。东努巴郎（Tumnup Barang）位于大吴哥城北门外，悉尼大学的“大吴哥计划”考古队发掘出190件中国陶瓷碎片，只占那里挖掘出来的碎片总数的3%（Cremin, 2006）。在吴哥的周萨神庙（Chau Say Tevoda），中国考古学家发现少量中国陶瓷碎片，是标准的中国陶瓷品种，即白瓷碗、青瓷碗和青花瓷碗（Ea, 2005: 274）。

高棉文碑铭有时会提及中国器物，也提到中国人，但这些史料的内容比较古怪。第一块碑铭（K.877）[1]，从古文字来看，其年代为8世纪，铭文提到一些中国男“奴”与柬埔寨男子一道被奉献给一座寺庙。另一碑铭（K.222）[2]，年代为公元924年，铭文提到有一名中国女“奴”伺奉神灵（Ea, 2005: 271）。根据前后文来看，“奴”可能是指那些自愿到寺庙修行的人，但问题在于，这些中国人在吴哥王朝之前及初期是如何到柬埔寨居住的。

把中国器物供奉给寺庙并不难理解。在王家仓库里有专门供高棉寺庙使用的物品，物品清单提及中国器物，包括镜子、丝织品和盒子。这些物品的质地要么是陶瓷，要么是漆器（Ea, 2005: 271–272）。

14世纪吴哥王朝衰落后，进口陶瓷变得越来越广泛。在豆蔻山的15世纪中叶缸葬（瓮棺葬）遗址里，发现了中国陶瓷和泰国陶瓷，这意味着吴哥王朝曾经实行的高度集权的经济体制此时已土崩瓦解（Beavan et al., 2012）。在豆蔻山沿海地区的戈公（Koh Kong）海港附近，发现了15世纪的沉船，这也许是一项重大发现。尽管沉船里的货物已经被盗走，但该沉船的位置说明，瓷器是经过今天的戈公港或附近港口运

1 发现于干丹省甘达尔深区（Kandal Stueng）的昂罗郎肯庙（Ang Rolang Ken temple）。——原注

2 发现于班迭棉吉省斯外杰区的班迭差庙。——原注

抵豆蔻山遗址的。该港口值得进一步研究。豆蔻山可能向中国提供了中国所需的多种森林产品。因此，对戈公港进行研究，也许可以发现古代中国与柬埔寨关系的新资料（cf. Jacques, 1995: 39）。

文莱

东南亚古代史中，文莱以几个类似的名字出现，如“勃泥”“渤泥”。在文莱发现一处哥打巴都（“石头城”）[1]遗址，此地曾有居民生活过相当长一段时间。一位考古学家得出的结论是，哥打巴都就是公元631年遣使至中国的王国。1580年和1644年，在两度遭受西班牙人的攻击之后，哥打巴都被遗弃。

一项重要研究分析了在该遗址修建下水道时发现的6230件瓷器和炻器碎片标本。这一古代聚落的面积估计为6英亩，约2.5公顷。相比之下，古代新加坡的面积大约是50—75公顷，规模大得多。中国炻器占出土陶瓷器总量的66.5%（B. Harrisson, 1970）。

另一个文莱遗址名为卢穆特河，出土了种类繁多的文物，包括炻器、瓷器、玻璃珠和玻璃手镯、贝壳、石子、铁、青铜以及达玛香。在6000件陶瓷碎片中，49%为粗炻器（可能是大缸），占所有器皿总量的22%。泰国陶瓷占总碎片的13.5%，估计占全部器皿总量的10%。数量最多的是来自中国南部的器皿，占72%。虽然没有发现骸骨，但该遗址很可能是一处墓地。很多器皿都比较完整，只是器皿底部被人刻意凿出几个洞，表示这些罐子被“消灭”了。泰国陶器在这里出现，说明该遗址的年代大约在1350—1500年间。土葬死者，并将陶瓷

1 〔五代〕刘昫撰《旧唐书》称“婆利国”。

和其他物品作为殉葬品（其中很多还是舶来品），这一习俗表明，在此地生活的居民与廖内人在文化上大体相同。

14世纪，婆罗洲的陶器制作发生了很大变化（B. Harrisson and P. M. Shariffudin, 1969）。从宋代到明末，六种早期土陶器品种，有两种已经消失，被中国的青花瓷器取代。到15世纪，尽管内陆地区还有人使用土陶器，但在沿海地区，土陶器已基本销声匿迹。

将卢穆特河与古邦（Kupang）这两个遗址的发现进行对比分析是对婆罗洲土陶器最好的统计研究（Matussin Omar, 1981）。在古邦遗址，本地制作的陶瓷占52.4%，舶来品包括来自中国、泰国和一些欧洲国家的货品，其中有254件瓷器和施釉炻器，占总量（4891件）的6%，其年代为宋代。宋元至后元时朝后期的炻器数量基本上平分秋色。

还能识辨出3种土陶器纹路，其中一种可能出现于后宋时期。据称，其压印纹饰与在丹戎古勃儿（Tanjong Kubor）发现的相似（Solheim, 1965）。可确定7种器形：储物罐、煮锅、碗、带手柄的盖子、双口壶、瓶子和锅架。

在卢穆特河遗址，1348件陶瓷碎片标本中只有2.9%（39件）产自本地。该遗址的年代估计在14—16世纪。此地发现的陶瓷在质量上逊色于古邦遗址的陶瓷。器皿品种有煮锅、军持和大缸。玛图辛（Matussin Omar）不同意将卢穆特河遗址解释为墓地，因为没有发现骸骨。他认为此处地下埋有罐子，是一个举办仪式的中心。

在文莱没有发现像14世纪新加坡这样庞大、复杂的遗址。当然不能排除将来的考古发现有可能改变这一局面。14世纪，新加坡很可能与文莱及婆罗洲等地建立了密切的商贸和文化联系。

特洛武兰

在东爪哇这个遗址上，如今分布着数个小村庄，以种植水稻为业。特洛武兰当年曾是淡马锡的宗主（或者说是宗主之一，因为淡马锡也向位于今泰国境内的另一个王国进贡）的所在地。特洛武兰的阿拉斯安顿（Alas Anten）遗址内发现一块刻有铭文的青铜匾，表明10世纪当地已有一个宗教建筑群。在一个叫哥加甘（Kejagan）的小村落，发掘了中国唐代的陶瓷碎片。该地靠近古城门，现名为灵英拉万（Wringin Lawang）。在这一遗址发现了许多土陶的"供盘"或托盘，还有制造金属品的模具。特洛武兰在10世纪短暂活跃了一段时间后便被遗弃，但在1294年再度崛起，成为一个政治中心。

特洛武兰涵盖广阔的地域，面积大概为100平方公里。此地发现了不少碑铭、雕像和砖结构废墟，也可辨认出分布广泛的水库和运河的轮廓。

1991—1993年，对特洛武兰遗址进行了多次考古调查，发现了14世纪到16世纪该地居民人口密集的证据，包括密集分布的土陶器、中国瓷器和炻器、泰国和越南陶器，以及各种土制或金属制的家庭器具。出土文物还有供奉用的精美托盘、盛放青铜币的盒子、本地制作的高品质金首饰，以及一些民间艺术品，如赤陶土雕像。雕像的刻画题材广泛：从动物和孩童到外国商人和神灵（插图11.00—11.03）。在几个地方如森托诺丽约（Sentonorejo）发掘出房屋的砖地基，这些房屋可能是王宫人员的住所，因为距貌似王宫的地点不远。

关于特洛武兰人的居住状况，大部分信息来源于地表考古发现，因此，很难将那里发现的进口陶瓷与本地陶瓷的比例，与新加坡遗址发掘的情况作对比分析。但特洛武兰的中国陶瓷与越南陶瓷比例差距

插图11.00 赤陶土雕像，普遍认为是14世纪满者伯夷宰相加查·玛达的形象

插图11.01 14世纪东爪哇特洛武兰的土屋雕像

插图11.02 本地军持，传统的抛光土陶器，现收藏于特洛武兰博物馆，可能制作于14世纪

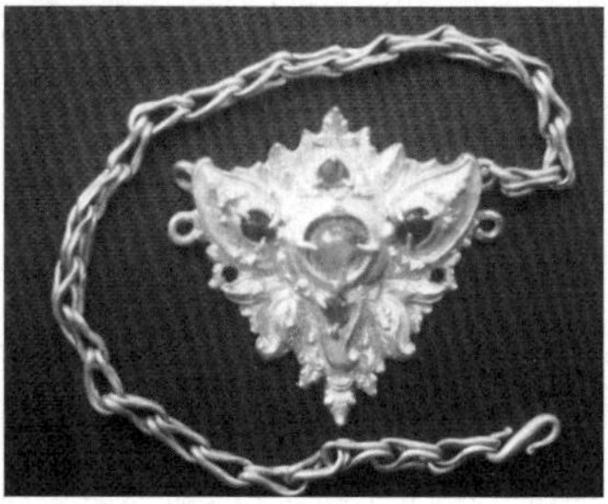

插图11.03 金垂饰，次宝石镶嵌，出土于特洛武兰的甘马善（Kemasan），制作于满者伯夷时代

相当大，越南陶瓷远多于中国陶瓷。1365年，《爪哇史颂》记载，满者伯夷视越南为友好国家。大部分越南陶器或许是在明代出口贸易空档期（1368—1567年间鲜有中国陶瓷外销）进入爪哇的。

据爪哇发现的碑铭记载，中国钱币在1300年后成为满者伯夷的法

插图11.04　14世纪爪哇女王雕像，也许就是特丽布瓦纳栋卡黛微（“三界女王”），她以湿婆的神妃帕尔瓦蒂（Parvati）形象出现，来自厄林比（Ngrimbi）神庙。

定货币（Groeneveldt, 1960: 47; Mills, 1970: 88）。1976—1988年间在特洛武兰进行的考古研究发现了864枚中国币，其中只有162枚基本完好，可确定年代。按朝代划分，这些钱币的年代分布与在其他遗址发现的钱币情况大同小异。

表11.01　按朝代划分的钱币时代分布

朝代	总数（个）
唐代	13
宋代	124
明代	23
清代	2

14世纪的满者伯夷史料提到，有一位宫廷官吏专门负责维持市场秩序，该官“每日从市场可分得8000现钱”（Pigeaud, 1960–1963: vol. III, 122）。城里各个市场的日常活动中广泛使用中国货币。《瀛涯胜览》记述，15世纪初满者伯夷王国都城有中国人聚居区。马欢称，满者伯夷人喜好中国货，如青花瓷、麝香、丝绸、烧珠等（Mills, 1970: 97）（插图11.05）。

结合当地地名与考古遗迹，可以看出，遗址的某些地方是专门分配给某些行业的，如打金、青铜铸造及家畜屠宰。著于1365年的《爪哇史颂》描述了王宫及其周边环境，但描述颇为模糊不清。学者尝试按图索骥，编撰出满者伯夷都城的平面图，但结果五花八门，相差甚远。《爪哇史颂》的作者勃拉班查只描述了王宫及宗教活动区域，而没有描述居民区或生产活动部分，从而让人产生错误印象，好像满者

插图11.05　塑造成中国人形象的赤陶土头像，被安放在穿着爪哇服饰的身体上，身首两部分原本不是一体的

插图11.06　14世纪特洛武兰庙宇浮雕，描绘了东爪哇一个建有围墙的村庄

伯夷都城的人口全都是王公贵族、士兵和宗教官吏。

文献史料与考古研究都难以让人对这座城市的空间布局形成一定概念，包括房屋之间相隔多远，街道规划是否呈网格状，留有多少空间作为公共场所，如露天广场和市场，等等。满者伯夷王宫的礼仪官纳瓦纳提亚（Nawanatya）称，在这里，“无论你去往何方，都无须穿越稻田”，说明这里的城镇与乡村之间确实有一道分界线。

满者伯夷寺庙内的浮雕没有描绘城市场景，却描绘了居民区的景象。这些景象的重要特征是，城墙环绕着一组组楼阁（插图11.06）。勃拉班查描述都城时提到几个“古乌”（kuwu，意为“庄园”）。虽然该词带有封建欧洲色彩，但它包含了一个基本内涵：这里处于王公贵胄的控制之下，由一群建筑组成聚落单位，有城墙围绕，众多居民生活在城内，这些居民包括王公贵胄家庭以及依附于他们的佣人和奴隶。第一批来自欧洲的到访者记录，称自己当时在爪哇和苏门答腊沿海城市见过这类社会组织。

根据《爪哇史颂》记载，前来满者伯夷的外国商人络绎不绝，有暹罗人和中国人。从14世纪到16世纪，大量来自中国、泰国和越南的陶瓷器涌入特洛武兰（Miksic and Soekatno, 1995）。不幸的是，该遗址因现代农业耕种而遭到破坏。在特洛武兰发现的一组文物里，主要有来自中国和越南的青花瓷碎片，这些文物在2006年由曾任东南亚陶瓷协会主席的已故大法官拉贾（A. P. Rajah）的家人赠送给亚洲文明博物馆和新加坡国立大学。虽然不清楚这些文物究竟准确在遗址的哪个地点出土，但对这些器物的研究，将丰富我们对陶瓷艺术及贸易史上这一重要时期的认识（Miksic and Kamei, 2010）。

从20世纪70年代开始，印尼国家考古研究中心在特洛武兰多次开展考古挖掘工作。尚未发表整体研究的报告，但对这几次挖掘出土的中国、越南和泰国陶瓷进行了定量分析（Dupoizat and Harkantiningsih, 2007）。这是非常好的开端。到目前为止，土陶器在特洛武兰出土的陶瓷中占比最大，如果也能对这些土陶器进行分析研究，那么陶瓷将发挥它们的潜能，揭示它们作为一种商品所扮演的更多角色，也揭示关于古爪哇艺术与社会的更多状况。

在所发现的陶瓷总量中，中国陶瓷占81%（以碎片数量计算。如按重量进行比较，结果可能不一样），东南亚陶瓷占17%，剩下的归类为其他（主要为欧洲19世纪产品），占2%。在东南亚产品中，越南陶瓷器数量超过泰国陶瓷器，两者比例为4:1（Dupoizat and Harkantiningsih, 2007: 17）。

中国关于爪哇贸易的记载

汪大渊称爪哇人“实甲东洋诸番”（Rockhill, 1914: 236）。爪哇地产青盐、胡椒和木棉花，外销鹦鹉，转销药物，进口中国的烧珠、金、银、青缎、色绢、青白（青花）花碗、铁器等。

马欢在《瀛涯胜览》中记载，有中国广东人及漳州人流居杜板。杜板是满者伯夷的一个主要港口，“此处约有千余家，以二头目为主”[1]。他描述了满者伯夷的另一个港口新村（也叫革儿昔、锦石），由中国人建立，村主为广东人。泗水也有中国人居住。关于满者伯夷首府的华人，他叙述说，皆是粤、漳、泉穆斯林（Rockhill, 1914: 242）。这些华人聚居区看来都是在汪大渊时代（1330年）至马欢时代（1430年左右）在爪哇建立的。

1515年，多默·皮列士根本没有提及有中国人居住于爪哇，只是

1 见〔明〕马欢撰《瀛涯胜览·爪蛙国》。

记载了关于中国人的一些传说：

> 他们说爪哇人曾和中国人联姻，中国皇帝把他的一位公主嫁给爪哇的巴塔拉罗阇苏达（Batara Raja Çuda），并且派许多中国人护送她到爪哇，同时送去铜钱。铜钱现在已成通用货币。他们说有一整船的钱，那位国王是中国皇帝的藩属，不是进贡国。爪哇人叛逆，把在爪哇的中国人都杀了。又有人说事情并非如此，两位国王从未联姻，也相互不知道对方，铜钱是为了购买商品而流入爪哇，因为中国人早在马六甲立国之前已在爪哇做贸易。但最近一百年，那里并没有出现他们的身影。（Cortesao, 1944: I, 179）

以此资料为依据，可以延伸出多种解释。但有一点很重要，那就是当时中国人在爪哇的聚居区没有引起人们的注意。很可能在郑和最后一次下西洋至葡萄牙人到来的80年间，华人已融入爪哇居民当中。

15世纪初，爪哇与中国关系不合。1404—1406年间，有一个170人的中国使团被派遣到爪哇，结果在爪哇内战中不幸遇难。爪哇国王后来向中国赔偿了一万两黄金（Wang 1992: 120–121）。从此之后，爪哇在22年间共向中国派遣15个使团，其中至少有一个使团是由华人担任领队的（Wang, 1992: 126）。

郑和最后一次下西洋回国后，明廷在1433年、1449年和1452年三令五申，禁止私商下蕃贸易，而且处罚日益严厉。1443年，中国皇帝告知爪哇：宜三年一次遣人来廷。广东一奏章称："爪哇朝贡频数，供亿浩繁，劳弊中国以事远夷。"（Ming Shi Lu, vol. 2: 366）1509年，当葡萄牙人到来时，东南亚的贸易状况是：

1500年左右，航行于马来世界与中国之间的船舶似乎不是以中国船舶为主，而是以东南亚帆船为主，这些船都由马六甲商人拥有。这些商人被葡萄牙人称作“马来人”“爪哇人”和“吕宋人”，而不是中国人。每年都有几艘马六甲帆船顺风航行至广州，珠江河口处有一个小岛，专门指定给马六甲船停靠，另有一小岛则专供来自暹罗的船只停泊（Reid, 1996: 34）。

马六甲

马六甲港直接继承了14世纪新加坡的衣钵。在马六甲的市政厅博物馆（Stadhuis Museum）内，最重要的物品是一件名叫“马卡拉”（makara）的花岗岩印度神兽像。此类雕像均属于在佛教盛行时期的苏门答腊才会发现的物品。该雕像可能由新加坡传入，马六甲的创建者拜里米苏拉在抵达马六甲后不久便皈依了伊斯兰教。这尊雕像发现于马来王宫的所在地——圣保罗山。马六甲的地形布局折射出新加坡和巴邻旁的关系：圣保罗山，如同西昆山和福康宁山，是王宫所在地，也是依山傍水的风水宝地。这种自然特征的结合也许是这三地被挑选为马来国都城的主要因素。

可惜的是，在马六甲周边地区没有进行过考古挖掘，因此不可能追踪到马六甲与新加坡的关系，也不能在贸易活动方面对两地进行比较研究。在马六甲以北12公里处的丹戎柯灵（Tanjong Keling），发掘出一座具有重要建筑意义的古墓，传统上一直认为该古墓是传说中的马来英雄杭杜亚之墓（插图11.07），该古墓类似于老照片里的新加坡福康宁山上的伊斯干达王圣墓。

暂且不去考虑是谁将拜里米苏拉驱逐出淡马锡，但有一点是很清

插图11.07　在丹戎柯灵的早期伊斯兰墓地，位于马六甲以北12公里处，传统上一直被认为是传说中的马来英雄杭杜亚之墓。

楚的，即马六甲担心来自北方的进攻，而不是南方的威胁。1407年和1419年，中国永乐帝两次向暹罗发出了不准侵扰马六甲的强硬警告（Wang, 1992: 122）。马六甲统治者亲自前往中国，这几乎是史无前例的举动。拜里米苏拉于1411年，其侄子于1412年和1413年，新统治者伊斯干达王于1414年，其长兄于1418年先后出访中国。伊斯干达王于1419年再度前往中国，其继任统治者室利马哈拉贾也于1424年访问了中国（Wang, 1992: 126）。由此，我们可以得出结论：马六甲与中国的关系十分密切。1430—1442年，琉球国派6个贸易使团到访爪哇。之后，

插图11.08　万丹吉朗和人为挖出的冥想石洞，由此可俯瞰万丹河。图片上方的山顶在14世纪和15世纪曾是重要的贸易与行政中心，筑有防御工事。

史料记载出现了20年的空白，等再有马六甲的记录时，琉球国的贸易中心已经转移到马六甲。皮列士到来时，爪哇人已是活跃于马六甲的一个主要商贸群体。1537年马六甲沿用火葬习俗，这也许是爪哇传统在马六甲一直延续的证据（Mills, 1970: 111 n. 6; Groeneveldt, 1960: 248）。

万丹

16世纪末，英国人和荷兰人来到东南亚时，海上丝绸之路的交汇中心已不再是马六甲，而是西爪哇。1600年，东南亚最大的贸易港是万丹。荷属东印度公司和英属东印度公司的早期历史有相当大一部分是与万丹交往的经历。万丹地区的最早聚落称为“万丹吉朗”（Banten Girang，意为“万丹河上游”），位于沿河而上进入内陆的12公里处，万丹河就是万丹吉朗的出海通道。万丹吉朗建于13世纪（Guillot et al., 1996），有护城河围绕，也许还有一道土城墙作防护。该遗址另一个重要组成部分是一处人工开凿的冥想石洞（插图11.08—11.09）。在万丹发现的陶瓷包括中国宋末和元代的瓷器，以及15世纪的泰国器和越南器（插图11.10—11.11）。

万丹吉朗是帕哈贾兰王国（kingdom of Pajajaran）的一个前哨站，该王国的都城坐落于西爪哇的高地上，现属于茂物区。帕哈贾兰王国在16世纪20年代还不是伊斯兰国家。曾有过短暂辉煌时期的淡目国大约在1527年占领了万丹吉朗，帕哈贾兰王国都城巴库安（Pakuan）则在高地上继续坚守了50年之久，但最终向穆斯林军队投降。新苏丹很快下令在万丹河口修筑一个新港口。讽刺的是，这座新港口现在称为“旧万丹”（插图-11.12）。作为连接香料产地马鲁古群岛与中国和西方香料消费者的港口，旧万丹的地理位置要优于淡目，所以旧万丹控制香料贸易达150年，直到17世纪80年代荷兰人将旧万丹纳入其殖民地范围，并将贸易中心转移到巴达维亚（雅加达）为止。

关于旧万丹的史料相对来说比较丰富，涉及范围较广（Hasan et al., 1988; Miksic, 1986, 1989b）。这里的城市布局与伊斯兰时代的大多数爪哇行政中心的格局一致。政府部门、宗教机构和商业活动都有专门的区域。像特洛武兰一样，旧万丹被划分为有围墙的各个坊区，每个坊区由王公贵族监管。很多人都属于各种专门职业。旧万丹也有砖砌城墙。

旧万丹的大多数自然特征，如它的边界及其兴衰阶段，可以从

插图11.09　1990年，在万丹吉朗的考古发掘中发现了人工开凿的冥想石洞

插图11.10　中国宋元时期的瓷器碎片，发现于万丹吉朗，与新加坡发现的瓷器类型相似

插图11.11　发现于万丹吉朗的15世纪宋加洛陶瓷碎片。在马来半岛东岸外的沉船和在廖内海域的沉船都发现了类似文物。

插图11.12　旧万丹的大清真寺。该清真寺建于16世纪中叶，屋顶是印尼传统的层叠式，八角宣礼塔与同时代印度西北部所建的宣礼塔相似。

考古研究中了解到。但关于本地陶瓷与进口陶瓷的比例，尚无统计数字。学界对旧万丹演化的几个问题仍在争论中。例如，旧万丹为什么会有城墙，是受欧洲风格影响，还是属于万丹吉朗和帕哈贾兰王国的传统风格？对城市空间的系统利用，在多大程度上是旧万丹自己的发明？旧万丹是与伊斯兰教密不可分，还是一直沿袭从特洛武兰时期开始形成的传统？旧万丹是印尼最早的伊斯兰古城之一，无疑也是当时最大的城市，那么，加入伊斯兰教对于印尼城市化产生了多大影响？

旧柔佛

马六甲衰落后，马来王国的中心在廖内与柔佛河之间不断迁移。在几个曾经作为都城的遗址中，给人印象最深的是在旧柔佛发现的遗迹。这里位于柔佛河上游左岸几公里处，河水边是高崖，具有天然的防御特征。这种天然的优势再加上布局相当复杂的一道土城墙，旧柔佛的安全更加稳固。土城墙是16世纪中叶修建的，想必耗费了大量人力。没有关于马六甲修筑如此复杂的防御工事的记载。在早期的马来国都城中，我们知道筑有此类防御城墙的只有14世纪的新加坡。

旧柔佛有好几处考古遗址，但研究的重点是防御工事，而不是居民区遗存。除了发现一组以破损陶器为主的文物，其他如人口分布或遗址考古活动的情况，我们知之甚少。到目前为止也没有数据可与14世纪新加坡数据相比。由于缺乏有关淡马锡时代其他城市的考古数据，因此尚不能对淡马锡在规模、财富和社会复杂性方面的地位作出判断。同时，对东南亚早期城市化的考古研究也才刚刚起步。也许等到下一代考古学家才能将淡马锡置于地区场境下做更坚实的考察。

第十二章 新加坡与欧洲人

正如本书一开始所言，新加坡的地理位置并非具有独一无二的战略优势。马六甲海峡南端的几个地方在印度洋与南中国海之间的航线中都占有同等甚至更大优势来争夺天然霸主地位。新加坡既无内陆纵深也无自然资源，因此在过去2000年里，该地区的航运和贸易重点并不固定于一个主要地点，而是在马六甲、柔佛、民丹、占碑、巨港，甚至西爪哇的万丹之间不断转换。这些港口的崛起取决于各种因素，如技术水平、经济状况，以及地区政治大国的力量平衡，而这些因素时常都在变化中（Miksic, 2010a, 2010b）。

14世纪初，一波又一波的经济发展大概吸引了上万人来到岛上居住，该岛当时称为“淡马锡”。那时，淡马锡可能是一个中等规模的港口，其人口规模可能很小，与21世纪的新加坡人口状况类似，但人均净资产很高，这反映在考古学家发现的大量钱币和陶瓷器等奢侈品上。淡马锡的繁荣昌盛反过来又吸引了两个东南亚大国的关注：北边是东南亚大陆上的暹罗国，南边是东南亚海岛爪哇国。

1509年葡萄牙人抵达马六甲海峡时，他们也十分看重新加坡处于东西航路与南北航路交汇点的位置，视之为具有巨大经济和军事潜力的地方。但当时淡马锡的声望和繁荣程度根本无法与马六甲等量齐观。葡萄牙船长阿方索·亚伯奎认为：

> 马六甲王国建立之前，（新加普拉）曾是一个人口众多的大城市（规模庞大的遗迹可以佐证，而这些遗迹至今犹存），并臣服于暹罗国王。这个被称为"新加普拉"的城市是前往那些地方的所有船只都要经过的一条通道；"新加普拉"在马来文中含有"危机四伏的滞留地"（treacherous delay）之意，真是名副其实，因为船只偶尔在那里停留以躲避季风时，会遇到风暴大作而被巨浪吞噬。（Birch, 1874–1875: II, 72–74, 81–82 fn. 3）

据亚伯奎所述，1511年，马六甲王国失陷后，马六甲的海军大将便迁到了新加坡。他是"一位耄耋老人，一位勇士，德高望重，知识渊博"（Birch, 1874–1875）。他也许已重返家园。1526年8月，葡萄牙人起航前往马鲁古群岛，途经岌巴港，并声称在新加坡河口彻底摧毁了一座小城镇，这也许就是马六甲前海军大将驻扎的母港。葡萄牙编年史学家胡安·里斯本（João de Lisboa）说，从马六甲到婆罗洲和马鲁古群岛，要穿过"两山之间只有十字弓射程距离的狭窄航道"，它位于拉柏多角与圣淘沙之间。"一发炮弹的射程"外，是一些珊瑚礁。"绕过珊瑚礁，即可看到北边一处海湾，新加普拉的居民区，或者叫村庄（povoaçó），就坐落于此。这一村庄已被我们摧毁。"（Ferrand, 1918: 143 ff.;

Rouffaer, 1921: 388 ff.）但根据后来的葡萄牙史料记载，这座小城镇不久后又重建起来。

新加坡在《马来纪年》的最后一章出现。16世纪30年代编写此书时，马来人的都城设于柔佛的沙翁槟榔，当时的统治者是阿拉乌丁·里阿耶王（Alauddin Ri'ayat Shah）。《马来纪年》第三十一节讲述了“新加坡首领帕蒂·阿丹（Pateh Adang，可能是伦丹［Lundang］）的故事”，他的头衔就是“大统领”（Brown, 1970: 198）。帕蒂被杀，其追随者被转送给彭亨的统治者，这些人大概也从此离开了新加坡。但新加普拉被作为封地赐予帕蒂的儿子桑·塞蒂亚·本达杨（Sang Setia Bentayan），因此本达杨对该岛还保留某些管辖权。

16世纪中叶，葡萄牙人已经在马六甲海峡巩固了地位，成为一股无可匹敌的强大欧洲势力，此时他们开始考虑在新加坡海峡沿岸某处修筑一个炮台要塞（Borschberg, 2003: 61）。但果阿总督最终决定只保持一支海军力量在该地区巡逻，而不是占领这一地区（Borschberg, 2003: 62）。关于陆地防守和海上防御哪种措施更有效的争论延续了400年之久，直到1942年新加坡战役打响时，这个问题才得到证明。

葡萄牙人的军舰在每年某个特定时间都会驻扎于新加坡附近，为来自南海的船只保驾护航，让这些满载货物的船只安全度过该区域内潜藏的各种自然危险和人为祸患。据1634年佩德罗·巴雷托·德雷森迪（Pedro Barreto de Resende）记载，每年12月，都有三五艘承载五六十名士兵的葡萄牙战船被派往新加普拉海域巡逻，为来自中国和马尼拉的船只护航（Maxwell, 1911）。像圣方济各·沙勿略这样的人有时会在信上写明“由新加坡海峡发出”。他没有提过新加坡的居民区，也没有描述过新加坡其他方面的情况，这表明他可能没有登岛上岸（Coleridge, 1935: II, 363–364, 528–539）。这也可以解释彼得勒斯（Petrus）墓碑上的墓志铭。该墓碑在位于马六甲圣保罗山的废墟中发现，上面写着：1598年2月彼得勒斯死于“新加普拉海峡”。

新加坡17世纪的历史大部分为空白。部分原因是当地环境发生了变化，但也与大格局的变化有关。在瑞德（A. R. Reid）所描述的这个“十七世纪危机”年代，日本逐渐闭关锁国，中国明朝崩溃，欧洲和土耳其都爆发了战乱。亚洲人口减少。中国贸易严重衰退，影响了东南亚的经济，从而影响了荷兰东印度公司和整个欧洲的经济。任何商业扩张行动都无法振兴像新加坡这样遭受沉重打击的港口。

在这个危机年代的初期，荷兰船只和英国船只抵达东南亚，虽然带来了新的财富资源，但也将万里之外的冲突带到这个地区。荷兰私掠船就潜伏在樟宜角（Changi Point），他们隐蔽在马来半岛的突角位置。当开往马六甲的葡萄牙船经过此地时，他们便发起攻击，出其不意。于是，新加坡周围水域成为战场。

柔佛的马来统治者协助和怂恿这些荷兰人去攻打他们的敌人葡萄牙人，乐此不疲。事实上，是他们建议荷兰人藏匿在这个地方的（Borschberg, 2003: 59, 63）。1603年，荷兰人大有斩获，他们在樟宜角外的水域捕获了一艘葡萄牙船圣卡塔琳娜号（*Santa Catarina*），船上的货物为贵重的中国瓷器和其他中国商品。这些抢来的赃物在阿姆斯特丹出售，获利丰厚。圣卡塔琳娜号事件在欧洲引发了外交风波，牵涉英国，促使荷兰法学家格劳老秀斯（Hugo Grotius）写出《海洋自由论》（*Mare Liberum*）这一重要著述。此书形成一个重要的先例，为自此以后的海洋贸易与战事提供了国际法框架（Borschberg, 1999, 2011）。大航海时代之初，樟宜角海战将欧洲人的关注聚焦到世界这个遥远的地方。

1603年9月，一位名叫彼特斯·范·恩克赫伊森（Pietersz van Enkhuysen）的荷兰海军中将，指挥由三艘战船组成的海军舰队穿越圣淘沙与拉布拉多之间的航道。战舰上有一位名叫维布朗·范·华威（Wybrand van Warwyck）的水手，看见新加普拉一个村庄和漂亮的海港。荷兰舰队穿过新加坡的“老海峡”，海峡的宽度被描述为只有“扔一块石头的距离”，长度是“一发炮弹的射程”；经过两根石柱，便看到了“美丽的港湾”和新加坡城（Borschberg, 2004a: 109）。这一叙述清晰地描绘了岌巴港的入港口，并证明这里仍有居民（也许就在新加坡河口处）。新加坡城在一张著名的地图中有显示，这张地图反映了在这之后不久（1603年10月初），荷兰人与葡萄牙人在樟宜角外爆发了一场战争（Borschberg, 2004a: 110）。

荷兰人大获全胜，而在荷兰战船离开后，葡萄牙人与马来人的战事仍持续不断。1604年初，葡萄牙人摧毁了旧柔佛及柔佛河沿岸的其他马来村庄。新加坡城自然深受这些战事的影响，在岛上的东半部地区大都能听见隆隆炮声。

1604年的埃雷迪亚地图展示了港主在新加坡河的官署。据科尼利厄斯·马特利夫（Cornelius Matelief）记述，1606年，新加坡仍留有港主一职，其头衔为大将军（Rouffaer, 1921: 400–402）。另一张地图，由安德烈·佩雷拉·多斯·里斯（André Pereira dos Reis）于17世纪中叶绘制，也显示了港主官署（Borschberg, 2004b: 95 fn. 4），但没有其他证据证明港主官署此时还存在。制图者可能想当然地认为官署就应该在那里。威廉·希勒别版本的《马来纪年》称，苏丹阿拉乌丁在位时期大约是1530—1564年，新加坡巴廷（首领）拥有大将军头衔，被描述为柔佛军队的强悍统帅（Shellabear, 1975: 226）。

考古遗迹表明，新加坡河口的居民区在17世纪上半叶被遗弃，但没有足够资料说明遗弃的原因。也许是葡萄牙人因新加坡站在荷兰人一边而不断采取报复行动，也可能是因为当地居民认为新加坡过于动荡，易受攻击，因此自行迁徙到周边的其他马来人据点。

1607年，西班牙和葡萄牙国王下诏果阿总督，命令他在新加坡海峡建立一个要塞，但诏令未被执行。一份大约写于1620年没有具体日期的档案文件提到，一名叫雅克·迪科特里（Jacques de Coutre）的商人坚决主张修筑两个炮台要塞。一个建在“老海峡”的“阿里纳斯岛”（Isla de Arenas，葡萄牙人对圣淘沙岛的称呼）。他说“老海峡”相当狭窄，用一条铁链就可拦截船只，因此，他指的一定是龙牙门海峡。另一个要塞则建在“旧港主岛”的东端，即新加坡，也许位于今天的丹那美拉或勿洛附近（Borschberg, 2003: 64–66; 2004b: 116）。

新加坡的魅力对于荷兰人来说也没有消失。1607年，荷兰东印度公司的董事请求柔佛统治者批准他们修建一个要塞，以保护新加坡海峡。柔佛苏丹断然拒绝了请求，只允许荷兰人在他们自己的贸易站加强防御工事；该贸易站位于柔佛河上游的巴株沙瓦（Borschberg, 2003: 70–71）。

1613年，荷兰贸易站所在地巴株沙瓦遭到亚齐人进攻，最后被摧毁。同年年底，英国水手彼得·弗洛里斯（Peter Floris）提及新加坡，称那里没有任何居民区，也没有一个居民，只有海上游民。很可能新加坡河口的居民区也在亚齐人的进攻中被毁灭了（Borschberg, 2004b: 23）。马来国都城于1618年在更南面的林加岛上重建。

荷兰人在其贸易站被摧毁之后，再度向柔佛统治者提出请求。据荷兰人的报告称，苏丹同意他们修筑一个炮台，还特别提出选在吉里汶或柔佛河口，或荷兰人可能选择的其他地方（Borschberg, 2003: 81）。1614年，葡萄牙人十分担忧荷兰人要在“新加坡海峡中一个将新老海峡分隔开来的小岛上”建立要塞；这个小岛可能是指圣淘沙，也叫绝后岛（Gibson-Hill, 1954: 179 n. 33a）。荷兰谈判代表阿德里安·范·德·杜森（Adriaen van der Dussen）考察了柔佛河口、民丹岛和大小吉里汶岛。杜森最后选择了吉里汶。1819年，法夸尔也同样挑选此地，只是被莱佛士否决了。

但这些计划都无疾而终。1619年，荷兰人在西爪哇建立了一个据点，这个据点最终发展为巴达维亚（雅加达）。从此之后，他们对新加坡地区失去了兴趣。这再次表明，新加坡的地理位置并没有显著的优势，印尼西部许多地方完全可以取而代之。

1618年，中国史料中出现的“龙牙山门”和“单马锡”（淡马锡），就是指马六甲海峡（Mills, 1974: 27）。《东西洋考》记述了该地区海盗凶险。淡马锡这个名字居然再度出现，可见中国的历史地理学家多么保守固化。不过，此时中国人对万丹、巴邻旁和西婆罗洲更感兴趣。新加坡已不在他们的视野内。

彼得·蒙迪（Peter Mundy）在1637年途经狭窄的“新加坡海峡”。他记载：“进出海峡，两边不足1/4英里宽。”他指的就是笈巴港的西口。他在这里见到生活在船上的很多船民；他们也在岸上种植农作物，包括香蕉、甘蔗和菠萝，然后卖给过往船只；岸上看不见住房，更谈不上有小镇（Temple, 1914–1936）。17世纪末期，威廉·丹皮尔（William Dampier）从新加坡居民那里买了水果和海鱼，他很欣赏他们的小船，但也没提到岛上有城镇（Masefield, 1906: I, 559–560）。

1641年，荷兰人将新加坡列入柔佛王国的领土范围，并记载说，该岛盛产烧酒（发酵棕榈酒），周围海域鱼产品丰富（van der Chijs, 1887: 226）。同样，他们都没说那里有居民区。

荷兰东印度公司于1643年占领马六甲后，荷兰人实施一些政策，旨在将海上丝绸之路的交汇中心从马六甲转移到巴达维亚。荷兰人在苏门答腊建立的霸权地位无人能敌。这些政策导致新加坡地区的商贸活动逐渐衰落。

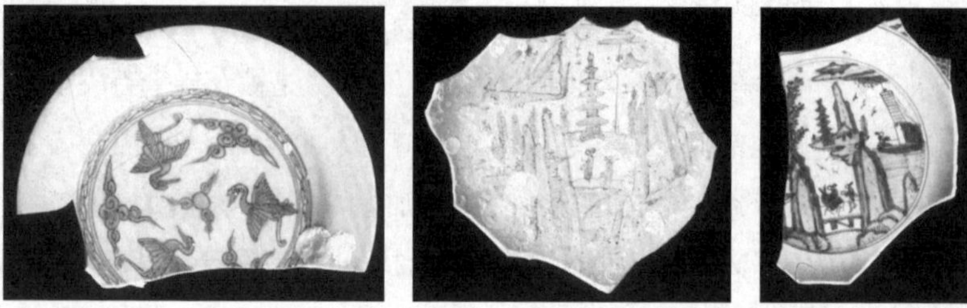

插图12.00　明末瓷器碎片，釉下钴蓝彩纹饰，是20世纪60年代末加冷河流域进行疏浚工程时偶然发现的。鉴于该地区的现代化开发，在该遗址开展考古研究现已不可能。

当发生上述各种冲突时，新加坡河畔的贸易仍在进行。在皇后坊遗址发现的中国明末（16世纪60年代到17世纪40年代）瓷器碎片可以印证（插图12.00）。20世纪70年代在加冷河流域进行的疏浚工程中，也发现了明末瓷器（Kwa, 2004）。葡萄牙巡逻船也许就停泊于加冷河口，等待来自澳门和马尼拉的大帆船。本来有希望开展系统的考古研究，也许可以重构当年该活动的性质，但目前如火如荼的开发建设已经毁掉了这种希望。

旧柔佛在1673年被一支来自占碑的海军舰队摧毁后，柔佛太子迁徙至新加坡。海军大将不久将他领到民丹岛，因此太子在新加坡逗留的时间并不长（Andaya, 1975: 99, 102 n. 63）。荷兰人称，柔佛的苏丹易卜拉欣王（Sultan Ibrahim Shah）在1685年去世时，新加普拉所有居民纷纷剃发，以示哀悼（Andaya, 1975: 138, 163 n. 55）。有一史料记载，1695年的笈巴港聚集了十座高脚屋，还有一座是“坐落于海峡中间的海关”，柔佛苏丹在此地征收捕鱼税（Careri, 1700: 312–319; 1777: Tome III, 362 ff.; 1745）。然而，没有证据证明新加坡有重要的贸易站。考古研究和史学研究都表明，到1650年，新加坡已被边缘化，回到了1300年之前的地位。

1703年，柔佛苏丹马哈茂德遇刺身亡后第四年，即丹皮尔到访后不久，柔佛统治者将新加坡岛出让给一个名叫亚历山大·汉密尔顿的英国船长。他是一位独立商人，不附属于东印度公司。汉密尔顿描述了当时出让新加坡岛的过程：

> 在前往中国的路上，我在柔佛短暂停留。他（苏丹阿卜杜勒·贾利尔）热情款待我，还要将新加普拉岛作为礼物赠送给我。但我告诉他，这个岛送给私人没什么用，不如送给一家公司在岛上建一个拓殖地，因为该岛正处在贸易区中心位置，拥有适宜通航的河流和风平浪静的海港，交通便捷，四通八达，船只往来河中，无不顺风顺水。

汉密尔顿显然不辞劳苦，到苏丹赠予他的地方考察了一番，岛上丰富的物产给他留下了深刻的印象：

> 土壤黑质、肥沃；树木繁茂，适宜制造上好的帆船桅杆，也是建造房屋的优质木材。在森林中，我看见生长旺盛的豆类，一点儿都不亚于欧洲最好的品种，可食用，也可美容；甘蔗壮实，茎径五六英寸……（Hamilton, 1930: II, 53）

他完全没有提及岛上有居民，这也许就是柔佛苏丹考虑出让新加坡的首要原因。苏丹可能知道新加坡拥有巨大的潜力，希望在那里发展商业，但他没有足够的人力去开发。汉密尔顿也有同样的处境，他没有资本单独开发新加坡岛，但他也预见该岛会成为一个繁荣的港口。

有人真把汉密尔顿的建议当回事了。1709年，一张笈巴港西部出入口的草图被编制出来，表明已经进行了港口水深探测。该草图编制时显然着眼于确定该地区的航行特性。直到110年后，莱佛士才切实利用这些已有的知识，但他似乎没听说过汉密尔顿在新加坡的事情，也没见过1709年的草图。莱佛士在1819年来到新加坡时，看到报告才知道马来人并没有忘记新加坡的历史。

1718年，西阿克邦小王篡夺了柔佛王位后便派遣一位信使到新加普拉，以争取海人的支持（Andaya, 1975: 250–264, 288）。海人首领罗阇内加拉（Raja Negara）当时仍与新加普拉地区保持联盟关系。50年后，布吉斯人与西阿克邦王侯爆发了一场战争，其间，西阿克邦小王的孙子罗阇伊斯梅尔（Raja Ismail）航行到新加普拉，“在那里，他苛刻地对待海人，强迫他们站在他这边，并勒令他们准备叭喇唬船和舢板”（Matheson and Andaya, 1982: 127–128）。1767年，罗阇内加拉带领他的人民与布吉斯人展开了一场海战，最终将布吉斯人从新加坡东海岸的丹那美拉赶出去（Matheson and Andaya, 1982: 127–128）。

中国清朝政策与新加坡

中国明朝于1643年灭亡，被清朝取代，但明朝的忠臣在效忠明朝的商人的帮助下继续在华南地区负隅顽抗，坚持到1683年。康熙皇帝在位期间巩固了满族人的统治，他没有报复那些前朝商人，反而开放商贸。关税为皇家带来了丰厚的收入，也为福建省和广东省增加了财源。

形成于明末的海外华人社区陷入微妙的处境。如果他们返回中国，朝廷担心他们会引起社会动荡，而在海外流寓又会被严惩。凡

“弃祖先之地而去”者都是“恶民”，“孽由自取”，都必须处以鞭打、流放或死刑。当华侨惨遭屠杀时，中国朝廷无动于衷，如1740年发生在爪哇巴达维亚的屠杀事件。华侨一旦回国，其实也是这样的下场（Ng, 1991）。

一个能说明问题的例子就是华商陈怡老案。陈怡老曾在巴达维亚居住了相当长一段时间，1750年归国返乡。他一直是巴达维亚华人侨领，但回国后被捕，发边远充军。[1]中国朝廷对华侨的政策往往前后矛盾，反复无常。拥有同等地位、生活在暹罗王国的华人回乡时就没有受到如此严厉的惩办。毕竟完全海禁会适得其反。不过，正如吴振强在1991年指出的，中国朝廷的海禁政策往往执行不力，而且这种政策不断加深中国东南部靠出海维生的百姓与中国内地官府之间的矛盾。

18世纪，英国的主要关注力放在印度，而他们在东南亚的唯一基地——西南苏门答腊明古连却只是一个地处偏远、价值不大的小定居点。1786年，英国占领了槟榔屿，从而扩大了在东南亚的作用。几年后，由于拿破仑战争爆发，马六甲短暂落入英国人手中。印度与中国间的贸易经历了17世纪的萧条后再度兴盛，并开始发展壮大。英国新出台的一些计划最终使得英国东印度公司在新加坡建立了一个据点，而这正是116年前汉密尔顿设想的行动方针。

莱佛士与新加坡的建立

莱佛士于1819年在新加坡建立英国基地的历史众所周知。如前所

1 陈怡老是龙溪县人，曾被任命为巴达维亚的华人雷珍兰（陆军中尉），携番妻番银回国时在厦门被捕。

述，他对新加坡在古代史上的地位了如指掌。1818年12月12日，莱佛士在英国短暂生活了三年后又重返东南亚，他登船后写信说：

> 我们现已踏上了驶向东方的征途，希望能有所作为。但我担心荷兰人不会给我们留下任何一寸立足之地。我关注的主要是柔佛，如果下次写给你的信是发自新加普拉古城的话，千万不要大惊小怪。（D. and J. Moore, 1969: 16）

莱佛士抵达新加坡后不久，便写信给朋友兼赞助者萨默塞特公爵夫人（Duchess of Somerset）：

> 您可以从马斯登绘制的苏门答腊岛地图上看到，海峡北边有一个岛，这个岛叫作新加普拉。这里就是古代马来人的港口都城，在六个多世纪前修建的要塞城墙内，我升起了英国国旗。（D. and J. Moore, 1969: 31）

莱佛士同时代的人并非都赞同新加坡历来是个古城这一史实。据船长约翰·克劳福德所述：

> 我们搭建帐篷的地方是一块一英里见方的平地，其中一部分从丛林中开辟出来。清澈透明的淡水小溪（小河）穿过这片土地……这块地是一个古老城市和新加坡要塞的所在地……这里看不到一丝昔日的辉煌痕迹，也没有被人发掘过的蛛丝马迹。至于说这里有过坚固的防御工事，更是见不到一点儿踪影，只有那些想象力丰富的人才能看出土坡上残存的土堡地基或部分土堡。土

堡沿小溪边缘蜿蜒而建，顺着海滩延伸……关于土城墙的记录，是史丹福爵士从一本古老的马来书中看到的。（D. and J. Moore, 1969: 20）

1819年，新加坡开始了新的历史篇章。新加坡的古代辉煌断断续续200年，当地人对此仍记忆犹新，不能忘怀。莱佛士是少数几个入乡随俗、主张新加坡融入亚洲交通网的欧洲人之一，他没有对这些传统网络置若罔闻，而是花很大的精力来理解这些网络，以便找出与他自己时代相关的信息。他显然将当地人心目中的新加坡古港概貌纳入他的新居民区建设计划的考虑中。

1350年至今，虽然新加坡的经济、社会结构、政治和技术已经发生了很多重要变化，但在新加坡的历史中仍然能够找到一些经久不衰、永恒不变的主题。1819年后，关于新加坡的历史文献显著增加，不过这些史料主要记载与殖民者相关的事务。新加坡的许多日常生活细节只有运用考古数据才能重建。

殖民档案中有些信息对于考古学家来说相当有用，例如，关于新加坡进出口贸易的早期地图和历史档案。近期重新发掘出来的新加坡地图，是制图师在1819年2月乘船开出新加坡南岸后绘制的，该图反映出那里已有众多建筑物。地图显示，有两个村庄，一个坐落于巴东海边，另外一个是赖亚特村（Ryat Village，位于现甘榜格南地区）（Langdon and Kwa, 2010: 6）。“赖亚特”是一个马来词语，意思是“平民百姓”或“皇家属民”。据当时陪伴莱佛士首次到访新加坡的丹尼尔·罗斯船长所说，该村村民主要是渔民。该岛内陆还有几片林中空地，华人在此加工甘蜜（棕儿茶）；这种植物有多种用途（插图12.01）。

1838年，新加坡的贸易产品多是海产品，包括鱼翅、海参、琼脂、珍珠以及“其他很多名贵产品”，可能与14世纪的情况大同小异。

插图12.01　苏门答腊岛的植物甘蜜。1819年莱佛士抵达新加坡时，当地主要的经济活动除了捕鱼，就是收获和加工甘蜜叶。这种叶子有多种用途，包括鞣革和制作蜡染布料。甘蜜业掌握在华人手中，他们生活在西北部山坡（现为克列孟梭大道）。

新加坡也进口中国的物品，如纸伞、中药材、糖果、布匹、神香和金饰带（Tagliacozzo, 2004）。关于这些物品，没有留下半点考古资料的记载。然而，考古学家却发现了文献资料几乎没有提及的其他物品：瓷器和玻璃。考古实物证据往往会形成与文本资料完全不同的历史画面。

殖民主义时代的考古与前近代时期的考古一样，是一个富有生命力的学术课题。关于19世纪大部分新加坡居民的生活情况，我们知之甚少。他们当年没有留下什么文字，也很少有人书写他们的情况。相较于14世纪的新加坡人，要重建19世纪新加坡人的生活同样很困难。考古发掘有助于人们了解近代早期新加坡人的生活。

福康宁

克劳福德当年在禁山上看见的古建筑遗迹目前已经全无踪影，只剩下几块残砖。1819年到1860年，禁山的英文名改为政府山，指山顶上的驻扎官官邸。华人对禁山的名字有其他叫法：皇家山。这也许是人们对禁山保留下来的记忆，或者是民众对居住于山上的统治者的认知。

新加坡的第一块墓地修建在禁山的东北坡上（插图12.02）。该墓地一直使用到1867年，直到被完全占用。新加坡的第一个植物园也建在禁山的低坡上，从这里可以远眺史丹福路。该园一直维持到19世纪20年代，后来因缺乏资金而被废弃。

1860年，军方接管禁山，并在山顶上修筑了一座大炮台，这座小山因此改名为“康宁炮台山”（福康宁山）。小山南端仍保留原有的功能：一是权贵的官邸区（英军军官宿舍就建在莱佛士的旧平房上方，见插图12.03），二是通信中心（建有旗杆、灯塔、报时球和电报站，见插图12.04）。20世纪20年代，福康宁被改建成英军的通信与管理中心。福康宁军事史的最后一笔，就是其中一座建于20世纪20年代的建筑在80年代被改作新加坡指挥参谋学院。

对福康宁的考古研究旨在发掘14世纪遗存，但需要挖开19世纪和20世纪堆积层才能探察到。在圣墓遗址，20世纪初建立了灯塔值事员住所，一直使用到殖民地时代结束。灯塔值事员主要是马来人，因此圣墓遗址上面地层的物质文化主要体现为马来人曾使用和丢弃的物品。

在福康宁殖民地时代地层出土的文物，有产自亚洲的物品，也有来自欧洲的产品。有些是福康宁山上的士兵使用过的东西，这些士兵

插图12.02　福康宁的19世纪墓地，摄于20世纪50年代。新加坡国家博物馆、新加坡国家文物局藏品

很多来自英属印度殖民地。因此，要厘清殖民地时期这些文物所反映的不同历史叙事并非易事。当地人也并非与外国人界限分明，这一点与人们的普遍观点正好相反。

福康宁出土的殖民地时代遗物可分多种类型。真正的兵器很少，因为福康宁山作为防御工事发挥作用的时间很短，而且所选择的考古挖掘地点离堡垒时期的建筑还有一定距离。殖民时期大部分文物都发现于圣墓遗址、消防（救火）局局长官邸，以及福康宁周边的其他遗址，如雕塑花园和电信台阶地，主要为日常生活用品，例如用于盛放

插图12.03　1846年8月31日，在莱佛士阶地（位于现在的福康宁）举行仪式，时任新加坡驻扎官威廉·约翰·巴特沃斯向柔佛天猛公达英·易卜拉欣[1]递交国剑，赞赏天猛公对遏制海盗活动的贡献。新加坡国家博物馆、新加坡国家文物局藏品

食物和饮用水的陶瓷器。[1]

新加坡在殖民地时代初期的文物中有一些吸烟丝用的土陶烟斗。制作白土陶长嘴烟斗的传统，可追溯到欧洲开始盛行用烟斗吸烟丝的17世纪。但到19世纪初，这种吸烟法已经不时髦了。圣墓地区发现几只这种烟斗，可能属于政府山时期。

还发现了一些与儿童有关的19世纪文物：一件瓷娃碎片和几个石头弹珠。也许住在福康宁山上的军官是带家属的。20世纪初，专门为

1　达英（Daing）为布吉斯贵族称号。

插图12.04　这幅画描绘了1913年新加坡作为通信中心的景象：旗杆、灯塔、电报局和报时球。100年前，这些东西构成了新加坡与世界其他地方联系的主要标志。设置此类商用设施，并由此传播信息，反映了700年前该地点的重要性，而新加坡统治者的王宫就曾坐落于这一位置。该画是一张大海报的一部分，它向公众解释飘扬在旗杆上的各种旗帜的意思。

已婚军人修建了宿舍。

在福康宁遗址发现的欧洲瓷器，主要是从英国进口的器物，如家用盘子。也出土了一些欧洲炻器，主要是墨水瓶和啤酒瓶。在殖民地时代地层发现的很多玻璃碎片都来自欧洲，其中大部分属于窗户玻璃和啤酒瓶。此外，还发现了透明玻璃碎片，属于高档酒会的水晶杯。

中国陶瓷比欧洲陶瓷更普遍。殖民地时代地层发掘出的最常见的陶瓷器物是青花纹饰碗，如双喜字样。福康宁山上也出土茶托，最普遍的图案是水草纹。也有中式瓷勺，但不多见，表明那些住在山上使用瓷碗的人不是华人。19世纪和20世纪的炻器相当普遍，器形包括大罐子和小型薄胎无釉器皿，这些小型器皿是用来熬中药的。

马来土陶器所占比例也较高，主要是烹饪锅的碎片，一直到20世纪60年代，英国人还在使用马来土陶锅。土陶锅的形状和大小与14世纪本地产的土陶器大同小异。殖民地时代的土陶锅也许都产自新加坡，但文献史料里没有提及。20世纪90年代，新加坡还有两家制陶厂生产陶瓷制品。其中一家是杨厝港（Yio Chu Kang）的三美光（Sam Mui Kuang）砖窑，这里使用传统的柴火龙窑烧制已有几十年，但后来改行做供应商，向陶瓷工艺师销售材料和设备。

另外，发掘出很多金属品的残件，大部分腐蚀严重。很多残件属于机器部件，如发动机和容器的一部分。还发现了殖民地时代数枚钱币。

哥伦坡阁/法院、皇后坊、国会大厦、新加坡板球俱乐部草场、圣安德烈座堂

所有发现了前殖民地时代文物的遗址也都出土了殖民地时代的陶瓷器物。对这些器物尚未进行深入研究，因此目前可谈论的事情不多。本书前几章已展示了早期的文物，对这些文物进行了不同遗址的同类型文物的比较分析，这一方法也将运用于对殖民地时代文物的研究。

在几个遗址里都发现了荷兰东印度公司的钱币（插图12.05），包括哥伦坡阁遗址、皇后坊遗址和苏丹王宫旧址。尽管荷兰东印度公司在1799年已经寿终正寝，但这些钱币直到19世纪初期大概还在新加坡流通。在哥伦坡阁遗址，发现了51枚荷属东印度（荷兰东印度公司解散后印尼殖民地的新名称）的钱币，全部发现于2号探方g2位置，其年代在19世纪50年代末至60年代。

2004年3月，在圣安德烈座堂遗址发现了一件火枪的引火燧石。英军一直到1838年都还在使用这些引火燧石（Clarke, 1935）。这也许是

插图12.05　发现于皇后坊遗址的荷兰东印度公司铜钱，铸造于1735年，但可能几十年后才传入新加坡。

1819年护送莱佛士到新加坡的某个印度兵在安营扎寨时遗留的。皇后坊遗址出土了一件石模和铅弹，表明19世纪初弹药是在该地点制造的。

西贡岛、达士敦山、苏丹王宫旧址

研究这三个遗址，旨在了解新加坡人在殖民地时代的生活。西贡岛（Pulau Saigon）是新加坡河上的一个小岛，后来因建中央高速公路的马真路和克列孟梭路的立交桥，西贡岛便消失了。该岛在19世纪有多重用途，包括仓储、走私和焚烧垃圾。在此地尚未展开系统的考古挖掘，但许连发（Koh Lian What）先生已经做了一些重要的表层收集工作。已有几部关于该遗址的著述（Koh, 1990; Low, 1996; Barry, 2000），但还没有对文物进行全面的分析。

西贡岛遗址埋藏几种类型特别的瓷器，数量巨大。这些瓷器来自中国、欧洲和日本。商贸货物很可能在该岛卸货，而那些在运输过程中损坏的货物被就地丢弃。还发现了大量的玻璃片。发现的其他较重要的文物有引火燧石（来自欧洲）、贝壳及鱼骨。在新加坡考古研究中，西贡岛是一个截然不同的典型遗址：它既是商业区也是工业区。对这种区域的研究凤毛麟角。

考古学家已对各遗址进行了研究，收集了一些课题的相关信息，这些课题包括：英军军官与士兵的地位差别；英国殖民主义在世界各地的不同影响；比较北美的英国殖民者与其他殖民者；比较19世纪殖民社会与始于罗马帝国的早期殖民体系。

美国考古学家研究过美国的早期华人聚居区。研究涉及19世纪加利福尼亚州华人的饮食与娱乐等问题。新加坡在这一领域具有尚未开发的巨大研究潜力，达士敦山就是这样的遗址，但达士敦山的很多文物已经丢失。

1989年3月，市区重建局对该地区进行了重大开发建设，在此期间，丹戎巴葛社区中心赞助开展了一项考古研究计划，以补救目前文物流失的状况。沿达士敦山选定了四处遗址来做研究，这些地点位于前人力车总局的西边、丹戎巴葛路与尼路（Neil Road）交界处。

1822年，丹戎巴葛一带的小山尚无人居住。1844年，在接近小山顶的位置矗立起一座大建筑物，成为尼路与丹戎巴葛路之间多个种植园的东端边界。此建筑可能是达士敦山第一位买主修建的木质别墅。此人名叫蒙哥马利（J. W. Montgomery），1819年作为外科医生来到新加坡，并很快成为小镇上的头面人物。他被任命为第一批治安官的一员，而且一旦第一任驻扎官威廉·法夸尔上校发生不测，他将接管指挥大权。1836年，他为成立新加坡农业与园艺学会出了力。

19世纪30年代，在新加坡的许多欧洲人力图开辟种植园来种植农作物。丹戎巴葛正是种植园的主要开拓地，因为这里的土地价廉实惠，排水状况较好，而且有绝后岛（圣淘沙）和布拉尼岛为这里的山岗阻挡狂风巨浪。

1835—1839年，蒙哥马利购买的地盘后来被称为达士敦山和克雷格山（Craig Hill）。蒙哥马利的肉豆蔻种植园面积约40英亩，其中有两所住宅，分别叫埃弗顿（Everton）和达士敦（Price, 1921: 82）。达士敦是蒙哥马利以其好友何塞·德·阿尔梅达博士的住宅名命名的。1841—1842年，蒙哥马利住在谐街的街角。我们还不知道谁是达士敦住宅的新主人。也许是麦克米金（T. McMicking），他是新加坡书院（Singapore Institution）最早的理事之一（Buckley, 1984/1902: 130）。1835年9月26日，该住宅发生了惨案（Buckley, 1984/1902: 274）："华人团伙的数名歹徒闯进麦克米金先生的家，对他拳脚相加，他毫无还手之力。这伙人将房间洗劫一空，然后逃之夭夭。”19世纪初，这类袭击在新加坡郊外并不常见。

起初，达士敦山的肉豆蔻种植园十分兴旺，闻名遐迩。1842年，蒙哥马利种植的肉豆蔻还在伦敦竞赛中压倒了英帝国其他殖民地对手，摘得大奖。我们不知道是谁为蒙哥马利种植肉豆蔻的，但很可能是他从附近的水果种植园招募的华工。

19世纪50年代，新加坡的肉豆蔻种植园开始走下坡路，到1864年，只剩下一家肉豆蔻种植园（Lim, 1958）。蒙哥马利于1856年死于霍乱，达士敦山和克雷格山随即被拍卖。达士敦山的面积为17.5英亩（约7公顷），包括900棵肉豆蔻树和一幢住房。赛义德·阿都拉·本奥玛尔·阿裕尼（Syed Abdullah bin Omar Aljunied）先生买下了达士敦山14.7英亩面积的土地，然后分成四块地，分别出租给几个有钱的华人开发商和一个名叫亨利·休伊森（Henry Hewetson）的英国人。不过，休伊森在1879年也将他的地转租给一个华人富商。

1881年达士敦路只有四幢房子（Bogaars, 1956: 140）。1888年，达士敦山获准开建商店。1899年，丹戎巴葛码头公司买下该地区，然后出租给开发商。1907年，达士敦山道建成。20世纪头十年，该地区已发展成型，具有了现在的规模。有一段时间，新加坡的克兰芝铁路（Kranji Railway）经过达士敦山旁。1906—1907年，这段铁路延长，从登路延伸到码头，但引起各方抱怨抗议，认为铁路带来噪音和各种不便，因此在1912—1914年间，这段铁路被拆除，开辟为带状森林公园，至今尚存。

1895年和1905年，在达士敦山兴建了一批住房，计划作为中产阶级的公寓。1895年，怡和轩俱乐部[1]建于达士敦山28号，但没有关

1 新加坡历史最悠久的华人富商俱乐部。

于俱乐部创始人的名字记载，可能都是当地一些头面人物。俱乐部主席可能是林推迁（Lin Tui Chian），他20岁就背井离乡来到新加坡，从一个船夫变为一名轮船海员和货物转运商，来往于马来亚和新加坡之间，然后又拥有了锡矿和种植园。他主张以和为贵，调停宗族帮派的争斗，从而赢得威望和敬仰。同时，他还是一个帮会的掌门人，这个帮会叫义兴三合会，纪律严明。

20世纪初，有些商店出租为猪仔馆，作为苦力的栖息之地。达士敦地盘不久就被讲福建惠安方言的各帮派瓜分。这些帮派主要由体力劳动者组成，如人力车夫、建筑工人和水手。达士敦地区于是变为这些帮派的战场，他们经常相互斗殴，以保护各自垄断的人力车营运地盘。惠安公会一般作为和事佬，为各方进行调解，以制止不断的争斗。一般来说，他们打斗的武器仅限于随手可得的东西，如砖头、瓶子或人力车上的棍棍。不过，有时打斗也会升级为炮火相向。据说妇女也会加入斗殴行列，她们从窗户向外扔花盆。斗殴之后，经常是满地玻璃，一片狼藉。

富裕的人也许因这些斗殴造成的社会混乱而纷纷离开。1911年，达士敦29号的俱乐部被改造成马车夫的住所，马车夫都来自印尼的巴韦安群岛。赌摊、鸦片馆和妓院在这一街区比比皆是。到1911年，丹戎巴葛人口相当密集；雪上加霜的是，许多地方水质肮脏，垃圾成堆，通风不畅，疾病肆虐。

老房子后面的小街小巷环境恶劣，垃圾成堆。因此，1989年3月进行的考古挖掘主要集中在两个地方。一处是达士敦山28—29号俱乐部旧址后巷，这里长满了木瓜树——也许是人们扔掉的木瓜籽后来长成的树。从考古学角度来看，这一地点非常理想，因为地下土壤形成多个叠层，地板砖之间夹杂着砖石、石膏、陶瓷、金属、石头和玻璃。

另一处位于达士敦山15号和16号住宅之间的小道，分为两个区域挖掘。15号住宅是达士敦最大的屋宇，曾经是吴殿元（Goh Tian Guan）的豪宅，他做煤油生意发家致富。此处豪宅后来出租为猪仔馆。此外，他还经营家族企业，制作神香和水粿。再往北一点儿是政府用地，用作皮影戏表演。据我们所知，16号房屋一直作猪仔馆用，以赌馆和鸦片屋著称。靠近巷子东边尽头，在地下约75厘米处发现了一根横梁、一大块木和许多木头碎片。所有木制文物的年代都在19世纪，很可能是蒙哥马利府邸的残留物。其他比较有趣的发现是一些精致的青花瓷器和一件陶瓷滤水器的残片。

在一号发掘区和三号发掘区发现的遗物也许与这条街上其他住户的活动有关。值得注意的是，达士敦山1号是一所屋舍，在一楼有几个房间和一张鸦片床；13号、24号和47号房屋为住宅；1A号、12号和26号都是苦力居住的猪仔馆；这条街上唯一的商铺是35号的一家小食品店；23号是一座庙宇，叫道缘福堂，里面有人制作神香。

在几处不同地点里发掘出的文物包括大理石弹珠玩具。据一位受访者所述，这是当地孩童爱玩的一种玩具。在一号发掘区还发现了很多金属件，大多数被确认为油炸锅的残件。还发现了大量的蛤蜊壳、珍珠贝壳和动物骨，都是本地居民留下的食物残渣。

陶瓷器有土陶器、炻器和瓷器。在土陶器中，所有碎片似乎都来自圆底煮锅，厚外翻口沿，是传统的东南亚器形。瓷器主要为白色釉下青花碗。有一部分碗的内壁有无釉堆叠环。只有一件被确定为欧洲大盘的残片。碟子比较常见，没有杯耳的茶杯也较多。只发现了一件土生华人用的物件——小杯子，这种尺寸的杯子一般用于承装祭坛上的供品。

炽器数量大，主要是平底储存大罐的残片。这些罐子施酱釉，器肩有压印纹饰。还有一些内壁施褐釉的平底罐和带水嘴的容器。有14只完整的杯子，褐釉不均匀，平均直径4厘米，宽3.6厘米，再加上几个杯子碎片，大部分是在一号发掘区的第三分区和第四分区找到的，曾经用来盛放鸦片。在三号发掘区的第一分区还发现了一件炽器小花瓶。其他较普遍的炻器器形包括四方口沿的洗手盆和铅绿釉小瓶罐。

许多玻璃瓶被发掘出来，其中有些完整无缺。可惜的是，旧玻璃瓶的研究是一门专业领域，该专业在新加坡尚未发展起来。未来对这些文物的研究将会揭示这些器物的用途，同时反过来告诉我们达士敦居民怎样生活。有一些非同寻常的文物，如骨质牙刷柄，其中一支的造型是两手相握，另一支则绘有中文题字“东正栈制”；还有一根象牙大秤杆，上有题字“客似云来”，即希望顾客云涌而来。另外，还发现了几枚钱币，有些是康熙和乾隆年代的，即17世纪末到18世纪，但这些钱币可能是在铸造后过了很长时间才传入新加坡的。

1989年达士敦山考古发掘

该地位于牛车水里，被市区重建局定为保护区。这里最早出现的是富人街区，1900年左右建了不少大宅，后来由于丹戎巴葛码头发展起来，这里沦为下层居民区。该区的大多数住房近年来都被重修，变成餐馆、咖啡厅和精品店。

插图12.06　1989年达士敦山的房屋

插图12.07　在达士敦山15—16号发现的鸦片杯子，可能是20世纪初住在这里的马车夫留下的

插图12.08　达士敦山15—16号住宅后面的挖掘现场

苏丹王宫旧址

1819年，莱佛士新立了一位新加坡苏丹。在与东姑隆就英国在新加坡建立贸易站的要求达成协议的基础上，莱佛士承认东姑隆为新加坡的苏丹胡仙，而当时这位东姑隆正因争夺廖内王位失利而大失所望。不久，新苏丹的忠臣们开始与廖内天猛公的大臣们发生争执，针锋相对，毕竟新加坡和柔佛名义上原本是天猛公的领地。莱佛士随即将领地一分为二，让双方各占一半。他将天猛公遣往西边的直落布兰雅，而把苏丹派到相反的方向——东部的甘榜格南。1820年底或1821年初，甘榜格南建起了一座王宫（Hill, 1970: 105）。后来又增加了几个宫殿，直到1840年才完成，这就是至今仍矗立在原址上的王宫。

1834年，英军驻新加坡司令的妻子海丝特·索菲亚·普赖尔（Hester Sophia Prior）在甘榜格南生下一个女儿后便病逝了（Harfield, 1988）。显然，他们就住在新加坡苏丹的王宫周边社区里。一些欧洲人很可能就驻扎在王宫边上，以保护王宫的安全。

1824年《英荷条约》签订后，英国人不再需要苏丹同意就能占领新加坡岛，因此单方面修改了先前订立的协议。根据原来的协议，苏丹只向英国人提供东南沿海地区的一小块土地，大约一发炮弹射程的宽度（3英里或5公里），但协议修订后英国人可占有整个新加坡岛。苏丹胡仙对此愤愤不平，后来便迁居马六甲，一直到去世，葬于丹克拉清真寺（Masjid Tankerah）。天猛公后人的情况要好得多，他们在柔佛孤军奋战，维护自身权力，最终被承认为独立的苏丹王国。

19世纪中叶，新加坡苏丹王室的法律地位日益模糊。英国政府给王室某些成员支付津贴，但不允许他们拥有任何职权。在19世纪末至20世纪初的一起诉讼案中，法院判决苏丹王宫属于国家财产，归英国政府所有。但苏丹胡仙的后人一直居住在王宫内，并领取新加坡政府补助津贴，直到2000年。1999年，新加坡政府向仍健在的苏丹亲属一次性发放了补助津贴，王宫重新归政府所有。

当时，王宫已破旧不堪，屋顶漏水，周围还搭建了许多临时建筑，空地被用作停车场。因此，政府决定，将王宫旧址改建为马来传统文化馆（Taman Warisan Melayu，或称“马来文化遗产中心”），以传承新加坡的马来文化和历史知识。为了获得王宫和王室成员的文化遗产资料以便进行研究和诠释，2000年4月开始对王宫展开考古挖掘，断断续续直到2003年中期。

在王宫四面都布方，划分了发掘区探方，对有围墙的王宫院子东北角也进行了探查。这一区域（5号探方）证明有早期王宫建筑的遗迹，可能是1840年前由胡仙修建的苏丹王宫的地基。

从各个探方区内都挖掘出大量文物，包括陶器、玻璃和钱币。钱币种类广泛，其中荷兰东印度公司的3枚钱币特别奇妙，都是1799年荷兰东印度公司破产前铸造的，在英国占领新加坡初期，这些钱币肯定还在此地流通使用。在皇后坊遗址和哥伦坡阁遗址发现了更多钱币。有些是早期的中国钱币，一枚是康熙年代（1662—1722年）的钱币，还有一枚是所谓“苏丹女眷之岛系列”（Island of Sultana series）的商人代币（相当于一铜板），其年代为伊斯兰历1219年（公元1804年）。

对苏丹王宫的考古挖掘有几件出人意表的收获。我们发现，王宫使用种类繁多的欧洲陶器，这些昂贵的陶器来自英格兰、苏格兰、法国、德国和荷兰。其他陶瓷包括中国瓷、日本瓷和本地土陶器。

有一种类型特别的土陶器，与马来人的风俗习惯密切相关。在马来社会的传统中，一个婴儿诞生后，要举行胎盘埋葬仪式，因为人们相信胎盘也拥有某种灵魂。一般来说，胎盘会放置于一个土陶瓮中下葬，这一做法也许来自史前罐葬的古老习俗。在王宫东面的地下发现了几个这样的土陶瓮，这地方显然曾经是王宫的花园，2000年那里还生长着一排高大的芒果树。

小结

对殖民地时期新加坡的考古研究，并不比对14世纪的新加坡研究先进。这不是因为缺乏材料，而是因为缺少时间，缺少受过专业训练的人员。尽管如此，还是系统地发掘出大量文物，为以后的研究提供材料。

令人惊讶的是，相较于14世纪的遗物，19—20世纪的新加坡遗存，质量更为逊色。14世纪的海上丝绸之路给这个处于季风与航运交叉路口的小岛沿海地区带来了高贵而精致的物品。19世纪，产生了另外一种类型的社会，这是一个规模化生产廉价消费品大行其道的时代。这样的差异，意味着早期到新加坡的外国商人与英属殖民地时期的外国商人属于不同的阶层。14世纪的商人可能主要与当地上流社会打交道，而不是混迹于平头百姓之中。也许14世纪的新加坡在当时是一个异常富裕的社会。虽然汪大渊没有这么说，但很可能在他到访新加坡之后，这里便开始繁荣起来，此时距新加坡聚落建立仅过了30年。14世纪中后期也许正是新加坡岛的鼎盛时期。

插图 12.09　爪哇茅屋，原来位于王宫至海滩的路上，现已拆除。

插图 12.10　芒果树园原址保留的胎盘瓮，出土于苏丹王宫旧址。

苏丹王宫旧址文物

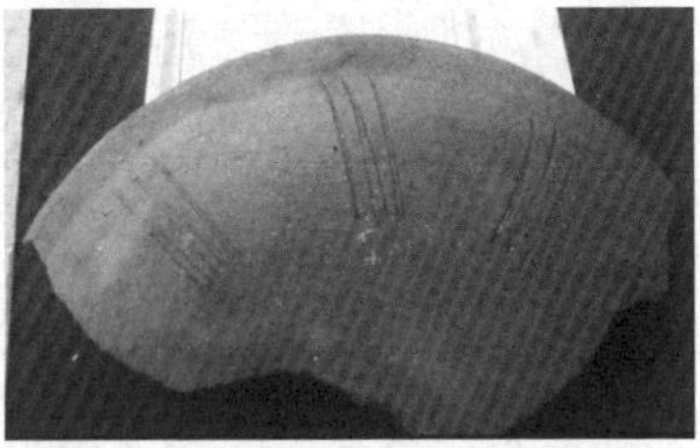

插图12.11　殖民地时代的刻画纹饰马来土陶器

插图12.12　荷兰瓷盘，印花装饰（海绵戳印）

插图12.13“浓艳的荷兰”（“Gaudy Dutch”）瓷器

插图12.14　20世纪初使用的黄铜壳子弹

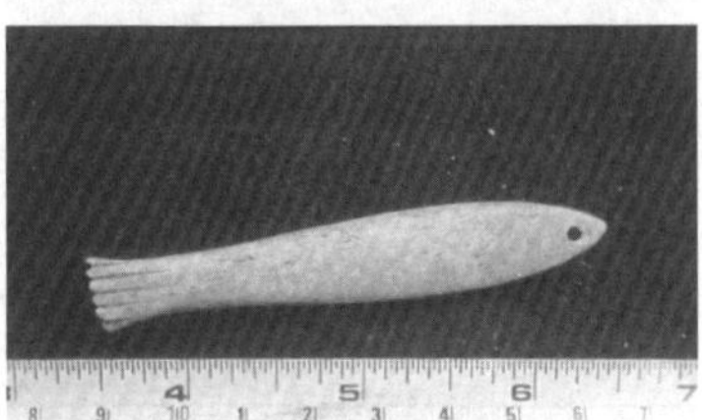

插图12.15　骨质牙刷柄

插图12.16　大理石弹珠，常见的游戏玩具，后来逐渐被玻璃弹珠取代

结语

古代新加坡、城市生活与商业活动

对许多人来说，“古代新加坡”一词始终具有矛盾性。考古研究显示，到1350年，新加坡已经是一座繁荣的城市。这个地方似乎是从一个从未有人踏足的蛮荒之地突然出现的，并且在此后五十年里成长为一个先进且结构复杂的社会：拥有御敌入侵的防线；钱币是这里日常生活的必备品；匠人术有专攻，业有所长；外来宾客称这里的官府和百姓品行质朴；不同种族、不同国度的人在此和睦相处，服从当地首领的领导。

建城伊始，新加坡就不得不自我保护，防范来敌，并小心翼翼地与爪哇和暹罗这样强大的邻居保持平衡关系。15世纪，新加坡很多人迁往马六甲，但新加坡并没有被遗弃。15世纪30年代，航行于海上丝绸之路各处的船只仍然把新加坡当作船只汇聚的地方。17世纪初，新加坡也还有自己的本地首领。此后，新加坡卷入了诸多国家的争斗中，各方都在争夺马六甲海峡南端入口的控制权。因此，新加坡所有居民纷纷离开，只有生活在船上的人留了下来。荷兰人制定政策，迫使所有商人停靠西爪哇巴达维亚，这可能是导致新加坡古代历史走到尽头的部分原因。不过，17世纪，整个亚洲的贸易都出现严重萎缩。也许在这一地区，城市人口都有所减少。更多人无法再靠相互依赖的商业网生存，而必须自谋生路、自给自足，因此不得不返回农村地区，从事维持温饱的生产活动。

在沉寂了200年之后，新加坡于1819年突然苏醒。这种苏醒是由一个人引发的，他坚信有可能重振这个马来文化中心和商业中心（后来证明这一信念无比正确）。假如新加坡不具备某些特质，振兴大业也是不可能实现的。这些特质包括：具有战略位置；政府公平开明；更重要的是，这里的人勤劳肯干，眼界开阔，虽然拥有不同文化、语言和宗教背景，但都能和谐相处。

繁荣时期的新加坡以提供服务为基础，而不是依靠制造产品，或使用政治力量控制领土。现代新加坡社会恰恰反映出700年前这个海岛的生活形态。技术水平和地缘政治环境会出现变化，但一个港口城市要想生存下来，必须具备某些数千年恒久不变的特质。

古代新加坡的城市生活

生活在14世纪的新加坡是什么样的体验？城市生活有多种形态，在不同文化中，城市空间的分配方式各不相同：有些注重宗教活动，有些强调政治体制、商业活动、生产制造、聚居区、防御工事、娱乐设施，甚至还有农业。要想彻底了解古代城市的生活状态，就必须详细研究这座城市。对空间利用的不同侧重，与生活在这个城市的人们的许多极重要的生活特征相关联。

要想获得一个古代城市利用空间的完整场景非常困难。达到这一目的，需要开展系统的取样计划，需要保存相对完整的、能够反映不同生活活动类型的遗址，还需要进行艰巨繁重的考古遗物处理工作。这些遗物单独看起来可能普普通通、微不足道，但大量堆放在一起，即使是毫不起眼的陶片，可能也比任何壮观、精美的庙宇废墟或雕塑更能说明问题，更有助于考古学家得出结论。令人惊讶的是，虽然新加坡在20世纪经历了密集的开发建设，它仍然能够满足那些条件。

古代新加坡研究成果之丰硕，超出人们的预想。其中有几个原因。原因之一是遗物密集分布：这座古代城市的边界似乎很清晰，其城界为新加坡河、福康宁山、史丹福路和以前的海岸线。在牛车水和勿拉士峇沙公园（现新加坡管理大学所在地）进行的研究项目，没能找到14世纪城市超过边界的证据。这很好理解：古时，新加坡河南岸为沼泽地带（19世纪20年代被填埋造地），而史丹福路和甘榜格南之间的沼泽地在19世纪20年代令人生畏，没人敢贸然进入。

这种人口聚集，以及人类在界定清晰的地域内进行活动的情况在古代东南亚并不多见。汪大渊在14世纪30年代所描述的永久性防御设施在当时实属罕见，而且到了19世纪20年代仍屹立不倒。许多古代东南亚城市也建有防御设施，但在大多数情况下，使用的都是易朽材料。面对强敌入侵，他们最擅长的策略不是迎战抵抗，而是弃城逃跑（Reid, 1980），这正是古代新加坡在早期东南亚历史上独树一帜的几方面特点之一，也由此引发了一些有趣的历史问题。

新加坡考古工作之所以成功，还由于这个古代城市的大部分地区正好被19世纪的城市规划者作为公共空间保留下来。大草场、圣安德烈座堂以及福康宁属于这类开发利用的例子，而其他地方尚未开发。

所以我们非常幸运地探索到这座古老城市的重要部分。假如有机会研究那些已经被破坏的古代新加坡区域，那就最好了。不过，考古学家的工作就是在残缺不全的历史标本中进行梳理和推断。在这一领域，存在一些不确定性也是在所难免的，毕竟文物保护工作不可能面面俱到，天衣无缝。

人们普遍认为新加坡是一个相对年轻的地方，是一个从沉睡的沼泽中刚刚苏醒的现代都市。新加坡缺乏历史特质，人们慨叹这是造成新加坡缺乏认同感的原因。但是，我们的考古发现可以证明，新加坡并不是东南亚的一个年轻城市，恰恰相反，它是最古老的城市之一。相比之下，吉隆坡、曼谷、内比都、金边和马尼拉都是后来很晚建立的城市。如今，我们已经有了新加坡古老历史的新证据，但这些证据是否仅令人好奇，是否仍然被视为无足轻重的古董而无助于形成这个国家的现代认同感呢？这是一些有趣的问题，让我们拭目以待吧！

新加坡14世纪遗址已经发掘出数十万件遗物，显然足够用来对这座古城的空间利用情况做一般性定论提供证据。每处发掘遗址都显示出独一无二的特点。

在福康宁山，山坡的上半部似乎曾经是王宫和庙宇区。半山腰是皇家工坊区，在这里发现的一些遗物极为罕见，有些甚至在可能的制造地（例如中国）都没有见过。没有找到古代君王生活的具体地点，也许是在1860年修建要塞，或在1926年修建水库，又或者在20世纪60年代修建电信塔时被破坏了，也可能在此期间数度遭到破坏。

按说住在王宫里的是一位富有的国王，但在这个遗址没有发现钱币，这似乎有些怪异。但实际上，这并不奇怪。在古代“贸易港口”模式中（Miksic, 2004），国际贸易不会使用钱币来交易，自然也就不会在王宫里发现钱币。没有在福康宁发现钱币，说明那些出土的舶来品不是买来的，而是通过邦交活动获得的。山上也有可能曾经存在一座金库。如果是这样，那么中国钱币就只会在一处地点被发现，而不是散落在遗址各处。也许有大量钱币堆在一起，埋在山上某处，也许已经在开发建设中销毁殆尽。

商人汪大渊描述了新加坡的商业景象，但没有提到物价和市场。我们可能无法从他的记载反证任何结论。汪大渊省略了很多情况，很可能是因为那些情况都属于常识，无须赘述。人们可能在市场使用中国钱币购买日常用品，但在进行国际贸易时，就像15世纪在马六甲进行贸易一样，按照约定俗成的兑换率进行易货交易。

国会大厦所在的地点曾经是一处商业和产业中心。在这里进行制铜生产。在此发现的大量钱币证实这里为商业区。14世纪的皇后坊地区是一处经常被浸泡的河岸，船只很可能在此装货、卸货。打进泥土的木桩可能用来支撑码头、船坞，也可能用来支撑房屋。新加坡板球俱乐部附近的大草场也是一片产业区。有证据显示，中国钱币在这里被熔融后重新铸造。不过，我们还没掌握完整证据来确认这个结论，因为我们只找到了熔融的钱币，而没有找到铸造新钱币的证据。

国会大厦在禧街对面的遗址受到严重扰动，而且面积过于狭窄，无法判断用途。在旧国会大厦，我们的判断力大打折扣，因为这里只允许进行有限的发掘。尽管如此，在这里发现并交给科学家研究的遗物是新加坡独一无二的。在这里至少发现了11个完好无损的水银瓶，以及许多同类器物的碎片。我们无法重建这些瓶罐的用途，或者解释它们为何如此密集地分布在同一个地点。不过，那里有可能进行过某种特殊活动。

在圣安德烈座堂进行的研究项目中，最有趣的特征是，所发现的遗物在分布和特性上都很不规则。这处地点有些地方能发掘到密集的

14世纪遗物，而其他地方几乎一无所获。为什么会出现这种情况，我们不得而知。不过，有可能是因为这一地区古时候经常受到洪水侵袭。即使在今天，地下水位也只有1.5米深，而且大雨过后，地面容易积水。人们也许有意避开这些地方，因此没有发现任何遗物。尽管如此，圣安德烈座堂草场也是新加坡唯一一处幸运地发现完整遗物的地点。

福康宁在古代新加坡享有尊贵的地位，但可能也是最先被遗弃的地方。1822年，约翰·克劳福见到的废墟也许是15世纪马来人皈依伊斯兰教后遗弃的佛教寺庙。位于山坡顶端的王宫也许是在同一时期，也就是新加坡成为马六甲属地时被遗弃的。

皇后坊是古代新加坡最后被遗弃的地方。16世纪晚期的陶器确认了葡萄牙人的描述，证明这里是马六甲陷落后的一个小型贸易聚居区。加冷盆地出土了16世纪晚期的陶片，但都是在海里发现的。开发建设已经使我们无法确认此地是否曾经存在一个陆地上的聚落。

“加冷”这个名字并没有出现在早期地图上，但地图上有过其他名字，如“丹戎禺”“丹那美拉”和“勿洛河”；也许那里的地下还藏着早期村庄遗迹。新加坡东北地区在16世纪也许还有人居住。1987年，在乌敏岛发现的土陶残片，与在旧柔佛时期的近代遗址发现的陶片相似。

因此，可以说，早期新加坡的空间利用是多样化的，具有专业分工。空间利用模式反映了一个社会的整体面貌。这一特质说明，我们同样应该认为新加坡人口也具有多样性，具有专业分工。马来人和华人并没有分开居住，而是相伴而居。在此居住的很可能还有来自南亚和东南亚其他地方的族群。尚没有其他东南亚古代遗址能够提供如此精确的信息。

14世纪的新加坡到底有多少人居住？这个问题只有通过研究更多遗址才能回答。只有对古老城市区域进行更多的考古发掘，才可能获得精确度更高的统计数据，进而估算出这里的古代居民规模。

遗憾的是，很少有东南亚古代遗址像新加坡这样进行过深入的考古研究。这并不是说我们现在已经对新加坡了如指掌。但比起这一地区同一类型、同一时期的其他遗址来说，新加坡做了更多的记录归档。不过，也许可以将世界其他地方的考古研究的一般性成果，与本地区其他遗址得出的具体数据进行比较。

从比较角度看新加坡

古代新加坡与欧洲在同一时期，即文艺复兴早期，开始形成商业城市，在这一点上并没有什么差异。新加坡并不是一个主要商业城市，它的存在与表现形态是由其所追求的经济目标决定的。虽然在福康宁山上发现了用精制的砖修建的建筑，显示这里发挥过重要的礼仪功能，但这里的纪念性建筑似乎要比爪哇或暹罗的规模小。

人们将城市社会分为两种类型：直向演化型（orthogenetic）和异质型（heterogenetic）。在直向演化型社会中，谋求稳定是主要任务；而异质型社会更追求发展变化。位于类型分界线一端的直向演化型社会包括柬埔寨的吴哥，这里的大部分人口可能都属于农业人口，大部分空间和资源都分配给王宫、盛大场面和宗教活动。而古代新加坡不符合直向演化型城市的衡量标准，它更靠近异质型社会（Miksic, 2000）。在这样的社会里，人口密集，经济活动复杂多样。

学者们对早期东南亚是否拥有城市生活持怀疑态度。一位令人尊敬的历史学家在几十年前就指出，印尼早期伊斯兰教时期的文献中从来没有关于城市的描述。他由此得出结论：

> 说起城市生活，要记住，就是指赋予以王宫为中心的社会环境一种独立的形态和意义，即便是15世纪的马六甲，或17世纪的班达亚齐，都不曾存在这样的形态和意义，直到欧洲征服者到来后，迫使君主们放弃宗主权，才带来永久性城市和人口……（Day, 1983: 143）

新加坡考古发掘，以及在其他14世纪遗址如特洛武兰的考古发掘都表明，东南亚一些早期港口的社会环境并非像保留下来的文献资料所显示的那样，不能与世界其他地方的城市相提并论，而是更适合进行比较。

新加坡并不是东南亚最早演化成型的城市。异质型城市可能早在3世纪就出现在越南。到新加坡出现时，这种聚居模式在马六甲海峡已经有过几个先例。也许有朝一日，在苏门答腊和马来半岛的进一步考古发掘可以让我们了解马六甲海峡古代异质型城市的完整体系。

新加坡与14世纪近代欧洲港口城市具有许多相同的特质，都在经历了相对黑暗的千年之后迎来城镇和贸易的兴旺复苏。商业活动也采用了现代形式。在中世纪，封建王朝权倾一方，一般都盘踞在土地肥沃的农业区域中心地带；国王通过控制剩余农产品和劳动力掌握着大权，而劳动力则常常是依附在土地上的农奴。14世纪和15世纪，新的城市以贸易港口的形式出现在地中海沿岸，这些城市处在旧王朝的边缘，而非中心地带。

中世纪欧洲的农业社会一般为军事化社会，等级森严；都城筑有防御工事的城堡和巨大宗教建筑，如大教堂。新的港口城市（或者叫

“贸易港口”）依靠从印度洋进口奢侈品而聚集大量财富，其中包括来自印尼的香料。这些贸易港口由寡头联盟统治，他们更喜欢与竞争对手进行谈判，而不是武力征服。由于这些贸易港口所管辖的领土面积很小，他们的政府类型与王国不同。有些港口城市“与内地的联系少得惊人”（Fox, 1971: 62）。事实上，“有证据显示，（商人）根本不觉得有必要归属任何政体”（Ibid.: 69）。

各个族群在早期新加坡发展中起了什么作用？汪大渊称新加坡的首领为“酋长”。这个词意味着他要向更高政治权威称藩纳贡。显然，新加坡一直处于马来人统治之下。这与14世纪末到15世纪初的巴邻旁不同，那里的首领为华人移民或华人移民后裔。汪大渊说龙牙门“男女兼中国人居之”，说明在他的想象中，中国人本“不”应该与当地人混居。毕竟在中国港口（中国很少有向外国人开放的港口），传统的做法是将外国商人限定在番坊居住，而且不允许他们与当地居民往来。据欧洲人记载，在15世纪的马六甲、16世纪的爪哇和17世纪的巴邻旁，外国人被限定居住在特殊区域。

那么，为什么新加坡与大多数已知的古代港口不同，外国人在此可以与当地居民混居？这是关于古代新加坡的诸多疑团之一，也许永远得不到答案。不过，我们可以有把握地说，新加坡是目前已知的最早有海外华人社区的地方，这一点是考古学和历史学都证实了的。

1500年，马六甲华人拥有自己的聚居区，也称甘榜（村）。那么，是官方限定他们居住在那里的，还是他们自愿聚居以求自保？在淡马锡没有“华人村”，这也许说明那里很安全，华人也就认为没有必要自己修建防护围栏。他们似乎很乐意接受当地酋长的统治，因为他们中没有甲必丹[1]，也没有实行其他治外管理制度。

周去非（12世纪）和赵汝适（13世纪）为前往东南亚的商人提供了详尽的指南。1296年，周达观第一次提及华人已经在东南亚长期居住。汪大渊又再次提到这一现象。15世纪初，数个华人聚居区已经在东南亚应运而生。

此后，东南亚与中国的联系被切断。16世纪初的资料显示，早期华人“住蕃”者已经融入当地。这种情况使得早期华人“离散社群”（diaspora）的性质与重要性变得扑朔迷离。王庚武写道：“如果我们不了解强大的、不可磨灭的华商一族，我们将无法展示华人移民的全部历史。”（Wang 1991: 21）因此，研究14世纪新加坡，对多个学科领域，包括早期东南亚城市生活、早期东南亚贸易和中国移民史具有最基本的重要意义。随着研究进一步开展，无疑会出现新的研究问题。

新加坡到底是典型的，还是与众不同、别具一格的马六甲海峡贸易港口？鉴于我们目前的初级认识，要给出确切答案是危险的。不过，根据目前所掌握的信息，我们可以说，14世纪的新加坡具有一些非典型特征，其中之一是土城墙。1973年，对整个苏门答腊岛进行了一次考察研究，有证据证明，只有一处前殖民地时期的居住区有土城墙包围（Bronson et al., 1973: 57）。这个遗址为楠榜省的布贡拉哈约（Pugung Raharjo），但此地不是河畔码头。也没有证据显示这里有过任何大规模生产活动。因此，它与14世纪的新加坡不同，更像是一处仪式中心，而非人口密集的城市。

新加坡的舶来品占很大比重，有些属于珍稀物品，这说明有一部

1　甲必丹（kapitan），是欧洲人统治时期使用的词汇，指东南亚城市里的外国人社区侨领。——原注

分居民的品味超凡脱俗，而且对许多舶来品非常熟悉。这些舶来品包括来自东南亚以外的、有特定文化内涵的枕头和钱币。这种特点也说明，新加坡在那个年代、那个地区都是独树一帜、与众不同的。

对新加坡的进一步研究将澄清并改变前25年考古研究过程中提出的问题。不过，该研究的第一阶段已经显示，此项研究的学术意义非同小可。新加坡考古研究可以让我们认识到古代重要贸易体制的诸多发展状况，以及东南亚人和早期华人移民文化互动的性质。

很少有商业伙伴关系能够持续2500年之久。新加坡地区（包括从巴邻旁到马六甲所在地区），与印度洋和南海的贸易历史就跨越了这一时期。其间，王朝更迭，兴衰沉浮，港口从一处沿岸迁往另一处，但地理因素注定让这一地区存在一个交通运输的重要结点。

海上丝绸之路六阶段

海上丝绸之路在漫长的历史演进过程中经历了多个阶段。在史前阶段，已经连接起来的海上丝绸之路起点为东南亚，经印度延伸至波斯湾。这一时期的证据包括印度珠子、碗器、手镯和东山铜鼓。

由于第一阶段没有文字记载，所以我们通过第二阶段了解海上丝绸之路最初的历史。第二阶段始于中国汉朝开始控制并逐渐汉化中国南方和越南北部之时，此时有中国史料可据。在中国人进入南海及海上丝绸之路的第一个千禧年中，这条路上来往最频繁的是马来人和阿拉伯人。一些印度人和斯里兰卡人在运送货物过程中也带去了自己的文化印记。少数敢于冒险的中国人逐渐进入这一地区，但他们总是刻意隐藏自己的行踪，躲避因与外国人非法交往而招来的严厉惩罚，因此我们永远不确定是否有过这样一批人。

这一地区最早的贸易大港很可能是泰国半岛上的三乔山，之后是越南南部的俄亥。统治俄亥的扶南王国对印度和中国各朝来说，都是重要的经济和外交伙伴，直到它于公元600年前后灭亡。之后的末罗游、室利佛逝、婆鲁斯和吉打王国纷纷脱颖而出，走上历史舞台。中国史料和考古资料都显示，到9世纪，马六甲海峡南北两端都建立起富庶的商业王国，出现了一个两极格局，且长盛不衰，直到19世纪。

9世纪，一种新的货物进入海上丝绸之路：中国瓷器。陆上丝绸之路运送的货物局限于少量昂贵的奢侈品，如丝绸，而且用动物驮运才有利润。海上丝绸之路则可以使用大型船舶运送大批量货物。这些船舶由阿拉伯人和东南亚人建造、驾驶，就连中国人都叹为观止。唐代晚期，中国的瓷窑开始大量烧制高质量陶瓷用于外销。我们无法估计这类商品进入海上丝绸之路对沿线各国经济的影响，因为没有留下这一时期贸易情况的文字记录。不过，对考古学家来说，中国陶瓷的发掘，使此后这一地区的早期贸易以及其他方面的历史面目变得清晰可见。

海上丝绸之路的第三阶段始于12世纪某个时间点。出海经商的中国人数不断增加，标志着这一阶段的开始。这一阶段开始的具体年代无法断定，因为我们仍然缺乏这方面的文字记录。出海贸易的商人本身也不愿意抛头露面，引人注目，毕竟中国朝廷禁止这种贸易活动。但随着中国北方沦陷，1127年南宋建立，朝廷自身和社会大众对海外贸易的态度发生了转变，中国人开始接受这种合法的、受人尊敬的行业。中国瓷器在东南亚的分布情况说明，由于中国市场对东南亚出口产品和对印度洋货物的需求不断增长，而且许多货物经由东南亚转运至中国，许多东南亚港口因此兴旺发达起来。

在12世纪，中国人开始大批永久定居东南亚，但由于缺乏文字证据，这一点尚不能确定。直到14世纪，汪大渊提到中国人居住在新加坡，我们才有把握，认为存在海外华人社区（这些华人有别于在不同时期旅居海外的商人，也不同于单独定居并融入当地社会的华人）。东南亚经济与中国经济紧密相连，中国钱币甚至已经成为一些港口的交换媒介。这些港口包括13世纪的中国城，还有14世纪初的新加坡和满者伯夷王国。1368年，随着明朝建立，并实行打击对外贸易与交流的海禁政策，海上丝绸之路的这一发展阶段宣告结束。

明朝的建立标志着第四阶段的开始，从1368年到1567年，大约持续了200年。在这一阶段，海外华人逐渐融入马六甲、苏门答腊和爪哇的当地社区。皇帝颁布的海禁法令，让中国瓷器越来越稀缺，泰国和越南的陶瓷于是取而代之。同时，伊斯兰教经海上丝绸之路传播，取代了佛教和印度教。

值得注意的是，海上丝绸之路的繁荣并未因为中国商人和商品的消失而衰退。琉球史料引用了马六甲苏丹芒速王1468年的书信，信里称"几代人都从未像我们今天这般富裕"（Reid, 1993a: 10），说明虽然东南亚港口商人渴望中国人参与海上贸易，但他们的参与并不是东南亚经济发展的关键因素。

在海上丝绸之路发展的第五阶段，新加坡退出了历史舞台，直到第六阶段才戏剧性地再度现身。这一阶段一直发展到今天。在亚洲海上贸易的舞台上，新加坡扮演了一个有趣的角色：略显神秘，天赋异禀，有些阶段光彩夺目，有些阶段又黯然失色、无足轻重。今天的新加坡占据着海上丝绸之路的中心舞台。如果我们忽略新加坡从未离开舞台的事实，忽略它早在14世纪就展现出的发展潜力，那么它的终场表现会令人惊奇。事实上，假如拜里米苏拉没有遭受14世纪90年代末那场突然袭击而仓皇逃离，那么新加坡的崛起之日就不会这样姗姗来迟。

参考文献

BEFEO（刊物缩写，下同）
Bulletin de l'École Française d'Extrême-Orient
《法国远东学院院刊》

BKI
Bijdragen tot de Taal-, Land- en Volkenkunde
《东南亚大洋洲人文及社会科学期刊》

BSOAS
Bulletin of the School of Oriental and African Studies
《伦敦大学东方与非洲研究院院刊》

IJNA
International Journal of Nautical Archaeology and Underwater Exploration
《海洋考古及水下发掘国际期刊》

JFMSM
Journal of the Federated Malay States Museums
《马来亚联邦国家博物馆期刊》

JMBRAS
Journal of the Malaysian Branch of the Royal Asiatic Society
《皇家亚洲学会马来西亚分会期刊》

JSEAS
Journal of Southeast Asian Studies
《东南亚研究学刊》

REHPA
Rapat Evaluasi Hasil Penelitian Arkeologi
《考古研究成果评估会议刊物》

SMJ
Sarawak Museum Journal
《沙捞越博物馆期刊》

TBG
Tijdschrift van het Bataviaasch Genootschap van Kunsten en Wetenschappen
《巴达维亚艺术及科学学会期刊》

Abu Ridho. 1992. *Survey Keramik di D.A.S. Batanghari*. Jambi: Pemerintah DaerahTingkat I Propinsi Jambi and Kantor Wilayah Depdikbud Propinsi Jambi.

———. 1995. "Penelitian Keramik di Situs-Situs Arkeologi Provinsi Jambi." In *Laporan: Hasil Penelitian Arkeologi dan Geologi Propinsi Jambi 1994–1995*. Jambi: Pemerintah Daerah Tingkat I Provinsi Jambi, 198–231.

Abu Ridho and E. Edwards McKinnon. 1998. *The Pulau Buaya Wreck: Finds from the Song Period*. Jakarta: Ceramic Society of Indonesia.

Addis, J. M. 1968. "*Shu fu* type wares excavated in the Philippines." *Symposium on Chinese Export Wares*. Manila: The Research Foundation in Philippine Anthropology and Archaeology Incorporated. Reprinted 1976 as *Manila Trade Pottery Seminar*. Manila: Research Foundation in Philippine Anthropology, Inc. Part 2.

Addis, J. M., M. Tregear, M. Medley, P. Mao W.-C., D. Macintosh, and A. Joseph. 1984. *Jingdezhen Wares: the Yuan Evolution*. Hong Kong: Oriental Ceramic Society of Hong Kong. Adhyatman, Sumarah and Redjeki Arifiin. 1993. *Manik-Manik di Indonesia*. Jakarta: Djembatan.

van Aelst, A. 1995. "Majapahit pisis: the currency of a 'moneyless' society, 1300–1700." *BKI* 151, 3: 357–93.

Aga-Oglu, K. 1975. *The Williams Collection of Far Eastern Ceramics* Tonnancour Section. Ann Arbor: The University of Michigan Museum of Anthropology.

Agus Widiatmoko. 2009. "Sungai Batanghari and jaringan tata guna air situs percandian Muarajambi." In *Muaro Jambi Dulu, Sekarang, dan Esok*, ed. Mundardjito. Palembang: Balai Arkeologi Palembang, 1–13.

Allen, J. 1988. *Trade, Transportation, and Tributaries: Exchange, Agriculture and Settlement Distribution in Early Historic-Period Kedah, Malaysia*. Doctoral Dissertation, University of Hawaii. 2 Volumes.

Amelia S. 1995. "The role of Chinese coins in Majapahit". In *The Legacy of Majapahit*, ed. J. N. Miksic and Endang Sri Hardiati Soekatno. Singapore: National Heritage Board, 99–106. Originally published as "Peranan mata uang logam Cina pada masa Majapahit". In *Proceedings Analisis*

Hasil Penelitian Arkeologi II, Trowulan, 8–11 November 1988, Volume I: "Kehidupan Ekonomi Masa Lampau Berdasarkan Data Arkeologi". Jakarta: Departemen Pendidikan dan Kebudayaan, 1991, 191–9.

An J.-Y., trans. M. Henderson. 1987. "Early Chinese glassware." *The Oriental Ceramic Society Translations* Number 12.

An J.-Y. 1996. "Glass trade in Southeast Asia." In *Ancient Trades and Cultural Contacts in Southeast Asia*. Bangkok: Office of the National Culture Commission, 127–38.

Andaya, L.Y. 1975. *The Kingdom of Johor 1641–1782*. Kuala Lumpur: Oxford University Press.

———. 2001 "The search for the 'origins' of Melayu." *JSEAS* 32, 3: 315–30.

Anderson, J. 1971. *Mission to the East Coast of Sumatra in 1823*. Kuala Lumpur: Oxford University Press.

Anonymous. 1974. *South-East Asian and Early Chinese Export Ceramics*. London: Wm. Sorsby Ltd.

———. 1976. *Geology of the Republic of Singapore*. Singapore: Public Works Department.

———. 1977–84. *Xinan Haidi Wenwu* [Underwater Antiquities of Sinan]. Seoul: Guoli Zhongyang Bo Wu Guan (National Museum of Korea). Volumes I and II.

———. 1996. *Ancient Trades and Cultural Contacts in Southeast Asia*. Bangkok: The Office of the National Culture Commission.

Arasaratnam, V.S. 1991. "Merchants of Coromandel in trade and entrepreneurship *circa* 1650–1700." In *Emporia, Commodities and Entrepreneurs in Asian Maritime Trade c. 1400–1750*, ed. R. Ptak and D. Rothermund. Stuttgart: Franz Steiner Verlag, 37–52.

Asyaari bin Muhamad. 2001. *Arkeologi Kota Sayong, Johor: Data Awalan*. Johor Bahru: Yayasan Warisan Johor.

Atma Djuana and Edwards McKinnon, E. 2005. "The Jepara Wreck." In *Proceedings of the International Conference: Chinese Export Ceramics and Maritime Trade, 12th-15th Centuries*, ed. Cheng Pei-Ki, Li Guo, and Wan

Chui Ki. Hong Kong: Chinese Civilisation Centre, University of Hong Kong, 126–42.

Bacus, E. A. 1999. "Prestige and potency: political economies of protohistoric Visayan polities." In *Complex Polities in the Ancient Tropical World*, ed. E. A. Bacus and L. J. Lucero, Archaeological Papers of the American Anthropological Association Number 9: 67–87.

———. 2004. "The archaeology of the Philippine archipelago." In *Southeast Asia from Prehistory to History*, ed. I. Glover and P. Bellwood. Abingdon: RoutledgeCurzon, 257–81.

Bambang Budi Utomo. 1985. "Karanganyar as a Srivijayan site: new evidence for the study of settlement patterns of the Srivijayan period." *SPAFA Consultative Workshop on Archaeological and Environmental Studies on Srivijaya.* Bangkok: SPAFA Co-ordinating Unit, 273–90. Bambang Budi Utomo, ed. 2008. *Kapal Karam Abad Ke-10 Di Laut Jawa Utara Cirebon.* Jakarta: Panitia Nasional Pengangkatan dan Pemanfaatan Benda Berharga Asal Muatan Kapal yang Tenggelam.

Bambang Pramudityo. 2006. *Kitab Negara Kertagama. Sejarah Tata Pemerintahan dan Peradilan Kraton Majapahit* Yogyakarta: Gelombang Pasang.

Barnard, T. P. 2001. "Texts, Raja Ismail and violence: Siak and the transformation of Malay identity in the eighteenth century." *JSEAS* 32, 3: 331–42.

Barry, J. 2000. *Pulau Saigon: A Post-Eighteenth Century Archaeological Assemblage Recovered from a Former Island in the Singapore River.* Stamford: Rheidol Press.

Bastin, J. 2002 "John Leyden and the publication of the *Malay Annals* (1821)." *JMBRAS* 75, 2: 99–115.

Beavan, N., S. Halcrow, B. McFadgen, D. Hamilton, B. Buckley, T. Sokha, L. Shewan, O. Sokha, S. Fallon, J. N. Miksic, R. Armstrong, D. O'Reilly, K.Domett, K. R. Chhem. 2012. "Radiocarbon dates from jar and coffin burials of the Cardamom Mountains reveal a previously unrecorded mortuary ritual in Cambodia's Late- to Post-Angkor Period (15th-17th Centuries AD)." *Radiocarbon* 54, 12: 1–22.

Bellina, B. 2003. "Beads, social change and interaction between India and South-east Asia." *Antiquity* 77: 285–97.

Bellina, B. and I. Glover. 2004. "The archaeology of early contact with India and the Mediterranean world, from the fourth century BC to the fourth century AD." In *Southeast Asia from Prehistory to History*, ed. I. Glover and P. Bellwood. Abingdon: RoutledgeCurzon, 68–88.

Bellina-Pryce, B. and Praon Silapanth. 2006a. "Khao Sam Kaeo and the Upper Thai Peninsula: understanding the mechanism of early trans-Asiatic trade and cultural exchange." In *Uncovering Southeast's Past—Selected Papers from the Tenth Biennial Conference of the European Association of Southeast Asian Archaeologists, London, 14th-17th September 2004*, ed. E. A. Bacus, I. C.Glover, and V. C. Piggott. Singapore: National University of Singapore Press, 379–92.

Bellina-Pryce, Bérénice and Silapanth, Praon. 2006b. "Weaving cultural identities on trans-Asiatic networks: upper Thai-Malay peninsula: an early socio-political landscape." *Bulletin de l'École Française d'Extrême-Orient* 93: 257–93.

Berggren, J. L., and A. Jones. 2000. *Ptolemy's* Geography*: An Annotated Translation of the Theo- retical Chapters.* Princeton: Princeton University. Press.

Birch, W. de G. 1875–84. *The Commentaries of the Great Afonso Dalboquerque*. London: Hakluyt Society. 4 Volumes.

Bogaars, G. 1956. "The Tanjong Pagar Dock Company 1864–1905." *Memoirs of the Raffles Museum* 3. Singapore: Government Printing Office.

Borell[-Seidel], B. 2000. "Money in 14th century Singapore." In *Southeast Asian Archaeology* 1998, ed. W. Lobo and S. Reimann. Hull: Centre for South-East Asian Studies, University of Hull/Berlin: Ethnologisches Museum, Staatliche Museum zu Berlin Stiftung Preußischer Kulturbesitz, 1–16.

———. 2001. *Singapur in Vorkolonialer Zeit. Schriftliche Überlieferung und Archäologische Zeugnisse—Eine Zeischenblanz*. Würzburg: Deutsche Morgenländische Gesellschaft, Abhandlungen für die Kunde des Morgenlandes. Band LIII, 2.

———. 2003 "Fourteenth-century polychrome Chinese glass found in South-East Asia." *Annales du 15e Congrès de l'Association Internationale pour l'Histoire du Verre*. New York (2001). Nottingham: AIHV, 213–7.

———. 2010. "Glass from China and from India: finds of vessel glass from fourteenth century Singapore." *Archipel* 80: 139–96.

Borschberg, P. 1999. "Hugo Grotius, East India trade and the King of Johor." *JSEAS* 30, 2: 225–48.

———. 2003. "Portuguese, Spanish and Dutch plans to construct a fort in the Straits of Singapore, ca. 1584–1625." *Archipel* 65: 55–88.

———. 2004a."A Portuguese-Dutch naval battle in the Johor River Estuary and the liberation of Johor Lama in 1603." In *Early Singapore 1300s-1819: Evidence in Maps, Text and Artefacts*, ed. J.N. Miksic and C.-A. Low M. G. Singapore: Singapore History Museum, 106–17.

———. 2004b. "Remapping the Straits of Singapore. New Insights from Old Sources?" In *Iberians in the Singapore-Melaka Area and Adjacent Regions (16th to 18th Century)*, ed. P. Borschberg. Wiesbaden and Lisbon: Harrassowitz and Fundação Oriente.

———. 2004c. "The Straits of Singapore: continuity, change and confusion." In *Sketching the Straits: A Compilation of the Lecture Series on the Charles Dyce Collection*, ed. Irene Lim. Singapore: NUS Museums, National University of Singapore, 33–48.

———. 2011. *Hugo Grotius, the Portuguese and Free Trade in the East Indies*. Singapore: NUS Press. Borstlap, A. V. and J. Teske. 1995. *Het Mongoolse Rijk Tijdens de Yuan Dynasty 1279-368*. Leeuwarden: Museum het Princessehof.

Bouchon, G. 1984. *L'Asie du Sud a l'Epoque des Grandes Decouvertes*. London: Ashgate. Bouchon, G. and L. F. Thomas. 1988. *Voyage dans les deltas du*

Gange et de l'Irraouadd, 1521. Paris: Fondation Calouste Gulbenkian.

Bound, M. 2001. "Aspects of the Hoi An wreck : dishes, bottles, statuettes and chronology." *Taoci* 2 : 95–104.

Bouvet, Phaedra. 2006. "Étude préliminaire de céramiques indiennes et 'indianisantes' du site de Khao Sam Kaeo ive-iie siècles av. J.-C." *Bulletin de l'École Française d'Extrême-Orient* 93: 353–93.

Braddell, R. 1982 [1934]. *The Lights of Singapore*. Kuala Lumpur: Oxford University Press

——— . 1969. "Lung-ya-men and Tan-ma-hsi," *JMBRAS* 42, 1: 10–24

Brandes, J. L. 1888. "Bestuursvergadering van Dinsdag, 8 November 1887. Notulen (i)." *Notulen van de Algemeen en Bestuursvergaderingen van het Bataviaasch Genootschap van Kunsten en Wetenschappen* 25: 148–52.

Braudel, F, trans. Sian Reynolds. 1972. *The Mediterranean and the Mediterranean World in the Age of Philip II*. 2 Volumes. New York: Harper and Row.

Briggs, L. P. 1951 *The Ancient Khmer Empire*. Transactions New Series 41, 1. Philadelphia: American Philosophical Society.

Brill, R. H. 1999. *Chemical Analyses of Early Glasses. Vol. I. Catalogue of Samples. Vol. II. Tables of Analyses*. Corning: Corning Museum of Glass.

Bronson, B. 1979. "The late prehistory and early history of central Thailand with special reference to Chansen." In *Early South East Asia*, ed. R. Smith. and W. Watson. New York: Oxford University Press, 315–36.

——— . 1990. "Glass and beads at Khuan Lukpad." In *Southeast Asian Archaeology 1986*, ed. I.and E. Glover. Oxford: BAR International Series 561, 213–30.

——— . 1992. "Patterns in the Early Southeast Asian Metals Trade." In *Early Metallurgy, Trade and Urban Centres in Thailand and Southeast Asia*, ed. I. Glover, P. Succhitta, and J. Villiers. Bangkok: White Lotus, 63–114.

——— . 1996. "Chinese and Middle Eastern trade in southern Thailand during the 9th century A.D." In *Ancient Trades and Cultural Contacts in Southeast Asia*, ed. A. Srisuchat. Bangkok: Office of the National Culture

Commission, 181–200.

Bronson, B., Basoeki, Machi Suhadi, J. Wisseman. 1973. *Laporan Penelitian Arkeologi di Sumatera*. [Jakarta:] Lembaga Purbakala dan Peninggalan Nasional/The University of Pennsylvania Museum.

Bronson, B. and J. Wisseman. 1976. "Palembang as Srivijaya: the lateness of early cities in southern Southeast Asia." *Asian Perspectives* 19, 2: 220–39.

Brooke, G. E. 1991 [1921]. "Archaeological and heraldic notes." In *One Hundred Years of Singapore*, ed. W. Makepeace, G. E. Brooke, and R. St. J. Braddell. London: John Murray, Volume I: 567–77.

Brown, C. and D. Raabiner. 1987. *Chinese Glass of the Qing Dynasty 1644–1911. The Robert H. Clague Collection.* Phoenix: Phoenix Art Museum.

Brown, C. C., ed. and trans. 1970. *Sejarah Melayu Malay Annals*. Kuala Lumpur: Oxford University Press.

Brown, R. M., ed. 1989. *Guangdong Ceramics from Butuan and Other Philippine Sites*. Manila: Oriental Ceramic Society of the Philippines/Singapore: Oxford University Press.

Brown, R. M. 2009. *The Ming Gap and Shipwreck Ceramics in Southeast Asia: Towards a Chronology of Thai Trade Ware*. Bangkok: The Siam Society.

——. 2010. "Ming gap? Data from shipwreck cargoes." *Southeast Asia and the Ming Factor*. Singapore: Asia Research Institute. NUS Press, 359–83.

Brown, R. and S. Sjostrand. 2000. *Turiang: A Fourteen-Century Shipwreck in Southeast Asian Waters*. Pasadena: Pacific Asia Museum.

——. 2003. *Maritime Archaeology and Shipwreck Ceramics in Malaysia*. Kuala Lumpur: Department of Museums and Antiquities.

Buckley, C. B. 1984 [1902]. *An Anecdoctal History of Olden Times in Singapore*. Singapore: Oxford University Press.

Budisantoso and Tri Marhaeni S. 2002. "Permukiman pra-Sriwijaya di Karang Agung Tengah: sebuah kajian awal." *Siddhayatra* 7, 2: 65–89.

——. 2005. "Permukiman pra-Sriwijaya di situ Karangagung Tengah." *Berita Penelitian Arkeologi 13*. Palembang: Balai Arkeologi.

——. 2007. "Tinggalan rumah kayu di Karangagung Tengah Kabupaten

Musi Banyuasin, Provinsi Sumatera Selatan." *Menelusuri Jejak-Jejak Peradaban di Sumatera Selatan*. Palembang: Balai Arkeologi, 14–30.

Bui, M. T., T. T. Tong, Q. L. Nguyen, and P. Colomban. 2001. "The Cù Lao Chàm (Hôi An) shipwreck: how to date and identify the ancient Vietnamese porcelains and celadons excavated?" *Taoci* 2: 105–10.

Bunker, E. C. 1993. "Gold in the ancient Chinese world: a cultural puzzle." *Artibus Asiae* LIII, 1/2: 50.

——— . 1994. "The metallurgy of personal adornment." In *Adornment for Eternity: Status and Rank in Chinese Ornament*, ed. Julia M. White and Emma C. Bunker. Denver and Hong Kong: Denver Art Museum, 31–54.

——— . 2004. "Mercury-amalgam gilding in Khmer culture." Paper presented at the *10th International Conference of the European Association of Southeast Asian Archaeologists*, 14–17 Sept. 2004. British Museum, London, England.

Burkill, I. H. N. 1966. *A Dictionary of the Economic Products of the Malay Peninsula*. 2 Volumes. Kuala Lumpur: Ministry of Agriculture and Cooperatives.

Caldwell, I. and A. A. Hazlewood. 1994. "'The holy footprints of the venerable Gautama': a new translation of the Pasir Panjang inscription." *Bijdragen tot de Taal-, Land- en Volkenkunde* 150: 457–80.

Careri, G. F. G. 1700. *Giro del Mondo.* Vol III: "Nell' Indostan." Napoli. French translation: *Voyage du tour du Monde.* Paris, 1777; English translation: *A Voyage round the World.* London, 1745.

Carswell, J. 1985. *Blue and White Chinese Porcelain and Its Impact on the Western World*. Chicago: University of Chicago.

de Casparis, J. G. 1958. *Short Inscriptions from Tjandi Plaosan-Lor.* Berita Dinas Purbakala/ Bulletin of the Archaeological Service of the Republic of Indonesia No. 4.

——— . 1975. *Indonesian Palaeography : a History of Writing in Indonesia from the Beginnings to c. A.D. 1500.* Leiden : Brill. Handbuch der Orientalistik: 3. Abt., Indonesien, Malaysia und die Philippinen; 4. Bd. Linguistik, 1.

Lieferung.

——— . 1979. "Palaeography as an auxiliary discipline in research on early Southeast Asia." In *Early South East Asia*, ed. R.B. Smith and W. Watson. New York and Kuala Lumpur: Oxford University Press, 380–94.

Causey, A. 2003. *Hard Bargaining in Sumatra. Western Travelers and Toba Bataks in the Marketplace of Souvenirs*. Honolulu: University of Hawaii.

Cayron, J. G. 2002. "Comparative analysis of recovered glass beads from Pandanan and Sungai Mas sites: an understanding of early Southeast Asian trade." Paper presented at the 17th IPPA Conference, Taipei, Taiwan.

Chaffee, J. W. 2001. "The impact of the Song imperial clan on the overseas trade of Quanzhou." In *Emporium of the World: Maritime Quanzhou, 1000–1400,* ed. A. Schottenhammer. Leiden: Brill, 13–46.

Chakravarti, A. 1978. *The Sdok Kak Thom Inscription*. 2 Vols. Calcutta: Sanskrit College Research Series No. 111.

Chang P.-T. 1983. *Chinese Maritime Trade: The Case of 16th-Century Fu-chien (Fukien)*. PhD Thesis, Princeton University, East Asian Studies.

——— . 1998. "The formation of a maritime convention in Minnan (southern Fujian), ca 900–1200." In *From the Mediterranean to the China Sea: Miscellaneous Notes*, ed. C. Guillot, D. Lombard, and R. Ptak. Wiesbaden: Harrassowitz Verlag, 143–55.

Chang S. T.-H. 1989. "Commodities imported into the Zhang-Zhou region of Fu-jian, China during the late Ming period—a comparative and analytical study." Paper presented at the *Symposium on Entrepreneurs, Emporia and Commodities in Asian Maritime Trade, 15th-18th Centuries*. Universitat Heidelberg, 31 Aug-3 Sept 1989.

Ch'en, J. 1965. "Sung bronzes—an economic analysis." *BSOAS* 28/3: 613–26.

Chen, Omar. 2001. *An Investigation into the Occurrence of Earthenware Artefacts at the Parliament House Complex Site*.MA Thesis, Southeast Asian Studies Programme, National University of Singapore.

Chen Peng. 1998. "Quanzhou green-glazed wares: production and export."

Paper presented at the *Conference on Fujian Ceramics and Their Trade in Southeast Asia*. Singapore: Singapore History Museum, 24–26 April 1998.

Chen Yaocheng, Guo Yanyi, and Chen Hong. 1993/94. "Sources of cobalt pigment used on Yuan blue and white porcelain wares." *Oriental Art* 60, 1: 14–9.

Cheng D. & Zhong S.-Y., comp. 1990. *Zhongguo gudai bingqi tuji* (*Ancient Chinese Weapons—A Collection of Pictures*). Beijing: Jiefangjun Chubanshe.

Cheng Pei-kai, Li Gua, Wang CK Maggie, and Wong Wai Yee. 2005. "A case study of Chinese ceramics from Prasat Suor Prat, Cambodia." In *Proceedings of the International Conference: Chinese Export Ceramics and Maritime Trade, 12th-15th Centuries*, ed. Cheng Pei- Ki, Li Guo, and Wan Chui Ki. Hong Kong: Chinese Civilisation Centre, University of Hong Kong, 2–23.

Van der Chijs, J.A., ed. 1887. *Dagh-Register gehouden in't Casteel Batavia: Anno 1640–1641*. Batavia: M. Nijhoff.

Choo, A. A. 1986. *Report on the Excavation at Fort Canning Hill Singapore.* Singapore: National Museum Singapore.

——. 1987. *Archaeology. A Guide to the Collections National Museum Singapore*. Singapore: National Museum.

Christie, J. W. 1985. "On Po-ni: the Santubong sites of Sarawak." *SMJ* 34: 77–89.

——. 1990. "The Sanskrit inscription recently discovered in Kedah, Malaysia." *Modern Quaternary Research in Southeast Asia.* Rotterdam, Brookfield: A.A. Balkema. Volume 11: 39–54.

——. 1992. "Trade and settlement in early Java: integrating the epigraphic and archaeological data." In *Early Metallurgy, Trade and Urban Centres in Thailand and Southeast Asia*, ed. I. Glover, P. Suchitta, and J. Villers. Bangkok: White Lotus, 181–97.

——. 1997. "Pre-Islamic coinage of Java." In *Southeast Asian Archaeology 1994. Proceedings of the 5th International Conference of the European*

Association of Southeast Asian Archaeologists, Paris, 24–28 October 1994. Vol. I, ed. P. Y. Manguin. Hull: Centre for Southeast Asian Studies, University of Hull, 161–72.

Chung Chee Kit. 2003. *Longyamen is Singapore—the Final Proof ?* Singapore: Friends of Admiral Zheng He. [also published in *Zheng He's Voyage Studies* No. 2, 2005: 15–31].

Chutiwongs, N. 1996 "Trade route and the diffusion of artistic traditions in South and Southeast Asia." In *Ancient Trades and Cultural Contacts in Southeast Asia.* Bangkok: The Office of the National Culture Commission, 3–42.

Clark, H. R. 2001. "Overseas trade and social change in Quanzhou through the Song." In *The Emporium of the World: Maritime Quanzhou, 1000–1400*, ed. A. Schottenhammer. Leiden: Brill, 47–94.

Clarke, R. 1935. "The flint-knapping industry at Brandon." *Antiquity* 9: 38–56.

Cœdès, G. 1928. "Excavations at P'ong Tuk in Siam." *Annual Bibliography of Indian Archaeology*: 16–20.

———. 1947 "Fouilles en Cochinchine. Le Site de Go Oc Eo, ancien port du royaume de Fou-nan." *Artibus Asiae* 10: 193–99.

———. 1968. *The Indianized States of Southeast Asia*, ed. Walter F. Vella, trans. Susan Brown Cowing. Honolulu: University of Hawaii.

Coleridge, H. J. 1935. *The Life and Letters of St. Francis Xavier*. Fourth Edition. London. 2 Volumes.

Colomban, Ph., G. Sagon, L. Q. Huy, N.Q. Liem, and L. Mazerolles 2004 "Vietnamese (15th century) blue-and-white, *tam thai* and lustre porcelains/stonewares: glaze composition and decoration techniques." *Archaeometry* 46, 1: 125–36.

Cortesao, A., ed. and tran. 1944. *The Suma Oriental of Tomé Pires*. London: Hakluyt Society. 2nd Series, Volume 89.

Crawfurd, J. 1967 [1828]. *Journal of an Embassy from the Governor-General of India to the Courts of Siam and Cochin China; Exhibiting a View of the Actual State of Those Kingdoms*. Kuala Lumpur: Oxford University Press.

———. 1971 [1856]. *A Descriptive Dictionary of the Indian Islands and Adjacent Countries.* Kuala Lumpur/Singapore: Oxford University Press, Oxford in Asia Historical Reprints.

Cremin, A. 2006. "Chinese ceramics at Angkor." *Indo-Pacific Prehistory Association* Bulletin 26: 121–3.

Crick, M. 2001. "Les céramiques chinoises, vietnamiennes et thailandaises de la jonque de Lena, fin xve siècle." *Taoci* 2: 71–85.

Day, A. 1983. "Islam and literature in South-East Asia." In *Islam in South-East Asia*, ed. M.B. Hooker. Leiden: E. J. Brill, 130–59.

Deetz, J. 1965. *The Dynamics of Stylistic Change in Arikara Ceramics.* Illinois Studies in Anthropology No. 4. Urbana: University of Illinois Press.

Deutz, G. J. J. 1875. "Baros". *TBG* 22: 156–63.

Diem, A. I. 2001. "Vietnamese ceramics from the Pandanan shipwreck excavation in the Philippines." *Taoci* 2: 87–93.

Dikshit, M. G. 1969. *History of Indian Glass.* Bombay: University of Bombay.

Dizon, Eusebio Z. 2005. "The role of the Philippines as an entrepot during the 12th-15th century's Chinese and Southeast Asian trade network." In *Proceedings of the International Conference: Chinese Export Ceramics and Maritime Trade, 12th-15th Centuries*, ed. Cheng Pei Ki, Li Guo, and Wan Chui Ki. Hong Kong: Chinese Civilisation Centre, University of Hong Kong, 280–301.

Dumarçay, J. and P. Royère, trans. and ed. M. Smithies. 2001. *Cambodian Architecture Eighth to Thirteenth Centuries.* Leiden-Köln: Brill. Handbuch der Orientalistik Abt 3, Südostasien; Bd. 12.

Dupoizat, M-F. 1995. "The ceramic cargo of a Song Dynasty junk found in the Philippines and its significance in the China-South East Asia trade." In *South East Asian and China: Art, Interaction and Commerce*, ed. Rosemary Scott and John Guy. London: Percival David Foundation of Chinese Art, Colloquies on Art and Archaeology in Asia No. 17, 205–24.

———. 1998. "Céramique chinoise de Barus et du Proche-Orient: analogies, différences, premières conclusions." In *Histoire de Barus: Le Site de Lobu*

Tua. I. Études et Documents, ed. C. Guillot. Paris: Cahiers d'Archipel 30, 149–67.

——. 2003. "Chinese ceramics." In *Histoire de Barus Sumatra. Le Site de Lobu Tua. II. Étude archéologique et Documents*, ed. C. Guillot et al. Paris: Cahier d'Archipel 30, 103–70.

Dupoizat, M-F. and N. Harkantiningsih. 2007. *Catalogue of the Chinese Style Ceramics of Majapahit*. Paris: Association Archipel. Cahiers d'Archipel 36.

Dussubieux, L. 2009. "Compositional analysis of ancient glass fragments from North Sumatra, Indonesia." In *Histoire de Barus III. Regards sur une place marchande de l'océan Indien (XIIe-milieu du XVIIe s.)*, ed. D. Perret and Heddy Surachma. Paris: Cahiers d'Archipel 38, 385–417.

——. 2010. "Glass material from Singapore." *Archipel* 80: 197–210.

Ea Darith. 2005. "The relationship between China and Cambodia: evidence from manuscripts, ceramics and bas-reliefs." In *Proceedings of the International Conference: Chinese Export Ceramics and Maritime Trade, 12th-15th Centuries*, ed. Cheng Pei-Ki, Li Guo, and Wan Chui Ki. Hong Kong: Chinese Civilisation Centre, University of Hong Kong, 267–79.

Edi Sedyawati. 1994. *Ganesa statuary of the Kadiri and Singhasari Periods*. Leiden: KITLV.

Edwards McKinnon, E. 1977. "Research at Kota Cina, a Sung-Yuan period trading site in east Sumatra." *Archipel* 14: 19–32.

——. 1980 "A note on a gold 'tali' from Kota Cina." *JMBRAS* 53, 2: 117.

——. 1982a. "A Brief Note on Muara Kumpeh Hilir: an Early Port Site on the Batang Hari," *SPAFA Digest* 3, 2: 37–40.

——. 1982b. "Early polities in southern Sumatra: some preliminary observations based on archaeological evidence." *Indonesia* 40: 1–36.

——. 1984. *Kota Cina: Its Context and Meaning in the Trade of Southeast Asia in the Twelfth to Fourteenth Centuries*. Ithaca: PhD Dissertation, Cornell University.

——. 1985. "Early Polities in Southern Sumatra: Some Preliminary Observations Based on Archaeological Evidence." *Indonesia* 40 (Oct.):

1–36.

———. 1987. "New light on the Indianization of the Karo Batak." In *Cultures and Societies of North Sumatra*, ed. Rainer Carle. Berlin, Hamburg: Dietrich Reimer Verlag, 81–110.

———. 1988. "Beyond Serandib: a note on Lambri at the northern tip of Aceh." *Indonesia* 46: 102–21.

———. 1992. "Malayu Jambi: interlocal and international trade (11th to 13th centuries)." Paper presented at the Seminar Sejarah Malayu Kuno, Jambi, 7–8 Dec.

———. 2003. "Historic period earthenware from the island of Sumatra." In *Earthenware in Southeast Asia*, ed. J. N. Miksic. Singapore: Singapore University Press, 162–72.

Edwards McKinnon, E. and R. H. Brill. 1987. "Chemical analyses of some glasses from Sumatra." In *Archaeometry of Glass*, ed. H.C. Bhardwaj. Calcutta: Indian Ceramic Society, 1–14.

Endang Sri Hardiati Soekatno. 1988. "Analisis manik-manik dari situs Muara Jambi." *Rapat Evaluasi Hasil Penelitian Arkeologi III Pandeglang, 5–9 Desember 1986.* Jakarta: Depdikbud, 218–33.

———. 1996. "Bali in the Middle Classic Period." In *Ancient History*, ed. J. N. Miksic. Singapore: Archipelago Press, 106–7.

———. 2002. "Catatan tentang temuan manik-manik dari situs Karangagung, Sumatera Selatan." Paper presented to *Pertemuan Ilmiah Arkeologi IX*. Kediri.

Eng-Lee Seok Chee. 1984. *Kendis. A Guide to the Collections National Museum Singapore*. Singapore: National Museum.

Eka A. Putrina Taim. 1992. *Foreign Ceramics from the Site at the Sultan Mahmud Badaruddin Museum. An Analysis of the Results of the 1989–1990 Excavations*. Thesis, Jurusan Arkeologi, Universitas Indonesia.

Elvin, M. 1973. *The Pattern of the Chinese Past*. Stanford: Stanford University.

Ettinghausen, R. 1965. "The use of spheroconical vessels in the Middle East." *Journal of Near Eastern Studies* 24: 218–29.

Evans, I. H. N. 1927. "Notes on the remains of an old boat from Pontian, Pahang." *JFMSM* 12, 4: 93–6.

——— . 1928a. "On ancient remains from Kuala Selinsing, Perak." *JFMSM* 12, 5: 121–31.

——— . 1928b. "Further notes on remains from Kuala Selinsing, Perak." *JFMSM* 12, 5: 139–42.

——— . 1932. "Excavations at Tanjong Rawa, Kuala Selinsing." *JFMSM* 15, 3: 79–134. Feng X. –M. 1981. "Some problems concerning the origins of blue and white porcelains." *New Discoveries in Chinese Ceramics* 3: 50–6.

Ferdinandus, P. 2002. "Recent archaeological excavations in Blandongan site, Batujaya, Karawang, West Java." *Aspek-Aspek Arkeologi Indonesia* 25. Jakarta: Badan Pengembangan Kebudayaan dan Pariwisata, Deputi Bidang Pelestarian dan Pengembangan Kebudayaan, Bagian Proyek Penelitian dan Pengembangan Arkeologi.

Ferrand, G. 1918. *Malaka, le Malayu, et Malayur.* Paris : Impremerie Nationale.

——— . 1922. "L'empire sumatranais de Çrivijaya." *Journal Asiatique* Juillet-Aôut et Octobre-Decembre, 1–246.

Finlayson, G. 1826. *The Mission to Siam, and Hué the Capital of Cochin China, in the Years 1821–2.* London: J. Murray.

Flecker, M. and J. N. Miksic. 2000. "Excavation of a Tenth Century Indonesian Shipwreck." Paper presented at the 16th Conference of the International Association of Historians of Asia, Kota Kinabalu, Sabah, Malaysia.

Flecker, M. 2000. "A 9th-century Arab or Indian shipwreck in Indonesian waters." *International Journal of Nautical Archaeology* 29, 2: 199–217.

——— . 2001. "The Bakau wreck: an early example of Chinese shipping in Southeast Asia." *The International Journal of Nautical Archaeology* 30, 2: 221–30.

——— . 2002. *The Archaeological Excavation of the 10th Century* Intan *Shipwreck.* Oxford: Archaeopress, BAR International Series 1047.

——— . 2008. "A 9th-century Arab or Indian shipwreck in Indonesian waters: addendum." *International Journal of Nautical Archaeology* 37, 2: 384–6.

——. 2012. "The *Jade Dragon* wreck: Sabah, East Malaysia." *The Mariner's Mirror* 98, 1: 9–29.

Fox, E. W. 1971. *History in Geographic Perspective*. New York: Norton.

Fox, J. J. 1995. "Austronesian societies and their transformations." In *The Austronesians: Historical and Comparative Perspectives*, ed. J. J. Fox and Darrell Tryon. Canberra: Department of Anthropology, Research School of Pacific and Asian Studies, Australian National University, 214–28.

——. 1997. "Sunan Kalijaga and the rise of Mataram." In *Islam: Essays on Scripture, Thought and Society*, ed. P. G. Riddell and T. Street. Leiden: Brill, 187–218.

Fox, R. B. 1959. "The Calatagan excavations. Two 15th century burial sites in Batangas, Philippines." *Philippine Studies* 5, 2: 321–89.

Francis, P. 1985. "Chinese beadmakers in Java ca. 1600?" *The Margaretologist* 1/1: 4–6.

——. 1986a. "Chinese glass beads: a review of the evidence." *Occasional Papers of the Center for Bead Research* No. 2.

——. 1986b. "Glass beads in China: further evidence." *The Margaretologist* 1/3: 6–7.

——. 1989. "Beads and the bead trade in Southeast Asia." *Contributions of the Center for Bead Research* 4.

——. 1996. "Beads, the bead trade, and state development in Southeast Asia." In *Ancient Trades and Cultural Contacts in Southeast Asia*. Bangkok: The Office of the National Culture Commission, 139–52.

——. 2002. *Asia's Maritime Bead Trade 300 B.C. to the Present*. Honolulu: University of Hawaii Press.

Gallop, A. T. and B. Arps. 1991. *Golden Letters/Surat Emas*. London: The British Library, Jakarta: Yayasan Lontar.

Geographical Maps of Singapore. 1976. Singapore: Public Works Department.

Gibson-Hill, C. A. 1952. "Further notes on the old boat found at Pontian, in southern Pahang." *JMBRAS* 25, 1: 111–33.

——. 1954. "Singapore: notes on the history of the Old Strait, 1580–1850."

JMBRAS 27, 1:163–214.

——. 1955. "Johore Lama and other ancient sites on the Johore River." *JMBRAS* 28/1: 127–97.

——. 1956. "Singapore Old Strait and New Harbour 1300–1870." *Memoirs of the Raffles Museum* 3.

Von Glahn, R. 1996. *Fountain of Fortune: Money and Monetary Policy in China, 1000–1700*. Berkeley: University of California Press.

——. 2004. "Revisiting the Song monetary revolution: a review essay." *International Journal of Asian Studies* 1, 1: 159–78.

Glover, I. C. 1989. *Early Trade between India and Southeast Asia, a Link in the Development of a World Trading System*. Hull: University of Hull, Centre for Southeast Asian Studies, Occasional Paper, No.16.

——. 1996. "The southern silk road: archaeological evidence for early trade between India and Southeast Asia." In *Ancient Trades and Cultural Contacts in Southeast Asia*. Bangkok: The Office of the National Culture Commission, 57–94.

——. 1998. "The role of India in the late prehistory of Southeast Asia." *Journal of South-east Asian Archaeology* 18: 21–49.

——. 2010. "The Dvaravati gap—linking prehistory and history in early Thailand." *Bulletin of the Indo-Pacific Prehistory Association* 30: 79–86.

Glover, I. C. and M. Yamagata. 1995. "The origins of Cham civilization: indigenous, Chinese and Indian influences in central Vietnam as revealed by excavations at Tra Kieu, Vietnam 1990 and 1993." In *Southeast Asian Archaeology*, ed. C. T. Yeung and W. L. Li. Hongkong: University Museum of Art and Archaeology, 145–69.

Glover, I. C. and B. Bellina. 2011. "Ban Don Ta Phet and Khao Sam Kaeo: the earliest Indian contacts re-assessed." In *Early Interactions Between South and Southeast Asia [:] Reflec- tions on Cross-Cultural Exchange*, ed. P.-Y. Manguin, A. Mani, and G. Wade. Singapore: Institute of Southeast Asian Studies; New Delhi: Manohar, 17–46.

Goddio, F. 2000. *Sunken Treasure: Fifteenth Century Ceramics from the* Lena

Cargo. London: Periplus Publishing.

Gonda, J. 1972. "The Indian religions in pre-Islamic Indonesia and their survival in Bali." In *Handbuch der Orientalistik*, ed. H. Kähler, Abt. III, Band 2, Lieferung 1: Religionen. Leiden/Köln: E. J. Brill.

Gotuaco, L., R. C. Tan, and A. I. Diem. 1997. *Chinese and Vietnamese Blue and White Wares Found in the Philippines.* Makati City: Bookmark.

Grau-Abaya, C. 1968. "The brown wares." *Symposium on Chinese Export Wares.* Manila: The Research Foundation in Philippine Anthropology and Archaeology Incorporated. Reprinted 1976 as *Manila Trade Pottery Seminar.* Manila: Research Foundation in Philippine Anthropology, Inc. Part 9.

Groeneveldt, W. P. 1960. *Historical Notes on Indonesia and Malaya Compiled from Chinese Sources.* Jakarta: Bhratara.

Guérin, N. and D. van Oenen. 2005. *Thai Ceramic Art: the Three Religions.* Singapore: Suntree Media.

Guillot, C., Lukman Nurhakim, and Sonny Wibisono. 1996. *Banten Sebelum Zaman Islam: Kajian Arkeologi di Banten Girang 932?–1526.* Jakarta: Pusat Penelitian Arkeologi Nasional, École Française d'Extrême-Orient.

Guillot, C., D. Lombard, R. Ptak, ed. 1998. *From the Mediterranean to the China Sea: Miscellaneous Notes.* Wiesbaden: Harrassowitz Verlag.

Guillot, C. 1998a. "La nature du site de Lobu Tua à Barus, Sumatra." In *From the Mediterranean to the China Sea: Miscellaneous Notes*, ed. C. Guillot, D. Lombard, and R. Ptak. Wiesbaden: Harrassowitz Verlag, 113–30.

Guillot, C. ed. 1998b. *Histoire de Barus: Le Site de Lobu Tua. I. Études et Documents.* Paris: Cahiers d'Archipel 30.

Guillot, C. et al., ed. 2003. *Histoire de Barus Sumatra. Le Site de Lobu Tua. II. Étude archéologique et Documents.* Paris: Cahier d'Archipel 30.

Guillot, C. and Sonny Ch. Wibisono. 1998. "Le verre à Lobu Tua. Étude préliminaire." In *Histoire de Barus: Le Site de Lobu Tua. I. Études et Documents*, ed. C. Guillot. Paris: Cahiers d'Archipel 3, 189–206.

Guy, J. 1990. *Oriental Trade Ceramics in South-East Asia.* Singapore: Oxford

University Press.
———. 1992. "Southeast Asian glazed ceramics: a study of sources." in G, Kuwayama Ed. *New Perspectives on the Art of Ceramics in China.* Los Angeles: LA County Museum of Art, 98–114.
———. 1993/94. "The lost temples of Nagapattinam and Quanzhou: a study in Sino- Indian relations. *Silk Road Art and Archaeology* 3: 291–310.
———. 1997. "Vietnamese ceramics in international trade." In *Vietnamese Ceramics: A Separate Tradition*, ed. John Stephenson and John Guy. Chicago: Art Media Resources with Avery Press, 47–61.
———. 2000. "Vietnamese ceramics from the Hoi An excavation: the Cu Lao Cham ship cargo." *Orientations* 31, 7: 125–8.
———. 2001–2. "Early Asian ceramic trade and the Belitung ("Tang") cargo." *Transactions of the Oriental Ceramic Society* 66: 13–27.
———. 2004. "The Intan shipwreck: a 10th-century cargo in South-east Asian waters." In *Song Ceramics: Art History, Archaeology and Technology*, ed. Stacey Pierson. Colloquies on Art & Archaeology in Asia No. 22. London: Percival David Foundation of Chinese Art, 171–91.
Gyllensvärd, B. 1975. "Recent finds of Chinese ceramics at Fostat. II." *Bulletin of the Museum of Far Eastern Antiquities* 47: 93–117.
Hall, K. R. 1985. *Maritime Trade and State Development in Early Southeast Asia.* Honolulu: University of Hawaii Press.
Hamilton, A. 1930. *A New Account of the East Indies*. London: Argonaut Press. Two Volumes. Hariani Santiko. 2000. "The religious function of narrative reliefs on Hindu and Buddhist sanctuaries in Majapahit period." In *Southeast Asian Archaeology 1998*, ed. W. Lobo and S. Reimann. Hull: Centre for South-East Asian Studies/Berlin: Ethnologisches Museum, 177–88.
Harrisson, B. 1970. "A classification of archaeological trade ceramics from Kota Batu, Brunei." *Brunei Museum Journal* 2, 1: 114–87.
Harrisson, T. 1958. "The Ming Gap and Kota Batu, Brunei." *Sarawak Museum Journal* 8, 11: 273–7.

Harrisson, T. and S. J. O'Connor. 1969. *Excavations of the Prehistoric Iron Industry in West Borneo*. Ithaca: Cornell University, Southeast Asia Program, Data Paper Number 72. Two Volumes.

Harrisson, B and P. M. Shariffudin. 1969. "Sungai Lumut, a 15th century burial ground." *Brunei Museum Journal* 1, 1: 24–56.

Hasan Djafar. 2010. *Kompleks Percandian Batujaya. Rekonstruksi Sejarah Kebudayaan Daerah Pantai Utara Jawa Barat*. Jakarta: Kiblat Buku Utama, in collaboration with École Française d'Extrême-Orient, Pusat Penelitian dan Pengembangan Arkeologi Nasional, KITLV-Jakarta.

Hasan Muarif Ambary, Halwany Michrob, and J. N. Miksic 1988 *Katalogus Koleksi Data Arkeologi Banten (Catalogue of Sites, Monuments and Artifacts of Banten)*. Jakarta: Directorate for Protection and Development of Historical and Archaeological Heritage.

van Hasselt, A. L. and Schwartz, H. J. E. F. 1898. "De Poelau Toedjoeh in het zuidelijk gedeelte der Chineesche zee." *Tijdschrift van het Koninklijk Nederlandsch Aardrijkskundig Genootschap* 15 (2nd series), 21–45, 154–99, 444–76, 657–92.

He Zhenghuang and Xu Liping, ed. 1993. *Sung Yuan Tao Ci Ta Quan/Chinese Ceramics, Song Yuan Dynasty*. Taipei: Yi Su Jia Publishing House. Second Edition.

Hein, D. 1996 "Ceramic Production in Myanmar—further evidence on old traditions." *Traditions in Current Perspective. Proceedings of the conference on Myanmar and Southeast Asian Studies, 15–17 November 1995.* Yangon: Universities Historical Research Centre, 179–205. Heng, D. T. S. 2004a. "Economic networks between the Malay region and the hinterlands of Quanzhou and Guangzhou: Temasek and the Chinese ceramics and foodstuffs trade."

In *Early Singapore 1300s-1819: Evidence in Maps, Text and Artefacts*, ed. J. N. Miksic and C.-A. Low M. G. Singapore: Singapore History Museum, 73–85.

———. 2004b. "Classification of coarse stoneware ceramic sherds: Empress

Place Site Excavation 1998." Unpublished Report on File at Fort Canning Archaeology Laboratory.

——— . 2009. *Sino-Malay Trade and Diplomacy From the Tenth Through the Fourteenth Century*. Athens, Ohio: Center for International Studies, Ohio University.

Heng Piphal. 2004. "Archaeological Excavation in the North Pond (Srah Andong) of Prasat Suor Prat." *Japanese Government Team for Safeguarding Angkor (JSA) Annual Report on the Technical Survey of Angkor Monument 2004*. Tokyo: Japan International Cooperation Centre, 215–33.

Higham, C. 1989. *The Archaeology of Mainland Southeast Asia*. Cambridge: Cambridge University Press.

Hill, A. H., trans. 1960. "Hikayat Raja-Raja Pasai." *JMBRAS* 33, 2: 1–215.

——— . 1970. *The Hikayat Abdullah*. Kuala Lumpur: Oxford University Press.

Hirth, F. 1917. "Chau Ju-kua, a new source of mediaeval geography." *China and the Chinese* 76.

Hirth, F. and W. W. Rockhill. 1911. *Chau Ju-kua: His Work on the Chinese and Arab Trade in the Twelfth and Thirteenth Centuries, entitled Chu-fan-chi*. St. Petersburg: Imperial Academy of Science.

Ho Chuimei. 1994. "The significance of West Asian ceramics in East and Southeast Asian in the 9th-10th Century." *Trade Ceramic Studies* 14: 35–59.

——— . 2001. "The ceramic boom in Minnan." In *The Emporium of the World: Maritime Quanzhou, 1000–1400*, ed. A. Schottenhammer. Leiden: Brill, 237–81.

——— . 2002. "Export phases for Menam Basin ceramics in Thai history." In *Sangkhalok-Suk-hothai-Ayutthaya and Asia*, ed. Charnvit Kasetsiri. Bangkok: Toyota Thailand Foundation and The Foundation for the Promotion of Social Science and Humanities Textbooks Project, 94–113.

Ho Chuimei and B. Bronson. 1995. "Ceramics from the Palembang excavation." *ACRO Update* April: 1.

Ho Chuimei and M. N. Smith. 1999. "Gaps in ceramic production and the rise of multinational traders in 15th-century Asia." *Taida Journal of Art History* 7 (Sept.): 1–28.

Hooi, Christopher. 1978. "The Singapore Padang as seen from Scandal Point in 1851." *Heritage* 3: 5–19.

Hooker, V. M. and M. B. Hooker. 2001. "Introductory essay." *John Leyden's Malay Annals*. Kuala Lumpur: Malaysian Branch of the Royal Asiatic Society, Reprint No. 20.

Houben, V. J. H., H. M. J. Maier, and W. van der Molen. 1992. *Looking in Odd Mirrors: The Java Sea*. Leiden: Vakgroep Talen en Culturen van Zuidoost-Azie en Oceanie.

Hovig, P. 1914. "De goudertsen van de Lebongstreek (Benkoelen)." *Jaarboek van het Mijnwezen in Nederlands Oost-Indie, Verhandelingen 1912*, 41, 2: 87–276.

Hsieh Ming-liang. 2010. "The navigational route of the Belitung wreck and the late Tang ceramic trade." In *Shipwrecked: Tang Treasures and Monsoon Winds*, ed. R. Krahl, J. Guy, J. K. Wilson, and J. Raby. Washington D.C.: Arthur M. Sackler Gallery, Smithsonian Institution; Singapore: National Heritage Board, Singapore Tourism Board, 137–43.

Hsü Yün-Ts'iao. 1973. "Singapore in the remote past." *JMBRAS* 45, 1: 1–9.

Huang Shichun. 1998. "Ceramic production and its sea trade in Jinjiang." Paper presented at the Conference on Fujian Ceramics and Their Trade in Southeast Asia. Singapore: Singapore History Museum, 24–26 Apr. 1998.

Hudson, B. 2004. *The Origins of Bagan: The Archaeological Landscape of Upper Burma to AD 1300*. Doctoral Dissertation, University of Sydney.

——— . 2005. "Thoughts on some chronological markers of Myanmar archaeology in the pre-urban period." Manuscript submitted to Yangon University Archaeology Journal, 10th Anniversary Commemorative Volume, 1–6.

Huet, N. 2001. "Eléments de parure, bracelets et perles." In *La Mémoire engloutie de Brunei. Vol. 2. Précis scientifique*, ed. M. L'Hour. Paris:

Editions Textuel, 129–38.

Hung, H. C., Y. Iizuka, P. Bellwood, K. D. Nguyen, B. Bellina, P. Silapanth, E. Dizon, R. Santiago, I. Datan and J. H. Manton. 2007. "Ancient jades map 3,000 years of prehistoric exchanges in Southeast Asia." *Proceedings of the National Academy of Science* 104 (50): 19745–50.

Hughes-Stanton, P and R. Kerr. 1980. *Kiln Sites of Ancient China*. London: Oriental Ceramic Society.

I Gusti Putu Phalgunadi. 1996. *The Pararaton. A Study of the Southeast Asian Chronicle*. New Delhi: Sundeep Prakashan.

I Wayan Ardika. 2008. "Archaeological traces of the early harbor town." In *Ethnoarchaeological Investigations in North Bali Indonesia*, ed. B. Hauser-Schaublin and I Wayan Ardika. Göttingen: Universitatsverlag Göttingen, Göttingen Beiträge zur Ethnologie. Band I, 149–57.

——— . 2011. "Sembiran: an early harbor in Bali." In *Ancient Harbours in Southeast Asia*, ed. J.N. Miksic and G.Y. Goh. Bangkok: SEAMEO SPAFA, 21–9.

I Wayan Ardika and P. Bellwood. 1991. "Sembiran: the beginnings of Indian contact with Bali." *Antiquity* 65: 221–3.

I Wayan Ardika, P. Bellwood, I Made Sutaba, and K.C. Yulati. 1997. "Sembiran and the first Indian contacts with Bali: an update." *Antiquity* 71: 193–5.

Indrawooth, P. 2009. "Un antique royaume urbanisé de Thailand." In *Dvaravati aux Sources du Bouddhisme en Thailande*, ed. P. Baptiste and T. Zéphir. Paris: Réunion des Museés nationaux, 31–45.

Jacq-Hergoualc'h, M., trans. V. Hobson. 2002. *The Malay Peninsula: Crossroads of the Maritime Silk Road (100 BC-1300 AD)*. Leiden, Boston: E. J. Brill.

Jacques, C. 1979. "'Funan', 'Zhenla': the reality concealed by these Chinese views of Indochina." In *Early South East Asia*, ed. R. B. Smith and W. Watson. New York and Kuala Lumpur: Oxford University Press, 371–9.

——— . 1995 "China and ancient Khmer history." In *South Asia and China: Art, Interaction & Commerce*, ed. R. Scott and J. Guy. London: Percival David, 32–9.

Jasper, J. E. and M. Pirnagadie. 1927/2010. *De Inlandsche Kunstnijverheid in Nederlandsch Indië*. Leiden: Sidestone Press.

Joseph, A. 1975. "Blue and white wares." In *South-East Asian and Chinese Trade Pottery*. Hong Kong: The Oriental Ceramic Society of Hong Kong, 26–33.

Joseph, A. and R. M. Brown, ed. 1975. *South-East Asian and Chinese Trade Pottery*. Hong Kong: The Oriental Ceramic Society of Hong Kong.

Junker, L. L. 1990. *Long-Distance Trade and the Development of Socio-Political Complexity in Philippine Chiefdoms of the First Millennium to Mid-Second Millennium A.D.* PhD Dissertation, Department of Anthropology, University of Michigan.

——. 1999. *Raiding, Trading and Feasting. The Political Economy of Philippine Chiefdoms*. Honolulu: University of Hawaii Press.

Kamarudin Ab. Razak. 1998. *Peninggalan Sejarah di Pesisiran Sungai Johor*. Johor Bahru: Yayasan Warisan Johor.

Karashima, Noboru, ed. 2004. *In Search of Chinese Ceramic-Sherds in South India and Sri Lanka*. Tokyo: Taisho University Press.

Keith, D. H. and C. J. Buys. 1981. "New light on medieval Chinese seagoing ship construction." *IJNA* 10, 2: 119–32.

Kemp, B. 1997. "Seeing the light through history." *Ceramics TECHNICAL* 4: 73–7.

Kenderdine, S. 1995. "Bai Jiao I-the excavation of a Song Dynasty shipwreck in the Dinghai area, Fujian Province, China, 1995." *IJNA* 24, 4: 247–66.

Kern, H. 1883. "Over eenige oude Sanskritopschriften van't Maleische Schiereiland." *De Verslagen en Mededeelingen der Koninklijke Akademie van Wetenschappen*, Afd. Letterkunde 3, 1: 257–62.

——. 1907. "Concerning some Old Sanskrit inscriptions in the Malay Peninsula." *Journal of the Straits Branch of the Royal Asiatic Societey* 49: 95–101.

Khasnor, Johan. 1999. "The *Undang-Undang Melaka*: reflections on Malay society in fifteenth-century Malacca." *JMBRAS* 72/2: 131–50.

Khemachat, Thepchai. 1983. "The Excavation at Laem Pho: A Srivijaya Entrepot?" *Final Report, Consultative Workshop on Archaeological and Environmental Studies of Srivijaya, SEAMEO Project in Archaeology and Fine Art Bangkok 1983*. Bangkok: SPAFA, 139–43.

Kim Wondong. 1986. *Chinese Ceramics from the Wreck of a Yuan Ship in Sinan, Korea—With Particular Reference to Celadon Wares*. Doctoral Dissertation, University of Kansas.

Kobata, A. and M. Matsuda. 1969. *Ryukyuan Relations with Korea and South Sea Countries*. Kyoto: Atsushi Kobata.

Koh Lian What. 1989. "Artefacts from Pulau Saigon." *Heritage* 10: 57–75.

Krahl, R., J. Guy, J. K. Wilson, and J. Raby, ed. 2010. *Shipwrecked: Tang Treasures and Monsoon Winds*. Washington DC: Arthur M. Sackler Gallery, Smithsonian Institution; Singapore: National Heritage Board, Singapore Tourism Board.

Krom, N. J. 1931. *Hindoe-Javaansche Geschiedenis* (2nd revised edition). 's-Gravenhage: M. Nijhoff.

Kulke, H., K. Kesavapany, and V. Sakhuja. 2009. *Nagapattinam to Suvarnadwipa. Reflections on the Chola Naval Expeditions to Southeast Asia*. Singapore: Institute of Southeast Asian Studies. Kuwabara, J. 1928. "On P'u Shou-keng, a man of the western regions." *Memoirs of the Research Department of the Toyo Bunko* 2: 1–79.

Kwa, C. G. 2004. "16th-century underglaze blue porcelain sherds from the Kallang Estuary." In *Early Singapore 1300s-1819: Evidence in Maps, Text and Artefacts*, ed. J. N. Miksic and C.-A. Low M. G. Singapore: Singapore History Museum, 86–94.

Kwan, K. K. and J. Martin. 1985. "Introduction to the finds from Pulau Tioman." In *A Ceramic Legacy of Asia's Maritime Trade. Song Dynasty Guangdong Wares and Other 11th-19th Century Trade Ceramics Found on Tioman Island, Malaysia*, ed. K. K. Kwan and Jean Martin. Kuala Lumpur: Southeast Asian Ceramic Society, West Malaysia Chapter, 69–82.

Kwee H.-K. 1997. *Dao Yi Zhi Lue as a Maritime Traders' Guidebook*. National

University of Singapore, Honours Thesis.

Laffan, M. 2005. *Finding Java: Muslim Nomenclature of Insular Southeast Asia from Śrîvijaya to Snouck Hurgronje*. Singapore: Asia Research Institute, Working Paper Series No. 52.

Laidlay, J. W. 1848. "Note on the inscriptions from Singapur and Province Wellesley", *Journal of the Asiatic Society of Bengal* 17, 2: 66–72.

Lam, P. Y.-K. 1989. "Decorative techniques and motifs in Guangdong trade wares of the Song Dynasty." In *Guangdong Ceramics from Butuan and Other Philippine Sites*, ed. Brown, R. M. Manila: Oriental Ceramic Society of the Philippines/Singapore: Oxford University Press, 47–59.

———. 2001. "Dating criteria for Chinese blue and whites of the mid to late 15th century from shipwrecks." *Taoci* 2: 35–46.

Lamb, A. 1961. "Miscellaneous papers on early Hindu and Buddhist settlement in northern Malaya and southern Thailand." *Federation Museums Journal* n.s. 6.

———. 1964. "Notes on beads from Johor Lama and Kota Tinggi." *JMBRAS* 37/1, 88–98.

———. 1965. "Glass beads from the Malay Peninsula." *Man* 30: 36–8.

———. 1966. "A note on glass beads from the Malay Peninsula." *Journal of Glass Studies* 8: 80–94.

Langdon, M. and Kwa Chong Guan. 2010. "Notes on 'Sketch of the Land round Singapore Harbour, 7 February 1819'", *JMBRAS* 83, 1:1–7.

Lankton, J. W., L. Dussubieux, and B. Gratuze. 2006. "Glass from Khao Sam Kaeo: transferred technology for an early Southeast Asian exchange network." *Bulletin de l'École Française d'Extrême-Orient* 93: 317–51.

Lankton, J. W., L. Dussubieux, and T. Rehren. 2008. "A study of mid-first millennium CE Southeast Asian specialized glass beadmaking traditions." In *Interpreting Southeast Asia's Past: Monument, Image and Text*, ed. E. A. Bacus, I. C. Glover, and P. D. Sharrock. Selected Papers from the 10th International Conference of the European Association of Southeast Asian Archaeologists, Volume 2. Singapore: NUS Press, 335–

56.

Lansing, J. S., A. J. Redd, T. M. Karafet, J. Watkins, I Wayan Ardika, S. P. K. Surata, J. S. Schoenfelder, M. Campbell, A. M. Merriwether, M. F. Hammer. 2004 "An Indian trader in ancient Bali?" *Antiquity* 78: 287–93.

———. 2006. "Reply." *Antiquity* 80, 307. Accessed 15 Feb. 2008. http://www. antiquity. ac.uk/projgall/lansing/index.html.

Latham, R., trans. 1958. *The Travels of Marco Polo*. Harmondsworth: Penguin.

Lebar, F. M., ed. and comp. 1972. *Ethnic Groups of Insular Southeast Asia*. Volume I:· Indonesia, Andaman Islands, and Madagascar. New Haven: Human Relations Area Files.

Leeds, A. 1961. "The port-of-trade in pre-European India as an ecological and evolutionary type." In *Symposium: Patterns of Land Utilization and Other Papers*, ed. V. E. Garfield. Seattle: American Ethnological Society, 26–48.

Legge, J. 1886. *A Record of Buddhistic Kingdoms. Being an Account by the Chinese Monk Fa-Hien of His Travels in India and Ceylon (AD 399–414) in Search of the Buddhist Books of Discipline*. Oxford: Clarendon.

Leong Sau Heng. 1980. "Lembah Bujang." In *Lembah Bujang: the Bujang Valley*. Kuala Lumpur: Persatuan Sejarah Malaysia, 5–11.

L'Hour, M. 2001. *Le Memoire engloutie de Brunei, une aventure archeologique sous-marine*. Paris: Editions Textuel. 2 Volumes.

Li D.-J., Jiang Z.-Y., and Guan J.-K, trans. Lin W.-L. 1980. "Chinese porcelain found in a shipwreck on the seabed off Sinan, Korea." *Chinese Translations* No. 2. Singapore: Southeast Asian Ceramic Society: 25–50.

Li H.-L., ed. 1979. *Nan-fang Ts'ao-mu Chuang. A Fourth Century Flora of South-East Asia*. Hong Kong: Chinese University Press.

Li Shu-Hua. 1956. "The south-pointing carriage and the mariner's compass." *Tsing Hua Journal of Chinese Studies* New Series 1, 1: 63–113.

Li Z.-Y. 1993. "Song and Yuan Dehua ware found in the Philippines." In *Chinese and South-East Asian White Ware Found in the Philippines*. Singapore: Oxford University Press, 15–29.

Li Z.-Y. and Cheng W. 1989. *Chinese Pottery and Porcelain: Traditional Chinese*

Arts and Culture. Beijing.

Liebner, H. 2010. "Cargoes for Java: Interpreting Two Tenth-Century Shipwrecks." Paper presented to the 13th International Conference of the European Association of South-east Asian Archaeology, Berlin.

Lim S. H. 1958. *A History of the Land Use Pattern in Singapore*. BA Honours Academic Exercise, University of Singapore.

Lim Tse Siang. 2012. *The Temasek Paradigm: Pre-colonial Singapore in Archaeology and History*. MA Thesis, Department of History, National University of Singapore.

Lin Wolin. 1999. *A Re-examination of the Place Name 'Long-ya Men'*. Singapore: The South Sea Society.

Linehan, W. 1947. "The kings of 14th century Singapore." *JMBRAS* 20, 2: 117–27. Listiyani. 2008. "Keramik Cina yang ditemukan di delta Berbak, Provinsi Jambi." In *Arke-ologi Lahan Basah di Sumatera dan Kalimantan*, ed. Sutikno. Palembang: Balai Arkeologi Palembang, 22–38.

Liu Liangyu. 1994. "Some specimens of trade ceramics unearthed in Taiwan and Penghu—a discussion of certain questions concerning kiln origins." *International Symposium on Ancient Chinese Trade Ceramics: Collected Papers*. Taipei: National Museum of History, 225–52.

Liu Xingyuan, et al. 1992. *Ceramic Finds from Jingdezhen Kilns, 10th-17th Century*. Hongkong: The Fung Ping Shan Museum, the University of Hong Kong.

Liu Xingyuan, trans. A. H-T. Lin. 1993. "Yuan Dynasty official wares from Jingdezhen." In *The Porcelains of Jingdezhen*, ed. R. E. Scott. London: Percival David Foundation Colloquies on Art and Archaeology in Asia 16, 33–46.

Liu Xingyuan, trans. J. Ding. 1999. "Imperial export porcelain from late Yuan to early Ming." *Oriental Art* 45, 1: 98–100.

Lo J.-P. 1969. "Maritime commerce and its relation to the Sung navy." *Journal of the Economic and Social History of the Orient* 12: 59–101.

Locsin, L. and C. 1967. *Oriental Ceramics Discovered in the Philippines*.

Rutland/Tokyo: C.E. Tuttle.

Logan, J. R. 1849. *The Journal of the Indian Archipelago and Eastern Asia.* Singapore: J. R. Logan. Lombard, D. 2010 [2008]. *Gardens in Java.* Jakarta: Pusat Penelitian dan Pengembangan Arkeologi Nasional. Jakarta: École Française d'Extrême-Orient.

Louis, F. 2010. "Metal objects on the Belitung shipwreck." In *Shipwrecked: Tang Treasures and Monsoon Winds*, ed. Krahl, R., J. Guy, J. K. Wilson, and J. Raby. Washington DC: Arthur M. Sackler Gallery, Smithsonian Institution; Singapore: National Heritage Board, Singapore Tourism Board, 85–91.

Loviny, C, ed. 1996. *The Pearl Road: Tales of Treasure Ships in the Philippines.* Makati City: C. Loviny.

Low, J. 1848. "An account of several inscriptions found in Province Wellesley on the Peninsula of Malacca." *Journal of the Asiatic Society of Bengal* 17, 2: 62–6.

Low Mei Gek, C.–A. 1996. *Discovering Pulau Saigon*. Singapore: National University of Singapore Honours Thesis.

——— . 2002. "Sawankhalok-Sukhothai wares from the Empress Place site, Singapore." In *Sangkhalok-Sukhothai-Ayutthaya and Asia*, ed. Charnvit Kasetsiri. Samutprakan: Toyota Thailand Foundation/Bangkok: The Foundation for the Promotion of Social Science and Humanities Textbooks Project, 130–46.

Lu Yaw et al. 1983. *Song Ceramics.* Singapore: Southeast Asian Ceramic Society.

Lu Yaw, Lee Kong Chian Art Museum. 1990. *Collection of Chinese Ceramics, Bronze, Archaic Jade, Painting & Calligraphy in the Light of Recent Archaeological Discoveries*. Singapore: Singapore University Press.

Lucas P. Koestoro, Soeroso, and P.–Y. Manguin. 1998. "An ancient site reascertained: the 1994 campaign at Kota Kapur (Bangka, South Sumatra). In *Southeast Asian Archaeology* 1994, Volume II, ed. P.–Y. Manguin. Hull: Centre for Southeast Asian Studies, 61–81.

Luce, G. 1970. *Old Burma-Early Pagan*. New York: Artibus Asiae.

Ma J.-C. L. 1971. *Commerce Development and Urban Change in Sung China*. PhD Dissertation, University of Michigan.

Ma, R. "Chinese Muslims in Malaysia in different periods of history." *Colloquium on Chinese Scholarship on the Malay World Studies, 16–17 September 2002*. Bangi: Universiti Kebangsaan Malaysia, 103–19.

Macfarlane, A. 2002. "Glass in China." Accessed 20 July 2013. www.alanmacfarlane.com/ glass/ACHINA.pdf.

Macgregor, I. A. 1955. "Johore Lama in the sixteenth century." *JMBRAS* 28, 1: 48–125.

Machi Suhadi. 1985. "Beberapa jenis pajak pada jaman Majapahit." *REHPA* II, 1984 (1985): 215–28.

Majumdar, R.C. 1986. *Suvarnadvipa*. Delhi: Gian. Reprint Edition. Two Volumes.

Malleret, L. 1960. *L'archeologie du delta du Mekong. Vol. II: La civilisation matérielle d'Oc-èo. Plates.* Paris: Publications de l'École Française d'Extrême-Orient.

——. 1962. *L'archeologie du delta du Mekong. Vol. III: La culture du Fou-nan*. Paris: Publications de l'Ecole Française d'Extrême-Orient.

Manguin, P-Y. 1983a. "Appendix 2. The Bukit Jakas Site, Pulau Bintan, Riau Archipelago, Indonesia." In *The Excavation of the Pattaya Wreck Site and Survey of Three Other Sites Thailand 1982*, ed. Jeremy Green and Rosemary Harper. Albert Park, Victoria: Australian Institute for Maritime Archaeology Special Publication No. 1, 83–4.

——. 1983b. *The Bukit Jakas Wreck Site, a Provisional Report*. Jakarta: École Française d'Ex- trême-Orient. Special Report.

——. 1984. "Relationship and cross-influences between South-East Asian and Chinese shipbuilding traditions." *Final Report, Consultative Workshop on Research on Maritime Shipping and Trade Networks in Southeast Asia.* Bangkok: SPAFA Coordinating Unit, 213–44.

——. 1985. "Late Mediaeval shipbuilding in the Indian Ocean: a reappraisal", in *Moyen Orient et Ocean Indien, XVI-XIX Siecle* 2: 1–30.

———. 1987. "Palembang et Sriwijaya: anciennes hypothèses, recherches nouvelles." *BEFEO* 76: 337–402.

———. 1991. "The merchant and the king: political myths of Southeast Asian coastal polities." *Indonesia* 52: 41–54.

———. 1992. "Excavations in South Sumatra, 1988–1990: new evidence for Sriwijayan sites." In *Southeast Asian Archaeology 1990: Proceedings of the Third Conference of the European Association of Southeast Asian Archaeologists*, ed. I.C. Glover. Hull: University of Hull, Centre for Southeast Asian Studies, 63–73.

———. 1993a. "Palembang and Sriwijaya: an early Malay harbour-city rediscovered." *JMBRAS* 66, 1: 23–46.

———. 1993b. "Trading ships of the South China Sea: Shipbuilding techniques and their role in the history of the development of Asian trade networks." *Journal of the Economic and Social History of the Orient* 36: 253–80.

———. 1993c. "The vanishing *jong*: insular Southeast Asian fleets in trade and war (fifteenth to seventeenth centuries)." In *Southeast Asia in the Early Modern Era: Trade, Power, and Belief*, ed. A. Reid. Ithaca: Cornell University, 197–213.

———. 2004. "The early maritime polities." In *Southeast Asia from Prehistory to History*, ed. I. Glover and P. Bellwood. London: Routledge Curzon, 282–313.

Manguin, P.–Y. and Agustijanto Indrajaya. 2006. "The archaeology of Batujaya (West Java, Indonesia): an interim report." In *Uncovering Southeast Asia's Past. Selected Papers from the 10th International Conference of the European Association of Southeast Asian Archaeologists*, ed. E. A. Bacus, I. C. Glover and V. C. Pigott. Singapore: NUS Press, 245–57.

Manguin, P.–Y., Soeroso, and Muriel Charras. 2006. "Daerah dataran rendah dan daerah pesisir: periode Klasik." In *Menelusuri Sungai, Merunut Waktu: Penelitian Arkeologi di Sumatera Selatan*. Jakarta: Pusat Penelitian dan Pengembangan Arkeologi Nasional, 49–64.

Manning, A., E. Edwards McKinnon and F. E. Treloar. 1980. "Analysis of gold artifacts from the Kota Cina site near Medan, Sumatra." *JMBRAS* 53, 2: 102–16.

Mao P. W.-C. 1979 "The *shu-fu* wares." In *South-East Asian and Chinese Trade Pottery*. Hong Kong: The Oriental Ceramic Society of Hong Kong, 22–5.

Masefield, J., ed. 1906. *Dampier's Voyages*. 2 Volumes. New York: E. P. Dutton.

Mason, R. B. 2003. "Petrography of pottery from Kirman." *Iran* 41: 271–8.

Mathers, W. M. and M. Flecker. 1997. *The Archaeological Recovery of the Java Sea Wreck*. Annap-olis: Pacific Sea Resources.

Matheson, V. and B. W. Andaya 1982 *Ali al-Haji Riau, The Precious Gift=Tuhfat Al-Nafis*. Kuala Lumpur, New York: Oxford University Press.

Matussin Omar. 1981. *Archaeological Excavations in Protohistoric Brunei*. Brunei: Muzium Brunei Penerbitan Khas no. 15.

Maxwell, W. G. 1911. "Barretto de Resende's account of Malacca." *Journal of the Straits Branch of the Royal Asiatic Society* 60: 1–23.

McLauchlan, R. and R. G. Thomas. 2006. "Indian traders in ancient Bali: a reconsideration of the evidence." *Antiquity* 80, 307. Accessed 15 Feb. 2008. http://www.antiquity.ac.uk/ projgall/lansing/index.html.

Medley, M. 1974. *Yuan Porcelain and Stoneware*. London: Faber.

Miksic, J. N. 1979. *Archaeology, Trade, and Society in Northeast Sumatra*. Cornell University, PhD Dissertation.

——— . 1984. "Penganalisaan wilayah dan pertumbuhan kebudayaan tinggi di Sumatra Selatan" [Regional analysis and the origin of civilization in South Sumatra]. *Berkala Arkeologi* 5, 1: 9–24.

——— . 1985. *Archaeological Research on the 'Forbidden Hill' of Singapore: Excavations at Fort Canning, 1984*. Singapore: National Museum.

——— . 1986a. "Artifact, monument, and urban site restoration." *Final Report—Seminar on Historical Sites of Banten*. Jakarta: Ditlinbinjarah.

——— . 1986b. "Banten and Javanese urbanization during the Early Islamic period." Paper Presented to the 85th annual Meeting of the American Anthropological Association, Philadelphia, 3–7 Dec.

———. 1989. "Archaeology in the city: digging at Duxton Hill." *Tanjong Pagar*. Singapore: Tanjong Pagar Citizens Consultative Council, 31–42.

———. 1990. *Old Javanese Gold*. Singapore: Ideations.

———. 1994. "Recently discovered Chinese Green Glazed Wares of the Thirteenth and Fourteenth Centuries in Singapore and Riau Islands." *New Light on Chinese Yue and Longquan Wares: Archaeological Ceramics Found in Eastern and Southern Asia, A.D. 800–1400*. Hong Kong: The University of Hong Kong Press, 229–50.

———. 1995. "Hubungan sejarah antara Srivijaya Palembang dan Lembah Bujang." In *Tamadun Melayu*, ed. Ismail Hussein, A. Aziz Deraman, and Abd. Rahman Al-Ahmadi. Volume 3. Kuala Lumpur: Dewan Bahasa dan Pustaka, 894–917.

———. 2000a. "Chinese Ceramics and Local Cultural Statements in Fourteenth-Century Southeast Asia." In *Studies in Southeast Asian Art: Essays in Honor of Stanley J. O'Connor*, ed. Nora A. Taylor. Ithaca: Cornell University, Southeast Asia Program, 194–216.

———. 2000b. "Heterogenetic cities in premodern Southeast Asia." *World Archaeology* Volume 32, 1: 106–21.

———. 2002. "Sebuah arca timah hitam dari Tebing Sungai Singapura [A Lead Statue Recently Discovered at a Majapahit-Period Site in Singapore]." 8th Scientific Archaeology Conference, Yogyakarta (Indonesia) 15–8 Feb. 1999. In *Kumpulan Makalah Pertemuan Ilmiah Arkeologi VIII*. Jakarta: Ikatan Ahli Arkeologi Indonesia, 425–8.

———. 2003. "Thai wares in the islands of Riau Province." In *Sangkhalok-Sukhothai-Ayutthaya and Asia*, ed. Charnvit Kasetsiri. Samutprakan: Toyota Thailand Foundation/Bangkok: The Foundation for the Promotion of Social Science and Humanities Textbooks Project, 147–51.

———. 2004. "14th-century Singapore: a port of trade." In *Early Singapore 1300s-1819: Evidence in Maps, Text and Artefacts*, ed. J. N. Miksic and Low M. G. Singapore: Singapore History Museum, 41–54.

———. 2009. "Research on ceramic trade, within Southeast Asia and between Southeast Asia and China." In. *Southeast Asian Ceramics. New Light On Old Pottery*, ed. John Miksic. Singapore: Southeast Asian Ceramic Society, 70–99.

——— . 2010a. "Geography and traditional warfare in pre-British Southeast Asia: the place of Singapore." In *Between Two Oceans. A Military History of Singapore From 1275 to 1971*. Singapore: Marshall Cavendish, 1–35.

——— . 2010b. "Why the British came to Singapore." In *Between Two Oceans. A Military History of Singapore from 1275 to 1971*. Singapore: Marshall Cavendish, 36–55.

——— . 2012. "Riverbeds of Sumatra: the latest target of treasure hunters." *International Institute for Asian Studies Newsletter* 59, Spring: 47.

Miksic, J. N., B. Bronson, R. Brown, and M. Flecker. 1997. *The Java Sea Wreck Archaeological Report*, ed. W. M. Mathers and M. Flecker. Annapolis: Pacific Sea Resources.

Miksic, J. N. and Kamei Meitoku. 2010. *Research on Ceramics Discovered at the Trowulan Site in Indonesia*. Tokyo: Senshu University.

Miksic, J. N. and C. T. Yap. 1990. "Fine-bodied white earthenwares of South East Asia: some X-ray fluorescence tests." *Asian Perspectives* 28, 1: 45–60.

——— . 1992. "Compositional analysis of pottery from Kota Cina, North Sumatra: implications for regional trade during the 12th to 14th centuries." *Asian Perspectives* Volume 31, 1: 57–76.

Miksic, J. N., C. T. Yap and Y. N. Hua. 1994. "Archaeology and early Chinese glass trade in Southeast Asia." *JSEAS* 25, 1: 31–46.

Miksic, J. N., Yap C. T., S. Fong Y. L., and K. Wan. 2000. "EDXRF Analyses of Some Yuan Dynasty Artifacts Excavated in Singapore." *Keji kaogu luncong* [Studies in Archaeometry] 2: 228–36.

Miksic, J. N. and Soekatno, ed. 1995. *The Legacy of Majapahit*. Singapore: National Heritage Board.

Miksic, J. N., C. T. Yap, and Vijiyakumar. 1996. "X-Ray fluorescence analysis of glass from Fort Canning, Singapore." *BEFEO* 83: 187–202.

Miksic, J. N. and Lim Chen Shien. 2004. *Archaeological Research on The Padang and in the St. Andrew's Cathedral Churchyard: St. Andrew's Cathedral Archaeological Research Project Progress Report Summary September 2003–June 2004*. Singapore: ARI Working Paper.

Miller, J. I. 1969. *The Spice Trade of the Roman Empire*. Oxford: Clarendon.

Milner, A. C. 1982. *Kerajaan: Malay Political Culture on the Eve of Colonial Rule*. Tucson: University of Arizona Press, The Association for Asian Studies Monograph No. XL.

Mills, J. V. G., ed. and trans. 1970. *Ma Huan, Ying-yai Sheng-lan*. Cambridge: Hakluyt Society.

Mills, J. V. G. 1974. "Arab and Chinese navigators in Malaysian waters in about A.D. 1500." *JMBRAS* 47, 2: 1–82.

———. 1997. *Eredia's Description of Malaca, Meridional India, and Cathay*. Introduction by Cheah Boon Keng. Kuala Lumpur: MBRAS Reprint 14.

Mohd. Kamaruzaman bin A. Rahman. 1989. "Penelitian awal tentang manik di Malaysia." *Jurnal Arkeologi Malaysia* 2: 82–92.

Mohd. Nazir. 1980/81. *Benda-Benda Arkeologi Klasik Daerah Jambi*. Jambi: Proyek Pengembang Permuseuman Jambi.

Moore, D. and J. 1969. *The First 150 Years of Singapore*. Singapore: D. Moore.

Moquette, J. P. "De eerste vorsten van Samoedra-Pasé (Noord Sumatra)." *Rapporten van het Outheidkundige Dienst 1913*: 1–12.

Mouliérac, J., J.-Y. Marin, M. Rey-Delqué. 1992. *Terres Secrètes de Samarcande*. Paris: Musée de l'Institute du Monde Arabe.

Moulton, J. C., comp. 1921. *The Annual Report on the Raffles Museum and Library for the Year 1919*. Singapore: Government Printing Office.

Mudar, K. M. 1999. "How many Dvaravati kingdoms? Locational analysis of first millennium AD moated settlements in central Thailand." *Journal of Anthropological Archaeology* 18: 1–28.

Murray, D. 1994. "Silver, ships and smuggling: China's international trade of the Ming and Qing Dynasties." *Ming Qing Yanjiu*: 91–143.

Nakagawa, T. 2000. *Annual Report on the Technical Survey of Angkor Monument*

2000. Tokyo: Japan International Cooperation Centre.

Narveker, S. 2007. "Astronomical instruments in ancient India." Paper presented to the 12th IFToMM World Congress, Besançon (France), 18–21 June 2007.

National Museum Singapore. 1990. "Report on the Excavation at the Parliament House and the Recovered Artifacts." Unpublished report on file at the National Heritage Board.

Needham, J. 1958. *The Development of iron and Steel Technology in China*. London: Newcomen Society.

Needham, J. with Wang Ling and Lu Gwei-Djen. 1971. *Science and Civilisation in China* Volume 4, Part 3: "Civil Engineering and Nautics." Cambridge: Cambridge University Press.

Netscher, E. 1864. "Togtjes in het gebied van Riouw en onderhoorigheden (vervolg)." *TBG* 14, 5: 4th series, 1–23.

Ng C. -K. 1991. "The case of Ch'en I-lao: maritime trade and overseas Chinese in Ch'ing policies, 1717–1754." In *Emporia, Commodities and Entrepreneurs in Asian Maritime Trade, C. 1400–1750*, ed. R. Ptak and D. Rothermund. Stuttgart: Franz Steiner Verlag.

Nie D. 1997. "Chinese merchants and their maritime activities under the ban on maritime trade in the Ming Dynasty (1368–1567)." *Ming Qing Yanjiu*: 69–92.

Nik Hassan Shuhaimi bin Nik Abdul Rahman. 2011. "The archaeology of later prehistoric ports and pre-Melakan entrepots and evidence of inter-regional trade in Malaysia." In *Ancient Harbours in Southeast Asia*, ed. J. N. Miksic and G. Y. Goh. Bangkok: SEAMEO SPAFA, 69–80.

Nik Hassan Shuhaimi bin Nik Abdul Rahman and Othman Mohd. Yatim. 1990. *Antiquities of Bujang Valley*. Kuala Lumpur: Museum Association of Malaysia.

Nik Hassan Shuhaimi bin Nik Abdul Rahman and Kamaruddin bin Zakaria. 1993. "Recent archaeological discoveries in Kedah." *JMBRAS* 66, 2: 73–80.

Nishimura, M. 1992. *Long Distance Trade and the Development of Complex Societies in the Prehistory of the Central Philippines: the Cebu Central Settlement Case*. PhD Dissertation, University of Michigan. 3 Volumes.

Nordman, D. 1998. "La Méditerranée dans le pensée géographique française (vers 1800–vers 1950)." In *From the Mediterranean to the China Sea: Miscellaneous Notes*, ed. C.Guillot, D. Lombard, R. Ptak. Wiesbaden: Harrassowitz Verlag, 1–20.

Nurhadi Rangkuti. 2008. "Arkeologi Lahan basah di Sumatera Bagian selatan." In *Arkeologi Lahan Basah di Sumatera dan Kalimantan*, ed. Sutikno. Palembang: Balai Arkeologi Palembang, 1–21.

O'Connor, S. J. 1972. *Hindu Gods of Peninsular Siam*. Ascona: Artibus Asiae.

———. 1974. "Buddhist votive tablets and caves in Peninsular Thailand." In *Art and Archaeology in Thailand: in Commemoration of the 100th Anniversary of the National Museum*. Bangkok: Fine Arts Department, 67–84.

———. 1985. "Metallurgy and Immortality at Candi Sukuh, Central Java." *Indonesia* 39: 53–70.

Oudheidkundig Verslag. 1912. Batavia: Albrecht & Co.;'s Hage: M. Nijhoff. Commissie in Nederlandsch-Indië voor Oudheidkundig Onderzoek op Java en Madoera. Bataviaasch Genootschap van Kunsten en Wetenschappen.

Van Orsoy de Flines, E. W. 1941–7. "Onderzoek naar en van keramische scherven in de bodem in Noordelijk Midden-Java, 1940–42." *Oudheidkundige Verslag*, Bijlage A: 66–84.

Pagani, L., trans. S. Knight. 1990. "Introduction." *Cosmography. Maps From Ptolemy's Geography. Clavdii Ptolemaei Cosmographia Tabulae*. Leicester: Magna Books.

Panitia Nasional. 2010. *Catalogue of the Cirebon Wreck, Sunken Treasures from the Tenth Century (Five Dynasties or Early Northern Song)*. Jakarta: Ministry of Maritime Affairs.

Peacock, B. A. V. "New light on the ancient settlements of Kedah and Province Wellesley." In *Lembah Bujang*, ed. Persatuan Sejarah Malaysia. Kuala

Lumpur: Percetakan, United Selangor, 1980, 82–8.

Pearson, R., Li Min, and Li Guo. 2001. "Port, city, and hinterlands: archaeological perspectives on Quanzhou and its overseas trade." In *The Emporium of the World: Maritime Quanzhou, 1000–1400*, ed. A. Schottenhammer. Leiden: Brill, 177–235.

———. 2002. "Quanzhou archaeology: a brief review." *IJNA* 6, 1: 23–59.

Peng Shifan et al. 2002. *Yuan and Ming Blue and White Ware from Jiangxi*. Jiangxi: Jiangxi Provincial Museum; Hong Kong: The Art Museum, The Chinese University of Hong Kong. Perret, D. and Sugeng Riyanto. 1998. "Les poteries proche-orientales engobées à décor incisé et jaspé de Lobu Tua. Étude préliminaire." In *Histoire de Barus: Le Site de Lobu Tua. I. Études et Documents*, ed. C. Guillot. Paris: Cahiers d'Archipel 30, 169–88.

Perret, D. and Heddy Surachman. 2009. "Verre." In *Histoire de Barus III. Regards sur une place marchande de l'océan Indien (XIIe-milieu du XVIIe s.)*, ed. D. Perret and Heddy Surachman. Paris: Cahiers d'Archipel 38, 325–84.

Phraya Lithai, trans. F. E. Reynolds and M. Reynolds. 1982. *The Three Worlds According to King Ruang: A Thai Buddhist Cosmology*. Berkeley: Center for South and Southeast Asian Studies, Berkeley Buddhist Series 4.

Picard, Ch. 1955. "La lampe Alexandrine de P'ong Tuk (Siam)." *Artibus Asiae* 18: 137–49. Pigeaud, T. G. Th. 1960. *Java in the Fourteenth Century: A Study in Cultural History*. The Hague: M. Nijhoff, Koninklijk Instituut voor Taal-, Land- en Volkenkunde, Translation Series no. 4, Volumes II, III.

Polanyi, K. C., M. Arensberg, and H. W. Pearson, ed. 1957. *Trade and Market in the Early Empires*. New York: Free Press.

Price, H. 1921. "Planting in Singapore." In *One Hundred Years of Singapore*, ed. W. Makepeace, G. E. Brooke, and R. St. J. Braddell. London: John Murray. Vol II: 79–84

Prior, R. 1998. "Ceramics from early historical sites in Vietnam." In *Southeast Asian Archaeology 1994*, ed. P.-Y. Manguin. Hull: Centre for Southeast Asian Studies, University of Hull, 92–110.

Prishanchit, S. 1996. "Maritime trade during the 14th to 17th century: evidence from the underwater archaeological sites in the Gulf of Thailand." In *Ancient Trades and Cultural Contacts in Southeast Asia*. Bangkok: The Office of the National Culture Commission, 275–300.

Pryce, T. O., B. Bellina-Pryce, and A. T. N. Bennett. 2006. "The development of metal technologies in the Upper Thai-Malay Peninsula: initial interpretation of the archaeometallurgical evidence from Khao Sam Kaeo." *Bulletin de l'École Française d'Extrême-Orient* 93: 295–315.

Ptak, R. 1991. "China and the trade in tortoise-shell (Sung to Ming periods)." In *Emporia, Commodities and Entrepreneurs in Asian Maritime Trade, C. 1400–1750*, ed. R. Ptak and D. Rothermund. Stuttgart: Franz Steiner Verlag.

——— . 1995. "Images of maritime Asia in two Yuan texts: *Daoyi zhilue* and *Yiyu zhi*." *Journal of Song-Yuan Studies* 25: 47–75.

——— . 1998a. "Ming maritime trade in Southeast Asia, 1368–1567: visions of a 'system'." In *From the Mediterranean to the China Sea: Miscellaneous Notes*, ed. C. Guillot, D. Lombard, and R. Ptak. Wiesbaden: Harrassowitz Verlag, 157–91.

——— . 1998b. "Possible Chinese references to the Barus area (Tang to Ming)." In *Histoire de Barus: Le Site de Lobu Tua. I. Études et Documents*, ed. C. Guillot. Paris: Cahiers d'Archipel 30, 119–47.

——— . 2001. "Quanzhou: at the northern edge of a Southeast Asian 'Mediterranean.'" In *The Emporium of the World: Maritime Quanzhou, 1000–1400*, ed. A. Schottenhammer. Leiden: Brill, 395–428.

Raffles, Lady Sophia. 1991 [1830]. *Memoir of the Life and Public Services of Sir Thomas Stamford Raffles*. Singapore: Oxford University Press.

Raffles, Sir T. S. 1978 [1817]. *The History of Java*. Petaling Jaya: Oxford University Press. 2 Volumes.

Raja Ali Haji ibn Ahmad, trans. V. Matheson and B. W. Andaya. 1982. *The Precious Gift (Tuhfat al-Nafis)*. Kuala Lumpur: Oxford University Press.

Rao, K. P. 2004. "Kottapatnam—a South Indian port trading with eastern lands." In *In Search of Chinese Ceramic-sherds In South India and Sri Lanka*, ed. Karashima, Noboru. Tokyo: Taisho University Press, 11–5.

Reid, A. R., 1980. "The structure of cities in Southeast Asia, fifteenth to seventeenth cen-turies." *JSEAS* 11, 2: 235–50.

——— . 1988. *Southeast Asia in the Age of Commerce 1450–1680*. Volume 1: The Lands below the Winds. New Haven: Yale University.

——— . 1992. "The rise and fall of Sino-Javanese shipping." In *Looking in Odd Mirrors: The Java Sea*, ed. V. J. H. Houben, H. M. J. Maier, and W. van der Molen. Leiden: Vakgroep Talen en Culturen van Zuidoost-Azie en Oceanie.

——— . 1993a. *Southeast Asia in the Age of Commerce 1450–1680*. Volume Two: "Expansion and Crisis." New Haven: Yale University Press.

——— . 1993b. "The unthreatening alternative: Chinese shipping in Southeast Asia 1567–1842." *Review of Indonesian and Malaysian Affairs* 27, 1–2: 13–32.

——— . 1996. "Flows and seepages in the long-term Chinese interaction with Southeast Asia." In *Sojourners and Settlers: Histories of Southeast Asia and the Chinese*, ed. A.R. Reid. St. Leonards: Allen and Unwin, 15–49.

——— . 2001. "Understanding Melayu (Malay) as a source of diverse modern identities." *JSEAS* 3: 295–314.

Reith, Rev. G. M. 1892. *Handbook to Singapore*. Singapore: Singapore and Straits Printing Office.

Renfrew, C. 1975. "Trade as Action at a distance: questions of integration and communication." In *Ancient Civilization and Trade*, ed. J. A. Sabloff and C.C. Lamberg-Karlovsky. Albuquerque: University of New Mexico Press, 3–60.

Report of the Fourth Intra-ASEAN Archaeological and Conservation Workshop Singapore, 1–21 November 1987. Unpublished Report on File with the National Archives, Singapore.

Retno Purwanti. 2009. "Kolam Telagarajo situs Muarajambi: fungsnya di masa lalu." In *Muaro Jambi Dulu, Sekarang, dan Esok*, ed. Mundardjito. Palembang: Balai Arkeologi Palembang, 59–74.

van Rijn van Alkemade, J. A. 1883. "De hoofdplaats Palembang." *Tijdschrift van het Nederlandsch Aardrijkskundige Genootschap* 7: 51–69.

Robson, S. 1995. *Desawarnana (Nagarakertagama) by Mpu Prapañca*. Leiden: KITLV Press. Rockhill, W. W. 1914. "Notes on the relations and trade of China with the Eastern Archi-pelago and the coast of the Indian Ocean during the fourteenth century." *T'oung Pao* 15: Part 1, 419–47; Part 2, 61–159, 236–71, 374–92, 435–67, 604–26.

Rouffaer, G. P. 1921. "Was Malaka emporium voor 1400 A.D. genaamd Malajoer? En waar lag Woerawari, Ma-Hasin, Langka, Batoesawar?" *Bijdragen tot de Taal-, Land- en Volkenkund van Nederlandsch-Indie* 77,1: 1–174, 359–600.

Saitowitz, S. J. and D. L. Reid. 2001. "Early Indian Ocean glass bead trade between Egypt and Malaysia: a pilot study." *Bulletin of the Indo-Pacific Prehistory Association* 21, 5: 119–23.

Salmon, S. 2002. "Srivijaya, la Chine et les marchands chinois (Xe-XIIe s.). Quelques réflexions sur la société de l'empire sumatranais." *Archipel* 63: 57–78.

Sampaongen, Pongdhan. 2004. "Archaeological evidences in the upper Malay Peninsular: related to the religion and belief." In *Thailand-Malaysia: Malay Peninsula Archaeology Programme*. Unpublished Seminar Report.

dos Santos Alves, J. M. 1998. "The foreign traders' management in the Sultanates of the Straits of Malacca." In *From the Mediterranean to the China Sea: Miscellaneous Notes*, ed. C. Guillot, D. Lombard, and R. Ptak. Wiesbaden: Harrassowitz Verlag, 131–42.

Sastri, K. A. Nilakanta. 1949. *History of Sri Vijaya*. Madras: University of Madras.

——. 1949a. "Takuapa and its Tamil Inscription." *JMBRAS* 22, 1: 25–30.

Schafer, E. W. 1967. *The Vermilion Bird: T'ang Images of the South*. Berkeley: University of California Press.

Schoff, W. H. 1912. *The Periplus of the Erythraean Sea*. New York: Longman Green.

Schottenhammer, A. 2001. "The role of metals and the impact of the introduction of Huizi paper notes in Quanzhou on the development of maritime trade in the Song period." In *The Emporium of the World: Maritime Quanzhou, 1000–1400*, ed. A. Schottenhammer. Leiden: Brill, 95–176.

Schweizer, A.-V. 2000. "La dynastie d'Indrapura (Quang Nam, Viet Nam)." In *Southeast Asian Archaeology 1998*, ed. W. Lobo and S. Reimann. Proceedings of the 7th International Conference of the European Association of Southeast Asian Archaeologists. Hull: Centre for South-East Asian Studies, University of Hull/Berlin: Ethnologisches Museum, Staatliche Museum zu Berlin, Stiftung Preußischer Kulturbesitz, 205–18.

Seligman, C. G. and H. C. Beck. 1938. "Far eastern glass: some western origins." *Museum of Far Eastern Antiquities Bulletin* 10: 1–64.

Sen, Tansen. 1996. "Administration of maritime trade during the Tang and Song dynasties." *China Report* 32, 3: 251–65.

———. 2003. *Buddhism, Diplomacy and Trade: The Realignment of Sino-Indian Relations, 600–1400*. Honolulu: University of Hawaii.

Van Sevenhoven, J. L. 1825. "Beschrijving van het hoofdplaats Palembang." *Verhandelingen van het Bataviaasch Genootschap* 9: 41–126.

Seyock, B. 2007. "Trade ceramics from the Goto Islands (Japan), circa sixteenth to early seventeenth century: the Yamami underwater site (Ojika) and related issues." *Asian Perspectives* 46, 2: 335–60.

Shackley, M. 1988. "Sources of archaeological obsidian in the southwest." *American Antiquity* 53/4: 752–72.

Shah Alam bin Mohd. Zaini. 1997. *Metal Finds and Metal-Working at the Parliament House Complex, Singapore*. MA Thesis, University of Michigan, Ann Arbor.

Shah Alam bin Mohd. Zaini and A. Cowan. 2006. *Survey of the Lower Batang Hari*. Unpublished Report.

Shamsul A. B. 2001. "A history of an identity, an identity of a history: the idea and practice of 'Malayness' in Malaysia reconsidered." *JSEAS* 32, 3: 355–66.

Shellabear, W. G. 1975. *Sejarah Melayu*. Petaling Jaya: Penerbit Fajar Bakti.

Shen Hsueh-Man. 2002. "Luxury or necessity: glassware in *sarīra* relic pagodas of the Tang and Northern Song periods." In *Chinese Glass: Archaeological Studies on the Uses and Social Context of Glass Artefacts from the Warring States to the Northern Song Period (fifth century B.C. to twelfth century A.D.). Orientalia Venetiana XIV*, ed. Cecilia Braghin. Firenze: Leo S. Olschki Editore, 71–110.

Shi Yong Gu Han You Da Ci Dian. 1995. N. P.: Henan People's Press.

Sjostrand, S. 1997. "The 'Xuande' wreck ceramics." *Oriental Art* 43, 3: 7–14.

Sjostrand, S., Adi Haji Taha, and Samsol Sahar. 2006. *Mysteries of Malaysian Shipwrecks*. Kuala Lumpur: Department of Museums Malaysia.

Skeat, W. W. and H. N. Ridley. 1969. "The Orang Laut of Singapore." *JMBRAS* 42, 1: 118–20.

So, Billy K. L. 1994. "Trade ceramics industry in southern Fukien during the Song." *Journal of Song Yuan Studies* 24: 1–19.

———. 2000. *Prosperity, Region, and Institutions in Maritime China. The South Fukien Pattern, 946–1368*. Cambridge (Mass.): Harvard University Asia Center.

Solheim, W. G. II. 1965. "The prehistoric earthenware pottery of Tanjong Kubor, Santu- bong." *Sarawak Museum Journal* 12, 25–6: 1–62.

———. 1984. "Southeast Asian prehistoric pottery." In *Studies on Ceramics*. Jakarta: Pusat Penelitian Arkeologi Nasional, 131–55.

———. 2003. "Southeast Asian earthenware pottery and its spread." In *Earthenware in Southeast Asia*, ed. J. N. Miksic. Singapore: Singapore University Press, 1–21.

Solheim, W. G. II and E. Green. 1965. "Johore Lama Excavations, 1960." *Federation Museums Journal* X. Special Issue.

Sopher, D. E. 1977. *The Sea Nomads*. Singapore: National Museum Singapore.

Southworth, W. 2000. "Notes on the political geography of Campa in central Vietnam during the late 8th and early 9th centuries A.D." In *Southeast Asian Archaeology 1998. Proceedings of the 7th International Conference of the European Association of Southeast Asian Archaeologists*, ed. W. Lobo and S. Reimann. Hull: Centre for South-East Asian Studies, University of Hull/Berlin: Ethnologisches Museum, Staatliche Museum zu Berlin, Stiftung Preußischer Kulturbesitz, 237–44.

Spence, J. D. 1985. *The Memory Palace of Matteo Ricci*. New York: Penguin.

Sri Patmiarsi Retnaningtyas. 2004. *Permukiman di Delta Batanghari, Pesisir Timur Jambi, Abad 11–13 Masehi*. MA Thesis, Program Studi Arkeologi, Fakultas Ilmu Pengetahuan Budaya Universitas Indonesia, Depok.

Sri Soejatmi Satari. 1985. "Kehidupan ekonomi di Jawa Timur dalam abad xiii-xv." *REHPA II, 1984*: 331–42.

Srisuchat, A. 1994. "Discovering Chinese Yue and Longquan green glazed wares and reconsidering their socio-economic roles in the development of ancient communities in Thailand." In *New Light on Chinese Yue and Longquan Wares: Archaeological Ceramics Found in Eastern and Southern Asia, A.D. 800–1400*, ed. Ho Chuimei. Hong Kong: Centre of Asian Studies, The University of Hong Kong, 213–28.

———. 1996. "Merchants, merchandise, markets: archaeological evidence in Thailand concerning maritime trade interaction between Thailand and other countries before the 16th century A.D." In *Ancient Trades and Cultural Contacts in Southeast Asia*. Bangkok: The Office of the National Culture Commission, 237–66.

———. 2003. "Earthenware from archaeological sites in southern Thailand: the first century B.C. to the twelfth century A.D." In *Earthenware in Southeast Asia*, ed. J. N. Miksic. Singapore: Singapore University Press, 249–61.

Stammeshaus, F. W. 1946 "Atjehsche munten." *Cultureel Indie* 8: 113–21.

Stark, M. T. 2006. "Pre-Angkorian settlement trends in Cambodia's Mekong Delta and the Lower Mekong Archaeological Project." *Bulletin of the Indo-Pacific Prehistory Association* 26: 98–109.

van Stein Callenfels, P. V. 1926. "Oudheidkundige aanteekeningen." *Oudheidkundige Verslag 1926*, 165–9.

Subbarayalu, Y. 1998. "The Tamil merchant-guild inscription at Barus. A rediscovery." In *Histoire de Barus: Le Site de Lobu Tua. I. Études et Documents*, ed. C. Guillot. Paris: Cahiers d'Archipel 30, 25–33.

Subrahmanyam, S. 1998. "Notes on circulation and asymmetry in two Mediterraneans, ca. 1400–1800." In *From the Mediterranean to the China Sea: Miscellaneous Notes*, ed. C. Guillot, D. Lombard, and R. Ptak. Wiesbaden: Harrassowitz Verlag, 21–43

Sukarto K. Atmodjo, M. M. 1986. "Mengungkap masalah pembacaan prasati Pasrujambe." *Berkala Arkeologi* 7/1: 39–55.

Sullivan, Michael. 1962. "Notes on Chinese export wares in Southeast Asia." *Transactions of the Oriental Ceramic Society* 33: 61–77.

Sumarah Adhyatman. 1981. *Keramik Kuna Yang Ditemukan di Indonesia. Antique Ceramics Found in Indonesia*. Jakarta: Himpunan Keramik Indonesia. The Ceramic Society of Indonesia. Sunarto H. and V. Sukanda-Tessier. 1983. *Cariosan Prabu Silihwangi*. Jakarta/Bandung: École Française d'Extrême-Orient. Naskah dan Dokumen Nusantara. Textes et documents Nousantariens IV.

Swan, R. and D. Scott. 1990. "Gold work from Kota Cina: a technical study." In *Southeast Asian Archaeology 1986*, ed. I. and E. Glover. Oxford: BAR International Series 561, 261–74.

Tagliacozzo, E. 2004. "A necklace of fins: marine goods trading in maritime Southeast Asia, 1780–1860." *International Journal of Asian Studies* 1, 1: 23–48.

Takakusu, J. 1896. *A Record of the Buddhist Religion as Practised in India and the Malay Archipelago (AD 671–695) by I-Tsing*. Oxford: Clarendon.

Tan, .R. C. et al. 1993. *Chinese and South-East Asian White Ware Found in the Philippines*. Singa- pore: Oxford University Press.

Tan, R. C. 1998/99. "A note on the dating of Ming minyao blue and white ware." *Oriental Art* 44, 4: 69–76.

———. 2005. "Prosperity in Quanzhou during the 12th-14th centuries and its impact on the ceramic industry of Fujian with reference to Philippine finds." In *Proceedings of the International Conference: Chinese Export Ceramics and Maritime Trade, 12th-15th Centuries*, ed. Cheng Pei-Ki, Li Guo, and Wan Chui Ki. Hong Kong: Chinese Civilisation Centre, University of Hong Kong, 230–52.

Tan Y. S. 1974. "The Sri Vijayan inscription of Canton (A.D. 1079)." In *Papers on Early South-East Asia*, ed. C. Jack-Hinton. Singapore: The Journal of Southeast Asian History, 17–24.

——— . 1975. "Chinese element in the Islamisation of Southeast Asia—a study of Njai Gede Pinatih, the great lady of Gresik." *Journal of the South Seas Society* 30, 1/2: 19–27.

Taylor, K. W. 1983. *The Birth of Vietnam*. Berkeley: University of California Press. Tegengren, F. R. 1920. "The quicksilver deposits of China." *Geological Survey of China* 2: 1–36.

Temple, R. 1986. *The Genius of China. 3,000 Years of Science, Discovery, and Invention*. Introduction by Joseph Needham. New York: Simon & Schuster.

Temple, R., ed. 1914–36. *The Travels of Peter Mundy in Europe and Asia, 1608–1667*. London: Hakluyt Society, Series 2. 5 Volumes.

Than Tun. 2003. *Myanma Terracottas. Pottery in Myanma and Votive Tablets of Myanma*. Yangon: Khyit Saya Sape.

Theunissen R., P. Grave and G. Bailey. 2000. "Doubts on diffusion: challenging the assumed Indian origin of Iron Age agate and carnelian beads in Southeast Asia." *World Archaeology* 32, 1: 84–105.

Thorn, Maj. William. 1815. *Memoir of the Conquest of Java*. London: T. Egerton,

Tibbetts, G. R. 1971. *Arab Navigation in the Indian Ocean before the Coming of the Portuguese*. London: Oriental Translation Funds, New Series XLIII, RAS.

——— . 1979. *A Study of the Arabic Texts Containing Material on South-East Asia*. Leiden: E.J. Brill.

T'ien J.-K. 1981. "Chêng Ho's voyages and the distribution of pepper in China." *Journal of the Royal Asiatic Society* 2: 186–97.

Tim Peneliti. 1992. *Laporan Penelitian Sumatra Barat Tahap II di Situs Padang*

Rocok, Desa Sungailangsat-Siluluk, Kecamatan Perwakilan Pulaupanjang Kabupaten Sawahlunto-Sijunjung, Sumatra Barat. Jakarta: Pusat Penelitian Arkeologi. (Stenciled)

Tim Penelitian Arkeologi Klasik (TPAK). 1996/97. *Laporan Penelitian Arkeologi: Situs Gedungkarya, Kabupaten Batang Hari, Propinsi Jambi*. Jakarta: Departemen Pendidikan dan Kebudayaan, Pusat Penelitian Arkeologi Nasional.

Ting, Joseph S. P. ed. 1996. *The Maritime Silk Route: 2000 Years of Trade on the South China Sea*. Hong Kong: The Urban Council of Hong Kong.

Tobler, A. 1921 "Djambi Verslag uitkomsten van het geologisch-mijnbouwkundige onderzoek in de residentie Djambie 1906–1912." *Jaarboek van het Mijnwezen in Nederlandsch Oost-Indie. Verhandelingen* 48.3.

Tregear, M. and S. Vainker. 2000. *Art Treasures in China*. New York Harry N. Abrams. Treloar, F. E. 1967. "Ritual objects illustrating Indian alchemy and Tantric religious prac-tice." *Isis* 58: 396–7.

——. 1968. "Chemical analysis of some metal objects from Chandi Bukit Batu Pahat, Kedah: suggested origin and date." *JMBRAS* 41: 193–8.

——. 1972. "The use of mercury in metal ritual objects as a symbol of Siva." *Artibus Asiae* 34/2–3: 232–40.

——. 1974. "Stoneware bottles in the Sarawak Museum: vessels for mercury trade?" *SMJ* 20: 40–1.

Tri Marhaeni SB. 2010. "Pengamatan di situs-situs Arkeologi." In *Expedisi Sriwijaya. Mencari Jalur Yang Hilang*, ed. Bambang Budi Utomo. Palembang: Balai Arkeologi Palembang, 27–47.

Trocki, C. A. 1979. *Prince of Pirates*. Singapore: Singapore University Press.

van Tuijn, J. 1932. "De batoe-manik van oost Palembang en de noordelijk Lampoengdistricten." *De Mijningenieur* 2: 20–2.

Tweedie, M. W. F. 1953. "The Stone Age in Malaya." *JMBRAS* 26, 2.

Veeraprasert, Mayuree. 1992. "Khlong Thom: an ancient bead-manufacturing location and an ancient entrepot." In *Early Metallurgy, Trade and Urban*

Centres in Thailand and Southeast Asia, ed. I. Glover, P. Succhitta, and J. Villiers, 149–61. Bangkok: White Lotus.

Vickery, M. 1998. *Society, Economics, and Politics in Pre-Angkor Cambodia: The 7th-8th Centuries.* Tokyo: The Centre for East Asian Cultural Studies for UNESCO/The Toyo Bunko.

Vo Si Khai. 1997. "Plans architecturaux des ancients monuments du Delta du Mékong du 1er au 10e siècles AD." In *Southeast Asian Archaeology 1994*, ed. Pierre-Yves Manguin. Volume I. Hull: Centre for Southeast Asian Studies, University of Hull, 207–14.

Wade, G. P. 1991. "The *Ming Shi-lu* as a source for Southeast Asian history—14th to 17th centuries." Paper presented at the 12th Conference of the International Association of Historians of Asia. Hong Kong: University of Hong Kong.

——— . 1994. *The Ming Shi-lu (Veritable Records of the Ming Dynasty) as a Source for Southeast Asian History 14th to 17th Centuries*. PhD Thesis, University of Hong Kong. Volumes I-III.

——— . 2000. "The Ming Shi-lu as a source for Thai history." *JSEAS* 31, 2: 249–94.

Wake, C. 1997. "The great ocean-going ships of southern China in the age of Chinese maritime voyaging to India, twelfth to fifteenth centuries." *International Journal of Maritime History* 9, 2: 51–81.

Walker, M. J. and Santoso S. 1977 "Romano-Indian rouletted pottery in Indonesia." *Mankind* 11: 39–45.

——— . 1980 "Romano-Indian rouletted pottery in Indonesia." *Asian Perspectives* 20, 2: 228–35.

Wallace, A. R. 1869. *The Malay Archipelago*. London: Macmillan.

Wan Maggie C. K. 2003. "Motifs with an intention: reading the eight trigrams on official porcelain of the Jiajing period (1522–1566)." *Artibus Asiae* LXIII, 2: 191–221.

Wang G. W. 1958. "The Nanhai trade. A Study of the Early History of Chinese Trade in the South China Sea." *JMBRAS* 31, 2: 1–135.

——— . 1991. *China and the Overseas Chinese: Selected Essays*. Singapore: Eastern Universities Press.

——— . 1992. *Community and Nation. China, Southeast Asia and Australia*. St. Leonards, NSW: Asian Studies Association of Australia in association with Allen & Unwin.

Warmington, E. H. 1928. *The Commerce Between the Roman Empire and India*. Cambridge: Cambridge University Press.

Wee, V. 1985. *Melayu: Hierarchies of Being in Riau*. Australian National University, PhD Dissertation.

Weeraprajak, K. 1985. "Inscriptions from South Thailand." In *SPAFA Final Report, Consultative Workshop on Archaeological and Environmental Studies on Srivijaya (I-W2b)*. Bangkok: SPAFA. Appendix 5c: 131–60.

Wheatley, P. 1959. "Geographical notes on some commodities involved in Sung maritime trade." *JMBRAS* 32, 2: 1–140.

——— . 1961. *The Golden Khersonese*. Kuala Lumpur: University of Malaya Press.

——— . 1983. *Nagara and Commandery: Origins of the Southeast Asian Urban Traditions*. Chicago: University of Chicago Department of Geography, Research Paper No. 207–8.

Wheeler, R. M. 1954. *Rome Beyond the Imperial Frontiers*. London: G. Bell.

Wicks, R. 1992. *Money, Markets, and Trade in Early Southeast Asia: the Development of an Indigenous Monetary System to AD 1400*. Ithaca: Cornell University Southeast Asia Program.

Williams-Hunt, P. D. R. 1951. "Recent archaeological discoveries in Malaya (1945–1950)." *JMBRAS* 24, 1: 186–91.

Wilson, J. K. and M. Flecker. 2010. "Dating the Belitung shipwreck." In *Shipwrecked: Tang Treasures and Monsoon Winds*, ed. R. Krahl, J. Guy, J. K. Wilson, and J. Raby. Washington DC: Arthur M. Sackler Gallery, Smithsonian Institution; Singapore: National Heritage Board, Singapore Tourism Board, 35–7.

Winstedt, R. O. 1938. "The Malay Annals or Sejarah Melayu. The earliest rescension from MS. No. 18 of the Raffles collection, in the Library of the Royal Asiatic Society, London." *JMBRAS* XVI, III.

———. 1969. "Gold ornaments dug up at Fort Canning, Singapore", *JMBRAS* 42, 1: 49–52. Wolters, O. W. 1958. "Tambralinga." *BSOAS* 21/3: 587–607. Reprinted in Vladimir Braginsky, ed. 2002 *Classical Civilisations of Southeast Asia*. London, New York: Rout-ledgeCurzon, 84–104.

———. 1966. "A note on the capital of Srivijaya during the eleventh century." In *Essays Offered to G.H. Luce, Vol. I*, ed. B. Shin, J. Boisselier and A. B. Griswold. Ascona: Artibus Asiae, 225–39.

———. 1967. *Early Indonesian Commerce: A Study of the Origins of Srivijaya*. Ithaca: Cornell.

———. 1970. *The Fall of Srivijaya in Malay History*. Ithaca: Cornell.

———. 1975. "Landfall on the Palembang coast in medieval times." *Indonesia* 20: 1–54.

———. 1979. "Studying Srivijaya." *JMBRAS* 52, 2: 1–32.

Wong, G. 1979. *A Comment on the Tributary Trade Between China and Southeast Asia*. Singapore: Southeast Asian Ceramic Society, Transaction 7.

Wong Wai-yee. 2011. "'Kwantung jar sherds with stamped potters' marks found in the 14th century Fort Canning archaeological site, Singapore and related problems about some ceramic vessels of shipwrecks and their cargoes." In *Navigation: Trace of Civilization*. Shanghai: National Maritime Museum of China, Shanghai Gujī Chubanshe, 80–114.

Worsley, P. 1986. "Narrative bas-reliefs at Candi Surawana." In *Southeast Asia in the 9th to 14th Centuries*, ed. D. G. Marr and A. C. Milner. Singapore: ISEAS/Canberra: Research School of Pacific Studies, Australian National University, 335–68.

Writing Group Reporting on the Excavation of a Sung Dynasty seagoing vessel at Ch'üanchou Bay, trans. Douglas Merwin. 1977. "A brief report on the excavation of a Sung Dynasty Seagoing Vessel at Ch'üan-chou Bay." *Chinese Sociology and Anthropology* 9, 3: 6–53.

Wurtzburg, C. E. 1984. *Raffles of the Eastern Isles*. Singapore: Oxford University

Press.

Xu Qingquan. 1983. "Song chuan cu tu de xiao kou tao ping nian dai he yong tu de tan tao." [Analysis of the period and uses of the 'small-mouthed jars' excavated from a Sung ship.] *Hai jiao shi yan jiu* 5: 112–4.

Yamagata, M. and Nguyen Kim Dung. 2010. "Ancient roof tiles found in central Vietnam." In *50 Years of Archaeology in Southeast Asia: Essays in Honour of Ian Glover*, ed. B. Bellina, E. A. Bacus, T. O. Pryce, and J. W. Christie. Bangkok: River Books, 194–205.

Yang Shaoxiang. 1985. "A brief account of ceramic exports from Guangdong during the Tang and Song Dynasties." In *Ceramic Finds from Tang and Song Kilns in Guangdong*. Hong Kong: Fu Ping Shan Museum, University of Hong Kong, 22–31.

Yang Xiaochuan. 1998. "Ceramic production and export in Nanan during the Song and Yuan periods." Paper presented at the Conference on Fujian Ceramics and Their Trade in Southeast Asia in Singapore, Singapore History Museum, 24–26 Apr. 1998.

Yi J.-L. and Tu S. J. 1991. "Chinese glass technology in Boshan around the 14th century." In *Scientific Research in Early Chinese Glass*, ed. R. H. Brill and J. H. Martin. Corning: Corning Museum of Glass, 99–101.

Yukongdi, Pakpadee and Pornthip Pantukowit. 2004. "A report on the excavation of ancient Yarang monument." *Thailand-Malaysia: Malay Peninsula Archaeology Programme*. Unpub- lished Report of a Seminar.

Zainie, C. (with T. Harrisson). 1967. "Early Chinese stonewares excavated in Sarawak, 1947–1967[:] a suggested first basic classification." *SMJ* XV, 30–1 (New Series): 30–90. Zeng Fan, trans. Poon Ching-han. 1990 "An archaeological study of ceramics from the Dehua kilns in Fujian." In *Dehua Wares*. Hong Kong: Fung Ping Shan Museu, University of Hong Kong, 26–34.

Zhu Boqian. 1998. *Longquanyao Qingci/Celadons from Longquan Kilns*. Taipei: Artist Publishing Company.

Zoetmulder, P. J. 1982. *Old Javanese-English Dictionary*. 's-Gravenhage: M. Nijhoff.

主要译名对照表（按拼音顺序排列）

A

阿都拉 · 文西	Abdullah Munshi
《阿都拉传》	*Hikayat Abdullah*
阿迭多跋摩	Adityawarman
阿方索 · 德 · 亚伯奎	Afonso D'Albuquerque
阿基特人（海人）	Orang Akit
阿里卡梅杜	Arikamedu
阿斯塔诺神庙	Candi Astano
阿瑜陀耶	Ayutthaya
艾尔弗雷德 · 拉塞尔 · 华莱士	Alfred Russel Wallace

B

巴达维亚，现名雅加达	Batavia, see also Jakarta
巴淡岛	Batam Island
巴当拉瓦斯	Padang Lawas
巴当洛克	Padang Roco
巴都桑卡	Batusangkar
巴度加亚	Batujaya
巴兰浴场	Belahan bathing place
巴邻旁/巨港/旧港	Palembang
巴戎寺	Bayon Temple
巴赛	Pasai
《巴赛列王传》	*Hikayat Raja-Raja Pasai*
巴塞玛	Pasemah
巴塔克/拔沓	Batak
巴唐古姆贝河	Batang Kumpeh
巴唐哈里河	Batanghari River
白古，又名勃固	Pegu, see Bago

拜里米苏拉	Paramesvara/Parameswara/Parameshvara
班东塔碧	Ban Don Ta Phet
班他科	Ban Tha Kae
班卒/班卒儿	Pancur
邦加岛	Bangka Island
北大年	Patani
贝伦布尔碑铭	Perumber inscription
笨珍	Pontian
俾那智	Pinati
勃拉班查	Prapanca
渤泥 / 勃泥 / 文莱	Brunei
布雷克滩沉船	Breaker Shoal shipwreck
布让	Bujang

C

昌盛	Chansen
长谷碑铭	Canggu inscription

D

达瓜巴，又名郭各考	Takuapa, see also Ko Kho Khao
达鲁玛纳卡拉王国	Tarumanagara
达士敦山	Duxton Hill
大草场	Padang
丹戎加兰	Tanjong Karang
丹戎柯灵	Tanjong Keling
丹戎武雅 / 丹戎巴眼	Tanjong Bunga
淡马锡	Temasik
淡目	Demak
淡水溪	Freshwater Stream
得利河	Deli River
登牙侬/丁加奴/丁家卢	Terengganu

迪昂	Dieng
《地理志》/《地理学指南》	*Hyphegesis Geographike*
蒂鲁瓦朗加杜	Tiruvalanggadu
东姑·阿卜杜勒·拉赫曼	Tengku Abdul Rahman
豆蔻山区	Cardamom Mountains
多波	Dobbo
多默·皮列士	Tomé Pires

E

俄亥/俄厄/沃澳	Oc-èo
鹅麦山	Bukit Gombak
鳄鱼岛	Pulau Buaya

F

风帆礁，又名龙牙门海峡、龙牙门和罗德之妻	Batu Berlayar, see also Dragon's Tooth Strait，Longya men and Lot's Wife
福康宁山，又名禁山和政府山	Fort Canning Hill（FTC）, see also Bukit Larangan and Government Hill
福斯塔特	Fostat/Fustat

G

甘巴河	Kampar River
甘榜格南	Kampong Gelam
甘迪斯城	Kota Kandis
高棉 / 真腊国 / 柬埔寨	Cambodia
戈迪尼奥·德·埃雷迪亚	Godinho de Erédia
哥伦坡阁/法院	Colombo Court（CCT）
个罗国	Kalah
瓜拉塞林新	Kuala Selinsing
国会大厦	Parliament House Complex（PHC）

H

哈奄·务禄	Hayam Wuruk
海人部落	Çelates
杭杜亚	Hang Tuah
皇后坊	Empress Place（EMP）

J

加查·玛达	Gajah Mada
加哥陵庙	Candi Jago
加冷河	Kallang River
加维陵庙	Candi Jawi
迦荼罗 / 迦托诃	Kadaram
岌巴港 / 克佩尔港 / 石叻门	Keppel Harbour
吉打	Kedah
吉里汶岛	Karimun Island
剑鱼头石，又名新加坡古石碑	Batu Kepala Todak, see also Singapore Stone
禁泉	Pancur Larangan
井里汶	Cirebon
旧国会大厦	Old Parliament House（OPH）
旧柔佛	Johor Lama
旧万丹	Banten Lama

K

卡尔·波兰尼	Karl Polanyi
卡拉旺沉船	Karawang wreck
卡朗勃拉希碑铭	Karang Berahi inscription
柯达卡布 / 哥打加浦	Kota Kapur
克劳迪乌斯·托勒密	Claudius Ptolemaeus
克塔纳伽拉	Krtanagara

L

拉柏多角	Labrador Point
《莱佛士第18号手稿》	*Raffles Manuscript 18*
狼牙修	Langkasuka
老城	Kota Lama
里峇峇利路	River Valley Road
廖内	Riau
林加岛	Pulau Lingga
林门波	Laem Pho
龙牙门海峡、龙牙门，又名风帆礁和罗德之妻	Dragon’s Tooth Strait，Longya men, see also Batu Berlayar and Lot’s Wife
卢勃克杜阿	Lubok Tua
罗贞陀罗	Rajendra Chola
洛坤	Ligor

M

马打蓝王国	Mataram
马拉内沉船，又称巴高岛沉船	Maranei shipwreck, see Bakau shipwreck
玛拉塔库斯	Muara Takus
《马来纪年》，又名《末罗游纪年》	*Malay Annals*, see also *Sejarah Melayu*
马里盖塔	Mahligai Stupa
马利克 · 萨利赫国王墓	Malik-al-Saleh grave
马六甲/满剌加	Malacca/Melaka
马六甲苏丹芒速王	Sultan Mansur Shah of Melaka
马鲁古群岛/香料岛	Maluku/Moluccas
马素迪	Mas’udi
满者伯夷/麻喏巴歇	Majapahit
萌袙荣寺遗址	Muang Phra Rot
米代岛	Pulau Midai
米南加保	Minangkabau

苗柏河	Merbok River
民丹岛	Bintan Island
民丹河	Bintan River
明古连，现称明古鲁	Bencoolen/Bengkulu
摩萨	Hmawza
末罗游，又名占碑 / 占卑	Malayu, see also Jambi
姆拉河	Muda River
穆西河	Musi River
慕亚拉占碑	Muara Jambi

N

南巫里/蓝无里	Lambri

P

帕拉帕誓言	Sumpah Palapa
帕西瓦尔阶梯	Percival Steps
蓬杜克	P’ong Tuk
彭亨/彭坑	Pahang
彭加兰谷	Pengkalan Bujang
婆鲁斯	Barus
婆罗浮屠	Borobudur
婆罗米文	Brahmi script
婆罗洲	Borneo
蒲甘	Bagan

Q

七岛群	Pulau Tujuh/Seven Islands
乔治 · 芬利森	George Finlayson

R

戎	Jong

荣坚沉船	Rang Kwien wreck
柔佛	Johor
芮德勒	H. N. Ridley

S

三乔山	Khao Sam Kaeo
散比垄	Sembiran
瑟蒙河河谷	Samon Valley
沙听拍	Satingphra
沙萤	Sahuynh
沙萤–卡拉奈传统	Sahuynh-Kalanay tradition
杉庇勒佐	Sambirejo
单马令/丹马令	Tambralinga
阇婆格/阇婆	Zabag/Zabaj
升龙皇城	Thang Long Citadel
圣安德烈座堂	St. Andrew's Cathedral（STA）
圣方济各 · 沙勿略	St. Francis Xavier
圣尼罗乌达玛/桑尼拉· 乌塔玛	Sang Nila Utama
尸罗夫/斯拉夫	Siraf
室利地利般那	Sri Tri Buana
室利佛逝	Sriwijaya/Srivijaya
双塔寺	Candi Kembar Batu
双溪巴都	Sungai Batu
双溪马士	Sungai Mas
宋家洛	Sawankhalok
苏兰王	Raja Chulan
苏木都剌	Samudra
苏西达女王/萨迦德 · 沙女王	Queen Sakidar Shah
素可泰	Sukhothai
索菲娅山	Mount Sophia

T

塔博洞穴	Tabon Caves
泰米尔	Tamil
坦哈伊	Tanjay
坦焦尔	Tanjor
特洛武兰	Trowulan
托马斯 · 史丹福 · 莱佛士	Thomas Stamford Raffles

W

万丹	Banten
万丹吉朗	Banten Girang
威廉 · 法夸尔	William Farquhar
威廉 · 马斯登	William Marsden
威廉 · 希勒别	William Shellabear
韦帕芗	Vespasian
文莱帆船	Brunei Junk
吴哥	Angkor
武端	Butuan
武吉巴都巴辖寺	Candi Bukit Batu Pahat
勿拉士峇沙路	Bras Basah Road
勿里洞沉船，又名黑石号沉船	Belitung shipwreck, see also Batu Hitam shipwreck
勿里洞岛	Belitung Island

X

西昌岛II号沉船	Ko Si Chang II
西贡岛	Pulau Saigon
西昆山	Bukit Seguntang, see also Seguntang Hill
西萨差那莱	Si Satchanalai
禧街	Hill Street
新加坡板球俱乐部草场	Singapore Cricket Club（SCC）

新柯沙里	Singasari/Singhasari
须弥山	Mount Meru
巽他海峡	Sunda Straits

Y

亚历山大 · 汉密尔顿	Alexander Hamilton
亚齐	Aceh
叶之宽酋长	Demang Lebar Daun
伊本 · 白图泰	Ibn Battuta
伊斯干达王	Iskandar Shah
《印度洋水手指南》	*Periplus Marae Erythraensis*
约翰 · 克劳福	John Crawfurd

Z

查乔	Tra Kieu
詹姆斯 · 洛	James Low
占婆	Champa
樟宜角	Changi Point
《珍贵的礼物》	*Tuhfatal-Nafis*
真腊国 / 高棉 / 柬埔寨	Cambodia
朱拉	Julah
珠子山	Khuan Luk Pad
注辇	Chola
《爪哇史颂》	*Desawarnana*, see also *Nagarakrtagama*
《爪哇诸王志》	*Pararaton*

译后记

由约翰·N. 密西教授撰写的本书具有重要的学术价值。它是一部里程碑式的著作，在很大程度上改变了人们对“新加坡没有古代史”的看法。长期以来，不管是学术界还是新加坡人，都普遍认为新加坡是一个年轻的国家，要么“没有历史”，要么最早的历史只可追溯到1819年英国人抵达新加坡并开始建立殖民地时代。如果说康斯坦丝·玛丽·藤布尔（C. M. Turnbull）教授的经典著作《崛起之路：新加坡史》（*A History of Modern Singapore: 1819–2005*）让人们了解到新加坡有两百年历史的话，那本书则使人们认识到新加坡其实拥有更久远的历史，可以从更长时段、在更广阔的地区和全球空间关注并研究新加坡历史。本书在视野和方法上也很值得称道。作者十分重视从在东南亚到东亚再到亚洲的地区场景中理解和诠释新加坡14—18世纪的古代史，一方面可以更准确地把握“亚洲的地中海”时代新加坡的历史地位和作用，另一方面可以提醒新加坡人注意，新加坡的历史传统和价值观不仅来源于近代殖民地时代，更植根于悠久的古代亚洲（尤其是东南亚）历史和文化。作者运用了大量的新加坡考古发掘数据，结合新加坡地理空间以及周边国家的相关文献，来重建新加坡古代辉煌的历史，重点是经济史或商贸史。作者坚信，在缺乏文本史料的情况下，考古是在新加坡“发现历史”的最佳途径，考古数据是最可靠的依据。

本书也具有现实意义。中国政府目前正努力推动共建“一带一路”倡议，冀以加强与周边国家进而与世界的经济互联互通，实现联动发展。虽然“一带一路”不是古代丝绸之路的简单重现，但其概念和要义却有着渊源关系。那么，在14—18世纪古代海上丝绸之路，中国与东南亚国家乃至与南亚和西亚国家到底是怎样的一种联通关系，新加坡在其中的地位和作用如何，本书恰好可以告诉人们一些历史细节，告诉人们当年亚洲互联互通、联动发展带来的是一片繁荣的景象。此书让我们更加确信，中国的强盛和开放对于世界来说是一个福音，特别是对于东南亚地区的秩序和繁荣至关重要。

因此，我们欣然接受了广西师范大学出版社对本书的大力支持，认为将此书介绍给广大中国读者很有意义。翻译此书是一大挑战，因其涉及多学科概念和知识，还有众多的专业术语和纷繁的人名、地名，而且作者还引用了不少英文版的中国古籍，需要翻阅大量相关资料进行查对，故有相当大的难度。我们参考了许多专业著作和词典，也查找了一些中国古籍，并借助现代互联网的信息，基本解决了以上难题。在此过程中，还得到一些同事朋友的指点，如柯木林先生、黄云静、牛军凯、徐坚、熊寰等教授，在此一并致以谢意。但仍有个别中文人名和地名无法确认原名，只能采取音译办法。

此书是我们合作翻译的第四本著作，在翻译的分工合作上已有相当的默契。全文翻译的分工是：戴宁负责翻译导言、第一章到第五章以及结语，潘一宁负责翻译第六章到第十二章。为保证翻译质量，我们交换校对，最后对整体再做双重校对。由于译者知识水平有限，译文中如有错漏之处，皆由译者自负，也敬请各位专家学者指正。

译　者

2017年11月13日